CB030805

Hegel
e a liberdade
dos modernos

domenico losurdo

Hegel e a liberdade dos modernos

TRADUÇÃO
ANA MARIA CHIARINI E DIEGO SILVEIRA COELHO FERREIRA

© desta edição, Boitempo, 2019
© Domenico Losurdo, 1992, 2011

Título original: *Hegel e la libertà dei moderni*
Originalmente publicado por La scuola di Pitagora editrice, Nápoles, 2012.
Todos os direitos reservados.

Esta edição contou com o apoio da Fundação Maurício Grabois.

Direção geral	Ivana Jinkings
Edição	Isabella Marcatti
Assistência editorial	Andréa Bruno
Tradução do italiano	Ana Maria Chiarini e Diego Silveira Coelho Ferreira
Tradução de outros idiomas	Mariana Echalar (francês), Nélio Schneider (alemão e latim) e Ronaldo Vielmi Fortes (alemão)
Preparação	Thais Rimkus
Revisão	Clara Altenfelder, Lucas Torrisi e Thaisa Burani (bibliografia)
Coordenação de produção	Livia Campos
Capa	Maikon Nery sobre retrato de Hegel, 1831, de Schlesinger (Wikimedia Commons) (frente), e *A Rolling Stone Is Ever Bare of Moss*, ilustração de *Thornton's Pastorals of Virgil*, 1821, de William Blake (Harris Brisbane Dick und., 1931, Metropolitan Museum of Art, Nova York) (verso)
Diagramação	Antonio Kehl

Equipe de apoio: Ana Carolina Meira, André Albert, Artur Renzo, Bibiana Leme, Carolina Mercês, Clarissa Bongiovanni, Débora Rodrigues, Elaine Ramos, Frederico Indiani, Heleni Andrade, Higor Alves, Ivam Oliveira, Joanes Sales, Kim Doria, Luciana Capelli, Marina Valeriano, Marlene Baptista, Maurício Barbosa, Raí Alves, Talita Lima, Tulio Candiotto

CIP-BRASIL. CATALOGAÇÃO NA PUBLICAÇÃO
SINDICATO NACIONAL DOS EDITORES DE LIVROS, RJ

L89h
 Losurdo, Domenico, 1941-2018
  Hegel e a liberdade dos modernos / Domenico Losurdo ; tradução Ana Maria Chiarini, Diego Silveira Coelho Ferreira. - 1. ed. - São Paulo : Boitempo, 2019.

  Tradução de: Hegel e la libertà dei moderni
  Inclui bibliografia e índice
  ISBN 978-85-7559-709-5

  1. Hegel, Georg Wilhelm Friedrich, 1770-1831. 2. Filosofia alemã. 3. Idealismo alemão. 4. Liberdade. I. Chiarini, Ana Maria. II. Ferreira, Diego Silveira Coelho. III. Título.

19-57239	CDD: 193
	CDU: 141.13(43)

Vanessa Mafra Xavier Salgado - Bibliotecária - CRB-7/6644

É vedada a reprodução de qualquer parte deste livro sem a expressa autorização da editora.

1ª edição: julho de 2019

BOITEMPO
Jinkings Editores Associados Ltda.
Rua Pereira Leite, 373
05442-000 São Paulo SP
Tel.: (11) 3875-7250 / 3875-7285
editor@boitempoeditorial.com.br | www.boitempoeditorial.com.br
www.blogdaboitempo.com.br | www.facebook.com/boitempo
www.twitter.com/editoraboitempo | www.youtube.com/tvboitempo

Ao Instituto Italiano para os Estudos Filosóficos
e a seu presidente, Gerardo Marotta

SUMÁRIO

PREMISSA 15

NOTA DO AUTOR 17

Primeira parte:
HEGEL, UM LIBERAL SECRETO?

I. EM BUSCA DO HEGEL "AUTÊNTICO" 23

    1. CENSURA E AUTOCENSURA 23

    2. AUTOCENSURA LINGUÍSTICA E COMPROMISSO TEÓRICO 31

    3. DIMENSÃO PRIVADA E DIMENSÃO FILOSÓFICA 37

    4. HEGEL, UM MAÇOM? 39

    5. HISTÓRIA ESOTÉRICA E HISTÓRIA EXOTÉRICA 44

    6. ARGUMENTOS FILOSÓFICOS E "FATOS" POLÍTICOS 50

    7. "EQUÍVOCO" INTERPRETATIVO OU CONTRADIÇÃO REAL? 55

II. AS FILOSOFIAS DO DIREITO: VIRADA OU CONTINUIDADE? 63

    1. RAZÃO E REALIDADE 63

    2. O PODER DO PRÍNCIPE 72

    3. UMA, DUAS, NENHUMA VIRADA 81

Segunda parte
HEGEL, MARX E A TRADIÇÃO LIBERAL

III. CONTRATUALISMO E ESTADO MODERNO 91

    1. ANTICONTRATUALISMO = ANTILIBERALISMO? 91

    2. CONTRATUALISMO E JUSNATURALISMO 95

3. O anticontratualismo liberal 97

4. Celebração da natureza e ideologia da reação 100

5. Hegel e o contratualismo feudal e protoburguês.......................105

6. Contratualismo e Estado moderno 109

IV. Conservador ou liberal? Um falso dilema 115

1. O dilema de Bobbio..115

2. Autoridade e liberdade..116

3. Estado e indivíduo 124

4. O direito de resistência...131

5. Direito da necessidade extrema e direitos subjetivos 137

6. Liberdade formal e substancial.......................................140

7. Categorias interpretativas e pressupostos ideológicos 143

V. Hegel e a tradição liberal: duas leituras contrapostas
da história..149

1. Hegel e as revoluções...149

2. Revolução pelo alto e revolução por baixo...........................154

3. As revoluções vistas pela tradição liberal...........................158

4. Patrícios e plebeus 164

5. Monarquia e república 170

6. A repressão da aristocracia e a marcha da liberdade 173

7. Anglofobia e anglomania 176

8. Hegel, a Inglaterra e a tradição liberal 178

9. Igualdade e liberdade 183

VI. O intelectual, a propriedade e a questão social....................189

1. Categorias teóricas e opções políticas imediatas....................189

2. Indivíduo e instituições 195

3. Instituições e questão social 198

4. Trabalho e *otium* 202

5. Intelectuais e proprietários...208

6. Propriedade e representação política 212

7. Intelectuais e artesãos...214

8. Hegel, vulgar e plebeu? 217

9. Questão social e sociedade industrial................................221

Terceira parte
Legitimidade e contradições do moderno

VII. Direito, violência, *NOTRECHT* 227

  1. A guerra e o direito de propriedade: Hegel e Locke 227

  2. Do *IUS NECESSITATIS* ao direito da necessidade extrema 229

  3. As contradições do desenvolvimento econômico moderno 232

  4. *NOTRECHT* e legítima defesa: Locke, Fichte, Hegel 237

  5. "Juízo negativo simples", "juízo negativo infinito", "rebelião" ...240

  6. *NOTRECHT, ANCIEN RÉGIME* e modernidade 244

  7. O faminto e o escravo 248

  8. *IUS NECESSITATIS, IUS RESISTENTIAE, NOTRECHT* 251

  9. O direito e os conflitos com a intenção moral
    e a necessidade extrema 253

  10. Um problema irresolvido 259

VIII. A ágora e a *SCHOLÈ*: Rousseau, Hegel e a tradição liberal 263

  1. A imagem da Antiguidade clássica na França e na Alemanha 263

  2. Cínicos, monges, *QUAKERS*, anabatistas e *SANS-CULOTTES* 265

  3. Rousseau, o "rancor do plebeu pobre" e o jacobinismo 267

  4. Política e economia em Rousseau e Hegel 271

  5. Questão social e tributação 275

  6. Estado, contrato e sociedades anônimas 281

  7. Cristianismo, direitos do homem e comunidade dos *CITOYENS* 284

  8. A tradição liberal e a crítica a Rousseau e Hegel 289

  9. Defesa do indivíduo e crítica do liberalismo 291

IX. A escola, a divisão do trabalho e a liberdade dos modernos.... 297

  1. A escola, o Estado e a Revolução Francesa 297

  2. Obrigatoriedade escolar e liberdade de consciência 300

  3. Escola, Estado, Igreja e família 305

  4. Os direitos da criança 308

  5. Escola, estabilidade e mobilidade social 312

  6. Profissão e divisão do trabalho 317

  7. Divisão do trabalho e o caráter prosaico do moderno:
    Schelling, Schopenhauer, Nietzsche 320

X. Tensão moral e primado da política 325

    1. Mundo moderno e ocaso dos heróis da moral................................ 325

    2. Inconclusividade e narcisismo do mandamento moral-religioso .. 326

    3. Mundo moderno e restrição da esfera da moralidade.................. 329

    4. Hegel e Kant.. 331

    5. Hegel, Schleiermacher e a tradição liberal 333

    6. Hegel, Burke e o neoaristotelismo conservador......................... 337

    7. Hegel, Aristóteles e a recusa da evasão intimista 341

    8. Revolução Francesa e celebração do ético 343

    9. Moralidade, eticidade e liberdade moderna 347

    10. Modelo ético hegeliano e realidade contemporânea 349

XI. Legitimidade do moderno e racionalidade do real 353

    1. A *querelle des anciens, des modernes*... e dos alemães 353

    2. Recusa do moderno, culto aos heróis e polêmica
    anti-hegeliana 354

    3. Kant, Kleist, Schopenhauer, Nietzsche 358

    4. O moderno e o desconforto da tradição liberal......................... 362

    5. Filisteísmo, estatismo e massificação moderna 367

    6. A racionalidade do real e o difícil equilíbrio entre
    legitimação e crítica da modernidade 372

Quarta parte
O Ocidente, o liberalismo e a interpretação de Hegel

XII. A Segunda Guerra dos Trinta Anos e a "cruzada filosófica"
contra a Alemanha 379

    1. Alemães, godos, hunos e vândalos.. 379

    2. A grande depuração do Ocidente 381

    3. A transfiguração da tradição liberal 387

    4. Ocidente imaginário, Alemanha imaginária.............................. 392

    5. Hegel perante do tribunal do Ocidente 396

    6. Ilting e a recuperação liberal de Hegel...................................... 400

    7. Lukács e o peso dos estereótipos nacionais 405

XIII. Liberalismo, conservadorismo, Revolução Francesa
e filosofia clássica alemã 411

    1. *Allgemeinheit* e *égalité*... 411

2. As origens inglesas do conservadorismo alemão 414

3. Uma anglomania seletiva 420

4. Às origens do darwinismo social e da ideologia fascista 421

5. Para além dos estereótipos nacionais 425

6. Burke e a história do liberalismo europeu 426

7. A escola de Burke e a filosofia clássica alemã 430

8. Hegel e a herança da Revolução Francesa 434

9. O conflito das liberdades 439

Referências bibliográficas 441

Índice remissivo 459

Um ano se passou desde a morte de Domenico Losurdo, meu pai. Quem teve a sorte de conhecê-lo sabe como ele conseguia conjugar seu inigualável conhecimento histórico-filosófico (e não apenas) com uma extraordinária humanidade. Humanidade advinda de ele ser um militante comunista que sonhava e agia por um mundo melhor, mais justo e inclusivo do que este que a atualidade tragicamente nos apresenta.

Um destino cínico nos tirou prematuramente a possibilidade de continuar a recorrer a ele, justo em um momento histórico de violento retrocesso neoliberal, no qual, mais do que nunca, precisamos da lucidez de suas análises, de suas tiradas cáusticas, de sua compreensão dialética dos inúmeros conflitos identitários, sociais e econômicos que percorrem o mundo.

Federico Losurdo

NOTA DA EDITORA

Domenico Losurdo (1941-2018) foi um grande pensador marxista e um autor muito querido na Boitempo. Sempre que se deslocava da *campagna* de Urbino, que tanto amava, para São Paulo, nos brindava com uma visita à editora, nos falava de seus projetos, de seus livros, de sua grande companheira, de suas viagens e compartilhava conosco seu pensamento agudo sobre o mundo contemporâneo. Cultíssimo e inteligente, sabia dosar ironia e delicadeza e tinha um olhar generoso e afetuoso para seu interlocutor. Na última visita, em outubro de 2017, afirmou seu desejo de ver *Hegel e a liberdade dos modernos* publicado pela Boitempo. Este é o primeiro livro que lançamos após sua morte. O primeiro em que não pudemos contar com sua paciência e sua dedicação para o esclarecimento de uma ou outra dúvida relativa à tradução ou a alguma referência bibliográfica. Procuramos fazer uma edição à altura dele, que faz uma falta enorme. Entretanto, é uma alegria saber que seu pensamento seguirá vivo em seus textos. Domenico Losurdo, presente!

PREMISSA

Republico, dezoito anos após sua primeira aparição*, um livro que teve uma sorte própria (foi traduzido em alemão, inglês e chinês e, em versão reduzida, em francês e português do Brasil**). Preferi não acrescentar mudanças; apenas atualizei as referências a outros estudos que realizei, colocando entre colchetes a edição mais recente. No mais, apenas me limitei à óbvia correção de erros de digitação e omissões, valendo-me da colaboração do dr. Giorgio Grimaldi, a quem agradeço.

---

* *Hegel e la libertà dei moderni* foi originalmente publicado em 1992 (Roma, Editori Riuniti). Em janeiro de 2012 saiu uma nova edição italiana (Nápoles, La Scuola di Pitagora) para a qual esta Premissa foi escrita e na qual a presente edição se baseia. (N. E.)

** É provável que o autor se refira a *Hegel, Marx e a tradição liberal* (São Paulo, Editora Unesp, 1998). (N. E.)

NOTA DO AUTOR

As edições das obras de Hegel mais frequentemente citadas foram assim abreviadas:

W. = *Werke in zwanzig Bänden*, organizada por Eva Moldenhauer e Karl Markus Michel, Frankfurt, 1969-1979;

Ph. G. = *Vorlesungen über die Philosophie der Weltgeschichte*, organizada por Georg Lasson, Leipzig, 1930;

V. G. = *Die Vernunft in der Geschichte*, organizada por Johannes Hoffmeister, Hamburgo, 1955;

B. Schr. = *Berliner Schriften*, organizada por Johannes Hoffmeister, Hamburgo, 1956;

B. = *Briefe von und an Hegel*, organizada por Johannes Hoffmeister e Friedhelm Nicolin, Hamburgo, 1969-1981;

V. Rph. = *Vorlesungen* über *Rechtsphilosophie*, organizada por Karl-Heinz Ilting, Stuttgart-Bad Cannstatt, 1973-1974;

Rph. III = *Philosophie des Rechts. Die Vorlesung von 1819-1820 in einer Nachscrift*, organizada por Dieter Henrich, Frankfurt, 1983.

Para o curso de filosofia do direito de 1817-1818, de que temos duas edições – uma publicada pelo Hegel-Archiv: *Vorlesungen über Naturrecht und Staatswissenschaft*, organizada por Claudia Becker et al., Hamburgo, 1983, e outra contida em Karl-Heinz Ilting: *Die Philosophie des Rechts. Die Mitschriften Wannenmann* (Heidelberg 1817-1918) *und Homeyer* (Berlim 1818-1919), Stuttgart, ambas utilizadas por nós –, remetemos diretamente ao parágrafo, o qual é anteposto pela abreviatura Rph. I; também nos remetemos a *Enciclopédia* (com a abreviatura Enc.) e *Princípios de filosofia do direito* (com a abreviatura Rph.).

A indicação do parágrafo é eventualmente seguida por:

A = *Anmerkung* (nota);
Z = *Zusatz* (apêndice);
AL = *Vorlesungsnotizen* (notas de aula).

Em referência a Hegel, fez-se uso de duas abreviaturas posteriores:

H. B. = *Hegel in Berichten seiner Zeitgenossen*, organizada por Günther Nicolin, Hamburgo, 1970;

Mat. = *Materialien zu Hegels Rechtsphilosophie*, organizada por Manfred Riedel, Frankfurt, 1975.

No que se refere a Fichte, Kant, Marx e Engels, Nietzsche, Rousseau, outras abreviaturas serão indicadas ao longo da exposição.

No que se refere a Hegel, levamos em consideração e utilizamos as seguintes edições:

Lineamenti di filosofia del diritto, tradução de Francesco Messineo (as anotações manuscritas, isto é, as notas para aulas, foram organizadas por Armando Plebe), Bari, 1954;

Lineamenti di filosofia del diritto, tradução de Giuliano Marini, Roma-Bari, 1987;

Fenomenologia dello spirito, tradução de Enrico de Negri, Florença, 1963;

La scienza della logica, tradução de Arturo Moni, revisão de Claudio Cesa, Roma-Bari, 1974;

Enciclopedia delle scienze filosofiche in compendio, tradução de Benedetto Croce, 1951;

Enciclopedia delle scienze filosofiche in compendio, v. 1: *La scienza della logica*, organizada por Valerio Verra, Turim, 1981 (esta última edição compreende também a tradução dos apêndices e dos prefácios às outras três edições da obra);

Lezioni sulla filosofia della storia, tradução de Guido Calogero e Corrado Fatta, Florença, 1963;

Lezioni sulla storia della filosofia, tradução de Ernesto Codignola e Giovanni Sanna, Florença, 1973;

Scritti politici, organizada por Claudio Cesa, Turim, 1974;

La scuola e l'educazione. Discorsi e relazioni (Nuremberg 1808-1816), tradução de Livio Sichirollo e Alberto Burgio, Milão, 1985;

Le filosofie del diritto. Diritto, proprietà, questione sociale, organizada por Domenico Losurdo, Milão, 1989.

Nem para as traduções de Hegel nem para as de outros autores adverte-se sobre mudanças eventualmente realizadas. Em todos os textos citados, o itálico foi livremente mantido, suprimido ou modificado, de acordo com as exigências de destaque em nossa exposição.

No esforço de situar historicamente os textos citados, bem como o debate em torno dos quais se desenvolvem, esforçamo-nos para indicar, entre parênteses, a data da primeira edição ou, alternativamente, de composição (quando esta última não remete a um arco temporal muito extenso e de identificação excessivamente problemática).

Por fim, alguns esclarecimentos sobre a gestação e a composição do presente trabalho.

Os primeiros dez capítulos constituem a versão revisada, ampliada e coligida, tendo em vista a organicidade e a compactação do conjunto, de textos apresentados anteriormente em volumes, coletâneas ou revistas. Em particular, os capítulos I-IV remetem a *Hegel, Marx e la tradizione liberale. Libertà, uguaglianza e Stato*, publicado por Editori Riuniti em 1988. Os capítulos sucessivos, até o X, remetem, por sua vez, aos seguintes ensaios:

"Diritto e violenza. Hegel, il Notrecht e la tradizione liberale", em *Hermeneutica*, n. 4, 1985.

"Zwischen Rousseau und Constant. Hegel und die Freiheit der Modernen", em Hans Friedrich Fulda e Rolf-Peter Horstmann (organizadores), *Rousseau, die Revolution und der junge Hegel*, Stuttgart, Klett-Cotta, Istituto Italiano per gli Studi Filosofici, 1991.

"Scuola, Stato e professione em Hegel", em Georg Wilhelm Friedrich Hegel, *La scuola e l'educazione. Discorsi e relazioni* (Nuremberg 1808-1816), organizado por Livio Sichirollo e Alberto Burgio, Milão, Angeli, 1985.

"Moralisches Motiv und Primat der Politik", em Karl-Otto Apel e Riccardo Pozzo (organizadores), *Zur Rekonstruktion der praktischen Philosophie. Gedenkschrift für Karl-Heinz Ilting*, Stuttgart-Bad Cannstatt, Frommann-Holzboog,

Istituto Italiano per gli Studi Filosofici, 1990; esse ensaio apareceu também, em versão ampliada, com o título "Tension morale et primauté de la politique", em *Actuel Marx*, n. 10, 1991.

Os três últimos capítulos são inéditos, ainda que o XIII tenha sido em parte utilizado no ensaio "Le 'philosophie allemande' entre les idéologies (1789-1848)", em *Genèses. Science sociale et histoire*, outubro de 1992, p. 60-89.

Gostaríamos de agradecer aos organizadores e aos editores dos volumes e aos diretores das revistas a autorização de republicação dos ensaios citados.

PRIMEIRA PARTE
HEGEL, UM LIBERAL SECRETO?

I
EM BUSCA DO HEGEL "AUTÊNTICO"

1. CENSURA E AUTOCENSURA

Em 1766, Kant confessava em uma carta: "Na verdade, penso com a mais firme convicção e com grande satisfação muitas coisas que nunca terei coragem de dizer, mas jamais direi qualquer coisa que não penso". Estamos na Prússia de Frederico II, interlocutor e às vezes amigo dos grandes iluministas franceses, um soberano que dava demonstrações de tolerância, ao menos no que se refere à religião e a tudo aquilo que não comprometia a máquina administrativa. Quase trinta anos depois, em 1794, para ser exato, o filósofo retoma o argumento, num momento decisivamente mais dramático: nesse meio-tempo, Frederico II morreu, e as inquietações suscitadas pela Revolução Francesa, mesmo do lado de cá do rio Reno, tornaram a censura na Prússia particularmente vigilante e o poder intolerante inclusive no campo religioso. O filósofo recorre a uma nova carta para expressar seu estado de espírito e seu pensamento: sim, as autoridades podem proibi-lo de "dar inteiramente a conhecer seus princípios", mas é isso – declarava – "que fiz até aqui (do que não me lamento de maneira alguma)"[1].

De Hegel, não temos cartas tão explícitas. Em compensação, temos testemunhos, indícios e dados significativos. É a partir da "edição completa de suas obras, especialmente das lições", que Hegel provoca um "enorme impacto" – e a observação do jovem Engels[2] não é a única nesse sentido. Dois anos antes,

---

[1] Immanuel Kant, carta a Moses Mendelssohn, 8 de abril de 1766, em *Gesammelte Schriften* (Berlim/Leipzig, Academia de Ciências [KGS], 1900), v. X, p. 69, e carta a Johann Erich Biester, 18 de maio de 1794, em KGS, v. XI, p. 501.

[2] Friedrich Engels, "Schelling und die Offenbarung" (1842), em Karl Marx e Friedrich Engels, *Werke* [MEW] (Berlim, Dietz, 1955-1990, 43 v.), *Ergänzungsband* [volume complementar] II,

ao comentar a publicação de *Lições sobre filosofia da religião*, Rosenkranz prevê que a obra reforçará o "ódio contra filosofia hegeliana"[3]. Enquanto Hegel vivia, não escapava a seus contemporâneos o fato de que *Lições* se expressava com uma audácia e uma altivez particulares, e por isso continuavam a procurá-la e a adquiri-la mesmo depois da publicação impressa do correspondente texto, remetendo-se, por vezes, diretamente ao filósofo que manifestava e demonstrava sua disponibilidade, sem negar, de modo algum, a autoria das transcrições de suas aulas que os discípulos faziam circular, inclusive fora do âmbito acadêmico e, não raro, também fora das fronteiras da Alemanha[4]. Lendo um dessas transcrições, eis que nos deparamos com um excerto revelador:

> Da França, o Iluminismo passou para a Alemanha, e ali nasceu um novo mundo de ideias. Seus princípios foram interpretados com mais profundidade: só que esses novos conhecimentos não foram frequentemente contrapostos em público ao elemento dogmático; ao contrário, este foi torturado e contorcido para conservar à religião a aparência do reconhecimento – o que, de resto, ainda hoje se faz. (Ph. G., p. 916-7)

A que autor, ou a que autores, se refere a última citação? Ou estamos na presença de uma confissão? Uma coisa é certa: as técnicas aqui descritas são as da duplicidade e da autocensura, e dessas técnicas destacam-se a continuidade e a atualidade do uso. O trecho reportado não é o único em que Hegel demonstra clara consciência do fato de que a situação objetiva exigia uma escritura atentamente controlada; também Hamann – destaca-se – era obrigado a "esconder sua sátira das autoridades reais" (W., XI, p. 334).

No entanto, ainda são fortes as resistências para enfrentar o problema. Para citar um dos intérpretes mais conceituados de Hegel, Claudio Cesa não parece propenso a atribuir particular peso ao problema da censura ou da autocensura: "Os intelectuais e os acadêmicos alemães podiam se expressar, naturalmente

---

p. 175. No que se refere à tradução italiana, utilizamos livremente a contida na edição das *Obras completas* de Marx e Engels em vias de publicação, temporariamente interrompida, por Editori Riuniti e agora editada conjuntamente com La Città del Sole, de Nápoles.

[3] Karl Rosenkranz, *Kritische Erläuterungen des Hegelschen Systems* (Königsberg, [Gebrüder Bornträger,] 1840; ed. fac-similar: Hildesheim, 1963, p. 218.

[4] Remetemos a Domenico Losurdo, "Introduzione a Georg Wilhelm Friedrich Hegel", em *Le filosofie del diritto. Diritto, proprietà, questione sociale* (org. Domenico Losurdo, Milão, Instituto Italiano para os Estudos Filosóficos, 1989).

dentro de certos limites, com notável liberdade"[5]. Na verdade, até mesmo um discípulo de Hegel identificado com posições "moderadas" fala, referindo-se ao fim dos anos 1820 e início dos anos 1830, de sua "primeira luta com a censura"[6]. E outro discípulo de Hegel, Heine, escreve em carta a seu editor, em abril de 1840 (numa situação, com certeza, menos ameaçadora do que aquela criada na Prússia depois das Decisões de Karlsbad): "Repito-lhe que na redação do livro considerei todos os seus problemas com a censura e exerci uma autocensura muito conscientemente"[7]. Mas, afinal, por que ir tão longe?

Confrontemos o § 127 no texto acroamático e no texto impresso de *Filosofia do direito*. No primeiro caso, podemos ler:

> O homem que morre de fome tem o direito absoluto de violar a propriedade de outro; ele viola a propriedade de outro apenas num sentido limitado. No direito da necessidade extrema (*Notrecht*), entende-se que não viola o direito do outro enquanto direito: o interesse se refere somente a esse pedaço de pão; ele não trata o outro como pessoa privada de direitos. (V. Rph., IV, p. 341)

No texto impresso, desaparece a figura do faminto em sentido estrito, e somente de forma alusiva se acena ao fato de que o direito da necessidade extrema pode entrar "em colisão com a propriedade jurídica de outro", enquanto o furto se torna "a perda de uma única, limitada existência da liberdade" (sobre o "direito absoluto" que o faminto tem a essa "perda" ou furto, o texto impresso prefere omitir tudo). O esforço de autocensura é evidente.

Poderíamos invocar outros exemplos[8]. Contudo, aqui pode ser mais útil esclarecer as modalidades de intervenção da censura, por meio de um confronto entre o ensaio sobre a *Reform Bill* [Lei da Reforma], publicado pela *Preußische Staatszeitung*, e o manuscrito de Hegel. Graças à edição organizada pela Hoffmeister, podemos examinar as variações ocorridas: ao menos na aparência, o discurso versa exclusivamente sobre a Inglaterra; entretanto, no que se refere ao manuscrito original, o texto impresso se caracteriza pelo constante esforço em

---

[5] Claudio Cesa, *Hegel filosofo politico* (Nápoles, Guida, 1976), p. 90.

[6] Karl Rosenkranz, *Von Magdeburg bis Königsberg* (Leipzig, Jubiläumsausg, 1878), p. 432.

[7] Carta ao editor H. J. Campe, 18 de abril de 1840, reportada em Heinrich Heine, *Sämtliche Schriften* (org. Klaus Briegleb em colaboração com Günter Häntzschel e Karl Pörnbacher, Munique, Ullstein, 1969-1978), v. IV, p. 755.

[8] Remetemos a Domenico Losurdo, "Introduzione a Georg Wilhelm Friedrich Hegel", cit.

26   HEGEL E A LIBERDADE DOS MODERNOS

suavizar a aspereza da denúncia. E, assim, a "ganância" (*Habsucht*) das classes dominantes e do clero inglês, dedicados a oprimir o povo irlandês, se torna "egoísmo" (*Eigennutz*) (B. Schr., p. 478), com uma expressão não somente mais branda, mas que, sobretudo, abdica de seu significado político para assumir um tom de pregação moral. A "aridez" (*Seichtgkeit*) dos princípios que regem o ordenamento político e social da Inglaterra se torna "escassa profundidade" (*wenig Tiefe*) (B. Schr., p. 484), ao mesmo tempo que desaparece a referência a seus aspectos "mais bizarros e mais grosseiros" (B. Schr., p. 463); sempre no mesmo contexto, o "absurdo" (*Absurdität*) se torna "anomalia" (*Anomalie*), ao mesmo tempo que a "depravação" (*Verdorbenheit*), que caracteriza as eleições e remete tanto aos sujeitos ativos quanto aos passivos da corrupção, torna-se uma vez mais "egoísmo" (B. Schr., p. 466). Se Hegel denuncia a "presunção" (*Dünkel*) que os ingleses têm de sua liberdade, a gazeta do Estado, revelando-se claramente mais anglófila (é um fato sobre o qual é preciso refletir e ao qual retornaremos), fala, contudo, de "orgulho" (*Stolz*) (B. Schr., p. 482). Pode-se acrescentar um exemplo ainda mais saboroso. O manuscrito denuncia a praga dos dízimos eclesiásticos na Inglaterra, que serve para alimentar a vida parasitária e dissoluta de um clero inerte, não obstante a gravidade dos escândalos em que normalmente se envolve: consegue conservar seu lugar e sua prebenda até mesmo um padre que "perambulava por ruas e pontes de sua cidade com duas prostitutas de um bordel público, uma em cada braço"; bem, a gazeta do Estado se limita a dizer que o padre perambulava em "companhia totalmente inconveniente". Assim, os "particulares" impiedosamente relatados por Hegel das peculiares "relações" desse padre "com sua esposa e com um amante dela, que vivia em sua casa", tornam-se os particulares da "relação doméstica do homem" em questão (B. Schr., p. 475).

É improvável que as alterações tenham sido sugeridas por mero excesso de pudor. Noutros casos, a preocupação política é, no entanto, mais evidente: a gazeta do Estado ignora por completo a denúncia que o manuscrito faz da "rude ignorância dos caçadores de raposas e da nobreza agrária" (B. Schr., p. 482). É verdade que, na aparência, faz-se referência apenas à Inglaterra, mas a denúncia bem podia ser aplicada a outros países, principalmente porque o termo utilizado para designar a nobreza agrária, *Landjunker*, na verdade, fazia pensar muito mais na Prússia do que na Inglaterra. E a gazeta do Estado deixa escapar outra afirmação significativa: "Em nenhum outro lugar mais do que na Inglaterra é enraizado e imperturbável o preconceito de que aquele a quem o nascimento e a riqueza deram um cargo receba junto a inteligência necessária para exercê-lo" (B. Schr., p. 482). A Inglaterra é aqui citada com o exemplo mais clamoroso, mas não único, do preconceito e da arrogância da nobreza, aos quais certamente não estava imune a Prússia, como bem sabiam tanto Hegel quanto os censores do Estado.

Neste ponto emerge um problema de caráter mais geral, já levantado à época por um discípulo de Hegel: o ensaio sobre a *Reform Bill* – escreve Ruge em 1841 – "é muito verdadeiro e instrutivo no que diz respeito à Inglaterra", mas não se compreende bem – também porque Hegel escreve na gazeta do Estado e escreve e se comporta como "diplomata" – se à "miséria feudal inglesa" é comparada a Alemanha ou o "continente" (e, assim, na realidade, "os produtos da Revolução Francesa")[9]. De fato, uma calculada ambiguidade atravessa em profundidade o ensaio sobre a *Reform Bill*. Certo é que, quando ao "positivo" dominante na Inglaterra são contrapostos os "princípios gerais" dos quais se "originaram os códigos e as instituições políticas do continente" (B. Schr., p. 469), é claro que se pensa também, senão em primeiro lugar, na França, que, no entanto, é silenciada e ocultada na categoria geral de "continente". Hegel condena veementemente a ideologia centrada na celebração do positivo e do que é historicamente transmitido, do que repousa na "sabedoria dos antepassados" (*Weisheit der Vorfahren*) (B. Schr., p. 466-7). O ensaio sobre a *Reform Bill* formula essa sentença referindo-se apenas à Inglaterra, mas seu autor dificilmente podia ignorar que tal ideologia era bem presente e enraizada também na Alemanha e na Prússia, como demonstra sua áspera polêmica com Hugo e Savigny.

Aliás, quinze anos mais tarde, será Frederico Guilherme IV em pessoa a contrapor ao modelo francês, com suas "constituições feitas e concedidas", o modelo da Inglaterra, cuja constituição "é resultado não de um pedaço de papel, mas dos séculos e de uma sabedoria hereditária incomparável" (*infra*, cap. XIII, § 2). A *Weisheit der Vorfahren* denunciada pelo ensaio sobre a *Reform Bill* é aqui a *Erbweisheit* [sabedoria herdada] celebrada pelo rei da Prússia. É fato que entre os dois textos há um intervalo de quinze anos. No entanto, essa celebração da continuidade histórica, protegida do arbítrio e da violência de intervenções legislativas externas, nos anos em que ainda era príncipe hereditário, Frederico Guilherme IV havia aprendido com Savigny, alvo em outras ocasiões da polêmica de Hegel, o qual, contudo, na *Preußische Staatszeitung*, se resguarda de fazer qualquer referência à escola histórica e à ideologia e aos ideólogos da Prússia daquela época.

---

[9] Arnold Ruge, "Über das Verhältinis von Philosophie, Politik und Religion (Kants und Hegels Accomodation)" (1841), em *Sämtliche Werke* (Mannheim, Grohe, 1847-1848), v. IV, p. 265-6.

É sabido que a publicação da segunda parte do artigo de Hegel sobre a *Reform Bill* foi vetada por uma venerável intervenção do alto; pode-se dar crédito à motivação oficial e atribuir o veto a considerações de oportunidade no plano da política internacional, mas o fato é que Hegel não podia se expressar livremente. E, sobre ele, ainda menos podia se expressar livremente Gans, que lamenta que o necrológio, escrito em ocasião da morte do mestre e publicado na mesma *Preußische Staatszeitung*, havia sido tão profundamente "trabalhado pelos censores" que se tornou irreconhecível (H. B., p. 502).

Seria possível acrescentar, de forma jocosa, mas não muito, que, se tivesse sido percebido em Hegel o reconhecimento à Prússia da época por ter garantido aos intelectuais "notável liberdade" de expressão, a coisa teria sido considerada demonstração definitiva da sujeição do filósofo à Restauração. É prova de como ainda é incerta a configuração da Prússia daquele tempo, cujas características parecem às vezes definidas, com pouca coerência, em função das exigências de condenação ou de defesa de Hegel. Faz-se necessária uma visão mais precisa e articulada do período e do ambiente histórico. A censura, porém, é um dado, como reconhece, noutra ocasião, o próprio Cesa:

> Em 1947, Bruno Bauer escreveu uma obra, em três pequenos volumes, dedicada às "lutas dos partidos" na Alemanha entre 1842 e 1846: no capítulo dedicado à *Rheinische Zeitung* [*Gazeta Renana*], ele se diverte em evidenciar como, ao longo de 1842, isto é, quando o jornal foi praticamente dirigido primeiro por Moses Hess e depois por Karl Marx, não se perdia nenhuma ocasião de demonstrar confiança nas boas intenções do governo prussiano. Bem, Bauer dizia a verdade apenas pela metade: nós sabemos, e ele não podia ignorar, que a direção do jornal travava uma luta extenuante tanto contra a censura quanto contra a ameaça de extinção; as expressões de confiança em relação ao governo deviam equilibrar notícias indesejadas ou julgamentos críticos; e o mesmo vale para grande parte do jornalismo contemporâneo, ao menos no que se refere àquele impresso nos limites da confederação germânica.[10]

Portanto, o problema de fugir da vigilância da censura ainda se impunha em 1842, numa situação claramente mais avançada, quando as malhas do sistema repressivo já começavam a se afrouxar. No mais, se tomarmos ao pé da letra as formulações usadas por Cesa, "as expressões de confiança em relação ao

---

[10] Claudio Cesa, *Studi sulla sinistra hegeliana* (Urbino, Argalia, 1972), p. 337.

EM BUSCA DO HEGEL "AUTÊNTICO"   29

governo" constituiriam um caso, mais que de autocensura (o autor não renega as próprias convicções, mas se limita a enunciá-las de forma obscura e retorcida, quando muito renunciando a expressar até o fim o próprio pensamento), de pura e verdadeira duplicidade (o autor faz declarações que não correspondem minimamente a seu pensamento, mas que têm como único objetivo jogar fumaça nos olhos do censor e, assim, transmitir um conteúdo menos legalista em relação ao poder). É inútil dizer que a duplicidade nos colocaria diante de problemas ainda mais difíceis de resolver, pois não bastaria nesse caso a decodificação de um texto mais ou menos obscuro ou criptográfico, mas tratar--se-ia de discernir, com base em critérios bastante problemáticos, o material autêntico daquele espúrio.

Paradoxalmente, apesar da declarada intenção de redimensionar de forma drástica ou de anular a dimensão "secreta" ou "diferente" de Hegel, Cesa acaba por sugerir uma metodologia substancialmente semelhante à de Ilting. Se para este deve ser considerado, em última instância, falso e espúrio o texto impresso de *Filosofia do direito*, para Cesa devem, em última instância, ser considerados falsos e espúrios não poucos artigos da *Gazeta Renana*. No entanto, seu diretor parece traçar um balanço completamente distinto sobre essa experiência jornalística: "É um problema", observa Marx numa carta a Ruge, "ter que assumir, mesmo que pela causa da liberdade, uma postura servil, combatendo com pontadas de agulha em vez de golpes de bastão". O exercício da autocensura é decididamente atormentado. É preciso "se adaptar, se curvar, se contorcer, fazer um trabalho de cinzel sobre as palavras"[11]. Alguns desses termos trazem à memória aqueles usados por Hegel a propósito dos procedimentos a que recorria o Iluminismo alemão para ocultar o desacordo respeito à religião dominante. Contudo, o que se mostra particularmente instrutivo são as confissões-descrições de Marx e Heine, que sugerem uma chave de leitura precisa. Trata-se de proceder com a decodificação de um texto, criptográfico por causas de força maior, não de escolher entre material espúrio e material autêntico. Trata-se de recorrer à categoria de "autocensura" (explicitamente indicada por Heine), não à de duplicidade.

Noutras palavras, todo o reconhecimento à Prússia correspondia em parte ao pensamento, senão do próprio Marx, certamente de alguns dos redatores da *Gazeta Renana*. No mais, ainda em outubro de 1842, Engels celebra na Prússia o "Estado burocrático, racionalista, que se torna quase pagão", que

---

[11] Karl Marx, carta a Arnold Ruge, 25 de janeiro de 1843, em MEW, v. XXVII, p. 415.

havia atacado "no período de 1807 a 1812 os restos da Idade Média" e cuja legislação permanecia, de alguma forma, "sob a influência do Iluminismo". Claro, escrevendo nesse momento da Suíça, o jovem revolucionário não omite a si mesmo que essa Prússia já havia sido derrotada pela Prússia cristã-feudal da "escola histórica do direito"[12]. Pode ser interessante confrontar esse texto com outro análogo, publicado poucos meses antes – e justamente na *Gazeta Renana*. Os temas são fundamentalmente os mesmos: "Nosso passado jaz sepultado sob as ruínas da Prússia pré-ienense"; "não temos mais que arrastar aquela bola presa aos pés da Idade Média que impede alguns Estados de se mover". Até aqui, os reconhecimentos dos méritos da Prússia não se diferenciam em nada daqueles que aparecem no texto não submetido à censura. Quanto às críticas, estas também não faltam no artigo publicado na *Gazeta Renana*. Uma renúncia ao patrimônio da Prússia das reformas antifeudais seguidas à derrota de Iena, uma renúncia a essa herança em nome das teorias caras à escola histórica do direito, "seria a mais vergonhosa retirada jamais vista", pois "renegaria do modo mais vil os anos mais gloriosos da história prussiana"; se isso acontecesse, "*trairíamos* nosso patrimônio mais sagrado, *assassinaríamos* nossa própria força vital" etc.[13].

Para tentar sintetizar com uma fórmula gramatical, poder-se-ia dizer que é o futuro do pretérito por nós destacado que remete ao momento da autocensura. O processo de degeneração da Prússia, que no texto publicado na Suíça é considerado definitivamente concluído ("a reação no Estado começou nos últimos anos do rei anterior"[14]), aqui ainda é considerado aberto; por conseguinte, o alvo da polêmica e da luta enquanto tal, em um caso, é a monarquia prussiana, noutro, os círculos reacionários que fingem ainda não ter tomado a supremacia. É assim que a virada e a traição, que, no texto publicado na Suíça, são denunciadas e conjugadas no pretérito perfeito, no texto publicado na Prússia são denunciadas e conjugadas no futuro do pretérito. No entanto, o uso do futuro do pretérito, se é certamente, em primeiro lugar, um expediente para fugir das redes da censura, também é afetado pelas ilusões residuais sobre o papel da Prússia, vastamente presentes na esquerda hegeliana até a ascensão

---

[12] Friedrich Engels, "Friedrich Wilhelm IV, König von Preussen", em *Einundzwanzig Bogen aus der Schweiz* (Zurique e Winterthur, 1843), MEW, v. I, p. 447-50.

[13] Friedrich Engels, [von Henning], *Gazeta Renana*, 24 maio 1842, MEW, *Ergänzungsband* II, p. 253-4.

[14] Idem, "Friedrich Wilhelm IV, König von Preussen", cit., p. 446.

ao trono de Frederico Guilherme IV – e mesmo até a experiência de seus primeiros anos de governo[15].

2. AUTOCENSURA LINGUÍSTICA E COMPROMISSO TEÓRICO

O verdadeiro problema não é ver se existe autocensura na filosofia clássica alemã, mas definir sua precisa configuração e seu real conteúdo. Em sua autobiografia, Rosenkranz reconstrói um debate revelador, desenvolvido em 1830. Na ocasião do aniversário da Confessio Augustana, Schleiermacher lança uma declaração em que defende – assim escreve Rosenkranz – "que um eclesiástico poderia recitar o credo de uma Igreja sem estar convencido de sua verdade", dado que, nesse caso, agiria não como indivíduo, mas enquanto "encarregado" de uma "comunidade"[16]. A duplicidade aqui teorizada é um fato que deve fazer refletir quantos ainda persistam em gritar, escandalizados, diante da suposta violência perpetrada contra o texto toda vez que se busca limitá-lo à época em que foi escrito e publicado, levando em consideração, portanto, as disposições de censura, o hábito mais ou menos difuso nos intelectuais à dissimulação etc.

Na realidade, ao menos no que se refere ao período histórico aqui objeto de investigação, nenhum texto se torna adequadamente compreensível partindo-se do pressuposto de sua autotransparência. Rosenkranz concorda com Schleiermacher em rejeitar aquela que é desdenhosamente definida como "teologia da letra"[17]: o contraste versa apenas sobre a reinterpretação do conteúdo dogmático e da "letra" que o segundo parece dissolver no "sentimento de dependência", e o primeiro, no conceito e na "especulação". Para o discípulo de Hegel, são "símbolos, alegorias, metáforas: Deus se gera como filho, o relato do paraíso, de Prometeu, a apresentação de Deus como de um ser que se enfurece, se arrepende etc."; também "pai e filho são representações"; e, "se na ocasião das bodas de Canaá, os hóspedes recebem mais ou menos vinho, é totalmente indiferente e igualmente acidental": "quanto ao lado sensível da representação, não somente a imagem, mas também o elemento histórico deve ser entendido em sentido simbólico e alegórico"[18]. Porém, apesar dessa sua postura radical,

---

[15] Remetemos a Domenico Losurdo, *Hegel und das deutsche Erbe. Philosophie und nationale Frage zwischen Revolution und Reaktion* (Colônia, Pahl-Rugenstein, 1989), cap. VI, § 4.

[16] Karl Rosenkranz, *Von Magdeburg bis Königsberg*, cit., p. 438.

[17] Idem, *Kritische Erläuterungen des Hegelschen Systems*, cit., p. 217.

[18] Ibidem, p. 229-32, *passim* e 271.

Rosenkranz não apenas se declara perfeitamente de acordo com o cristianismo, como parece querer ser o primeiro da classe, a ponto de atribuir paradoxalmente aos guardiões da ortodoxia, ou mesmo aos críticos do hegelianismo, uma espécie de descrença.

> É inegável a presença, na convicção religiosa de nosso tempo, de uma extensa, quase universal, indiferença aos conteúdos doutrinários, em outra época tidos como essenciais, e de uma indiferença dos próprios teólogos, seja daqueles mais ilustrados, seja daqueles que passam por mais devotos. Se precisássemos pedir à maior parte deles que dissesse, com a mão no coração, se considera absolutamente indispensável para a felicidade a fé na trindade e se acredita que a ausência de fé leva à condenação, é supérfluo imaginar a resposta. Até a felicidade eterna e a condenação eterna são expressões que não é permitido usar na boa sociedade [...]. Ver-se-á que, na crença desses teólogos, os dogmas se enfraqueceram notavelmente, diminuíram.[19]

Estamos diante de um caso de "duplicidade"? Não, porque Rosenkranz, alinhado com posições moderadas e "centristas" – e é por isso que recorremos a esse exemplo –, repudia com sinceridade o ateísmo e a negação do cristianismo. Por outro lado, não se pode ignorar o fato de que a categórica afirmação da perfeita conformidade à ortodoxia da reinterpretação "especulativa" do cristianismo responde também a precisas exigências pragmáticas.

Os temas que vimos em Rosenkranz já podem ser lidos em Hegel, e é significativo que, nas lições, o filósofo se exprima com uma audácia de linguagem que procuraríamos em vão no texto impresso; por exemplo, um apêndice de *Enciclopédia* quanto à história bíblica do pecado original não fala, como de costume, de "representação", mas simples e brutalmente de "mito", e ironiza também a "chamada maldição que Deus teria lançado sobre os homens" (§ 24 Z). Certamente, portanto, no texto impresso existe um elemento de "autocensura"; mas até onde se pode hipotetizar sobre a "duplicidade" de Hegel? Na realidade, é o próprio filósofo que declara de modo solene, em julho de 1826 (em carta endereçada a um teólogo não muito distante das posições ortodoxas; contudo, cabe observar, carta, que, sendo um documento privado, é difícil pensar que responda a razões de "acomodação"): "Sou luterano e a filosofia me fortaleceu em meu luteranismo" (B., IV b, p. 61).

---

[19] Ibidem, p. 223.

Em busca do Hegel "autêntico"   33

Por outro lado, Hegel é cuidadoso em não colocar em evidência o abismo que separa seu luteranismo do luteranismo oficial e ortodoxo. No caso da filosofia da religião – isto vale para o mestre e para os discípulos como Rosenkranz –, a autocensura não parece dizer respeito apenas à expressão externa; poderíamos dizer que atinge o próprio processo de elaboração e desenvolvimento do pensamento, emperrando e impedindo esse pensamento de chegar às últimas consequências que pareceriam emanar da própria lógica que o move. Nas condições de seu exercício prolongado e obrigatório, a autocensura praticamente se interiorizou. No entanto, os dois níveis aqui identificados devem ser mantidos bem distintos: uma coisa é a "arte da escrita"[20], o artifício técnico que leva a suavizar expressões que poderiam se mostrar muito irritantes para a ideologia e o poder dominante; outra coisa, no exemplo da filosofia hegeliana da religião, é a elaboração de uma visão para a qual a substancial eliminação do conteúdo dogmático e "representativo" do cristianismo desemboca não na denúncia de tal religião, mas sim na adesão convicta e sincera a um cristianismo "especulativamente" reinterpretado.

A autocensura linguística é um artifício consciente que se refere apenas à formulação externa do pensamento. O compromisso teórico, no entanto, é inerente ao processo de elaboração e é deste indissociável. Claro, também a autocensura linguística comporta um compromisso com o poder e com a ideologia dominante (a suavização, a atenuação, o insuficiente destaque das teses mais audazes constitui objetivamente uma concessão real ao poder que não se vê mais confrontado por uma oposição aberta e declarada), mas se trata de um compromisso pragmático que diz respeito somente às técnicas de expressão do pensamento, não às próprias categorias teóricas e ao aparato conceitual.

Embora não seja fácil precisar a linha de fronteira, a distinção entre os dois níveis deve ser sempre considerada. Por isso, parece-nos errado o posicionamento de quem, à imagem de um Hegel que lida com problemas postos pela censura, contrapõe a exigência, ainda que legítima, de buscar uma "acomodação" inerente ao próprio processo de elaboração teórica[21]. Não é frutífero contrapor os dois aspectos do problema.

Claro que essa contraposição é favorecida pelo fato de que nem Ilting consegue distinguir com precisão esses dois aspectos. Com efeito, depois de

---

[20] A expressão é de Leo Strauss, *Persecution and the Art of Writing* (Glencoe, Illinois, The Free Press, 1952). A pesquisa diz respeito a Espinosa e outros autores da mesma época.

[21] Henning Ottmann, "Hegels Rechtsphilosophie und das Problem der Akkomodation", *Zeitschrift für phiolosophische Forschung*, n. 33, 1979, p. 242-3.

diferenciar a "concepção fundamental", resultado das lições e que é aquela verdadeiramente autêntica, da concepção pragmaticamente adaptada à constelação política do momento, acrescenta que nem a "concepção fundamental [...] está livre de concessões", como se poderia constatar da polêmica anticontratualista em que Hegel constantemente se envolve. E tais "concessões" seriam inevitáveis, pois a filosofia de Hegel não é outra coisa senão "seu tempo apreendido com o pensamento"[22]. Sem por ora entrar no mérito da polêmica anticontratualista, acerca da qual daremos em seguida uma interpretação completamente distinta, alonguemo-nos no aspecto mais propriamente metodológico. Parece-nos que aqui há um erro duplo.

Primeiro, o termo *Konzessionen* (V. Rph., I, p. 105) parece confundir e equiparar dois fenômenos qualitativamente distintos, isto é, de um lado, o compromisso teórico que se refere à própria configuração do sistema em sua "autenticidade" e, de outro, o compromisso pragmático sugerido ou ditado pelas imediatas considerações de cautela numa situação política específica. Em segundo lugar, esse compromisso pragmático, como poderemos observar em seguida, é interpretado não como a tradução em linguagem mais ou menos cifrada e alusiva à "concepção fundamental" (*Grundkonzeption*), mas como seu abandono, de tal modo que a "concepção" que emerge no texto impresso seria distinta daquela de *Lições* e não corresponderia ao verdadeiro pensamento de Hegel. A ser considerada de "dúbia autenticidade", ditada como é por uma "acomodação não pouco importante à política da Restauração"[23], é uma obra fundamental de Hegel: *Princípios da filosofia do direito*! No entanto, se fosse um texto espúrio, por que teria sido escrito e publicado? Kant, como vimos, confessava ocultar parte de seu pensamento, mas assegurava que nunca havia dito algo que não pensasse. Teria Hegel se comportado de maneira diferente? Na carta já citada em que Heine assevera a seu editor ter recorrido à escrupulosa autocensura, o discípulo de Hegel acrescenta: "Antes de ser acusado de servilismo, renuncio totalmente a escrever livros". O mestre, por sua vez, teria se comportado de modo oposto ao discípulo, publicando *Princípios*, que

---

[22] Karl-Heinz Ilting, *Hegel diverso* (Roma/Bari, Laterza, 1977). O ensaio central é a tradução italiana de *Die "Rechtsphilosophie" von 1820 und Hegels Vorlesungen über Rechtsphilosophie. Eileitung a V. Rph.*, I, p. 119.

[23] Karl-Heinz Ilting, *Hegel diverso*, cit., p. 127 e seg. e 116. Segundo um discípulo de Ilting, em *Princípios* há um "trabalho de falsificação" em relação à "versão original da filosofia do direito". Paolo Becchi, *Contributi ad uno studio della filosofia del diritto di Hegel* (Gênova, Ecig, 1984), p. 175.

não somente não respondia a seu pensamento, mas que sabia ser afetado pelo "servilismo". Frente às acusações dos críticos liberais de Hegel, Ilting parece às vezes assumir o papel de advogado de defesa, mas a arenga defensiva se transformou objetivamente na mais implacável das acusações.

Ainda assim, não é esse o ponto essencial. Pode ser útil retomar o debate desenvolvido logo após a morte de Hegel. À tese dos jovens hegelianos que acusam o mestre de ter renegado seu pensamento mais verdadeiro e mais profundo por uma exigência pragmática de "acomodação" ao poder, Marx contrapõe a tese da "incoerência de Hegel no interior de seu próprio ponto de vista"[24]. Ainda no caso de o filósofo ter recorrido "a uma acomodação, seus discípulos devem explicar a partir de sua consciência (*Bewußtsein*) essencial e mais profunda aquilo que para ele mesmo assumiu a forma de consciência exotérica". As teses que os jovens hegelianos atribuíam à duplicidade oportunista de Hegel, eles mesmos haviam anteriormente compartilhado e sem nenhuma duplicidade[25]. A categoria da duplicidade transferia e tornava contemporaneamente presentes no mestre dois momentos sucessivos da evolução dos discípulos e dois momentos sucessivos da interpretação que os discípulos haviam dado ao sistema do mestre. Noutras palavras, aplicando essas duas indicações ao atual debate sobre Hegel, ainda que de provas certas e de uma explícita confissão de seu autor resultasse que *Princípios de filosofia do direito* foi por ele considerado um simples expediente pragmático para se acomodar ao poder e fugir da repressão, mesmo nesse caso, caberia investigar as razões mais profundas desse posicionamento não apenas no caráter temeroso do homem privado, mas em primeiro lugar na própria configuração da teoria.

No entanto, não deve ser mal compreendido o sentido da crítica dirigida aos jovens hegelianos por Marx, que contrapõe a tese do compromisso teórico à tese da "duplicidade" ditada pela covardia moral e pelas considerações pragmáticas, não à tese da autocensura propriamente dita, cujas técnicas, como vimos, Marx conhecia por experiência direta e estava em condições de descrever com grande precisão. Os esforços de uma cultura acadêmica, às vezes preguiçosa, para exorcizar o espectro inquietante de um Hegel "secreto" e "diferente" têm feito perder de vista as sensíveis diferenças que subsistem entre a abordagem de D'Hondt e a de Ilting. É verdade. O primeiro autor também

---

[24] Karl Marx, "Zur Kritik des Hegelschen Staatsrechts" (1843), em MEW, v. I, p. 300.

[25] Idem, "Anmerkungen zur Doktordissertation" (1840-1841), em MEW, *Ergänzungsband* I, p. 326.

parece subestimar o texto impresso: "Quando um pensador não pode publicar tudo o que pensa, é preciso investigar noutro lugar, não em sua publicação, seu verdadeiro pensamento"; na situação concreta da Prússia de então, Hegel "se via forçado a expressar seus verdadeiros sentimentos por meios diferentes da imprensa"[26]. Desse ponto de vista, diríamos que, assim como Ilting contrapõe ao texto impresso *Lições*, da mesma forma D'Hondt contrapõe a ele as cartas ou as leituras privadas e as "fontes ocultas"[27]. No entanto, D'Hondt parece enunciar objetivamente um critério metodológico totalmente distinto quando observa que "seus [de Hegel] amigos e inteligentes discípulos leem as entrelinhas do texto publicado, completando-o com as indicações orais dadas contemporaneamente pelo mestre"[28]. Portanto, se Ilting considera fundamentalmente inautêntico *Princípios*, publicado diretamente pelo filósofo, D'Hondt, por sua vez, antecipando a descoberta relativa às diferentes filosofias do direito, parece aqui afirmar uma substancial unidade. À luz dessa abordagem, conviria ler unitariamente, por um lado, os parágrafos de *Princípios* e, por outro lado, os Apêndices de Gans (que hoje sabemos terem sido retirados das transcrições das aulas) e utilizar o texto acroamático, relativamente mais livre e desinibido, não em função da rejeição ao texto impresso, mas sim em função de uma interpretação mais adequada, por meio de uma leitura "nas entrelinhas".

É uma indicação de leitura que já se pode perceber em Hegel e seus contemporâneos. Se o texto impresso de *Filosofia do direito*, no subtítulo, se define em função das lições, estas, por sua vez, não se põem em contradição com os parágrafos de *Princípios*, já que, depois de trazê-los à tona com fidelidade e não poucas vezes na íntegra, procedem em seguida com esclarecimento e explicitação de seu significado, por meio de elucidações e exemplos. Quer se declarem inautênticos as lições ou *Princípios* ou outros textos impressos, encontramo-nos de qualquer forma diante de um *Corpus philosophicum* de primeira grandeza, anônimo, do qual, no entanto, não se pode prescindir para reconstruir a história das ideias. Os discípulos de Hegel, assim como não colocaram sob suspeita a autenticidade dos Apêndices e de *Lições*, tampouco colocaram sob suspeita a autenticidade do texto impresso. Mesmo depois do ataque de Haym e dos nacional-liberais contra o suposto filósofo da

---

[26] Jacques d'Hondt, *Hegel en son temps. Berlim, 1818-1831* (Paris, Éditions Sociales, 1968); ed. it.: *Hegel nel suo tempo* (trad. Tota Plantamura, Nápoles, Bibliopolis, 1978), p. 16-7.

[27] Idem, *Hegel secret. Recherches sur les sources cachées de la pensée de Hegel* (Paris, PUF, 1968).

[28] Idem, *Hegel nel suo tempo*, cit., p. 17.

Restauração, Rosenkranz, Michelet, Lassalle, se dão como óbvia a autenticidade dos Apêndices e de *Lições*, da mesma maneira, obrigados a uma defesa já difícil da memória e da herança do mestre, não pensam sequer por um instante em reabilitá-lo absolvendo-o da responsabilidade de ter escrito e publicado *Princípios*. D'Hondt expõe a metodologia da leitura unitária e, inclusive, a coloca brilhantemente em prática[29], apesar de nem sempre permanecer fiel a ela. De fato, ele declara: "É em suas ações que Hegel se mostra mais ousado e, como era de esperar, mais vivo"[30]. Aqui, mais uma vez, o texto, sobretudo aquele impresso, corre o risco de ser colocado numa zona de autenticidade dúbia, e é estranho que isso aconteça com uma motivação oposta àquela formulada por Ilting: para este, *Princípios* não são autênticos enquanto ditados pelo medo que a caça aos demagogos provoca num homem preocupado em não se expor e fundamentalmente medroso; para D'Hondt, o texto impresso, e até mesmo aquele acroamático, é menos autêntico do que o comportamento de Hegel, isto é, do que seus laços com os ambientes da oposição e da Fronda. Num caso, o filósofo é recuperado, não obstante os acordos e as acomodações, até ostensivas, do homem privado, enquanto, no segundo caso, é mais o homem privado do que o filósofo a ser objeto de recuperação.

3. Dimensão privada e dimensão filosófica

A debilidade desta última abordagem fica evidente: afinal, o objeto de debate é, em primeiro lugar, o pensamento de Hegel, e se deram bem aqueles intérpretes que negaram relevância filosófica ao esforço do mestre em salvar alguns de seus discípulos das garras da polícia[31]. Deve-se acrescentar que privilegiar a "ousadia" do homem privado em detrimento do filósofo é uma contradição com os testemunhos dos contemporâneos de Hegel e derruba um *tópos* da tradição, significativamente presente nos críticos tanto de "direita" quanto de "esquerda".

---

[29] Ver em particular seu artigo "Théorie et pratique politique chez Hegel: le problème de la censure", em *Hegels Philosophie des Rechts* (orgs. Dieter Henrich e Rolf-Peter Horstmann, Stuttgart, Klett-Cotta, 1982), p. 151-84.

[30] Jacques d'Hondt, *Hegel nel suo tempo*, cit., p. 16-7. Também no artigo anteriormente citado, pode-se ler: "Os contemporâneos de Hegel ignoravam muitos aspectos da vida do filósofo. Estamos agora em condição de avaliar melhor a distância que separa aquilo que ele diz e aquilo que ele faz" ("Théorie et pratique politique chez Hegel", cit., p. 179). Essa abordagem já pode, ademais, se destacar do título do artigo em questão.

[31] Cf. Claudio Cesa, *Hegel filosofo politico*, cit., p. 91.

Do lado conservador e reacionário, Schubart, por exemplo, declara a propósito de Hegel que "seu lado particular era melhor que sua doutrina, isto é, que seu lado universal" (Mat., I, p. 264). De modo análogo procedem os discípulos de "esquerda", formulando a distinção, posteriormente consagrada por Engels, entre "método" e "sistema" (este último é mais afetado pelos acordos e pelas acomodações do homem privado). Tanto num caso quanto no outro, apesar dos distintos e opostos juízos de valor, é a dimensão mais propriamente teórica que deve ser considerada a mais subversiva em relação ao ordenamento político--social existente. As pesquisas sobre os múltiplos laços que Hegel mantém com o movimento da Fronda e de oposição à Restauração são preciosas, mas dão todos os frutos apenas quando são sistematicamente utilizadas para lançar luz sobre os textos. E é apenas desse modo que se podem atenuar as objeções de quem, como Cesa, mesmo observando com cautela metodológica que "os paralelos entre situações históricas distintas são sempre discutíveis", compara a postura de Hegel àquela de Gentile, que buscava proteger da repressão inclusive discípulos e estudantes antifascistas, sem que, por isso, pudesse ser considerado "opositor do fascismo"[32]. O único significado aceitável dessa comparação é o convite a não carregar, de antemão, de significado filosófico e político determinadas posturas da vida privada. E essa, paradoxalmente, também é a opinião de Ilting, que reduz a um episódio da vida privada (o medo e o abatimento de um caráter covarde numa situação perigosa ou entendida como tal) a publicação de *Princípios*. Nos dois intérpretes, ainda que tão distantes entre si, o espúrio e o estranho em relação ao momento propriamente filosófico são configurados de forma distinta, mas o fato é que em ambos os casos não parece haver relação entre dimensão privada e dimensão filosófica.

Em sua generalidade, o convite a mantê-las diferenciadas é sem dúvida razoável; mas, se por um lado é absurdo querer eliminar hoje, mais de um século e meio desde sua aparição, um texto cuja autenticidade nunca foi colocada em xeque pelos íntimos e pelos contemporâneos do autor, mas que agora seria catalogado como simples incidente da vida privada, por outro lado se revela bem problemático negar qualquer laço entre as relações privadas de Hegel com seus discípulos malquistos ao poder e o significado complexo de uma teoria que, com certeza, inspirou e entusiasmou tantos discípulos em posições revolucionárias ou "subversivas". Tanto mais que esses seus discípulos se referem a Hegel, em primeiro lugar, não enquanto homem "privado", mas

---

[32] Idem.

Em busca do Hegel "autêntico"   39

enquanto autor de um sistema filosófico interpretado e vivido como plataforma ideológica para uma batalha política de oposição ou até mesmo revolucionária. A intervenção a favor de um militante – aliás, de um dirigente – do movimento estudantil, das *Burschenschaften*, como Carové[33], pode por si só constituir um episódio que diz respeito apenas à vida privada de Hegel; porém, quando vemos Carové retomar as análises e as palavras de ordem do mestre e citá-lo de forma explícita e repetida, e isso não em discursos privados, mas em obras e discursos públicos, no calor da batalha política[34], quando vemos tudo isso, é difícil continuar a negar à interferência de Hegel a favor do dirigente de uma ala das *Burschenschaften*, seu discípulo, qualquer significado filosófico e político.

A comparação, ainda que cautelosa, instituída por Cesa entre o professor de filosofia na Berlim da Restauração e o notável ministro do regime fascista poderia ter algum sentido se fosse possível demonstrar que também Hegel escreveu algo semelhante a *Doutrina do fascismo*, uma espécie de *Doutrina da Restauração* (talvez para ser assinada pelo príncipe de Metternich, assim como a primeira é assinada por Benito Mussolini), não uma *Filosofia do direito*, que, afinal, teoriza a monarquia constitucional, utilizando uma categoria que, àqueles tempos, longe de remeter à ideologia dominante, era muito suspeita. A comparação em questão, que, esquecidas as cautelas metodológicas de Cesa, teve fortuna considerável e totalmente desmerecida, poderia ter algum sentido apenas se fosse possível demonstrar que, por exemplo, Gentile se expressou sobre a Revolução de Outubro com paixão semelhante àquela com que Hegel se expressou sobre a Revolução Francesa. Noutras palavras, a comparação em questão só poderia ter sentido se fosse possível prescindir dos textos e das peculiaridades das duas diferentes situações.

4. Hegel, um maçom?

Em busca dos laços secretos e clandestinos que deveriam demonstrar o caráter revolucionário ou progressista de Hegel, bem além de suas explícitas formulações em âmbito filosófico, D'Hondt se depara com uma série de indícios que

---

[33] Jacques d'Hondt, *Hegel nel suo tempo*, cit., p. 141-3.

[34] Para destacar a necessidade de incisivas transformações políticas na Alemanha em consonância com o "espírito do tempo", Carové se refere explicitamente a *Fenomenologia do espírito* e ao escrito sobre o Parlamento. Cf. Friedrich Wilhelm Carové, *Entwurf einer Burschenschafts-Ordnung und Versuch einer Begründung derselben* (Eisenach, Bärecke, 1818), p. VIII.

deveriam remeter aos ambientes e à doutrina da maçonaria. Neste, como em outros casos, a pesquisa pode se gabar de seus resultados ou suas sugestões úteis ou importantes para a compreensão – por exemplo, do "poemeto" juvenil "Eleusis", que já pelo título se relaciona com o culto dos mistérios eleusinos próprio do ambiente maçônico[35]; e, aos nomes e às notícias fartamente levantados por D'Hondt, poderíamos acrescentar, sem ir muito além na pesquisa de fontes remotas e escondidas, o título explícito da revista pública e que publicamente faz profissão de fé maçônica, em que aparecem, anônimas, as lições de Fichte sobre a filosofia da maçonaria[36]. Deveríamos, então, para todos os efeitos, considerar Hegel um maçom, durante todo o arco de sua evolução? Não pretendemos aqui intervir em sentido estrito no debate que se desenvolveu sobre essa tese[37].

Pode ser útil enfrentar o problema de outro ponto de vista: dando como certa a filiação de Hegel, por toda a vida, à maçonaria, deve-se ainda perguntar em que medida esse fato pode favorecer uma melhor compreensão do filósofo. Além de Fichte, para o qual temos documentos reveladores, parece que também eram maçons Schelling, Jacobi, Kotzebue, Schiller, Goethe[38] (para não citar mais que alguns personagens contemporâneos de Hegel), ou seja, autores que, no plano político e cultural, expressam posições muito diversas e até mesmo contrapostas. Portanto, a adesão à maçonaria é um dado bastante vago e genérico para nos iluminar em qualquer medida quanto aos fatos das posições individuais. A listagem de nomes tão heterogêneos produz resultados paradoxais: D'Hondt, que em outra ocasião se preocupa justamente em destacar que a condenação do assassinato de Kotzebue não significa em Hegel nenhuma contiguidade de posição com aquele

---

[35] Jacques d'Hondt, *Hegel secret*, cit., p. 257-62.

[36] Johann Gottlieb Fichte, "Eleusinien des 19. Jahrhunderts oder Resultate vereinigter Denker über Philosophie und Geschichte der Freimaurerei" (Berlim, 1802-1803). O texto de Fichte, não incluído na edição organizada pelo filho do filósofo, foi recentemente republicado com o título "Vorlesungen über die Freimaurerei", na antologia Johann Gottlieb Fichte, *Ausgewählte politische Schriften* (org. Zwi Batscha e Richard Saage, Frankfurt, Suhrkamp, 1977), p. 171-216. Para a história do tumultuado relacionamento de Fichte com a maçonaria, ver a introdução de Santino Caramella à sua versão italiana de *Filosofia da maçonaria* (Gênova, Libreria Editrice Moderna, 1924). D'Hondt insiste inclusive sobre o significado maçônico de uma palavra-chave, *Bund* (o "laço" ou a "aliança" que o poemeto pretende celebrar entre Hegel e Hölderlin), e esta é também uma leitura bastante crível; como veremos em instantes, o termo em questão retorna em Goethe num contexto que parece ser inequivocamente maçônico.

[37] É particularmente crítica a intervenção de Claudio Cesa, *Hegel filosofo politico*, cit., p. 98-103.

[38] Jacques d'Hondt, *Hegel secret*, cit., p. 294-341 e *passim*.

EM BUSCA DO HEGEL "AUTÊNTICO"   41

"escritor reacionário"[39], deduz agora o caráter liberal e progressista de Hegel a partir de seu pertencimento a um organismo que, entre seus membros, podia reivindicar a presença também de um "escritor reacionário" como Kotzebue. Ou pense-se na combinação objetiva, com base no denominador comum da maçonaria, Hegel-Jacobi; pense-se no irredutível contraste que, no plano filosófico, contrapõe o primeiro ao segundo, este último ademais com ótimas relações com Fries[40]. Quiçá, levando ao extremo o método indiciário, não se poderia chegar à conclusão de que Fries também era filiado à maçonaria, o que resultaria na possibilidade de compará-lo a seu implacável antagonista: Hegel!

Claro, o tema da maçonaria assume uma função polêmica contra o velho clichê de Hegel, filósofo da Restauração: os maçons – observa D'Hondt – eram quase todos "reformadores", ainda que de vários matizes: alguns eram reformadores no campo religioso, e não no político; outros eram no campo político, e não no religioso; sem falar dos poucos "extremistas", reformadores em ambos os campos[41]. Assim, demonstrar que Hegel, também em Berlim, era maçom significa demonstrar, de alguma forma e em qualquer medida, que era um "reformador". No entanto, à parte a extrema vagueza dessa categoria, a demonstração não é rigorosa pelo fato de que, como esclarece o próprio D'Hondt, também eram maçons Maistre e, na Alemanha, Windischmann, tradutor – acrescentamos nós – de Maistre para o alemão e que continuava a ter boas relações com Hegel, embora este último não pudesse certamente se reconhecer nas *Noites de São Petersburgo*, traduzidas por seu amigo ou conhecido[42].

Concluindo, mesmo que fosse demonstrada, com argumentos incontestáveis, a afiliação do Hegel maduro à maçonaria, isso nos diria pouco ou nada, a menos que se incluam nessa hipotética documentação pesquisas históricas concretas sobre a orientação ideal e política desta ou daquela loja maçônica, desta ou daquela corrente: filiar-se a uma das lojas maçônicas significava – dizia Fichte, em Zurique – tornar-se inimigo de todas as outras[43]. A maçonaria

---

[39] Jacques d'Hondt, *Hegel nel suo tempo*, cit., p. 121.

[40] Como se percebe, ademais, da correspondência entre eles: H. B., p. 87 e 118.

[41] Jacques d'Hondt, *Hegel secret*, cit., p. 337.

[42] Karl Rosenkranz, *Hegels Leben* (Berlim, Duncker und Humblot, 1844) (ed. fac-similar: Darmastadt, Wissenschaftliche Buchgesellschaft, 1963), p. 227. Jacques d'Hondt, *Hegel secret*, cit., p. 300.

[43] Carta a Schön, 30 de setembro de 1792, em Johann Gottlieb Fichte, *Briefwechsel* (org. Hans Schulz, Leipzig, H. Haessel, 1930) (ed. fac-similar: Hildesheim, Georg Olms, 1967), v. I, p. 258.

alemã não parece ter tido aquele caráter substancialmente unitário que emerge das páginas de D'Hondt. Um historiador, aliás, pôde escrever que "o papel da maçonaria na história do conservadorismo alemão foi muito ambíguo" (houve correntes ligadas "não somente no espírito, mas também na práxis, aos defensores conservadores da sociedade alemã") e até falar de "involução da maçonaria de 'iluminada' a 'força do obscurantismo'"[44]. Ademais, considerações análogas podem ser feitas a propósito da França, onde há "uma maçonaria aristocrática, que se refugia nas sombras do trono" e é "quase oficial". É provável que o próprio Luís XVI tenha sido maçom; de toda forma, no conjunto, a maçonaria é um movimento tão variado que Maistre pôde conceber o projeto para criar em seu interior "um estado-maior secreto, que serviria para fazer dos maçons uma espécie de armada pontifícia a serviço de uma teocracia universal"[45].

O problema que levantamos parece ter se colocado por um instante também para D'Hondt, quando ele observa que o gosto misteriosófico podia atrair à maçonaria aqueles "que iam buscar ali a revelação de algum fabuloso segredo: o demônio da taumaturgia, da magia, da alquimia, os conduzia a essa sociedade, que também reunia tantos inimigos do charlatanismo. Evidentemente, tudo isso é secundário"[46]. A referência parece ser aos rosa-cruzistas, que no centro de seu movimento tinham justamente as práticas apenas citadas. Então não estamos na presença de um indivíduo extravagante, e sim de uma força organizada que – observa o historiador já citado do conservadorismo alemão – desempenha "um papel importante na campanha dos conservadores contra o Iluminismo" e, para sermos mais exatos, constitui o ponto forte na luta pela conservação no plano religioso, político e social[47]. O fato é que D'Hondt parece considerar secreto sinônimo, fundamentalmente, de progressista e, de alguma maneira, subversivo: "Aqueles que se escondem desistiram de ser bem acolhidos quando se apresentam sem máscara; são os hereges, os não conformistas, os adversários

---

[44] Klaus Epstein, *The Genesis of German Conservatism* (Nova Jersey, Princeton University Press, 1966); citamos da edição alemã, *Die Ursprünge des Konservativismus in Deutschland* (Frankfurt/Berlim, Propyläen, 1973), p. 109.

[45] Daniel Mornet, *Les Origines intellectuelles de la révolution française, 1715-1787* (Paris, Armand Colin, 1947), p. 364-5 e 386. Na Inglaterra, também era maçom Edmund Burke – cf. Johannes Rogalla von Bieberstein, *Die These von der Verschwörung 1776-1945* (Berna/Frankfurt, Peter Lang, 1976), p. 117) –, em relação ao qual, como poderemos ver repetidamente, Hegel se coloca em posição antagônica.

[46] Jacques d'Hondt, *Hegel secret*, cit., p. 336.

[47] Klaus Epstein, *Die Ursprünge des Konservativismus in Deutschland*, cit., p. 108 e 128-36.

EM BUSCA DO HEGEL "AUTÊNTICO"   43

da ordem existente"[48]. As coisas não são bem assim ou ao menos se apresentam de modo bem mais problemático: os conservadores recorrem às mesmas armas usadas pelos inimigos da ordem vigente, empenham-se num trabalho de "imitação" também no que diz respeito às sociedades secretas, que, portanto, não são monopólio do movimento reformador e revolucionário, como demonstra o exemplo dos rosa-cruzistas[49]. Mesmo para as lojas maçônicas mais avançadas, como aquela que acolhe Fichte, acusado de ateísmo, o caráter secreto não é de fato sinônimo de clandestinidade e de oposição ao poder: em Berlim, informa o filósofo, os "maçons" estão bem longe de levantar suspeitas, inclusive seu famoso líder é "muito bem-visto" pelo rei Frederico Guilherme III[50].

Deve-se acrescentar que a eventual filiação de Hegel à maçonaria parece não ter deixado traços em sua correspondência nem sequer no debate da época – nem no debate público nem naquele subterrâneo, que emerge das epístolas, dos diários, dos diálogos mais ou menos íntimos. Por exemplo, os maçons veneram Goethe com poemas e outras formas de homenagem[51]. Ou ainda, a sombra da maçonaria continua a se estender sobre Fichte mesmo depois que o filósofo rompe com essa organização. Em 1806, Friedrich Schlegel, que, seis anos antes, também fora advertido desse rompimento, continua relacionando explicitamente à "maçonaria" a postura "anticristã" de Fichte[52]. Aliás, suspeitam que o filósofo até o fim compartilhava amplamente das "doutrinas mais secretas" da maçonaria; e, a nutrir tal suspeita, além de Friedrich Schlegel, está Baader, como relata ainda em 1811, após muitos anos da consumação definitiva da experiência maçônica

---

[48] Jacques d'Hondt, *Hegel secret*, cit., p. 337.

[49] Klaus Epstein, *Die Ursprünge des Konservativismus in Deutschland*, cit., p. 128.

[50] Carta à esposa, 28 de outubro de 1799, em Johann Gottlieb Fichte, *Briefwechsel*, cit., v. II, p. 184. Já em Zurique, Fichte notava que a maçonaria podia mediar "vínculos frutíferos", ainda que depois acrescentasse querer aderir a ela com "uma visão superior"; ibidem, v. I, p. 258.

[51] Quem relata é o próprio Goethe, em carta de 9 de agosto de 1830: *Goethes Briefe* (org. Karl Robert Mandelkow, Hamburgo, Wegner, 1968), v. IV, p. 398. A essa homenagem de seus amigos e irmão maçons, Goethe responde, por sua vez, com um poema, incluído na já citada carta, que almeja e celebra um "laço" (*Bund*) eternamente garantido. Isso parece confirmar a tese de D'Hondt, seja no que se refere ao significado do termo *Bund*, seja no que se refere ao pertencimento de Goethe à maçonaria.

[52] Ver carta a Schleiermacher, 25 de julho de 1806, em *Fichte in vertaulichen Briefen seiner Zeitgenossen* (org. Hans Schulz, Leipzig, Haessel, 1923), p. 218. Para a carta de Fichte a Friedrich Schlegel, 16 de agosto de 1800 ("a maçonaria me entediou tanto – e, por fim, me indignou – que me separei completamente dela"), cf. Johann Gottlieb Fichte, *Briefwechsel*, cit., v. II, p. 251.

de Fichte, Varnhagen von Ense[53]. O debate tem inclusive uma faceta pública, e Schleiermacher escreve que, em Fichte, "a maçonaria está sempre na ponta da língua, sem nunca ser pronunciada abertamente"[54]. A adesão de Hegel à maçonaria deveria remontar, segundo D'Hondt, à estada em Berna; é certo, porém, que em 1793 Fichte entrou na maçonaria, em Zurique, a menos de cem quilômetros de Berna, sempre na Suíça alemã[55]. Contudo, os dois filósofos parecem ignorar sua quase contemporânea filiação ou adesão, embora o jovem siga com vivo interesse aquele mais velho e já célebre[56]. Enfim, nem na ocasião do áspero debate que se desenrola logo após a publicação de *Filosofia do direito* Hegel é acusado ou suspeito de ser maçom, apesar de o terreno ter sido favorável para o surgimento de acusações desse tipo, ainda mais que quem lançou tais denúncias contra Fichte foram personalidades envolvidas na linha de frente da polêmica com Hegel.

Naturalmente, nada disso exclui por si só que Hegel tenha sido maçom – e não somente em Berna, mas também em Berlim. Em todo caso, permanece sem resposta a pergunta central: que produtividade pode ter, no plano histórico e interpretativo, uma hipótese formulada em termos tão gerais a ponto de não lançar luz no plano concreto das posições de Hegel (a maçonaria alemã pode comportar opções das mais distintas) nem no plano concreto do debate que se desenrolava em torno delas à época?

5. História esotérica e história exotérica

Na verdade, acreditamos entrever um perigo, qual seja, aquele da contraposição de uma espécie de história esotérica à história exotérica. Assim, para dar um exemplo, do ponto de vista dos documentos oficiais, Hegel e Jacobi ou Kotzebue aparecem empenhados em posições claramente contrastantes, mas, do ponto de vista dos documentos "secretos", os três constam como membros

---

[53] Ver Varnhagen von Ense (1811), em *Fichte in vertaulichen Briefen seiner Zeitgenossen*, cit., p. 244.

[54] Friedrich Daniel Ernst Schleiermacher, "Grundlinien einer Kritik der bischerigen Sitten-lehre" (1803), 1846 (3. ed.), em *Werke. Auswahal in vier Bänden* (org. Otto Braun e Johannes Bauer, Leipzig, Scientia Verlag Aalen, 1927-1928), v. I, p. 184 (ed. fac-similar: Aalen, 1967).

[55] Como se observa no epistolário de Fichte, cf. Johann Gottlieb Fichte, *Briefwechsel*, cit., v. I, p. 257-8 e 301 (cartas a Theodor von Schön, 30 de setembro de 1792 e 20 de setembro de 1793).

[56] Longe de reconhecer em Fichte um "irmão", é justamente nesse período (1795) que Hegel acusa Fichte de ter aberto as portas, com sua *Crítica a toda revelação*, à utilização em chave teológica e obscurantista do kantismo (B., I, p. 17).

EM BUSCA DO HEGEL "AUTÊNTICO"   45

de uma associação que acaba parecendo substancialmente uniforme, uma vez que suas ramificações internas e suas contraposições e, portanto, sua história e sua configuração concreta permanecem numa zona escura. Mais do que se colocar em função da história exotérica, a história esotérica (com a descoberta de fontes e documentos ocultos ou secretos) a substitui e, então, corre o risco de se tornar impressionista. Mais do que assistir a uma reconstrução da história político-social da maçonaria na Alemanha, na qual eventualmente se insere Hegel, assistimos a uma espécie de jogo de associações, em que um nome puxa outro, em que uma palavra-chave de um nome remete a outro, até que chegamos a Hegel; mas da história concreta da maçonaria, e de suas diferentes e contrapostas ramificações, continuamos sabendo bem pouco.

Voltemos a "Eleusis", em particular referência a um verso que celebra o "laço (*Bund*) não selado por qualquer juramento" (B., I, p. 38). Isso não pareceria rejeitar a hipótese de uma filiação de Hegel à maçonaria? Não exatamente, pois existem correntes maçônicas que protestam contra o uso do juramento nas cerimônias de filiação[57] (e, com efeito, na maçonaria há de tudo). Há, no entanto, outra corrente cultural que poderíamos seguir para explicar o verso. Basta pensar nas duras reservas de Kant ao juramento nos atos públicos, considerado "instrumento para distorcer a veracidade" e mesmo uma forma de "*tortura spiritualis*"[58].

Porém, à história exotérica, D'Hondt parece preferir a história esotérica dos conventículos maçônicos; e acrescente-se que, contrariamente às intenções de D'Hondt, o Hegel mais progressista é aquele que emerge da história exotérica, não daquela esotérica. Basta pensar que, contra as posições de Kant relativas aos juramentos (consideradas um pretexto e uma cômoda cortina de fumaça de que se serviam os intelectuais revolucionários e subversivos para esconder suas ideias e artimanhas), o Nicolai ligado aos ambientes maçônicos[59] empenha-se numa dura polêmica.

É em uma história esotérica resultante de laços misteriosos e inacessíveis ao público que pensam os críticos "antimaçônicos" de Fichte, acusado, como

---

[57] Jacques d'Hondt, *Hegel secret*, cit., p. 247-53.

[58] Immanuel Kant, "Über das Misslingen aller philosophischen Versuche in Theodizee" (1791), em KGS, v. VIII, p. 268.

[59] Johann Christoph Friedrich Nicolai, *Neun Gespräche zwischen Christian Wolff und einem Kantianer* über *Kants metaphysische Anfangsgründe der Rechtslehre und Tugendlehre* (Berlim/ Estetino, 1798), p. 123 (ed. fac-similar: Bruxelas, 1968). Sobre os vínculos de Nicolai com os ambientes maçônicos, cf. Klaus Epstein, *Die Ursprünge des Konservativismus in Deutschland*, cit., p. 117.

46   Hegel e a liberdade dos modernos

vimos, de ter bebido das "doutrinas mais secretas" da maçonaria. O próprio Fichte, no entanto, defendia que, na reconstrução da história do pensamento, ao lado da abordagem, digamos, de tipo exotérico, centrada, por exemplo, na influência de Hume sobre Kant e de Kant sobre Fichte, era possível identificar um "laço esotérico" mediado e definido por uma "sociedade secreta"[60]. Aliás, segundo uma tese formulada justamente nas lições sobre a maçonaria, sempre houve na história, ao lado da "cultura pública", uma cultura "secreta"; ou melhor, uma "doutrina secreta", que se transmite mediante a "tradição oral"[61]. Fichte chega a contrapor explicitamente "a história secreta àquela pública"[62].

A visão de Hegel é radicalmente distinta: atrás dos mistérios da maçonaria não se esconde rigorosamente nada, e não há nada além ou aquém da cultura e dos conhecimentos acessíveis a todos (W., XX, p. 499-500). A história esotérica que D'Hondt tende a construir da evolução de Hegel, sobretudo em relação a suas ligações com a maçonaria e às ajudas decisivas que dela haveria recebido[63], certamente não é compatível com o filósofo objeto da investigação, não por acaso envolvido numa dura polêmica com o gosto maçônico pelo esotérico e pelo misteriosófico. A esse respeito, *Lições sobre a história da filosofia* esclarece que há uma "profundidade" vazia porque, malgrado as promessas, não remete a nada.

> O pensamento consiste antes no manifestar-se: ser claro, eis sua natureza, eis sua essência. E o manifestar-se não é, por assim dizer, um estado que possa ser ou não ser, de modo que o pensamento permaneça como tal, mesmo que não se tenha manifestado; o manifestar-se constitui seu próprio ser. (W., XVIII, p. 110)

Essas palavras remetem ao Prefácio de *Fenomenologia do espírito*:

> Assim como há uma extensão vazia, também há uma profundidade vazia [...], também há uma intensidade desprovida de conteúdo, que, comportando-se como uma força sem expansão, coincide com a superficialidade. A força do espírito é

---

[60] Ainda de acordo com o testemunho de Varnhagen von Ense, *Fichte in vertaulichen Briefen seiner Zeitgenossen*, cit., p. 244.

[61] Johann Gottlieb Fichte, "Vorlesungen über die Freimaurerei", cit., p. 209 e 213.

[62] Como consta da correspondência com Fessler: ver a carta do filósofo, 28 de maio de 1800, e observações e réplicas dos dois "irmãos" envolvidos na polêmica, em Johann Gottlieb Fichte, *Briefwechsel*, cit., v. II, p. 226-35, em particular p. 234.

[63] Cf. Jacques d'Hondt, *Hegel secret*, cit., p. 341.

tão grande quanto sua extrinsecação; sua profundidade é profunda apenas na medida em que ela ouse se expandir. (W., II, p. 17-8)

A polêmica com o culto maçônico do esoterismo é parte integrante da batalha de Hegel contra a concepção aristocrática e elitista do saber, em defesa de um saber que não é "posse esotérica de alguns indivíduos", mas é algo "exotérico", dotado do "caráter da inteligibilidade universal", isto é, "por todos concebível e passível de ser por todos aprendido e de ser propriedade de todos" (W., III, p. 19-20). Não por acaso esse último texto tem como alvo polêmico o Schelling que, já em 1795, com base nos limites colocados pela "própria natureza" à "comunicabilidade" do saber, teoriza uma filosofia "que se torna esotérica por si mesma", reservada, portanto, apenas "àqueles dignos dela", protegida das intromissões de "inimigos e espiões", a ponto de constituir um "laço (*Bund*) entre espíritos livres", enquanto para os outros permanece um "enigma eterno"[64]. Eis que reaparece a palavra-chave *Bund* – e num período que, segundo D'Hondt, deve ter assistido à adesão de Schelling à maçonaria. Com efeito, a conclusão recém-citada de *Cartas filosóficas* sobre o dogmatismo e o criticismo parece definir a filosofia da maçonaria em sua ambiguidade, com a teorização do esoterismo, de um lado, e, de outro, a afirmação de que seria um crime "esconder princípios universalmente comunicáveis"[65]. Sim, há vários níveis do saber, daqueles exotéricos àqueles esotéricos, e aqui parece emergir a estrutura hierárquica e piramidal das lojas maçônicas. Contudo, deve-se notar que o Schelling mais tardio não terá saída a não ser radicalizar certos motes já presentes na conclusão de suas *Cartas filosóficas*, nessa espécie de "filosofia da maçonaria", para chegar à sua visão do saber como algo eternamente inacessível aos homens comuns.

Justamente no decorrer da luta contra essa visão aristocrática e tendencialmente reacionária, Hegel chega a condenar aquela misteriosofia maçônica que condiciona, em sentido negativo, o próprio Fichte[66]. Como

---

[64] Friedrich Wilhelm Johann von Schelling, "Philosophische Briefe über Dogmatismus und Kriticismus" (1795), em *Sämtliche Werke* (Stuttgart/Augsburgo, Cotta, 1856-1861), v. I, p. 341.

[65] Idem.

[66] Parece-nos que o Fichte mais revolucionário é aquele que hesita em aderir à maçonaria, porque se sente rejeitado por "símbolos e antiguidades", atrás de cuja "máscara" poderiam se esconder "sociedades que nas sombras perseguem 'fins particulares'" (cartas a Theodor von Schön, 30 de setembro de 1792, em Johann Gottlieb Fichte, *Briefwechesel*, cit., v. I, p. 258), o Fichte que, ainda na *Contribuição*, na onda do entusiasmo provocado pela

48 HEGEL E A LIBERDADE DOS MODERNOS

afirma D'Hondt[67], é possível também que a condenação do esoterismo
não exclua a adesão de Hegel a lojas maçônicas elas próprias críticas de tal
esoterismo, mas então, uma vez mais, a maçonaria se revela uma categoria
vazia, passível de subsumir os conteúdos mais diversos. De toda forma,
contrariamente às intenções de D'Hondt, o Hegel mais progressista emerge
não do lado esotérico que o ligaria à história misteriosa da maçonaria, mas
do lado exotérico, de sua polêmica pública e explícita com o esoterismo da
maçonaria, a qual, aliás, parece ser aqui criticada em conjunto, sem que se
façam alusões a correntes diferentes e sem que emerjam distinções e diferenciações no âmbito desse juízo crítico.

Considerações análogas podem ser feitas para as outras peças da história
secreta que D'Hondt reconstrói de Hegel. Afirmemos de uma vez por todas:
não é que faltem resultados novos e interessantes. O filósofo lê *Ruínas* de
Volney, autor que certamente não remete à Restauração, mas aos círculos que
apoiam a Revolução Francesa e as ideias de 1789. Por acaso, trata-se de leitura
proibida e ocultada? O Schelling tardio cita *Ruínas* explicitamente[68]; e também
Schiller, em janeiro de 1798, não tem dificuldades em aconselhar a Goethe a
leitura de Volney, embora referindo-se a outra obra, na qual o tema das ruínas
está igualmente presente[69]. Caberia dizer que o tema das ruínas, e do fascínio
melancólico que delas emana, está longe de ter significado univocamente
revolucionário: por exemplo, está presente em Chateaubriand[70]. Na realidade,
estamos lidando, como já ressaltamos, com um *tópos* que remete até a Cícero[71].
No que se refere a sua história mais recente, antes de estar em Volney, o tema

---

Revolução Francesa, brada contra a pretensão elitista de manter reservada e separada da
verdade exotérica a verdade esotérica – "Beitrag zur Berichtigung der Urteile des Publikums über die französische Revolution" (1793), em *Fichtes Werke* (org. Immanuel Hermann
Fichte, Berlim, Felix Meiner, 1971) (doravante, F. W.), v. VI, p. 76-8 –, não o filósofo que,
influenciado pela maçonaria, teoriza a distinção precedentemente rejeitada com base numa
motivação política de cunho claramente progressista.

[67] Jacques d'Hondt, *Hegel secret*, cit., p. 333-4.

[68] Friedrich Wilhelm Joseph von Schelling, "Philosophie der Mythologie", v. I, em *Sämtliche Werke*, cit., v. XI, p. 76.

[69] A obra em questão é a *Voyage en Syrie et en Egypte pendant les années 1782-1785* (Paris, [Desenne,] 1787); ver a carta de Schiller a Goethe de 26 de janeiro de 1798 em Emil Staiger (org.), *Der Briefwechsel zwischen Schiller und Goethe* (Frankfurt, Insel, 1977), p. 554-5.

[70] François-René de Chateaubriand, *Itinéraire de Paris à Jérusalem* (1811), parte I.

[71] Ver Claudio Cesa, *Hegel filosofo politico*, cit., p. 97.

EM BUSCA DO HEGEL "AUTÊNTICO"   49

em questão está presente no poeta inglês Edward Young[72] e, depois, se difunde largamente pela Europa na segunda metade do século XVIII (na Alemanha, um autor bem conhecido por Hegel, Klopstock, dedica um poema a Young, "An Young"). Ainda em referência à Alemanha, em 1800, Schelling fala em tom entristecido sobre a "queda daqueles grandes reinos de que restou apenas a lembrança e cuja grandeza deduzimos das ruínas"[73]. Mais tarde é Friedrich Schlegel quem destaca a "impressão triste e melancólica" deixada pela história da Antiguidade com seu acúmulo de ruínas[74].

De qualquer modo, não é o caso de nos estendermos demais. Uma coisa é certa: nos anos da Restauração, isto é, no período que mais nos interessa para compreender a hegeliana *Filosofia da história*, a poesia das ruínas tem um significado nada revolucionário, como se depreende do testemunho de um discípulo de Hegel. Em 1826, Heine confessa experimentar os "sentimentos elegíacos" que a contemplação das ruínas lhe provoca, embora tenha "o coração à esquerda, com os liberais". O fascínio (ou a celebração do fascínio) das ruínas é percebido como contraditório em relação ao empenho político à "esquerda", no sentido liberal. Aliás, Heine chega a afirmar que o governo prussiano tem interesse em promover viagens em meio às "elegíacas ruínas da Itália" para estimular e difundir "a ideia reconfortante e tranquilizadora de fatalidade"[75]. Se Hegel, em *Filosofia da história*, tivesse realmente sentido, de maneira irresistível, o encanto melancólico das ruínas, ao menos do ponto de vista de Heine e da cultura filosófico-política da época, teria se colocado ou seria encontrado em posições contrapostas às da "esquerda" e dos "liberais". É exatamente o contrário do que D'Hondt se propõe a demonstrar. Considerando uma vez mais a imagem esotérica de Hegel, porém, parece-nos mais progressista e persuasiva a polêmica exotérica do filósofo contra aquela visão de mundo que, reduzindo

---

[72] Edward Young, *The Complaint, or Night Thoughts on Life, Death and Immortality* (1742-1745), VI, versos 176-242; sobre a fortuna crítica na Itália e na Europa do poeta inglês e do tema em questão, ver Renzo Cesarini e Lidia De Federicis, *Il materiale e l'immaginario* (Turim, Loescher, 1981), v. VI, p. 585-92.

[73] Friedrich Wilhelm Joseph von Schelling, "System des transzendentalen Idealismus" (1800), em *Sämtliche Werke*, cit., v. III, p. 604.

[74] Friedrich Schlegel, "Philosophie der Geschichte" (1828), em Ernst Behler (org.), *Kritische Friedrich-Schlegel-Ausgabe* (Munique/Paderborn/Viena, F. Schöning, 1958 seg.), v. I., IX, p. 339.

[75] Heinrich Heine, "Verschiedenartige Geschichtsauffassung" (1833, publicado pela primeira vez em 1869), em *Sämtliche Schriften*, cit., v. III, p. 21-2.

a história universal a um acúmulo de ruínas, a um "matadouro" (V. G., p. 80), produz – nas palavras de Heine – uma "indiferença elegíaca" em relação aos fatos políticos e constitui a mais radical rejeição da ideia de progresso[76].

6. ARGUMENTOS FILOSÓFICOS E "FATOS" POLÍTICOS

Parece-nos, portanto, oportuno e indispensável retornar à história exotérica: esta, porém, se corre o risco de ser colocada nas sombras por uma excessiva ênfase das "fontes ocultas", seria tranquilamente ignorada por uma filologia que gira em torno de textos apenas na medida em que tais textos são alheios ao contexto histórico. Às pesquisas de D'Hondt (e indiretamente de Ilting) objetou-se que os "fatos" iluminados (isto é, em última análise, as relações de Hegel com o movimento da Fronda à Restauração) não são "argumentos filosóficos"[77]. Aqui, o "filosófico" ou teórico se define claramente por abstração dos "fatos" que remetem ao ambiente histórico. No entanto, a investigação historiográfica, na realidade, exige que se restabeleça a relação entre os dois âmbitos, superando também os elementos de debilidade presentes nos trabalhos, apesar de tudo, fundamentais de Ilting e D'Hondt. Os "fatos" brilhantemente iluminados por eles devem ser utilizados para identificar, nos textos, e colocar em seu preciso contexto histórico as tomadas de posição políticas, inclusive aquelas mais indiretas e alusivas, que são tais por razões de autocensura ou porque filtradas e mediadas pelo discurso mais propriamente especulativo. Por exemplo, quando vemos *Filosofia da história* polemizar contra o "arbítrio dos príncipes, que, como tal, porque é arbítrio do ungido do Senhor, deve ser divino e sagrado" (Ph. G., p. 917), não é difícil decifrar o eco dos eventos e das polêmicas contemporâneas: quando de seu advento ao trono, Carlos X restaurou a tradição secular da "unção sagrada" do monarca divinamente investido de poder, no que, ademais, foi ao encontro dos pedidos dos ultrarrealistas e de personalidades como Chateaubriand (*infra*, cap. II, § 2). Neste ponto, as relações de Hegel com uma personalidade do movimento de oposição como Cousin; o testemunho deste último segundo o qual o filósofo era "sinceramente constitucional e abertamente favorável à causa defendida e representada na França por Royer-Collard" (H. B., p. 527), um dos dirigentes do movimento

---

[76] Ibidem, p. 23.

[77] Henning Ottmann, *Individuum und Gemeinschaft bei Hegel* (Berlim/Nova York, De Gruyter, 1977), v. I, p. 273.

de oposição; o entusiasmo que Hegel exprime em sua correspondência pela difusão desde Paris, após as derrotas da reação, da "música animadora da energia liberal" (B., III, p. 222) – tudo isso não pode mais ser considerado "fato" meramente privado, sem relação com a esfera filosófica. Na realidade, o texto de *Filosofia da história*, as correspondências e os testemunhos pessoais se iluminam reciprocamente: disso vêm à tona, por um lado, o significado político do "argumento filosófico" e, por outro, a relevância filosófica do "fato" privado das relações com Cousin e, indiretamente, com Royer-Collard.

O vínculo entre "fatos" e "argumentos filosóficos", assim como em Hegel, também é ignorado no caso de seus adversários e críticos. A acusação dirigida ao filósofo de servilismo em relação ao poder dominante e, portanto, em relação à Restauração foi pela primeira vez lançada, no decorrer de uma áspera batalha política, por Fries (H. B., p. 221) e pela ala majoritária do movimento das *Burschenschaften*. Tal tese foi depois retomada e elaborada, no decorrer de outra áspera batalha política, por obra de Haym, cuja acusação continua fazendo escola, sem que sequer se interrogue sobre o papel político daquele que a formulou e sobre os objetivos que se propunha atingir. Chegou-se ao ponto em que um intérprete de grande valor como Löwith pôde ver em Haym uma espécie de Marx um pouco mais "acadêmico", quando o próprio autor de *Hegel e seu tempo* declarou, explicitamente, no subtítulo de uma de suas obras mais significativas, ser de "centro-direita"[78].

---

[78] Rudolf Haym, *Die deutsche Nationalversammlung bis zu den Septemberereignissen. Ein Bericht aus der Parte ides rechten Zentrums* (Frankfurt, 1848). Para o juízo de Löwith, ver *Von Hegel zu Nietzsche* (1941); ed. it.: *Da Hegel a Nietzsche* (trad. Giorgio Colli, Turim, Einaudi, 1977), p. 100. No mais, a confusão total entre "direita" e "esquerda" domina também a antologia dedicada por Löwith à "esquerda hegeliana": à parte a inserção singular, não obstante as motivações teóricas que são adotadas, de uma personalidade como Kierkegaard (que, ademais, não por acaso, tinha ido à escola em Berlim, chamado pelo último Schelling a combater a "semente de dentes de dragão do panteísmo hegeliano"), dá o que pensar a inserção de grandes excertos da obra de Bruno Bauer *Russland und das Germanenthum*, de 1853, quando seu autor certamente não era mais nem de esquerda nem hegeliano; e tão distante de seu ex-mestre a ponto de considerá-lo "desprovido de força criativa" e de aprovar a repressão do governo austríaco contra um professor que, mesmo depois do fracasso da Revolução de 1848, mantinha-se obstinadamente ligado a um sistema como o hegeliano, que podia ser considerado somente "um produto confuso de uma fantasia poetante". Bruno Bauer, "Russland und das Germanenthum" (1853), em Karl Löwith (org.), *La sinistra hegeliana* (trad. it. Claudio Cesa, Bari, Laterza, 1966), p. 227 e 268. Esse juízo, sem dúvida, nos faz pensar em Rudolf Haym, e, com efeito, nestes anos, Bruno Bauer não é mais hegeliano do que o autor de *Hegel und seine Zeit*.

52   HEGEL E A LIBERDADE DOS MODERNOS

A total desinformação sobre o papel de Haym contribuiu para conferir credibilidade e até um caráter inapelável à acusação por ele pronunciada, enquanto a consciência do fato de que sua liquidação de Hegel segue *pari passu* a condenação da Revolução Francesa e dos ecos que esse acontecimento suscita na filosofia clássica alemã – acusada como um todo de ingenuidade justamente pelo entusiasmo manifestado em relação aos acontecimentos além-Reno[79] – certamente teria estimulado alguma dúvida sobre a credibilidade

---

A esse respeito, algumas notas poderiam ser dirigidas também à antologia *Die Hegelsche Rechte* (Stuttgart/Bad Cannstatt, Frommann, 1962), organizada por Hermann Lübbe, que, significativamente, noutra ocasião, retomando o juízo de Löwith, vê na alegação anti-hegeliana de Haym "somente a repetição de uma síntese da polêmica da esquerda contra Hegel". *Politische Philosophie in Deutschland* (Basileia/Stuttgart, Schwabe, 1963), p. 41. No que se refere aos autores da antologia inseridos na "direita", é verdade que há uma longa tradição que remonta aos tempos imediatamente posteriores à morte de Hegel, mas essa tradição não é assumida em toda sua problemática. Para dar um exemplo, Michelet, inserido na "direita", por causa do "ateísmo" a ele atribuído, é considerado por Karl Rosenkranz não somente de esquerda, mas ponta de lança da esquerda! "Über Schelling und Hegel. Ein Sendschcreiben an Pierre Leroux" (1843), em Karl Rosenkranz, *Neue Studien* (Leipzig, E. Koschny, 1875--1878), v. IV, p. 214-5; ver também idem, *Hegel als deutscher Nationalphilosoph* (Leipzig, Duncker und Humblot, 1870), p. 312. Ainda em direção ao fim do século XIX, Michelet é colocado à esquerda: ver Ludwig Noack, "Hegel", em *Philosophie-geschichtliches Lexicon* (Leipzig, E. Koschny, 1879). Por outro lado, é o próprio Michelet que se coloca à esquerda, como emerge de seu apelo ao "centro" para se juntar à esquerda na luta contra a direita: *Geschichte der letzten Systeme der Philosophie in Deutschland* (Berlim, Duncker und Humblot, 1837-1838), citado por Johann Eduard Erdmann, *Grundriss der Geschichte der Philosophie. Anhang: Die Deutsche Philosophie seit Hegel's Tode* (Berlim, Wilhelm Hertz, 1878), p. 654. Há ainda uma consideração de caráter geral, que diz respeito ao sentido que há em inserir na "direita" autores que se colocam em posições liberais e progressistas: para isso, Cesa, na edição que ele organiza da antologia em questão, prefere recorrer à categoria de "liberais" – *Gli hegeliani liberali* (Roma/Bari, Laterza, 1974). Nem por isso os problemas estão resolvidos, pois falta ainda definir a linha de divisão entre "liberais" e "esquerda". Por exemplo, com base em que critérios Heine deve ser colocado à esquerda, não entre os liberais? Um indício de persistente embaraço é o silêncio total sobre Lasalle, ignorado em ambas as antologias: por um lado, remete a Michelet (com quem tem relações de amizade e de colaboração na publicação, ainda muito além de 1848, do órgão dos hegelianos "ortodoxos", "Der Gedanke"), a uma personalidade, portanto, que hoje sem hesitação se coloca à "direita" ou entre os "liberais"; por outro lado, remete à história do movimento operário e à sua crítica, pela esquerda, do liberalismo. Concluindo, uma história política da escola hegeliana ainda está para ser escrita, e essa lacuna, com a conseguinte persistente incerteza e confusão sobre a real colocação política dos protagonistas do debate oitocentista sobre Hegel, continua pesando negativamente na interpretação do filósofo.

[79]   Rudolf Haym, *Hegel und seine Zeit* (Berlim, Gaertner, 1857), p. 32 e 34.

da condenação de Hegel como filósofo da Restauração. A arbitrária equiparação de Haym a Marx transformou esse juízo – surgido em determinado período histórico e ditado por exigências não somente de natureza política, mas que também correspondiam a cálculos políticos imediatos – num juízo comum a todos os adversários de todos os tipos da Restauração, isto é, transformou-o numa *opinio recepta*. Aquilo que o próprio Haym define como "grito de guerra", motivado por preocupações políticas também imediatas, e um "panfleto, tanto filosófico quanto político"[80], ascende à categoria de verdade pacífica e cientificamente incontroversa.

Contrariamente à opinião de Löwith, a interpretação de Marx não é nada equiparável à de Haym. O jovem Marx comunica a Ruge que está escrevendo "uma crítica do direito natural hegeliano", em relação à "constituição interna", e acrescenta: "O núcleo é a luta contra a monarquia constitucional como híbrido completamente contraditório e que anula a si mesmo"[81]. A dureza da polêmica não impede Marx de reconhecer que Hegel teorizou não a Restauração e a monarquia absoluta de direito divino, mas a monarquia constitucional. E não se trata de uma ideia isolada, e sim de um reconhecimento constante, que não falta sequer nos momentos da mais sólida contraposição[82], pois Marx parte explicitamente do pressuposto de que a filosofia clássica alemã (que culminou em Hegel) é, na Alemanha, a única realidade à altura do desenvolvimento histórico moderno, tanto que a crítica do idealismo da filosofia hegeliana do direito se entrelaça com firmeza à crítica do idealismo do Estado surgido com a Revolução Francesa.

Muitos anos depois, Engels retoma a crítica de *Princípios*: "Assim temos, ao fim da filosofia do direito, que a ideia absoluta deve se realizar naquela

---

[80] Um "grito de guerra contra a especulação" e a favor do "liberalismo", mas também e sobretudo da "política nacional". Idem, *Aus meinem Leben. Erinnerungen* (Berlim, Gaertner, 1902), p. 257-8.

[81] Carta de 5 de março de 1842, em MEW, v. XXVII, p. 397.

[82] Por exemplo, em "Crítica da filosofia hegeliana do direito público": "Hegel desenvolveu um rei modernamente constitucional, não patriarcal" (MEW, v. I, p. 299), descreveu corretamente a "essência do Estado moderno", isto é, aquele surgido com a Revolução Francesa, embora depois tenha errado ao querer absolutizá-la" (ibidem, p. 266). A liquidação que Della Volpe e sua escola fazem de Hegel, remetendo ao jovem Marx, está inteiramente viciada por um equívoco de fundo: é ignorado o dado essencial de que Marx concentra sua crítica em Hegel, uma vez que este último representa o ponto mais alto do pensamento e do desenvolvimento burguês.

monarquia representativa que Frederico Guilherme III prometeu, com tanta obstinação, mas em vão, a seus súditos". Uma vez mais, a crítica pressupõe o reconhecimento do mérito: Hegel não somente se inspira no constitucionalismo, mas nele se inspira apesar da virada reacionária da Prússia e em polêmica com ela[83]. Engels ressalta a celebração que a hegeliana *Filosofia da história* faz da Revolução Francesa – e a ressalta também em modo de polêmica com aqueles nacional-liberais que, enquanto condenam o entusiasmo da filosofia clássica alemã, inclusive de Hegel, pela Revolução Francesa, liquidam depois o autor de *Filosofia do direito* como teórico, de alguma maneira, da política da Restauração[84]!

Naturalmente, os juízos de Marx e de Engels podem ser tranquilamente rejeitados e com certeza não devem ser absolutizados; mas podem e devem, em todo caso, servir para relativizar os diversos e contrapostos juízos. Mesmo porque não são apenas Marx e Engels que se distinguem radicalmente de Haym. No *Vormärz*, Trendelenburg podia escrever que, ao atacar a filosofia hegeliana, corria-se o risco de serem difamados como "servos do carrasco", e isso

> desde quando começou a se reputar a filosofia hegeliana como o espírito de liberdade (*Freisinn*) oprimido, e os adversários como hipócritas e servis, a filosofia hegeliana como a luz exclusiva de sua época, e os adversários como aqueles que estão a serviço de um governo obscurantista.

Assim, no *Vormärz*, não somente para intérpretes isolados, mas para todo um movimento cultural e político, hegeliano é sinônimo de *freisinnig*, isto é, "liberal", e anti-hegeliano, ou mesmo não hegeliano, era sinônimo de "servil"[85]. Bem, como explicar, então, a radical inversão que se verifica com Haym?

---

[83] Friedrich Engels, "Ludwig Feuerbach und der Ausgang der klassischen deutschen Philosophie" (1888), em MEW, v. XXI, p. 269.

[84] Idem, "Die Entwicklung des Sozialismus von der Utopie zur Wissenschaft" (1876-1878), republicado como *Anti-Dühring* (1880), em MEW, v. XIX, p. 189 e 187 (Prefácio à edição alemã de 1882); entre os nacional-liberais alemães visados por Engels está Treitschke, colaborador dos *Preußische Jahrbücher* dirigidos por Haym e depois sucessor deste na direção da revista.

[85] Adolf Trendelenburg, *Die logische Frage. Zwei Streitschriften* (Leipzig, F. A. Brockhaus, 1843), p. 32-3.

EM BUSCA DO HEGEL "AUTÊNTICO"   55

7. "EQUÍVOCO" INTERPRETATIVO OU CONTRADIÇÃO REAL?

O intérprete moderno faria bem em evitar assumir uma postura de profeta, como se a verdade, o significado autêntico da filosofia de Hegel, tivesse permanecido escondido para todos e inacessível por mais de um século e meio para se revelar, de repente e de modo fulgurante, a um estudioso afortunado e genial, estudioso que é, naturalmente, o último a aparecer em ordem temporal. Vêm à mente as palavras com que Engels descreve a postura dos profetas religiosamente inspirados, que anunciam o advento de uma nova ordem social, livre, por fim, dos velhos erros: "O que faltava era o gênio individual que agora entrou em cena e reconheceu a verdade [...]. Esse gênio poderia muito bem ter nascido quinhentos anos antes e, nesse caso, teria poupado à humanidade quinhentos anos de erros, lutas e sofrimentos"[86]. Em nosso caso, a economia de anos consentida pela nova e inédita interpretação de Hegel seria inferior, apesar de considerável, mas permaneceria de qualquer forma imutável o essencial, isto é, a postura de profeta.

Acreditamos que uma leitura do texto pode aspirar à correção, em primeiro lugar, enquanto der conta da história das interpretações, enquanto não liquidar como sequência de equívocos e de erros a história das interpretações, fortuna crítica, em última análise, a eficácia histórica concretamente implantada pelo filósofo objeto de investigação. Uma releitura de Hegel, assim, se mostrará penetrante e estimulante na medida em que não contraponha, e não seja obrigada a contrapor, a própria verdade "autêntica" à história profana. No entanto, assiste-se a um estranho espetáculo. Os intérpretes de Hegel de viés liberal parecem considerar as acusações de Haym ao suposto teórico da Restauração um equívoco; por outro lado, também aqueles que retomam a interpretação de Haym são obrigados a considerar resultado de um equívoco a leitura de Marx e de Engels, dos jovens hegelianos – aliás, da escola hegeliana como um todo (porque também a "direita", em geral, lê o filósofo em chave mais ou menos liberal e progressista); também são obrigados a considerar um equívoco até mesmo a leitura dos ambientes clericais e reacionários que, longe de se identificar com o suposto teórico da Restauração, já quando ele vivia, o submetem a duros ataques no plano teológico e político. Diferente ou oposto é o equívoco atribuído por um e por outro lado e, todavia, comum a ambos é o uso, ao menos implícito e objetivo, dessa categoria para explicar a conflituosa história das interpretações.

---

[86] Friedrich Engels, "Die Entwicklung des Sozialismus von der Utopie zur Wissenschaft", cit., p. 191-2 [ed. bras.: *Anti-Dühring*, trad. Nélio Schneider, São Paulo, Boitempo, 2015, p. 47-8].

No entanto, quando se deve trabalhar com leituras que não remetem a um estudioso isolado, mas a concretos e densos movimentos político-sociais (no caso, o partido nacional-liberal de Haym, por um lado, e, por outro, a escola hegeliana e até os protagonistas do movimento operário, Marx, Engels, Lassalle), então a categoria do equívoco se revela particularmente inapropriada, porque acaba por sacrificar como "espúria" a história real no altar da "autenticidade" de uma solitária interpretação. Nem pode ser considerada uma solução do problema proceder com uma mediação entre as duas opostas interpretações e fazer de Hegel um filósofo bifronte, com uma face voltada para a Restauração e a outra, para o liberalismo. Uma leitura desse tipo acabaria apenas por somar os inconvenientes das outras duas: a categoria de equívoco continuaria celebrando seus triunfos e, na verdade, agora afetaria ambos os contrapostos filões interpretativos, responsáveis pelo mérito de simplificar de forma arbitrária e reduzir a imagem de um filósofo do qual não teriam sabido captar a complexidade e a ambiguidade. No mais, a essa leitura marcada pela conciliação ainda faltaria explicar de que modo se "conciliam" num grande filósofo dois aspectos tão evidentemente contraditórios. Naturalmente, podem se verificar grosseiras distorções e falsificações (como aquelas que alguns "teóricos" do nazismo, em contradição com outros, operaram, não apenas a respeito de Hegel), mas seu surgimento e sua difusão remetem a realidades e situações extra-acadêmicas de relevo.

É escassamente produtivo, então, perseguir os "equívocos", verdadeiros ou supostos, sem levar em conta a história político-social que existe por trás. É necessário seguir uma estrada distinta, acolhendo uma indicação metodológica que vem justamente de Hegel, segundo a qual a "reflexão aguda" deve saber "captar e manifestar a contradição" (W., VI, p. 78). No entanto, seja o recurso à categoria do equívoco, seja a tentativa de generosa conciliação, erram por suavizar a contradição – ou mesmo por apagá-la. O choque e a contradição entre as opostas interpretações não podem ser reconduzidos à contradição entre texto impresso e texto acroamático, entre fontes públicas e fontes secretas e "escondidas", entre um Hegel exotérico e um Hegel esotérico. Ao ler Ilting, pareceria às vezes que para recompor a contradição deveria bastar a descoberta das lições inéditas até agora e a averiguação de sua autenticidade. Contudo, as transcrições das lições circulavam amplamente já entre os contemporâneos de Hegel, e isso não impedia nem dissipava as acusações de servilismo. Ao motivar suas acusações, Fries remete também ao ensaio sobre a Dieta (H. B., p. 221), aquele mesmo que Carové, por sua vez, como vimos, cita e recorre para estimular e orientar o movimento pela transformação política, em sentido moderno, da Alemanha. Estamos diante de uma disputa não entre escolas filológicas distintas, que fazem uso de materiais e fontes diferentes e contrastantes, mas de um dissenso político que se alimenta dos mesmos textos.

Isso vale também para os desenvolvimentos subsequentes. Marx e Engels leem em *Filosofia do direito* a teorização da monarquia constitucional ou representativa sem fazer referência às aulas e citando, mais que os Apêndices, o texto impresso de *Princípios*. Do lado oposto, Haym se detém amplamente sobre o Apêndice no § 280 (agora sabemos que se trata de um excerto derivado do curso de 1822-1823), que equipara o papel do monarca àquele do "pinguinho sobre o 'i'", mas isso não o impede de considerar a filosofia hegeliana e o próprio Apêndice como absolutamente incompatíveis com o liberalismo[87]. Apresenta-se mais uma vez com tom prepotente a contradição que Ilting busca de algum modo apagar, conectando a interpretação de Haym ao texto impresso e a interpretação em chave liberal ao texto acroamático.

Bem longe de ser resultado de um equívoco, a acusação de Haym é a expressão de um gritante e inconciliável conflito que opõe Hegel ao diretor dos *Anais Prussianos*, isto é, revista órgão e ponto de referência do partido nacional-liberal que então se organizava. Também no que se refere à história das grandes interpretações, não serve de nada a contraposição entre "espúrio" e "autêntico". Ao contrário, trata-se de retomar o fio condutor, inteiramente político, dessa história.

Leiamos Haym outra vez com atenção: o erro de Hegel é ter constantemente nutrido "sentimentos servis e antipatrióticos", ter ininterruptamente se prostituído à França e a Napoleão, para aderir, por fim, às tendências antinacionais da Restauração[88]. Não há qualquer contradição, do ponto de vista de Haym, em acusar Hegel de ter teorizado a acomodação à Restauração e ter celebrado acriticamente a Revolução Francesa e Napoleão. O filósofo que revela sua postura servil e antipatriótica admirando Napoleão e a Revolução Francesa confirma tal postura em Berlim, continuando a admirar a tradição política e cultural da França e posicionando-se, dessa forma, contra o partido teutônico e francofóbico, num complô, ao menos objetivo, com Metternich e a Restauração, por sua vez denunciados por Haym, em primeiro lugar, porque humilharam as aspirações nacionais da Alemanha, fosse recusando-lhe a anexação dos territórios (a Alsácia, a Lorena etc.) a que aspirava, fosse reprimindo o "partido" que

---

[87] Rudolf Haym, *Hegel und seine Zeit*, cit., p. 382.

[88] Ibidem, p. 259-60.

encarnava essas aspirações. A coerência da acusação de Haym está na acusação de traição nacional. E essa traição nacional transparece, em primeiro lugar, nas mesmas categorias teóricas do sistema hegeliano, a partir da categoria de "eticidade", estranha, segundo Haym, ao individualismo cristão-germânico e que remete, ao contrário, ao *páthos* da comunidade e da coletividade próprio da tradição revolucionária francesa.

Não é o expoente nacional-liberal a mal interpretar Hegel (mesmo que naturalmente não faltem as distorções calculadas nem mesmo os insultos que comumente acompanham uma batalha política); são certos intérpretes hodiernos que interpretam mal a leitura que Haym faz de Hegel e subscrevem, acriticamente, uma acusação da qual, na realidade, não compreendem o sentido, pois nem sequer suspeitam da existência da questão nacional que, de fato, constitui o centro de gravidade da acusação. Sim, o ataque a Fries no Prefácio de *Filosofia do direito* permite a Haym equiparar polemicamente Hegel aos fiéis de Metternich, aos servos do poder, retomando a acusação que ao filósofo já fora lançada por Fries e por seu "partido", porém é o intérprete hodierno que relaciona a centralidade da categoria de eticidade, a assim chamada divinização do Estado, não com a tradição revolucionária francesa, mas com a Restauração. Sim, Haym denuncia o fato de que, em Hegel, a comunidade política, a "politeia", se apresenta como a autêntica realização do divino[89], mas essa é a retomada de um motivo em que Schelling já havia se baseado para condenar os revolucionários franceses por terem esquecido que "a verdadeira politeia está apenas no céu"[90]. Haym, que denuncia na suposta estadolatria, que já existia no jovem Hegel, o persistente apego a modelos antigos[91], sabia muito bem que a celebração da Antiguidade clássica remetia no máximo a Rousseau e aos jacobinos, de maneira alguma à Restauração. É o intérprete hodierno que lê na crítica de Haym à "estadolatria" hegeliana uma espécie de defesa das ideias de 1789, que, no entanto, não apenas são criticadas, mas consideradas inconciliáveis com o "princípio germânico-protestante da liberdade"[92]. Em suma, é o intérprete hodierno que esquece que Haym é um nacional-liberal cujo alvo polêmico não é constituído apenas por Hegel, mas também, por

---

[89] Ibidem, p. 164-6.

[90] Friedrich Wilhelm Joseph von Schelling, "Stuttgarter Privatvorlesungen" (1810), em *Sämtliche Werke*, cit., v. VII, p. 461-2.

[91] Rudolf Haym, *Hegel und seine Zeit*, cit., p. 160-1 e 164-6.

[92] Ibidem, p. 262.

EM BUSCA DO HEGEL "AUTÊNTICO"   59

exemplo, por Varnhagen von Ense, Heine, Gans, a Jovem Alemanha – e não, evidentemente, enquanto suspeitos de servilismo à Restauração, mas enquanto homens de "cultura francesa" imbuídos de simpatia "pelo liberalismo francês, pela concepção voltairiana e rousseauniana"[93].

Uma vez compreendida a verdadeira natureza da contradição que, de um lado, Haym, e, de outro, Marx e Engels opõem a Hegel, não é necessário eliminar como resultado de um equívoco nenhuma das duas interpretações contrapostas. Aliás, não são poucos os pontos de consonância. Por exemplo, a admiração de Hegel e seus discípulos pela Revolução Francesa e também pela cultura e pela tradição política francesas se constata tanto num caso quanto no outro. Mais uma vez. Marx ressalta o fato de que Hegel configura a sociedade civil como *bellum omnium contra omnes*; mas o que Haym reprova em Hegel é justamente ter desconhecido o valor e a intangibilidade da sociedade civil[94]. Em ambos os exemplos, diferente e oposto é somente o juízo de valor; e o juízo de valor Haym formula quando afirma como intrinsecamente não liberais e típicas da Restauração análises e teses que, já aos olhos de Marx, apareciam como as mais avançadas. Historicamente, prevaleceu o juízo de valor de Haym, mas o juízo de valor, que fique claro, não os concretos elementos de análise. Aliás, desse ponto de vista se assiste às vezes a uma verdadeira inversão: se Haym demonstra o caráter não liberal da filosofia hegeliana com base em seus vínculos com a revolução e a tradição política francesa (inteiramente imbuída de um *páthos* totalitário da comunidade política), certos intérpretes hodiernos, depois de retomar acriticamente o juízo de valor de Haym, ilustram a validade desse juízo se empenhando em demonstrar o estranhamento e a hostilidade de Hegel às ideias de 1789. Segundo Haym, o filósofo incapaz de compreender a liberdade moderna, porque estranho à tradição germânica ou germânico--protestante, continua a ser considerado estranho à liberdade moderna, mas porque inserido numa linha de continuidade que vai até Hitler[95]. Naturalmente, há uma linha de continuidade que vai de Haym a Topitsch, ou a Popper e

---

[93] Rudolf Haym, "Varnhagen von Ense", em *Preußische Jahrbücher*, X, 1863, posteriormente republicado em *Zur deutschen Philosophie und Literatur* (org. Ernst Howald, Zurique/Stuttgart, Artemis, 1963), p. 152-4 e 143-4.

[94] Carta de Marx a Engels, 18 de junho de 1862, em MEW, v. XXX, p. 249; Rudolf Haym, *Hegel und seine Zeit*, cit., p. 389-90.

[95] Ernst Topitsch, "Kritik der Hegel-Apologeten" (1970); ed. it.: "Critica degli apologeti di Hegel", em Claudio Cesa (org.), *Il pensiero politico di Hegel. Guida storica e critica* (Roma/Bari, Laterza, 1979), p. 171-91.

HEGEL E A LIBERDADE DOS MODERNOS

Hayek, que é a celebração do liberalismo em contraposição ao "totalitarismo" de alguma forma configurado.

A compreensão da história completamente *política* da fortuna crítica de Hegel nos permite fazer esclarecimentos e, nesse ponto, pode-se e deve-se retornar ao texto. No entanto, retornar ao texto não como se fôssemos miraculosamente catapultados de volta ao ponto zero da história das interpretações[96], mas sim com a riqueza e a multiplicidade de indicações que brotam da reconstrução da história das interpretações. De tal riqueza e multiplicidade, o intérprete hodierno deve se valer também para compreender os condicionamentos de sua leitura, a fim de estar consciente das categorias culturais e políticas que inspiram as perguntas que ele dirige a Hegel. A história política das interpretações não tem nada a ver com a "história dos efeitos" (*Wirkungsgeschichte*), cara à hermenêutica de Gadamer, que substitui, com amável espírito conciliatório, a categoria de "equívoco" por aquela de "diálogo", de vários modos articulado entre intérprete e texto, mas que, de toda forma, ignora a categoria de contradição objetiva e a dimensão político-social do debate hermenêutico, de maneira não menos radical do que a historiografia que aqui criticamos[97].

Este nosso ensaio, por sua vez, parte de um pressuposto ou de uma hipótese consciente e explícita: existe uma pergunta viciosa que compromete a compreensão de *Filosofia do direito*, que é aquela relativa ao liberalismo ou não do autor. É uma pergunta viciosa, porque nela subjaz uma tomada de posição categórica, mas inconsciente, no interior de um debate político que atravessa a história das interpretações de Hegel e que ainda hoje parece não ter perdido nada a atualidade. Uma tomada de posição que se resolve na adesão acrítica à representação autoapologética que a tradição de pensamento liberal dá sobre

---

[96] Em polêmica com certos slogans recorrentes e pouco meditados, foi justamente observado: "Querer explicar, hoje, Hegel com Hegel seria uma tarefa tão desesperada quanto inútil. Muitas experiências filosóficas nos condicionam e muitas imagens se acumulam diante dos olhos do intérprete. Se existe, talvez, o risco de qualquer confusão, todavia, renunciar a tal riqueza seria um verdadeiro suicídio historiográfico". Luigi Marino, "Hegel e le origini del diritto borghese", resenha do livro de Aldo Schiavone, *Alle origini del diritto borghese. Hegel contro Savigny* (Roma/Bari, Laterza, 1984), *Rivista di Filosofia*, n. 1, abr. 1985, p. 167.

[97] Ver Hans-Georg Gadamer, *Wahrheit und Methode* (3. ed., Tubinga, J. C. B. Mohr, 1972), p. 359-60. O caráter idealista da hermenêutica de Gadamer já foi destacado por Jürgen Habermas, *Zur Logik der Sozialwissenschaften. Materialien* (Frankfurt, Zerschlagt Das Bürgerliche, 1970), p. 289-90. De um ponto de vista marxista, sobre o idealismo de Gadamer insistiu com particular vigor Hans Jörg Sandkühler, *Praxis und Geschichtsbewußtsein* (Frankfurt, Suhrkamp, 1973), p. 62.

si mesma. Marx e Engels não foram em busca de um Hegel esotérico para contrapô-lo a um Hegel exotérico, porque desde o início tomaram consciência de que o pensamento de Hegel, não obstante os limites do "sistema" (reconduzíveis à "miséria alemã"), ia muito além das posições daqueles que Engels, ao assumir a defesa do autor de *Filosofia do direito* contra os ataques de Haym, define como "liberais mesquinhos" (*infra*, cap. II, § 1).

II
AS FILOSOFIAS DO DIREITO:
VIRADA OU CONTINUIDADE?

1. RAZÃO E REALIDADE

Insistimos na necessidade de proceder a uma leitura unitária das diferentes redações de *Filosofia do direito*, sem contrapor as lições ao texto impresso, que, mesmo com seu procedimento mais alusivo e, às vezes, criptográfico, não está em contradição com as lições. Além disso, a metodologia aqui sugerida deve acertar as contas com a radical objeção que emerge objetivamente do trabalho de Ilting. Haveria ao menos dois temas (a relação entre razão e realidade no Prefácio de *Filosofia do direito* e o papel e o poder do príncipe) pelos quais *Princípios* se diferenciaria de modo marcante das lições, e dado que tal lacuna e contraposição se revelariam fortemente no confronto com as aulas, tanto as anteriores quanto as sucessivas à publicação do texto impresso, só restaria a hipótese de acomodação à Restauração para explicar a "singularidade" das posições expressas em *Princípios*[1].

Examinemos, então, os dois temas em questão. É, afinal, verdade que a sentença a respeito do racional e do real se apresenta, em *Princípios*, com formulação e significado radicalmente diferentes das aulas? Procedamos a uma comparação sinóptica.

---

[1]   Esta tese, já presente em *Hegel diverso*, é confirmada, segundo Ilting, pela recente descoberta das aulas de 1817-1818 e de 1819-1820: ver Karl-Heinz Ilting, "Zur Genese der Hegelschen 'Rechtsphilosophie'", *Philosophische Rundschau*, 1983, n. 3-4, p. 161-209.

64   Hegel e a liberdade dos modernos

1817-1818: § 134 A	1818-1819: V. Rph., I, p. 232	*Princípios*	1824-1825: V. Rph., IV, p. 654
O que é racional acontece necessariamente (*muß geschehen*).	Somente o racional pode acontecer.	O que é racional, aquilo é real (*was vernünftig ist, das ist wirklich*).	O que é racional é também real.

Por ora, a comparação se refere à primeira parte da sentença em questão. Fica claro que a formulação de *Princípios* é retomada também nas aulas de 1824-1825, e, nas aulas precedentes, não nos parece que venham à tona diferenças radicais em relação ao texto de *Princípios*: o racional acontece necessariamente, torna-se real, é real. *Wirklich* tem esse significado de movimento, e, ademais, já no § 1 dos *Princípios*, substitui-se *Verwirklichung* por *Wirklichkeit*, quando se declara que a filosofia do direito se ocupa do "conceito do direito e de sua realização". E, mesmo no que se refere à segunda parte da sentença, as diferenças talvez sejam mais sensíveis, mas certamente não a ponto de inverter determinadas posições.

1819-1820: Rph., III, p. 51	*Princípios*	1822-1823: V. Rph., III, p. 732	1831: V. Rph., IV, p. 923
O real se torna racional.	O que é real, aquilo é racional.	A realidade não é nada irracional (*kein Unvernünftiges*).	O que é real é racional.

Sim, no curso de 1819-1820 é mais explícito o fato de que se tornar racional do real é um processo – e essa ideia de processo já está de alguma maneira implícita, como vimos, na categoria de *Wirklichkeit*. Sim, no curso de 1824-1825, há a explicitação clara de que "nem tudo aquilo que existe é real", mas se deve dizer que, no que se refere a *Princípios*, como abertura da exposição (§ 1 A), encontra-se igualmente formulada a distinção entre "realidade" (*Wirklichkeit*) e "existência (*Dasein*) transitória, contingência exterior", isso para não dizer que já no Prefácio encontramos a afirmação de que "nada é real (*wirklich*), senão a ideia" (W., VII, p. 25). Por outro lado, é compreensível que seja principalmente depois das polêmicas que Hegel sinta a necessidade de precisar o significado de *Wirklichkeit*, contrapondo-o à imediatez empírica. No entanto, a distinção não é nova nem – muito menos – instrumental: já está bem presente em *Princípios*; além disso, basta folhear, por exemplo, a *Enciclopédia* de Heidelberg para encontrar, como abertura da seção dedicada à "realidade", em sentido estrito,

As filosofias do direito: virada ou continuidade? 65

a distinção entre *Wirklichkeit* e *Erscheinung*. Significativamente, na passagem da primeira para a terceira edição, o texto permanece inalterado, exceção feita à numeração (o § 91 se torna § 142).

A distinção em questão não é formulada apenas no plano lógico geral, mas também é aplicada e afirmada na análise histórica. No escrito sobre a Dieta, esta é acusada de se apegar a "uma plataforma meramente positiva, que, por sua vez, enquanto positiva, não tem mais nenhuma realidade" (W., IV, p. 536). Aqui, o que é positivo se contrapõe a *Wirklichkeit*: a realidade em sentido estrito não é o positivo imediatamente existente. Ainda. Rejeitando a nova constituição, os deputados da Dieta "declaram que são um corpo representativo, mas de outro mundo, de uma época passada, e exigem que o presente se transforme no passado, e a realidade, na irrealidade" (W., IV, p. 493). Querer colocar em prática reivindicações que não são mais compatíveis com os novos tempos significa querer transformar *Wirklichkeit* em *Unwirklichkeit*; na medida em que não corresponde às exigências mais profundas do espírito da época, a realidade em sentido estrito se degrada em existência empírica imediata.

Portanto, é absurdo querer reduzir a uma imediata exigência de acomodação aquela que é uma proposição teórica fundamental da filosofia hegeliana, em todo o arco de sua evolução[2]. De resto, em *Fenomenologia* se encontra não só a problemática, mas também a formulação que suscita tanto escândalo em *Princípios*.

Fenomenologia do espírito: W., III, p. 192	*Princípios*
O que deve ser é também de fato (*in der Tat*), e aquilo que só deve ser, sem ser, não tem verdade alguma. É a isso que se atém justamente o instinto da razão.	O que é racional é real, o que é real é racional. A essa convicção se atém toda consciência ingênua, assim como a filosofia.

Voltando um pouco, pode-se remontar ao ensaio sobre o Württemberg, de 1798, mais tarde perdido, em que decididamente se rejeita a contraposição

---

[2]   Isso é confirmado pela recentíssima descoberta de um manuscrito que, muito provavelmente, é a transcrição do curso de filosofia do direito de 1821-1822 (o único que faltava até agora). Esse reporta a sentença em questão sem as apreciáveis variantes em relação a *Princípios*: "O racional é real, e o real é racional" (*Das Vernünftige ist wirklich und das Wirkliche is vernünftig*). Sobre esse curso, do qual Hansgeorg Hoppe está preparando uma edição crítica, remetemos a Paolo Becchi, "Hegelsche Vorlesungsnachschriften und noch kein Ende?", *Materiali per Una Storia della Cultura Giuridica*, v. XVI, n. 1, 1986.

"entre aquilo que é e aquilo que deveria ser". Ao reportar essa citação textual, Haym diz que o ensaio em questão, inteiramente impregnado pelo *páthos* da época da revolução", atribuía essa contraposição à "preguiça e ao egoísmo dos privilegiados"[3]. O colunista liberal ou nacional-liberal, que condena a célebre sentença do Prefácio de *Filosofia do direito* como expressão do espírito da Restauração, quando encara, como filólogo, a mesma problemática num escrito juvenil, é obrigado a relacioná-la não com a Restauração ainda por vir, mas com a Revolução Francesa.

Por outro lado, se Ilting compartilha, com vasta parcela da tradição liberal, o horror a essa sentença famigerada, deve-se ter em conta que a afirmação da racionalidade do real não constitui nenhum motivo de escândalo para a tradição de pensamento revolucionária. O jovem Marx, que submete *Filosofia do direito* a uma crítica contumaz, não faz referência a essa sentença; aliás, na correspondência, polemiza com fervor hegeliano contra a "oposição entre real e ideal", contra "a total contraposição entre aquilo que é e que deve ser", oposição que considera instrumento de evasão da realidade mundana e política, à qual, com transparente reminiscência do famoso Prefácio, contrapõe a tese de que é preciso "procurar a ideia na própria realidade"[4].

Lênin, por sua vez, transcreve e evidencia em *Cadernos filosóficos* esta afirmação de Hegel, retirada de *Lições sobre a história da filosofia*: "O que é real é racional. Mas é preciso saber diferenciar o que de fato é real; na vida comum, tudo é real, mas há uma diferença entre mundo fenomênico e efetividade". Posteriormente, Lênin anota à margem: "O real é racional". Lendo *Lições sobre a filosofia da história*, o grande revolucionário transcreve duas vezes a afirmação segundo a qual "a razão governa o mundo" e, não satisfeito, na segunda vez, anota um vistoso "NB" a destacar a importância da afirmação transcrita e sua plena concordância com ela[5]. E é talvez o mesmo Lênin que pode fornecer instrumentos conceituais mais adequados para compreender a distinção hegeliana

---

[3] Rudolf Haym, *Hegel und seine Zeit* (Berlim, Gaertner, 1857), p. 66-7.

[4] Carta ao pai de 10 de novembro de 1837, em MEW, *Ergänzungsband* I, p. 4-8; a racionalidade do real é celebrada pelo jovem Marx não somente em prosa, mas também em versos, mesmo que medíocres: "Kant e Fichte vagabundavam de bom grado entre as nuvens:/ procuravam, lá em cima, um país distante;/ Eu, por minha vez, procuro apenas apreender firmemente/ tudo o que encontrei pela rua!". Ibidem, p. 608.

[5] Vladímir Ilitch Lênin, *Quaderni filosofici* (org. Ignazio Ambrogio, Roma, Editori Riuniti, 1969), p. 283 e 309-10 (os textos mais importantes, e aqui levados em consideração, remontam a 1914-1915) [ed. bras.: *Cadernos filosóficos: Hegel*, trad. Edições Avante! e Paula

entre realidade em sentido estrito e simples imediatez empírica: há uma realidade em sentido estratégico, e uma realidade em sentido tático; em cada situação histórica, uma coisa é a tendência de fundo (por exemplo, a supressão da servidão da gleba, quando do ocaso do feudalismo), outra coisa são as contratendências reacionárias do momento (por exemplo, as aspirações e as tentativas de reviver em seu antigo "esplendor" o instituto da servidão da gleba já decadente ou em vias de queda e, portanto, "irreal"), que por certo não são capazes de anular a realidade estratégica da tendência de fundo, mas, no plano tático, estão bem presentes e, portanto, devem ser adequadamente consideradas.

No entanto, também em Hegel, à realidade em sentido estrito, à *Wirklichkeit*, não se contrapõe o nada. O "mundo das aparências" (*Erscheinungswelt*) de que fala a primeira das duas citações aqui consideradas não é o não ser. É o próprio Lênin que destaca, transcrevendo e comentando dessa vez *Ciência da lógica*, que, em Hegel, a própria "aparência" (*Schein*) tem uma subjetividade própria. Sim – declaram *Cadernos filosóficos* –, "a aparência é objetiva, uma vez que nela está *um dos lados* do mundo objetivo [...] Não só a *Wesen* [essência], mas também *Schein* [aparência] é objetiva"[6]. "Aparência" e "aparição" são elas mesmas reais, mas, obviamente, não têm o mesmo grau de realidade de *Wesen* e *Wirklichkeit*, e é somente esta última que, expressando a dimensão estratégica, a tendência de fundo do processo histórico, pode aspirar ao predicado da racionalidade.

Falamos de Lênin, mas Gramsci não somente afirma que "racional e real se identificam", como acrescenta significativamente: "Parece que, sem entender essa relação, não se pode entender a filosofia da práxis", isto é, o marxismo. E a referência é justamente à "proposição hegeliana de que 'tudo aquilo que é racional é real, e o real é racional'", proposição que será válida também para o passado"[7], bem como para o presente e o futuro.

É compreensível o entusiasmo da tradição revolucionária de pensamento: a negatividade não é apenas uma atividade do sujeito, mas é inerente, em primeiro lugar, à própria objetividade. Se o negativo "aparece como desigualdade do Eu em relação ao objeto, ele é também a desigualdade da Matéria em relação a si

---

Vaz de Almeida, São Paulo, Boitempo, 2018, p. 288 e 313-4]; para as citações de Hegel, ver W., XIX, p. 110-1, e XII, p. 40.

[6] Vladímir Ilitch Lênin, *Quaderni filosofici*, cit., p. 98 [ed. bras.: cit., p. 114].

[7] Antonio Gramsci, *Quaderni del carcere* (org. Valentino Gerratana, Turim, Einaudi, 1975), p. 1.417.

mesma. Aquilo que parece se produzir fora dela e ser uma atividade contra ela
é seu próprio operar, e ela mostra que é essencialmente sujeito" (W., III, p. 39).
As transformações político-sociais não são resultado de um projeto meramente
subjetivo: a "mudança" – declara *Propedêutica* – "é estabelecida pela desigualdade de si consigo mesmo", isto é, pelas contradições objetivamente presentes
no real; é, portanto, "a negação do negativo que o algo (*Etwas*) tem em si" (W.,
IV, p. 14). Dessa forma também é explicada a dinâmica da Revolução Francesa:
a "orientação negativa" assumida pelo Iluminismo não fez outra coisa senão
"destruir aquilo que em si mesmo já estava destruído" (W., XX, p. 295-6). A
afirmação da racionalidade do real não é, pois, a negação da mudança, mas
sua ligação com a dialética objetiva do real. De resto, até mesmo o curso de
1817-1818 que Ilting contrapõe, em particular, ao texto impresso afirma que o
racional *muß geschehen* [deve acontecer] – *muß* [deve], que fique claro, não *soll*
[se pretende]; uma vez mais, a mudança é, em primeiro lugar, resultado não
de um postulado moral, mas de uma dialética e necessidade objetiva, ainda
que obviamente favorecida e acelerada pela tomada de consciência do homem.

Ilting sente a necessidade de expurgar como substancialmente espúria a afirmação da unidade entre real e racional, pelo fato de que a interpretação que dá
sobre ela é subalterna à interpretação da tradição liberal. Engels já havia notado
que eram os "liberais mesquinhos" que se mostravam escandalizados diante
daquela afirmação, que, no entanto, exprimia o conteúdo mais propriamente
revolucionário da filosofia hegeliana:

> Ora, a realidade, segundo Hegel, não é de modo algum um atributo que se apli-
> que, em todas as circunstâncias e em todos os tempos, a determinado estado de
> coisas social e político. Ao contrário. A república romana era real, mas o império
> romano que a suplantou também o era. A monarquia francesa tinha-se tornado,
> em 1789, tão irreal, tão desprovida de necessidade, tão irracional, que teve que
> ser destruída pela grande revolução, da qual Hegel sempre fala com o maior en-
> tusiasmo. Neste caso, portanto, a monarquia era o irreal, e a revolução, o real.[8]

E os textos dão razão a Engels: quando de seu ocaso, a república romana
mantinha somente uma existência larval, era apenas uma "sombra" de sua
precedente realidade (Ph. G., p. 711); e, na véspera daquela que Hegel define

---

[8]   Friedrich Engels, "Ludwig Feuerbach und der Ausgang der klassischen deutschen Philoso-
      phie" (1888), em MEW, v. XXI, p. 281.

como a "revolução" cristã, o Estado romano "não constitui mais nenhuma realidade" (*Wirklichkeit*), é somente "aparência vazia" (*leere Erscheinung*)[9].

Também o edifício político da França, anterior à eclosão da revolução, estava em pleno "desfacelamento" (*Zerrüttung*) e, como vimos, até "em si mesmo destruído" (W., XX, p. 295-7); portanto, não parece poder se configurar como realidade em sentido estrito.

A celebração da excelência do ideal em relação à irremediável opacidade do real podia entusiasmar os "liberais mesquinhos", mas Engels tinha uma opinião totalmente distinta: um dos maiores méritos de Hegel é ter "escarnecido, no modo mais cruel, do entusiasmo filisteu, derivado de Schiller, por ideais irrealizáveis"[10]. Uma vez mais somos levados ao famigerado Prefácio de *Filosofia do direito*, no qual, pois, se reconhecia plenamente o revolucionário Engels, que via um motivo de evasão e, em última análise, um instrumento de conservação, na celebração de ideais irrealizáveis, na celebração da excelência do sujeito moral em contraposição à irremediável opacidade do real.

Naturalmente, pode-se não subscrever a interpretação de Engels, mas se deve notar que ela parece ser confirmada também por autores de orientação política oposta. A afirmação da racionalidade do real era particularmente chocante para os ideólogos da evasão do vale de lágrimas da realidade mundana e política e para os *laudatores temporis acti*. Stahl, por exemplo, denuncia o fato de que a escola hegeliana, partindo do pressuposto da presença da razão e do divino na realidade e na história, pretende que o "presente, o atual, seja sempre o melhor; portanto, o mundo moderno é absolutamente melhor do que o medieval"[11]. Não teriam como alvo o famigerado Prefácio aqueles que desprezam "o presente como algo vão" (W., VII, p. 25)?

Mesmo em nossos dias, muitos destacam o vínculo entre a famigerada sentença de Hegel e a visão marxiana da objetividade do processo revolucionário[12]. Esse vínculo, porém, só é destacado para denunciar, na categoria de

---

[9] Georg Wilhelm Friedrich Hegel, *Religionsphilosophie*, Livro I: *Die Vorlesung von 1821* (org. Karl-Heinz Ilting, Nápoles, Bibliopolis, 1978), p. 641.

[10] Friedrich Engels, "Ludwig Feuerbach und der Ausgang der klassischen deutschen Philosophie", cit., p. 266.

[11] Friedrich Julius Stahl, *Die Philosophie des Rechts*, 1878 (5. ed.) (ed. fac-similar, Hildesheim, 1963), v. II, 1, p. 52 n.

[12] Com particular clareza o destaca Karl-Otto Apel, "Die Konflikte unserer Zeit und das Erfordernis einer ethisch-politischen Grundorientierung", em Karl-Otto Apel et al. (orgs.), *Praktische Philosophie/Ethik*, v. I (Frankfurt, Suhrkamp, 1980), p. 258.

necessidade histórica, a fonte de toda iniquidade e da perversão da moral. Na realidade, trata-se de uma categoria presente já na tradição liberal. Basta pensar, em particular, em Tocqueville, para quem "o gradual desenvolvimento da igualdade de condições" não só é um processo histórico irreversível, mas algo "providencial". A linguagem é explicitamente religiosa. Não por acaso, o autor de *Democracia na América* declara ter escrito sua obra "sob a impressão de uma espécie de terror religioso, brotado em minha alma à visão dessa revolução irresistível". Claro, o processo histórico em ato deve ser guiado e controlado; entretanto, nele se lê "o caráter sagrado da vontade do senhor soberano", de tal modo que "querer obstruir o caminho da democracia pareceria algo como lutar contra o próprio Deus"[13].

O que diferencia Tocqueville de Hegel (e Marx) é o desconforto que, apesar de tudo, o primeiro sente em relação ao processo histórico do qual também reconhece o caráter irrefreável, a ternura com que fala do ocaso, ainda que irrevogável, do Antigo Regime[14]. Hegel, por sua vez, se identifica plenamente com o real-racional do processo histórico que é, ao mesmo tempo, a realização gradual tanto da liberdade quanto da igualdade (como veremos, o progresso é, para Hegel, marcado pela inclusão de todo ser humano, inclusive do ex-escravo, sob a categoria de homem, enquanto tal, dotado de direitos inalienáveis). E esse processo histórico é irreversível porque os homens, com o passar do tempo, não permitem mais que lhes arranquem a dignidade humana e moral conquistada: "Se o simples arbítrio do príncipe fosse lei, e ele quisesse introduzir a escravidão, teríamos consciência de que isso não poderia acontecer. Cada um sabe que não pode ser escravo [...]. Isso adquiriu significado de uma condição natural (*Natursein*)" (W., XVIII, p. 121-2). A afirmação da racionalidade estratégica do processo histórico está intimamente associada a uma filosofia da história

---

[13] Alexis de Tocqueville, "De la démocratie en Amérique", I (1835), em *Œuvres complètes* (org. Jacob-Peter Mayer, Paris, Gallimard, 1951 e seg.), v. I, 1, p. 4-5.

[14] "Àquele tempo, podia se encontrar na sociedade injustiça e miséria, mas não degradação espiritual". Alexis de Tocqueville, "De la démocratie en Amérique", I, cit., p. 6; com grande perspicácia, Sainte-Beuve compara Tocqueville a Eneas de Virgílio, que, com a razão, olha para a Roma da democracia, enquanto, com o sentimento, se consome de nostalgia pela Dido do Antigo Regime: ver Charles Augustin Sainte-Beuve, *Causeries du lundi*, s.d., v. XV, p. 69. De resto, é o próprio Tocqueville que confessa: "Pelas instituições democráticas, tenho um gosto intelectual (*un goût de tête*), mas sou aristocrático por instinto; isto é, desprezo e temo a multidão". Nota escrita em torno de novembro de 1841, em Alexis de Tocqueville, *Œuvres complètes*, cit., v. III, 2, p. 87.

As filosofias do direito: virada ou continuidade? 71

em alguma medida democrática: progressivamente, é a humanidade em sua totalidade que adere ao reconhecimento da própria humanidade e liberdade e que considera esse reconhecimento um dado imutável; a mesma individualidade genial o é na medida em que exprime as necessidades do próprio tempo, certamente não quando pretende proceder a uma criação *ex nihilo*!

Tocqueville assimila o processo histórico àquele natural. Como demonstração do caráter "providencial" do primeiro, na Introdução de *Democracia na América*, observa:

> Não é necessário que seja Deus em pessoa a falar para descobrir os sinais indubitáveis de sua vontade; basta examinar o caminho habitual da natureza e a tendência constante dos acontecimentos. Sei, sem precisar que o Criador me diga, que os astros seguem no espaço as órbitas que seu dedo traçou.

Pois bem, essas mesmas regularidade e inexorabilidade se observam no âmbito histórico a propósito do "gradual desenvolvimento da igualdade de condições"[15].

Hegel, por sua vez, distingue com firmeza processo histórico de processo natural, e a categoria de necessidade histórica remete não à natureza propriamente dita, mas à "segunda natureza" (Rph., § 4), que certamente é o resultado da história e, assim, da liberdade do homem. Contudo, trata-se de um resultado não revogável pelo "arbítrio do príncipe" ou por qualquer individualidade que se presume genial e que pretende forjar a seu gosto a história e a massa dos homens.

A crítica que, de muitos lados, hoje se dirige a Hegel (e a Marx) é a crítica dirigida, à época, por Stahl e pelos jornalistas reacionários não apenas tendo Hegel como alvo, mas a revolução liberal-democrática como um todo, vista como consequência lógica e inevitável da filosofia hegeliana: "Se o homem pode compreender tão plenamente o espírito do mundo, como Hegel pretende ter compreendido [...], por que o homem não deveria ter, ele próprio, a capacidade de controlar o espírito do mundo?[16]". A revolução que em 1848 havia varrido da Alemanha o Antigo Regime é aqui vista como estritamente ligada à filosofia hegeliana da história e à afirmação da racionalidade do real, da realidade historicamente produzida. Para os críticos contemporâneos e reacionários de Hegel, colocar em discussão os resultados da Revolução Francesa (e das

---

[15] Alexis de Tocqueville, "De la démocratie en Amérique", I, cit., p. 4-5.
[16] Friedrich Julius Stahl, *Die Philosophie des Rechts*, cit., v. I, p. 489.

outras revoluções que se desenvolveram em seu rastro) exigia a liquidação da tese hegeliana da racionalidade do real, e, portanto, não faz sentido considerar, como o faz Ilting, uma concessão espúria e meramente pragmática à política da Restauração.

2. O PODER DO PRÍNCIPE

O segundo tema que confirmaria a tese da virada política radical representada por *Princípios* é aquele do poder do príncipe, claramente mais destacado no texto impresso que nas lições. Sobretudo, a recente descoberta do curso de filosofia do direito de Heidelberg confirmaria que, em relação à concepção liberal originária, *Princípios* seria expressão de uma acomodação oportunista à política da Restauração e à nova situação criada após Karlsbad e a "caça aos demagogos"; assim, passaríamos de uma posição bem próxima à liberal ("O rei reina, mas não governa") à própria teorização do direito divino[17].

Em vez de analisar, uma vez mais, os excertos paralelos das diversas *Filosofias do direito*[18], é bom nos determos um instante no real significado do problema que o intérprete é chamado a resolver. Para ser exato, estamos diante não de um, mas de dois problemas claramente interligados – e, mesmo assim, distintos. O primeiro é aquele relativo à proeminência da personalidade do monarca ou das instituições políticas. A tradição de pensamento conservador ou reacionário acentua as qualidades subjetivas do príncipe, a excelência moral de sua pessoa, como a garantia mais sólida do bem-estar e da autêntica liberdade dos súditos ou cidadãos. É uma visão que, desviando a atenção da objetividade das instituições políticas, considera irrelevante, ou mesmo enganosa, a mudança de tais instituições e, por isso mesmo, é funcional à defesa do *status quo*. Nesse sentido, os primeiros críticos de Hegel o repreendem por não ter compreendido que, no centro da realidade e da história da Prússia, encontra-se a livre "personalidade",

---

[17] Karl-Heinz Ilting, "Zur Genese der Hegelschen 'Rechtsphilosophie'", cit.; em sua edição do texto impresso de *Filosofia do direito*, para o § 29, Ilting faz uso do seguinte subtítulo "A indedutibilidade do poder monárquico: a monarquia do direito divino". V. Rph., II, p. 741.

[18] Além, é claro, dos trabalhos de Ilting, referimo-nos em particular a Henning Ottmann, "Hegels Rechtsphilosophie und das Problem der Akkomodation", em *Zeitschrift für phiolosophische Forschung*, n. 33, 1979, e a Paolo Becchi, *Contributi ad uno studio della filosofia del diritto di Hegel* (Gênova, Ecig, 1984), p. 161-90, e "Im Schatten der Entscheidung. Hegels unterschiedliche Ansätze in seiner Lehre zur fürstlichen Gewalt", *Archiv für Rechts- und Sozialphilosophie*, v. LXXII, n. 2, 1986, p. 231-45.

As filosofias do direito: virada ou continuidade?   73

não as rígidas e mortas instituições da monarquia constitucional. Independentemente das declarações isoladas sobre a amplitude maior ou menor do poder do príncipe, independentemente, pois, do Apêndice que compara o papel do monarca ao pingo no "i", a filosofia política hegeliana é condenada porque representa "a vitória completa da objetividade sobre a subjetividade" (Mat., I, p. 262).

Esses críticos reacionários de Hegel não estavam errados. O primado das instituições e da política em relação à pretensa excelência da personalidade do monarca, em relação, portanto, à retórica de suas boas intenções, caracteriza Hegel em todo o arco de sua evolução, está no centro de sua filosofia política e bem presente, também, no texto impresso de *Filosofia do direito*. De fato, aqui podemos ler: há "despotismo" quando "a vontade particular enquanto tal [...] vale como lei ou, então, está no lugar da lei" (§ 278 A); e isso ainda que se tratasse da "vontade particular" de um monarca excelente. É "insuficiente a *virtù* dos chefes de Estado", e é, no entanto, "necessária uma forma de lei racional diferente daquela forma caracterizada apenas pelo estado de espírito" (§ 273 A). Mais tarde, Schelling, para condenar a Revolução de Julho eclodida em defesa da Charte, contrapõe à reivindicação de um texto constitucional justamente a "disposição de espírito mais íntima", a "lei escrita no coração"[19]. Para Hegel, porém, quando a vida do Estado se assenta sobre uma personalidade privilegiada e depende de seu "beneplácito", quer dizer que a monarquia não é moderna e desenvolvida, ou seja, constitucional, mas é ainda feudal, e, em seu interior, as relações se fundam não sobre a "objetividade" da lei, mas sobre "representação" e "opinião" (§ 273 A), sobre o "beneplácito" de indivíduos (§ 278 A). *Belieben, Vorstellung, Meinung* [beneplácito, representação, opinião]: Hegel marca com termos negativos aquela *Persönlichkeit* [personalidade] que era a palavra de ordem com que os defensores do absolutismo buscavam contrastar as reivindicações liberais e constitucionais. Num Estado moderno – destaca *Princípios* –, é evidente que os cargos estatais são ocupados por indivíduos particulares, mas estes estão subordinados à função e não podem fazer uso da "personalidade imediata", da "personalidade particular" (§ 277); o despotismo da "vontade particular" é controlado pelo "Estado de direito, constitucional" (§ 278 A).

Independentemente das avaliações e das opções políticas do momento, é claro que essa visão é radicalmente antagônica não só à ideologia da reação

---

[19] Friedrich Wilhelm Joseph von Schelling, "Schlußwort zur öffentlichen Sitzung der Akademie der Wissenschaften in München" (sessão de 25 de agosto de 1830), em *Sämtliche Werke* (Sttutgart/Augsburgo, Cotta, 1856-1861), v. IX, p. 423-4; ver também *infra*, cap. X, nota 27.

feudal e romântica, mas também à teorização do absolutismo monárquico. Uma vez mais, os primeiros críticos de Hegel estão plenamente cientes desse antagonismo e atacam Hegel nestes termos:

> É o espírito maligno em pessoa que nos últimos e mais recentes tempos introduziu na vida política dos povos e dos Estados esses documentos de papel ou de pergaminho que se chamam constituições ou a lei enquanto tal; e são os servidores da potência do mal aqueles filósofos que se empenham em justificar esse conjunto de estatutos e leis como o absoluto, como aquilo que é conforme à ideia suprema. (Mat., I, p. 263)

A visão filosófica de Hegel parece homogênea ao movimento constitucional; aliás, na Alemanha da época, parece se configurar como sua mais coerente fundação teórica.

Uma vez esclarecida a proeminência das instituições, outro problema é o das relações entre as diferentes esferas e os diferentes poderes do organismo estatal. É um dado concreto que, mesmo com oscilações e diferenças significativas entre as diversas obras e diversas aulas, Hegel confere notável relevo ao poder do príncipe, e isso por uma circunstância muito concreta que não nos parece ter sido adequadamente tratada pelos vários partícipes do debate sobre o "liberalismo" de Hegel, favoráveis ou contrários a essa tese. O filósofo é obrigado a teorizar a monarquia constitucional num momento em que normalmente a Corte ou o governo exprimiam posições mais avançadas do que aquelas expressas pelos corpos representativos. Era assim na França à época da *Chambre introuvable*, dominada pelos ultrarreacionários fanaticamente voltados ao culto do Antigo Regime; era assim também no Württemberg, onde a intransigência da oposição da Dieta ao "veneno" das ideias revolucionárias de origem francesa e à constituição bastante avançada emanada pelo rei do Württemberg era alimentada, nada mais, nada menos, por Metternich, e onde a Dieta não hesitava em dirigir apelos à Santa Aliança para intervir no conflito constitucional restaurando as instituições dos bons tempos antigos[20]; assim era em parte na Prússia, onde, ao menos aos olhos de

---

[20] Ver Claudio Cesa, *Hegel filosofo politico* (Nápoles, Guida, 1976), p. 43. Hegel condena o fato de que "a Dieta invocou a garantia do poder [...] para Viena", e a tal postura contrapõe aquela digna e respeitosa da própria independência assumida pela França, mesmo derrotada. W., IV, p. 580-1.

Hegel, havia perigo de a oposição teutônica se desenvolver como movimento reacionário de massa[21].

Se, por um lado, em conformidade com a inspiração filosófica geral, Hegel era levado a reduzir drasticamente o papel da personalidade do monarca, a ponto de compará-lo a uma espécie de pingo no "i", por outro lado, com um dos olhos voltado para a situação política concreta, era impossível excluir o príncipe do Poder Legislativo. Era possível deixar o Poder Legislativo na França à mercê da *Chambre introuvable* ou daqueles ultramonarquistas que, também no Württemberg, nos anos posteriores à eclosão da Revolução Francesa, "não aprenderam nem esqueceram nada" (W., IV, p. 507)? Que sentido teria limitar drasticamente o poder do príncipe, quando, na época, a única esperança era aquela de uma constituição *octroyée*, baseada no exemplo da *Charte* francesa?

No entanto, uma coisa é a transformação, em sentido constitucional, da monarquia, e outra é o funcionamento de uma monarquia constitucional já consolidada. Não por acaso, a redução do papel do príncipe a uma espécie de pingo no "i" é teorizada por Hegel, ao longo de 1822-1823, em referência apenas a uma "organização desenvolvida"; e nesse mesmo contexto se especifica que pode haver situações em que "a personalidade [do monarca] é o elemento decisivo", mas então "tal Estado não está bem construído" (V. Rph., III, p. 763 e 765). As declarações que mais radicalmente redimensionam o papel político-constitucional do rei em geral fazem referência à experiência da Inglaterra. É o caso da "resposta" à objeção de Frederico Guilherme III à teoria do pingo no "i": "Na Inglaterra [...] um monarca não tem muito mais a fazer do que emitir a última decisão, e também nisso é limitado" (V. Rph., IV, 677-8)[22]; é o caso também do curso de 1817-1818 (§ 133 A). Porém, na realidade concreta da Prússia e da Alemanha daquele tempo, e, em certa medida, até mesmo da França, Hegel coloca suas esperanças numa iniciativa constitucional da monarquia, e desse ponto de vista há substancial continuidade entre Heidelberg e

---

[21] Em Berlim, Hegel transcreveu alguns excertos dos escritos jornalísticos franceses de Pradt, que defende a Revolução Espanhola e condena aqueles que, em nome do respeito das tradições historicamente transmitidas, gostariam de voltar aos tempos "da Bula Dourada, de Carlos V, de Viduquindo". À transcrição, segue o comentário: mas esse é justamente o "pensamento dos demagogos teutônicos" (*altdeutsch*; B. Schr., p. 699). Os teutomanos são, pois, basicamente, comparados aos bandos sanfedistas; sobre isso, ver Domenico Losurdo, *Hegel und das deutsche Erbe. Philosophie und nationale Frage zwischen Revolution und Reaktion* (Colônia, Pahl-Rugenstein, 1989), cap. VII.

[22] Ver Karl-Heinz Ilting, *Hegel diverso* (Roma/Bari, Laterza, 1977), p. 40.

Berlim. Para o escrito sobre a Dieta, não há "espetáculo laico mais grandioso" do que aquele com que o monarca renova seu poder em sentido constitucional (W., IV, p. 468); o primeiro curso de filosofia do direito declara que, em caso de defasagem entre ordenamento político-constitucional, de um lado, e espírito do tempo e do povo, de outro, a "revolução" que assim se torna inevitável "pode provir do príncipe ou do povo" (Rph., I, § 146 A). No entanto, ainda o curso de 1824-1825 afirma que a necessária renovação político-constitucional pode acontecer "mediante a livre vontade do príncipe ou..." (V. Rph., IV, p. 697), considerando que a primeira hipótese a ser considerada é sempre aquela de uma revolução-reforma pelo alto. Ao menos nesse sentido, o papel do príncipe continua a ser ininterruptamente enfatizado. A perspectiva filosófica geral, no entanto, é sempre aquela de uma monarquia constitucional, cujo ordenamento e funcionamento institucional deixa pouco espaço para particularidades e arroubos do monarca. No curso de Heidelberg, encontramos a afirmação de que, "na Inglaterra, o rei também é o cume mais alto; no entanto, por meio do complexo constitucional, ele se rebaixa a quase nada" (Rph., I, § 133 A). Por sua vez, o texto impresso afirma que, num Estado bem ordenado, cada "esfera" deve ser "determinada pela finalidade do todo e dela dependente" (§ 278 A). É claro o outro elemento de continuidade que a proeminência do todo representa, de modo que os vários órgãos e poderes do Estado não podem ser "autônomos e estáveis por si nem na vontade particular dos indivíduos" (§ 278).

Não que queiramos negar as oscilações e as diferenças entre um curso e outro colocadas em evidência por Ilting, mas acreditamos que, para avaliá-las adequadamente e traçar um balanço correto da evolução de Hegel a esse respeito, é preciso levar em conta múltiplos fatores: 1) há uma diversidade de planos entre a visão filosófica geral (trata-se, aqui, fundamentalmente, de responder à pergunta sobre os requisitos e as modalidades de funcionamento de uma monarquia constitucional organicamente desenvolvida e já consolidada) e a definição das atribuições políticas mais imediatas (trata-se, aqui, de responder, por sua vez, à questão sobre as modalidades do processo apto a levar a Prússia, e outros Estados da Alemanha, a se configurar e funcionar como monarquia constitucional); 2) é necessário, ademais, evitar precipitadamente considerar contrapostas aquelas declarações que, com um trabalho cauteloso de decifração e decodificação do texto impresso (cuja sentença é submetida a uma atenta autocensura), podem se revelar fundamentalmente consonantes. Desse ponto de vista, seria possível dizer que Ilting não tem total dimensão de sua descoberta de um Hegel obrigado a lidar com as garras do poder e com a censura: para demonstrar a tese da "virada", procede a uma comparação um tanto mecânica entre duas grandezas reciprocamente heterogêneas, como são as aulas, de um lado, e o texto impresso, do outro; 3) as diferenças e as dissonâncias que, apesar de tudo, deveriam existir, e efetivamente existem, não devem ser atribuídas, unilateral e exclusivamente, ao desejo e à necessidade de "acomodação" visando a evitar as garras do poder, mas, em primeiro lugar, atribuídas a uma convicta avaliação que o filósofo faz da nova situação política objetivamente verificada. Em outras palavras, diante da radical involução, ao menos aos olhos de Hegel, ideológica e política do "partido" teutônico, o autor de *Princípios de filosofia do direito* entende que deve depositar mais do que nunca suas esperanças de renovação político-constitucional numa iniciativa do alto e é levado a justificar e até a invocar a repressão do poder a um movimento que já vinha assumindo conotações decididamente reacionárias.

É, pois, apressado relacionar a afirmação hegeliana do papel do príncipe no âmbito do próprio processo legislativo com a Restauração e mesmo com um artigo específico das resoluções do Congresso de Viena[23]. Não devemos perder de vista a complexidade da situação criada naqueles anos: Hegel não se deixa enganar pelas palavras de ordem aparentemente "liberais" com que os ultramonarquistas tentavam embelezar seu programa reacionário; no contraste entre *Chambre introuvable* e Coroa, não há dúvidas de que o filósofo toma posição decidida em prol desta, além de desejar que ela esmague a resistência da *Chambre introuvable*. E essa opção política permanece intacta, sem oscilações de qualquer tipo, de Heidelberg a Berlim; mas tal opção política, numa situação específica e determinada, não implica de fato uma tomada de posição a favor do absolutismo monárquico – e ainda menos da monarquia de direito divino. Não, nas condições dadas, a vitória da Coroa era o pressuposto para não cortar por completo o fio que ligava o presente ao patrimônio histórico da Revolução Francesa, o pressuposto para um ulterior avanço do movimento liberal e constitucional.

O caráter complexo e contraditório da situação escapa, talvez, aos intérpretes hodiernos de Hegel, mas era bem compreendido pela concretude histórica do filósofo e também pelo idealismo político da Restauração. Ainda em 1831, Franz von Baader descrevia nestes termos os aspectos paradoxais que apresentava a luta política de seu tempo:

---

[23] Ibidem, p. 121; Paolo Becchi, *Contributi ad uno studio della filosofia del diritto di Hegel*, cit., p. 164-5.

Não se pode deixar de admirar o delicado sentimento de lealdade de nossos liberais: embora não percam nenhuma oportunidade de insinuar que as famílias reais são depositárias de um poder que só receberam emprestado e que pode sempre ser revogado, logo falam de rebelião no caso de um grupo por eles malvisto tentar, de modo legal, fazer valer seus próprios direitos.

Não era, portanto, somente Hegel a defender a Coroa das reivindicações de uma nobreza nostálgica e rebelde, mesmo se esta última houvesse assumido o controle das Câmaras; postura análoga assumiam, de acordo com o testemunho de Baader, também "nossos liberais". E, no que se refere à França dos anos da Restauração, Chateaubriand, que se gaba de ter sido o primeiro a formular o princípio, adotado pela sucessiva tradição liberal, segundo o qual *le Roi règne et ne gouverne pas* ["o rei reina, mas não governa"], observa mais tarde que, naquele momento, "os próprios liberais me combatiam"[24]. Naquela determinada situação histórica, a fronteira entre progresso e reação se configurava de modo totalmente distinto de como imaginam os ingênuos liberais hodiernos. Mas retornemos a Baader. O ideólogo da Restauração concluía assim seu raciocínio: "A revolução (*der Revolutionismus*) pode acontecer tanto de cima para baixo quanto de baixo para cima"[25]. Aqueles que defendiam a Coroa na luta contra os ultramonarquistas da nobreza e da *Chambre introuvable* eram, assim, considerados não somente "liberais", mas também "revolucionários".

É então absurdo querer medir o liberalismo de Hegel com base naquele de um autor como Chateaubriand, porta-voz da "oposição dos *ultraroyalistes* contra o rei e contra os governos moderados por ele inspirados" e da tendência dos ultramonarquistas, "maioria na *Chambre introuvable*, a fazer do Parlamento um elemento que condiciona, de modo intransigente, a política do governo"[26]. Se, portanto, fosse verdade, como afirma Ilting[27], que o curso de filosofia do direito de Heidelberg colocaria Hegel nas imediações de Chateaubriand, deveríamos concluir que *Princípios*, reafirmando o poder do príncipe e se distanciando das

---

[24] François-René de Chateaubriand, *Mémoires d'outre-tombe* (1849) (org. Pierre Clarac, Paris, Livre de Poche, 1973), v. II, p. 448 e 464.

[25] Franz Xaver von Baader, "Über das Revolutionieren des positiven Rechtsbestandes" (1813), em *Sämtliche Werke* (org. Franz Hoffmann, Julius Hamberger et al., Leipzig, 1851-1860) (ed. fac-similar: Aalen, 1963), v. VI, p. 61-2.

[26] Assim se expressa Guido Verucci, "La Restaurazione", em Luigi Firpo (org.), *Storia delle idee politiche, economiche e sociali*, v. IV, t. 2 (Turim, Utet, 1975), p. 61-2.

[27] Karl-Heinz Ilting, "Zur Genese der Hegelschen 'Rechtsphilosophie'", cit., p. 191.

posições dos *ultraroyalistes*, representaria não uma capitulação em relação à Restauração, mas uma elaboração mais madura e realisticamente atenta aos dados objetivos da situação e da luta política. Seria um distanciamento em relação a um autor que, na batalha pela "liberdade", recorria a De Bonald e o primeiro Lamennais e, no plano social, como ele mesmo destacou em suas memórias, recorria às "grandes famílias da França", à "feudalidade" e a um "príncipe da Igreja"[28]. Sim, Chateaubriand defendia as Câmaras (ou melhor, *la Chambre introuvable*), mas essa defesa era funcional à reivindicação da restauração dos privilégios da aristocracia, da restituição ao clero do "controle do ensino", da "posse dos registros do estado civil", até mesmo da "propriedade"[29]; era uma defesa funcional a um programa que visava a "defender corajosamente a religião do ateísmo"[30], isto é, das ideias modernas. Era funcional, para concluir, a um programa reacionário, contrastado pela Coroa e por aqueles governos que, segundo Chateaubriand, eram culpados por ter agido "no sentido dos interesses revolucionários"[31]. Chateaubriand não só procede a uma apaixonada celebração da Vendeia contrarrevolucionária e acusa os governos de "cruel ingratidão" em suas relações, como, na ascensão de Carlos X ao trono, luta pela restauração da cerimônia antiga, ligada à crença da origem divina do poder monárquico, da "unção" sagrada do novo rei[32], aquela cerimônia que Hegel critica porque nela enxerga e denuncia a pretensão de legitimar e consagrar "o arbítrio dos príncipes", o absolutismo monárquico (Ph. G., p. 917). Claro, se quisermos, podemos considerar Chateaubriand mais "liberal" do que Hegel ou que o Hegel de *Princípios*; contudo, isso demonstra que estamos lidando com uma categoria inadequada para a compreensão da dialética histórica, incapaz de nos fazer captar, na situação concreta do momento, a distinção entre progresso e reação. Sobre tal problema, nós nos ocuparemos amplamente depois. Enquanto isso, para continuarmos com a caracterização do "liberalismo" de Chateaubriand, devemos observar que, se ele defende a *Chambre introuvable* contra a Coroa e o governo, ao mesmo tempo exige que a Câmara seja firmemente protegida das

---

[28] François-René de Chateaubriand, *Mémoires d'outre-tombe*, cit., v. II, p. 459.

[29] Guido Verucci, "La Restaurazione", cit., p. 903-4.

[30] François-René de Chateaubriand, *Mémoires d'outre-tombe*, cit., v. II, p. 513.

[31] Idem, "De la monarchie selon la Charte" (1816), em *Mélanges politiques et littéraires* (Paris, [F. Didot Frères,] 1850), p. 247; ver Guido Verucci, "La Restaurazione", cit., p. 903.

[32] François-René de Chateaubriand, "De la Vendée" (1819), em *Mélanges politiques et littéraires*, cit., p. 143 e 152-3.

críticas provenientes dos jornais e de baixo, e, portanto, considera o governo responsável pelos "delitos da imprensa"[33].

Em todo caso, na defesa das prerrogativas da Coroa em polêmica com o "liberalismo" à Chateaubriand, contribuem, também – e é o próprio Ilting que nos revela isso –, liberais como Royer-Collard, Guizot etc. E, tal como Hegel, esses liberais "doutrinários" põem em ação a distinção entre visão filosófica geral e opção política imediata. Royer-Collard, em clara polêmica com o instrumental "liberalismo" dos ultramonarquistas, eleva a "princípio fundamental e sagrado" a tese segundo a qual "é o rei que governa"; Guizot, em suas memórias, explica que a questão central do momento era impedir que a "direita" conquistasse o poder. E um historiador contemporâneo nosso explica que, para Royer-Collard, naquele momento, o poder da Coroa era garantia da "liberdade real"[34]. Com essa expressão, somos objetivamente reconduzidos a Hegel, que, como veremos amplamente depois, insiste com afinco na necessidade de nunca perder de vista a "liberdade real" ao longo de todo o arco de evolução de seu pensamento, mais uma vez sem soluções de continuidade entre Heidelberg e Berlim.

Nesse contexto, convém citar outros dois autores. Em 1843, Marx atribui a *Rheinische Zeitung* [*Gazeta Renana*] o mérito de não ter defendido, sempre e de qualquer maneira, as Câmaras ou as Dietas (*Stände*) contra o governo, como faz o "liberalismo vulgar" (que vê "todo bem no lado dos corpos representativos, e todo mal no lado do governo"), mas de ter avaliado caso a caso, sem hesitar, em determinadas circunstâncias, em destacar "a geral sapiência do governo contra o egoísmo privado das Câmaras"[35]. Trata-se de um escrito que tenta, em vão, afastar as garras do poder que atacam a gazeta que ele dirige e, portanto, é inegável o elemento de autocensura, o que, uma vez mais, nos reconduz às imediações de *Princípios de filosofia do direito*. Cabe dizer, no entanto, que seria um grave erro negligenciar a lição de concretude histórica e política que, de alguma forma, emerge desta página de Marx, página que nos reconduz a Hegel.

---

[33] Idem, "De la monarchie selon la Charte", cit., p. 237.

[34] Karl-Heinz Ilting, "Zur Genese der Hegelschen 'Rechtsphilosophie'", cit., p. 190-1; as citações são retiradas de Ilting. É verdade que, nesse debate, Constant assume uma posição diferente daquela de Royer-Collard e Guizot; mas isso confirma o caráter complexo e contraditório da situação que se criara: os princípios gerais da teoria política liberal se apresentavam defasados em relação às exigências políticas imediatas; daí as diversas e contrastantes respostas dadas pelos expoentes do movimento liberal.

[35] Karl Marx, "Randglossen zu den Anklagen des Ministerialreskripts" (1843), em MEW, *Ergänzungsband* I, p. 424.

As filosofias do direito: virada ou continuidade? 81

Vejamos agora um autor ainda mais distante de Hegel (e de Marx). Depois da Revolução de Julho, Ludwig Börne lamenta o fato de que a Câmara dos deputados, graças à lei eleitoral então vigente, estava constituída na prática apenas por "ricos", que, como é óbvio, têm "sentimentos aristocráticos"; se também "o governo, que é mais liberal do que as Câmaras", tivesse que dissolvê-las, o mecanismo eleitoral reproduziria inevitavelmente a situação precedente. Talvez, parece sugerir o democrata radical, "o rei devesse promulgar, mediante decreto, uma lei eleitoral" nova; entretanto, os franceses não estão dispostos a tolerar o "golpe de força", nem que este venha em função da "liberdade". E então: "Não vejo como o governo poderia ajudar a si mesmo e ao país senão com um golpe de Estado, e um golpe de Estado, embora em nome da liberdade, recolocaria tudo de novo em jogo"[36].

Naturalmente, não temos intenção alguma de equiparar autores tão distintos. Queremos apenas destacar que é absurdo pretender medir o liberalismo de Hegel com base naquele de Chateaubriand, prescindindo da análise da situação concreta, e que é igualmente absurdo colocar *Princípios* em relação à Restauração em geral e mais ainda à política resultante dos Decretos de Karlsbad, dado que *Princípios* exprime uma problemática que não somente é anterior a tais decretos, mas remete às teses de ambientes liberais e democráticos, e até radicalmente democráticos, empenhados na luta contra a direita extremista e reacionária e contra a ideologia da Restauração, entre cujos defensores é fácil alinhar o "liberal" Chateaubriand. A tomada de posição a favor do poder do príncipe tanto não é expressão de acomodação não liberal que corresponde plenamente à visão que emerge da filosofia da história – como poderemos ver em seguida (*infra*, cap. V).

3. Uma, duas, nenhuma virada

Naturalmente, deve-se ainda explicar em detalhes a evolução de Hegel, mas alguns elementos de continuidade são evidentes, e o próprio Ilting não pode deixar de destacá-los: a polêmica anticontratualista e o "princípio monárquico" (interpretados pelo estudioso alemão em sentido filo-absolutista)[37]. Na realidade, a tese da virada parece se esvair justamente graças aos textos que Ilting descobriu

---

[36] Ludwig Börne, "Briefe aus Paris" (1832-1834), carta XXIV e XXXV, em *Sämtliche Schriften* (org. Inge e Peter Rippmann, Dreieich, Joseph Mezler, 1977), v. III, p. 113 e 189.

[37] Karl-Heinz Ilting, *Hegel diverso*, cit., p. 119-22.

e sobre os quais chamou atenção. Abramos a *Enciclopédia* no § 438: o "príncipe" é definido como "sumidade pessoal, deliberativa e decisiva" do "governo". E não apenas o texto impresso – também as anotações manuscritas nesse parágrafo vão na mesma direção e se expressam de modo igualmente inequívoco: "O poder do príncipe é a vontade decisiva"; "o poder do príncipe é decerto em si a coisa melhor" (V. Rph., I, p. 193). E, no curso de 1824-1825, podemos ler:

> O poder do príncipe é o elemento decisivo, o poder de governo é aquele executivo, *pouvoir executiv*. Na equivocada visão francesa, o poder do príncipe é somente executivo; contudo, esse poder é sempre decisório, também no que se refere às leis; executivo é o poder governativo. (V. Rph., IV, p. 689)

E então? De modo significativo, no que diz respeito à visão do poder do príncipe, um discípulo de Ilting, que a ele explícita e constantemente se refere, contrapõe a *Enciclopédia* de Heidelberg ao primeiro curso de filosofia do direito, no âmbito do qual, pela primeira vez, seria formulada "a separação entre poder do príncipe e poder de governo", com a atribuição a este último de um peso decisório, conforme à doutrina e à práxis da monarquia constitucional. "Não é por acaso que Hegel muda de posição após seu primeiro encontro com Cousin. Tal encontro remonta ao verão de 1817."[38] As viradas de Hegel seriam, então, não uma, e sim duas, mas duas viradas de caráter qualitativamente distinto, sendo uma motivada por uma lógica imanente, interna à evolução do pensamento, e outra, por sua vez, ditada por preocupações estranhas à lógica do discurso filosófico. No mais, com a segunda virada, Hegel teria retornado às posições precedentes à primeira, dado que a *Enciclopédia* de Heidelberg atribui ao príncipe poderes não muito diferentes daqueles que lhe atribui o texto impresso de *Filosofia do direito*. Aliás, a essa altura, para uma contemplação geral, seria preciso especular uma terceira virada, visto que, nos cursos de 1822-1823 e de 1824-1825, Hegel voltaria atrás nas substanciosas concessões feitas à política da Restauração e renegaria a total identificação com esta, própria do texto impresso[39], retornando às posições anteriores à segunda virada. Ao todo, duas viradas de caráter mais precisamente teórico e uma de caráter eminentemente pragmático. Talvez sejam muitas.

---

[38] Paolo Becchi, *Contributi ad uno studio della filosofia del diritto di Hegel*, cit., p. 176.

[39] Com *Princípios*, "Hegel demonstra se colocar totalmente a favor da política da Restauração de Metternich". Idem, "Im Schatten der Entscheidung. Hegels unterschiedliche Ansätze in seiner Lehre zur fürstlichen Gewalt", cit., p. 233.

As filosofias do direito: virada ou continuidade?   83

Ainda mais porque, às vezes, essas viradas parecem se deslocar e se configurar de modo diferente. A "segunda virada" deveria ser datada com Karlsbad ou deveria ser antecipada? Afinal, as anotações manuscritas na *Enciclopédia* de Heidelberg, pouco posteriores ao curso de filosofia do direito de 1817-1818, já atribuem papel decisivo ao poder do príncipe. Afirma-se que, no que diz respeito à limitação do poder do príncipe e, de modo mais geral, à visão do Estado e da autoridade política, Hegel não teria jamais alcançado "a mesma profundidade" que caracteriza o curso de Heidelberg[40]. Então, a contraposição entre texto impresso e texto "autêntico" se esfacela ou passa para segundo plano, ao passo que se torna central a contraposição entre a filosofia do direito de 1817-1818 e as outras filosofias do direito, inclusive aquela que consta na própria *Enciclopédia* de Heidelberg e nas anotações feitas à mão nela inseridas. Sobretudo, não faz mais sentido definir como "originária" (quer dizer, autêntica) a filosofia do direito de 1817-1818: não só ela é precedida pela *Enciclopédia* de Heidelberg, como é ela que acaba por se encontrar numa posição fundamentalmente isolada em relação a todos os outros textos e, assim, eventualmente, configurada como "inautêntica". A tese de Ilting entra de vez em crise no exato momento em que se preocupa em desenvolvê-la e aprofundá-la.

Quanto às teses das diferentes viradas, tentamos formular uma hipótese mais "econômica". Continua valendo o princípio da proeminência das instituições e de seu correto funcionamento em relação à conclamada excelência da "personalidade" do monarca absoluto ou, de toda forma, não subordinado pelo ordenamento constitucional, e continua valendo, por outro lado, a simpatia com que é vista a "revolução pelo alto" (a intervenção ativa e, se necessário, enérgica da Coroa para subjugar a resistência dos ultramonarquistas nostálgicos dos bons tempos antigos e dos eventuais movimentos reacionários)... Enfim, considerando ainda válidos esses dois polos, as propostas específicas e concretas variam tanto em relação aos desenvolvimentos da situação objetiva quanto à difícil reflexão do filósofo sobre tal situação. Não nos esqueçamos de que o momento em que aparece o texto impresso de *Filosofia do direito* se caracteriza, na Espanha, pelo recrudescimento dos bandos sanfedistas contra o governo revolucionário; na França, pela retomada maciça da agitação dos ultramonarquistas logo após a indignação provocada pelo assassinato do duque de Berry; na Alemanha, pela virada antissemita e reacionária, ao menos aos olhos de Hegel, do movimento teutômano. A publicação de *Princípios* se dá,

---

[40] Ibidem, p. 239.

84　Hegel e a liberdade dos modernos

pois, num momento em que, para fazer uso das palavras do jornalista liberal de Pradt, "a coragem consiste não mais em atacar governos, mas em defendê-los". Trata-se de uma observação que Hegel transcreve e implicitamente chancela (B. Schr., p. 699) numa anotação pessoal que, por isso, não pode ser colocada sob a suspeita de responder a exigências de "acomodação".

Claro, com tal tomada de posição, corre-se o risco de ser tachado pelos próprios adversários políticos de servo do poder. É o que acontece em Berlim. No entanto, já em Heidelberg, Hegel percebia que, tomando uma posição contra a Dieta nostálgica e reacionária – pelo menos por ele assim definida –, poderia ser acusado de "estupidez cortesã, de se deixar deslumbrar como um escravo e de nutrir intenções secretas" (W., IV, p. 469). É significativo, porém, que entre os que veem Hegel como servo do poder se encontre um autor como Börne[41], que, numa situação concreta, vimos alinhar-se decididamente com o governo (como já ocorrera com o filósofo por ele tão severamente julgado) e até mesmo especular vagamente sobre um golpe de força monárquico contra a oposição. Nem por isso Börne se transforma num seguidor do absolutismo monárquico. Naturalmente, é apenas um exemplo, mas um exemplo que precisamos levar em conta, sobretudo quando se trata de avaliar um filósofo que teorizou de maneira explícita a subordinação da "liberdade formal" à "liberdade real".

Para voltar à tese da virada "transigente" de 1820, gostaríamos de fazer uma última observação: se tal tese fosse verdadeira, com a publicação de *Filosofia do direito*, deveríamos assistir a um radical deslocamento da frente de luta e das partes envolvidas. Contudo, não é assim. Notoriamente, Paulus rompe com Hegel não depois da publicação de *Filosofia do direito*, mas já depois do escrito sobre a Dieta[42]. Em sua resenha sobre *Princípios*, Paulus faz escândalo pela condenação da monarquia eletiva (Mat., I, p. 63), mas tal condenação vem de longa data: o curso de filosofia do direito de Heidelberg, detendo-se sobre os infortúnios da Polônia (§ 120 A, § 163 A), critica implicitamente a situação constitucional do país. Sem dizer que, ainda antes, a constatação dolorosa da dissolução da Alemanha implica um juízo muito negativo sobre o império eletivo. Paulus julga contraditória a teorização da monarquia constitucional com a condenação da monarquia eletiva e com a enérgica afirmação – feita em *Princípios* – do papel do príncipe, pelo fato de que, historicamente, a monarquia constitucional teria sempre se desenvolvido de baixo para cima (Mat., I, p. 63).

---

[41] Ludwig Börne, *Briefe aus Paris*, cit., carta XXXIII, p. 170.

[42] Ver B., II, p. 148-9 e 175-6, bem como a relativa nota de Hoffmeister.

As filosofias do direito: virada ou continuidade?   85

Para Hegel, é exatamente o contrário: "O fato de que os príncipes não sejam eleitos" constitui uma etapa importante "no desenvolvimento da história rumo a uma constituição racional, rumo à monarquia constitucional" (V. Rph., IV, p. 688). A monarquia eletiva remetia ao enorme poder dos barões feudais, e, curvando e dissolvendo esse enorme poder, a Coroa havia desenvolvido um papel progressista e moderno: é uma tese central, como veremos, da filosofia da história hegeliana, não de um único texto impresso desacreditado por "oportunismo".

Hegel, porém, havia respondido antecipadamente à objeção de Paulus, já em Heidelberg, quando estabeleceu uma linha de continuidade precisa não entre Revolução Francesa e ação da Dieta de Württemberg, mas, ao contrário, entre Revolução Francesa e ação reformadora do príncipe:

> Se, então, a reivindicar os direitos da razão, era a maioria dos estados gerais franceses e o partido do povo, enquanto o governo se posicionava a favor dos privilégios, no Württemberg foi o rei que assentou a sua constituição no terreno do direito público racional, e a Dieta se erigiu em guardiã do positivo e dos privilégios. (W., IV, p. 507)

Considerações análogas podem ser feitas sobre a relação com Fries, que institui uma precisa linha de continuidade entre o "servilismo" demonstrado por Hegel, primeiro em relação a Napoleão, depois quando do conflito constitucional no Württemberg e, enfim, por ocasião da crise provocada pelo assassinato de Kotzebue (H. B., p. 221).

Porém, mesmo do ponto de vista de Hegel, seus adversários se apresentam como coerentemente hostis à Revolução Francesa, contra a qual bradaram os membros da Dieta[43], mas contra a qual bradavam ainda mais forte os teutômanos. Na Dieta de Württemberg, "os membros da nobreza [...] chegavam ao ridículo de não reconhecer a abdicação do imperador romano" (W., IV, p. 495), demonstrando, assim, estarem presos ao positivo; de modo não muito distinto se comportavam os teutômanos, com sua pungente nostalgia pelas antigas glórias imperiais da Alemanha.

Seria possível objetar que a publicação de *Filosofia do direito* provoca a ruptura com Thaden, mas é justamente este último que esclarece os reais motivos

---

[43] Para dar um exemplo, um membro da Dieta fala dos revolucionários franceses como da "perigosa seita dos inovadores, que causaram tantos desastres no mundo", ver a nota de Claudio Cesa, à página 189, da edição por ele organizada: Hegel, *Scritti politici* (Turim, Einaudi, 1974).

do dissenso com Hegel. Thaden (Mat., I, p. 76-7) é decididamente contrário à "nova campanha" iniciada contra os *Volkstümler* [populistas], isto é, contra os arautos do originário e incorruptível *Volkstum* [cultura popular, nacional] germânico, ou seja, contra os teutômanos. No entanto, Thaden havia advertido Hegel contra essa "nova campanha", antes ainda da publicação de *Filosofia do direito* (B., II, p. 224). Também neste caso, acaba emergindo a continuidade.

Parece-nos, então, grave engano interpretar a polêmica desencadeada por *Princípios* como o clamor da opinião pública liberal. Seria liberal Hugo, que justifica a escravidão e, justamente por isso, é atacado com firmeza em *Filosofia do direito* (§ 3 A)? Seria liberal Savigny – entre os primeiros a se posicionar, em sua correspondência, contra a obra em questão e seu autor (H. B., p. 230) –, chefe da escola histórica que o jovem Marx compara a Hall e Stahl e que considera "a teoria alemã do *Ancien Régime* francês"[44]? Seria liberal aquele Savigny que havia definido o código napoleônico como um "câncer" e que, após a virada reacionária de Frederico Guilherme IV, se torna um dos alvos mais odiados pelo movimento liberal e constitucional[45]? Na realidade, o posicionamento das forças em campo é mais complexo.

Também aqui se pode notar, apesar das aparentes concordâncias, uma substancial diferença de abordagem entre Ilting e D'Hondt: o primeiro recupera um Hegel "diferente", depurando, de alguma maneira, o texto impresso de *Filosofia do direito*, mas deixando indiscutível e intacto o pressuposto de que as críticas a essa obra provêm dos ambientes liberais indignados com a acomodação de Hegel ao absolutismo monárquico; o segundo recupera Hegel em sentido progressista, contestando que seus críticos e opositores possam ser considerados liberais e tentando, ainda, demonstrar, embora com nuances e diferenças, que se trata fundamentalmente de reacionários (nesse sentido, quem mais se sobressaiu foi Avineri)[46].

---

[44] Karl Marx, "Das philosophische Manifest der historischen Rechtsschule" (1842), em MEW, v. I, p. 85 e 81.

[45] Depois da Revolta dos Tecelões na Silésia, em 1844, Varhagen ataca especificamente "o indigno ministro Savigny", que se destacara por uma repressão sem piedade, e tudo isso porque "aqueles facínoras não querem morrer de fome em silêncio, perturbam a quietude das Excelências, irritam o rei". A nota do diário está reportada em Lutz Kroneberg e Rolf Schloesser, *Weber-Revolte 1844* (Colônia, Leske, 1979), p. 283.

[46] Ver Jacques d'Hondt, *Hegel en son temps. Berlim, 1818-1831* (Paris, Éditions Sociales, 1968); ed. it.: *Hegel nel suo tempo* (trad. Tota Plantamura, Nápoles, Bibliopolis, 1978), p. 95-128, e Shlomo Avineri, *Hegel's Theory of the Modern State* (Cambridge, Cambridge University

AS FILOSOFIAS DO DIREITO: VIRADA OU CONTINUIDADE?

Desse modo, expõe-se um flanco às fáceis objeções dos liquidadores liberais de Hegel, que, referindo-se a Fries e a outros "demagogos" atingidos pela repressão, observam, triunfantes: "Somente a desesperada necessidade de impor uma tese predeterminada, não um exame autêntico, pode levar alguém a acreditar que os arquitetos da Santa Aliança perseguiram a *Burschenschaft* porque ela era reacionária"[47]. E aqui surge um pressuposto que, paradoxalmente, é comum a críticos e defensores de Hegel: o pressuposto de que o posicionamento das forças em campo é arbitrariamente simplificado, e tudo é reduzido ao contraste entre liberais e reacionários, desconsiderando as contradições que atravessam seja o movimento da Fronda e de oposição ao poder, seja o próprio poder, e desconsiderando a complexidade da contenda, que não atinge apenas a postura em relação ao absolutismo monárquico, mas também – e, aliás, em primeiro lugar – a questão nacional alemã, o balanço histórico etc. Na realidade, como tentamos demonstrar em outro texto, a publicação de *Filosofia do direito* marca o início da luta frontal, em primeiro lugar, entre duas frações do movimento da Fronda e de oposição à política da Restauração, uma batalha que já vinha se delineando nos anos precedentes e que, mais tarde, viu enfrentarem-se, de um lado, Hegel e o "partido filosófico" e, de outro, o "partido teutômano"[48].

De qualquer modo, a título de confirmação da insustentabilidade da tese que vê *Princípios de filosofia do direito* atacado como favorável à Restauração, uma última observação: segundo a interpretação de Ilting, com os cursos de filosofia do direito de 1822-1823 e de 1824-1825, Hegel teria abandonado a acomodação à política da Restauração para retornar às originárias e autênticas concepções liberais; contudo, apesar da larga difusão que já haviam conquistado suas aulas, a polêmica não diminui e não se atenua de forma alguma; o filósofo de novo "liberal" continua sendo atacado com imutável aspereza por seus adversários.

Press, 1972); para a crítica da tese de Avineri, que vê Fries e seguidores como reacionários e precursores do fascismo, remetemos a Domenico Losurdo, "Fichte, la resistenza antinapoleonica e la filosofia classica tedesca", *Studi Storici*, n. 1-2, 1983, p. 189-216.

[47] Sydney Hook, "Hegel Rehabilitated", em Walter Kaufmann (org.), *Hegel's Political Philosophy* (Nova York, Atherton, 1970), p. 94. Referindo-se a esse excerto, a única objeção feita por Ilting, em *Hegel diverso*, cit., p. 114, é que Hook, fazendo de *Filosofia do direito* uma expressão teórica da política da Restauração, ignora os cursos de filosofia do direito anteriores e posteriores a *Princípios*.

[48] Domenico Losurdo, *Hegel und das deutsche Erbe. Philosophie und nationale Frage zwischen Revolution und Reaktion* (Colônia, Pahl-Rugenstein, 1989), cap. VII.

Aqui, talvez possamos concluir formulando uma hipótese para posterior verificação: Ilting, que, com sua incansável atividade de editor e de intérprete, teve o mérito de mostrar a grande debilidade da liquidação "liberal" de Hegel (segundo uma tradição que vai, com diversas nuances, de Rudolf Haym a Norberto Bobbio), não conseguiu ir até o fim de seu trabalho de revisão, pois, a despeito de todas as novidades que introduziu, continuou a usar, de modo fundamentalmente acrítico, as categorias e os esquemas da tradição liberal.

SEGUNDA PARTE
HEGEL, MARX E A TRADIÇÃO LIBERAL

III
CONTRATUALISMO E ESTADO MODERNO

1. ANTICONTRATUALISMO = ANTILIBERALISMO?

Para demonstrar que críticos e defensores "liberais" de Hegel se servem das mesmas categorias interpretativas (derivadas do liberalismo hodierno e arbitrariamente e sub-repticiamente absolutizadas), pode-se acrescentar um exemplo esclarecedor. Para Bobbio, a rejeição da teoria contratualista é a prova de que Hegel se coloca em posições conservadoras e hostis ao liberalismo[1]. Por sua vez, Ilting, mesmo empenhado numa interpretação liberal de Hegel, vê em sua polêmica anticontratualista um afastamento do filósofo em relação a seus princípios liberais[2]. Daí que a tese de Bobbio resulta redimensionada: sem desconsiderar o pressuposto tácito e não demonstrado (anticontratualismo = antiliberalismo), aquilo que, num caso, é a afirmação orgânica de posições de rejeição ao liberalismo se configura, no outro caso, como incoerência ou concessão ocasional. E é naturalmente a tese de Bobbio que se mostra mais sólida, dado que a polêmica anticontratualista caracteriza Hegel em todo o arco de sua evolução. Contudo, é comum a críticos e defensores liberais do filósofo a falta de reconstrução do concreto significado histórico, dos concretos conteúdos político-sociais, do contratualismo contra o qual se dirige a polêmica de Hegel.

Pode-se começar com uma pergunta: existiam naquela época (para não falar de hoje) teorias contratualistas de caráter conservador ou reacionário? Consultemos a *Enciclopédia* de Heidelberg: o § 440 polemiza com a visão da "constituição" como "contrato, isto é, o acordo arbitrário de diferentes

---

[1] Norberto Bobbio, *Studi hegeliani* (Turim, Einaudi, 1981), p. XVII, 95-7 e 108-13.

[2] Karl-Heinz Ilting, *Hegel diverso* (Roma/Bari, Laterza, 1977), p. 119.

pessoas acerca de uma coisa arbitrária e contingente". A essa visão, a anotação manuscrita concernente ao parágrafo em questão contrapõe o "superior direito natural" a uma "mudança da constituição", até mesmo à "revolução" (V. Rph., I, p. 197). Eram justamente esses os termos do conflito constitucional no Württemberg: a Dieta, de todo empenhada na celebração ideológica dos bons tempos antigos, via na introdução de uma nova constituição uma violação do precedente contrato constitucional estipulado entre príncipe e nobreza. Fica explícito no texto de Hegel que a polêmica anticontratualista tem como alvo a ideologia feudal e reacionária, a concepção patrimonial do Estado: é no âmbito do feudo que pode ter sentido o contrato entre "príncipe e território, ambos proprietários e detentores de privilégios particulares" e acima dos quais há o imperador, chamado a intervir no caso de violação ou de contraposta interpretação do contrato em questão (W., IV, p. 504). Era na Idade Média que os "direitos tinham a natureza de propriedade privada, sobre a qual se podia, portanto, estipular um contrato" (V. Rph., III, p. 269).

É verdade que a teoria contratualista experimentou um renascimento "também na época mais recente", na esteira da justa polêmica contra a "representação", estranha à razão, da monarquia de direito divino; no entanto, a teoria contratualista continua errando por querer aplicar no âmbito das relações estatais "normas jurídicas do direito privado" (W., IV, p. 504-5). Hegel descreve com eficácia o choque entre as opostas teorias do contrato, que se revela incapaz de definir normas unívocas para a regulamentação do conflito.

> Mudar o contrato em nossos dias é [afirmam os nostálgicos dos bons tempos antigos] vontade unilateral, não é direito, mas violência; esse contrato já foi estipulado há muito tempo. Não – afirmam [aqueles que defendem a mudança da constituição em nome de um contratualismo liberal-democrático] –, não é um contrato, mas violência: somente agora se trata de estabelecer a relação contratual; a idade vetusta [dos institutos jurídicos existentes] não nos vincula.

No primeiro caso, o contrato é conjugado com o passado; a violência, com o presente. No segundo caso, ocorre o contrário. Agora, fica evidente que a mudança política invocada é confiada a um "contrato", isolado, baseado na "submissão à maioria" (AL, § 75; V. Rph., II, p. 303-5). Os expoentes do contratualismo à Burke, por sua vez, objetam que, para ser legítima, a mudança do ordenamento político pressupõe o consenso unânime dos signatários do contrato que havia dado origem ao quadro vigente.

Com sua polêmica anticontratualista, Hegel não pretende de modo algum se dissociar dos objetivos reformadores e constitucionais, mas sim destacar a absoluta inadequação do contratualismo como plataforma teórica de um programa de renovação político-constitucional. Eventualmente, com uma fórmula esquemática, mas substancialmente correta, seria possível dizer que o contratualismo liberal-democrático é criticado porque faz, em última análise, o jogo da reação. E, de fato, o contratualismo à Rousseau peca ao se colocar no mesmo terreno do direito privado caro aos teóricos da concepção patrimonial do Estado: "Por mais diferentes que possam ser esses dois pontos de vista, eles têm em comum o fato de transferirem as determinações da propriedade privada para uma esfera de natureza completamente distinta e superior". Permanecendo no terreno do contratualismo, não se consegue rechaçar com eficácia nem liquidar a visão triunfante na Idade Média, e ainda difícil de ser eliminada, que faz dos direitos e das repartições públicas "uma imediata propriedade privada de indivíduos particulares em contraposição ao direito do príncipe e do Estado" (Rph., § 75 A). A polêmica anticontratualista tanto não é uma concessão ao absolutismo que, na superação do contratualismo e da concepção privada do Estado, Hegel enxerga uma "enorme revolução" (V. Rph., IV, p. 253), ou um "enorme progresso" (V. Rph., III, p. 270), e está tão distante de se configurar como concessão às relações de força e ao espírito da Restauração que a celebração da "revolução" em questão está presente não somente nos cursos de 1822-1823 ou 1824-1825, recém-citados, mas também nas anotações pessoais, sempre relativas ao § 75: "Em relação a isso [à superação da concepção privada e contratualista do Estado], gira toda a passagem dos velhos aos novos tempos, a revolução do mundo; quer dizer, não somente aquela ruidosa, mas a revolução que todos os Estados realizaram" (V. Rph., II, p. 303).

A polêmica anticontratualista não comporta, de jeito algum, uma justificativa do absolutismo ou a negação dos direitos individuais, mas apenas uma distinta fundação teórica desses tópicos: "As obrigações dos cidadãos em relação ao Estado, assim como as obrigações do Estado em relação ao cidadão, não surgem de um contrato", declara Hegel, sempre comentando o § 75 (V. Rph., III, p. 269), que vimos dedicado à polêmica anticontratualista. E essa polêmica – sempre no curso de 1822-1823, que agora estamos citando – é motivada pela defesa e pela celebração de "bens universais e inalienáveis" que não podem ser objeto de comércio nem, portanto, de contrato (V. Rph., III, p. 271). No escrito sobre a Dieta, a polêmica anticontratualista tem tão claramente como alvo a reação e os nostálgicos dos bons tempos antigos que tal polêmica se liga estreitamente com a discussão sobre o positivo: a Dieta "se enrijeceu exclusivamente na posição formal de exigir um antigo direito pelo fato de que este fora positivo e sancionado por um contrato"; as velhas relações políticas são consideradas intocáveis, porque tudo é "contratualmente definido"; a "lei fundamental" é sagrada e inviolável, porque ela não é outra coisa senão o "contrato fundamental" (W., IV, p. 506 e 510).

A Dieta se inseria, assim, numa precisa tradição reacionária. Não por acaso, o Burke traduzido por Gentz havia afirmado, em polêmica contra o arbítrio e a fúria legislativa da Revolução Francesa, que toda mudança político-cons-titucional deve ser objeto de "negociação" (*Negotiation*, na tradução alemã; *compromise*, no original em inglês), deve ocorrer mediante "contrato" e sem violar unilateralmente o "contrato" (*Vertrag*, na tradução alemã; *convention*, no original em inglês) antes estipulado[3]. Desse ponto de vista, a teoria contra-tualista, muito longe de ser sinônimo de reforma e mudança, é sinônimo, ao contrário, de conservação e imobilismo.

Uma vez mais, Burke é esclarecedor. É possível modificar a forma institucio-nal do Estado e passar, por exemplo, da monarquia à república? Sim, afirmam os revolucionários franceses, remetendo à vontade do povo ou da maioria do povo; "se a maioria de outro povo qualquer, digamos, o inglês, deseja efetuar a mesma mudança, tem o mesmo direito a isso". Uma vez assim configurado o ponto de vista do movimento revolucionário na França (e na Inglaterra), eis a tese que Burke lhe contrapõe:

> Sim, dizemos nós, o mesmo direito. Isto é, ninguém, nem a minoria nem a maioria, tem o direito de agir segundo a própria vontade em matérias ligadas ao dever, aos mandatos, às tarefas e às obrigações. Uma vez firmada a Constituição de um país, não há poder nem força que possa alterá-la sem prévia ruptura do acordo ou o consenso de todas as partes interessadas. Essa é a verdadeira natu-reza de um contrato.[4]

---

[3] Edmund Burke, *Betrachtungen über die französische Revolution* (org. Friedrich von Gentz, Berlim, Friedrich Vieweg, 1793); essa tradução foi republicada, com base na 2. ed. (1794) (org. Lore Iser, introdução de Dieter Heinrich, Frankfurt, Suhrkamp, 1967), p. 72 e 106. Citamos o original inglês, "Reflections on the Revolution in France" (1790), em *The Works of the Right Honourable Edmund Burke* (Londres, Rivington, 1826), v. V, p. 82 e 121.

[4] Idem, "Appeal from the New to the Old Whigs" (1791), em *The Works of the Right Honour-able Edmund Burke*, cit., v. VI, p. 201.

A ideia do contrato e de seu necessário respeito se configura como legitimação ideológica da conservação do *status quo*; o "contrato" é o selo da inviolabilidade do ordenamento político e social existente, dado que ele "não vincula apenas os vivos, mas os vivos, os mortos e aqueles que ainda não nasceram"[5].

Falamos sobre a polêmica de Burke contra a Revolução Francesa e sobre a luta da Dieta de Württemberg em defesa dos bons tempos antigos. Contudo, se passarmos à Prússia, vemos que também lá a luta da reação contra as reformas antifeudais da era Stein-Hardenberg se desenvolve marcada por palavras de ordem contratualistas: "Contratos (*Contrakte*) só podem ser dissolvidos mediante contratos (*Contrakte*), enquanto em todos os casos duvidosos é a situação presente que prevalece, pois foi experimentada por muitos séculos"[6]. A esse contratualismo cegamente enraizado ao positivo de um "contrato" que já teve seus dias, Hegel contrapõe a lição da Revolução Francesa e dos sucessivos "25 anos" de levantes e de renovação política e constitucional (W., IV, p. 506-7).

2. CONTRATUALISMO E JUSNATURALISMO

Seria grave erro interpretar a polêmica de Hegel com o contratualismo como afirmação da incondicionalidade do poder, a cuja intromissão e a cujos abusos os indivíduos não poderiam opor resistência. A rejeição do contratualismo não é, por si só, a rejeição do jusnaturalismo. Muito pelo contrário. Existem direitos inalienáveis e imprescritíveis? A resposta de Hegel não só é inequívoca, como é marcada por significativa solenidade: "São, pois, inalienáveis aqueles bens, ou melhor, aquelas determinações substanciais, assim como é imprescritível o direito a estas, que constituem minha pessoa mais própria e a essência universal de minha autoconsciência, como minha personalidade em geral, minha universal liberdade de querer, a eticidade, a religião" (Rph., § 66).

A liberdade da pessoa é um direito inalienável e imprescritível e não há positivo ordenamento jurídico que possa anulá-lo.

O direito a tais bens inalienáveis é imprescritível: na verdade, o ato com que tomo posse de minha personalidade e de minha essência substancial e me constituo

---

[5] Idem, "Reflections on the Revolution in France", cit., p. 184.

[6] Carta-memorial de Friedrich August Ludwig von der Marwitz a Hardenberg (Berlim, 11 de fevereiro de 1811), em *Adam Müllers Lebenszeugnisse* (org. Jakob Baxa, Munique/Parderborn/Viena, Shöningh, 1966), v. I, p. 616.

como sujeito jurídico e legalmente responsável, como sujeito moral, religioso, arranca essas determinações justamente da exterioridade que unicamente lhes dava a capacidade de estar na posse de outros. Com essa anulação da exterioridade, caem as determinações temporais e todas as razões que podem ser derivadas de meu precedente consenso ou de minha precedente resistência. Esse retorno de mim a mim mesmo, com o qual me constituo como ideia, como pessoa jurídica e moral, anula a relação precedente e a injustiça (*Unrecht*) que eu e o outro cometemos com meu conceito e com minha razão, por ter tolerado que fosse tratada, ou por ter tratado, a infinita existência da autoconsciência como algo exterior. (§ 66 A)

Um contrato ou direito positivo qualquer, que viole as liberdades fundamentais da pessoa, é, na realidade, *Unrecht* e, portanto, se revela como restabelecimento do direito "o ato com que tomo posse de minha personalidade". Hegel pensa, em primeiro lugar, na escravidão, mas não nos esqueçamos de que a esta compara não somente a "servidão da gleba", como também "a incapacidade de possuir propriedade, a própria não liberdade" e, assim, as persistentes relações de propriedade feudal, bem como a restrição religiosa e a negação da liberdade de consciência que já se configurara de alguma forma (§ 66 A). Justamente por ser negado como sujeito jurídico, o escravo não tem obrigações jurídicas e pode imediatamente recuperar a liberdade, sem ter que tomá-la do senhor, qualquer que seja o título que este tem a pretensão de exibir.

O apreço pela tradição jusnaturalista é explícito: "O fato de que o Estado tenha se tornado pensante é obra do Iluminismo jusnaturalista", que soube colocar em discussão o positivo consagrado em "velhos pergaminhos" (Ph. G., p. 917-8). Ao menos num caso a *Enciclopédia* parece assumir a linguagem dos revolucionários franceses: ao celebrar a luta dos escravos pelo reconhecimento de seus "eternos direitos do homem" (§ 433 Z). Noutro texto, fala-se de "inalienável direito do homem" (W., I, p. 190), "direito eterno" (Ph. G., p. 904), "eternos direitos da razão" (W., IV, p. 496). Essa linguagem, porém, é a exceção, não a regra, porque a crítica de Hegel ao jusnaturalismo e à ideologia revolucionária francesa é justamente esta: a liberdade da pessoa, os direitos do homem, são decerto inalienáveis, mas nem por isso eternos, uma vez que, mais do que serem sancionados por um contrato originário, são resultado de um longo e tormentoso processo histórico. O jusnaturalismo é criticado, como se sabe, pelo fato de que o estado de natureza a que pretende remeter é um estado em que não há lugar para o direito, apenas para a violência. Há, contudo, outra observação crítica que, talvez, até este momento, tenha recebido menor atenção: não somente os "direitos naturais" são resultado do processo histórico, como o sujeito desses direitos naturais também é. Sim, o mesmo conceito de homem enquanto homem é resultado de enormes insurreições históricas: na Antiguidade clássica e nas colônias do mundo moderno, os escravos não eram admitidos sob a categoria de homem e, no que se refere a Roma, também as mulheres e as crianças eram tratadas como escravos[7].

Portanto, é preciso entender os direitos naturais não no sentido em que remetem a um mítico estado de natureza, mas no sentido em que expressam a natureza, a determinação mais própria do homem (W., XX, p. 507), o qual, é verdade que, em si, é livre, mas se torna livre para si apenas em um longo e complexo processo histórico.

> Deve-se considerar grande o fato de hoje o homem, enquanto homem, ser considerado titular de direitos, de tal modo que ser homem é algo superior a seu *status*. Entre os israelitas, tinham direitos apenas os judeus; entre os gregos, apenas os gregos livres; entre os romanos, apenas os romanos; e tinham direitos na qualidade de judeus, gregos, romanos, não na qualidade de homens enquanto tais. Agora, como fonte do direito, vigem princípios universais, e assim, no mundo, teve início uma nova época. (V. Rph., III, p. 98)

Ilting lê em *Princípios*, e em seu famigerado Prefácio, uma concessão ao juspositivismo e à consagração do *status quo*, mas na realidade o jusnaturalismo de Hegel não está, de forma alguma, em contradição com a tese da racionalidade do real: os "direitos naturais" não se contrapõem à realidade histórica da qual são a mais alta e mais madura expressão.

3. O ANTICONTRATUALISMO LIBERAL

A afirmação da identidade entre anticontratualismo e conservadorismo não liberal é ainda mais absurda, porque, além de ignorar a existência de um contratualismo de marca conservadora e reacionária, ignora também, sempre à época de Hegel, a existência de uma corrente anticontratualista que, porém, se coloca claramente no terreno liberal. Bobbio pelo menos tem o mérito de

---

[7] Em Roma, as mulheres "eram escravas" – situação que ainda se perpetua na África. V. Rph., IV, p. 446. Considerações análogas desenvolve Hegel a propósito das relações entre pais e filhos.

pensar o problema que emerge desse dado objetivo, dado objetivo e problemas completamente ignorados por Ilting. Todavia, embora percebido, o problema é fundamentalmente evitado também por Bobbio com a observação de que, em Hegel, a rejeição do contratualismo não tem fundamento "histórico", mas "lógico-sistemático"[8]. Parece entender que o anticontratualismo de Hegel deve ser considerado antiliberal pelo fato de que não se limita a afirmar a irrealidade da hipótese do contrato originário, mas contesta a indevida extensão à esfera do direito público de um instituto do direito privado.

Nesse ponto, convém proceder com uma comparação mais detalhada entre o anticontratualismo de Hegel e o anticontratualismo de um autor do mesmo período, Bentham, cuja inserção na tradição de pensamento liberal é pacífica e incontestável. Em Bentham, a rejeição do contratualismo implica, ainda, a rejeição do jusnaturalismo. É justamente isso que o expoente do liberalismo francês, Constant[9], rejeita no expoente do liberalismo inglês. Com efeito, ao comentar a Declaração dos Direitos de 1791, depois de criticar a ideia de "contrato" que nela subjaz, Bentham prossegue desta maneira: "Não há nada semelhante a direitos naturais, nada semelhante a direitos precedentes à fundação da sociedade política, nada semelhante a direitos naturais distintos daqueles legais". Quer dizer, "falar de direitos naturais e imprescritíveis é uma insensatez retórica, insensatez ao quadrado"[10]. Já em Hegel, a rejeição à teoria contratualista não questiona de fato a existência de direitos inalienáveis e imprescritíveis, e isso graças à distinção estabelecida entre dois diferentes significados do termo "natureza". Certamente não existem direitos fundados no estado de natureza, porque esse é o reino da violência generalizada. Assim, é enganosa a ideia de um "contrato" estipulado com o objetivo de garantir direitos já existentes no estado de natureza. Isso é válido tanto para Bentham quanto para Hegel. No entanto, este último identifica um segundo e diferente significado do termo "natureza", que pode significar a determinação substancial e irrenunciável do homem.

Em polêmica com Bentham, que ironizava a ininterrupta violação e alienação dos direitos, embora considerados "inalienáveis", Constant observa:

---

[8]   Norberto Bobbio, *Studi hegeliani*, cit., p. 95.

[9]   Benjamin Constant, "De M. Dunoyer et de quelques-uns de ses ouvrages" (1826), em *Mélanges de littérature et de politique* (Louvain, F. Michel, 1830), v. I, p. 97.

[10] Jeremy Bentham, "Anarchical Fallacies. A Critical Examination of the Declaration of Rights" (1. ed. em inglês, 1838), em *The Works* (org. John Bowring, Edimburgo, William Tait, 1838-1843), v. II, p. 501.

"Afirmando que esses direitos são inalienáveis e imprescritíveis, afirma-se simplesmente que não devem ser alienados, não devem ser prescritos; fala-se daquilo que deve ser, não daquilo que é"[11]. Tal afirmação podia muito bem ter sido assinada por Hegel, ainda que com a advertência de que esse dever ser é não a expressão de uma exigência da consciência privada, de um postulado intimamente afirmado pela moralidade do próprio indivíduo, mas sim resultado objetivo de um processo histórico já irreversível, em que não se pode retroceder. Justamente em razão da racionalidade do real, em sua dimensão estratégica, sabemos que a liberdade, a não escravidão, tornou-se "condição natural", contra a qual, em última análise, acabaria por naufragar o "arbítrio do príncipe" (W., XVIII, p. 121-2). A liberdade é, sim, um direito natural e inalienável, mas de uma natureza produzida pela história, de uma "segunda natureza". A liberdade e os direitos inalienáveis não estão atrás, mas são resultado do progresso, da luta complexa e contraditória do homem para erguer um mundo em que possa se realizar e se reconhecer. E é nessa "segunda natureza" que o homem toma "consciência de sua liberdade e sua racionalidade subjetiva" (V. G., p. 256-7). Contudo, o fato de que agora os direitos naturais remetem não à primeira, mas à segunda natureza não significa que perderam seu caráter inalienável e irrenunciável, pois, ao contrário, somente agora eles têm um fundamento real e não puramente imaginário.

Portanto, Hegel dificilmente teria subscrito a afirmação de Bentham, que contrapõe seu princípio da utilidade à teoria jusnaturalista: "Não há direito que não deva ser revogado quando sua revogação for vantajosa para a sociedade"[12]. Se Bentham, da rejeição da ideia de estado de natureza e de contrato, procede até a rejeição do jusnaturalismo, Hegel, por sua vez, procede com uma diferente e mais eficaz fundamentação do jusnaturalismo, superando as dificuldades da teoria tradicional evidenciadas também pelas críticas de Bentham. Desse ponto de vista, de um liberal como Constant, está mais próximo Hegel do que Bentham. E deve-se acrescentar que, se a polêmica anticontratualista (e antijusnaturalista) do liberal inglês tem como alvo polêmico os revolucionários franceses, acusados de recorrer a "sofismas anárquicos", em Hegel a polêmica anticontratualista (funcional à refundação do jusnaturalismo) tem como alvo polêmico, em primeiro lugar, os teóricos da reação feudal.

---

[11] Benjamin Constant, "De M. Dunoyer et de quelques-uns de ses ouvrages", cit., p. 100.
[12] Jeremy Bentham, "Anarchical Fallacies", cit., p. 501.

4. Celebração da natureza e ideologia da reação

Há, no entanto, outro elemento a considerar. Desde os tempos de Rousseau, mudou notavelmente o objetivo significado político-social do recurso à ideia de estado de natureza. Se antes tal ideia constituía um elemento de contestação do ordenamento existente (pensemos no célebre ataque de *O contrato social*: "O homem nasceu livre, e em todas as partes está acorrentado"), nos anos da Restauração a celebração da excelência desse mítico estado de natureza tem uma função inequivocamente reacionária, pois, com o olhar dirigido para a Revolução Francesa, visa a configurar o processo histórico como irrefreável decadência a partir de uma condição de perfeição originária. Para Hegel, quanto ao estado de natureza, "não pode ser dito nada de mais verdadeiro senão que, dele, deve-se sair" (Enc., § 502 A). No entanto, em termos análogos, Hegel se expressa a propósito do Éden em que o homem teria vivido anterior à queda no pecado original: "O paraíso é um parque em que podem permanecer somente os animais, não os homens" (Ph. G., p. 728), exatamente como no estado de natureza. Num caso e no outro, o problema é a "superação da mera naturalidade" (W., XIX, p. 499). A ideologia da Restauração começa a projetar na representação do estado de natureza a sombra do Éden anterior à queda no pecado original, mas, em última análise, o processo histórico. O acerto de contas com a tese da decadência (tese que comportava a condenação do mundo moderno, do mundo proveniente do Iluminismo e da Revolução Francesa) exigia a redefinição do jusnaturalismo: a recuperação do patrimônio de liberdade da tradição jusnaturalista não podia não proceder *pari passu* à crítica da ideia de estado de natureza e de contrato originário como momento da passagem para o estado social.

Nesse caso e em outros, fica claro o vício de fundo de uma historiografia atenta apenas à história das ideias em sentido puramente abstrato, que não percebe que a continuidade formal pode esconder a mais radical diversidade de conteúdos político-sociais, isto é, em última análise, a mais radical diversidade de significado histórico concreto. Hegel procede com uma releitura da teoria contratualista ou da tradição jusnaturalista não num espaço asséptico, mas constantemente a medindo com os problemas de seu tempo. A preocupação não é proceder com uma construção solitária do sistema, mas, em primeiro lugar, intervir no debate e nas lutas reais.

Que sentido podia ter remeter ao estado de natureza quando, a partir da Revolução Francesa, a natureza se tornou o cavalo de batalha da cultura da reação? São os anos em que, polemizando com o ideal da *égalité*, vem se desenvolvendo o arsenal teórico que mais tarde confluirá na ideologia do "darwinismo social". A "abstrata" reivindicação da igualdade jurídica – declara Burke – viola "a ordem natural das coisas"; "a ordem social natural", aliás, se mancha com a "mais abominável das usurpações", justamente aquela contrária às "prerrogativas da natureza"[13]. Elementos já mais imbuídos de "darwinismo social" podem ser encontrados num autor contra o qual Hegel se empenha numa polêmica explícita e dura. *Filosofia do direito* rechaça com vigor a afirmação de Haller, segundo a qual é lei da natureza que "o maior expulse o menor, o mais forte expulse o mais fraco, e faz parte da ordem divina, eterna, imutável [...] que o mais forte domine, deva dominar e sempre dominará". Em Haller, o apelo à natureza é a celebração, para dizê-lo com Hegel, da "violência natural contingente" (§ 258 A)[14]. E ideias do tipo começavam a ter notável disseminação na Alemanha: vinte anos depois de *Filosofia do direito*, um discípulo de Hegel, polemizando com um dos mais notáveis órgãos de imprensa da reação, segundo o qual a "natureza" demonstraria que a "igualdade" está em contradição com o "sistema de Deus", sente necessidade de fazer um alerta que claramente aproveita a lição do mestre: "Uma abstrata aplicação dos conceitos da natureza à filosofia prática só pode conduzir ao direito do mais forte"[15].

Dado esse novo quadro político e cultural, compreende-se que as categorias centrais do jusnaturalismo começam a entrar em crise já com Kant: "Se tudo aquilo que acontece ou pode acontecer se reduz a puro mecanismo da natureza", declara em *À paz perpétua*, então é claro que "a ideia de direito é vazia de sentido"[16]. Quem remetia à natureza, a essa altura, eram os teóricos da reação. Essa consciência, que já começa a emergir em Kant, adquire particular relevo em Hegel, testemunho dos ulteriores desenvolvimentos da luta político-ideológica e que, justamente no decorrer da luta contra a cultura da reação, é levado a lidar com a debilidade da visão da história própria da tradição jusnaturalista e dos protagonistas, ou de alguns dos protagonistas, da Revolução Francesa. No

---

[13] Edmund Burke, "Reflections on the Revolution in France", cit., p. 104.

[14] É graças a essas teses que Haller se torna um ponto de referência da reação prussiana. Cf. Wolfgang Scheel, *Das "Berliner Politisches Wochenblatt" und die politische und soziale Revolution in Frankreich und England* (Göttingen, Musterschmidt, 1964, *passim*) e faz sentir sua influência até no social-darwinismo propriamente dito (*infra*, cap. XIII, § 4).

[15] Assim, na polêmica contra "Berliner Politisches Wochenblatt", Karl Rosenkranz, *Königsberger Skizzen* (Danzig, F. S. Gerhard, 1842), v. II, p. 170 e 174.

[16] Immanuel Kant, "Zum ewigen Frieden" (1795), em KGS, v. VIII, p. 372.

âmbito dessa visão, era difícil ou impossível formular uma ideia de progresso entendida não como restabelecimento dos direitos naturais – portanto, em última análise, como processo inverso –, mas como desenvolvimento, como produção de uma condição social nova e mais elevada. "A natureza não retomará seus direitos", proclamava Saint-Just[17] com uma palavra de ordem que, em si, podia tranquilamente ser subscrita por um teórico da reação à Haller, ainda que, como é óbvio, atribuindo à "natureza" um significado diferente e oposto.

Refutando aquela espécie de darwinismo social *ante litteram* que os ideólogos da reação vinham desenvolvendo em polêmica, sobretudo, contra a proclamação revolucionária da *égalité*, Hegel elabora uma ideia de progresso como superação da imediaticidade, como história. A partir desse resultado, não a natureza, de alguma forma configurada, mas "a sociedade é a condição em que somente o direito tem uma realidade própria" (Enc., § 502 A). A sociedade ou, para ser mais preciso, o Estado. O Estado é a superação do estado de natureza e da violência e da opressão que o caracterizam: "Unicamente com o reconhecimento de que a ideia da liberdade é verdadeira somente enquanto Estado" advém a superação da escravidão e, assim, o reconhecimento recíproco (Rph., § 57 A); e a esse parágrafo remete um dos parágrafos finais de *Filosofia do direito*: a "luta formal pelo reconhecimento", isto é, a luta do escravo para ser reconhecido como sujeito de direitos cai "antes da história real" (§ 349 A). Enquanto há escravidão, enquanto não há reconhecimento recíproco, não há propriamente Estado. Os escravos da Antiguidade clássica eram excluídos do Estado. Entre os senhores e seus escravos, há, na prática – disse Rousseau –, o estado de guerra, estado de guerra que, para Hegel, coincide com o estado de natureza.

É importante destacar que, também nas desigualdades mais ultrajantes da sociedade civil, *Filosofia do direito* entrevê um resquício do estado de natureza (§ 200 A). No entanto, dessa configuração da natureza como lugar da violência generalizada e da generalizada ausência de direito, desse distanciamento em relação àquele jusnaturalismo que fundava a reivindicação de direitos inalienáveis mediante a referência à natureza, de tudo isso deriva, em Hegel, não a anulação nem sequer a restrição da esfera dos direitos inalienáveis do sujeito, mas sua decisiva ampliação. Na sociedade civil, há um resquício de estado de natureza devido ao contraste que continua a subsistir entre opulência, de um

---

[17] Discurso na Convenção de 24 de abril de 1793, em Louis Antoine León de Saint-Just, *Œuvres complètes* (org. Michèle Duval, Paris, Gérard Lebovici, 1984), p. 423.

CONTRATUALISMO E ESTADO MODERNO   103

lado, e desesperada miséria, de outro, devido, em última análise, ao fato de que não se reconhece o "direito à vida" do faminto (*infra*, cap. VII, § 5-6).

Sim, a natureza é o reino da opressão, do domínio do mais forte, como sustentavam a imprensa contrarrevolucionária e os teóricos do "darwinismo social" *anti letteram*. No entanto, à natureza Hegel contrapõe a "liberdade do espírito" e a "igual dignidade e autonomia" dos homens e dos cidadãos (W., XX, p. 227). *Freiheit, gleiche Würde* e *Selbständigkeit* [liberdade, igual dignidade e autonomia]: parece a reproposição do trinômio surgido com a Revolução Francesa; contudo, esses direitos (junto aos quais começa a emergir um direito completamente novo, que é aquele à vida) se configuram inalienáveis, inseparáveis da "natureza", do conceito de homem, enquanto são resultado de um longo esforço histórico, de um longo e tumultuado processo histórico em que não se pode retroceder. Agora, pela primeira vez com Hegel, a inalienabilidade remete não à natureza, mas sim à história, à história universal que elaborou e acumulou um irrenunciável patrimônio comum para todos os homens, para o homem enquanto tal.

Desse ponto de vista, a crítica hegeliana do jusnaturalismo não somente não pode, de modo algum, ser confundida[18] com a reação, como está diretamente nos antípodas dela. Analisemos os argumentos da reação. A Revolução Francesa proclama os direitos do homem? Eis, então, que Burke nega o próprio conceito de homem: os ingleses exigem os direitos que lhes competem enquanto ingleses, mas não querem saber de "'abstratos princípios' concernentes aos 'direitos do homem'"[19]. Ainda mais radical é a tomada de posição de Maistre: a seus olhos, "o erro teórico" de fundo "que pôs os franceses na direção errada desde o primeiro instante de sua revolução" é o conceito de homem. "Vi, em minha vida, franceses, italianos, russos etc.; sei inclusive, graças a Montesquieu, que se pode ser persa; mas, em relação ao homem, declaro não o ter visto em minha vida; se existe, existe sem meu conhecimento"[20]. Para Hegel, no entanto, é justamente a elaboração de um conceito de homem que representa um progresso decisivo na história da humanidade. Se o alvo principal da polêmica de Burke são os princípios gerais, Hegel já atribui o mérito ao Iluminismo de ter feito valer tais princípios gerais (Ph. G., p. 919-20); e estes, embora devam ser purgados de

---

[18] Como faz Norberto Bobbio ao comparar Hegel a Burke, em *Il contratto sociale, oggi* (Nápoles, Guida, 1980), p. 372.

[19] Edmund Burke, "Reflections on the Revolution in France", cit., p. 76.

[20] Joseph de Maistre, "Considérations sur la France" (1796), em *Œuvres complètes* (Lyon, Vitte et Perrussel, 1884-1886), v. I, p. 74.

"abstração jacobina", constituem etapa essencial da marcha da liberdade. O nominalismo permite a Burke justificar a escravidão nas colônias ou pelo menos condenar, junto aos "supostos direitos do homem", também a tese da "absoluta igualdade da raça humana"; o nominalismo lhe permite condenar, assim, aqueles que, em nome de "princípios abstratos" e gerais, exigem a imediata abolição da escravidão com base no comportamento assumido pela França revolucionária; Hegel vê na permanência da escravidão um resquício inaceitável do nominalismo antropológico, que fica aquém do conceito universal de homem elaborado pela história universal, com a contribuição decisiva da Revolução Francesa[21].

Se Burke compara pejorativamente "filósofos" a "republicanos" e "jacobinos"[22], Hegel celebra, na filosofia, a universalidade da razão e dos conceitos e das categorias por ela elaborados. O contratualismo de Burke depende da luta contra o jusnaturalismo. Ao conceito de direito de que o indivíduo é titular pelo próprio fato de ser homem (e tal *páthos* jusnaturalista está presente também em Hegel, ainda que com diferente fundamentação teórica) é, na verdade, contraposto o conceito de direito adquirido por sujeitos específicos com base numa história, numa tradição, num contrato peculiar, recebidos e transmitidos "do mesmo modo que nós gozamos e transmitimos nossas propriedades e nossa vida"[23]. Contrato, sucessão hereditária, propriedade: é a confusão entre direito privado e direito público, a persistência da concepção patrimonial do Estado e do direito denunciadas por Hegel, que rejeita o contratualismo justamente para recuperar e refundar o jusnaturalismo.

---

[21] Edmund Burke, "Remarks on the Policy of the Allies with Respect to France" (1793), em *The Works of the Right Honourable Edmund Burke*, cit., v. VII, p. 129; idem, "Letter to the Right Honourable Henry Dundas" (1792), também em *The Works of the Right Honourable Edmund Burke*, cit., v. IX, p. 281. A pretensão de Karl Raimund Popper – *The Open Society and its Enemies* (1943) (Londres, Routledge, 1973), v. I, p. 33-4 e 216, e v. II, p. 290 – de querer fazer do "nominalismo metodológico" o pressuposto necessário da sociedade aberta e liberal resulta arbitrariamente generalizante e "holístico": além de bandeira dos corifeus da luta contra o jusnaturalismo e contra a Revolução Francesa, o nominalismo se tornará depois a bandeira dos teóricos abertos e brutais do racismo – como Gumplowicz e Chamberlain; ver György Lukács, *Die Zerstörung der Vernunft* (Berlim, Aufbau, 1954); ed. it.: *La distruzione della ragione* (Turim, Einaudi, 1959), p. 699 e 718]; Domenico Losurdo, *Hegel und das deutsche Erbe. Philosophie und nationale Frage zwischen Revolution und Reaktion* (Colônia, Pahl-Rugenstein, 1989), cap. XIV, § 24 – e do nazismo irrisório da mesma categoria de "humanidade".

[22] Edmund Burke, "Preface to the Address of M. Brissot to His Constituents" (1794), em *The Works of the Right Honourable Edmund Burke*, cit., v. VII, p. 298.

[23] Idem, "Reflections on the Revolution in France", cit., p. 76-9.

5. Hegel e o contratualismo feudal e protoburguês

E que significado pode ter em nossos dias a polêmica de Hegel contra o contratualismo? O problema é levantado por Bobbio, que assim responde: "O Estado é, hoje, mais que a realidade de uma vontade substancial, o mediador e o garante das tratativas entre as grandes organizações, os partidos, os sindicatos, as empresas". A polêmica anticontratualista de Hegel, além de ser expressão de organicismo perigoso e tendencialmente totalitário, é ademais defasada: "Quando falo de contrato ou de negociado, falo justamente daquele instituto do direito privado que Hegel caracterizava como procedente do arbítrio de dois contratantes, da constituição de uma vontade apenas comum, não universal"[24].

Na realidade, refutar as aquisições teóricas e políticas da batalha conduzida por Hegel contra o contratualismo, em primeiro lugar, conservador ou reacionário, querer seriamente recuperar e reconsiderar como atual esse contratualismo, significaria recolocar em discussão os resultados da Revolução Francesa e até mesmo do desenvolvimento histórico moderno. Do ponto de vista de Hegel, o nascimento do mundo moderno é marcado pela progressiva separação da esfera do direito público daquela do direito privado (e, nesse sentido, pela progressiva restrição do âmbito de aplicação e de validação do instituto do contrato).

Eis o modo como *Filosofia da história* descreve o funcionamento da sociedade feudal: no centro, há uma espécie de contrato entre vassalo e senhor feudal em que os dois contratantes prometem e trocam: um, obediência e fidelidade, o outro, proteção e segurança (Ph. G., p. 785-7). Nesse estágio de desenvolvimento da sociedade está ausente uma organização objetiva do direito para a manutenção da ordem e a administração da justiça; não existem propriamente repartições públicas. E eis que no mundo moderno aparece a primeira fundamental restrição da esfera do contrato: as obrigações da lei e a proteção da lei têm caráter universal, não são objeto de troca no âmbito de um contrato entre privados.

No entanto, a visão privatista do Estado se prolonga ou apresenta resquícios muito além do ocaso do mundo feudal propriamente dito: "No direito privado, [os ingleses] ficaram terrivelmente para trás – a propriedade tem uma grande ou quase absoluta importância. Pensemos nos direitos de primogenitura, em que para os filhos mais jovens são comprados postos militares e eclesiásticos. Até mesmo nas eleições os eleitores vendem seus votos" (Ph. G., p. 935). Assim, os cargos públicos continuam a ser objeto de contrato, de compra e venda às vezes

---

[24] Norberto Bobbio, *Studi hegeliani*, cit., p. 113.

106 HEGEL E A LIBERDADE DOS MODERNOS

explícitas e declaradas, às vezes por baixo dos panos. E eis o segundo nível da polêmica anticontratualista de Hegel: seu alvo, claro, é a venalidade dos cargos públicos, com referência aos escritórios judiciais, defendida por notabilíssimos expoentes da tradição liberal, como Montesquieu e Hume, mas que, muito antes de Hegel, foi denunciada como manifestação de barbárie, por exemplo, na obra de Voltaire[25].

A restrição do âmbito de aplicação do instituto do contrato apresenta, por fim, um terceiro nível, o da identificação de bens ou "determinações substanciais" (liberdade da pessoa, liberdade de consciência), que, em nenhum caso, podem ser objeto de compra e venda e que, portanto, o Estado é obrigado a garantir também contra eventuais contratos "livremente" estipulados. É interessante notar que, em Hegel, a condenação da escravidão procede *pari passu* com o desenvolvimento da polêmica anticontratualista. Um "contrato" que sancione a escravidão seria "nulo em si e por si" e o escravo ainda teria "o direito divino, imprescritível", de recuperar sua liberdade. Considerações análogas valem para um "contrato" que aliene a liberdade de consciência ou a moralidade do indivíduo (Rph., III, p. 78). O instituto do contrato começa a manifestar seus limites já no plano do direito privado. Uma vez mais, a polêmica anticontratualista se revela atravessada pelo *páthos* da liberdade, e, na defesa dos direitos inalienáveis, Hegel é bem mais radical do que a tradição liberal, que, às vezes (pensemos em Locke), parece justificar a escravidão nas colônias com argumentos "contratualistas" (*infra*, cap. XII, § 3).

A alienação desses bens ou determinações pode ocorrer também de forma indireta. Entre os alemães, mesmo o assassinato "era expiado com uma pena pecuniária" (Ph. G., p. 782-3). Porém,

> ao se verificar uma condição na qual, ao delito, nada mais segue do que o ressarcimento, então não se trata mais propriamente de direito. Quando é paga uma quantia em dinheiro como ressarcimento pela mutilação, pelo assassinato de um homem, então o homem pelo qual é pago o ressarcimento está privado de direitos, é somente uma coisa externa. (V. Rph., IV, p. 282)

---

[25] Voltaire, *A. B. C.* (1768-1769), primeira conversa. Já para Montesquieu, a venalidade dos cargos públicos desenvolve uma função positiva e antidespótica (*De l'esprit des lois*, 1748, V, 19); essa argumentação é subscrita por Hume numa carta de 10 de abril de 1749, citada em Charles-Louis de Secondat de Montesquieu, *Œuvres complètes* (org. André Masson, Paris, Nagel, 1950-1955), v. III, p. 1.218-9.

Também aqui se assiste a uma troca, a uma espécie de contrato em que o depósito de uma quantia de dinheiro para aqueles que sofreram um delito contra a pessoa (ou contra seus parentes) assegura a impunidade e a liberdade para os autores do delito.

Convém agora enfrentar o problema em termos mais gerais. Há uma radical diferença entre o contratualismo identificado (e indiretamente celebrado) por Bobbio como característica do Estado moderno e da liberdade dos modernos e o contratualismo denunciado por Hegel. Basta refletir sobre o fato de que os contratantes do pacto, o *pactum subjectionis*, pressuposto pelo contratualismo de tipo feudal ou de tipo protoburguês, são respectivamente, por um lado, os barões ou os proprietários e, por outro, o soberano e o governo – este último, longe de desenvolver aquele papel de mediação que Bobbio atribui ao Estado moderno, é explicitamente entendido como mandatário, como órgão obrigado pelo contrato originário a servir de porta-voz, executor, "comitê de negócios" de barões ou proprietários que com ele estipulam o pacto. É um fato que emerge com clareza dos clássicos do liberalismo: "Os pobres", afirma aquela espécie de manifesto do liberalismo que é *Discurso sobre a liberdade dos antigos comparada à dos modernos*, "fazem seus negócios por si mesmos: os ricos contratam intendentes". E isso é o governo: "A menos que sejam insensatos, os ricos que têm intendentes examinam com atenção e severidade se estes cumprem seu dever". Constant elabora uma configuração do poder político que não é muito diferente, à parte o juízo de valor, daquela que emerge das páginas de Marx e que vê no governo, mesmo legitimado pelo Parlamento, um simples comitê de negócios da burguesia. Constant declara explicitamente que a riqueza é, e deve ser, o árbitro do poder político, e que nessa dependência indubitável e indiscutível do governo dos proprietários reside a própria essência da liberdade moderna.

O crédito não tinha a mesma influência entre os antigos; seus governos eram mais fortes do que os privados; os privados são mais fortes do que os poderes políticos da nossa época; a riqueza é uma potência mais disponível a todo instante, mais aplicável a todo interesse e, portanto, mais real e mais bem obedecida.[26]

---

[26] Benjamin Constant, "De la liberté des anciens comparée à celle des modernes" (1819), em *De la liberté chez les modernes. Écrits politiques* (org. Marcel Gauchet, Paris, Le Livre de Poche, 1980), p. 511-2.

Locke já havia esclarecido que "a conservação da propriedade", isto é, das relações de propriedade existentes e legitimadas enquanto naturais, é "o fim do governo e a razão por que os homens entram em sociedade"[27]; portanto, se o governo não respeita o contrato que o liga aos proprietários e que, aliás, faz dele um órgão de seus interesses e de sua vontade, eis que os outros signatários do pacto se consideram livres de qualquer obrigação contratual e retomam sua liberdade.

Também essa chantagem é formulada explicitamente. Para Constant, são excluídos do contrato originário os pobres – aliás, todos os não proprietários no sentido mais amplo do termo. E é suficiente que os não proprietários sejam admitidos nas "assembleias representativas" para que "as leis mais sábias" sejam "colocadas sob suspeita e, assim, desobedecidas", ao passo que o monopólio das assembleias representativas por parte dos proprietários "conquistaria o consenso popular [isto é, dos proprietários que se identificam com o povo signatário do contrato] mesmo para um governo em alguma medida defeituoso"[28]. Como fundamento do direito ou do fato, que não pode ser colocado em discussão, da desobediência dos proprietários quando se perfila, ainda que vagamente, a ameaça de uma intervenção do Poder Legislativo na esfera da propriedade, uma vez mais atua a teoria contratualista. De fato, "as instituições políticas não são outra coisa senão contrato", e "a natureza dos contratos é a de estabelecer condições fixas"[29], que evidentemente não preveem – que, aliás, excluem – uma inserção, ainda que parcial e limitada, dos não proprietários nas "assembleias representativas". Nesse caso, é o próprio contrato originário que autoriza os proprietários signatários a reagir com desobediência a qualquer modificação e violação unilateral do contrato. Por isso, em última análise, deve-se considerar ilegal não apenas qualquer intervenção do poder político na esfera da propriedade, mas também uma modificação na composição das assembleias legislativas que possa abrir o caminho para a temida intervenção opressora. De fato, dado que "o objetivo necessário dos não proprietários é chegar à propriedade, todos os meios que lhes derem serão utilizados para alcançar esse objetivo", bem como os direitos políticos "nas mãos do maior número servirão infalivelmente

---

[27] John Locke, *Two Treatises of Civil Government* (Londres, Awnsham Churchill,1690), II, § 138.

[28] Benjamin Constant, "Principes de politique" (1815), em *Œuvres* (org. Alfred Roulin, Paris, Gallimard, 1957), p. 1.148.

[29] Idem, "Des réactions politiques" (1797), em *Écrits et discours politiques* (org. Olivier Pozzo di Borgo, Paris, Pauvert, 1964), p. 14.

para invadir a propriedade"[30]. Ainda que mediada pela influência exercida sobre o poder político, a intervenção dos não proprietários na esfera da propriedade é sempre um ato de violência, uma "invasão": num caso e no outro trata-se da violação inadmissível de uma esfera "contratualmente" garantida e intocável. E à guisa de confirmação de tudo isso, pode ser útil a releitura do debate que se desenvolve no processo de radicalização da Revolução Francesa: às primeiras intervenções na propriedade burguesa, os setores moderados bradam contra a violação do "pacto social" e, então, proclamam a liberdade de ação dos proprietários[31].

6. CONTRATUALISMO E ESTADO MODERNO

O contratualismo protoburguês é a legitimação do monopólio político dos proprietários e a consagração explícita da subordinação do poder político à defesa dos interesses da propriedade. E, se é assim, o contratualismo protoburguês tem pouco ou nada a ver com o "contratualismo" hodierno (assim como é configurado por Bobbio), no âmbito do qual o Estado tem a ambição de se colocar como órgão de mediação entre as várias classes, entre os diversos e contrapostos sujeitos sociais. Deve-se discutir até que ponto tal ambição se realiza, mas permanece o fato de que ela, de qualquer forma, pressupõe no Estado um mínimo de transcendência em relação aos diversos e contrastantes interesses. Desse ponto de vista, ao menos no que se refere a suas ambições declaradas, o Estado burguês moderno está muito mais próximo da teoria hegeliana do que do contratualismo protoburguês. Ou melhor, o contratualismo de tipo feudal ou protoburguês continua a se manifestar nos atos de força ou nas ameaças de atos de força com que, não poucas vezes, os grupos privilegiados reagiram ou reagem a intervenções sobre o direito de propriedade, sobre as relações de propriedade e produção, intervenções consideradas não liberais e despóticas.

Sim, a hodierna democracia parlamentar é constituída de tratativas e de barganhas, mas não é preciso confundir duas definições de contrato totalmente heterogêneas. Examinando o desenvolvimento das contradições entre norte e sul que levaram mais tarde à eclosão da Guerra de Secessão, Tocqueville nos

---

[30] Idem, "Principes de politique", cit., p 1.147-8.

[31] Do lado oposto, Marat declara que a noção de pacto social "tende ao federalismo" e, substancialmente, a dissolver a república; ver Benjamin-Joseph Buchez e Pierre-Celestin Roux, *Histoire parlementaire de la révolution française*, v. XXVI (Paris, Paulin, 1836), p. 433.

fornece um exemplo esclarecedor de "contratualismo" no mundo contemporâneo. Eis o modo em que os futuros secessionistas definem sua postura em relação às leis da União tidas como inaceitáveis: "A constituição é um contrato em que os Estados aparecem como soberanos. Agora, toda vez que intervém um contrato entre partes que não reconhecem um árbitro comum, cada uma delas mantém o direito de julgar por si mesma a extensão de suas obrigações"[32]. O "contrato" implica, então, o direito de veto das partes contratantes; nesse sentido, a lei é desprovida de um caráter obrigatório enquanto, mesmo depois da promulgação, depende, para a execução, do beneplácito das partes, que têm o direito de verificar sua conformidade ao contrato estipulado. Portanto, as partes contratantes são, em última instância, soberanas ou reivindicam uma substancial soberania; assim ocorria no período medieval, assim ocorria nos clássicos do protoliberalismo e assim ocorre nos Estados Unidos quando da secessão do sul. Contra esse contratualismo, polemiza Hegel, mas também o liberal Tocqueville, que observa com desânimo o esfacelamento dos poderes da União por obra dos contratualistas-secessionistas do sul.

Bobbio, por sua vez, fala de contratualismo moderno no sentido que o Estado, antes de proceder com uma eventual intervenção legislativa, se esforça em levar em consideração os interesses das várias partes em causa, as estimula e as pressiona para que negociem; ou seja, desempenha um papel ativo de mediação. No entanto, uma vez promulgada, a lei não passa a depender sistematicamente do beneplácito das partes em causa. A radical diversidade desse segundo tipo de contratualismo, em relação ao primeiro, emerge do texto do próprio Bobbio: o Estado é "o mediador e o garante das negociações" entre os diferentes sujeitos políticos e sociais. Então, o Estado, mais do que ser uma das partes contraentes, é o garante das superpartes das contratações entre os diversos sujeitos políticos e sociais. E não é só isso. Bobbio ainda escreve sobre as modalidades de funcionamento do "contrato" no nível político-parlamentar: "Um partido que não tem votos suficientes para levar seus representantes ao Parlamento é um partido que não é legitimado para tomar parte nas tratativas e no contrato social e, portanto, não tem poder contratual"[33]. O Estado não apenas é superpartes, mas define, em cada circunstância, também as partes autorizadas a participar da tratativa.

---

[32] Alexis de Tocqueville, "De la démocratie en Amérique", I (1835), em *Œuvres complètes* (org. Jacob-Peter Mayer, Paris, Gallimard, 1951 e seg.), p. 408.

[33] Norberto Bobbio, *Il contratto sociale oggi*, cit., p. 25 e 39-40.

Deve-se acrescentar que não há nenhum tipo de polêmica com esse segundo tipo de contratualismo por parte de Hegel, o qual, aliás, exige que as várias corporações, associações e comunidades locais estejam diretamente presentes na Câmara baixa, de modo a expressar seus reais interesses e permitir que o aparato governamental e estatal proceda com uma mediação autêntica e eficaz (Rph., § 308). Seria o alargamento da rede de tratativas e mediações a prova da inatualidade da polêmica anticontratualista de Hegel? Hoje, porém, o Estado democrático-parlamentar não é mais, não pode mais ser, o mero conjunto de vigias da propriedade privada teorizado pelo protoliberalismo, o simples "guarda noturno" dos bens dos proprietários denunciado pelo hegeliano Lassalle[34]. Esse contratualismo entrou em crise no momento em que, por meio de ásperas e complexas lutas, os não proprietários impuseram ao Estado toda uma série de outros deveres, com intervenções diretas no campo econômico-social, percebidas pelos proprietários como alargamento indevido da esfera de atividades do Estado para além das tarefas contratualmente definidas. É dessa nova situação que surge a exigência de um constante e difícil trabalho de mediação entre as partes sociais.

Do ponto de vista de Hegel, no entanto, é exatamente nesse trabalho de mediação que se dá a realização do universal. O Estado se constitui como comunidade ética na medida em que não se preocupa apenas com a segurança da propriedade, mas também, como veremos, com a garantia do sustento, do "bem-estar" dos indivíduos, do "direito ao trabalho" e até com o "direito à vida", na medida em que reconhece cada cidadão como titular de direitos inalienáveis – logo, irrenunciáveis e fora da esfera do contrato. Com Hegel, os direitos inalienáveis tendem a assumir um conteúdo material. A condição do faminto é comparada à do escravo, e eis que se impõe uma intervenção pública que garanta de maneira concreta o direito inalienável à liberdade. Tal intervenção implica inevitavelmente uma restrição imposta ao mercado e à esfera do contrato. A cada intervenção com que o Estado proibiu ou regulamentou o emprego de crianças nas fábricas (intervenção explicitamente requerida por Hegel), reduziu o horário de trabalho etc., os setores mais retrógrados do capitalismo sempre responderam com altos gritos de protesto pela violação da liberdade de contrato: basta ler, nas páginas de *O capital*, a história das lutas que acompanharam a limitação, por lei, da jornada de trabalho a dez horas. No que diz respeito à Prússia de Hegel, ou aquela imediatamente posterior

---

[34] Ferdinand Lassalle, "Das Arbeitprogramm" (1862-1863), em *Gesammelte Reden und Schriften* (org. Eduard Bernstein, Berlim, P. Cassirer, 1919-1920), v. II, p. 195-6.

à sua morte, o patronato esbraveja contra "hegelianos" e "socialistas", que, desprovidos do "espírito prático dos liberais", eram culpados de pretender recorrer à intervenção "artificial" do Estado para limitar o emprego de mulheres e crianças nas fábricas e "organizar o trabalho"[35].

Nessa defesa da "liberdade" de contrato, o patronato é, com frequência, apoiado pela monarquia absoluta. Em 1832, de muitos lugares se ergueram vozes para denunciar a chaga do Trucksystem, com base no qual operários superexplorados recebiam sua retribuição não em dinheiro, mas em mercadorias produzidas pela própria fábrica em que trabalhavam. Pois bem, Frederico Guilherme III calou essas vozes com o argumento de que o Estado não tinha direito de intervir numa "relação de direito privado", pisoteando ou limitando de maneira arbitrária a "liberdade civil"[36]. Um monarca absoluto que intervém com firmeza ao lado do patronato liberal na defesa da liberdade de contrato contra os perigos de intromissão do poder estatal: eis um paradoxo para os modernos liberais, cuja condenação do estatismo é tão a-histórica a ponto de esquecer que também Adam Smith, em sua época, tinha considerado "completamente justa e equânime"[37] a intervenção estatal contra a chaga do Trucksystem, que, já para Frederico Guilherme III, era parte integrante da inviolável esfera do contrato. Se o rei prussiano soubesse, porém, poderia remeter a Locke, que não vê nada a objetar nesse tipo particular de contrato, em aparência, livremente estipulado, pelo qual "o fabricante de tecidos, não tendo dinheiro vivo para pagá-los [os operários], fornece-lhes coisas necessárias para a vida (trocando, assim, mercadorias por trabalho), que, quais sejam, boas ou más, o operário deve aceitar pelo preço fixado pelo patrão ou permanecer desempregado e faminto"[38].

Bobbio vê outra prova do alargamento da esfera do contrato na periódica solene renovação, com frequência após lutas prolongadas e, por vezes, duras

---

[35] Assim se expressa o grande capitalista e liberal renano David Hansemann, cujas palavras são reportadas por Jacques Droz, *Le libéralisme rhénan* (1815-1848) (Paris, Sorlot, 1940), p. 242-3.

[36] Jürgen Kuczynski, *Die Geschichte der Lage der Arbeiter unterd dem Kapitalismus* (Berlim, Akademie, 1960 e seg.), v. I, p. 271.

[37] Adam Smith, *An Inquiry into the Nature and the Causes of the Wealth of Nations* (1775-1776; 3. ed., 1783), livro I, cap. X, parte II (citamos as obras de Smith a partir da reimpressão, Indianápolis, Liberty Fund, 1981, ed. Glasgow: v. I, p. 157-8).

[38] John Locke, "Some Considerations of the Consequences of Lowering the Interest and Raising the Value of Money" (1691), em *The Works* (Londres, Thomas Tegg, 1823; ed. fac--similar: Aalen, 1963), v. V, p. 24-5.

CONTRATUALISMO E ESTADO MODERNO 113

dos contratos coletivos de trabalho. Porém, é preciso compreender bem em que consiste a novidade. Obviamente, não no instituto do contrato, mas em seu caráter coletivo. Isso pressupõe a existência de organizações sindicais, proibidas, por todo um período histórico, com o argumento ou o pretexto de que violavam a liberdade de o indivíduo vender no mercado a própria força de trabalho, de que violavam a esfera de autonomia contratual do indivíduo. Uma violação particularmente clamorosa e intolerável do ponto de vista dos empregadores, por ocasião das greves de categoria, com a realização pelos grevistas de uma série de pressões para impedir ou circunscrever a atuação dos fura-greves, para anular ou restringir a esfera de livre contratação extrassindical da força-trabalho. Portanto, entre o velho e o novo contratualismo, não existe a linha de continuidade que Bobbio gostaria de traçar, eliminando como organicista e totalitário o estatismo da tradição hegeliano-marxista. As associações sindicais foram por longo tempo proibidas e perseguidas não em nome do "organicismo" estatal, mas em nome do individualismo liberal[39].

Na realidade, os contratos coletivos de trabalho têm por trás justamente o que Bobbio gostaria de eliminar da história do contratualismo: em primeiro lugar, Marx e as lutas do movimento operário e socialista, mas, em certa medida, também Hegel, que teoriza as "corporações", atribuindo-lhes funções não muito diferentes daquelas desenvolvidas pelo nascente movimento sindical e que, de toda forma, explicitamente polemiza com o argumento caro ao individualismo liberal, segundo o qual as associações de ofício constituíam uma violação do "assim chamado direito natural" do indivíduo de fazer uso das próprias forças (Rph., § 254), contratando sua venda sem intervenções externas de qualquer gênero, mas fazendo valer exclusivamente a liberdade. Eram os anos em que, segundo a análise de Marx, os ideólogos do capital à Bentham negavam a realidade da opressão e da exploração sofridas pela classe operária, fazendo referência à liberdade do contrato de trabalho que o indivíduo-operário estipulava com o indivíduo-empregador[40]. Já os autores que compreenderam e

---

[39] A Lei Le Chapelier, de 1791, proibia as coalizões operárias em polêmica com os "pretensos interesses comuns" e em nome do "livre exercício da indústria e do trabalho" por parte do indivíduo. Jean Jaurès, *Histoire socialiste de la révolution française* (Paris, J. Rouff, 1901-1908); ed. it.: *Storia socialista della rivoluzione francese* (Milão, Cooperativa del Libro Popolare, 1953), v. II, p. 249-50.

[40] Karl Marx, *Das Kapital*, Livro I (1867), cap. IV, 3, em MEW, v. XXIII, p. 189-90 [ed. bras.: *O capital. Crítica da economia política*, Livro I: *O processo de produção do capital*, trad. Rubens Enderle, São Paulo, Boitempo, 2011, p. 250-1].

sentiram a miséria como questão social não se detiveram diante da sacralidade nem da inviolabilidade do contrato. E hoje o contrato entre indivíduo e indivíduo celebrado pelos teóricos protoliberais não existe mais: essa "liberdade" contratual é limitada, de um lado, pela legislação estatal e, de outro, pelas associações sindicais (além das associações patronais, que sempre existiram). É essa a hodierna realidade contratual do mundo do trabalho, e tal realidade não poderia ser compreendida sem Hegel e sua polêmica anticontratualista, sem o caminho que de Hegel conduziu a Marx.

IV
CONSERVADOR OU LIBERAL?
UM FALSO DILEMA

1. O DILEMA DE BOBBIO

Para além do exemplo do contratualismo, agora é o momento de enfrentar o problema em seus termos mais gerais. Afinal, Hegel é ou não liberal? A outra ponta do dilema que assim se pressupõe diz respeito à possibilidade de estarmos diante de um filósofo da Restauração ou de um conservador.

A esta altura, qualquer resposta é enganosa, pois, na verdade, a própria formulação do problema é gravemente viciada. Pode ser útil partirmos de Bobbio.

Hegel não é um reacionário, mas não é sequer um liberal quando escreve *Filosofia do direito*: é pura e simplesmente um conservador, uma vez que preza mais o Estado do que o indivíduo, mais a autoridade do que a liberdade, mais a onipotência da lei do que a incoercibilidade dos direitos subjetivos, mais a coesão do todo do que a independência das partes, mais a obediência do que a resistência, mais o vértice da pirâmide (o monarca) do que a base (o povo).[1]

Bobbio tem o mérito de reunir aqui, de maneira sintética e clara, as objeções dirigidas a Hegel a partir do ponto de vista do moderno liberalismo; e deve-se notar que muito frequentemente esse quadro conceitual não é posto em discussão nem mesmo pelos intérpretes empenhados em demonstrar o liberalismo do filósofo. Procede-se, em geral, contrapondo citação a citação, e, no afã da guerra das citações, perde-se de vista o essencial: a Hegel são postas perguntas que, devido à sua generalidade e à sua abstração formal, por ele já foram consi-

---

[1] Norberto Bobbio, *Studi hegeliani* (Turim, Einaudi, 1981), p. 189-90.

deradas mal formuladas e desviantes. Em meio a todos os dilemas, é exemplar aquele que se destaca na demonstração que Bobbio faz do "conservadorismo" de Hegel: autoridade ou liberdade? Porém, o mesmo filósofo que se obriga a dar uma resposta clara a essa alternativa grosseira já distinguiu entre liberdade formal e liberdade real (como veremos de forma extensa em seção posterior), já esclareceu que o termo "liberdade" pode também ser um floreio ideológico para embelezar ou cobrir "interesses privados", além de míopes e retrógrados. É óbvio que a abordagem de Hegel pode até ser considerada inaceitável, mas não pode ser simplesmente ignorada para se insistir em dirigir-lhe uma pergunta que ele considera mal colocada.

Para percebermos a superioridade da abordagem do filósofo em relação à do intérprete, convém examinar em detalhes os dilemas e as alternativas minuciosamente listados por Bobbio, testando, em primeiro lugar, a validade delas num plano histórico-político de caráter mais geral, antes de nos concentrarmos nas respostas sugeridas pelo texto de Hegel.

2. Autoridade e liberdade

Hegel deve ser considerado conservador mais do que liberal pelo fato de que "preza [...] mais a autoridade do que a liberdade".

Formulado assim, totalmente abstraído da concretude dos conteúdos histórico-políticos, o dilema soa vagamente tautológico, mas essa tautologia acaba por assumir sub-repticiamente um valor apologético, pelo fato de julgar o liberalismo exclusivamente com base na consciência que este tem de si mesmo, ou seja, a partir das excelentes intenções que seus expoentes asseguram ter. O liberalismo é... a vontade da liberdade; portanto, aqueles que se opõem ao liberalismo ou não estão plenamente convencidos, por definição, ou só podem ser inimigos ou falsos amigos da liberdade. Na melhor das hipóteses, Hegel pode ser considerado conservador. Naturalmente, nos termos reais do dissenso entre ele e seus críticos, sabemos que, ao longo do tempo, o liberalismo, ou o liberalismo econômico, foi aceito, sem nenhum tipo de demonstração, como a última novidade da sabedoria política, o tribunal supremo diante do qual é convocado a comparecer e a se retratar o "estatismo" autoritário de ontem e de hoje.

A chave de leitura sugerida por Bobbio e pela historiografia liberal é inadequada e ineficaz para compreender os grandes debates que acompanham o desenvolvimento do pensamento moderno. Como é sabido, Voltaire é um feroz opositor na França dos parlamentos reacionários e, no embate entre estes e a monarquia absoluta, posiciona-se firmemente com a monarquia, da qual, ao menos, espera-se a supressão da "vergonhosa venalidade dos cargos de justiça" e dos aspectos mais odiosos do privilégio aristocrático[2]. Montesquieu, por sua vez, além da venalidade dos cargos, defende os parlamentos aristocráticos, um dos corpos intermediários essenciais para impedir o despotismo e conter o poder central[3]. Deveríamos, assim, dizer que Montesquieu é liberal, e Voltaire é conservador ou não liberal? Claro, é o esquema sugerido por Tocqueville, que, nesse ponto, critica duramente Voltaire, assumindo como prova da pouca familiaridade que os franceses, e os próprios iluministas, tinham com o espírito de liberdade. A partir da condenação do próprio Tocqueville, porém, acaba vindo à tona uma chave de leitura diferente e bem mais convincente: a tomada de posição de Voltaire contra essa instituição do Antigo Regime que eram os parlamentos seria expressão da catastrófica carga antiaristocrática e igualitária que caracteriza a tradição política francesa, inclinada em todo o arco de sua evolução (da monarquia absoluta à insurreição do movimento socialista) a sacrificar a liberdade em prol da igualdade[4]. Ainda que no âmbito de uma contraposição tão discutível, entrevê-se o real significado político-social da contradição que opõe Voltaire a Montesquieu: está em jogo a atitude em relação à aristocracia. Não por acaso, uma celebração do papel dos parlamentos está presente também em Boulainvilliers, que, certamente, pode ser considerado, a seu modo, e por vezes, com efeito, é considerado, um "liberal" – e até um precursor do parlamentarismo, em razão de sua oposição à monarquia absoluta e da função antifeudal por ela exercida[5]. No entanto, paladino dos privilégios da aristocracia, ou melhor, da superioridade da vitoriosa "raça" nobiliárquica em relação à derrotada e frágil "raça" plebeia, Boulainvilliers efetivamente forneceu à causa real da liberdade uma contribuição superior àquela dada pelo inimigo implacável dos parlamentos aristocráticos (e da venalidade dos

---

[2] Voltaire, "L'équivoque" (1771), em *Œuvres complètes de Voltaire* (Paris, Garnier Frères, 1877-1885), v. VII, p. 423.

[3] Charles-Louis de Secondat de Montesquieu, *De l'Esprit des lois* (1748) [Gênova, Barrilot, 1758], II, 4.

[4] Alexis de Tocqueville, "L'Ancien Régime et la Révolution. Fragments et notes inédites sur la Révolution", em *Œuvres complètes* (org. Jacob-Peter Mayer, Paris, Gallimard, 1951 e seg.), v. II, p. 213-7.

[5] Salvatore Rotta, "Il pensiero francese da Bayle a Montesquieu", em Luigi Firpo (org.), *Storia delle idee politiche, economiche e sociali*, v. IV, t. 2 (Turim, Utet, 1975), p. 202.

cargos públicos), pelo paladino da luta contra a intolerância e pela liberdade de consciência? É possível compreender a gênese do indivíduo moderno e da moderna liberdade individual sem a contribuição de Voltaire e de sua luta contra o privilégio nobiliárquico, defendido por Boulainvilliers (e por Montesquieu) também contra a monarquia absoluta?

Mas agora retornemos ao autor que nos interessa mais diretamente. A liberdade de fato importava menos para Hegel do que para seus críticos ou antagonistas, mais ou menos, liberais? Tentemos nos orientar a partir de alguns problemas concretos. "A sociedade civil tem o direito e o dever de obrigar os pais a mandarem os filhos para a escola"; é justo e necessário que existam "leis segundo as quais, a partir de certa idade, as crianças devam ser mandadas para a escola" (V. Rph., IV, p. 602-3): a teorização da obrigatoriedade escolar certamente colocava em discussão uma "liberdade" tradicional dos pais, a partir de então sujeitos a uma regulamentação e a um controle, estatal ou social, dos quais antes eram isentos; mas, do outro lado da balança – acreditamos que Bobbio concordaria –, é preciso colocar a liberdade real das crianças, a partir de então consideradas titulares de um "direito" à instrução explicitamente evidenciado por Hegel. E a obrigatoriedade escolar nos leva logo a pensar no trabalho infantil nas fábricas e na incipiente intervenção estatal para proibi-lo e regulamentá-lo, uma intervenção solicitada por Hegel: "Crianças muito pequenas são obrigadas a trabalhar", mas "o Estado tem a obrigação de proteger as crianças" (Rph.1, I, § 85 A). A intervenção estatal provocava reações escandalizadas por parte dos empresários, mais do que nunca empenhados em celebrar "o espírito prático dos liberais", como já vimos, contra as "teorias dos hegelianos e socialistas".

Claro, pode-se dizer que Wilhelm von Humboldt, firme defensor dos "limites do Estado" também no campo educativo e escolar, e o grande capitalista renano David Hansemann, implacável inimigo do estatismo, sejam mais liberais na política ou na economia do que Hegel, declaradamente hostil ao "arbítrio" dos pais e também, a julgar pelas tomadas de posição, contrário ao trabalho infantil nas fábricas dos capitalistas. Nesse sentido, mais "liberal" do que Hegel era certamente Benjamin Constant, convencido de que "a educação pública é salutar sobretudo nos países livres", mas decididamente contrário à introdução da obrigatoriedade escolar ou, para usar suas próprias palavras, a toda forma de "coerção" que violasse os "direitos dos indivíduos", inclusive "aqueles dos pais sobre seus filhos". É verdade, a miséria faz com que nas famílias pobres as crianças sejam retiradas da escola e encaminhadas a um trabalho precoce, mas não importa, é preciso rejeitar toda coerção e esperar que a miséria desapareça[6]. Se Constant recusa a tese da introdução da obrigatoriedade escolar, ele nem leva em consideração a hipótese de uma intervenção estatal contra a chaga do trabalho infantil. Portanto, não há dificuldade alguma em falar aqui de "liberalismo", mas cabe acrescentar que de tal "liberalismo", com uma linguagem decerto mais exaltada, dão prova também os ideólogos da Restauração, a começar por Gentz, que, já no decorrer da luta contra a Revolução Francesa, clama contra projetos que determinam que, a partir de certa idade, "os filhos [...] devem ser tomados dos pais" e mandados para a escola, sem refletir sobre o fato de que essa medida opressiva é, além de tudo, ineficaz, já que as classes pobres não podiam renunciar ao trabalho precoce dos filhos (também para Gentz é impensável uma intervenção do poder político nesse campo)[7].

Assim, Hegel é menos liberal política ou economicamente falando do que Humboldt, Hansemann e Constant (para não falar em Gentz), mas seria possível traduzir essa afirmação imediatamente em outra, segundo a qual Hegel, contrariamente a Humboldt, Hansemann e Constant, daria mais importância à "autoridade" do que à "liberdade"? É totalmente descabido estabelecer equivalência entre as duas afirmações: a segunda pode ser rebatida sem dificuldades, pois Hegel era a favor, ao contrário de seus antagonistas liberais, de uma redução da "autoridade" dos pais e dos capitalistas. Vimos que Constant, entre os "direitos dos indivíduos", inclui "aqueles dos pais sobre seus filhos", enquanto Kant, mais próximo da tradição liberal do que Hegel, chega a teorizar um "direito dos pais sobre seus filhos como de uma parte da casa", um direito dos pais de reaver os filhos fugitivos "como coisas" ou "animais domésticos fugidos"[8]. Contra essa redução dos filhos a "coisas", Hegel polemiza, denunciando em Kant a permanência de um resíduo da mesma tradição segundo a qual, na antiga Roma, os filhos eram equiparados a escravos do páter-famílias (Rph., I, § 85 A). Para ele, a criança, uma vez que "deve ser membro da sociedade civil, tem direitos e reivindicações em relação a ela, assim como os tinha no âmbito da família (V. Rph., III, p. 700), mas o reconhecimento concreto de tais direitos exige a intervenção ou o

---

[6] Benjamin Constant, "De la juridiction du gouvernement sur l'éducation" (remonta a 1806, publicado em 1817), em *Mélanges de littérature et de politique* (Louvain, F. Michel, 1830), v. II, p. 8-9.

[7] Friedrich von Gentz, "Über die National-Erziehung in Frankreich" (1793), em *Ausgewählte Schriften* (org. Wilderich Weick, Stuttgart/Leipzig, 1836-1838), v. II, p. 182, nota, e 185-6.

[8] Immanuel Kant, "Metaphysik der Sitten. Rechtslehre" (1797), § 29, em KGS, v. VI, p. 281-2.

120 HEGEL E A LIBERDADE DOS MODERNOS

controle público. Ao pronunciar-se pela introdução da obrigatoriedade escolar e pela proibição ou pela limitação do trabalho infantil, Hegel pode ser considerado não liberal, mas, contrariamente ao que defende Bobbio, não liberal não pode ser considerado sinônimo de conservador. Basta refletir sobre o fato de que a história deu razão a Hegel, tanto que o liberalismo mais maduro, ou, digamos, próprio dos tempos mais próximos a nós, chegou a teorizar a obrigatoriedade escolar: "O Estado [...] deve manter um controle vigilante sobre o exercício do poder que, com sua permissão, indivíduos detêm sobre outros indivíduos". John Stuart Mill – é dele que estamos falando – remete constantemente a Wilhelm von Humboldt, mas, na verdade, sua abordagem faz pensar em Hegel, como se constata em outra polêmica com as "mal compreendidas noções de liberdade" dos pais resistentes a respeito da obrigatoriedade escolar[9], "noções" que fazem pensar a "liberdade formal" criticada também por Hegel.

Em conclusão, se alguém hoje retomasse as palavras de ordem liberais de Humboldt, Hansemann e Constant em defesa da "liberdade" dos pais de não mandar os filhos para a escola e da "liberdade" dos capitalistas de empregar nas próprias fábricas crianças em tenra idade, seria considerado um reacionário da pior espécie, acreditamos, também por Bobbio, que se veria obrigado a recorrer a uma abordagem "estatista" do tipo daquela denunciada por ele em Hegel.

Vimos que o liberal John Stuart Mill, ao enfrentar os temas da "liberdade" e da "autoridade", convida a atentar não apenas às relações entre indivíduo e Estado, mas também entre indivíduo e indivíduo. Então, antes de condenar Hegel em nome do liberalismo ou de celebrar a tradição liberal em contraposição a Hegel, deveríamos levar em consideração o fato de Locke reconhecer o poder absoluto, para além de qualquer controle estatal, dos produtores das Índias Ocidentais ou da Carolina sobre seus escravos negros (*infra*, cap. XII, § 3) ou de chamar o empregador a exercitar uma espécie de *patria potestas* em relação a seu servo, que, de fato, faz parte da família do senhor e é submetido à "normal disciplina" que nela vige[10].

---

[9] John Stuart Mill, "On Liberty" (1858), em *Utilitarianism, Liberty, Representative Government* (org. Harry Burrows Acton, Londres, J. M. Dent, 1972), p. 159-60 e 163.

[10] John Locke, *Two Treatises of Civil Government*, II, § 85. "Um homem livre torna-se servo": assim Locke configura a relação de trabalho do doméstico ou operário assalariado. Bem mais moderna e "liberal" é a configuração da relação de trabalho em Hegel. Remetemos à nota introdutiva do capítulo III da antologia por nós organizada: Georg Wilhelm Friedrich Hegel, *Le filosofie del diritto. Diritto, proprietà, questione sociale* (org. Domenico Losurdo, Milão, Instituto Italiano para os Estudos Filosóficos, 1989), p. 105-16.

CONSERVADOR OU LIBERAL? UM FALSO DILEMA   121

Mesmo querendo prescindir das relações entre grupos e classes sociais (no caso em que a "liberdade" ou a "autoridade" de um possa se mostrar em contradição com a "liberdade" ou a "autoridade" dos outros), mesmo querendo considerar exclusivamente as relações entre o indivíduo e o Estado, prescindindo do contexto social e dos conteúdos políticos concretos, não há motivo para considerar a autoapologia do liberalismo como um conjunto de afirmações óbvias e pacíficas. Um estudioso renomado escreveu que, "na concepção de Locke, não existe sequer o problema de tratar os desempregados como membros livres e de pleno direito da comunidade política, assim como não havia dúvida de que eles deveriam ser totalmente submetidos ao Estado"[11]. E, com efeito, dos "vagabundos ociosos", Locke exige uma férrea disciplina militar, no sentido até literal do termo, que, em casos extremos, pode implicar inclusive a pena de morte (*infra*, cap. XII, § 3).

Não pretendemos intervir no debate sobre Locke, ainda que o texto a que se faz referência aqui fale com suficiente clareza. De toda forma, seria possível se objetar que um considerável intervalo de tempo separa Locke de Hegel, e que, por isso, não faz sentido estabelecer comparação mecânica entre os dois autores. No entanto, é exatamente a validade de tal objeção que abala a abordagem de Bobbio (e não apenas a dele), disposta a medir, independentemente dos conteúdos político-sociais concretos, o grau de "liberdade" e "autoridade" presente nos diferentes autores. Ademais, pode ser interessante comparar Hegel com seus críticos liberais na Alemanha. Enquanto o autor de *Filosofia do direito*, embora insistindo no momento estatal ou público da solução da questão social, diante da implacabilidade da crise de superprodução e da inutilidade de seus "remédios", aconselha ao menos deixar livre a mendicância (§ 245 A), é bem diferente o posicionamento de seus críticos liberais. Para prevenir "já na fonte" qualquer ataque ao direito de propriedade, convinha prender os mendigos e todos que fossem desprovidos de meios de subsistência em "casas de trabalho forçado" e prendê-los por tempo indeterminado, submetendo-os a uma disciplina dura, aliás, impiedosa. Note-se que essa medida de internamento podia ser tomada pela magistratura ou podia, sem mais, se tratar de uma "medida autônoma por parte das autoridades policiais". Não apenas o posicionamento de Hegel é menos "autoritário" e

---

[11] Crawford Brough Macpherson, *The Political Theory of Possessive Individualism. Hobbes to Locke* (1962); ed. it.: *Libertà e proprietà alle origini del pensiero borghese* (trad. Silvana Borutti, Milão, Mondadori, 1982), p. 255.

mais respeitoso das liberdades individuais do que o de seus críticos liberais, como, é importante acrescentar, a repressão invocada por estes, tendo por alvo mendigos e desempregados, não é percebida em contradição com o destaque dado por eles aos limites da ação do Estado: justamente porque o Estado não tem tarefa ativa de intervenção para solucionar uma suposta questão social, justamente porque todo indivíduo deve ser considerado responsável exclusivo pela própria sorte, é lógico que o Estado rechace "já na fonte" a violência que pode ser exercida contra o direito de propriedade por indivíduos ociosos e dissolutos, física e mentalmente incapazes de ter um trabalho e uma vida organizada[12]. A repressão policial é consequência do "Estado mínimo" e da celebração da centralidade do papel do indivíduo.

É uma dinâmica que pode ser observada também nos teóricos do neoliberalismo de hoje. Tome-se como exemplo Nozick. Contanto que os proprietários possam exibir um "título válido" para sua posse, mesmo na presença das mais gritantes desigualdades, até a fome mais desesperada continua a ser um fato privado do indivíduo que sofre com ela e de um eventual benfeitor, movido piedosamente por sentimentos morais ou religiosos. Não existe questão social, e, diga-se, o Estado que, partindo do pressuposto de sua existência, pretendesse intervir com instrumentos legislativos para atenuar as desigualdades mais ultrajantes, ultrapassando o âmbito "mínimo", que é só o que lhe compete, seria injusto e tirânico[13]. Foi o próprio Bobbio que observou que o "Estado mínimo" pode bem ser forte[14].

Aliás, nesse caso é fortíssimo, já que considera (não pode não considerar) os protestos provocados pela miséria e pelas desigualdades um simples problema de ordem pública. Tudo parece ainda mais evidente para um neoliberal como Hayek. A única função das instituições políticas é "manter a ordem e a lei"; é absurdo falar de "justiça social" (isto é, considerar injustas determinadas relações econômico-sociais), mas "a justiça administrada pelos tribunais é extremamente importante"[15]. E a justiça não é nada mais do que a defesa da

---

[12] Assim se expressa no Vormärz o liberal Staats-Lexikon organizado por Karl von Rotteck e Carl Theodor Welcker. Remetemos a Domenico Losurdo, *Tra Hegel e Bismarck* (Roma, Riuniti, 1983), p. 144-8.

[13] Robert Nozick, *Anarchy, State and Utopia* (Londres, Basic Books, 1974).

[14] Norberto Bobbio, *Il futuro della democrazia* (Turim, Einaudi, 1984), p. 122.

[15] Friedrich August von Hayek, *Law, Legislation and Liberty* (1982; as três partes que compõem a obra são respectivamente de 1973, 1976 e 1979); ed. it.: *Legge, legislazione e libertà* (trad. Pier Giuseppe Monateri, Milão, Il Saggiatore, 1986), p. 286 e 306.

propriedade, porque – acrescenta Hayek, citando Locke – "onde não há propriedade, não há injustiça"[16].

Estado mínimo não é sinônimo de Estado fraco: isso vale para o pensamento liberal, assim como para o pensamento francamente reacionário. Schelling está entre os filósofos que, com mais veemência, insistem nos limites da ação do Estado, que deve ser considerado um simples "meio" para garantir ao "indivíduo" o espaço para atividades superiores e mais nobres[17]. No entanto, isso não impede Schelling de invocar, em certo ponto, as maneiras fortes e até a "ditadura" para reprimir a Revolução de 1848 nem o impede de saudar na França o golpe de Estado de Luís Bonaparte[18]. Considerações análogas podem ser feitas a propósito de Schopenhauer, que certamente não tem uma visão do Estado mais enfática do que a de Schelling e, aliás, pronuncia palavras de fogo contra a "apoteose" hegeliana e "filisteia" do Estado (*infra*, cap. XI, § 2, § 3 e § 5) e que, contudo, não esconde o entusiasmo por ter podido dar sua corajosa contribuição à repressão de uma revolução que tinha não poucos hegelianos entre seus inspiradores e protagonistas[19]. E Nietzsche, nos mesmos anos em que lança a palavra de ordem "Quanto menos Estado for possível"[20] contra o estatismo socialista, chama à luta contra a "cabeça de hidra internacional" (a sangrenta repressão da Comuna de Paris acabava de se consumar) e claramente subscreve a palavra de ordem que exigia o esmagamento da Internacional Operária[21] (socialista e estatista!).

---

[16] Ibidem, p. 506, nota 4.

[17] Friedrich Wilhelm Joseph von Schelling, "Philosophie der Mythologie", v. I, em *Sämtliche Werke* (Sttutgart/Augsburgo, Cotta, 1856-1861), p. 541 e seg.

[18] A revolução de fevereiro é o resultado da "fraqueza de Luís Filipe": "Fazendo cair Guizot, ele declarou derrota, e os soldados perderam a confiança!". Assim Schelling, segundo o testemunho de Melchior Meyr. Nota do diário do dia 3 de março de 1848; cf. Friedrich Wilhelm Joseph von Schelling, *Schelling im Spiegel seiner Zeitgenossen* (org. Xavier Tilliette, Turim, 1974-1981, *Ergänzungsband*), p. 452. Uma carta do Natal de 1848 chama a triarquia (Áustria, Prússia e Baviera) a estabelecer finalmente "a indispensável ditadura". Cf. *König Maximilian II von Bayern und Schelling, Briefwechsel* (org. Ludwig Trost e Friedrich Leist, Stuttgart, J. G. Cotta, 1890), p. 169; para o apoio ao golpe de Estado de Luís Bonaparte, cf. ibidem, p. 209 e 242.

[19] Carta a Julius Frauenstädt de 2 de março de 1849, em *Der Briefwechsel Arthur Schopenhauers*, v. I (org. Carl Gebhardt, Munique, 1929), p. 638.

[20] Friedrich Nietzsche, *Menschliches, Allzumenschliches* (1878-1879), I, af. 473. Para a tradução italiana das obras de Nietzsche, utilizamos livremente aquela contida na edição organizada por Giorgio Colli e Mazzino Montinari e publicada por Adelphi (Milão) a partir de 1964.

[21] Carta a C. v. Gersdorff de 21 de junho de 1871, em Friedrich Nietzsche, *Briefwechsel. Kritische Gesamtausgabe, a cura di Giorgio Colli e Mazzino Montanari* (Berlim/Nova York, a

124   Hegel e a liberdade dos modernos

Em suma, a tradição teórica do Estado mínimo, negando justamente o aspecto da comunidade política, da comunidade dos *citoyens*, acaba por absolutizar no Estado o momento da repressão, da violência organizada para a manutenção das relações de propriedade existentes. É esse segundo aspecto que será atacado pela dura polêmica de Marx, que acusa Hegel de tê-lo ignorado e ocultado com seu idealismo de Estado. Continua válido, porém, que para esses dois autores, os teóricos do Estado mínimo, os entusiastas da "livre" manifestação da sociedade civil para além de qualquer controle ou qualquer intervenção do poder político, são aqueles que exigem que o Estado seja um simples braço armado das camadas privilegiadas.

3. Estado e indivíduo

Segundo Bobbio, Hegel deve ser considerado "conservador", não "liberal", porque "preza mais o Estado do que o indivíduo".

Sim, segundo a filosofia hegeliana da história, a subordinação do indivíduo a uma organização jurídica objetivamente definida é um momento essencial da formação do Estado moderno: para os antigos germânicos, não havia propriamente "Estado"; "o indivíduo (*Individuum*) isolado é para eles a primeira coisa". Essa aparente centralidade do indivíduo isolado, porém, não coincide de forma alguma com a defesa e a garantia dos direitos reais; de fato, não havendo organização jurídica objetivamente definida, também em caso de um terrível delito, "se um indivíduo falhou, ele não é punido pelo Estado, mas deve se reconciliar com a parte lesada", pagando uma indenização. O resultado é que, na verdade, para os germânicos, "um indivíduo não tem valor algum" (Ph. G., p. 783-4). A centralidade do indivíduo se converteu em seu contrário: o processo de formação do Estado moderno, se submete o indivíduo a um ordenamento jurídico objetivo, ao mesmo tempo afirma e defende seu valor real; o crime que consiste em tirar ou ofender gravemente a vida de um indivíduo não pode mais ser expiado com uma transação de dinheiro ou ainda com uma negociação interindividual.

No esquema de Bobbio, porém, antiestatista parece ser sinônimo de liberal. Na verdade, a polêmica antiestatista é largamente difundida entre os ideólogos da Restauração, que veem, por exemplo, assim como Baader, uma herança

---

partir de 1975), v. II, 1, p. 203-4; o mote "Écr[asez] l'Int[ernationale]" está contido na carta de congratulação e de encorajamento enviada a Nietzsche por Hans von Bülow em 29 de agosto de 1873. Ibidem, v. II, 4, p. 288.

da época revolucionária e napoleônica no "panteísmo do Estado". Podemos também definir esses ideólogos "liberais", como, por vezes, eles mesmos adoravam se definir (o Lamennais de 1831 não definia Gregório VII como o "grande patriarca do liberalismo europeu" por ter se oposto, ainda que em nome da teocracia, a abusos e usurpações, à dilatação do poder político?)[22]. Então revela-se imediatamente o vazio da categoria "liberalismo", uma vez que se abstraiam os conteúdos político-sociais concretos e o concreto contexto histórico, de modo que os próprios críticos liberais de Hegel da atualidade se veriam em dificuldade caso fossem peremptoriamente chamados a responder se se consideram ou não "liberais" no sentido absolutamente vago e indeterminado do termo; sentiriam, antes, a necessidade de se pronunciar, de fazer distinções e especificações, acabando assim por confirmar, de maneira involuntária, mas objetiva, a superioridade da abordagem de Hegel com sua atenção à concreta configuração histórica da "liberdade" e do "liberalismo".

Convém compreender também o significado de "estatismo". É verdade, a tradição do pensamento liberal tende a reduzir ao mínimo o papel do Estado, ou melhor, em certo sentido, tende até a negar sua existência, equiparando-o a uma instituição de direito privado tal como uma sociedade por ações. Seguindo uma consolidada interpretação, em tal direção se move o pensamento de Locke[23]. Essa comparação também é explícita em Burke:

> Na sociedade, todos os homens têm direitos iguais, mas não a coisas iguais. Aquele que colocou apenas cinco xelins nesta empresa tem, em proporção ao investimento, o mesmo direito sobre ela que seu vizinho que colocou quinhentas esterlinas, a quem cabe uma proporção maior de ganho. Mas não tem direito a um dividendo igual do produto do capital comum.[24]

---

[22] Para a polêmica antiestatista e as palavras de ordem "liberais" dos teóricos da Restauração na Alemanha, cf. Domenico Losurdo, *Hegel und das deutsche Erbe. Philosophie und nationale Frage zwischen Revolution und Reaktion* (Colônia, Pahl-Rugenstein, 1989), cap. II, § 8-§ 9; para a citação de Lamennais, cf. "De la position de l'Église em France", em *L'Avenir*, 6 jun. 1831, agora em *L'Avenir 1830-1831* (org. Guido Verucci, Roma, 1967), p. 230.

[23] Harold Joseph Laski, *The Rise of European Liberalism* (1936); ed. it.: *Le origini del liberalismo europeo* (Florença, La Nuova Italia, 1962), p. 114; Richard Tawney, *Religion and the Rise of Capitalism* (Londres, 1929); ed. it.: "La religione e la genesi del capitalismo" (trad. Aldo Martignetti, Orio Peduzzi e Gino Bianco), em *Opere* (org. Franco Ferrarotti, Turim, Utet, 1975), p. 433.

[24] Edmund Burke, "Reflections on the Revolution in France" (1790), em *The Works of the Right Honourable Edmund Burke* (Londres, Rivington, 1826), p. 121.

126   HEGEL E A LIBERDADE DOS MODERNOS

A teoria do Estado como sociedade por ações associa a tradição liberal à tradição conservadora e até reacionária. Podemos encontrá-la em Justus Möser (que, inspirando-se na Inglaterra liberal e mercantil, dá o exemplo da Companhia das Índias Orientais), com o acréscimo significativo e explícito de que o servo da gleba é uma figura perfeitamente normal; é um homem como os outros, só que, desprovido de ações, não tem nem as vantagens nem a responsabilidade de um cidadão a pleno título[25].

No Estado como sociedade por ações, as responsabilidades dos acionistas são estritamente limitadas e não há espaço para a questão social, isto é, a presença da miséria absoluta ao lado da riqueza mais despudorada não constitui um problema; a distribuição dos dividendos ocorre de maneira equânime e pior para quem não comprou ações ou as comprou em medida insuficiente. Com respeito a tal configuração, é certamente mais ampla e comprometida a visão que Hegel dá do Estado, ao qual são conferidas tarefas positivas (ainda que não bem definidas) de intervenção no campo social, com a finalidade de garantir a todos o "direito à vida". Essa visão mais ampla e comprometida implicaria por si só a transfiguração e a consagração da intangibilidade da autoridade política? O "Estado mínimo" seria sinônimo de visão crítica do Estado e da autoridade? Claro que não, e o erro de Bobbio é supor, uma vez mais, ao falar de Hegel, a equivalência de proposições de significado completamente diferente. Hegel nota, em tom crítico, que, na Inglaterra, o poder político continua maciçamente "nas mãos daquela classe" ligada ao "vigente sistema de propriedade" (B. Schr., p. 480). Em razão do peso crescente do "comércio de dinheiro" e dos "bancos", os Estados se revelam "dependentes desse tráfico de dinheiro em si independente" (V. Rph., IV, p. 520-1). O Estado funciona como instrumento da acumulação primitiva: "A riqueza se acumula para os proprietários das fábricas. E, então, quando se trabalha totalmente para o Estado, a acumulação de riqueza se torna ainda mais significativa graças aos negócios dos fornecedores e dos empresários industriais" (Rph., III, p. 193-4). A reivindicação para o Estado de tarefas de intervenção no campo econômico-social em vista da realização da comunidade ética não significa, de maneira alguma, a transfiguração sagrada do Estado de fato existente. Aliás, quando o conflito de classe é muito duro e as desigualdades são muito agudas, como aquelas existentes na antiga Roma

---

[25] Justus Möser, "Der Bauerhof als eine Aktie betrachtet" (1774), em *Patriotische Phantasien* (1774), agora em *Sämmtliche Werke* (org. Bernhard Rudolf Abeken e Jenny von Voigts, Berlim, Nicolai, 1842-1843), v. III, p. 291 e seg. Ver também *infra*, cap. VIII, §6.

entre patrícios e plebeus, é justamente tal reivindicação que leva a concluir que o Estado é uma "abstração", enquanto a realidade é definida apenas pela "antítese" (Rph., III, p. 288).

Considerações análogas podem ser feitas no caso de outro autor estranho à tradição liberal. Rousseau, que sente fortemente a questão social, reivindica a imposição de altos impostos sobre a riqueza e sobre o luxo, com uma ampliação das tarefas do poder político, que pareceria intolerável para Montesquieu, para quem a imposição fiscal direta sobre a propriedade já é sinônimo de despotismo (*infra*, cap. VIII, §5). Ao mesmo tempo, Rousseau não hesita em declarar que "a autoridade pública" é totalmente submissa aos "ricos"[26]. A tomada de consciência da miséria como questão social, por um lado, leva a reivindicar uma firme intervenção pública para resolvê-la, sem ceder diante do direito de propriedade; por outro, leva a denunciar a subalternidade do poder político justamente à propriedade. Isso vale, claro, de formas diversas, tanto para Rousseau quanto para Hegel (e também para Marx). O contrário ocorre na tradição do pensamento liberal. O Estado é "mínimo" porque não deve intervir nas relações de propriedade existentes; quanto ao resto, a autoridade política não está em discussão; até quando, com Constant, é evidenciada sua dependência orgânica da riqueza, isso, longe de constituir motivo de denúncia, vale mesmo como confirmação de seu correto funcionamento, diga-se, de seu funcionamento como sociedade por ações, no âmbito da qual o governo é uma espécie de conselheiro delegado dos proprietários-acionistas.

Assim, no que se refere à relação entre poder político e riqueza, são Rousseau e Hegel (e Marx) que propõem uma configuração bem mais crua e crítica do Estado, não a tradição liberal, e, sob esse aspecto, a acusação de "estatismo" poderia ser facilmente rebatida.

É esse o destino reservado a categorias que, devido à abstração, são passíveis de assumir os conteúdos mais diversos. Pode-se descrever e condenar como expressão de "estatismo" ou de "organicismo"[27] a linha de continuidade Rousseau-Hegel-Marx, e certamente, na tradição liberal, está ausente o *páthos*

---

[26] Para Jean-Jacques Rousseau, "Discours sur l'économie politique" (1755), em *Œuvres complètes* (doravante O. C.) (org. Bernard Gagnebin e Marcel Raymond, Paris, Gallimard, 1964), v. III, p. 271; para Charles-Louis de Secondat de Montesquieu, *De l'Esprit des lois*, cit., XIII, 14.

[27] Cf., entre muitos, Lucio Colletti, "L'equivoco di Lukács", em *Mondo Operaio*, jan. 1986, p. 99-103.

da comunidade dos *citoyens*. Como poderia ser de outra forma, quando Constant equipara os não proprietários a residentes estrangeiros desprovidos de direitos políticos[28]? Não podem existir organicismo e *páthos* da comunidade, pois, na verdade, não há comunidade alguma, uma vez que proprietários e não proprietários não podem sequer ser incluídos na categoria única de cidadãos.

Detenhamo-nos agora na outra metáfora a que recorre Constant para definir os não proprietários: aqueles que são obrigados a trabalhar para viver podem ser equiparados a "crianças" em situação de "eterna dependência"[29]. Além do mais, vimos Locke inserindo o servo na família do senhor que sobre ele exerce a autoridade do páter-famílias. Desse ponto de vista, é a tradição liberal que é organicista, e a inversão de posições se compreende com facilidade: a recusa em abraçar, numa única comunidade de *citoyens*, igualitariamente, proprietários e não proprietários leva a explicar a necessária obediência destes últimos a regras, de cuja formulação não participam, recorrendo à imagem da família, isto é, uma realidade bem mais orgânica do que a comunidade política[30].

Estatismo e organicismo se contrapõem, claro, a individualismo. É uma contraposição que comporta sub-repticiamente a equação individualismo = liberdade, e que, portanto, apaga com desenvoltura a dura repressão que por longo tempo se abateu sobre as "coalizões" operárias, culpadas por violar o princípio da contratação meramente "individual" da relação de trabalho. O individualismo também pode assumir uma face feroz e não hesitou em encerrar nas prisões os operários obstinada e "organicisticamente" ligados às organizações sindicais nascentes. Em todo caso, à categoria de individualismo não cabe sorte melhor do que às anteriores. Existe ao menos um momento em que as partes parecem se inverter na medida em que é Hegel que acusa os liberais de perder de vista o indivíduo ou de querer sacrificá-lo no altar do universal. É o liberalismo político ou econômico que, absolutizando o momento da "tranquila segurança da

---

[28] Benjamin Constant, "Principes de politique" (1815), em *Œuvres* (org. Alfred Roulin, Paris, Gallimard, 1957), p. 1.145-7.

[29] Idem.

[30] É uma dialética que, ainda que de maneira modificada, se apresenta novamente também nos desenvolvimentos da história do liberalismo. Em Mill, os trabalhadores já adquiriram os direitos políticos dos outros cidadãos; no entanto, no que se refere às "sociedades atrasadas [...], a própria raça pode ser considerada menor de idade". John Stuart Mill, "On Liberty", cit., p. 73. A imagem da família, abandonada no nível da metrópole, se apresenta novamente na relação entre metrópoles e colônias. Mais do que ao desaparecimento do "organicismo liberal", aqui assistimos a seu deslocamento.

CONSERVADOR OU LIBERAL? UM FALSO DILEMA   129

pessoa e da propriedade", tem em vista o universal do correto funcionamento do ordenamento jurídico em seu conjunto, mas perde de vista o "bem-estar do sujeito", o "bem-estar particular" (Rph., § 230). "Trata-se agora de fazer com que o indivíduo seja considerado, enquanto pessoa, inclusive em sua particularidade" (Rph., III, p. 188). Os teóricos do *laissez-faire* contestam a intervenção do poder político no campo econômico com o argumento de que a economia, abandonada a seus automatismos, acaba por encontrar sozinha o ponto de equilíbrio, superando crises e perturbações momentâneas. E eis a resposta de Hegel: "Diz-se que, em geral, o equilíbrio acaba sempre se reestabelecendo, o que é exato. Aqui, porém, nos referimos tanto ao particular quanto ao geral; a coisa, portanto, deve se resolver não apenas no geral, mas são os indivíduos enquanto particularidade que constituem um fim e que têm direitos" (V. Rph., III, p. 699). Ao "estatista que tentasse dirigir os privados", Smith contrapõe a "mão invisível" que acaba providencialmente produzindo harmonia[31]. É talvez uma resposta para tal perspectiva a afirmação de *Lições*: "Deus não provê [apenas] aos homens em geral; sua providência diz respeito também ao sujeito particular". E ainda: "O fim é o indivíduo particular enquanto tal; é preciso prover aos indivíduos, e ninguém deve confiar no princípio segundo o qual 'as coisas se ajustarão, irão para o devido lugar'" (V. Rph., III, p. 699).

Como se vê, nesse caso, é Hegel que insiste na centralidade do indivíduo em polêmica com a tradição liberal. Para compreender esse paradoxo, é preciso considerar que o indivíduo de que parte a tradição liberal é o proprietário que protesta contra as intrusões do poder político em sua inviolável esfera privada, enquanto nessa lição de Hegel o indivíduo de que se parte é o plebeu, ou o potencial plebeu, que invoca a intervenção do poder político na esfera da economia para que seja garantido seu sustento. Em um caso, a ser defendida é a particularidade burguesa, ou nobiliárquico-burguesa; no outro, a particularidade plebeia, ou potencialmente plebeia. E o universal abstrato em questão, em um caso, é o Estado, o poder político que poderia se tornar instrumento das classes não possuidoras; já no outro caso são as leis de mercado que consagram as relações de propriedade existentes.

A polêmica de Hegel contra a dimensão supostamente "anti-individualista" do liberalismo continua atual, o que pode ser confirmado hoje, por exemplo, pelas

---

[31] Adam Smith, *An Inquiry into the Nature and the Causes of the Wealth of Nations* (1775-1776; 3. ed., 1783), Livro IV, cap. II, p. 456 (citamos as obras de Smith a partir da reimpressão, Indianápolis, Liberty Fund, 1981, ed. Glasgow: v. I, p. 157-8).

posições de Hayek. Esse autor, se por um lado critica implacavelmente o estatismo que sufoca a liberdade do indivíduo (proprietário), por outro suprime as demandas de justiça social colocadas por indivíduos desfavorecidos como expressão de injusta "revolta contra a disciplina das normas abstratas", de revolta "tribal" contra a "civilização ocidental". Esta última é caracterizada pelo "emergir gradual de normas de mera conduta aplicáveis universalmente"[32], contra as quais, portanto, nem o indivíduo em condição de dramática miséria tem direito de protestar.

Hegel, ao contrário, declara explicitamente ter partido, na elaboração de seu sistema, da "liberdade dos indivíduos" (V. Rph., IV, p. 617). Mais uma vez, fazer coincidir o liberalismo com a afirmação da centralidade do indivíduo significa partir da representação autoapologética de determinado movimento político. Vimos que as partes podem facilmente se inverter. Para demonstrar esse fato, Proudhon dá um exemplo certamente irônico e paradoxal, mas igualmente significativo. São mesmo os liberais a se empenhar para que a teoria malthusiana se transforme numa espécie de doutrina oficial de Estado, que deveria ser ensinada como verdade incontroversa à qual todos deveriam atentar desde a infância. Quem propõe esse doutrinamento de Estado é a escola liberal. "Ela, que, em toda circunstância e em todo lugar, professa o *laissez-faire*, o *laissez-passer*, que repreende os socialistas por substituírem com suas convicções as leis da natureza, que protesta contra qualquer intervenção do Estado e que exige liberdade a torto e a direito, nada mais que a liberdade, quando se trata de fecundidade conjugal, não vacila em gritar aos noivos: alto lá! Qual demônio vos tenta!"[33] Essa afirmação de Proudhon é do mesmo ano do ensaio *Sobre a liberdade*, de John Stuart Mill. Este último, apesar de empenhado em denunciar "a grande desgraça constituída por uma inútil extensão de seu [do Estado] poder", não hesita, no entanto, em afirmar: "As leis que em muitos países do Continente proíbem o casamento, se as partes contraentes não puderem demonstrar ter meios suficientes para manter uma família, não vão além dos poderes legítimos do Estado"; elas "não são criticáveis como violações da liberdade"[34]. Proudhon tinha razão ao notar que, no conflito entre o liberalismo e seus críticos, se havia verificado uma inversão de posições no que concerne ao *laissez-faire* do indivíduo.

---

[32] Friedrich August von Hayek, *Law, Legislation and Liberty*; ed. it.: *Legge, legislazione e libertà*, cit., p. 345.

[33] Pierre-Joseph Proudhon, *De la justice dans la révolution et dans l'Église* (1858), v. I (Paris, Fayard, 1985), p. 511.

[34] John Stuart Mill, "On Liberty", cit., p. 165 e 163.

CONSERVADOR OU LIBERAL? UM FALSO DILEMA   131

Para darmos outro exemplo, Tocqueville, ao menos em 1835, diante da miséria de massa que se alastrava, para preveni-la, só foi capaz de propor medidas policiais, gravemente nocivas à liberdade do indivíduo (do indivíduo pobre): "Não seria possível impedir o deslocamento rápido da população de forma que os homens não abandonem a terra e não passem à indústria, senão na medida em que esta possa atender facilmente às necessidades deles?"[35].

4. O DIREITO DE RESISTÊNCIA

Segundo Bobbio, Hegel deve ser considerado mais "conservador" do que "liberal" porque "preza [...] mais a onipotência da lei do que a incoercibilidade dos direitos subjetivos, mais a coesão do todo do que a independência das partes, mais a obediência do que a resistência".

O conservadorismo de Hegel[36] é demonstrado com base na rejeição ao direito de resistência, mas uma análoga rejeição poderia ser lida, por exemplo, num autor que também contribuiu de maneira notável para a preparação ideológica da Revolução Francesa: Voltaire[37]. Ou, para nos limitarmos à Alemanha, uma rejeição análoga do direito de resistência pode ser encontrada em Kant, bem como, do lado oposto, nos teóricos da contrarrevolução, a partir de Burke e Gentz[38]. E a lista poderia se estender ao infinito, como sempre acontece quando lidamos com categorias genéricas absolutamente desprovidas de concretude histórica. Basta dizer que até em Hitler pode-se encontrar a afirmação de que, em casos extremos, "a rebelião de todo membro individual" do "povo" se torna "não apenas direito, mas obrigação"[39].

---

[35] Alexis de Tocqueville, "Mémoire sur le paupérisme", em *Mémoires de la Société Royale Académique de Cherbourg*, Cherbourg, Société Royale Académique de Cherbourg, 1835, p. 343.

[36] É a reprovação que também Henrich parece dirigir a Hegel: Rph., III, 24; disso tratam as pertinentes observações de Paolo Becchi, *Contributi ad uno studio della filosofia del diritto di Hegel* (Gênova, Ecig, 1984), p. 186-9.

[37] São "abomináveis teólogos" que teorizam o direito de rebelião contra soberanos considerados heréticos, enquanto é Voltaire que exige que tais teólogos sejam condenados como "réus de lesa-majestade". "Traité sur la tolérance" (1762-1765), *Abus de l'intolérance*, em *Œuvres complètes de Voltaire* (Kehl, 1784-1789), v. XXX, p. 118-9.

[38] Remetemos a Domenico Losurdo, *Autocensura e compromesso nel pensiero politico di Kant* (2. ed., org. Istituto Italiano per gli Studi Filosofici, Nápoles, Bibliopolis, 2007 [1983]).

[39] Citado em György Lukács, *Schicksalswende. Beiträge zu einer neuen deutschen Ideologie* (Berlim, Aufbau, 1948), p. 57.

Contudo, voltemos a Hegel. O filósofo se dá conta perfeitamente da ambiguidade histórica e política do direito em questão. Sim, o "direito de insurreição" tinha sido "consagrado por algumas das numerosas constituições que foram feitas na França na última década", mas a algo de análogo remetiam também a reação e o particularismo feudais responsáveis pelo fato de a Alemanha não ser mais um Estado (W., I, p. 521): "A resistência contra a suprema autoridade real é dita liberdade e é saudada como legítima e nobre enquanto se tem diante de si a ideia do arbítrio" (Ph. G., p. 860). O apelo ao direito de resistência por parte da reação feudal não era fato meramente histórico. Ainda em plena Restauração, um de seus mais combativos ideólogos, qual seja, Haller, convoca o povo espanhol à resistência e à revolta contra a "usurpação" representada pela constituição que nasce com a Revolução Espanhola e que também era consagrada, ao menos em aparência, pela aprovação e pelo juramento de fidelidade do próprio rei[40]. É significativo que *Filosofia do direito* polemize com Haller, que, justificando sua recusa de códigos e legislações determinados, uma miscelânea de papel considerada supérflua e nociva, remetia não só à observância da lei da natureza, bem como à "resistência contra a injustiça" (nota ao § 258 A).

Se em Hegel a crítica do direito de resistência tem como principal alvo a reação feudal, Bentham critica os revolucionários franceses porque, com sua Declaração dos Direitos, visam apenas "a suscitar e alimentar um espírito de resistência a todas as leis, um espírito de insurreição contra todo poder político"[41]. A negação do direito de resistência, ainda mais com o olhar voltado para a Revolução Francesa, obviamente não nos impede de considerar Bentham um liberal. Mais uma vez, o juízo relativo ao "conservadorismo" de Hegel se funda na absolutização não da tradição liberal em seu conjunto, mas apenas de uma sua vertente particular.

---

[40] Ludwig von Haller, *Über die Constitution der Spanischen Cortes* (1820); ed. it. (com base na edição francesa organizada pelo próprio autor): *Analisi della costituzione delle Cortes di Spagna, opera del Signor Carlo Luigi di Haller* (Modena, 1821), p. 137-8. Em Kant, o direito de resistência é negado com o olhar voltado para a Vendeia; na própria França, o direito de resistência, inicialmente invocado para justificar a revolução, torna-se logo uma arma da reação. Cf. Domenico Losurdo, *Autocensura e compromesso nel pensiero politico di Kant*, cit., cap. I; ver também *infra*, cap. VII, §8.

[41] Jeremy Bentham, "Anarchical Fallacies. A Critical Examination of the Declaration of Rights" (1. ed. em inglês, 1838), em *The Works* (org. John Bowring, Edimburgo, William Tait, 1838-1843), p. 501.

Mas voltemos novamente a Hegel. Independentemente de concretos conteúdos histórico-políticos de cunho reacionário, não poucas vezes assumidos pelo direito de resistência, resta ver o que se é capaz de contrapor às argumentações mais estritamente teóricas formuladas pelo filósofo. Se o direito à resistência é entendido como imanente ao concreto processo histórico, então não há dúvidas a propósito: é um dado o superior direito do espírito do mundo em relação ao Estado, e é a partir desse ponto de vista que Hegel não condena as grandes revoluções como atos criminosos e ilegais, mas as justifica e ainda as celebra. Claro, aos particularismos, aos árbitros, aos abusos nobiliárquicos e feudais são contrapostas a objetividade e a superioridade do ordenamento estatal, que deve ser considerado inviolável e sagrado do ponto de vista jurídico, não histórico-universal. O "positivo" historicamente existente pode se configurar como "violência", e, então, o "pensamento" que o critica tende em si a se tornar "violento" (Ph. G., p. 924): assim se explica e se legitima a deflagração da Revolução Francesa – ou de outras revoluções; mas é uma legitimidade que não pode derivar de uma norma jurídica, e sim de condições concretas e de uma análise histórica concreta, é uma legitimidade, portanto, que, em última análise, pode ser afirmada e verificada apenas *post factum*.

Se, no entanto, por direito de resistência entendemos um mecanismo de engenharia constitucional que permita legalmente, em circunstâncias determinadas, desobedecer à autoridade constituída, é claro que se trata de algo ilusório: em caso de conflito e de divergência aguda, à *"wirkliche Gewalt"*, ao poder ou à violência real da autoridade constituída, à sua efetiva capacidade de coação se contraporia apenas a *"mögliche Gewalt"*, a capacidade de coação meramente possível e, em prática, inexistente do direito de resistência. Pode-se, então, recorrer à "insurreição", que, entretanto, não constitui por certo um direito do qual a lei possa garantir um exercício tranquilo e sem riscos (W., II, p. 474-5). Se nos colocamos de um ponto de vista jurídico, não é um direito aquele cujo exercício esteja ligado a riscos gravíssimos; um direito de resistência pode ser buscado não no ordenamento jurídico, mas apenas no "espírito do mundo", isto é, na história.

A esse propósito, Hegel não se distingue de maneira tão clara, quanto poderia parecer, de Locke e dos clássicos do liberalismo europeu; ou melhor, a divergência diz respeito a aspectos bem diferentes daqueles normalmente citados. Sim, Locke teoriza o direito de resistência até suas últimas consequências, ou seja, até a sublevação armada, muito além da simples desobediência passiva: "Quem resiste deve, logo, ter licença para atacar". Justamente por isso o recurso à resistência comporta a verificação de um "estado de guerra" entre governados e governantes, ou melhor, ex-governantes; portanto, o retorno a um estado da natureza em cujo âmbito não há mais lugar para normas jurídicas positivas nem, logo, para um direito de resistência legalmente definível: "Quando não há tribunal terreno que possa resolver conflitos entre os homens, então juiz é Deus nos céus"; a palavra está armada, mas por recorrer às armas todos terão de responder, "no grande dia, ao juiz supremo de todos os homens"[42]. Em Hegel, o tribunal divino torna-se o tribunal da história; contudo, fica claro, tanto num caso quanto no outro, que, para fazer valer o direito de resistência, não se pode apelar a um ordinário tribunal humano, como para todos os direitos sancionados pela lei, mas apenas ao bom Deus ou ao espírito do mundo.

Cabe acrescentar que, no âmbito da mesma tradição liberal, assiste-se a uma progressiva redução da dimensão do direito de resistência. Se em Locke a resistência era ou podia ser também armada, em Constant já é diferente: "É dever positivo, geral, sem reservas, não se tornar executor de uma lei sempre que ela pareça injusta. Essa força não comporta nem subversões nem revoluções, tampouco desordens". Não só não se fala mais de resistência armada, mas o direito de resistência se transformou inadvertidamente em "dever", isto é, passou da esfera jurídica para a esfera moral. E Constant é consciente das dificuldades que se interpõem ao real exercício de um direito de resistência: "Como limitar o poder, senão mediante o poder?". Pode-se apelar à força da opinião pública, uma vez que esta tenha sido adequadamente iluminada[43]. No entanto, resta o problema de como é possível transformar essa força moral em poder real (em termos hegelianos, como é possível transformar uma *mögliche Gewalt* em uma *wirkliche Gewalt*) e de como é possível operar essa transformação, evitando, como gostaria Constant, "subversões", "revoluções" e até "desordens".

Por outro lado, a negação do direito de resistência não é de maneira alguma incomum no liberalismo alemão e tem por base argumentações que remetem de perto àquelas desenvolvidas por Hegel. Considerem-se por exemplo as observações críticas formuladas por Dahlmann sobre o eforato. Para que possa funcionar, "o poder (*Gewalt*) chamado a vigiar deve querer ser mais forte do que o poder governamental"[44]. É a retomada da comparação, feita por Hegel

---

[42] John Locke, *Two Treatises of Civil Government*, II, §§ 235, 241 e 21.

[43] Benjamin Constant, "Principes de politique", cit., p. 1.110-1.

[44] Friedrich Christoph Dahlmann, *Die Politik* (Göttingen, Dieterich, 1835) (reed. org. Manfred Riedel, Frankfurt, Suhrkamp, 1968), p. 177.

CONSERVADOR OU LIBERAL? UM FALSO DILEMA 135

em polêmica justamente com a teorização fichtiana do eforato, entre *wirkiliche Gewalt* e *mögliche Gewalt*: em última análise, quem decide é o poder real, a organização da força de fato presente e operante. Além do mais, convém notar que, se em Hegel a negação do direito de resistência não comporta de maneira alguma a negação do direito do espírito do mundo a avançar para além do ordenamento jurídico existente, e também a desmontá-lo por completo, o teórico liberal é muito mais cauteloso nesse ponto. Se Hegel, remetendo ao espírito do mundo, pode proceder à defesa e celebração da Revolução Francesa e de outros momentos de ruptura que marcam o nascimento e o desenvolvimento do mundo moderno, Dahlmann está mais preocupado em condenar e prevenir possíveis revoltas proletárias do que em justificar as revoluções burguesas no passado. É preciso, por isso, evitar atitudes e tomadas de posições passíveis de estimular os "estratos inferiores" a colocar em dúvida que "o direito de nossa posse" seja "sagrado"[45].

Já no que concerne ao direito de resistência propriamente dito, as argumentações do teórico liberal são muito próximas às argumentações de Hegel:

No atual ordenamento estatal, a resistência violenta não pode ser sancionada legalmente [...]. O direito constitucional à resistência armada repousava sobre o direito dos nobres à participação no poder, era parte constitutiva dele e com ele desapareceu [...]. Até quando camadas privilegiadas detinham parte do poder, juravam fidelidade com cautela, mandavam construir fortalezas, denunciavam a obediência, escolhiam um senhor mais complacente.[46]

Como em Hegel, também em Dahlmann o direito de resistência propriamente dito é considerado parte integrante do mundo feudal. E bem se compreende: somente antes da formação do Estado moderno, o feudatário é capaz de contrapor ao "poder real" do soberano um poder não meramente "possível", como no mundo moderno, mas ele mesmo "real" e legalmente reconhecido.

Assim, a proclamação que a tradição liberal faz do direito de resistência não é a enunciação ou a reivindicação de uma norma de lei que sancione um direito cujo exercício se reconhece deveras arriscado e problemático, mas é fundamentalmente uma declaração de princípios relativos aos limites do poder político. Eis um fato que emerge com particular clareza no texto de Constant:

---

[45] Idem, "Zur Verständigung" (1838), em *Kleine Schriften und Reden* (Stuttgart, 1986), p. 258.
[46] Idem, *Die Politik*, cit., p. 177-8.

a "liberdade" deve ser, sim, energicamente defendida contra os governos que não abandonaram ainda as tradicionais veleidades despóticas, mas, em primeiro lugar, contra as "massas que reclamam o direito de submeter a minoria à maioria". No entanto, "no que se refere à indústria, tudo que permite o livre exercício da indústria rival é individual e não poderia ser legitimamente submetido ao poder da sociedade"[47]. Um poder político que pretendesse interferir no livre desenvolvimento da indústria e nas relações de propriedade cometeria um ato "ilegítimo" e, assim, provocaria a justa "resistência" dos cidadãos (dos proprietários) atacados em sua liberdade (e sua propriedade).

É claro também para Hegel que o poder político tem limites precisos e intransponíveis, como se verifica em sua teorização dos direitos inalienáveis, como liberdade individual, de consciência etc. No entanto, "assim como sagrado deve permanecer o limite no interior do qual não é lícito ao poder político intrometer-se na vida privada dos cidadãos", igualmente incontestáveis são o direito e o dever do poder político de intervir, por exemplo, a fim de assegurar a instrução a todas as crianças, submetendo, se necessário, o arbítrio dos pais em intervir no campo escolar, sanitário etc., em toda aquela esfera que tem "uma relação mais estreita com o fim do Estado" (W., IV, p. 372); enfim, são incontestáveis o direito e o dever do poder político de intervir no campo econômico para tentar reduzir os custos sociais da crise. Em determinadas circunstâncias, "o direito de propriedade [...] pode e deve ser violado" (V. Rph., IV, p. 157). Em suma, em Hegel está ausente aquela declaração de intenções sobre os limites intransponíveis do poder político em relação à propriedade, sobre a absoluta inviolabilidade da propriedade; está ausente aquela declaração de intenções que, na tradição do pensamento liberal, aparece sob o nome de "direito de resistência". Contudo, é importante que se leia não o "conservadorismo" não liberal de Hegel, mas, ao contrário, o peso enorme que o interesse à conservação social exerce nos autores da tradição liberal, já por origem social organicamente ligados às camadas possuidoras.

Cabe acrescentar que a declaração de intenções sobre os limites do poder político não impede nem os expoentes mais avançados da tradição liberal de invocar, em determinadas circunstâncias, o punho de ferro para a manutenção da ordem. A revolução parisiense de junho de 1848, de alguma forma, tinha por trás a proclamação do direito de resistência própria da Constituição

---

[47] Benjamin Constant, "Préface" (1829), em *Mélanges de littérature et de politique*, cit., v. I, p. VI.

CONSERVADOR OU LIBERAL? UM FALSO DILEMA   137

jacobina de 1793, o que obviamente não impedia que Tocqueville recomendasse o fuzilamento imediato de qualquer um que fosse surpreendido "em atitude de defesa"[48].

5. DIREITO DA NECESSIDADE EXTREMA E DIREITOS SUBJETIVOS

Bobbio associa ao par de conceitos obediência-resistência (isto é, negação ou teorização do direito de resistência) o par de conceitos obediência à lei-incoercibilidade dos direitos subjetivos. Tal relação, no entanto, não é tão pacífica como, à primeira vista, poderia parecer. Hegel, que nega com convicção o direito de resistência, porém, não hesita em declarar solenemente: "O homem que morre de fome tem o direito absoluto de violar a propriedade de outro" (*infra*, cap. VII, § 2).

Como é sabido, estamos diante da teorização do *Notrecht*, que não deve ser confundida com o *ius resistentiae* nem se identifica propriamente com o *ius necessitatis* da tradição, já que este último remete a circunstâncias excepcionais provocadas, em geral, por catástrofes naturais (consideremos o famoso caso de dois náufragos agarrados a uma tábua, que, porém, é capaz de assegurar a salvação a apenas um deles). Em Hegel, o *Notrecht* remete a conflitos, a colisões concretas que se verificam com base nas relações sociais existentes. O *Notrecht* se tornou o direito da necessidade extrema, do faminto que corre o risco de morrer de fome e, portanto, não só tem direito, mas tem "o direito absoluto" de roubar o pedaço de pão que lhe permitiria garantir sua sobrevivência, "o direito absoluto" de violar o direito de propriedade, a norma jurídica que condena de todas as formas o furto.

Pode ser útil, então, perguntar como se comporta a tradição do pensamento liberal em relação a esse problema. Em Locke, não parece existir situação social que justifique a violação do direito de propriedade. O assistente de Hegel, Von Henning, assim havia sintetizado o *Notrecht*: "Direito a manter-se em vida" (V. Rph., III, p. 400). Locke, por sua vez, fala de "direito à sobrevivência", mas apenas para explicar e justificar a gênese da propriedade privada: "Os homens, uma vez

---

[48] Alexis de Tocqueville, "Souvenirs" (1850-1851), em *Œuvres complètes*, cit., v. XII, p. 176; apesar das dúvidas atormentadas quanto à oportunidade da intervenção francesa, é análogo o comportamento assumido, na qualidade de ministro do Exterior, em relação aos revolucionários da República romana: as tropas francesas são chamadas a "atacar com o terror o partido demagógico". Carta a Francisque de Corcelle, 18 de julho, 1849, em Alexis de Tocqueville, *Œuvres complètes*, cit., v. XV, 1, p. 323.

que nasceram, têm direito à sobrevivência (*right to their preservation*) e, portanto, a alimento, a bebida e a tudo que a natureza oferece para sua subsistência[49]. No entanto, se admitirmos que esse direito tem ainda um sentido no estado social, ele pode ser proposto sempre e apenas em relação à natureza para justificar o fato de que, no que se refere à sociedade, nada com certeza permanece adéspota.

Lê-se uma polêmica explícita com o *Notrecht* em um dos mais respeitados representantes do liberalismo alemão, cuja tomada de posição merece ainda mais atenção pelo fato de provir de uma personalidade contundentemente crítica a Hegel. Já é significativo que Rotteck se refira ao "assim chamado *Notrecht*". Além do mais, retorna o exemplo que vimos em Hegel: seria aquele que corre o risco de "morte por inanição" autorizado a roubar o pedaço de pão que garantiria sua sobrevivência? Sua resposta é firmemente negativa: em nenhum caso pode haver "direito a cometer ilegalidade" (*Recht, Unrecht zutun*). Até no *casus necessitatis* da tradição, pode-se falar em atenuantes, ou não punibilidade, pressupondo que a situação objetiva tenha ofuscado a capacidade de compreender e querer, mas o direito de propriedade deve, de alguma forma, ver respeitado seu caráter absoluto mesmo à custa da vida de um ser humano. Imaginemos um "fugitivo" que, na tentativa desesperada de fugir do agressor, "derruba uma cerca que não é sua e que impede sua fuga ou rouba um cavalo do pasto para escapar mais rapidamente". Como comportar-se em tal caso? Pode-se pressupor o consenso do proprietário prejudicado, mas, se ele, ao contrário, "se expressar negativamente", então o responsável pela violação da propriedade deve ser sempre considerado culpado, ainda que possam ser reconhecidas circunstâncias atenuantes ou sua momentânea incapacidade de compreender e querer. Em nenhum caso, ressalte--se, pode haver "direito" a violar a propriedade de outrem[50].

Em comparação com seu crítico liberal, Hegel tem uma visão muito menos rígida da inviolabilidade da norma jurídica. Para usar a terminologia de Bobbio, a "incoercibilidade do direito subjetivo" à vida e à sobrevivência pode bem colocar em discussão a "onipotência da lei". Na verdade, a tese de Bobbio se revelaria enganosa mesmo se quiséssemos invertê-la. Em razão do caráter meramente formal dos dois termos comparados, isso poderia conduzir a resultados mais discrepantes. Para a tradição do pensamento liberal, o direito do proprietário ao gozo imperturbado de sua propriedade é indubitavelmente

---

[49] John Locke, *Two Treatises of Civil Government*, II, § 25.

[50] Karl von Rotteck, *Lehrbuch des Vernunftrechts und der Staatswissenschaften* (Stuttgart, 1840) (2. ed. reimp. anastática, Aalen, 1964), v. I, p. 154-7.

"incoercível" a ponto de justificar mesmo a "resistência" em relação a um poder político que pretendesse ultrapassar seus limites insuperáveis. Já em Hegel (e muito mais no movimento protossocialista), o que se revela "incoercível" é o direito do faminto que, como garantia para sua vida, invoca a intervenção do Estado nas relações de propriedade existentes ou, em casos extremos, é até autorizado a violar o direito de propriedade para obter o pedaço de pão que permitiria evitar sua morte por inanição.

Locke, que afirma o direito de resistência, se cala sobre o *Notrecht*; o contrário ocorre em Hegel: a linha de demarcação entre obediência à lei e incoercibilidade dos direitos subjetivos é bem mais tortuosa do que pode parecer no texto de Bobbio. Pode-se, porém, identificar um fio lógico.

A absolutização do direito de propriedade, por um lado, não deixa espaço na filosofia de Locke para a teorização do direito da necessidade extrema; por outro, impõe a teorização do direito de resistência a um poder político que pretendesse afirmar sua transcendência em relação aos proprietários mandatários: "A razão pela qual os homens entram em sociedade é a salvaguarda da propriedade", e é em vista desse fim que instituem o Poder Legislativo[51]. É claro, então, que o "povo" (isto é, na realidade, proprietários promotores e guardiães do contrato) tem direito a instituir "um novo Legislativo quando os legisladores transgredirem o mandato usurpando sua propriedade"[52]. Nesse quadro, o direito à resistência é o direito de defender a propriedade contra as possíveis "usurpações" do poder político – significativamente, o poder político usurpador é comparado a um bandoleiro; "todos reconhecem que a qualquer um – conterrâneo ou estrangeiro – que atente, com a força, contra a propriedade de alguém é lícito resistir com a força", e o mesmo princípio vale em relação aos governantes[53].

No entanto, o reconhecimento do direito de resistência é tão pouco reconhecimento de uma iniciativa de baixo que, no que se refere à relação entre povo e Câmara dos Lordes, Locke não apenas nega ao primeiro qualquer direito de resistência, como o direito de suprimir ou apenas de modificar, na estrutura e no funcionamento, a segunda:

Assim, quando a sociedade confia o Legislativo a uma assembleia de homens e a seus sucessores, estabelecendo as normas e dando-lhes autoridade para designar

---

[51] John Locke, *Two Treatises of Civil Government*, II, § 222.

[52] Ibidem, § 226.

[53] Ibidem, § 228 e 231.

os próprios sucessores, o Legislativo não pode mais voltar ao povo até que o governo subsista, pois, tendo constituído um Legislativo dotado do poder de durar indefinidamente, o povo a ele confia seu poder político e não pode retomá-lo.[54]

O direito subjetivo do proprietário, em sua "incoercibilidade", pode colocar em discussão em determinadas circunstâncias a "onipotência da lei", mas somente para sacrificá-la no altar de uma "onipotência" superior ou, ainda, suprema, qual seja, aquela das relações de propriedade existentes. Esses não só não podem ser violados pelo faminto nem pelo poder político, como não podem ser indiretamente enfraquecidos por meio de uma reforma que coloque em discussão a existência, ou o eficaz funcionamento, do baluarte político da propriedade, isto é, a Câmara dos Lordes.

Do lado oposto, Hegel está tão convencido da "incoercibilidade" do direito subjetivo do faminto que não hesita em afirmar – embora no âmbito de um discurso que não contempla o presente, mas a luta em Roma entre patrícios e plebeus – que, no que concerne à questão de obter os "meios de subsistência", o "direito enquanto tal" é apenas uma "abstração": aliás, nesse contexto, *Filosofia da história* fala mesmo em "inútil questão de direito" (Ph. G., p. 698). Compreende-se, então, que Hegel fale repetidamente, e tente fazer valer para o ordenamento jurídico e social existente, sobre "direito ao trabalho" e "direito à vida" (Rph., I, § 118 A), isto é, direitos subjetivos, "direitos materiais" (B. Schr., p. 488) – como são definidos –, ignorados pela tradição do pensamento liberal.

Até agora, falamos, por comodidade, de tradição liberal sem outras especificações, mas é claro que, para o filão empenhado na polêmica antijusnaturalista, dificilmente se pode falar de direitos subjetivos "incoercíveis". De fato, Bentham, depois de negar a existência de direitos naturais e inalienáveis, completa – como já vimos – que "não há direito que não deva ser revogado quando sua revogação for vantajosa para a sociedade". Que incoercibilidade que nada!

6. LIBERDADE FORMAL E SUBSTANCIAL

Por fim, ainda segundo Bobbio, Hegel deve ser considerado "conservador", não "liberal", pois "preza [...] mais o vértice da pirâmide (o monarca) do que a base (o povo)".

---

[54] Ibidem, § 243.

De fato, como logo veremos, longe de ser fetichistamente ligado ao vértice da pirâmide do poder, Hegel celebra todas as revoluções que marcaram o nascimento e o desenvolvimento do mundo moderno. Ao mesmo tempo, é consciente do consenso de massa, "popular", que movimentos por vezes declaradamente reacionários podem ter em determinadas circunstâncias. Daí a insistência em distinguir entre "liberdade formal" e "liberdade substancial".

A liberdade formal é o momento do consenso subjetivo e, nesse sentido, não tem nenhum significado negativo em Hegel, ou melhor, constitui um momento essencial do mundo moderno, da liberdade moderna: "A liberdade formal é a elaboração e a realização das leis" (Ph. G., p. 927). Na Inglaterra, "a liberdade formal, na discussão de todos os negócios de Estado, tem lugar em sumo grau"; não se trata de um juízo negativo, pois o que Hegel aprecia na Inglaterra é exatamente "o Parlamento aberto ao público, o hábito das reuniões públicas em todas as classes, a liberdade de imprensa". Essas, no entanto, eram apenas as condições favoráveis para realizar "os princípios franceses da liberdade e da igualdade" (Ph. G., p. 934). A liberdade formal é a condição para a realização da liberdade "objetiva ou real". Nesse âmbito estão inseridas a liberdade da propriedade e a liberdade da pessoa. Cessa, com isso, toda não liberdade do vínculo feudal, caem todas as normas derivadas desse direito, os dízimos, os impostos. "Da liberdade real fazem parte também a liberdade dos ofícios, isto é, o fato de ser concedido ao homem usar suas forças como quiser, e o livre acesso a todos os cargos estatais" (Ph. G., p. 927). Assim, liberdade formal e liberdade substancial não são em si termos contraditórios:

> A liberdade tem em si uma dupla determinação. Uma concerne ao conteúdo da liberdade, à sua objetividade, à própria coisa. A outra concerne à forma da liberdade, em que o sujeito se sabe ativo, porque a exigência da liberdade é que o sujeito se sinta nela satisfeito e assim assuma a própria tarefa, sendo seu interesse que a coisa se realize. (Ph. G., p. 926)

A liberdade formal deveria ser o veículo da liberdade real. Quando isso se verifica, temos o livre querer da liberdade, isto é, a adesão e o consenso consciente em relação às instituições político-sociais que realizam a liberdade objetiva. No concreto de determinada situação histórico-política, porém, a liberdade formal pode entrar em colisão com a liberdade real. De fato, "os momentos da liberdade real [...] não repousam sobre o sentimento, porque o sentimento deixa existir até a servidão da gleba e a escravidão, mas sobre o pensamento e sobre a autoconsciência que o homem tem da própria essência espiritual" (Ph. G., p. 927). A imprevisibilidade de sentimentos, hábitos e tradições pode fazer com que falte consenso para a liberdade real; a liberdade formal pode negar a liberdade real e se agarrar a instituições que sejam a negação da liberdade. Um exemplo particularmente ostensivo, do ponto de vista de Hegel, é a Polônia: as contínuas discussões da Dieta, com certeza, são um momento de liberdade formal, que, entretanto, nesse caso específico, é utilizada para perpetuar o poder extraordinário dos barões e a servidão da gleba, ou seja, para perpetuar a não liberdade. Colisão análoga, ainda que menos dura e de caráter mais limitado, verifica-se na Inglaterra. A liberdade formal não está em discussão; no entanto, a Idade Média e o feudalismo foram apenas parcialmente comprometidos: "No conjunto, a constituição inglesa permaneceu a mesma desde os tempos do domínio feudal e se funda quase exclusivamente sobre velhos privilégios". Em teoria, a tradição liberal que carregava em seu passado poderia permitir que a Inglaterra realizasse de forma mais ágil do que outros países "liberdade e igualdade", a liberdade real; mas, por uma série de razões históricas (orgulho nacionalista etc.), ocorreu o contrário, e não por acaso a Inglaterra dirigiu todas as coalisões contra os franceses (Ph. G., p. 934). E, como se não bastasse, a aristocracia que arrancou da Coroa a "liberdade formal" se serve dela para impedir reformas antifeudais incisivas, para criar obstáculos ou para bloquear o processo de realização da "liberdade objetiva", isto é, do "direito racional" (Enc., § 544 A).

Finalmente, pode-se verificar que momentos essenciais da liberdade real são impostos do alto, com uma série de reformas que ferem a tradição feudal e estabelecem liberdade da pessoa e liberdade da propriedade (esta última é, assim, libertada dos vínculos feudais), mas a esse desenvolvimento da liberdade real não corresponde, ou corresponde só parcialmente e com atraso, o desenvolvimento da liberdade formal. É essa a situação da Alemanha e, em particular, da Prússia, que foi se configurando a partir das reformas da era Stein-Hardenberg. Com tais reformas, a liberdade objetiva começa a penetrar (segundo Engels, o início da revolução burguesa na Prússia e na Alemanha tem início a partir delas)[55], mas a liberdade formal não caminha no mesmo passo: Frederico Guilherme III não mantém suas promessas de renovação constitucional, embora Hegel continue a esperar que a liberdade formal alcance o mesmo nível da liberdade substancial, mais uma vez com um processo de reforma pelo alto, mesmo que estimulado

---

[55] Friedrich Engels, "Vorbemerkung zu 'Der deutsche Bauernkrieg'" (ed. 1870 e 1875), em MEW, v. VII, p. 539.

por baixo por uma restrita opinião pública de intelectuais e funcionários "iluminados" – e iluminados graças também à difusão da "filosofia".

É interessante notar que a distinção entre liberdade formal e substancial está presente, de alguma forma, na própria tradição liberal, mas com significado diferente e contraposto àquele que acabamos de ver. Segundo Montesquieu,

> em um Estado existem sempre pessoas ilustres de nascimento, riquezas e honras; se elas fossem confundidas com o povo e só tivessem uma voz, assim como os outros, a liberdade comum seria então sua escravidão, e elas não teriam interesse algum em defendê-la, pois a maior parte das resoluções seria contrária a elas.[56]

Cabe observar que Montesquieu desenvolve essas considerações no capítulo dedicado à constituição da Inglaterra para ressaltar o papel positivamente exercido pela aristocracia nesse país. É justamente pelo peso do privilégio feudal que Hegel considera formal a liberdade inglesa que ignora a universalidade dos princípios e, em última análise, a igualdade. Para Tocqueville, ao contrário, é o nivelamento igualitário que pode esvaziar a liberdade. Liberdade formal e liberdade substancial são por vezes definidas de maneira radicalmente antitética; contudo, é indubitável que essa distinção está presente em ambas as tradições de pensamento aqui confrontadas.

7. Categorias interpretativas e pressupostos ideológicos

Agora, independentemente de Hegel, pode ser útil dar uma olhada nas categorias usadas por alguns dos protagonistas do debate político daqueles anos, mais uma vez com a finalidade de verificar a validade histórica do dilema formulado explicitamente por Bobbio, mas tacitamente proposto também por intérpretes, em aparência, muito distantes dele. Liberal ou conservador? Chateaubriand, cujo liberalismo serve para Ilting medir o liberalismo de Hegel, se define "conservador", como se constata pelo fato de que nos anos da Restauração dirige um órgão de imprensa de título explícito: *Le Conservateur*[57]. Desse ponto de

---

[56] Charles-Louis de Secondat de Montesquieu, *De l'Esprit des lois*, XI, 6.

[57] François-René de Chateaubriand, *Mémoires d'outre-tombe* (1849) (org. Pierre Clarac, Paris, Livre de Poche, 1973), v. II, p. 459 e seg. Notou-se que Chateaubriand (com sua revista que divulga as "ideias da Restauração político-eclesiástica") foi o primeiro a conferir ao termo "conservador" seu significado peculiar moderno. Karl Mannheim, "Das konservative

vista, resta ver se a indubitável distância de *Princípios* em relação ao diretor do jornal em questão significa distância do liberalismo ou do conservadorismo.

Ao contrário do liberal, o conservador "preza mais o Estado do que o indivíduo, mais a autoridade do que a liberdade" etc. Para Chateaubriand, porém, a luta se desenrola entre *"parti royaliste"* e *"parti ministeriel"*, e é este último que, na prática, se identifica com o partido liberal, enquanto o primeiro, com Chateaubriand à frente, insiste nos limites da Coroa e do Executivo, para conduzir de modo mais profundo possível o processo de Restauração. Na Alemanha, Stahl escreve: "Hegel é excessivamente pelo domínio do alto, não pelo livre desenvolvimento de baixo e a partir de dentro. Sua teoria não é nem ultramonarquista nem ultraliberal, mas ultragovernamental"[58]. Assim como para Chateaubriand, para Stahl o ser "ministerial" ou "ultragovernamental" não é, de maneira alguma, sinônimo de adesão ao absolutismo monárquico – muito menos de adesão às ideias da reação feudal. Nesse ínterim, a situação política evoluiu: o partido liberal em sua luta contra os ultranostálgicos do *Ancien Régime* não tem necessidade de se apoiar na Coroa e no aparato governamental e burocrático (que, aliás, na Prússia, depois de 1840, sofrem fortemente a influência dos *Junker*). Assim, na visão de Stahl, os partidos se tornaram três, mas continua válido que "ministerial" ou "ultragovernamental" não são sinônimos de reacionário nem de conservador.

Até aqui, vimos o debate sobre a questão propriamente política. Se então enfrentarmos a questão social, as coisas se tornam ainda mais complexas. Se em Hegel o termo "liberal" oscila entre significado positivo e significado negativo, em Saint-Simon há uma acepção constantemente negativa: de fato, aos "liberais" são contrapostos os "industriais", as camadas propriamente produtivas[59]. E Saint-Simon, que contrapõe o princípio da *"organisation"* ao princípio do *laissez-faire, laissez-aller*, é equiparado por Constant a Maistre e Lamennais[60]. Além do mais, como se sabe, Constant acusa insistentemente Rousseau de ter

---

Denken" (1927), em *Wissenssoziologie. Auswahl aus dem Werk* (org. Kurt H. Wolff, Berlim e Neuwied, Luchterhand, 1964), p. 417-8.

[58] Friedrich Julius Stahl, *Die Philosophie des Rechts*, 1878 (5. ed., ed. fac-similar: Hildesheim, 1963), v. I, p. 475.

[59] Claude-Henri de Saint-Simon, "Catéchisme des industriels" (1823-1825), em *Œuvres* (org. Enfantin, Paris, E. Dentu, 1875), v. VIII, p. 178 e seg. Na edição fac-similar publicada pela editora Anthropos (Paris, 1966), o volume VIII está inserido no tomo IV.

[60] Benjamin Constant, "De M. Dunoyer et de quelques-uns de ses ouvrages" (1826), em *Mélanges de littérature et de politique*, cit., p. 107-8.

CONSERVADOR OU LIBERAL? UM FALSO DILEMA   145

fornecido armas ao "despotismo" com *O contrato social*[61]. Segundo o teórico liberal, o posicionamento das forças em luta apresenta, de um lado, o liberalismo e, do outro, o absolutismo e o despotismo, em que acabam confluindo tanto a tradição rousseauniana-jacobina quanto o movimento socialista nascente. Poderíamos dizer que esse esquema triunfa em definitivo depois da Revolução de 1848. Para Tocqueville, o jacobinismo (com sua política econômica de intervenção na propriedade privada) e o "socialismo moderno" não são mais do que a retomada de motivos próprios do "despotismo monárquico", motivos, aliás, vastamente encontrados na cultura iluminista, não só nos utopistas à Morelly, mas até nos "economistas", eles próprios prisioneiros do mito nefasto da "onipotência do Estado"[62]. A partir desse momento, tudo o que não pode ser inserido na tradição "liberal" em sentido restrito é sinônimo de despotismo, segundo uma férrea linha de continuidade que vai de Luís XIV a Louis Blanc. Tal esquema triunfa, depois de 1848, também na Alemanha, e está bem presente em Rudolf Haym, autor da denúncia contra Hegel, acusado de formular uma teoria "estatista" incompatível com as necessidades da liberdade moderna. Como se vê, novamente nos deparamos com a mesma acusação e a mesma linha de demarcação entre liberdade e despotismo.

Ainda nos dias de hoje, Dahrendorf não apenas considera "não liberal" a crítica que o hegeliano Lassalle faz da teoria do Estado como simples guardião da propriedade privada, indiferente ao drama da miséria e da questão social, como, a partir de Lassalle, vê todo o movimento operário alemão (e não apenas alemão) caracterizado por "traços fundamentalmente não liberais"[63].

É fácil compreender a inserção de Hegel ao lado de autores e movimentos tão diferentes: Tocqueville vê a França, profundamente permeada pela cultura iluminista e se preparando para a revolução, alimentar uma profunda "paixão pela igualdade", mas não pela "liberdade"; pois bem, essa França persegue como ideal uma sociedade "sem outra aristocracia senão aquela dos funcionários públicos, uma administração única e onipotente, guia do Estado

---

[61] Idem, "De la liberté des anciens comparée à celle des modernes" (1819), em *De la liberté chez les modernes. Écrits politiques* (org. Marcel Gauchet, Paris, Le Livre de Poche, 1980), p. 503.

[62] Alexis de Tocqueville, "L'Ancien Régime et la Révolution", cit., p. 233 e 214.

[63] Ralf Dahrendorf, *Gesellschaft und Demokratie in Deutschland* (Munique, Piper, 1965); ed. it.: *Sociologia della Germania contemporanea* (trad. Giorgio Backhaus, Milão, Il Saggiatore, 1968), p. 226-7.

e tutora dos privados"[64]. Como não pensar no entusiasmo com que Hegel celebra a burocracia como "classe universal"? Outra característica da tradição de pensamento "despótica", ainda segundo Tocqueville (mas também para Haym e para os liberal-nacionalistas), é a pretensão de remediar a miséria, pelo alto, com a intervenção do Estado, por exemplo, garantindo o "direito ao trabalho"[65]. Esse, porém, é exatamente o comportamento tendencial de Hegel, que teoriza uma política estatal firmemente intervencionista e que, como vimos, chega a proclamar o "direito à vida" (por meio do trabalho). Então, é esse esquema (de Constant, Tocqueville, Haym) que respondia às exigências imediatas da luta política, uma vez que apresentava a burguesia liberal como única verdadeira intérprete da causa da liberdade e do progresso, enquanto lançava no campo do absolutismo e da reação todas as outras forças políticas; em última análise, é esse mesmo esquema de propaganda que constitui o pressuposto do dilema (liberal ou conservador?) que continua a dominar o debate sobre Hegel.

Analogamente, não é difícil indicar a gênese política e ideológica da alternativa formulada por Bobbio: a favor do "vértice da pirâmide (o monarca)" ou a favor da "base (o povo)"? E é justamente uma personalidade como Stahl (de quem já vimos a orientação política) que formula a alternativa nos termos propostos por Bobbio. De fato, depois de criticar Hegel como ultragovernamental, o ideólogo da conservação (e sob certos aspectos até da reação) político-social, denuncia nestes termos o grave erro do filósofo:

> Tudo deve ser executado mediante o poder objetivo organizado, isto é, mediante o governo, e o povo aceita isso com consciência e, portanto, livremente; mas não pode ocorrer o contrário, isto é, que a obra se cumpra a partir dos impulsos mais íntimos (a partir da subjetividade) dos indivíduos, das associações, do povo, das corporações, e o governo se limite a dirigir, sancionar ou moderar, e as corporações detenham e corrijam o governo.[66]

Stahl fala de "povo", mas na realidade entende as "corporações", isto é, os *lobbies* aristocráticos e burgueses. Já Hegel é plenamente consciente de que o apelo ao "povo", por vezes, pode assumir conteúdos diversos e conflitantes;

---

[64] Alexis de Tocqueville, "L'Ancien Régime et la Révolution", cit., p. 214-6.

[65] Ibidem, p. 214.

[66] Friedrich Julius Stahl, *Die Philosophie des Rechts*, cit., v. I, p. 475.

"vontade do povo é uma grande expressão" que, no entanto, pode ser "usada com leviandade" e até "profanada" (W., IV, p. 528).

No fundo, é por sua concretude histórica, por sua atenção aos conteúdos político-sociais, que Hegel é criticado por Bobbio. De toda forma, nos anos da Restauração, senão na visão abrangente da história, também davam prova de tal concretude os expoentes da burguesia liberal, que, como vimos, na maior parte das vezes não apoiam a limitação do poder da Coroa reivindicada pelos extremistas da reação: ao menos naquele momento, a burguesia liberal se mostrava plenamente consciente da divisão em classes do "povo" e, por isso, não hesitava em recusar as palavras de ordem "liberais", lançadas momentânea e instrumentalmente pela aristocracia feudal. É apenas após a derrota desta que a burguesia liberal formula a alternativa nos mesmos termos de Bobbio, tentando absorver no "povo" a classe politicamente derrotada e divergindo das reivindicações sociais do proletariado, por meio da redução da luta política da época à luta entre liberdade e absolutismo, entre iniciativas vindas de baixo e iniciativas vindas do alto (a temida intervenção do poder político na propriedade), entre indivíduo e Estado.

Por que, então, não substituir o par de conceitos conservador/liberal pelo par direita/esquerda? Ao *centre gauche*, em que posiciona Royer-Collard, Chateaubriand contrapõe o *côte droit indépendant*[67] e, assim, Chateaubriand parece fazer coincidir tendencialmente o *parti ministeriel* com a esquerda e o *parti royaliste* com a direita. Com base nesses critérios, Hegel deveria ser posicionado à esquerda ou à centro-esquerda, dada sua clara adesão ao *parti ministeriel* (além do mais, já vimos Cousin aproximando Hegel a Royer-Collard). Aqui, no entanto, não se trata de substituir um esquema por outro, trata-se de relativizar ambos, tomando consciência dos pressupostos ideológicos que eles implicam; trata-se de focar nos concretos conteúdos políticos e sociais das imediatas tomadas de posição e da visão filosófica mais ampla de Hegel.

---

[67] François-René de Chateaubriand, *Mémoires d'outre-tombe*, cit., v. II, p. 512-3.

V
HEGEL E A TRADIÇÃO LIBERAL: DUAS LEITURAS CONTRAPOSTAS DA HISTÓRIA

1. HEGEL E AS REVOLUÇÕES

A esta altura, mais do que continuarmos a nos perguntar se Hegel é liberal ou conservador, é preferível estabelecer um confronto direto com a tradição liberal, a começar pela leitura da história e do processo que leva à formação do mundo moderno. Veremos que, mesmo nos pontos de descolamento mais radical em relação a essa tradição, é bem difícil equiparar as posições de Hegel àquelas dos ambientes conservadores e reacionários.

Entretanto, é claro o antagonismo em relação à cultura da Restauração. Podemos partir do juízo concernente à Revolução Francesa. Não nos referimos tanto à celebérrima página que *Filosofia da história* dedica à "esplêndida aurora" e à "nobre comoção" por ela provocada (Ph. G., p. 926). Referimo-nos, sobretudo, à anotação berlinense que zomba do lugar-comum caro à ideologia da Restauração que pretendia tachar esse grande acontecimento histórico de nada menos que uma punição de Deus à humanidade, como expiação de seus pecados: mas então, comenta o afiado Hegel, os "pecados" datavam de antes da eclosão da revolução – e eles parecem remeter aos bons tempos antigos do absolutismo e do feudalismo. Em conclusão, trata-se de "frases presunçosas, quase imperdoáveis para um frade capuchinho que quer embelezar com elas a própria ignorância", frases que desconhecem totalmente os "princípios peculiares que caracterizam a essência da revolução e que lhe conferem a potência quase incalculável que ela tem sobre as mentes" (B. Schr., p. 697-8). Na defesa da Revolução Francesa, Hegel é capaz de alternar tons líricos com o sarcasmo, dirigido, sobretudo, à reação fanática, que diríamos de cunho voltairiano.

150   HEGEL E A LIBERDADE DOS MODERNOS

Voltando no tempo, porém, pode ser interessante examinar a postura assumida por Hegel em relação a outras revoluções. Comecemos pela Revolução Americana.

Era modestíssimo o imposto que o Parlamento inglês impôs sobre o chá importado nos Estados Unidos; mas o que determinou a Revolução Americana foi que os habitantes dos Estados Unidos sentiram que, com essa soma que lhes custaria o imposto, em si totalmente insignificante, perderiam também o mais importante dos direitos. (W., I, p. 258)

É uma tomada de posição juvenil significativa que retorna, porém, em termos quase idênticos, também no curso de filosofia do direito de 1824-1825 (V. Rph., IV, p. 616). Uma linha de continuidade é estabelecida entre a Revolução Americana e a Francesa: "Na guerra americana, triunfou a ideia da liberdade. O princípio da universalidade dos princípios se reforçou no povo francês e produziu a revolução" (Ph. G., p. 919-20). Não somente é reconhecido o direito à revolução e à independência dos colonos americanos, como se celebra com energia sua luta, a luta de um povo desprovido de um aparato militar experiente, mas sustentado pelo entusiasmo contra um exército regular. "As milícias do livre Estado norte-americano se mostraram, na guerra de libertação, tão valentes quanto os holandeses sob Filipe II" (Ph. G., p. 198).

A Inglaterra, implicitamente condenada no que se refere à batalha que a opõe à Revolução Americana, é por sua vez celebrada quando ela mesma protagoniza uma revolução.

Na Inglaterra, as guerras religiosas foram ao mesmo tempo lutas constitucionais. Para realizar a liberdade de religião, era necessária uma mudança política. A luta foi dirigida contra os reis, pois estes secretamente se inclinavam para a religião católica, encontrando nela confirmado o princípio do arbítrio absoluto.

A Revolução Inglesa se voltou, então, "contra a asserção da plenitude absoluta do poder, segundo a qual os reis só deveriam prestar contas a Deus (isto é, a seu confessor)". No decorrer dessa revolução, verifica-se um processo de radicalização e "fanatização", mas Cromwell demonstra que "sabia bem o que era governar" (Ph. G., p. 896-7). Ademais, os valores que regem a Revolução Gloriosa devem ser já considerados patrimônio da humanidade, como emerge neste excerto de *História da filosofia*: "Aquilo que Locke fez noutros campos

HEGEL E A TRADIÇÃO LIBERAL: DUAS LEITURAS CONTRAPOSTAS DA HISTÓRIA   151

– educação, tolerância, direito natural ou direito público em geral – não nos interessa neste lugar, mas é parte da cultura geral" (W., XX, p. 221).

Voltando na história das revoluções, encontramos a revolta holandesa contra Filipe II, mas quanto a esta já vimos a comparação com a Revolução Americana. Na Holanda, Hegel celebra o país que "pela primeira vez na Europa dava o exemplo de geral tolerância e que assegurou a muitos indivíduos um refúgio onde pensar livremente" (W., XX, p. 159), bem como o país cuja "sublevação foi a libertação do jugo religioso, mas, ao mesmo tempo, a libertação política da opressão do domínio estrangeiro", isto é, uma luta que visava simultaneamente à liberdade de consciência, à liberdade política e à independência nacional.

A Holanda combateu heroicamente contra seus opressores. As classes trabalhadoras, as corporações, as sociedades de tiro organizaram milícias e venceram com seu heroico valor a Infantaria espanhola, então famosa. Assim como os camponeses suíços resistiram aos cavaleiros, aqui as cidades industriais resistiram às tropas regulares. (Ph. G., p. 896)

Uma revolução remete à outra. Como antes da Revolução Americana, agora a holandesa é comparada à luta dos cantões suíços pela libertação do domínio dos Habsburgo: "Os camponeses, armados com bastões e foices, foram vitoriosos na luta contra as exigências da nobreza vestida com armadura, munida de lança e espada e treinada cavaleirescamente nos torneios" (Ph. G., p. 863).

Não somente a Reforma é analisada e celebrada como revolução, mas a própria Guerra dos Camponeses é alvo de um juízo equilibrado: "Os camponeses se sublevaram em massa para ser libertados da opressão que os investia. No entanto, o mundo ainda não estava maduro para uma transformação política, como consequência da reforma da Igreja" (Ph. G., p. 884). Isso para não dizer que é o próprio advento do cristianismo a ser interpretado como revolução, aliás, uma "plena revolução", e que não se dá – que fique bem frisado – *in interiore homine*, mas, ao contrário, abala "o inteiro edifício" da "vida estatal" e da "realidade social" da época, cujas condições eram já definitivamente intoleráveis. E a revolução cristã é também comparada à Revolução Francesa – a cruz é a "roseta" (*Kokarde*) que acompanha a luta pela derrubada de um ordenamento decrépito e intolerável[1] – como definitiva justificativa e consagração

---

[1] Georg Wilhelm Friedrich Hegel, *Religionsphilosophie*, Bd. I: *Die Vorlesung von 1821* (org. Karl-Heinz Ilting, Nápoles, Bibliopolis, 1978), p. 641.

de um acontecimento que os ideólogos da Restauração pretendiam condenar e demonizar em nome da religião e do cristianismo.

No que diz respeito à Antiguidade clássica, Hegel celebra a revolução dos escravos: nos "Estados livres" da Antiguidade, existia a escravidão; "entre os romanos, explodiram guerras sangrentas, durante as quais os escravos tentaram se libertar e alcançar o reconhecimento de seus eternos direitos do homem" (Enc., § 433 Z). Também em relação a outra grande luta que se desenvolve no mundo romano, aquela entre patrícios e plebeus, Hegel tampouco se coloca ao lado do poder constituído e da ordem social existente: os Graco tinham "para si a superior justificativa do espírito do mundo" (Ph. G., p. 708). Trata-se de um juízo ainda mais significativo porque, naqueles anos, os Graco são sinônimo de "igualdade de fato", de "reforma agrária" e até mesmo de socialismo e comunismo[2]. Também no que se refere aos primeiros séculos da república, Hegel justifica ou celebra as revoltas dos plebeus: "A dureza dos patrícios, seus credores, a quem eles deviam pagar suas dívidas mediante o trabalho escravo, incentivou os plebeus à sublevação. Muitas vezes se rebelaram e saíram das cidades. Outras vezes se recusaram a cumprir o serviço militar". Bem longe de teorizar a santidade da ordem constituída enquanto tal, Hegel se espanta que "o Senado tenha conseguido resistir tanto tempo a uma maioria irritada com a opressão e colocada à prova pela guerra" e identifica a razão desse fato no respeito que, apesar de tudo, os plebeus nutriam "pela ordem legal e sagrada" (Ph. G., p. 695). Era um respeito estimulado pelo interesse da classe dominante e que Hegel não só não compartilha, como desvenda, sua função ideológica e mistificadora. Toda conquista dos plebeus, obtida por meio da luta e das sublevações já vistas, era representada e tachada pelos patrícios "como impiedade, violação do divino. No entanto, onde os patrícios tinham conquistado o direito de destituir o rei e de se atribuir aqueles direitos que agora eles faziam passar por sagrados?" (Ph. G., p. 697). Os patrícios que posaram como guardiões sagrados da ordem constituída não hesitaram em violá-la para impor seus interesses. Por sua vez, os plebeus, reduzidos à escravidão por causa de suas dívidas, eram titulares, como todos os escravos, dos "eternos direitos do homem" à liberdade.

---

[2] É o caso, no que se refere à Itália, de Vincenzo Cuoco, *Saggio storico sulla rivoluzione napoletana del 1799* (1806) (2. ed. Roma/Bari, Laterza, 1980); contra o perigo da "lei agrária/reforma agrária", na Alemanha, alerta Friedrich von Gentz, "Über die Moralität in den Staatsrevolutionen", em *Ausgewählte Schriften* (org. Wilderich Weick, Stuttgart/Leipzig, 1836-1838), v. II, p. 41; vale lembrar que a figura dos Graco é particularmente cara a Babeuf, que fazia questão de assinar Graco Babeuf.

Portanto, não há revolução na história que não tenha sido apoiada e celebrada por esse filósofo que, mesmo assim, tem a fama de ser um incurável homem da ordem. Sim – seria possível objetar –, mas qual é a postura de Hegel em relação às revoluções de que ele mesmo, nos anos de maturidade, foi espectador? O pensamento corre naturalmente em direção à Revolução de Julho, mas convém gastarmos preliminarmente algumas palavras sobre uma revolução, ou melhor, sobre um arco de revoluções que, até o momento, não instigou particular atenção dos intérpretes. Estamos falando da primeira onda revolucionária que se verifica após a Restauração e que impõe uma prova de fogo ao sistema político da Santa Aliança, depois de alcançar a Europa, partindo da América Latina estremecida com a luta das colônias espanholas pela independência. *Lições sobre a filosofia da história* registra com benevolência os "recentes esforços pela constituição de Estados autônomos" que se verificaram na América Latina, e uma ulterior tomada de posição indireta a favor do direito das colônias à revolução emerge da crua descrição que faz da dominação colonial: os espanhóis se apropriaram da América Latina

> para dominar e se enriquecer, seja com cargos políticos, seja com o fruto das opressões. Dependendo de uma mãe-pátria muito distante, seu arbítrio encontrou um campo de ação bastante extenso, e, graças à força, à habilidade e à autoconfiança, eles levaram facilmente vantagem sobre os índios. Aquilo que há de nobre e magnânimo no caráter espanhol não se transferiu para a América. (V. G., p. 201 e 205)

Na onda das insurreições das colônias, a revolução explode também na Espanha. Hegel transcreve excertos de um autor francês explicitamente empenhado na defesa da Revolução Espanhola (B. Schr., p. 698-9), e uma tomada de posição a favor desta última emerge indiretamente também da dura polêmica de *Filosofia do direito* contra a Inquisição, recém-suprimida pelo novo governo revolucionário e defendida, aliás, por autores como Maistre e Haller, bem como pelos bandos sanfedistas espanhóis[3].

Por fim, a Revolução de Julho. Contudo, também aqui, depois das primeiras reservas sobretudo à sublevação belga (que se configurava, na aparência, como uma espécie de reação da Vendeia e que, portanto, incitava a uma postura de

---

[3] Domenico Losurdo, *Hegel und das deutsche Erbe. Philosophie und nationale Frage zwischen Revolution und Reaktion* (Colônia, Pahl-Rugenstein, 1989), cap. II, § 5.

repulsa bem mais radical em personalidades fortemente empenhadas em sentido democrático, como Heine), depois das primeiras preocupações largamente difundidas e nada infundadas quanto ao perigo de complicações internacionais e de uma nova guerra com a França (que teria dado novo fôlego à corrente francofóbica, irredutivelmente hostil à tradição política iluminista e revolucionária do além-Reno)[4], e uma vez já estabilizada a situação interna e internacional da França, Hegel aceita com convicção os resultados de uma revolução que dera cabo da "farsa" da Restauração (Ph. G., p. 932) e que, expulsando pela segunda vez os Bourbon, demonstrava responder a uma irrefreável exigência e a uma necessidade histórica (Ph. G., p. 712). O juízo é inequivocamente positivo. A Revolução de Julho, consagrando "o princípio da liberdade mundana", fazia da França um país substancialmente protestante – e, assim, politicamente moderno (W., XVI, p. 243) – e, por fim, confirmava o ocaso irremediável da monarquia absoluta e do direito divino: "Em nossos dias [...] não é mais considerado válido aquilo que repousa apenas na autoridade, as leis devem se legitimar mediante o conceito" (V. Rph., IV, p. 923-4).

2. Revolução pelo alto e revolução por baixo

No entanto, além das revoluções por baixo, há também aquelas pelo alto: "As revoluções provêm do príncipe ou do povo. Assim, o cardeal Richelieu oprimiu os grandes e elevou o universal acima deles. Isso era despotismo, mas a opressão dos privilégios dos vassalos estava certa" (Rph., I, § 146 A). Essa declaração é feita no curso de filosofia do direito de Heidelberg. Portanto, Hegel, antes mesmo de chegar a Berlim, é um "filósofo monárquico", no sentido de que, na análise por ele realizada, na contradição entre príncipe, de um lado, e "povo" e corpos representativos, do outro, o progresso pode também ser representado pelo príncipe. Esse é um ponto pacífico de sua filosofia da história. É nesse quadro que deve ser inserida a condenação de *Princípios de filosofia do direito* (§ 281 A) à monarquia eletiva, uma condenação que já na época de Hegel suscitava iradas reações e que, ainda hoje, provoca perplexidade e talvez embaraço a intérpretes empenhados em dar uma imagem liberal do filósofo (*infra*, cap. XII, § 6). Essa condenação, porém, tem uma rigorosa justificativa filosófica, histórica e política. A referência é, em primeiro lugar, à Polônia, a respeito da qual *Lições sobre a filosofia da história* contêm uma análise esclarecedora:

---

[4] Ibidem, cap. V.

A liberdade polonesa não era mais do que a liberdade dos barões contra o monarca, liberdade pela qual a nação estava submetida à absoluta escravidão. O povo tinha, por conseguinte, o mesmo interesse que os reis em combater os barões e, de fato, foi pisoteando os barões que o povo conquistou a liberdade em todos os lugares. Quando se fala de liberdade, deve-se sempre observar atentamente se não se trata, na realidade, de interesses privados. (Ph. G., p. 902)

A Polônia era uma monarquia eletiva, e justamente isso enfraquecia o poder da coroa contra a feudalidade revoltosa. A tomada de posição de Hegel podia e talvez possa ainda escandalizar os ambientes liberais, mas encontra o consenso de Lênin, que nela entrevê "germes de materialismo histórico", pela devida atenção reservada às "relações de classe"[5].

Hegel fala de "despotismo" a propósito de Richelieu, mas a opressão dos privilégios feudais – como vimos – "estava certa". Sim, "despotismo" e "despótico" podem assumir uma conotação fundamentalmente positiva: é justamente a partir do "Iluminismo jusnaturalista" que se começaram a discutir e suprimir os privilégios da tradição feudal e a se afirmar o universal; "partindo desses princípios, de um lado, violaram-se despoticamente (*despotisch*) os direitos privados, mas, de outro, se realizaram, contra o positivo, universais propósitos do Estado" (Ph. G., p. 918). Esse uso linguístico é um verdadeiro escândalo para a tradição de pensamento liberal, ainda mais porque é o próprio termo "liberal" a eventualmente aparecer com uma conotação negativa. Um uso linguístico análogo podemos encontrar no jovem Marx: já vimos o distanciamento do "liberalismo vulgar" que vê "todo bem no lado dos corpos representativos (*Stände*) e todo mal no lado do governo" (*supra*, cap. II, nota 35); por outro lado, o *Manifesto do Partido Comunista* exige "intervenções despóticas (*despotisch*) no direito de propriedade e nas relações de produção burguesas"[6].

A linha de continuidade, no que diz respeito a certo uso linguístico, que traçamos entre os dois autores em questão, é rapidamente compreendida se

---

[5] Vladímir I. Lênin, *Quaderni filosofici* (org. Ignazio Ambrogio, Roma, Editori Riuniti, 1969), p. 313-4 [ed. bras.: *Cadernos filosóficos: Hegel*, trad. Edições Avante! e Paula Vaz de Almeida, São Paulo, Boitempo, 2018, p. 200 e 319].

[6] Karl Marx e Friedrich Engels, "Manifest der Kommunistischen Partei" (1848), em MEW, v. IV, p. 481 [ed. bras.: *Manifesto Comunista*, 1. ed. rev., org. e intr. Osvaldo Coggiola, trad. Álvaro Pina e Ivana Jinkings, São Paulo, Boitempo, 2010, p. 58]. Sobre a história da acepção positiva do conceito de despotismo, ver as observações de Alberto Burgio no comentário da edição por ele organizada de Cesare Beccaria, *Dei delitti e delle pene* (Milão, Feltrinelli, 1991), p. 149-51.

identificarmos a atenção, comum a ambos, dedicada aos concretos conteúdos político-sociais, às vezes distintos, que podem assumir os termos "liberal" e "despótico". Nos anos da Restauração, um de seus ideólogos, Baader, denunciava como "não liberal" a pretensão do Estado de suprimir unilateralmente tradicionais privilégios e isenções fiscais da nobreza[7]. Nesse sentido, Hegel era decididamente "não liberal", assim como, por sua vez, o jovem Marx. "Não liberal" é evidentemente sinônimo de "despótico", só que o "despotismo" a que se refere Hegel tinha como alvo os "direitos privados" e os privilégios da tradição feudal, ao passo que o "despotismo" reivindicado no *Manifesto do Partido Comunista*, além e ainda mais do que a propriedade feudal, mira a propriedade e o direito de propriedade burgueses.

A conotação positiva que às vezes assume o termo "despótico" se explica pelo fato de que, junto às revoluções por baixo, Hegel celebra as revoluções pelo alto. Vimos o juízo sobre Richelieu. Análogo é o juízo sobre aquela "enorme revolução" de que participa Frederico II e que levou ao "desaparecimento da determinação da propriedade privada e da posse privada em relação ao Estado" (V. Rph., IV, p. 253). A linha divisória entre revolução e contrarrevolução, ou entre progresso e reação e até mesmo entre liberdade e opressão, não coincide de modo algum com a linha divisória entre iniciativa por baixo e iniciativa pelo alto: absolutismo iluminado e Revolução Francesa são duas etapas de um único processo revolucionário que levou à destruição do feudalismo e ao nascimento do Estado moderno – duas etapas, portanto, do processo de liberdade. Nessa avaliação, Hegel certamente se destaca da tradição de pensamento liberal, mas ainda mais dos teóricos da Restauração. O papel subversivo da feudalidade desenvolvido historicamente pelo "despotismo" é identificado com clareza por Haller, no âmbito de uma acusação atentamente seguida e duramente contestada por Hegel (B. Schr., p. 680). Sim, para o ideólogo da contrarrevolução que gostaria nostalgicamente de voltar atrás não só da Revolução Francesa, mas do mundo moderno como um todo, voltar atrás, portanto, mesmo em relação ao absolutismo iluminado, para esse teórico do Estado patrimonial, também o caráter público da administração da justiça, que freia ou limita o arbítrio da aristocracia feudal, deve ser considerado "violência inconveniente, opressão da

---

[7] Franz Xaver von Baader, "Identität des Despotismus und des Revolutionismus, da Social-philosophische Aphorismen aus verschiedenen Zeitblättern" (1828-1840), em *Sämtliche Werke* (org. Franz Hoffmann, Julius Hamberger et al., Leipzig, 1851-1860) (ed. fac-similar: Aalen, 1963), v. V, p. 291.

liberdade e despotismo" (Rph., § 219 A). Se Hegel celebra a revolução, seja por baixo, seja pelo alto, os teóricos da Restauração condenam tanto uma quanto a outra: "A revolução", adverte Baader, "pode acontecer tanto de cima para baixo quanto de baixo para cima" (*supra*, cap. II, nota 25). E Görres, num momento em que, distanciado de seu juvenil entusiasmo jacobino, se aproxima também ele da Restauração, brada contra "essa eterna revolução do despotismo pelo alto e esse despotismo das ideias revolucionárias por baixo"[8].

Porém, seria errado acreditar que Hegel se limita a inverter o juízo de valor sobre o "despotismo". Este último certamente teve o mérito de dar uma primeira sacudida violenta no edifício feudal, mas se trata apenas do passo inicial na marcha pela liberdade. É desnecessário enumerar todos os lugares em que se procede com a condenação do despotismo, e não somente daquele oriental, constantemente assumido como sinônimo de não liberdade e de bárbaro domínio do arbítrio da individualidade contingente do monarca (Ph. G., p. 759-60). Até mesmo o despotismo próprio da monarquia absolutista que acompanha a alvorada do mundo moderno, que não é mais a absoluta falta de regras jurídicas, mas a primeira afirmação da legalidade em detrimento do arbítrio do baronato, até mesmo esse despotismo está muito longe de exercer uma função apenas positiva. Ele pode no máximo realizar a "igualdade das pessoas privadas": assim, no declínio do mundo antigo e romano, por meio do poder imperial, "um grande número de escravos foi libertado". Ainda assim, tal igualdade não apenas não é tudo, como é muito pouca coisa, porque a "igualdade" introduzida pelo "despotismo" é somente "aquela abstrata, [...] aquela do direito privado" (Ph. G., p. 692 e 716). É certamente de grande importância o fato de que tenham sido varridas, primeiro, a escravidão, depois, no mundo moderno, a servidão da gleba, mas falta ainda o momento do consenso e da liberdade subjetiva, da participação livre e consciente na coisa pública, e "esse momento não pode ser negligenciado", porque, sem "liberdade subjetiva", estamos lidando apenas com a "relação de domínio do despotismo" (V. Rph., IV, p. 253-4).

A marcha da liberdade não pode deixar de proceder com a obtenção dos resultados da Revolução Francesa e com o reconhecimento dos direitos do homem e do cidadão – portanto, de uma inviolável liberdade individual –, mas permanece válida a ideia de que o despotismo antifeudal também constitui

---

[8] Joseph Görres, "Kotzebue und was ihn gemordet" (1819), em *Gesammelte Schriften* (org. Wilhelm Schellberg, Colônia, Gilde, 1926), v. I, p. 490.

uma etapa dessa marcha. Se esse juízo podia escandalizar os liberais, ele é, no entanto, substancialmente aceito por Marx e Engels, que veem na monarquia absoluta um poder que faz a intermediação entre burguesia e nobreza e que, assim, é capaz de limitar o superpoder dos barões, um momento essencial da formação do Estado moderno[9].

3. AS REVOLUÇÕES VISTAS PELA TRADIÇÃO LIBERAL

Vimos que, para Hegel, a atividade de Richelieu se configura como revolução pelo alto, enquanto expulsa e reprime o superpoder dos barões feudais. Muito distinto é o juízo de Montesquieu: "Esse homem, mesmo que não o tivesse no coração, teria o despotismo no cérebro"[10]. Deve-se notar que tanto Montesquieu quanto Hegel falam de "despotismo" a propósito de Richelieu. Porém, o primeiro toma posição a favor da resistência liberal da aristocracia frente ao absolutismo monárquico, e o segundo, a favor do "despotismo" antifeudal do poder central. A tomada de posição de Montesquieu é, fundamentalmente, também aquela de seu admirador Constant, como se percebe na condenação do empenho de Luís XIV em "destruir a autoridade dos parlamentos, do clero, de todos os órgãos intermediários"[11], isto é, em desmantelar os diversos centros de poder da aristocracia feudal. E a tomada de posição de Montesquieu e de Constant é também aquela de Madame de Staël, que vê Richelieu e a monarquia absoluta destruindo injustamente a liberdade de que gozava a antiga França[12].

Hegel, porém, se destaca da tradição de pensamento liberal não somente por sua celebração das revoluções pelo alto e do "despotismo" revolucionário, mas também por sua celebração das revoluções por baixo. O juízo pode parecer

---

[9]   Ver Friedrich Engels, "Der Ursprung der Familie, des Privateigentums und des Staats" (1884), cap. IX, em MEW, v. XXI, p. 152-73 [ed. bras.: *A origem da família, da propriedade privada e do Estado*, trad. Nélio Schneider, São Paulo, Boitempo, 2019, p. 158]. E há inúmeros outros textos, em Marx e Engels, que expressam o mesmo conceito.

[10] Charles-Louis de Secondat de Montesquieu, *De l'Esprit des lois* (1748) [Gênova, Barrilot, 1758], v. V, 10.

[11] Benjamin Constant, "De l'Esprit de conquête et de l'usurpation dans leurs rapports avec la civilisation européenne" (1814), em *Œuvres* (org. Alfred Roulin, Paris, Gallimard, 1957), p. 1.078.

[12] Anne-Louise Germaine Necker de Staël, *Considérations sur les principaux événements de la révolution française* (1818), republicadas como *Considérations sur la révolution française* (org. Jacques Godechot, Paris, Tallandier, 1983), p. 85-6.

HEGEL E A TRADIÇÃO LIBERAL: DUAS LEITURAS CONTRAPOSTAS DA HISTÓRIA   159

paradoxal, mas os fatos falam por si. Leiamos esta declaração de Montesquieu: "A igualdade de Londres é também a igualdade dos *gentlemen*, e nisso se diferencia da liberdade da Holanda, que é a liberdade da canalha". A Revolução Holandesa, celebrada por Hegel, fedia a plebe (como não pensar no papel exercido pelos Mendigos do Mar e pelo grito de "viva os mendigos!" que a acompanhou e promoveu?) para Montesquieu, que celebra a Inglaterra pelo mesmo motivo pelo qual Hegel a acusa: o peso dos "cavalheiros/*gentlemen*" da aristocracia.

Neste ponto, fica clara também a diversidade de posicionamentos em relação à tradição revolucionária inglesa. A admiração de Montesquieu e do pensamento liberal se dirige apenas à Revolução Gloriosa, vista e celebrada como fundamentalmente pacífica e indolor. Hegel, por sua vez, ainda que obviamente se distanciando dos *levellers* e das correntes mais radicais, tem palavras de reconhecimento, como vimos, por Cromwell, que bem "sabia o que era governar" (Ph. G., p. 897). Já Montesquieu trata a execução do rei Stuart como o início de uma longa série de "desventuras"[13] que viram "a nobreza inglesa [...] sepultada com Carlos I sob as ruínas do trono"[14]. Aliás, aos olhos do teórico liberal, o fracasso da primeira Revolução Inglesa tem um exemplar valor pedagógico.

> Foi um espetáculo assaz belo, no século passado, ver os esforços impotentes dos ingleses para estabelecer entre eles a democracia [...]. Por fim, depois de muitas mudanças, confrontos e revoltas, foi necessário reencontrar a tranquilidade no próprio governo que havia sido banido.[15]

Por sua vez, Locke critica o absolutismo à Filmer, justamente enquanto suscetível de justificar a obediência também a um Cromwell[16]. Por ter traçado um panorama sombrio da primeira Revolução Inglesa, Hume assume na França, depois de 1789, o papel de "profeta da contrarrevolução"[17]. E, com efeito,

---

[13] Charles-Louis de Secondat de Montesquieu , "De la politique" (1725), em *Œuvres complètes* (org. Roger Caillois, Paris, Gallimard, 1949-1951), v. I, p. 113.

[14] Idem, "Mes pensées" (publicados pela primeira vez em 1899 e 1901), n. 631, em *Œuvres complètes*, cit., v. I, p. 1.152. Nem mesmo a referência à Revolução Gloriosa está destituída de ambiguidade: "Quantos privados vimos, no decorrer das recentes perturbações na Inglaterra, perder a vida ou os bens!". "Mes pensées", cit., n. 1.802, p. 1.431.

[15] Idem, *De l'Esprit des lois*, cit., v. III, 3.

[16] John Locke, *Two Treatises of Civil Government* (Londres, Awnsham Churchill, 1690), I, § 79.

[17] Ver Laurance Louis Bongie, *David Hume Prophet of the Counter-revolution* (Oxford, Oxford University Press, 1965).

o quadro traçado pelo liberal inglês é retomado na íntegra e tranquilamente subscrito por Maistre no último capítulo de *Considerações sobre a França*, que pode, assim, denunciar a reedição, no curso da Revolução Francesa, dos delitos já consumados na Inglaterra. De modo mais amplo, deve-se notar como "na historiografia inglesa, mesmo naquela dos *whigs*" do século XVII, a celebração da Revolução Gloriosa funciona constantemente como contraponto ao duro juízo expresso sobre a primeira revolução[18]. Madame de Staël, que vê a primeira revolução inglesa "manchada" pela execução de Carlos I, compara Cromwell a Robespierre, "invejoso e malvado"[19]. Por fim, Constant parece falar da "desumanidade" e do "delírio" como únicas características das "guerras civis" na Inglaterra; em um juízo que não diferencia em nada o teórico do liberalismo de um autor como Burke[20], ele considera Cromwell sempre o "usurpador"[21] e ainda recorre a uma espécie de legitimismo liberal, totalmente ausente na filosofia da história hegeliana.

Também no que se refere à Revolução Francesa, Hegel é muito mais avançado, ou ao menos dá provas de uma ausência de preconceitos muito maior, ao menos do que a imprensa liberal de seu tempo: a experiência do terror jacobino é criticada politicamente, em termos inclusive severos, mas jamais demonizada e reduzida a uma simples orgia de sangue. Pensemos no quadro sombrio de 1793 que traçam Madame de Staël ou Constant[22]. Ainda Tocqueville fala dos

---

[18] Ver Anna Martelloni (org.), "Introduzione", em Edmund Burke, *Scritti politici* (Turim, Utet, 1963), p. 20.

[19] Anne-Louise Germaine Necker de Staël, *Considérations sur les principaux événements de la révolution française*, cit., p. 304 e 314.

[20] Edmund Burke, "Speech on Moving His Resolution for Conciliation with the Colonies" (1775), em *The Works of the Right Honourable Edmund Burke* (Londres, Rivington, 1826), v. III, p. 8.

[21] Benjamin Constant, "De l'Esprit de conquête et de l'usurpation dans leurs rapports avec la civilisation européenne", cit., p. 1.094 e *passim*; idem, "Le Cahier rouge" (redigido em 1811-1812, publicado pela primeira vez em 1907), em *Œuvres*, cit., p. 157; não por acaso, quanto à "usurpação", para Constant, Cromwell é apenas a prefiguração de Napoleão, que, por sua vez, é objeto de um juízo histórico completamente diferente em Hegel.

[22] O Terror é "a época mais horrível" da história da França. A. L. G. Necker de Staël, *Considérations sur les principaux événements de la révolution française*, cit., p. 307. O panorama de 1793 tal como traçado por Constant emerge da afirmação segundo a qual "a usurpação" de Napoleão, "armada de todas as lembranças assustadoras, herdadas de todas as teorias criminais", emergiu no curso da Revolução Francesa. "De l'Esprit de conquête et de l'usurpation dans leurs rapports avec la civilisation européenne", cit., p. 1.091.

membros da Montanha como de "célebres facínoras" a serem lembrados apenas por sua "loucura sanguinária"[23]. Em Hegel, por sua vez, embora no âmbito de uma avaliação no geral crítica, não falta reconhecimento à obra de Robespierre, acerca do qual o curso de filosofia de Heidelberg chega a dizer que "cumpriu *facta* universalmente admirados" (Rph., I, § 133 A). O dirigente jacobino não era a fera sanguinária de que falava a imprensa da Restauração. Claro, a *virtù*, por ele levada "verdadeiramente a sério" (Ph. G., p. 930), assumiu uma terrível configuração, tornou-se terror, e, no entanto, "é algo muito profundo que os homens tenham alcançado tais princípios" (V. Rph., IV, p. 657). Ainda mais nítido se mostra, nesse ponto, o distanciamento de Hegel em relação ao pensamento liberal alemão, pelo menos àquele pós-1848. Haym, que pretende identificar no autor de *Filosofia do direito* o teórico da Restauração, não somente denuncia, junto ao terror jacobino, o desenrolar dramático e atormentado da Revolução Francesa, não somente fala apressadamente "do terror e dos horrores do terrível movimento", como condena as ideias de 1789 em geral: "Não eram as mais nobres e as mais justas concepções políticas aquelas que cresceram no terreno da Revolução Francesa"[24]. E não se trata de uma personalidade isolada, pois Haym dirige nesse momento os *Anais Prussianos*, o órgão do partido liberal ou nacional-liberal alemão.

Em Madame de Staël, o objeto de condenação não é apenas o jacobinismo, mas a indevida passagem da revolução política à revolução social, do ideal da liberdade àquele da igualdade, e tal passagem se verifica já nas jornadas de 5 e 6 de outubro de 1789, quando o povo parisiense, aflito pela carestia e exasperado pela recusa de Luís XVI em sancionar o decreto de abolição dos privilégios feudais, marcha rumo ao palácio de Versalhes[25]. Seria possível dizer, aliás, que o momento mais alto do processo revolucionário na França era em Staël aquele definido como a "revolução aristocrática" ou "nobiliárquica"[26], isto é, a agitação dos parlamentos (não organismos representativos, mas corpos judiciários e administrativos) em defesa de seus privilégios e de suas antigas prerrogativas,

---

[23] Alexis de Tocqueville, "Souvenirs", em *Œuvres complètes* (org. Jacob-Peter Mayer, Paris, Gallimard, 1951 e seg.), p. 120 e 143.

[24] Rudolf Haym, *Hegel und seine Zeit* (Berlim, Gaertner, 1857), p. 32 e 262.

[25] Anne-Louise Germaine Necker de Staël, *Considérations sur les principaux événements de la révolution française*, cit., p. 207 e seg.

[26] Quanto a isso, Albert Mathiez, Georges Lefebvre e Jacques Godechot; ver a nota do próprio Godechot à edição por ele organizada: Anne-Louise Germaine Necker de Staël, *Considérations sur la révolution française*, cit., p. 614, nota 59.

162   HEGEL E A LIBERDADE DOS MODERNOS

agitação precedente à tomada da Bastilha e à intervenção das massas populares que depois varrem tudo o que é identificado como instrumento aristocrático. E a natureza aristocrática dos parlamentos é reconhecida pela própria Staël, que, no entanto, escreve: "Num grande país, nenhuma revolução pode ocorrer, senão quando é iniciada pela classe aristocrática [...]. Um entusiasmo sincero e desinteressado animava então todos os franceses; havia espírito público"[27]. Ainda não tinham sido sentidos os interesses materiais contrapostos: é só depois disso que a revolução se torna violenta e plebeia. Para Hegel, no entanto, o caráter violento assumido pela revolução se explica com o fato de que "corte, clero, nobreza e Parlamento não queriam ceder seus privilégios nem pela força nem em nome do direito subsistente em si e para si" (Ph. G., p. 925-6). Não há nenhuma benevolência com a oposição aristocrática-liberal.

Uma benevolência que, talvez, possa ser vislumbrada em Tocqueville:

> Nesta primeira fase da revolução, em que a guerra entre as classes ainda não estava declarada, a linguagem da nobreza é em tudo semelhante àquela das outras classes, exceto pelo fato de que vai mais longe e assume um tom mais alto. A oposição entre elas tem traços republicanos. São as mesmas ideias, com a mesma paixão que anima os corações mais orgulhosos e as almas mais acostumadas a olhar no rosto e de perto as grandezas humanas.

É o momento em que domina "uma só paixão visível, paixão comum", aquela, evidentemente, pela liberdade, não a paixão pela igualdade que mais tarde desencadearia a sangrenta "guerra entre as classes"[28].

No que diz respeito a Hegel, deve-se acrescentar que justifica a Revolução Francesa enquanto provocada também pela "avidez", pelo "luxo" da classe dominante e por sua pretensão de continuar "saqueando os cofres estatais e o suor do povo" (W., XX, p. 296-7). A propósito, *Filosofia da história* configura e celebra a Revolução Francesa, em primeiro lugar, como revolução social: "O duro, o terrível peso que incidia sobre o povo, a dificuldade de o governo obter para a corte os meios para o luxo e a dissipação, foram a primeira *ocasião* de *descontentamento*". O grifo é nosso e serve para sublinhar o fato de que, enquanto na tradição de pensamento liberal, a agitação e a pressão social das massas deserdadas constituem

---

[27] Ibidem, p. 114.

[28] Alexis de Tocqueville, "L'Ancien Régime et la Révolution. Fragments et notes inédites sur la Révolution", em *Œuvres complètes*, cit., v. II, p. 69 e 71.

HEGEL E A TRADIÇÃO LIBERAL: DUAS LEITURAS CONTRAPOSTAS DA HISTÓRIA   163

o motivo e o momento de degeneração da Revolução Francesa, esquecida já de sua única e verdadeira tarefa – aquela da *constitutio libertatis*[29] –, em Hegel, ao contrário, agitação e pressão social se apresentam como motivo fundamental de explicação e legitimação da Revolução Francesa e como momento genético do novo espírito de liberdade. É na onda da indignação social das massas famintas que "o novo espírito se torna ativo; a opressão [o Druck, a série de encargos que, como vimos, constituía um peso intolerável para o povo] levou à investigação. Viu-se que as somas extraídas do suor do povo não eram utilizadas para fins do Estado, mas desperdiçadas de maneira insana". É nesse ponto que "todo o sistema do Estado se revelou uma injustiça" (Ph. G., p. 925).

O distinto posicionamento sobre a Revolução Francesa se reflete também na diferente postura em relação a Rousseau e a outros filósofos que tinham contribuído para sua preparação ideológica. Constant acusa, em primeiro lugar, Mably por ter aberto o caminho para Robespierre, propagandeando o princípio segundo o qual "a propriedade é um mal: se não podeis destruí-la, enfraquecei de algum modo seu poder". E também Rousseau cometeu o erro de inspirar, com "suas tiradas contra a riqueza e até mesmo contra a propriedade", a fase mais terrível da Revolução Francesa, a saber, a agitação social das massas deserdadas e a política jacobina de intervenção na esfera econômica e privada[30]. Esse tipo de crítica é totalmente ausente em Hegel, que, ademais, insere o grande genebrino entre "aqueles espíritos que profundamente pensaram e sentiram" o drama da miséria (*infra*, cap. VIII, § 3). A solução de Rousseau certamente não satisfaz Hegel, que ainda assim atribui a ele o mérito de ter se envolvido emocionalmente e configurado conceitualmente a miséria como questão social. É por isso que Constant e a tradição liberal reprovam em Rousseau suas "tiradas contra a riqueza e até mesmo contra a propriedade".

---

[29] É esse o fio condutor de Hannah Arendt, *On Revolution* (1963) [ed. bras.: *Sobre a Revolução*, trad. Denise Bottmann, São Paulo, Companhia das Letras, 2011]. A força e a radicalidade com que Hegel justifica e celebra a Revolução Francesa, mesmo nas partes mais complexas para o pensamento liberal, não é considerada por Jürgen Habermas, "Hegels Kritik der französischen Revolution" (1962), em *Theorie und Praxis. Sozialphilosophische Studien* (Frankfurt, Suhrkamp, 1988), p. 128-47, que, na realidade, continua prisioneiro, em sua avaliação dos escritos políticos do filósofo, da esquemática alternativa liberal/conservador. Só assim é possível compreender a afirmação segundo a qual em Hegel continuaria a pesar o "estranhamento em relação ao espírito ocidental" (*infra*, cap. XII, § 2).

[30] Benjamin Constant, "De l'Esprit de conquête et de l'usurpation dans leurs rapports avec la civilisation européenne", cit., p. 1.050-1.

164   Hegel e a liberdade dos modernos

Podemos concluir neste ponto. Sobre o processo revolucionário mundial que destrói o Antigo Regime, podem-se enumerar na Alemanha (e na Europa) três diferentes posições: 1) a posição reacionária daqueles que, como o Friedrich Schlegel da Restauração, procedem com uma condenação em bloco da "doença epidêmica que contagia os povos" e os arrastam em direção a um desastroso processo revolucionário[31]; 2) em seguida, aqueles que, como Burke, contrapõem, a fim de desacreditá-la, a Revolução Francesa a outras revoluções menos radicais (e é isso que, em terras alemãs, faz por exemplo Gentz, que condena a Revolução Francesa como "revolução total")[32] ou que salvam a Revolução Francesa na medida em que expurgam dela a luta pela igualdade e as convulsões sociais que entendem estar ausentes nas outras revoluções (Madame de Staël, Constant etc.). É essa segunda posição que ainda prevalece, de várias formas e com diversos matizes, no pensamento liberal[33]. 3) Por fim, a posição assumida por Hegel e pela filosofia clássica alemã, que avalia de forma completamente positiva o processo revolucionário global que marca a destruição do Antigo Regime[34].

4. Patrícios e plebeus

À luz dessas considerações resulta totalmente inútil o esquema que gostaria de contrapor liberais, de um lado, e conservadores-reacionários, de outro, como se essa classificação fosse a única possível. E esse esquema é inútil independentemente de como é aplicado: podemos ver Hegel como conservador ou reacionário, mas assim continuamos sem explicar sua celebração das revoluções, seja pelo alto, seja por baixo; podemos querer "absolvê-lo" como liberal, mas então continuaria sem explicação o abismo, no plano dos instrumentos teóricos utilizados e dos juízos históricos e políticos expressados, que o separam da tradição liberal "clássica". Tentemos, pois, escolher uma chave interpretativa distinta: em vez da dupla de conceitos liberal/conservador, façamos uso da dupla de conceitos aristocrático/plebeu ou tendencialmente plebeu. E comecemos a

---

[31] Friedrich Schlegel, "Philosophie der Geschichte" (1828), em Ernst Behler (org.), *Kritische Friedrich-Schlegel-Ausgabe* (Munique/Paderborn/Viena, F. Schöning, 1958 e seg.), p. 403-4.

[32] "Uma revolução total" acompanhada de uma aguda dilaceração da nação é "uma operação imoral". Friedrich von Gentz, "Über die Moralität in den Staatsrevolutionen", cit., p. 58.

[33] Clássico, deste ponto de vista, é Hannah Arendt, *Sobre a revolução*, cit.

[34] No que diz respeito a Kant, ver Domenico Losurdo, *Autocensura e compromesso nel pensiero politico di Kant* (org. Istituto Italiano per gli Studi Filosofici, Nápoles, Bibliopolis, 1983) [2. ed. 2007], cap. II, § 2.

testar a praticidade dessa chave interpretativa, confrontando de forma direta a leitura da história romana feita, de um lado, por Montesquieu, e de outro, por Hegel. Vejamos a passagem da monarquia à república. Os dois autores estão de acordo sobre o fato de que a violência utilizada com Lucrécia e sua morte foram apenas a ocasião, não a verdadeira causa, da convulsão política em questão[35]. Há também uma substancial concordância sobre o caráter aristocrático da passagem da monarquia à república; de resto, o juízo de valor é diferente e contraposto. Um sinal dessa contraposição é a avaliação da figura de Tarquínio, o Soberbo, o último rei de Roma. Montesquieu:

Tarquínio não foi eleito pelo Senado nem pelo povo [...]; exterminou a maior parte dos senadores; não consultou mais aqueles que restaram nem os chamou para seus julgamentos. Seu poder aumentou, mas aquilo que era odioso nesse poder se tornou ainda pior; usurpou o poder do povo, fez leis sem ele e contra ele. Teria reunido os três poderes em sua pessoa, mas o povo se lembrou por um instante de ser ele o legislador e Tarquínio deixou de ser.[36]

Hegel:

O último rei, Tarquínio, o Soberbo, consultava pouco o Senado sobre os negócios do Estado e não supria a lacuna quando um dos senadores morria, agindo, em suma, como se quisesse gradualmente extinguir essa instituição. Sob esse último rei, Roma alcançou grande prosperidade. (Ph. G., p. 691)

Montesquieu atribuiu ao "povo" o afastamento do rei, mas Hegel responde, ou poderia ter respondido: "Populus, naquela época, só se referia aos patrícios" (Ph. G., p. 690).

Com a república, agudiza-se o embate entre patrícios e plebeus. Hegel:

Um segundo privilégio dos patrícios era a administração da justiça, o que tornava os plebeus ainda mais dependentes, à medida que faltavam leis escritas

---

[35] Ph. G, p. 692, e Charles-Louis de Secondat de Montesquieu, "Considérations sur les causes de la grandeur des Romains et de leur décadence" (1734), em *Œuvres complètes*, cit., v. II, p. 71.

[36] Charles-Louis de Secondat de Montesquieu, *De l'Esprit des lois*, cit., XI, p. 12, e "Considérations sur les causes de la grandeur des Romains et de leur décadence", cit., p. 70-1.

específicas. Remediou-se o mal com a instalação de uma comissão de dez membros, os decênviros, que devia legislar. O resultado de seu trabalho foram as doze tábuas das leis escritas. Daquele período em diante, a relação clientelista foi aos poucos desaparecendo. (Ph. G., p. 695)

Montesquieu:

No calor da disputa entre patrícios e plebeus, os últimos pediram a promulgação de leis fixas, para que os juízos não fossem mais efeito de uma vontade caprichosa ou de um poder arbitrário [...]. Para estabelecer essas leis, foram nomeados os decênviros. Acreditou-se poder atribuir a eles um grande poder, já que deviam preparar leis para partidos quase inconciliáveis [...]. Dez homens na república tiveram em mãos, sozinhos, todo o Poder Legislativo, todo o Poder Executivo, todo o Poder Judiciário. Roma se viu submetida a uma tirania cruel como a de Tarquínio. Quando Tarquínio pôs em prática seus abusos, Roma se indignava pelo poder que ele usurpara. Quando os decênviros puseram em prática os seus, Roma se surpreendeu com o poder que lhes havia conferido.[37]

A "tirania dos decênviros" era um obstáculo a ser removido para que se pudesse desenvolver a grandeza de Roma. Sob seu comando, "o Estado pareceu ter perdido o ânimo que o fazia ir em frente"[38].
Sobre os tribunos da plebe. Montesquieu:

Por causa de uma eterna doença dos homens, os plebeus, que haviam obtido tribunos para se defender, destes se serviram para atacar; atribuíram-se pouco a pouco todas as prerrogativas dos patrícios, o que causou contínuas contestações. O povo era apoiado, ou melhor, instigado, por seus tribunos.[39]

Vimos já a celebração da nobreza de espírito dos Graco por parte de Hegel, que, independentemente do juízo acerca de personalidades históricas específicas, vê na instituição dos tribunos da plebe uma importante vitória não apenas da plebe, mas também da causa da liberdade como um todo. *Filosofia da história* acrescenta:

---

[37] Idem, *De l'Esprit des lois*, XI, 15.

[38] Idem, "Considérations sur les causes de la grandeur des Romains et de leur décadence", cit., p. 74.

[39] Ibidem, p. 112.

Inicialmente, o número de tribunos se limitou a dois; mais tarde, aumentou para dez, o que, no entanto, foi bem prejudicial à plebe, pois bastava que o Senado conquistasse um tribuno em prol de sua causa para inviabilizar, com a oposição de apenas um deles, a decisão de todos os outros. (Ph. G., p. 696)

Montesquieu também reconhece que "a contraposição de um tribuno a outro" era uma arma do Senado, mas, no conjunto, a descrição feita da luta conduzida por essa instituição contra a agitação plebeia não deixa dúvida sobre a direção em que apontam as simpatias de Montesquieu.

O Senado se defendia com sua sabedoria, sua justiça e o amor que inspirava pela pátria, com seu comportamento benemérito e com uma sábia distribuição dos tesouros da república, com o respeito que o povo tinha pela glória das principais famílias e as virtudes dos grandes personagens.[40]

Montesquieu também expressa substancial admiração pela defesa que Sula faz da prerrogativa da aristocracia senatorial. À luz da sucessiva experiência histórica, obviamente parecem vãs tanto a luta quanto a extrema dureza com que esta se configurou. Todavia, Montesquieu não deixa dúvidas sobre o significado político- -social de sua tomada de posição: "O povo, irritado com as leis e com a severidade do Senado, sempre quis derrubar ambos". E o Senado não estava em condições de impedir que "o povo, em seu cego desejo de liberdade", se entregasse "nas mãos de Mário ou do primeiro tirano que lhe desse a esperança da independência". Com a dureza da ditadura que Sula impõe a favor da aristocracia senatorial, "o povo expiou todos os insultos que ele dirigiu aos nobres"[41]. Claro, a identificação de Montesquieu com Sula (ao qual se deve reconhecer o mérito de querer "restituir a liberdade" a Roma)[42] não é total, mas poderíamos dizer, parafraseando Marx, que o primeiro contesta no segundo, sobretudo, os métodos plebeus (recurso ao Exército, distribuição aos soldados das terras confiscadas dos personagens mais notáveis do partido adversário etc.) com que combate os inimigos da aristocracia senatorial[43]. O juízo de Hegel é totalmente oposto:

---

[40] Ibidem, p. 112-3.

[41] Idem, "Dialogue de Sylle et d'Euchrate" (1722), em *Œuvres complètes*, cit., v. I, p. 503-4.

[42] Idem, *De l'Esprit des lois*, cit., v. III, p. 3.

[43] Idem, "Dialogue de Sylle et d'Euchrate", cit., p. 507. Para o juízo de Marx sobre o Terror jacobino, ver Karl Marx, "Die Bourgeoisie und die Konterrrevolution" (1848), em MEW,

168   HEGEL E A LIBERDADE DOS MODERNOS

Sula retornou depois a Roma, venceu o partido popular comandado por Mário e por Cina, ocupou a cidade e ordenou o massacre sistemático de personalidades romanas: 40 senadores e 1.600 cavaleiros foram sacrificados em nome de sua ambição e sua sede de poder. (Ph. G., p. 707)

Não há dúvidas: se é claro o posicionamento de Montesquieu a favor da aristocracia senatorial, é igualmente claro o posicionamento de Hegel a favor do "partido popular". Veremos também o diverso e contraposto juízo sobre Júlio César. Aqui nos limitaremos a notar que, para Montesquieu, César não é mais do que o continuador, mais hábil e mais dotado, de Mário, chefe do partido popular derrotado por Sula e que agora quer se vingar. Ainda assim, de um lado temos o "partido da liberdade"; de outro, "os assaltos de uma turba tão enfurecida quanto cega"[44].

Impõe-se uma conclusão. Nas grandes lutas de classe que atravessam a história romana, Montesquieu e Hegel tomam posições regularmente opostas: o primeiro se posiciona ao lado da aristocracia senatorial, que, a seus olhos, encarna a causa da liberdade e da luta contra a tirania; o segundo se posiciona ao lado do "partido popular", com a plebe e as instituições que de alguma maneira a protegem.

Convém, no entanto, retornar à análise da queda da monarquia em Roma para compreender todas as implicações de caráter geral. Se a passagem da monarquia à república não representa qualquer progresso da liberdade, de "progresso da liberdade" e de "extensão da liberdade" fala insistentemente Hegel quando trata das "legítimas reivindicações" que a plebe consegue impor na luta contra os patrícios e a república aristocrática, a propósito da "intervenção contra os direitos dos patrícios" (Ph. G., p. 696-7). A marcha tortuosa da liberdade parece coincidir com os altos e os baixos da luta de classe dos plebeus: um retrocesso é a derrubada da monarquia que constituía um contrapeso à prepotência aristocrática, um progresso da liberdade é o acolhimento, depois de árduas lutas, das reivindicações plebeias – não só aquelas políticas (instituição

---

v. VI, p. 107 [ed. bras.: "A burguesia e a contrarrevolução", em *Nova Gazeta Renana*, org. e trad. Lívia Cotrim, São Paulo, Educ, 2010, p. 318-42].

[44] Charles-Louis de Secondat de Montesquieu, "Discours sur Cicéron" (obra juvenil, publicada postumamente em 1891), em *Œuvres complètes*, cit., v. I, p. 98. Ver, a propósito, as observações de Alberto Postigliola, "Introduzione", em Charles-Louis de Secondat de Montesquieu, *Le leggi della politica* (org. Alberto Postigliola, Roma, Riuniti, 1979), p. 28-9.

do Conselho da plebe, acesso a cargos públicos etc.), como aquelas econômicas e materiais (por exemplo, a extinção ao menos parcial das dívidas), com a obtenção de objetivos que, ao menos na aparência, não modificam o quadro institucional, o âmbito da liberdade formal, mas comportam uma extensão da liberdade real. E esses mesmos objetivos políticos, às vezes atingidos, não devem ser avaliados em abstrato: uma "extensão" da liberdade é a instituição dos tribunos da plebe, mas, como vimos, a decisão de aumentar seu número de dois para dez é um retrocesso, na medida em que favorece as manobras da aristocracia contra a plebe. Uma vez mais é a plebe o sujeito real da marcha da liberdade, para além de todas as modificações e as transformações institucionais.

Nessa lúcida visão da história antiga estão contidas implicações de caráter mais geral, e é o próprio Hegel que as indica: ontem, como hoje, trata-se não de escolher em abstrato entre monarquia e república nem entre poder do príncipe e poder dos *Stände*, corpos mais ou menos representativos, entre governo e oposição, entre autoridade constituída e liberdade; trata-se, sim, de identificar os conteúdos político-sociais concretos. Em Esparta e Roma, a república era a liberdade dos patrícios, assim como, não poucas vezes, no mundo moderno, a luta contra o poder monárquico central foi conduzida em nome da fascinante palavra de ordem da liberdade, que, porém, era fundamentalmente a liberdade dos barões.

> Com o desenvolvimento da vida interna do Estado, os patrícios viram assaz diminuída sua posição, e os reis buscaram com frequência, como ocorreu também com frequência na história da Idade Média europeia, um ponto de apoio no povo para agir contra esses patrícios. (Ph. G., p. 691)

Hegel compara repetidamente Roma Antiga e Inglaterra (Ph. G., p. 693 e 695): a tomada de posição contra os patrícios é ao mesmo tempo a tomada de posição contra os barões. No entanto, também em Montesquieu se pode ler: "Como Henrique VII, rei da Inglaterra, aumentou o poder das camadas inferiores para diminuir aqueles dos poderosos, antes dele, Sérvio Túlio havia expandido os privilégios do povo para debilitar o Senado"[45]. É a mesma comparação de Hegel, mas com uma tomada de posição a favor dos patrícios e dos barões feudais que se opunham às reformas pelo alto da Coroa.

---

[45] Idem, "Considérations sur les causes de la grandeur des Romains et de leur décadence", cit., p. 71.

5. Monarquia e república

A concretude histórica de que Hegel dá prova diferencia claramente o filósofo não apenas em relação à tradição liberal, mas também em relação à tradição rousseauniana-jacobina, que procede com uma leitura da história antiga em geral subalterna e mesmo afim daquela liberal. Limitemo-nos a alguns exemplos. À época da execução de Luís XVI e da onda de polêmicas e de execração que ela suscitou, um democrata alemão, empenhado num esforço de defesa ou de justificação dos "regicídios" franceses, aproxima, ainda que com ressalvas, a execução de Luís XVI não somente à de Carlos I da Inglaterra, mas até mesmo à de "Ágis de Esparta"[46]. Por outro lado, já em Rousseau há um retrato sombrio do rei Ágis, que, na realidade, foi executado pela aristocracia por ter tentado introduzir reformas democráticas. Segundo Rousseau, a época mais gloriosa de Esparta data do início da república, após a queda da monarquia[47]. Em Hegel, por sua vez, lemos: "Cleômenes e Ágis [são] os caráteres mais belos que se conhecem na história" por terem tentado derrubar "uma terrível aristocracia" (Rph., I, § 133 A). Não fugia ao senso histórico de Hegel que a queda da monarquia em Esparta estava longe de constituir um momento de extensão da liberdade real.

As mesmas considerações valem para a queda da monarquia em Roma. Quando Rousseau celebra as "veneráveis imagens da antiguidade", refere-se às antigas repúblicas: "Roma e Esparta elevaram aos mais altos píncaros a glória humana [...]. Ambas as repúblicas, antes, tiveram reis e, depois, se tornaram Estados livres"[48]. Robespierre não apenas celebra constantemente a França republicana com base no modelo das repúblicas espartana e romana,

---

[46] O democrata em questão é Friedrich Christian Laukhard. O excerto citado, retomado de sua autobiografia, foi reportado em Nicolao Merker, *Alle origini dell'ideologia tedesca* (Roma/Bari, Laterza, 1977), p. 183.

[47] Jean-Jacques Rousseau, "Fragments politiques", em *Œuvres complètes* (doravante O. C.) (org. Bernard Gagnebin e Marcel Raymond, Paris, [Gallimard,] 1964), v. III, p. 540-1. Diferente e mais complexo é, todavia, o juízo de *O contrato social*, IV, 5, em O. C., v. III, p. 454: quem matou Ágis foram os éforos, que, depois de desenvolverem uma função inicialmente positiva, acumulam um poder excessivo e se tornam "tiranos". E é ao juízo de *O contrato social* que se atém substancialmente Robespierre: Ágis tenta restaurar "os bons costumes" e as leis de Licurgo. De qualquer forma, a monarquia representa sempre um momento de degeneração: ver o discurso de 5 de fevereiro de 1794, em Maximilien de Robespierre, *Textes choisis* (org. Jean Poperen, Paris, Éditions Sociales, 1958), v. III, p. 116.

[48] Jean-Jacques Rousseau, "Fragments politiques", cit., p. 539.

HEGEL E A TRADIÇÃO LIBERAL: DUAS LEITURAS CONTRAPOSTAS DA HISTÓRIA   171

como compara a derrubada da monarquia na França à de Roma: "Tarquínio por acaso foi chamado em juízo?"[49]. O fim da monarquia é comparado na prática a uma revolução, sempre na esteira de Rousseau[50]. Muito distinto é o juízo de Hegel: "Os plebeus não ganharam nada com o afastamento dos reis. Estes haviam, pelo menos na comunidade civil, elevado os plebeus frente aos patrícios e haviam impedido que os patrícios os oprimissem. E, de fato, "os patrícios foram os autores da cassação dos reis", pois estavam descontentes com as reformas a favor dos plebeus introduzidas pela monarquia (Ph. G., p. 693 e 690-1). República não é sinônimo de liberdade real: as antigas repúblicas espartana e romana são resultado de uma contrarrevolução. Tomemos como exemplo a queda da república romana: para Montesquieu, César age em nome de uma "causa ímpia" e, portanto, são "vergonhosas" suas vitórias[51], ao passo que Brutus, "coberto de sangue e de glória", mostra "ao povo o punhal e a liberdade"[52]. Constant fala da "nefasta carreira" de César, a que contrapõe o amor pela liberdade de Brutus[53]. Paradoxalmente, porém, este é também o juízo dos jacobinos: para Robespierre, César é um tirano empenhado em "oprimir e enganar o povo" a fim de descarregar sua "pérfida ambição"[54]. Saint-Just, para demonstrar a necessidade de julgar e condenar Luís XVI sem dar peso excessivo às formas jurídicas, remete ao exemplo de Brutus: "Então o tirano foi imolado em pleno Senado", em nome da "liberdade de Roma"[55]. Uma vez mais age a leitura de Rousseau: César é o ápice da demonstração de que "as correntes de Roma" foram forjadas "em seus exércitos"; ademais, César, que, no decorrer da defesa de Catilina, esmagando os preceitos da "religião civil", "queria demonstrar o dogma da mortalidade da alma", falava como "mau

---

[49]   Discurso de 3 de dezembro de 1792, em Maximilien de Robespierre, *Discours* (introdução Marc Bouloiseau, Paris, UGE, 1965), p. 70.

[50]   Jean-Jacques Rousseau, *Du Contrat social* (1762), II, 8, em O. C., v. III, p. 385 [ed. bras.: *Do contrato social*, 2. ed., trad. Lourdes Santos Machado; introd. e notas Paulo Arbousse-Bastide e Lourival Gomes Machado, São Paulo, Abril Cultural, 1978 (Os Pensadores)].

[51]   Charles-Louis de Secondat de Montesquieu, "Considérations sur les causes de la grandeur des Romains et de leur décadence", cit., p. 124.

[52]   Idem, "Discours sur Cicéron", cit., p. 97.

[53]   Benjamin Constant, "Aperçues sur la marche et les révolutions de la philosophie à Rome", em *Mélanges de littérature et de politique* (Louvain, F. Michel, 1830), v. I, p. 11.

[54]   Maximilien de Robespierre, *Discours*, 5 fev. 1794, cit., p. 111.

[55]   Louis Antoine León de Saint-Just, Discurso de 13 de novembro de 1792, em *Œuvres complètes* (org. Michèle Duval, Paris, Gérard Lebovici, 1984), p. 377.

cidadão", como lhe demonstram Catão e Cícero[56]. Este último tema é retomado por Robespierre no discurso que defende a introdução das festas nacionais e do culto do Ser Supremo:

> Observem com que arte profunda César, defendendo no Senado romano os cúmplices de Catilina, se afasta numa digressão contra o dogma da imortalidade da alma, de tanto que aquelas ideias lhe pareciam idôneas para apagar no coração dos juízes a energia da *virtù*, de tanto que a causa do crime lhe parecia ligada à causa do ateísmo. Cícero, ao contrário, invocava contra os traidores tanto a espada das leis quanto o relâmpago dos deuses.[57]

Algumas décadas mais tarde, Tocqueville procede com uma leitura da história antiga não muito diferente daquela desenvolvida pelos dirigentes jacobinos, apesar de tachá-los de "delinquentes": a queda da república romana é a passagem "da liberdade para o despotismo"[58], ainda que esse despotismo seja denunciado pelos jacobinos com os olhos voltados para o Antigo Regime e, por Tocqueville, com os olhos voltados, em primeiro lugar, para a ditadura revolucionária e igualitária desembocada, sem solução de continuidade, sempre de acordo com Tocqueville, no regime napoleônico e bonapartista.

Seja como for, se na tradição rousseauniana-jacobina, de um lado, e liberal, do outro, César aparece como o opressor da liberdade republicana, e Cícero e Brutus como seus máximos defensores, em Hegel o quadro é totalmente distinto. Na luta que o opõe a César, o Senado, longe de representar o "universal", representa o "particular", ou seja, os interesses da aristocracia. Pompeu e todos os seus partidários levantaram a bandeira de sua *dignitas*, de sua *auctoritas*, de seu particular domínio, como se fosse a bandeira do poder da república. "Mas se tratava de uma fachada; aliás, de uma mistificação. É César, na verdade, a derrotar, ainda que recorrendo à 'violência', a 'particularidade' e a afirmar 'o universal'" (Ph. G., p. 711-2).

---

[56] Jean-Jacques Rousseau, *Du contrat social*, IV, 6 e 8, em O. C., v. III, p. 447 e 468, nota.

[57] Maximilien de Robespierre, discurso de 7 de maio de 1794, em *Textes choisis*, cit., v. III, p. 169.

[58] Alexis de Tocqueville, "Souvenirs", cit., p. 120, e "L'Ancien Régime et la Révolution", cit., p. 320.

6. A REPRESSÃO DA ARISTOCRACIA E A MARCHA DA LIBERDADE

Se para Madame de Staël "a aristocracia é melhor" do que a monarquia absoluta[59], para Hegel "o ordenamento aristocrático é o pior" (Ph. G., p. 698). É claro o distanciamento da tradição liberal e de Montesquieu (o teórico, segundo Marx, da "monarquia aristocrático-constitucional")[60]. Quando muito, podemos pensar em Rousseau, que também opina que "a aristocracia é o pior entre os poderes soberanos"[61]. É justamente neste quadro que é preciso focar o juízo fortemente crítico que, ao contrário de Montesquieu, Hegel formula sobre a Inglaterra. O fato é que o desenvolvimento histórico desse país se diferencia claramente em relação àquele da França (que constitui de alguma forma o modelo de Hegel): aqui, a liberdade política e a igualdade de direitos dos *citoyens*, sancionadas pela revolução, intervêm depois que o absolutismo monárquico, suprimindo em larga escala o superpoder e os privilégios da nobreza, já havia desenvolvido uma função niveladora e, em alguma medida, emancipadora. Na Inglaterra, ao contrário, a liberdade, ou melhor, as liberdades afirmam-se na onda da luta da aristocracia contra a Coroa. Hegel submete o desenvolvimento dos dois países a um confronto preciso: "É de particular destaque o fato de que o rei da França declarasse que os servos da gleba, nos domínios da Coroa, podiam libertar a si e a própria terra por preço baixo". Enquanto na França a existência de um forte poder central permitia que se alcançassem tais resultados e que fosse assegurada uma condição de "tranquilidade pública" com um duro golpe na "anarquia" feudal, na Inglaterra "os barões obrigaram o rei João a promulgar a Magna Carta, o fundamento da liberdade inglesa, isto é, sobretudo, dos privilégios da nobreza" (Ph. G., p. 865-6).

Quanto à Magna Carta, que constituía o ponto de referência da tradição liberal, o juízo de Hegel é constantemente negativo: "Os barões da Inglaterra usaram da força para obter do rei a Magna Carta, mas os cidadãos nada conquistaram com ela; ao contrário, permaneceram em sua velha condição" (Ph. G., p. 902). A legislação inglesa, declara ainda o ensaio sobre a *Reform Bill*,

---

[59] Anne-Louise Germaine Necker de Staël, *Considérations sur les principaux événements de la révolution française*, cit., p. 64.

[60] Karl Marx, "Theorien über den Mehrwert" (1862-1863), em MEW, v. XXVI, 1, p. 274.

[61] Jean-Jacques Rousseau, "Écrits sur l'abbé de Saint-Pierre. Jugement sur La Polysysnodie" (1756-1759), em O. C., v. III, p. 645.

174 HEGEL E A LIBERDADE DOS MODERNOS

se funda inteiramente em direitos, liberdades e privilégios particulares que soberanos e parlamentos conferiram, venderam, doaram (ou que deles foram extorquidos) em circunstâncias particulares: a Magna Carta e a *Bill of Rights* [Declaração de Direitos] [...] são concessões extraídas com a força, belas dádivas, acordos etc., e os direitos constitucionais se mantiveram na forma privada que tinham na origem. (B. Schr., p. 468-9)

É uma análise que podemos encontrar em Burke, com juízo de valor oposto:

É impossível não observar como, da Magna Carta à Declaração de Direitos, foi política uniforme de nossa constituição erguer e afirmar nossa liberdade como inalienável herança transmitida a nós por nossos antepassados e transmissível à posteridade.[62]

É justamente a forma privada denunciada por Hegel, cujo juízo de valor é idêntico àquele expresso pelos revolucionários antagonistas de Burke. Assim, por exemplo, Thomas Paine fala com desprezo da "chamada Magna Carta" e, depois, acrescenta: "Consideremos agora a assim chamada Carta de Direitos. O que é isso, senão um contrato estipulado entre as partes do governo para dividirem entre si o poder, os lucros e os privilégios?"[63].

Para Hegel, o fio condutor da história moderna e do progresso da liberdade é o "processo de submissão da aristocracia" (Ph. G., p. 902). E a leitura feita da história moderna não gira, como em certos esquemas liberais, em torno da oposição poder monárquico-liberdade do indivíduo, ou seja, com a ocultação dos reais sujeitos político-sociais empenhados na luta. Com muito mais realismo e senso histórico, além da Coroa, Hegel fala de aristocracia (os barões e a nobreza), de um lado, e de "povo" (que coincide na prática com o terceiro estado) do outro – e do antagonismo entre essas duas classes. A contradição não é tanto liberdade-autoridade, porque há também uma "liberdade dos barões" (*Freiheit der Barone*) que comporta a "absoluta servidão" (*absolute Knechtschaft*) da "nação" (*Nation*; note-se o termo que faz pensar à comunidade dos *citoyens* invocada e celebrada pela Revolução Francesa) e que impede a

---

[62] Edmund Burke, "Reflections on the Revolution in France" (1790), em *The Works of the Right Honourable Edmund Burke*, cit., p. 77-8.

[63] Thomas Paine, *Rights of Man* (1791-1792) (org. George Jacob Holyoake, Londres/Nova York, Dent & Dutton, 1954), p. 191-2.

"libertação dos servos da gleba" (*Befreiung der Hörigen*) (Ph. G., p. 902-3), isto é, perpetua uma condição que, para Hegel, é substancialmente comparável à do escravo (Rph., § 66 A). "Liberdade" (*Freiheit*) e servidão-escravidão (*Knechtschaft*) não são reciprocamente excludentes, como na tradição liberal, enquanto termos de uma contradição lógica – ou seja, neste caso, não seria possível que estivessem presentes contemporaneamente numa mesma situação. Em Hegel, são termos que coexistem, pois seus sujeitos político-sociais são distintos e contrapostos, ainda que unidos numa relação de contradição que, porém, não é lógica, mas real e objetiva. É possível verificar: "O povo [...] por todas as partes se libertou (*befreit*) mediante a repressão (*Unterdrückung*) dos barões" (Ph. G., p. 902). Eis uma dupla de conceitos de significado análogo àquela anteriormente examinada: *Befreiung/Unterdrückung*. Agora, porém, a relação foi invertida, e a emancipação do povo (incluída a dos ex--servos da gleba) ocorre *pari passu* com a repressão da aristocracia ou, pelo menos, com a repressão de seus privilégios. No entanto, a aristocracia, como vimos, adverte a perda do privilégio que, por exemplo, fazia dela a única detentora da administração da justiça, "como violência inconveniente, como opressão da liberdade (*Unterdrückung der Freiheit*) e como despotismo" (Rph., § 219 A). Assistimos a uma forte contradição e a uma áspera luta entre dois sujeitos político-sociais, e o povo deve se aliar à Coroa para alcançar seus objetivos de liberdade e para fazer com que sejam afetados "os direitos privados dos senhores" (Ph. G., p. 902): "Os reis, apoiando-se nos povos, subjugaram a casta da injustiça. Entretanto, lá onde se apoiaram nos barões ou onde estes mantiveram sua liberdade contra os reis, permaneceram intactos os direitos, ou melhor, intactas as injustiças positivas" (*positive Rechte oder Unrechte*) (Ph. G., p. 903). Deve-se notar neste excerto a violenta carga antifeudal: fala-se da aristocracia não apenas como de uma "casta", mas uma *Kaste der Ungerechtigkeit*, cujos *Rechte*, celebrados enquanto "positivos" pelos ideólogos da reação, e às vezes respeitosamente examinados, com a mesma motivação, por parte de certa tradição liberal, são na realidade *Unrechte*, ilegalidades ou injustiças que não têm nenhuma razão de ser.

Para eliminar tudo isso, Hegel não hesita em invocar uma revolução pelo alto nem mesmo um reforço dos poderes da Coroa. Seria prova, pois, do "conservadorismo" do filósofo? Na realidade, a celebração feita por Staël da liberdade da França precedente à monarquia absoluta não é mais do que a retomada de um mote caro à imprensa aristocrática e nobiliárquica – e em terras francesas tal celebração é rechaçada por personalidades que tinham participado de modo

176 HEGEL E A LIBERDADE DOS MODERNOS

democrático-radical do processo revolucionário[64]. Sobretudo, convém reler a análise lúcida e apaixonada que emerge de uma bela página de Tocqueville:

> As nações que se voltam para a democracia geralmente começam a ampliar as atribuições do poder real. O príncipe inspira menos ciúmes e menos temor que os nobres [...]. A obra-prima da aristocracia inglesa é ter feito as classes democráticas acreditarem, por longo tempo, que o inimigo comum era o príncipe e ter, assim, alcançado o papel de representante de tais classes, em vez de ser a principal adversária.[65]

Aqui, a principal contradição acontece não entre autoridade e liberdade, como em Bobbio e basicamente também em Ilting, mas entre aristocracia e povo, exatamente como em Hegel. Apoiar-se no poder monárquico para vencer a aristocracia não é sinônimo de conservadorismo (como em Bobbio, em Ilting e em todos os participantes do processo anti-histórico voltado a condenar Hegel ou a absolver Hegel em nome das categorias, e dos preconceitos, do liberalismo hodierno), mas sim sinônimo de democratismo, de democratismo plebeu.

7. ANGLOFOBIA E ANGLOMANIA

O exemplo mais clamoroso de vitória da liberdade dos barões em detrimento do poder central e monárquico, mas em detrimento também da liberdade real do "povo", é constituído pela Polônia. Porém, um caso muito semelhante é representado pela Inglaterra, e Hegel se pronuncia inequivocamente pelo reforço do poder monárquico: "Em todas as partes, é ao rei que o povo deve a libertação (*Brefreiung*) da opressão (*Unterdrückung*) dos aristocratas. Na Inglaterra,

---

[64] Pensemos em Boulainvilliers e Montsolier – ver Adolfo Omodeo, *Studi sull'età della Restaurazione* (2. ed., Turim, Einaudi, 1974), p. 214 – e no historiador Jacques-Charles Bailleul, que fizera parte da Convenção e que, polemizando com Staël, celebra o papel antifeudal e progressista de Richelieu (ibidem, p. 241-2). Antes disso, porém, uma personalidade (à qual historiadores atribuíram o mérito de traçar um primeiro esboço "materialista" dos acontecimentos revolucionários de que havia participado pessoalmente) já exalta a aliança entre Coroa e povo na luta contra a aristocracia: Antoine-Pierre-Joseph-Marie Barnave, *Introduction à la révolution française* (org. Fernand Rude, Paris, Armand Colin, 1960), p. 8, 13-4, 40 e 51.

[65] Alexis de Tocqueville, "État social et politique de la France avant et depuis 1789" (1836), em *Mélanges, fragments historiques et notes sur l'Ancien Régime, la Révolution et l'Empire* (Paris, Michel Lévy Frères, 1865), p. 35-6. É o v. VIII da edição organizada pela viúva de Tocqueville e por Gustave Beuamont.

a aristocracia ainda existe porque o poder real é irrelevante" (Ph. G., p. 693).
Falou-se às vezes de uma "anglofobia" de Hegel, e certamente o filósofo não
é anglômano, mas é uma grave distorção convergir a discriminação entre an-
glófobos e anglômanos com aquela entre liberais, de um lado, e reacionários
ou conservadores, de outro[66].

Antes mesmo da eclosão da Revolução Francesa, Rousseau se expressa muito
duramente sobre a Inglaterra[67]: sim, a limitação dos poderes da Coroa, mas por
obra de uma aristocracia feudal obstinada na defesa de seus privilégios, essa
característica constante da história política e constitucional inglesa, se enchia
de admiração um autor liberal como Montesquieu, com certeza afastava o
democrata Rousseau.

No entanto, é sobretudo depois da eclosão da Revolução Francesa que se
desenvolvem a crítica e a denúncia da Inglaterra: Hegel compartilha a "anglofobia" com inúmeros autores de orientação democrática e até revolucionária,
ao passo que não são poucos os teóricos da reação a se colocar na primeira
fileira entre os anglômanos, até porque a celebração polêmica do modelo inglês
em detrimento daquele francês é um dos temas recorrentes e privilegiados
da imprensa conservadora e reacionária, a começar evidentemente por Burke
e seus seguidores[68]. Não nos esqueçamos de que, até a Revolução de 1848,
para admiradores e adversários da Inglaterra, ainda que, com juízos de valor
distintos e contrapostos, tratava-se do país que guiara as coalizões contra a
França revolucionária e napoleônica, país – sublinha Engels, logo depois do
fevereiro parisiense – onde foram se refugiar os Bourbon franceses expulsos
do trono e onde era lógico que se refugiasse aquele "cripto-Bourbon" que
era Luís Filipe[69].

---

[66] Como, ainda antes de Norberto Bobbio, *Studi hegeliani* (Turim, Einaudi, 1981), v. XVIII,
p. 121 e 135, faz Karl Raimund Popper, *The Open Society and its Enemies* (1943) (Londres,
Routledge, 1973), v. II, p. 57.

[67] Jean-Jacques Rousseau, *Du contrat social*, III, 15, em O. C., v. III, p. 430.

[68] Naqueles anos, os inimigos da França revolucionária eram tachados "de ingleses ou aus-
tríacos, contratados por Pitt e Coburg". O testemunho é um panfleto contemporâneo a
Filosofia do direito: Carl Ludwig von Haller, *De quelques dénominations de partis* (Genebra,
s.e., 1822), p. 33; da constante referência à Inglaterra por parte da imprensa conservadora
ou reacionária alemã, já nos ocupamos em Domenico Losurdo, *Hegel und das deutsche Erbe*,
cit., cap. V, § 3-§ 4.

[69] Friedrich Engels, "Die neueste Heldentat des Hauses Bourbon" (1848), em MEW, v. V,
p. 19.

Cabe observar também que as categorias de anglomania e anglofobia não podem ser corretamente utilizadas e afirmadas sem especificações e diferenciações internas: Kant, que olha com evidente simpatia para Smith e para a economia política clássica, que celebra a Revolução Gloriosa e admira Milton, o poeta e cantor da primeira revolução inglesa, mas, que, ao mesmo tempo, se posiciona convictamente contra a Inglaterra no período da guerra de independência americana e, sobretudo, da cruzada contrarrevolucionária contra a nova França; Kant, que considera a Inglaterra desses anos o baluarte da "escravidão e da barbárie" e que tacha seu primeiro ministro William Pitt de "inimigo do gênero humano"[70], enfim, Kant deveria ser considerado anglófilo ou anglófobo? Assumidas em sua abstração a-histórica, tais categorias se revelam inúteis: não nos esqueçamos de que, em expoentes da anglomania reacionária, a celebração da Inglaterra como um todo não exclui a condenação de certos aspectos, específicos, mas importantes, da tradição e da vida cultural e política inglesa, a condenação, portanto, não apenas do radicalismo da primeira revolução inglesa, mas também, por exemplo, da economia política considerada, justamente, subversora do ordenamento feudal e dos bons tempos antigos; ao passo que, do lado oposto, na esteira de Kant, em Hegel (mas poderíamos acrescentar também Marx e Engels), a condenação e a desvalorização do modelo inglês não excluem a celebração nem mesmo a avaliação largamente positiva, já vista, da primeira e da segunda revoluções inglesas e da economia política clássica (Rph., § 189 A) e não excluem sequer a visão admirada e respeitosa diante da liberdade e da vivacidade dos debates parlamentares ingleses (V. Rph., IV, p. 707-8).

8. Hegel, a Inglaterra e a tradição liberal

Antes de 1848, até mesmo nos autores mais diretamente ligados à tradição liberal podem ser encontrados temas e ideias críticos à Inglaterra. Leiamos este juízo de Rotteck: "Na ciência constitucional do Estado, os franceses estão na frente. No plano teórico, senão na prática, seguem os alemães que os imitam. Os ingleses, pelo vínculo dominante com o direito histórico, ficaram para trás a olhos vistos". Para captar toda a aspereza do juízo expresso sobre a Inglaterra, é preciso considerar a acusação pronunciada contra o direito histórico: "A

---

[70] Remetemos a Domenico Losurdo, *Autocensura e compromesso nel pensiero politico di Kant*, cit., cap. I, § 7.

HEGEL E A TRADIÇÃO LIBERAL: DUAS LEITURAS CONTRAPOSTAS DA HISTÓRIA   179

primeira origem dos direitos históricos é em larga ou máxima medida ilegal. Ignorância do direito ou desprezo do direito ou mesmo o cego acaso lhe dão existência, a violência os afirma"[71].

As críticas ou as reservas em relação à Inglaterra seriam uma característica exclusiva da tradição cultural e política alemã? Olhemos, então, para fora da Alemanha, sempre em relação ao período entre 1789 e 1848. Sim, para Madame de Staël, a Inglaterra constitui "o mais belo monumento de justiça e grandeza moral"[72]. Veremos em seguida o que é particularmente admirado da Inglaterra. No entanto, tomemos um liberal mais sensível às exigências da democracia. No Tocqueville anterior a 1848, a Inglaterra é sinônimo de "sociedade aristocrática", dominada pelos "grandes senhores"[73], e é uma sociedade aristocrática que parece, às vezes, à beira da revolução[74]. São juízos críticos nada diferentes daqueles de Hegel. E inclusive Constant, embora em estreita relação com Madame de Staël, às vezes se permite juízos severos.

A Inglaterra não é, no fundo, mais que uma vasta, opulenta e vigorosa aristocracia. Imensas propriedades reunidas nas mesmas mãos; riquezas colossais concentradas nas mesmas pessoas; uma clientela numerosa e fiel, em torno de cada grande proprietário, que confere o uso dos direitos políticos que, parece, lhe foram constitucionalmente concedidos apenas para que os sacrifique; enfim, como resultado dessa combinação, uma representação nacional composta, por um lado, pelos assalariados do governo e, por outro lado, pelos eleitos da aristocracia: tal foi até este momento a organização da Inglaterra.

É a esse quadro nada róseo, já do ponto de vista constitucional e liberal, que se mescla o drama da miséria de massa, uma miséria talvez mais crua do que no continente – e, por isso, enfrentada com mais brutalidade pelo poder dominante e pelas classes altas: demissões em massa não apenas nas fábricas, mas também no âmbito doméstico à custa dos ex-clientes, e por obra de uma aristocracia

---

[71] Karl von Rotteck, *Lehrbuch des Vernunftrechts und der Staatswissenschaften* (Stuttgart, 1840. 2. ed. reimp. fac-similar: Aalen, 1964), v. II, p. 45, e v. I, p. 64.

[72] Anne-Louise Germaine Necker de Staël, *Considérations sur les principaux événements de la révolution française*, cit., p. 69.

[73] Alexis de Tocqueville, "De la démocratie en Amérique", II (1840), em *Œuvres complètes*, cit., v. I, 2, p. 113-4.

[74] Idem, nota da viagem à Inglaterra de 1833, "Voyages en Angleterre, Irlande, Suisse et Algérie", em *Œuvres complètes*, cit., v. V, 2, p. 42-3.

180   Hegel e a liberdade dos modernos

tão sem escrúpulos que corre o risco, segundo Constant, de se desacreditar, ou pior, de cavar sua cova com as próprias mãos. E eis que, em seguida à crise, "10 mil ou talvez 20 mil empregados domésticos foram mandados para a rua quase no mesmo dia apenas na cidade de Londres"; e eis que "procissões de camponeses" e "bandos de artesãos" percorrem o país numa desesperada busca por comida e esmola. Naturalmente, a propriedade corre perigo: verificam-se furtos e até mesmo, provocados pela fome mais terrível, "saques parciais e mal organizados". Os responsáveis são punidos com "penas iguais àquelas que se aplicariam a delitos políticos" (isto é, eram com frequência condenados à pena capital como se tivessem programado uma insurreição). Contudo, não era só a dureza despropositada das penas. Havia

> o horrendo expediente de enviar espiões que incitavam os espíritos ignorantes e lhes propunham a revolta para, depois, denunciá-los [...]. Os miseráveis seduziram aqueles que tiveram a desventura de escutá-los e provavelmente também acusaram aqueles que não conseguiram seduzir.

Como se impressionar, então, se em certos estratos da população se pode constatar "uma exaltação quase insurrecional?". A "situação interna da Inglaterra" é "bem mais alarmante do que o Continente acredita"[75].

---

[75] Benjamin Constant, "De la puissance de l'Angleterre durant la guerre, et de sa détresse à la paix, jusqu'en 1818", em *Mélanges de littérature et de politique*, cit., v. I, p. 21-30, *passim*. Sobre o recurso aos agentes provocadores, ver George Macaulay Trevelyan, *History of England* (1826) (Londres, Doubleday & Co., 1953), v. III, p. 164. A realidade da Inglaterra da época é bem distinta da oleografia liberal que se vislumbra também em Bobbio. Eis como dois estudiosos de Malthus descreveram a situação da Inglaterra daquele tempo: "Pode-se dizer que, de 1770 a 1798, a renda *per capita*, a preços fixos, reduziu-se em 20% [...]. Se, como é provável, aumentou também a diferença de renda, certamente são ainda as massas a suportar a maior redução de seus já parcos ganhos. Deve-se esperar até 1845 para que a renda *per capita* alcance o nível de 1770: esse retrocesso de mais de cinquenta anos será o preço cruel a pagar pela vitória contra Napoleão e pela construção da nova Inglaterra. "Esse sofrimento todo não pode se acumular e se prolongar no tempo sem provocar reações e, de fato, explodindo cá e lá em improvisadas e bruscas labaredas, a cólera popular e o fermento social se fazem sentir por todos os lados: tumultos nos campos, provocados pelo desemprego e pela fome, em 1795; motins nas cidades, causados pelos baixos salários e ainda pela fome, em Londres, Birmingham e Dundee, em 1794 e 1795; rebelião do Exército; crises sociais gerais em 1799-1800; e, por fim, o movimento dos ludistas – os destruidores de máquinas – e as revoltas camponesas de 1816. O *habeas corpus* é suspenso por oito anos a partir de 1794, e as tropas ocupam a maior parte das zonas industriais como se se tratasse de

Uma menção crítica aos agentes provocadores a que a polícia e as classes dominantes recorriam na Inglaterra, ou ao "abismo de podridão" que tal prática escancarava, se encontra também em Hegel (Rph., I, § 119 A), que denuncia ademais a severidade "draconiana" com que "todo ladrão na Inglaterra é enforcado", em uma absurda equiparação entre vida e propriedade (V. Rph., III, p. 304), entre dois crimes "qualitativamente diferentes" como assassinato e roubo (Rph., I, § 45 A). Não só: Hegel identifica e denuncia também a origem de classe de tal severidade "draconiana". Para os camponeses culpados de caçar ilegalmente, são impostas "as penas mais duras e desproporcionais", porque "quem fez aquelas leis e depois se sentou nos tribunais, na qualidade de magistrados e juízes", foi a aristocracia, justamente a classe que se reservou o monopólio do direito à caça (B. Schr., p. 479-81). O filósofo anglófobo assume posições mais liberais que a liberal Inglaterra.

No entanto, se deixarmos de lado o juízo crítico sobre a impiedosa repressão contra o povo, os caminhos de Hegel e de Constant imediatamente voltam

---

terras conquistadas [...]. Pitt, apoiado por uma vasta parte da opinião pública, persegue inexoravelmente todos aqueles que se mostram favoráveis às ideias liberais ou que se inclinam a favor das ideias francesas. Motins, insurreições, greves ou rebeliões, mesmo que justificados pela miséria e pelo sofrimento, são suprimidos sem piedade". Jean-Marie Poursin e Gabriel Dupuy, *Malthus*, 1972; ed. it.: *Malthus* (trad. Gabriella Nebbia Menozzi, Roma/Bari, Laterza, 1972), p. 61-4. É uma verdadeira política de "terror" ou "contrarrevolução preventiva" – Gino Bianco e Edoardo Grendi, "Introduzione", em *La tradizione socialista in Inghilterra. Antologia di testi politici, 1820-1852* (Turim, Einaudi, 1970), p. XIII – que de alguma forma se prolonga, mesmo depois da derrota de Napoleão, pois o perigo revolucionário renascia no movimento operário. Em 1819, acontece o que passou para a história como a Batalha de Waterloo ou, para dizer como uma revista inglesa da época, "o inútil e injustificado massacre de homens, mulheres e crianças indefesos", logo após "um ataque premeditado [do poder público] com uma sede absolutamente insaciável de sangue e destruição". O texto, retirado do "Sherwin's Weekly Political Register" de 18 de agosto de 1819, está reportado em Paola Casana Testore e Narciso Nada, *L'età della restaurazione. Reazione e rivoluzione in Europa, 1814-1830* (Turim, Loescher, 1981), p. 226-8. Cabe observar que o massacre, mais que um fato isolado, é o momento culminante de uma onda de repressão que se baseava na equiparação legal das associações sindicais a organizações criminosas. Gino Bianco e Edoardo Grendi, "Introduzione", cit., p. LXVII. Quando *O capital* fala da "legislação sanguinária contra os expropriados" dos anos 1400 aos 1800, refere-se, em primeiro lugar, à Inglaterra, como é natural, dado que se trata do país de desenvolvimento capitalista mais avançado, mas com um acréscimo importante: na Inglaterra, formas de escravidão camufladas se mantêm "até o avançar do século XIX". *Das Kapital*, Livro I, cap. XXIV, em MEW, v. XXIII, p. 762-3 [ed. bras.: *O capital. Crítica da economia política*, Livro I: *O processo de produção do capital*, trad. Rubens Enderle, São Paulo, Boitempo, 2011, p. 805-7].

a divergir. O primeiro não se limita a denunciar a dureza e a miopia da aristocracia inglesa, mas parece discutir seu domínio enquanto tal. Em todas as circunstâncias, denuncia com firmeza o caráter "formal" da liberdade inglesa, pois na prática é a aristocracia que domina a vida pública e faz uso exclusivo daqueles direitos políticos, ao menos na teoria, reconhecidos a um círculo bem mais amplo[76].

Também no caso da Inglaterra, Hegel tem esperança de que uma revolução pelo alto previna uma revolução por baixo, ainda que essa esperança vá pouco a pouco se esvaindo. E é ao retomar a esperança de reformas numa iniciativa pelo alto que Hegel se diferencia claramente da tradição liberal. Não obstante o quadro realista e cru que traça da Inglaterra sob o domínio, em última análise, da aristocracia, Constant continua depositando esperanças justamente nessa classe social. A aristocracia inglesa não pode ser comparada à nobreza feudal francesa do *Ancien Régime*: a primeira se somou ao "povo" ao sentir "a necessidade da liberdade"; na França, ao contrário, "os grandes proprietários [...] sempre buscaram compartilhar o poder em vez de limitá-lo: preferiram os privilégios aos direitos e os favores às garantias"[77]. Hegel, por sua vez, não estabelece nenhuma diferença fundamental entre a nobreza feudal dos dois países: num caso e no outro, aspirou a defender e expandir suas *libertates*, as liberdades (e os privilégios) dos barões. A preocupação de Constant é que a aristocracia inglesa, agarrando-se em demasia e de forma míope a seus interesses

---

[76] Também neste caso, o juízo de Hegel é absolutamente bem fundamentado. Eis o quadro que uma estudiosa de Burke traça sobre a Inglaterra da época: "A corrupção tinha já se tornado norma da vida pública. Era fato comumente aceito que o 'interesse' dos grandes proprietários – isto é, a pressão política que eles podiam livremente exercer sobre os próprios inquilinos e dependentes – condicionasse as eleições. Namier calcula que, a cada vinte eleitores, somente um podia votar sem ingerências e pressões. Nos condados, a propriedade grande ou pequena era indiscutivelmente senhora da situação: prova disso é que, dos oitenta representantes de condados na Câmera dos Comuns de 1761, dezesseis eram filhos de Pari e, como tais, inevitavelmente destinados ao Parlamento, e outros 49 tinham praticamente herdado o assento na Câmara, pois já havia se tornado consuetudinário que os condados de onde proviessem enviassem como representante no Parlamento um membro de sua família [...]. Das cidades, apenas Londres, onde votavam todos aqueles que pagavam os impostos locais, apresentava um eleitorado muito vasto para ser corrompido e uma frente burguesa compacta [...]. Bristol, a segunda maior cidade inglesa (60 mil habitantes), estava nas mãos de uma oligarquia, como muitos outros grandes aglomerados urbanos". Anna Martelloni, "Introduzione", cit., p. 10-1.

[77] Benjamin Constant, "De la division des propriétés foncières" (1826), em *Mélanges de littérature et de politique*, cit., v. II, p. 124.

particulares, tenha o mesmo fim da aristocracia francesa. Procedendo sem tantos escrúpulos com a demissão de seus empregados domésticos e clientes, abdicando de suas tarefas em alguma medida nacionais, "a aristocracia inglesa fez contra si mesma aquilo que a monarquia havia feito noutros países contra a aristocracia"[78]. Está claro: Hegel não nutre simpatia pela aristocracia e, na medida em que essa classe continua a dominar a Inglaterra, é decididamente mais "anglófobo" do que Constant.

9. Igualdade e liberdade

Como confirmação definitiva da "anglofobia" de Hegel, Bobbio cita, neste excerto: "O direito, na Inglaterra, é constituído da pior maneira: só existe para os ricos, não para os pobres" (Ph. G., p. 906). Muitos anos mais tarde, Tocqueville, analisando o instituto da caução nos Estados Unidos, observa que este "prejudica o pobre e favorece o rico", para o qual "todas as penas infligidas pela lei se reduzem a multas". O que pode haver de mais "aristocrático em semelhante legislação"? E como explicar sua presença nos Estados Unidos? "A explicação", observa Tocqueville, "deve ser procurada na Inglaterra: as leis de que falei são inglesas"[79].

Talvez o tom de Hegel seja mais plebeu e nos faça pensar em Engels: na Inglaterra, "o favorecimento dos ricos é explicitamente reconhecido inclusive na lei". Até mesmo o

habeas corpus, isto é, o direito de todo acusado (excluído o caso de alta traição) de permanecer livre, por meio de pagamento de caução, até a abertura do processo, esse direito tão celebrado é, por sua vez, um privilégio dos ricos. O pobre não pode dar nenhuma garantia e, por isso, deve ser preso.[80]

---

[78] Idem, "De la puissance de l'Angleterre durant la guerre, et de sa détresse à la paix, jusqu'en 1818", cit., p. 28-9.

[79] Alexis de Tocqueville, "De la démocratie en Amérique", I, cit., p. 44.

[80] Friedrich Engels, "Die Lage Englands" (1844), em MEW, v. I, p. 590 e 476-585. Para a difusão desse juízo na imprensa protossocialista, remetemos a Domenico Losurdo, Tra Hegel e Bismarck (Roma, Riuniti, 1983), p. 100-7. Também neste caso, os historiadores contemporâneos não discordam de fato do duro juízo de Hegel (e Engels). Na Inglaterra de então, "ocorria regularmente que uma pessoa indigente que proferia uma acusação fosse para a prisão como testemunha da acusação e que, ao contrário, se deixasse livre, mediante caução,

Não seria o juízo de Hegel e Engels, porém, corroborado, em alguma medida, também pela tradição liberal? Vimos Montesquieu celebrar os *"gentlemen"* ingleses em contraposição à "canalha" holandesa. Depois da "degeneração" – segundo o ponto de vista da imprensa liberal – sofrida pela Revolução Francesa, de "política" para "social", os *"gentlemen"* ingleses começam a ser contrapostos à "plebe" francesa. Madame de Staël observa que essas "classes grosseiras" que mancharam a França e sua revolução nunca tiveram peso real na Inglaterra, onde o "império" da "propriedade" é inquestionável[81]. Em Constant, houve dúvidas e reservas. No entanto, um motivo de admiração permanece claro e intacto: a Inglaterra é "o país em que os direitos de cada um são mais garantidos", mas também aquele em que "as diferenças sociais são mais respeitadas". Para corroborar este último fato, o teórico liberal cita um episódio que não poderia senão confirmar a antiaristocrática anglofobia de Hegel:

> Na hospedaria, vendo-me chegar a pé, acolheram-me de modo indigno; na Inglaterra, apenas os mendigos e a pior espécie de ladrões, os chamados *footpads*, viajam assim [...]. De tanto me encher de brios e reclamar, na manhã seguinte consegui ser tratado como um *gentleman* e pagar como tal.[82]

Já Hume havia constatado um fato óbvio: "Um viajante é sempre acolhido em seu transporte e nele encontra maior ou menor cortesia dependendo de sua comitiva e sua bagagem o revelarem de grande ou modesta fortuna"[83]. E, em 1840, o Tocqueville crítico da Inglaterra relata e subscreve a seguinte observação de um americano:

> Os ingleses tratam os servos com uma altivez e um absolutismo que não podem não nos maravilhar; por outro lado, os franceses às vezes os tratam com uma familiaridade ou se mostram em relação a eles de uma cortesia que não saberíamos

---

a pessoa citada em juízo". Michael Ignatieff, *A Just Measure of Pain. The Penitentiary in the Industrial Revolution 1750-1850* (Londres, Pantheon, 1978), p. 133.

[81] Anne-Louise Germaine Necker de Staël, *Considérations sur les principaux événements de la révolution française*, cit., p. 516 e 579.

[82] Benjamin Constant, "Le Cahier rouge", cit., p. 155 e 150-1.

[83] David Hume, "Treatise of Human Nature" (1739-1740), em *The Philosophical Works* (org. Thomas Hill Green e Thomas Hodge Grose, Londres, Longmans, Green and Co., 1866) (ed. fac-similar: Aalen, 1964), v. II, p. 149.

conceber. Pode-se dizer que têm medo de comandar. A postura assumida pelo superior ou pelo inferior não é adequada.[84]

A rigidez das "diferenças de categoria", admirada na Inglaterra por Hume e por Constant, parecia excessiva tanto para Tocqueville quanto para Hegel. Os argumentos utilizados são bastante semelhantes. O primeiro explica que, na Inglaterra, faltam "ideias gerais" pelo fato de que as desigualdades são tão nítidas e intransponíveis que existem "tantas humanidades distintas quanto classes"[85]. Para o segundo, a postura altiva em relação ao servo, no auge da Prússia ainda feudal, é uma forma de pensamento "abstrato", enquanto prescinde da concretude do homem para fixá-lo numa única "abstrata" determinação que é aquela da riqueza ou da categoria social. A este comportamento Hegel contrapõe, com referência à França nascida da Revolução, as relações cordiais e até mesmo amigáveis, em última instância, fundadas na "concretude" da igual dignidade humana, que ligam o empregado doméstico a seu senhor (W., II, p. 580). Tocqueville, por sua vez, entre os "extremos" inglês e francês, escolhe a via do meio, norte-americana.

Poderíamos, então, dizer que Hegel, contrariamente à tradição liberal, enfatiza a igualdade, não a liberdade. Usamos "poderíamos" porque julgamos mal formulada a alternativa, proposta outra vez há pouco, segundo a qual, no caso de diferença entre liberdade e igualdade, é necessariamente o primeiro termo que deve ser priorizado[86]. Ainda antes de Marx, Hegel tem o mérito de teorizar a existência de "direitos materiais" (B. Schr., p. 488) irrenunciáveis, de evidenciar o fato de que a desigualdade, atingindo certo nível, anula também a liberdade, a liberdade concreta: a situação de extrema necessidade "investe toda a extensão da realização da liberdade" (V. Rph., IV, p. 342), comporta a "total falta de direitos" (Rph., § 127).

Todavia, a tradição de pensamento liberal comumente contrapôs a liberdade à igualdade. E, assim, Tocqueville, depois de 1848, mais do que nunca inquieto com o espectro do socialismo, escreve que "a revolução da Inglaterra

---

[84] Alexis de Tocqueville, "De la démocratie en Amérique", II, cit., p. 185.

[85] Ibidem, p. 21-2.

[86] Salvatore Veca, *La società giusta* (Milão, Il Saggiatore, 1982), p. 58-9. É um tema que Veca retoma de Rawls, que, no entanto, admite pelo menos que a primazia da liberdade sobre a igualdade só vale "além de um nível mínimo de renda". John Rawls, *A Theory of Justice* (Cambridge, Harvard University Press, 1971), p. 542.

foi feita unicamente em prol da liberdade, ao passo que a da França foi feita principalmente em prol da igualdade"[87]. A crítica de Tocqueville incide também sobre a cultura iluminista que prepara a eclosão da Revolução Francesa, uma cultura que, por seu *páthos* estadista, é equiparada, como vimos, ao socialismo e cujo vício de origem é identificado no fato de que a uma segura "paixão pela igualdade" corresponde um "amor pela liberdade" um tanto quanto "incerto"[88]. Ao Tocqueville que, obcecado pelo espectro do socialismo, afirma que "quem na liberdade busca algo para além dela é feito para servir", seria possível responder com a observação que ele mesmo formula muitos anos antes, diante do espetáculo oferecido pela Inglaterra, de uma assustadora miséria das massas e da mais estridente desigualdade: "Aqui o escravo, lá o senhor; lá a riqueza de alguns, aqui a miséria da maioria"[89]. Neste excerto, a desigualdade extrema é sinônimo de uma substancial escravidão das massas, e o *páthos* da liberdade não faz sentido então sem o *páthos* da igualdade.

A contraposição liberdade-igualdade às vezes se apresenta, de forma significativa, como a contraposição segurança-igualdade. É o que acontece

---

[87] Alexis de Tocqueville, "L'Ancien Régime et la Révolution., cit., p. 334. Essa contraposição, porém, se desenvolve com base no esquecimento da dura crítica precedentemente formulada à Inglaterra: agora, é aqui que "o grande propósito da justiça" é alcançado mais inteiramente do que em qualquer outro país, e, como demonstração desse fato, Tocqueville – ibidem, p. 309 – cita o mesmo Blackstone que, em *De la démocratie en Amérique*, servira para demonstrar o caráter de classe da justiça inglesa. De forma mais ampla, depois de 1848, a Inglaterra não é mais a "sociedade aristocrática" em que senhor e servo parecem pertencer a duas "distintas humanidades", mas é "o único país em que, antes mesmo da Revolução Francesa, "não se alterou, mas verdadeiramente se extinguiu, o sistema de castas". Ibidem, p. 148. Na viagem de 1833, Tocqueville notara que a cooptação isolada de algum elemento estranho serve para reforçar os privilégios e o poder da aristocracia. "Voyages en Angleterre, Irlande, Suisse et Algérie", cit., p. 29. Agora, a Inglaterra é o país em que "as classes se confundem" e onde vige "a igualdade diante da lei" e a "igualdade fiscal". "L'Ancien Régime et la Révolution", cit., p. 34. Concluindo, a Inglaterra já é o país da liberdade enquanto não é mais o país da desigualdade mais atroz.

[88] Alexis de Tocqueville, "L'Ancien Régime et la Révolution", cit., p. 214. Já no decorrer da Revolução Francesa, o moderado Barnave utiliza esses termos contra a reivindicação da extensão dos direitos políticos também aos não proprietários: "Um passo a mais na via da igualdade significaria a destruição da liberdade". Citado em François Furet e Denis Richet, *La révolution française* (Paris, Fayard, 1965); ed. it.: *La rivoluzione francese* (trad. Silvia Brilli Cattarini e Carla Patanè, Roma/Bari, Laterza), 1980, p. 168.

[89] Alexis de Tocqueville, "L'Ancien Régime et la Révolution", cit., p. 217, e "Voyages en Angleterre, Irlande, Suisse et Algérie", cit., p. 81.

em Bentham. "Quando a segurança e a igualdade estão em conflito, não se pode hesitar nem por um instante: a igualdade deve ceder."[90] E, como Tocqueville, Bentham também critica o *páthos* da igualdade que caracteriza a Revolução Francesa (*infra*, cap. XII, § 3). Hegel, por sua vez, não só revela uma clara preferência pela tradição política francesa, como declara explicitamente que a liberdade-segurança da propriedade e da esfera individual é incompleta sem a "garantia da subsistência" (e essa garantia remete ao valor da igualdade mais que ao da liberdade, ou melhor, tende a garantir aquelas condições mínimas de igualdade, na ausência das quais a liberdade se revela totalmente abstrata e formal).

Essa paixão pela igualdade parece de vez em quando alimentar em Hegel a ilusão de que, em relação aos novos lobbies industriais, ao "feudalismo moderno", para usar a expressão de um discípulo do filósofo[91], a Coroa possa desempenhar um papel análogo àquele historicamente desempenhado vencendo o superpoder da nobreza feudal propriamente dita. Hegel lamenta sistematicamente a "fraqueza do poder monárquico" na Inglaterra, a ausência de uma "força" capaz de fazer frente à "enorme riqueza dos privados" (B. Schr., p. 480 e 473). Devemos, então, estabelecer uma linha de continuidade com a teorização que algumas décadas mais tarde o hegeliano Lassalle, em sua correspondência com Bismarck, fará, mesmo que por um instante, de uma "monarquia popular, social e revolucionária"[92]? O problema em questão é bem mais legítimo que aquele que se expressa na falsa alternativa liberalismo/conservadorismo. No entanto, além da radical diferença da situação histórica[93], não se deve perder de vista o *páthos* jusnaturalista de Hegel, que o leva a afirmar na liberdade do indivíduo um valor absoluto, que, desde Iena, o leva a identificar como pressuposto irrenunciável da liberdade moderna "conhecer-se como absoluto da individualidade, esse absoluto ser em si"[94]. E essa lição

---

[90] Citado em Élie Halévy, *La formation du radicalisme philosophique*, I. *La jeunesse de Bentham* (Paris, 1901), p. 91-2.

[91] Karl Rosenkranz, "Aphorismen zur Geschichte der modernen Ethik" (1847), em *Neue Studien* (Leipzig, [E. Koschny,] 1875-1878), v. II, p. 152-3.

[92] Ferdinand Lassalle, carta a Otto von Bismarck de 8 de junho de 1863, citado em Gösta von Uexküll, *Ferdinand Lassalle* (Hamburgo, Rowohlt, 1974), p. 104.

[93] Ver Domenico Losurdo, *Tra Hegel e Bismarck*, cit., p. 316 e seg.

[94] Georg Wilhelm Friedrich Hegel, "Jenaer Systementwürfe III" (1805-1806), em *Gesammelte Werke*, v. VIII (org. Rolf-Peter Horstmann, colaboração Johann Heinriche Trede, Hamburgo, Meiner, 1969), p. 251.

está também presente em alguma medida no Marx de *Crítica do programa de Gotha*, que com dureza repreende Lassalle por querer realizar uma "aliança com os adversários absolutistas e feudalistas contra a burguesia"[95]. Qualquer outro progresso pressupunha, ao contrário, a realização do programa revolucionário da burguesia e, portanto, o reconhecimento do "absoluto ser em si" do indivíduo. É tal consciência que talvez falte em Lassalle, o qual, porém, tinha razão ao notar: "Os direitos que o liberalismo quer […], não os quer de modo algum para o indivíduo enquanto tal, mas sempre para um indivíduo que se encontre numa situação particular, que pague certos impostos, que seja munido de capitais etc."[96]. Nessa evidenciação do limite particularista de certa configuração do conceito de indivíduo, Lassalle era bem discípulo de Hegel, para quem, como sabemos, é justamente a construção do conceito universal de homem (ou de indivíduo) o que define o progresso da liberdade, o progresso enquanto tal. Outra novidade é que o *páthos* jusnaturalista, no sentido já esclarecido (a natureza agora transformada em "segunda natureza"), começa a se referir, já em Hegel, antes mesmo do que em Marx, aos "direitos materiais" – se esses direitos são ignorados, o reconhecimento da qualificação de homem (e de indivíduo) em cada ser humano é puramente formal. Neste ponto, o problema da garantia da liberdade se torna terrivelmente mais complicado e não mais redutível à definição dos limites do poder político, sendo chamado a ser bem ativo e presente no campo econômico-social.

---

[95] Karl Marx, "Kritik des Gothaer Programms" (1875), em MEW, v. XIX, p. 23 [ed. bras.: *Crítica do programa de Gotha*, trad. Rubens Enderle, São Paulo, Boitempo, 2012, p. 34].

[96] Ferdinand Lassalle, "Das System der erworbenen Rechte" (1861), em *Gesammelte Reden und Schriften* (org. Eduard Bernstein, Berlim, [P. Cassirer,] 1919[-1920]), v. IX, p. 397, nota 1.

VI
O INTELECTUAL, A PROPRIEDADE
E A QUESTÃO SOCIAL

1. CATEGORIAS TEÓRICAS E OPÇÕES POLÍTICAS IMEDIATAS

Não podendo ser definido conservador-reacionário nem liberal, deveria Hegel ser considerado revolucionário? Também nesse caso, antes de nos lançarmos a uma resposta precipitada num sentido ou em outro, é importante dissolver os equívocos e as ambiguidades da formulação da pergunta. Pode ser útil partir da polêmica de Ilting com Ritter: falar de "filosofia da revolução", no que diz respeito a Hegel, é um equívoco grotesco, pois é nítida a opção do filósofo por uma política de reformas e de desenvolvimento gradual; claro, a pouca adequação das instituições ao "espírito do tempo" pode tornar inevitável a deflagração de levantes violentos, mas também tal constatação depende não da propaganda de um programa revolucionário, e sim do destaque dado ao caráter necessário e benéfico das reformas[1]. Não acreditamos que possa haver dúvidas nesse ponto: a opção reformista é convicta e sentida não apenas no plano político, como naquele propriamente emocional. Hegel declara de forma explícita, depois da eclosão da Revolução de Julho, que estava cansado das incessantes revoltas que marcaram sua época (Ph. G., p. 932). E ainda antes de Berlim, em um texto, *Fenomenologia do espírito*, embora marcado por uma confiante expectativa de renovação política, o filósofo ressalta que se situa bem longe dos tons "revolucionários" (W., III, p. 47).

Enquanto concentrarmos o olhar na opção política imediata, não há dúvidas. No entanto, seria este o único plano a ser considerado? Em polêmica com Hegel,

---

[1] Ver a nota de comentário 293 (p. 342) inserida por Karl-Heinz Ilting na edição organizada por ele, e já citada [ver, neste volume, "Nota do autor", p. 17], dos cursos de filosofia do direito de 1817-1818 e 1818-1819.

que enfatiza a necessidade que a mudança político-constitucional se dê de modo lento e gradual, Marx observa que "a categoria da transição gradual é, em primeiro lugar, historicamente falsa e, em segundo lugar, não esclarece nada"[2]. O jovem Marx, portanto, não tem dúvidas de que Hegel se alinha com posições gradualistas e reformistas, mas este é apenas um aspecto do problema; o outro é que a crítica feita a tais posições é conduzida com argumentos e categorias que não só pressupõem a lição de Hegel, como parecem ser literalmente extraídas de seu texto. Em *Enciclopédia*, podemos ler: "A mudança gradual é o último superficial refúgio para atribuir calma e duração às coisas" (§ 258 Z). Se *Filosofia do direito* é dominado, ao menos no momento em que expõe um programa político concreto para a Alemanha do tempo, pela categoria da gradualidade, provocando com isso o protesto e a crítica de Marx, *Lógica* é dominado pela categoria do salto qualitativo e, assim, suscita o consenso e o entusiasmo de Lênin a tal propósito[3].

Está claro: estamos na presença de dois planos diversos que Engels tentou identificar e distinguir como "método" e "sistema". Como vimos, no primeiro capítulo deste trabalho, a duplicidade de planos é, de alguma forma, percebida também pelos críticos reacionários. É natural que tal distinção não identifique dois planos claramente separados, mas essa própria distinção tem caráter metodológico. Podemos dizer que o "método" reflete a experiência da Revolução Francesa e das grandes revoltas da época, bem como as exigências profundas da luta teórica contra a ideologia da reação e da conservação; o "sistema" remete a escolhas políticas imediatas[4]. Podemos dar um exemplo. A celebração da categoria da gradualidade,

---

[2] Karl Marx, "Zur Kritik des Hegelschen Staatsrechts" (1843), em MEW, v. I, p. 259 [ed. bras.: *Crítica da filosofia do direito de Hegel*, trad. de Rubens Enderle e Leonardo de Deus, São Paulo, Boitempo, 2005, p. 75].

[3] Vladímir Ilitch Lênin, *Quaderni filosofici* (os textos mais importantes, e aqui levados em consideração, remontam a 1914-1915) (org. Ignazio Ambrogio, Roma, Editori Riuniti, 1969), p. 118-9 [ed. bras.: *Cadernos filosóficos: Hegel*, trad. Edições Avante! e Paula Vaz de Almeida, São Paulo, Boitempo, 2018, p. 137-9].

[4] Em Engels existe, porém, oscilação: às vezes, por "sistema" se entende a "conclusão política muito modesta" do "método", portanto, a opção política imediata; às vezes, entende-se o "sistema de filosofia", com sua "exigência tradicional" de "concluir-se com uma espécie qualquer de verdade absoluta". Friedrich Engels, "Ludwig Feuerbach und der Ausgang der klassischen deutschen Philosophie" (1888), em MEW, v. XXI, p. 268-9. Neste último sentido, Bloch tem razão ao repreender Engels por ver no "sistema" uma espécie de "vontade de má-fé", quase à Nietzsche. Ernst Bloch, "Problem der Engelsschen Trennung von 'Methode' und 'System' bei Hegel", em *Philosophische Aufsätze* (Frankfurt, Suhrkamp, 1969). Já no sentido em que é aqui para nós válida, a distinção entre "método" e "sistema" responde à

O INTELECTUAL, A PROPRIEDADE E A QUESTÃO SOCIAL   191

antes de se tornar palavra de ordem do centrismo liberal, é palavra de ordem dos ambientes conservadores e reacionários: na Prússia, os porta-vozes dos *Junker* se opõem, em nome da "sábia gradualidade", às reformas, consideradas precipitadas, que desmontam o edifício feudal na Prússia depois da derrota de Iena[5].

Mais tarde, a luta contra a codificação é igualmente conduzida por Savigny sob a égide da celebração da história como ininterrupto processo de continuidade, como "indissolúvel relação orgânica das gerações e das épocas, entre as quais pode ser pensada apenas uma evolução, não um fim absoluto e um início absoluto", sob a égide da polêmica com aqueles reformadores que tinham a pretensão de "cortar todo fio histórico e iniciar uma vida completamente nova"[6]. Ainda mais tarde, um ideólogo da Restauração como Baader justifica sua oposição às reivindicações do movimento liberal e constitucional distinguindo *evolutionismus* e *revolutionismus* e celebrando o primeiro, isto é, a categoria da gradualidade, e condenando o segundo, ou seja, a categoria do salto qualitativo e da ruptura revolucionária[7].

Por trás, decerto está presente a lição de Burke, que, antes de todos, contrapõe aos levantes revolucionários da França o tranquilo desenvolvimento da "natureza", ou aquela unidade de natureza e história que é a transmissão hereditária; esta última "oferece um princípio seguro de conservação e um princípio seguro de transmissão, sem excluir, de maneira alguma, um princípio de melhoramento"[8]. Convém acrescentar, porém, que, se este é o início, a categoria da gradualidade,

---

exigência de salvaguardar o grande número das categorias teóricas da imediaticidade das opções políticas e é inevitável. A escola de Della Volpe, particularmente enérgica ao rechaçar a distinção em questão, para melhor liquidar a filosofia de Hegel em seu todo como intrinsecamente conservadora, na polêmica com a dialética hegeliana acaba, então, por utilizar os argumentos de Trendelenburg e até dos "teístas especulativos", que, com certeza, se posicionam à "direita" de Hegel; ver em particular Nicolao Merker, *Le origini della logica hegeliana (Hegel a Jena)* (Milão, Feltrinelli, 1961).

[5] Ver a carta-memorial de Friedrich August Ludwig von der Marwitz a Hardenberg (Berlim, 11 de fevereiro de 1811), em *Adam Müllers Lebenszeugnisse* (org. Jakob Baxa, Munique/ Parderborn/Viena, Shöningh, 1966), v. I, p. 611.

[6] Friedrich Carl von Savigny, *Vom Beruf unserer Zeit für Gesetzgebung und Rechtswissenschaft* (Heidelberg, Mohr, 1840) (2. ed., reimp. fac-similar: Hildesheim, 1967), p. 112-3.

[7] Franz Xaver von Baader, "Über den Evolutionismus und Revolutionismus" (1834), em *Sämtliche Werke* (org. Franz Hoffmann, Julius Hamberger et al., Leipzig, 1851-1860) (ed. fac-similar: Aalen, 1963), v. VI, p. 73-108.

[8] Edmund Burke, "Reflections on the Revolution in France" (1790), em *The Works of the Right Honourable Edmund Burke* (Londres, Rivington, 1826), p. 778.

como instrumento de luta ideológica contra a revolução, é elaborada sobretudo na Alemanha, país que, mais do que todos, é obrigado a fazer as contas com a realidade política e ideológica da nova França e é obrigado a fazer essas contas tendo às costas, de um lado, uma estrutura político-social atrasada e, de outro, uma vigorosa tradição cultural e filosófica. Poderíamos dizer que se a França, segundo Marx e Engels, é o país em que com mais contundência e radicalidade se desenvolveram e se combateram os conflitos político-sociais, a Alemanha é o país em que mais a fundo foi pensada e combatida a luta ideológica. Isso vale para os teóricos da reação, mas também para a luta contra a ideologia da reação, luta que encontra precisamente em Hegel seu momento mais elevado. Hegel não só expressa, como vimos, plena consciência política do significado conservador da celebração da categoria da gradualidade, mas se empenha em contestar essa categoria também no plano teórico. À revolução e a reformas avançadas seria contraposta, como ocorre em Burke, a gradualidade indolor do desenvolvimento natural? Não é verdade – objeta-se com vigor em *Lógica* – que a natureza não dê saltos, já que, aliás, a categoria de salto qualitativo é exatamente o pressuposto da compreensão do processo natural.

A contestação acontece também num nível posterior e mais avançado: o desenvolvimento histórico seria comparado ao desenvolvimento natural, como faziam, por sua vez, os expoentes do romantismo reacionário? Pois bem, *Filosofia da história* contrapõe desenvolvimento orgânico-natural e desenvolvimento histórico: o primeiro "acontece de modo imediato, desprovido de antíteses e de obstáculos" (*auf unmittelbare, gegensatzlose, ungehinderte Weise*), ao passo que "o espírito é em si oposto a si mesmo"; se o desenvolvimento orgânico--natural é "o simples brotar inócuo e pacífico", o desenvolvimento histórico "é o trabalho duro e relutante contra si mesmo", implica "uma dura, infinita luta contra si mesmo" (V. G., p. 151-2). Em outras palavras, não se pode entender o processo histórico ignorando a categoria de "contradição" (V. G., p. 157) e de salto qualitativo: no que diz respeito a este último, se bem que não seja exclusivo do mundo histórico, é aqui que se manifesta plenamente porque é só aqui que existe mudança em sentido pleno, para além de qualquer retorno e de qualquer regularidade (V. G., p. 153); ainda mais que, no mundo histórico, a determinação quantitativa tem uma importância obviamente inferior àquela que assume no mundo natural (Enc., § 99 Z).

A necessidade da luta contra a reação feudal estimula resultados teóricos de grande relevo que vão bem além do quadro histórico e das próprias ime-diatas opções e propostas políticas de Hegel. E exatamente esses resultados são observados com particular desconfiança pela tradição de pensamento liberal, sobretudo depois de 1848. À tal regra não são exceção as categorias de contradição e de salto qualitativo.

No entanto, o fenômeno aqui investigado tem caráter mais geral. Consideremos a polêmica de Hegel com o saber imediato. A celebração do sentimento é a resposta conservadora ou reacionária ao *páthos* iluminista e revolucionário da razão, e também a essa celebração Hegel elabora uma contestação ao mesmo tempo teórica e política: o saber imediato é passível de subsumir e legitimar qualquer conteúdo, até o mais desprezível e imoral (Enc., § 72); além do mais, o saber imediato destrói a comunidade do conceito que é o próprio pressuposto da comunidade política. O valor político da polêmica hegeliana contra o saber entendido como imediaticidade, e como imediaticidade privilegiada, é evidente: nos anos da Restauração, o catolicismo é denunciado pelo filósofo como instrumento ideológico fundamental da reação exatamente porque teoriza e fixa a divisão entre iniciados e profanos, enquanto, do lado oposto, o grande mérito do Iluminismo francês está no fato de ter suprimido a camada dos profanos em política (W., XX, p. 287). Pois bem, a celebração do saber imediato, reduzindo o saber a "esotérica posse de alguns indivíduos", segundo a denúncia já vista em *Fenomenologia*, reintroduz a camada dos profanos na ciência e na vida política.

Estamos também aqui na presença de um motivo que, derivado das exigências da luta contra a ideologia da reação, revela-se suspeito para a burguesia liberal, em seguida, já classe dominante e empenhada em justificar seus privilégios e sua privilegiada "peculiaridade" diante da contestação proveniente, dessa vez, do proletariado. De fato, Haym considera "rude" e "grosseira" a visão hegeliana do saber e da dialética: "Aquilo que até então apenas o gênio científico parecia ser capaz de executar aparece agora, improvisamente, como algo que poderia ser aprendido por qualquer um, bastava estudar a lógica nova. Da mesma forma que o *Novum organum*, essa lógica pretendia ser um cânone universalmente utilizável, um instrumento acessível a todos, do mais vivo conhecimento científico, *ut ingenii viribus et excellentiae non multum reliquatur*"[9].

Em sua polêmica com a celebração do saber imediato, Hegel enfatiza a superioridade teórica do "conceito" filosófico e racional em relação à "representação" religiosa; a religião vê, então, posteriormente redimensionada, sua pretensão de constituir um órgão privilegiado de conhecimento, pelo fato que

---

[9] Rudolf Haym, *Hegel und seine Zeit* (Berlim, Gaertner, 1857), p. 327.

194 HEGEL E A LIBERDADE DOS MODERNOS

lhe é atribuído um conteúdo não diferente daquele próprio da filosofia, embora possuído de uma forma que ainda não se elevou à dignidade cognitiva. E é exatamente o que Haym censura em Hegel, que "aparentemente conserva o que é especificamente religioso, na verdade, o reduz a uma sombra"; não compreendendo que a religião tem algo de "incomensurável" em relação à razão, pretendeu encarcerar "o sentimento vivo nas rígidas formas do intelecto"[10]. Haym reabilita explicitamente Jacobi por ter celebrado as forças do sentimento, da fé, da criatividade, enquanto Hegel peca por se apresentar como sucessor do Iluminismo, como o fundador de um novo e ainda mais árido racionalismo, e isso sempre em virtude de sua inaceitável pretensão de querer expandir a razão a "órgão universal da verdade"[11]. Em um momento em que o *páthos* da comunidade, caro à tradição revolucionária e jacobina, podia funcionar como elemento de contestação do domínio econômico e político da burguesia, Haym destrói outra vez a comunidade do conceito edificada por Hegel em polêmica justamente com a ideologia da reação. A rejeição da reinterpretação hegeliana da religião, por um lado, serve para reconstituir um saber privilegiado para as "forças do engenho e da excelência" e, por outro, serve para resguardar de qualquer crítica racionalista as crenças religiosas beneficamente difundidas na "multidão", no tocante às quais é preciso demonstrar respeito e "tolerância", mesmo quando têm caráter "milagreiro, fabuloso, supersticioso"[12].

Mais uma vez vem à tona a necessidade da distinção entre "método" e "sistema". Independentemente das repetidas afirmações que Hegel faz de plena conformidade com a ortodoxia e, aliás, da alegação que ele formula de ser o verdadeiro intérprete e guardião da ortodoxia, é um dado de fato que o "método" usado pelo filósofo levanta suspeitas em Haym e na burguesia liberal pós-1848, assim como levantou suspeitas antes na reação política e clerical. E, se antes Hegel era acusado de ateísmo, agora é acusado por Haym de operar a "secularização da religião sob o domínio da filosofia"[13]. Em outras palavras, a filosofia hegeliana da religião, em sua inspiração de fundo, logo, em seu "método", parece a Haym por demais imbuída do *páthos* iluminista e

---

[10] Ibidem, p. 404-5 e 407.

[11] Ibidem, p. 400-1.

[12] É uma afirmação feita no âmbito da polêmica com o primeiro Strauss, acusado de não ter percebido a "força das potências obscuras do sentimento" e das crenças religiosas; ver a resenha a *Gespräche Juttens* de Strauss nos *Preußische Jahrbücher*, VI, 1860, p. 309.

[13] Rudolf Haym, *Hegel und seine Zeit*, cit., p. 400-2.

O INTELECTUAL, A PROPRIEDADE E A QUESTÃO SOCIAL   195

revolucionário da razão e, por isso mesmo, também excessivamente laica, pois a peculiaridade do sentimento religioso é sacrificada à universalidade da razão, àquela comunidade do conceito que, como ensinava a experiência histórica da Revolução Francesa (firmemente condenada por Haym), era o pressuposto da reivindicação da comunidade dos *citoyens*.

2. INDIVÍDUO E INSTITUIÇÕES

Outro importante motivo teórico, em Hegel, diz respeito à tradição de pensamento revolucionária: referimo-nos à ênfase na objetividade do ético e das instituições políticas que, embora estranhamente, mas não muito, foi, em geral, colocada na conta do conservadorismo – ou, pior, atribuída ao filósofo. Na realidade, de uma contundência maior dá mostras um crítico implacável de Hegel, quando a ele Wilhelm von Humboldt contrapõe: "O individualismo por sua natureza não é revolucionário"[14]. O individualismo havia poupado Wilhelm von Humboldt do entusiasmo que a cultura alemã da época nutria pela Revolução Francesa, que, não por acaso, pretendia impor uma guinada à história, não apelando à mudança *in interiore homine* do indivíduo, mas transformando radicalmente as instituições políticas objetivas, intervindo com força na objetiva configuração e na organização da vida em sociedade.

Sim, Haym tinha razão: à absolutização revolucionária das "instituições políticas" (*Einrichtungen der Regienrugen*) e à reivindicação de uma radical transformação delas, por meio de "revoluções políticas" (*Staatsrevolutionen*), Humboldt contrapõe a centralidade do indivíduo[15]. É nesse terreno que, desde o início, na Alemanha, se desenvolve a luta contra a Revolução Francesa, ou a tomada de distância em relação a ela, culpada por difundir a ilusão, como afirma Schiller, pela "regeneração no campo político", a partir da "Constituição" e das instituições políticas, mais que da maneira de pensar e de sentir do indivíduo[16]. No entanto, "o bem dos povos", continua Gentz, "não é ligado

---

[14] Idem, *Wilhelm von Humboldt. Lebensbild und Charakteristik* (1856) (reed. fac-similar: Osnabrück, O. Zeller, 1965), p. 57.

[15] Wilhelm von Humboldt, "Ideen zu einem Versuch die Gränzen der Wirksamkeit des Staats zu bestimmen" (1792), em *Gesammelte Schriften* (Berlim, Königlich Preussischen Akademie der Wissenschaften, 1903-1936), v. I, p. 101.

[16] Friedrich Schiller, carta ao duque C. Ch. Augustenburg, 13 de agosto de 1793, em Hans-Egon Hass (org.), *Die deutsche Literatur: Texte und Zeugnisse* (Munique, Beck, 1966), v. V, t. 2, p. 1.539-41.

exclusivamente a nenhuma forma de governo", a nenhuma "constituição estatal"[17]. Exatamente oposta é a orientação da filosofia que acompanha a preparação e a deflagração da Revolução Francesa. Para Rousseau, "é certo que os povos são o que, no longo prazo, o governo faz com que se tornem"[18]. E Kant, empenhado na defesa da Revolução Francesa: "O que é importante não é um bom governo, mas um bom modo de governar"[19]; a atenção – declara em *À paz perpétua*, em polêmica com o contrarrevolucionário Mallet du Pan – deve ser dirigida não à qualidade dos indivíduos que governam, mas ao "modo de governar", à "constituição política", e, de fato, a história demonstra que até monarcas excelentes tiveram como sucessores tiranos sanguinários[20]. Hegel se expressa em consonância: "Que a um povo seja dado ao acaso um nobre monarca deve ser considerado, claro, grande sorte. Contudo, em um grande Estado também isso tem pouca importância: na verdade, ele tem sua força em sua razão" (Ph. G., p. 937).

Ao contrário do teórico liberal celebrado por Haym por seu individualismo, isto é, ao contrário de Wilhelm von Humboldt, Hegel experimentara, e continuava a experimentar em sua maturidade, entusiasmo pela Revolução Francesa, e não por acaso a ênfase sobre a objetividade do ético e das instituições políticas caracteriza o filósofo ao longo de toda a sua evolução: "Se deve existir uma mudança", ressalta um escrito juvenil, "algo deve mesmo ser mudado", e eis que a atenção se volta para o "edifício estatal", para as "instituições, constituições, leis" (*Einrichtungen, Verfassungen, Gesetze*) (W., I, p. 269-70). E até o fim Hegel sublinha o fato de que a produção de uma mudança real pressupõe a intervenção em "leis e situações" (*Gesetze und Verhältnisse*), um recurso não a "meios morais", mas à "modificação das instituições" (B. Schr., p. 466 e 479). A luta ideológica e a consequente mudança da consciência decerto têm grande relevância, mas somente na medida em que estimulam "a modificar leis e instituições da vida política" (*ad corrigendas leges et instituta civilia*), na medida em que incidem sobre "leis" e sobre as "instituições da comunidade

---

[17] Friedrich Gentz, "Einleitung" [introdução à tradução alemã de "Reflections on the Revolution in France" de Burke], em *Ausgewählte Schriften* (org. Wilderich Weick, Stuttgart/Leipzig, 1836-1838), v. I, p. 9.

[18] Jean-Jacques Rousseau, "Discours sur l'économie politique" (1755), em *Œuvres complètes* (doravante O. C.) (org. Bernard Gagnebin e Marcel Raymond, Paris, Gallimard, 1964), p. 251.

[19] Immanuel Kant, "Handschriftlicher Nachlaß", em KGS, v. XV, p. 630.

[20] Idem, "Zum ewigen Frieden" (1795), em KGS, v. VIII, p. 353, nota.

política" (*instituta civitatis*) (B. Schr., p. 42 e 52). Nem a liberdade do indivíduo pode ser garantida sem a intervenção na configuração objetiva das instituições.

No entanto, são o jornalismo e a filosofia empenhada na luta contra a revolução e contra o movimento constitucional que buscam deslocar a atenção da esfera das relações e das instituições políticas para a dimensão interior da consciência. No segundo capítulo do presente trabalho já falamos de Schelling, mas ele não é o único. Consideremos Baader. À "exterior liberdade" garantida por leis e instituições, que pode avançar *pari passu* com a "não liberdade interior", ele contrapõe "a autolibertação" que todo indivíduo é chamado a realizar a partir, em primeiro lugar, de si mesmo[21]. A Rehberg, que se opõe à supressão da servidão da gleba com o argumento de que "a liberdade do servo da gleba, do escravo, tem sua sede apenas no espírito", Hegel responde que "o espírito enquanto apenas espírito é uma representação vazia; ele deve ter realidade, existência, deve ser objetivo" (V. Rph., IV, p. 196). Para Schelling, Baader, Rehberg, a única mudança significativa se desenvolve no *interiore homine*, reside no melhoramento do indivíduo; o resto é exterioridade. Ao afirmar a centralidade da "exterior" ou objetiva configuração das leis e das instituições, Hegel colhe mais uma vez a herança da filosofia que remete à preparação ou à defesa da Revolução Francesa. Kant, embora tão atento às razões da moral, escreve: não é da "moralidade interior que se pode esperar a boa constituição do Estado; ao contrário, é sobretudo de uma boa constituição do Estado que se deve esperar a boa educação moral de um povo"[22]. Antes dele, Rousseau afirma que "os vícios não pertencem tanto ao homem quanto ao homem mal governado"[23].

À mudança das instituições políticas contrapor a mudança da consciência e da interioridade do indivíduo, seja o súdito, seja o soberano, significa à mudança contrapor a conservação. Hegel era consciente disso: "algo (*etwas*) deve mesmo ser mudado". Marx, sobretudo, tinha consciência disso: "Essa exigência de transformar a consciência resulta na exigência de interpretar o existente de outra maneira, quer dizer, de reconhecê-lo por meio de uma outra interpretação", e isso configura o maior conservadorismo[24]. Também quando à transformação

---

[21] Franz Xaver von Baader, "Über den Evolutionismus und Revolutionismus", cit., p. 78.

[22] Immanuel Kant, "Zum ewigen Frieden", cit., p. 366.

[23] Jean-Jacques Rousseau, "Narcisse ou l'Amant de lui-même, Préface" (1753), em O. C., v. II, p. 968.

[24] Karl Marx e Friedrich Engels, "Die deutsche Ideologie" (1845-1846), em MEW, v. III, p. 20 [ed. bras.: *A ideologia alemã*, trad. Luciano Cavini Martorano, Nélio Schneider e Rubens

política se contrapõe não tanto a renovação da consciência individual, mas a substituição de um indivíduo por outro, não se chega a resultados substancialmente diferentes. De tal maneira – nota o jovem hegeliano Karl Marx –, "os defeitos objetivos de uma instituição são imputados a indivíduos para, sem melhoramento essencial, insinuar a aparência de um melhoramento"[25]. O problema perde sua dimensão objetiva, a atenção é retirada da coisa para se concentrar na pessoa. "No exame da situação estatal somos facilmente tentados a negligenciar a natureza objetiva das relações e explicar tudo a partir da vontade das pessoas agentes". No entanto, uma correta análise política exige que se identifiquem "relações", *Verhältnisse* – o termo, como já vimos, remete diretamente a Hegel –, "lá onde, à primeira vista, parecem agir apenas pessoas"[26].

Por comparar o rei a um pingo no "i", por desvalorizar o indivíduo até de um nível mais alto, na pessoa do monarca, Hegel é considerado por Haym em irremediável contraposição à inspiração de fundo do liberalismo moderno. Mais uma vez, porém, vem à tona a inconsistência da alternativa liberal/conservador, pois Haym indica no individualismo a barreira mais eficaz não contra a conservação, mas contra a "revolução". É verdade que, por um lado, o autor de *Hegel e seu tempo* denuncia o autor por ele investigado como um teórico do absolutismo, mas isso se encaixa no *tópos* liberal, já visto, que busca assimilar sob a égide do absolutismo tudo o que não se encaixa na tradição liberal propriamente dita.

3. INSTITUIÇÕES E QUESTÃO SOCIAL

É certo que o individualismo liberal não tem a configuração irredutivelmente intimista própria dos teóricos da reação. Ao menos em sua fase revolucionária, é obrigado a reivindicar leis e instituições que garantam objetivamente a liberdade do indivíduo; mas, com um dos olhos voltado para a miséria da massa, já tende a dissolver a questão social em um problema concernente, exclusivamente ou em primeiro lugar, ao indivíduo, a um problema que não chama tanto em causa a configuração objetiva das relações jurídicas e sociais, como a capacidade, as atitudes, bem como a disposição de ânimo do indiví-

---

Enderle, São Paulo, Boitempo, 2007, p. 84]. A polêmica se dirige aos jovens hegelianos que, no entanto, haviam fichtianizado o sistema do mestre.

[25] Karl Marx, "Bemerkungen über die preußische Zensurinstruktion" (1843), em MEW, v. I, p. 4.

[26] Idem, "Rechtfertigung des ** Korrespondenten von der Mosel" (1843), em MEW, v. I, p. 177.

O INTELECTUAL, A PROPRIEDADE E A QUESTÃO SOCIAL   199

duo aflito pela pobreza. E isso, para Hegel, é absurdo: "Todos os indivíduos, o coletivo é algo bem diferente dos indivíduos isolados" (Rph., III, p. 154). E dessa observação poderia se aproximar aquela feita algumas décadas mais tarde pelo jovem Engels, para quem o "socialismo" repousa "sobre o princípio da não imputabilidade dos indivíduos"[27], entenda-se, no plano político. A objetividade da questão social não pode emergir sem que a atenção se desloque do indivíduo para as instituições político-sociais.

Mais uma vez, pode ser útil uma comparação com a tradição liberal: partamos de um contemporâneo de Hegel. Para Von Humboldt, deve ser rechaçada com firmeza a visão de que o Estado deve se preocupar positivamente com o bem-estar dos cidadãos. Não, ele tem apenas a tarefa negativa de garantir a segurança e, portanto, a autonomia da esfera privada: "A felicidade a que o homem se destina não é senão aquela que lhe dá a sua força", sua capacidade[28]. Contrariamente a tantas representações consolidadas, é essa visão liberal que – fazendo coincidir riqueza e mérito individual, atribuindo ao indivíduo a responsabilidade exclusiva de seu insucesso – desemboca na consagração ideológica do *status quo*, senão para as instituições políticas, pelo menos no que diz respeito às relações sociais e de propriedade. Justamente porque coloca em dúvida essa espécie de harmonia preestabelecida entre mérito e posição social do indivíduo, Hegel destaca as tarefas positivas da comunidade política para resolver ou atenuar o drama da miséria. Segundo a tradição do liberalismo político e econômico, o fim do direito e da vida em sociedade é "a tranquila segurança (*Sicherheit*) da pessoa e da propriedade; esse objetivo não é posto em discussão por *Filosofia do direito*, que, porém, dele aproxima, significativa e polemicamente, a garantia ou a "segurança (*Sicherung*) da subsistência e do bem-estar (*Wohl*) do indivíduo, isto é, do bem-estar (*Wohl*) particular" (Rph., § 230). Aquela "felicidade" que, segundo Humboldt, remetia apenas à iniciativa e à responsabilidade do indivíduo agora, após ter conquistado uma configuração menos intimista e mais material e objetiva, depois de ter se tornado *Wohl*, "bem-estar" ligado não a um indefinível estado de ânimo, mas,

---

[27] Friedrich Engels, "Die Lage der arbeitenden Klasse in England" (1845), em MEW, v. II, p. 505 [ed. bras.: *A situação da classe trabalhadora na Inglaterra*, trad. B. A. Schumann, São Paulo, Boitempo, 2008, p. 328, com alterações para melhor adaptação à tradução oferecida por Domenico Losurdo].

[28] Wilhelm von Humboldt, "Ideen zu einem Versuch die Gränzen der Wirksamkeit des Staats zu bestimmen", cit., p. 117.

em primeiro lugar, à "segurança da subsistência", esse *Wohl* não só constitui uma "determinação essencial" (V. Rph., III, p. 689-90) no plano da vida em sociedade, mas exige ser "tratado e realizado enquanto direito" (Rph., § 230).

A miséria já se configura em Hegel como uma questão social, que não é explicável simplesmente por suposta preguiça ou por outras características do indivíduo reduzido à miséria. Nítida é a diferenciação em relação a Locke. Segundo este último, o indivíduo pode sempre se dirigir à natureza para assegurar a sobrevivência. De fato, "por mais povoado que o mundo pareça", há sempre terra pronta a dar frutos "em uma região interna ou despovoada da América" ou em outro lugar:

> Ouvi dizer que, na Espanha, um homem pode arar, semear e colher despreocupado num terreno ao qual não tem outro direito senão aquele derivado do uso que dele faz. Aliás, os habitantes do lugar são gratos àqueles que, doando o trabalho em terras incultas e, por isso, desertas aumentaram a provisão de trigo de que necessitavam.[29]

Então, o indivíduo deve recriminar apenas a si mesmo pela eventual miséria. Hegel parece responder a Locke quando afirma que "a natureza é fecunda, mas limitada, muito limitada", e que, no âmbito de uma sociedade desenvolvida, não existem mais terras sem dono e "não se lida mais com a natureza externa" (V. Rph., IV, p. 494). Se em Locke a miséria não chama em causa o ordenamento político-social, o contrário se dá em Hegel: não faz sentido reivindicar um direito em relação à natureza, mas "nas condições da sociedade, no momento que se depende dela e dos homens, a indigência adquire imediatamente a forma de injustiça cometida contra esta ou aquela classe". Na sociedade civil desenvolvida, o homem não tem mais como referente a natureza, e a miséria não pode mais ser colocada na conta da natureza por meio da categoria de "desgraça" ou calamidade natural (V. Rph., IV, p. 609). Mais uma vez, fica evidente a superioridade ou, talvez, a maior modernidade de Hegel em relação à tradição liberal. Já falamos de Locke. Para Bentham, "a pobreza não é consequência do ordenamento social. Por que, então, recriminá-lo por ela? É uma herança do estado de natureza"[30]. Ao polemizar com o jusnaturalismo, Bentham ironiza

---

[29] John Locke, *Two Treatises of Civil Government*, II, § 36.

[30] Assim o discípulo e colaborador de Bentham, P. E. L. Arago, sintetizava fielmente o pensamento do mestre. Ver Jeremy Bentham, "Théorie des peines et des recompenses" (1811),

O INTELECTUAL, A PROPRIEDADE E A QUESTÃO SOCIAL   201

o recurso à natureza para fundamentar direitos que fazem sentido apenas no âmbito da sociedade, mas agora a natureza desponta para apagar do âmbito do ordenamento social a responsabilidade pela miséria. E até Tocqueville denuncia como perigosa demagogia querer fazer a "multidão" acreditar que "as misérias humanas são obra das leis, não da providência"[31]. Aqui, providência é outro nome para natureza, serve para indicar uma esfera independente das institui-ções políticas e das relações sociais que, assim, proclamam a própria inocência.

Agora tentemos reler as críticas que os ambientes liberais alemães, já no *Vormärz*, dirigem à centralidade que Hegel confere às instituições políticas: tal centralidade peca em querer remediar a miséria de massa, não fazendo apelo ao "amor", ou melhor, à "decisão voluntária, portanto, meritória" do indivíduo, mas recorrendo ao Estado incapaz do "amor", isto é, recorrendo a normas jurídicas passíveis apenas de endurecer a "generosidade" dos ricos. Também fora da Ale-manha, não muito diferente é o comportamento de Tocqueville, que se opõe com vigor à proclamação de 1848 do direito ao trabalho (*infra*, cap. X, § 5), o qual Hegel, por sua vez, tranquilamente teoriza ao lado do "direito à vida" (Rph., I, § 118 A) e do direito que o indivíduo tem de "exigir sua subsistência" (Rph., IV, p. 604). É supérfluo aqui reiterar a modéstia ou a inconsistência do programa po-lítico concreto que nasce dessa indicação de fundo: trata-se da geral desproporção, já destacada, entre "método" e "sistema". O importante é que, se para Tocqueville o indivíduo na miséria pode apelar apenas para a caridade, pública ou privada que seja, para Hegel, ao contrário, é detentor de um preciso "direito" ao qual corresponde uma precisa "obrigação da sociedade civil" (V. Rph., IV, p. 604).

A negação da questão social é ainda mais radical no jornalismo neoliberal de nossos dias, que, não por acaso, também em tal negociação, acaba unindo--se a Nietzsche. Hayek não se cansa de repetir que é absurdo falar de justiça ou injustiça "social" diante de um estado de coisas que não é "resultado da

---

em *Œuvres de Jérémie Bentham* (3. ed., org. Etienne Dumont, Bruxelas, Hauman, 1840), v. II, p. 201; ver Jeremy Bentham, "Principles of the Civil Code", em *The Works* (org. John Bowring, Edimburgo, William Tait, 1838-1843), v. I, p. 309.

[31] Alexis de Tocqueville, "Souvenirs" (1850-8151), em *Œuvres complètes* (org. Jacob-Peter Mayer, Paris, Gallimard, 1951 e seg.), p. 84. "Existe entre os homens em qualquer sociedade em que vivam, e independentemente das leis que eles tenham criado, certa quantidade de bens reais ou ideais que necessariamente não podem ser pertinentes senão a um pequeno número". Idem, "Etat social et politique de la France avant et depuis 1789" (1836), em *Mélanges, fragments historiques et notes sur l'Ancien Régime, la Révolution et l'Empire* (Paris, Michel Lévy Frères, 1865), p. 18.

vontade consciente" de alguém, diante de um estado de coisas que, não sendo "deliberadamente produzido pelos homens, não tem nem inteligência nem virtude, tampouco justiça ou qualquer outro atributo dos valores humanos"[32]. Nietzsche, por sua vez, polemizando com aqueles que falam de "profundas injustiças" no ordenamento social, acusa-os de ter "imaginado responsabilidades e formas de vontade que não existem de modo algum. Não é lícito falar de injustiça em casos em que não estão presentes as condições preliminares para a justiça e a injustiça"[33]. Assim como em Nietzsche, o protesto social, longe de remeter a condições objetivas e a uma real "injustiça", remete ao *ressentiment*, ao rancor que os falidos nutrem pelos melhores e mais afortunados, também para Hayek, o que alimenta a demanda por "justiça social" são "sentimentos" nada elevados, como "o desprezo por pessoas que estão melhor do que nós ou simplesmente a inveja" e "instintos de rapina"[34]. A objetividade da questão social dissolve-se, dessa forma, na responsabilidade individual e até na psicologia dos indivíduos que sofrem com a condição de miséria.

4. TRABALHO E *OTIUM*

Constant nega os direitos políticos aos não proprietários pelo fato de que eles são desprovidos do "lazer (*loisir*) indispensável para a aquisição da cultura e de um reto juízo"[35]. É nítida a continuidade em relação à tradição de pensamento conservadora e reacionária. O Schelling tardio remete a Aristóteles para se declarar de acordo com ele quanto ao fato de que não pode existir nenhum tipo de ordenamento que não implique, "desde o nascimento", distinção entre dominadores e dominados. Outro acordo se apresenta quanto ao fato de que "a primeira função do Estado é garantir o *otium* aos melhores"[36]. A demarcação

---

[32] Friedrich August von Hayek, *Law, Legislation and Liberty* (1982; as três partes que compõem a obra são respectivamente de 1973, 1976 e 1979); ed. it.: *Legge, legislazione e libertà* (trad. Pier Giuseppe Monateri, Milão, Il Saggiatore, 1986), p. 271 e 509.

[33] Friedrich Nietzsche, "Nachgelassene Fragmente 1887-1889", em *Sämtliche Werke, Kritische Studienausgabe* (org. Giorgio Colli e Mazzino Montinari, Munique, Deutscher Taschenbuch, 1980) (+KSA), v. XIII, p. 73-4.

[34] Friedrich August von Hayek, *Law, Legislation and Liberty*, cit.; ed. it., p. 304.

[35] Benjamin Constant, "Principes de politique" (1815), em *Œuvres* (org. Alfred Roulin, Paris, Gallimard, 1957), p. 1.147.

[36] Friedrich Wilhelm Joseph von Schelling, "Philosophie der Mythologie", v. I, em *Sämtliche Werke* (Sttutgart/Augsburgo, Cotta, 1856-1861), p. 530 e nota.

O INTELLECTUAL, A PROPRIEDADE E A QUESTÃO SOCIAL   203

entre dominadores e dominados coincide com a demarcação entre beneficiários do *otium* e aqueles que são obrigados a uma vida de esforços e dificuldades. Para Nietzsche, o *otium* é uma condição tão decisiva na aquisição da cultura e da existência de uma civilização em geral que ele não hesita em teorizar a escravidão para aqueles que devem se empenhar na produção material de bens. A linha de continuidade é clara. Constant deixa escapar uma *excusatio* não solicitada: os trabalhadores manuais obrigados a uma "eterna dependência" porque desprovidos de *otium* e obrigados a trabalhar noite e dia não são "escravos", mas apenas "crianças"[37]. Burke não parece ter os mesmos escrúpulos: é natural que as atividades mais humildes sejam "servis", e aquele que executa uma delas pode bem ser comparado a um *instrumentum* vocal[38]. O *whig* ou liberal inglês não menciona o erudito romano Varrão[39], de quem cita a definição, mas Nietzsche conhecia muito bem a Antiguidade clássica para não saber que o *instrumentum* vocal não era senão o escravo.

Essa celebração do *otium* como pressuposto indispensável da liberdade é um motivo totalmente ausente em Hegel: não por acaso, um celebérrimo capítulo de *Fenomenologia* demonstra a superioridade cultural do trabalho dos escravos em relação ao *otium* de seus senhores. Também em relação ao operário moderno, o proprietário que tem a comodidade da riqueza e do *otium* não pode reivindicar nenhum título de superioridade. Riqueza e propriedade não são, de forma alguma, sinônimo de probidade cívica e de maturidade política, como na tradição liberal. Ao contrário, há um curso de filosofia do direito em que a dialética do escravo e do senhor, que conhecemos de *Fenomenologia*, parece ser aplicada às novas relações capitalistas: é o escravo antigo ou moderno que representa o momento do progresso e até da cultura substantiva (*infra*, cap. VII, § 7).

Uma análoga celebração do trabalho estaria presente também na tradição liberal? Convém não confundir problemas bastante diferentes. Por trabalho podemos entender a relação homem-natureza, a progressiva ampliação do domínio do homem na natureza, e então é óbvio que essa temática se encontra bem presente em autores como Locke e Smith, que filosofam no país com desenvolvimento capitalista mais avançado, enquanto se delineia a Revolução Industrial.

---

[37] Benjamin Constant, "Principes de politique", cit., p. 1.146.

[38] Edmund Burke, "Reflections on the Revolution in France", cit., p. 105; idem, "Thoughts and Details on Scarcity" (1795), em *The Works of the Right Honourable Edmund Burke*, cit., v. VII, p. 383.

[39] Marco Terêncio Varrão, *De re rustica*, I, 17.

No entanto, quando no trabalho se ressalta a relação homem-homem, é óbvio que estamos na presença de dois comportamentos nitidamente diferentes. É apenas em Hegel que está presente a celebração da superioridade, tanto no plano produtivo quanto no cultural, do trabalho do escravo em comparação ao ócio estéril do senhor. Não, decerto, em Smith. O trabalhador assalariado, devido à obrigação e monotonia do trabalho, "em geral, tão estúpido e ignorante quanto possa ser uma criatura humana", incapaz de tomar parte "em qualquer conversa racional" e até de "conceber qualquer sentimento generoso", é contraposto em *Riqueza das nações* àqueles que têm "muito tempo livre, durante o qual podem se aperfeiçoar em todo ramo de conhecimento, útil ou decorativo"[40]. A tradição liberal é bem capaz de captar o aspecto alienante do trabalho assalariado, mas não o aspecto formativo e emancipador da atividade produtiva, que, porém, não escapa a Hegel (a Marx). Uma confirmação evidente desse fato é oferecida por Locke, que, apesar de exibir uma situação real, dá uma descrição em tom quase animalesco dos trabalhadores manuais e dos assalariados, que "vivem geralmente da mão à boca (*from hand to mouth*) e, de toda forma, obrigados a lutar pela "mera subsistência", não têm "[...] nunca o tempo e a oportunidade de elevar seus pensamentos acima dela"[41]. Também nesse caso, o *otium* é o pressuposto da cultura e até de uma existência realmente humana. Não é capaz de vida propriamente intelectual "a maior parte da humanidade, que se dedica ao trabalho e se torna escrava das exigências de sua condição medíocre e cuja vida se consome apenas no suprimento das próprias necessidades". Esses homens são todos "absorvidos pelo esforço de acalmar as queixas de seu estômago ou os gritos de seus filhos. Não se pode esperar que um homem que se esforça por toda a vida num trabalho pesado saiba da variedade das coisas que existem no mundo, assim como não se pode esperar que um cavalo de carga, levado da casa ao mercado e vice-versa, por trilha estreita e estrada suja, seja conhecedor da geografia do lugar". Tudo isso não só é um dado de fato, como é um dado de fato imodificável: "Por isso grande parte dos homens, devido ao natural e inalterável estado de coisas neste mundo e à constituição das questões huma-

---

[40] Adam Smith, *An Inquiry into the Nature and the Causes of the Wealth of Nations* (1775-1776; 3. ed., 1783), Livro I, cap. I, parte III, art. II, p. 782 e 784 (citamos as obras de Smith a partir da reimpressão, Indianápolis, Liberty Fund, 1981, ed. Glasgow: v. I).

[41] John Locke, "Some Considerations of the Consequences of Lowering the Interest and Raising the Value of Money" (1691), em *The Works* (Londres, Thomas Tegg, 1823; ed. fac-similar: Aalen, 1963), v. V, p. 23-4 e 71.

O INTELECTUAL, A PROPRIEDADE E A QUESTÃO SOCIAL   205

nas, é inevitavelmente abandonada à ignorância invencível das provas sobre as quais outros constroem e que são necessárias para fundamentar suas opiniões". Locke não hesita em afirmar que "existe entre alguns homens distância maior do que entre alguns homens e alguns animais". É verdade que se trata de um *tópos* clássico presente também em Montaigne, mas é significativo que Locke, para explicitar essa enorme distância que existe entre homem e homem, dê o exemplo, por um lado, do "palácio de Westminster" e da "Bolsa" e, por outro, dos "asilos de mendicância" (além do "manicômio")[42]. Não se trata, em Locke, de uma ideia isolada, mas de um motivo recorrente: "A diferença é grandíssima entre alguns homens e alguns animais; mas, se compararmos o intelecto e as habilidades de alguns homens e alguns bichos, encontraremos uma diferença tão pequena que será difícil dizer que as habilidades do homem são mais claras e mais extensas"[43].

A ignorância, ou melhor, a incapacidade de entender e de querer, inseparavelmente ligada à condição do trabalho, é tão radical que, a certo ponto, surge um problema teológico: em que medida, então, um trabalhador pode ser considerado responsável por sua salvação ou sua danação eterna? Locke responde, é obrigado a responder, para não comprometer a universalidade da mensagem cristã e o conceito de imputabilidade, no plano teológico e jurídico, que "ninguém é tão inteiramente tomado pela obtenção dos meios de vida a ponto de não ter tempo nenhum para pensar em sua alma e se informar em matéria de religião"[44]. Quanto ao resto, os indivíduos das classes trabalhadoras continuam a ser menores de idade ou, fazendo coro a Constant, "crianças".

Claro, para que o *otium* não se transforme em dissipação, Locke aconselha ao "*gentleman*" não só um mínimo de familiaridade com os livros[45], mas também alguma atividade física, como jardinagem, agricultura, carpintaria, escultura. E logo especifica: "Isso, porém, eu não proponho como fim principal

---

[42] Idem, *An Essay Concerning Human Understanding* (1689), IV, XX, 2, e IV, XX, 5. Quanto a Montaigne, cf. *Essais* (1580), I, 42. Quem, ao contrário, aproxima, sobre o tema do trabalho, Locke e Hegel, é Norberto Bobbio – *Studi hegeliani* (Turim, Einaudi, 1981) p. 181-2 –, que, em tal caso, desiste da tese a ele cara da heterogeneidade entre Hegel e a tradição liberal. Mais uma vez, a tese de Bobbio é também a de Karl-Heinz Ilting, "The Structure of Hegel's Philosophy of Right", em Walter Kaufmann (org.), *Hegel's Political Philosophy* (Nova York, Atherton, 1970), p. 107, nota 45.

[43] John Locke, *An Essay Concerning Human Understanding*, IV, XVI, 12.

[44] Ibidem, IV, XX, 3.

[45] Ibidem, IV, XX, 6.

do trabalho, mas como encorajamento, porque a meta principal é distraí-lo de suas outras ocupações mais sérias, empregando-o em exercícios manuais úteis e salutares". Para o *"gentleman"*, esse trabalho manual tem apenas o significado de "divertimento" ou "recreação"[46]. Então, o trabalho manual propriamente dito, o trabalho assalariado, em Locke, ou aparece em oposição ao tipo de vida que consente, na verdade, o pleno exercício ou o desenvolvimento da razão, ou aparece no âmbito da contabilidade que o *"gentleman"* ou proprietário deve ter para gerenciar de forma precavida os próprios negócios, levando em consideração, entre as várias saídas, aquelas que "a dissolução, o ócio e os litígios entre os servos"[47] comportam.

Enfim, quanta diferença em relação a Hegel! É verdade que, para ele, a parcelização do trabalho na fábrica comporta um obstar das faculdades intelectuais. No entanto, há também o aspecto da disciplina formativa do trabalho, que consente a aquisição de uma "qualificação" (*Geschicklichkeit*) que tem um valor objetivo, é *allgemeingültig* [de validade geral] (Rph., § 197). E não é só. Hegel assume o "trabalhador" (*Arbeiter*) como exemplo de desenvolvimento da "cultura" e o contrapõe ao "inepto", que não passou pela disciplina dura, mas altamente instrutiva e formativa, do trabalho, e que, portanto, não é capaz de se estabelecer nem de se tornar propriamente senhor de si mesmo: "O inepto (*der Ungeschickte*) produz sempre algo diferente daquilo que quer porque não é senhor do próprio fazer [...]. O trabalhador mais hábil (*der geschickteste Arbeiter*) é o que produz a coisa como deve ser, [que] não encontra resistência alguma em seu fazer subjetivo em vista do fim" (V. Rph., III, p. 608). Tradicionalmente, o *otium* vale como sinônimo de cultura pelo fato de que ele não comporta o perigo de se fixar numa atividade limitada e reduzida, vista como restrição e sufocamento das potencialidades intelectuais. No entanto, para Hegel, se é verdade que a extrema parcelização do trabalho provoca esse obstar das faculdades mentais, também é verdade que a determinação e a educação para a determinação têm um significado positivo também do ponto de vista intelectual. Citando Goethe, o reitor e o educador de jovens, afirma: "Quem quer algo de grande, diz o poeta, deve saber limitar-se". Diferentemente se condena à veleidade e à impotência: "Vida ativa, eficácia e caráter têm como condição essencial o fixar-se em um ponto determinado" (W., IV, p. 365). É isso que faz o "trabalhador", se quiser

---

[46] John Locke, *Some Thoughts Concerning Education* (1693), §§ 204 e 206.

[47] Idem, "Some Considerations of the Consequences of Lowering the Interest and Raising the Value of Money", cit., p. 20.

resultados concretos e universalmente válidos, ser chamado a uma "limitação do próprio fazer" segundo uma bem precisa finalidade (Rph., § 197).

A partir de *Fenomenologia*, sabemos que é o trabalho que obtém "independência verdadeira", enquanto a "consciência independente" do senhor afastado da necessidade do trabalho se converte em seu contrário (W., III, p. 152). Com uma radical inversão de posições em relação à tradição, a liberdade é aqui concebida como resultado do processo produtivo, não como atributo da separação da necessidade de trabalhar e produzir.

É verdade, sobretudo depois da Revolução de 1848 e da revolta operária do junho parisiense, que também a tradição liberal parece rever suas posições. Em Guizot, em particular, se assiste a uma celebração do trabalho que assume os tons mais exaltados, mas, apesar de tudo, não consegue esconder seu caráter instrumental e substancialmente hipócrita. Sim, agora, "a glória da civilização moderna consiste em ter compreendido e iluminado o valor moral e a importância social do trabalho, em ter restituído a ele a estima e o grau que lhe competem". Cabe dizer, contudo, que o trabalho de que se fala não é o trabalho assalariado ou dependente; não, ele "está em todo lugar neste mundo"; é uma categoria que coincide com a infinita "variedade das tarefas e das missões humanas" e, portanto, inclui aquelas classes sociais que, antes que emergissem ameaçadoramente a questão social e o movimento operário, não hesitavam em exaltar seu *otium* e sua incontaminada pureza em relação ao trabalho material. A celebração do trabalho assim configurado visa explicitamente, em Guizot, a fazer com que "a palavra trabalho" não seja mais um "grito de guerra" contra as camadas privilegiadas. Na realidade, agora se busca modificar "a palavra trabalho" com fins exatamente contrários: o alvo polêmico é constituído pelos operários "pouco inteligentes, preguiçosos, licenciosos"[48]. O alvo, implícita ou explicitamente declarado, são os operários revolucionários, que, em vez de trabalhar, se dedicam à vagabundagem política. Na véspera da revolta operária de junho de 1848, Tocqueville olha com terror e também com um senso de repulsão os "temíveis ociosos" que circundam a Assembleia[49]. *Oisif*: o termo que havia servido a Saint-Simon para denunciar as camadas parasitárias que

---

[48] François Guizot, *De la démocratie en France* (jan. 1849) (Nápoles, 1849), p. 38-40. O caráter "frequentemente hipócrita" da "enfatização" que Guizot faz da "atividade produtiva" já foi ressaltado por Francesco De Sanctis, *Tempo di democrazia. Alexis de Tocqueville* (Nápoles, Edizioni Scientifiche Italiane, 1986), p. 215.

[49] Alexis de Tocqueville, "Souvenirs", cit., p. 131.

vivem do trabalho de outros[50] serve para rotular os operários revolucionários e os "demagogos" em geral, aos quais se contrapõe agora, em Guizot, o "pai de família"[51] ou o camponês cujo bom senso prático funciona como contrapeso, em Tocqueville, para a inexperiência e a "presunção filosófica" dos intelectuais revolucionários[52]. Agora foi completamente invertido o significado que o tema do trabalho tem na filosofia clássica alemã, que, como logo veremos, se serve dele para celebrar, em primeiro lugar, justamente os intelectuais em contraposição aos proprietários. De toda forma, apesar das grandes mudanças ocorridas que tornam obsoleta e perigosa (enquanto capaz de agudizar o ressentimento operário e o conflito de classe) a celebração do *otium*, do *loisir*, caro, por exemplo, a Constant; apesar da viagem na América que deu a Tocqueville a experiência de uma sociedade dominada por uma ética produtivista; inclusive nos expoentes mais avançados da tradição liberal, continua ausente o termo que aparece, sobretudo, em Hegel, da eficácia formativa, também no plano intelectual, derivada do trabalho do artesão ou do operário.

Significativamente, na Alemanha, onde o conflito social é menos agudo do que na França e onde, portanto, menos urgente é o recurso à celebração hipócrita do trabalho cara a Guizot, Schopenhauer e Nietzsche continuarão a ver no *otium* a condição preliminar de um autêntico desenvolvimento das faculdades intelectuais e, portanto, continuarão a condenar os intelectuais (em primeiro lugar, Hegel) contaminados, na mesma elaboração teórica, pela vulgaridade do trabalho e da atividade profissional enquanto tais.

5. INTELECTUAIS E PROPRIETÁRIOS

Ao excluir os não proprietários dos direitos eleitorais, Constant levanta a questão da possível existência de uma "propriedade intelectual", isto é, propriedade tal que seja consequência não da posse de bens e de capital, mas do próprio

---

[50] A centralidade desse tema em Saint-Simon é focalizada em *A ideologia alemã*. Ver MEW, v. III, p. 452 [ed. bras.: cit., p. 447]. No entanto, a condenação da natureza improdutiva e parasitária dos "meros capitalistas" é um tema presente, de alguma forma, em Hegel. Ver Domenico Losurdo, *Tra Hegel e Bismarck* (Roma, Editori Riuniti, 1983), p. 116-20.

[51] François Guizot, *De la démocratie en France*, cit., p. 39.

[52] Alexis de Tocqueville, "Souvenirs", cit., p. 120; idem, "L'Ancien Régime et la Révolution. Fragments et notes inédites sur la Révolution", em *Œuvres complètes*, cit., p. 340. Não por acaso, nesse contexto, Tocqueville remete a Burke, o implacável inquisidor da calamitosa "abstração" dos intelectuais revolucionários franceses (*infra*, cap. XIII, §6).

O INTELECTUAL, A PROPRIEDADE E A QUESTÃO SOCIAL   209

exercício da profissão – em primeiro lugar, da profissão liberal. A resposta é negativa, mas, mais do que a resposta, é importante sua justificativa:

> As profissões liberais exigem, talvez mais do que todas as outras, que sejam acompanhadas pela propriedade para que sua influência não seja funesta nas discussões políticas. Tais profissões, por mais recomendáveis que sejam sob tantos aspectos, nem sempre podem exibir entre suas vantagens aquele senso prático da medida necessário para deliberar sobre os interesses positivos dos homens.

Tudo isso é confirmado pela experiência da Revolução Francesa e pela influência nefasta, em sentido extremista, exercida, nesse período, por intelectuais habituados a "desdenhar das conclusões extraídas dos fatos e a desprezar o mundo real e sensível, a raciocinar como fanáticos sobre o estado social". Se desprovidos de propriedade, os intelectuais têm a tendência a elaborar, e a querer aplicar, "teoria quiméricas", e nisso são incentivados pelo "descontentamento em relação à sociedade em cujo âmbito se situam como deslocados"[53].

Com essa aguda análise das potencialidades subversivas de intelectuais social e materialmente inorgânicos em relação às camadas detentoras, Constant explicita as razões de fundo do abismo que o separa da filosofia clássica alemã. Essa não pode ser compreendida sem o papel decisivo daqueles intelectuais que tiravam o sustento exclusivamente de sua profissão e que eram, portanto, desprovidos de ancoragem orgânica ao sistema social dominante (e, nesse sentido, desprovidos de concretude) daqueles intelectuais denunciados pelo teórico liberal preocupado com os destinos da propriedade. A alta consideração de Kant por esses intelectuais "abstratos" emerge da dura polêmica do filósofo com aqueles (os jornalistas da conservação e da reação) que consideravam a teoria irrelevante no plano prático e que, ao "atacar o homem da escola", o elaborador de teorias, "gostariam de encerrá-lo numa escola [...] como um pedante que, inútil para a prática, é apenas um estorvo para a gasta sabedoria deles"[54]. A defesa da teoria é, ao mesmo tempo, a defesa desses "metafísicos" (os intelectuais abstratos, do ponto de vista de Constant, bem como de Burke), que, na "esperança sanguínea de melhorar o mundo", estão prontos para fazer "o

---

[53] Benjamin Constant, *Cours de politique constitutuionelle* (3. ed., Bruxelas, Hauman, Cattoir et comp., 1837), p. 106-7.

[54] Immanuel Kant, "Über den Gemeinspruch: Das mag in der Theorie sein, taugt aber nicht für die Praxis" (1793), em KGS, v. VIII, p. 277.

impossível"[55]. A celebração do papel do intelectual encontra depois seu ápice e sua expressão mais exaltada em Fichte: o intelectual é o "mestre" e "educador do gênero humano"; olha "não apenas para o presente, mas também para o futuro", isto é, não se deixa aprisionar pelo *status quo*, mas se preocupa constantemente em manter aberta uma perspectiva de progresso; nesse sentido, podemos até dizer, com uma expressão evangélica, que o intelectual é "o sal da terra"[56].

Em Hegel, esse *páthos* sofre importantes alterações. A celebração do intelectual continua a transparecer na celebração da filosofia como teoria que acompanha e promove a marcha do progresso e da liberdade. Kant havia observado ironicamente que a acusação dirigida à "metafísica", por ser a "causa das revoluções políticas", era, não se sabia ao certo, uma "calúnia maligna" ou um "desmerecido título de honra"[57]. Para Hegel, é certo afirmar que "a revolução teve seu primeiro impulso na filosofia", à qual se deve essa "imensa descoberta" da "liberdade" (Ph. G., p. 924). Por outro lado, há em Hegel uma crítica do papel desempenhado na França, na Assembleia Nacional e no processo de radicalização por "comediantes, advogados, monges desvairados" e "charlatões" vários, isto é, intelectuais desprovidos de competência e experiência política (Rph., I, § 150 A). Agora, o papel do intelectual-filósofo se redimensionou: também na França, os "filósofos" expressaram assim a justa exigência de profundas reformas, formularam "pensamentos gerais", uma "ideia abstrata" das necessárias mudanças, mas não podiam certamente apontar "o modo da execução" (W., XX, p. 296-7). Comparativamente a Kant e a Fichte, a política tem aqui uma autonomia bem maior: o intelectual não é o "sal da terra", e o político não é mero executor. Entretanto, se ao intelectual "abstrato" Constant contrapõe o proprietário, Hegel contrapõe, ou aproxima, o "funcionário". Como em Kant e em Fichte, o intelectual continua a ser o intérprete ou o mediador privilegiado da universalidade, mas agora, nas vestes do funcionário estatal, adquiriu qualificação profissional, maturidade política e senso do Estado.

É importante notar que essa figura nova, porém, continua a ser atravessada pela polêmica com o proprietário, seja o feudal, seja o burguês. Diferentemente da Inglaterra, na Alemanha passam a fazer parte das "esferas dirigentes da

---

[55]   Idem, "Handschriftlicher Nachlaß", em KGS, v. XXIII, p. 155.

[56]   Johann Gottlieb Fichte, "Einige Vorlesungen über die Bestimmung des Gelehrten" (1794), em *Fichtes Werke* (doravante F. W.) (org. Immanuel Hermann Fichte, Berlim, Felix Meiner, 1971), v. VI, p. 331-3.

[57]   Immanuel Kant, "Handschriftlicher Nachlaß", em KGS, v. XXIII, cit., p. 127.

administração e da política" apenas aqueles que tiveram "estudos teóricos" e "formação universitária", não o proprietário enquanto tal, mesmo que nobre ou rico. E assim o intelectual, que se tornou intelectual em virtude de seus méritos, celebra sua superioridade em relação ao proprietário, ainda que a ele não baste sua formação teórica, mas se exija também – novidade, se compararmos a Kant e a Fichte – que "tenha se exercitado e se colocado à prova com problemas práticos" (B. Schr., p. 482). Certamente Constant olha também para a Inglaterra no momento em que contrapõe às improvisações políticas e socialmente nocivas dos intelectuais a sabedoria e a confiabilidade dos proprietários, a quem, portanto, deve ser reservado o monopólio da representação política. Hegel, por sua vez, descreve cruamente os detentores ingleses desse monopólio e, aliás, denuncia "a grosseira ignorância dos caçadores de raposa e dos nobrezinhos do campo". Ainda se referindo à Inglaterra, mas com provável alusão também à Alemanha, Hegel denuncia o "preconceito" de que, para ter acesso a um cargo, bastariam "nascimento e riqueza" do pretendente – e, mais uma vez, vem à tona o protesto do intelectual contra o proprietário feudal e burguês.

É claro, o intelectual-filósofo perdeu seu caráter rebelde-anárquico; não é uma "plástica individualidade" com uma forma de vida já externamente reconhecível, não é um "monge" em isolada e indignada oposição ao mundo circunstante e à comum humanidade; não, ele mesmo está inserido em determinada "camada social" com múltiplas relações na sociedade civil e no Estado (W., XX, p. 71-3). Para sermos exatos, os intelectuais-filósofos se tornaram agora funcionários estatais que leem ou escrevem as "ordens de gabinete" do espírito do mundo e que "são remunerados para colaborar em escrevê-las". No entanto, não por isso, acabou cessando a Fronda dos intelectuais-filósofos em relação ao poder e à propriedade. Àqueles que consideram a filosofia um conjunto de "abstrações verbais" (e é a posição que Kant já havia denunciado fazendo referência particular a Burke) Hegel responde que, na realidade, trata-se de "fatos do espírito do mundo" e acrescenta, com o olhar voltado tanto para o poder quanto para os proprietários, que os intelectuais-filósofos são os intérpretes privilegiados do universal porque não são movidos por "interesses particulares", como o "poder" ou a "riqueza" (W., XIX, p. 489).

Se na tradição liberal é a falta de propriedade que lança uma sombra de desconfiança sobre os intelectuais, obrigados a ganhar dinheiro para viver, o contrário acontece na filosofia clássica alemã. Particularmente significativa é a tomada de posição de Kant, que, ao reiterar a tese do saber como comunidade da razão de que participam, ou podem participar, todos os homens, observa que, em geral, são "aqueles que vivem de renda, de maneira opulenta ou medíocre em relação àqueles que são obrigados a trabalhar para viver", que exibem a pretensão (aristocrática) de iluminação solitária e privilegiada; "em uma palavra, todos se julgam diferentes na medida em que acreditam que não precisam trabalhar", e eis que se pretende falar e filosofar, "com o tom de um senhor que é desobrigado do esforço de demonstrar o título de sua posse (*beati possidentes*)"[58]. Ao *otium* tende a corresponder a evasão do "esforço do conceito" (W., III, p. 56) que, para Hegel, é o próprio pressuposto do saber. Como em Hegel, também em Kant, na filosofia clássica alemã como um todo, o trabalho intervém na definição da autêntica atividade intelectual. Não por acaso, mais tarde, Nietzsche falará expressamente de Kant e de Hegel como "operários da filosofia"[59]!

Desse debate e desse conflito, emerge uma espécie de análise de classe das diversas e contrapostas camadas intelectuais. Dela fará uso Marx, que, justamente por isso, não poderá compartilhar o *páthos* do intelectual que, enquanto tal, se eleva, sobretudo em Fichte, a solitário sacerdote do universal. Entretanto, existe um elemento de continuidade em relação à filosofia clássica alemã: a propriedade e o *otium*, longe de constituírem a única garantia de serena imparcialidade de juízo, podem ser "considerados suspeitos" de condicionar, sub-reptícia e ideologicamente, a elaboração teórica, bem mais do que a necessidade e o trabalho que suas razões não hesitam em proclamar em voz alta.

6. Propriedade e representação política

Se Constant exclui os intelectuais da representação política, tons bem diferentes podem ser percebidos no âmbito da filosofia clássica alemã. No mesmo momento em que defende a atribuição dos direitos políticos com base no patrimônio, na propriedade, Kant afirma com vigor que também a cultura constitui uma forma de propriedade[60]. E não é preciso nem ser um grande intelectual: mesmo ao simples "professor" devem ser reconhecidos os direitos políticos[61]. E uma

---

[58] Idem, "Von einem neuerdings erhobenen vornehmen Ton in der Philosophie" (17976), em KGS, v. VIII, p. 390 e 395.

[59] Friedrich Nietzsche, *Jenseits von Gut und Böse* (1885), af. 211.

[60] Immanuel Kant, "Über den Gemeinspruch: Das mag in der Theorie sein, taugt aber nicht für die Praxis", cit., p. 295.

[61] Idem, "Metaphysik der Sitten, Rechtslehre", § 46, em KGS, v. VI, p. 314.

O INTELECTUAL, A PROPRIEDADE E A QUESTÃO SOCIAL   213

polêmica contra o monopólio político dos proprietários pode ser encontrada também em Hegel. O critério do patrimônio deve ter validade apenas para a Câmara dos Pares, mas não para a segunda Câmara, pois seria "repetição" inútil e inaceitável; os requisitos patrimoniais podem também ser fixados num nível muito modesto, mas isso não muda o xis da questão (V. Rph., IV, p. 719). Portanto, Hegel condena "a rigidez das Câmaras francesas ao não admitirem outro critério de qualificação que não aquele que deveria ser encontrado nos duzentos francos, com ou sem centavos adicionais", excluindo, assim, experimentados funcionários estatais, bem como médicos e advogados "que não pagam impostos por essa soma" (B. Schr., p. 494). No entanto, os "doutos", como Napoleão havia compreendido bem, são um elemento fundamental da representação política (B. Schr., p. 486). Para Constant, apenas os proprietários garantem "o amor da ordem, da justiça e da conservação"[62]. Para Hegel: "Costuma-se dizer que os proprietários têm o interesse mais imediato de que ordem, direito e lei mantenham sua validade. Mas podem existir outras garantias" (Rph., III, p. 268). Embora com propostas (a recusa ou as fortes reservas às eleições diretas) frágeis e talvez ingênuas, no plano político imediato, que nitidamente se ressentem da "miséria alemã", isto é, do atraso histórico da Alemanha em relação à França e à Inglaterra, é indubitável que Hegel rejeita o monopólio da representação política pelos proprietários.

Por vezes, o conceito de "miséria alemã" foi posto em dúvida em razão do "extraordinário nível da cultura" da Alemanha da época e de suas intensas e fecundas relações com a cultura europeia[63]. Não é, porém, disso que se trata. O problema é a própria defasagem entre extraordinário desenvolvimento cultural e atraso político-social. Aliás, é o mesmo Hegel que contrapõe aos "grandes Estados, como a França, e ainda mais a Inglaterra", a situação dos Estados em que era dividida a Alemanha, onde "bem mais limitadas são a extensão e a riqueza, e menos articulada é a sociedade", e onde os intelectuais são por necessidade "induzidos a procurar em um gabinete público a plataforma de sua existência econômica e social" (W., IV, p. 473-4). Isso explica o fato de que à

---

[62] Benjamin Constant, "Principes de politique", cit., p. 1.148.

[63] Para a crítica do conceito de "miséria alemã", ver Claudio Cesa, "G. W. F. Hegel. A centocinquant'anni dalla morte", *Studi Senesi*, n. 1, 1982, p. 11-2. O conceito de miséria alemã está presente também num autor definitivamente hostil a Hegel. Ludwig Börne, "Briefe aus Paris" (1832-1834), em *Sämtliche Schriften* (org. Inge e Peter Rippmann, Dreieich, Joseph Mezler, 1977), carta XIV, v. III, p. 67.

audácia da elaboração teórica mais geral corresponda a modéstia das propostas políticas imediatas, em cujo atraso, além do mais, não é preciso exagerar. Se Constant é decididamente favorável às eleições diretas, porém sobre uma rígida base patrimonial[64], ainda em 1835, referindo-se sempre à América, Tocqueville recomenda as eleições de segundo grau como "único meio para colocar o uso da liberdade política ao alcance de todas as classes do povo" (*infra*, cap. XII, §5).

7. Intelectuais e artesãos

Vimos as transformações da figura do intelectual em Hegel. Depois de se tornarem funcionários estatais e regularmente remunerados, no entanto, os intelectuais-filósofos continuam a ser considerados e temidos como politicamente não confiáveis, perigosos e socialmente subversivos. Em 1821, Stein, que havia sido protagonista do período de reformas posterior à batalha de Iena, mas que a esse ponto já havia refluído a posições decididamente conservadoras, brada contra uma "casta de escrivães" que, por serem "desprovidos de propriedades", está pronta também a destruir "direitos antigos e transmitidos"[65].

Na realidade, as críticas dirigidas aos intelectuais alemães da época não são muito diferentes daquelas dirigidas aos intelectuais revolucionários franceses, pejorativamente definidos por Burke como "mendigos da pena" (*gueux plumées*)[66]. Foi notado, no tocante aos intelectuais protagonistas da Revolução Francesa e de sua preparação ideológica, que sua "obscuridade" forçada, sua exclusão da vida pública, acabava por associá-los de alguma maneira aos "pobres"[67]. Algo de análogo se verifica também no caso dos grandes intelectuais da filosofia clássica alemã. Junto aos intelectuais, Constant exclui explicitamente dos direitos eleitorais "os artesãos amontoados nas cidades", pelo fato de que estariam à mercê dos sectários[68] (o teórico liberal pensa naturalmente no papel desempenhado ao longo da Revolução Francesa pelos artesãos de Paris). Já para Kant, os direitos políticos, assim como para os intelectuais, devem ser reconhe-

---

[64] Benjamin Constant, "Principes de politique", cit., p. 1.132-45.

[65] Freiherr K. vom Stein, carta a H. v. Gagern, 24 de agosto de 1821, em *Ausgewählte Schriften* (org. Klaus Thiede, Iena, G. Fischer, 1929), p. 281.

[66] Edmund Burke, "Letters on a Regicide Peace", IV, em *The Works of the Right Honourable Edmund Burke*, cit., v. IX, p. 49.

[67] Hannah Arendt, *On Revolution*; ed. it.: *Sulla rivoluzione* (trad. Maria Magrini, Milão, Comunità, 1983), p. 134-5.

[68] Benjamin Constant, "Principes de politique", cit., p. 1.151.

cidos para os "artesãos"[69]. E essa espécie de solidariedade intelectuais-artesãos acaba se manifestando, ainda, em Hegel. Agora comparemos a Constant. Em *Princípios de política*, lê-se:

> No curso de nossa revolução, os proprietários – é verdade – concorreram com os não proprietários para fazer leis absurdas e espoliadoras. O fato, porém, é que os proprietários tinham medo dos não proprietários investidos de poder e queriam que a propriedade deles fosse perdoada [...]. Os erros e os crimes dos proprietários foram consequência da influência exercida pelos não proprietários.[70]

Assim, o monopólio pelos proprietários da representação política deve ser total e não apresentar brechas de nenhum tipo. Já para Hegel, na Câmara Baixa devem encontrar expressão os diversos interesses, todas as articulações da sociedade civil, as "corporações de ofício, comunidades locais e corporações de alguma forma constituídas" (Rph., § 308). Aliás, no curso de Heidelberg, podemos ler que os deputados da Câmara Baixa devem ser eleitos "por uma cidadania [...] que não exclua dos direitos eleitorais nenhum verdadeiro cidadão, qualquer que seja seu patrimônio" (Rph., I, § 153). É uma afirmação que seria difícil encontrar no pensamento liberal da época. É verdade que, mais tarde, o mesmo curso de Heidelberg, inconsequentemente, acaba por excluir dos direitos eleitorais "trabalhadores diaristas" e domésticos, mas apenas porque não fazem parte de uma "companhia de ofício" (Rph., I, § 153 A); assim, teria direito de acesso aos cargos eletivos o *Gewerbsmann*, artesão ou operário estável, membro de uma corporação e, portanto, como enfatiza *Filosofia do direito*, diferente do "trabalhador diarista" (Rph., § 252 A).

Ressalte-se que essa espécie de solidariedade intelectuais-artesãos, mais que de tomadas de posição políticas, emerge de categorias teóricas. A atividade intelectual não é mais subsumida na categoria de *otium*, mas na categoria de trabalho: na verdade, fala-se em "trabalho intelectual" (V. Rph., III, p. 256), ou de "produção intelectual", ou seja, "espiritual" (Rph., § 68 AL; V. Rph., II, p. 281), e o intelectual, o escritor, o filósofo, se tornou agora um "produtor espiritual" (Rph., § 69 A) e até um "indivíduo que produz" (Rph., § 68 A). É significativo, ainda, o fato de que um mesmo parágrafo de *Filosofia do direito* se

---

[69] Immanuel Kant, "Über den Gemeinspruch: Das mag in der Theorie sein, taugt aber nicht für die Praxis", cit., p. 295, e "Metaphysik der Sitten, Rechtslehre", cit., §§ 45-6, p. 313-5.

[70] Benjamin Constant, "Principes de politique", cit., p. 1.148.

refere ao mesmo tempo ao trabalho manual e ao trabalho intelectual: "Algumas de minhas particulares capacidades físicas e espirituais e de minhas possibilidades de atividade posso alienar a um outro..." (§ 67). E apenas o parágrafo sucessivo se refere às "peculiaridades da produção espiritual" (§ 68). Às vezes, a categoria de "produtores" (que reúne intelectuais, artesãos e também operários qualificados sob a hegemonia dos intelectuais funcionários) parece se contrapor à categoria dos "meros consumidores", que nada produzem e, por isso, podem ser comparados a "carrapatos", em última análise, a parasitas (V. Rph., IV, p. 499).

Ainda. Foi dito que Constant nega o próprio conceito de "propriedade intelectual"; Kant, por sua vez, dedica todo um livro à defesa do direito do autor, da "propriedade do autor sobre seus próprios pensamentos"[71]. É um tema em que também Hegel se detém bastante: "indústria" e "comércio" são bem protegidos dos "roubos", enquanto, ao menos na Alemanha, deixa muito a desejar a proteção concedida à "propriedade espiritual" (Rph., § 69 A). Emerge aqui o mau humor em relação à riqueza e à grande propriedade, e desse mau humor não se salvam nem mesmo os editores: "O interesse do editor é, na maioria dos casos, diferente do interesse do escritor" (V. Rph., III, p. 259). Sim, os editores devem ser defendidos das reproduções não autorizadas,

> mas também os escritores dos editores. Estes podem obter um enorme ganho, os escritores não. Schiller vivia sempre na miséria e morreu pobre, mas seu editor obteve um ganho de 300 mil táleres, segundo o cálculo dos livreiros, na última edição de suas obras. Na França, Schiller teria 1 milhão de francos. A equidade exige que se divida. (V. Rph., IV, p. 235-6)

Às vezes, essa propriedade intelectual parece proclamar orgulhosamente a própria superioridade em relação às outras. Resultado do esforço e do mérito pessoal, somente ela se revela "indestrutível" para além das reviravoltas políticas e bélicas (*infra*, cap. IX, §5).

Deve-se acrescentar que o conceito de propriedade intelectual parece, por vezes, se estender além das camadas intelectuais propriamente ditas: a "melhor propriedade" é aquela derivada da "tomada de posse" que o ser humano, por meio da educação e da cultura, realiza de si mesmo, das próprias atitudes, das próprias capacidades, da própria força (V. Rph., IV, p. 211). Nesse sentido,

---

[71] Immanuel Kant, "Von der Unrechtmässigkeit des Büchernachdrucks" (1785), em KGS, v. VIII, p. 77-87.

também o artesão, e até o operário qualificado que educa sua força de trabalho, é partícipe dessa "propriedade" que deve ser considerada a "melhor". Naturalmente, Hegel destaca os intelectuais, mas, também aqui, a solidariedade ou a potencial solidariedade com os artesãos fica patente.

A esse ponto, pode-se fazer mais uma consideração sobre a configuração do direito de propriedade em Hegel. Obviamente, ele continua fora de discussão em qualquer nível. No entanto, quando *Filosofia do direito* teoriza o direito "inalienável" à propriedade, o objetivo é afirmar não a inviolabilidade da propriedade privada e repudiar o caráter invasivo do poder político, mas sim condenar a exclusão do servo da gleba do direito a ser proprietário em sentido pleno; e tal exclusão, "a incapacidade de possuir propriedade", é até comparada à escravidão (Rph., § 66 A). A propriedade e o direito à propriedade são defendidos com um calor particular no momento que nos colocamos do ponto de vista do intelectual, do artesão e até do servo da gleba.

8. HEGEL, VULGAR E PLEBEU?

Schopenhauer é o primeiro a tecer um vínculo entre a elaboração filosófica de Hegel e sua extração social. Na realidade, sua denúncia atinge a filosofia clássica alemã como um todo: "A verdadeira filosofia exige independência", pressupõe "que se caminhe com as próprias pernas e não se tenha um senhor"[72]. As classes que precisam trabalhar para ganhar a vida não são capazes de expressar uma autêntica filosofia e uma autêntica cultura, cujo pressuposto inevitável é a *scholè*. Desse modo, Schopenhauer (assim como, mais tarde, Nietzsche) radicaliza um motivo largamente presente também na tradição liberal (*infra*, cap. VIII, § 8), a qual exclui os não proprietários dos direitos políticos com a mesma argumentação que Schopenhauer os exclui da autêntica cultura. Compreende-se, então, a acusação pronunciada contra a filosofia clássica alemã, desprovida de base material independente e, portanto, propensa a confundir a cultura com o trabalho, cujo fim último é "obter o sustento para si e para a família"[73]. Pior ainda, na maior parte das vezes, o ensino universitário foi precedido pelo trabalho como "preceptor privado"; desde a juventude torna-se uma "segunda

---

[72] Arthur Schopenhauer, "Über die Universitäts-Philosophie" (Parerga und Paralipomena, I) (1851), em *Sämtliche Werke* (org. Wolfgang von Löhneysen, Darmstadt, WBG, 1976-1882), v. IV, p. 238.

[73] Ibidem, p. 184.

natureza" o hábito da dependência, o hábito de submeter a filosofia a escopos pragmáticos e, de toda forma, estranhos ao puramente teórico[74].

Pode-se dizer que Schopenhauer faz uma espécie de análise de classe e, sem dúvida, colhe um ponto central: os protagonistas da filosofia clássica alemã, de Kant a Hegel, passaram por um aprendizado que certamente devia se mostrar duro e humilhante para os intelectuais da época, se já um autor do Sturm und Drang, em um romance intitulado justamente *Preceptor*, denuncia as humilhações que os intelectuais-preceptores eram obrigados a sofrer por parte de seus nobres empregadores[75]. Fichte faz referência explícita a tais humilhações num texto que parece carregado de tristeza e talvez de ressentimento: o preceptor queria desempenhar bem sua tarefa educativa, mas é "impedido pela força". É uma carta enviada a Kant[76], que, aliás, também tem essa experiência e, não por acaso, também examina o conflito entre "pais e preceptores" ou – para retomar as palavras significativamente usadas em *Pedagogia*[77] – entre "preceitos do mestre", e "caprichos dos pais"; pois bem, tal conflito pode ser resolvido apenas reafirmando totalmente a autoridade do preceptor no campo educativo. Em geral, a educação pública é preferível àquela privada uma vez que a primeira colabora com a "formação do caráter do cidadão" e a segunda perpetua e, às vezes, amplia ainda mais "defeitos familiares" (inclusive, pode-se presumir, a arrogância aristocrática e de casta). Se realmente o nobre pai quer recorrer à educação privada e à ajuda do preceptor, porém, que fique claro que deve renunciar à autoridade educativa a favor deste último.

Naturalmente, na prática, as coisas aconteciam de outro jeito. O calvário de Kant e de Fichte é o mesmo que, depois, enfrenta Hegel. As cartas que o *governeur des enfants*[78] envia de Berna deixam transparecer a dificuldade de conciliar estudo e trabalho. No entanto, é significativo, sobretudo, o início do poema enviado a Hölderlin: a noite é invocada porque, já distante das atividades cotidianas, concede "liberdade" e *Musse* [lazer] (B., I, p. 38). Eis que

---

[74] Ibidem, p. 237-8.

[75] O autor é Jakob Michael Reinhold Lenz. Ver Roy Pascal, *The German Sturm und Drang* (Manchester, Manchester University Press, 1953), p. 56-7.

[76] Johann Gottlieb Fichte, carta a Kant, 2 de setembro de 1791, em *Briefwechsel*, (org. Hans Schulz, Leipzig, H. Haessel, 1930) (ed. fac-similar: Hildesheim, Georg Olms, 1967), v. I, p. 200.

[77] Immanuel Kant, "Über Pädagogik" (1803), em KGS, v. IX, p. 452-3.

[78] Karl Rosenkranz, *Hegels Leben* (Berlim, Duncker und Humblot, 1844) [ed. fac-similar: Darmastadt, Wissenschaftliche Buchgesellschaft, 1963], p. 42.

O INTELECTUAL, A PROPRIEDADE E A QUESTÃO SOCIAL   219

aqui reaparece em cena o *otium*, considerado pela tradição liberal, mas também por Schopenhauer e depois por Nietzsche, o pressuposto indispensável da cultura; porém, agora está confinado à noite, ao fim de uma jornada cansativa de trabalho, e remete não a uma confortável independência material, e sim a uma dura luta pela subsistência.

Em relação aos clássicos do liberalismo, a filosofia clássica alemã se move num quadro radicalmente diverso: a extração de seus protagonistas é definitivamente mais "plebeia". Estamos às voltas com intelectuais que não são ligados de maneira orgânica com as classes econômica ou politicamente determinantes da sociedade existente e que, aliás, com tais classes, têm uma relação pontuada de contradições e tensões. Para dar alguns exemplos, na Inglaterra, vemos Locke, que leva adiante paralelamente a elaboração filosófica e profícuas operações financeiras[79]. É óbvio que convém evitar instituir uma relação mecânica entre extração social e elaboração filosófica; no entanto, a relação vem à tona com nitidez. Uma coisa é certa: se os grandes da filosofia clássica alemã passaram por humilhações no trabalho como preceptores, tal trabalho é levado em consideração, por Locke, apenas no âmbito dos conselhos dados ao "*gentleman*" sobre o modo melhor de investir o próprio dinheiro; claro, um "bom preceptor" custa caro, um preceptor realmente à altura de sua tarefa é difícil encontrar a "preços ordinários"[80]. No entanto, é um investimento lucrativo: é conveniente que um "jovem *gentleman*" não seja enviado a uma escola pública, mas que receba uma educação doméstica[81]. Em vez de renunciar ao preceptor, valeria mais a pena renunciar a alguns dos "servos" comuns em excesso[82]. Se Fichte e Hegel fazem referência ou acenam a esses problemas e às humilhações dos preceptores, Constant conta de seu preceptor (entre os tantos sucessivamente contratados e demitidos pelo pai cada vez mais "desgostoso"), "objeto de brincadeiras e de contínua zombaria"[83]. Antes de Constant, Locke fala das dificuldades de o *gentleman* encontrar a pessoa

---

[79] Ver Maurice Cranston, *John Locke. A Biography* (2. ed., Londres, 1959), p. 114-4, 377 e 448; "Locke pode ser, portanto, considerado membro daquela classe de investidores cujos interesses são claramente defendidos por seus escritos econômicos" (ibidem, p. 115, nota 3).

[80] John Locke, *Some Thoughts Concerning Education*, cit., §§ 89 e 94.

[81] Ibidem, § 70.

[82] Ibidem, § 90.

[83] Benjamin Constant, "Le Cahier rouge" (redigido em 1811-1812, publicado pela primeira vez em 1907), em *Œuvres*, cit., p. 124.

capaz de ocupar dignamente o lugar de preceptor, pois os intelectuais "que surgem dificilmente se convencem a assumi-lo"[84].

E não é difícil compreender tal relutância, pois, em última análise, o preceptor é um servo[85]: nesse sentido, Schopenhauer tinha razão ao denunciar o caráter ou a origem "servil" da filosofia clássica alemã. Certo é que, se da correspondência e das anotações pessoais de Locke emergem considerações e cálculos sobre os investimentos mais oportunos, bem diferente é o quadro que apresenta a filosofia clássica alemã. Em Königsberg, Fichte anota em seu diário: "Calculei que, a partir de hoje, posso sobreviver ainda por catorze dias"[86]. Nem sempre os cálculos e as confissões são tão dramáticos, mas é certo que agora o problema da sobrevivência não é apenas filosófico; ele adquire um relevo existencial direto, a ponto de condicionar a própria elaboração filosófica. Hegel é obrigado a acelerar a publicação de *Lógica*: o fato é – confessa – que "preciso de dinheiro para viver"; não ocupa ainda a cátedra que lhe trará tranquilidade econômica (B., I, p. 393). Schopenhauer vê a filosofia de Hegel em perfeita consonância com os "referendários", aqueles que são desejosos de ganhar a vida arranjando um emprego público e se tornando "funcionários estatais"[87]. Com a aguda sensibilidade de classe provinda também de sua posição de rico rentista, Schopenhauer percebe a avassaladora novidade que a filosofia clássica alemã representa já do ponto de vista social. Apesar da profunda diversidade no plano político e ideológico, a crítica de Schopenhauer faz pensar na crítica que Tocqueville dirigiu aos iluministas franceses: o ideal deles é uma sociedade em que "todos os empregos sejam obtidos por concursos literários" e que tem como única "aristocracia os literatos"[88].

Não por acaso, Schopenhauer compara o triunfo filosófico de Hegel e de sua escola ao temido advento ao poder da "classe mais abjeta", da "escória da sociedade". O alvo dessa denúncia não é apenas a filosofia clássica alemã, mas atinge todos "os literatos famintos que ganham o sustento com uma literatura dissimulada e mentirosa"[89]. Estamos diante de um geral embrutecimento da

---

[84] John Locke, *Some Thoughts Concerning Education*, cit., § 91.

[85] Assim era explicitamente considerado Hölderlin pelo banqueiro Gontard e até pelos descendentes distantes deste; ver Theodor Adorno, "Stichworte. Kritische Modelle 2", em *Gesammelte Schriften*, v. X, 2 (org. Rolf Tiedemann, Frankfurt, Suhrkamp, 1957), p. 659.

[86] Nota de diário do verão de 1791, em Johann Gottlieb Fichte, *Briefwechsel*, cit., v. I, p. 200.

[87] Arthur Schopenhauer, "Über die Universitäts-Philosophie", cit., p. 182.

[88] Alexis de Tocqueville, "L'Ancien Régime et la Révolution", cit., p. 213.

[89] Arthur Schopenhauer, "Über die Universitäts-Philosophie", cit., p. 215 e 213; ver *infra*, cap. IX, § 7, e cap. IX, § 3. Algumas décadas antes, por sua vez, Caroline von Herder vociferava

O INTELECTUAL, A PROPRIEDADE E A QUESTÃO SOCIAL   221

vida intelectual, que, não sendo mais sinônimo de *otium* desinteressado e já se configurando como atividade de trabalho, carrega impressa a marca do plebeu e do vulgar. É a denúncia que, mais tarde, encontrará uma voz desolada em Nietzsche, inspirada dessa vez não pela segurança de uma confortável posição burguesa, mas pela nostalgia da *scholé* da Antiguidade clássica e do impossível desejo de retroceder no caminho da massificação do mundo moderno. Também para Nietzsche, a vulgarização da figura do intelectual, como demonstra a confusão entre "cultura", de um lado, e "utilidade" e "ganho", ou seja, profissão, de outro, encontra uma de suas expressões mais significativas em Hegel, a cuja "influência" se deve "o alargamento da cultura para ter o maior número possível de empregados inteligentes" (*infra*, cap. IX, § 7).

Retorna assim a figura do funcionário estatal, do intelectual que em vez de identificar a cultura com a *scholé*, a identifica com a profissão e o trabalho; Hegel se torna o símbolo do intelectual vulgar e plebeu – ele que, de fato, numa carta, não hesitava em declarar que no estudo e no ensino da filosofia tinha seu "emprego", "o pão e a água" (B., I, p. 419).

9. QUESTÃO SOCIAL E SOCIEDADE INDUSTRIAL

No entanto, não basta a sensibilidade à questão social para definir a importância de Hegel. No tocante à Alemanha, Fichte demonstra uma sensibilidade ainda mais aguda; para ele, a miséria é um escândalo absolutamente intolerável, tanto que pode ser definido "racional" apenas aquele Estado que tiver debelado totalmente a pobreza[90]. Porém, em Fichte, o radicalismo plebeu, que ainda é reflexo de uma extração social muito humilde, às vezes, assume acentos retrógrados e parece colocar em discussão a civilização industrial, a ilimitada expansão do consumo e da troca própria do mundo moderno. A denúncia da "tirania das camadas superiores e a opressão de que são vítimas

---

contra os intelectuais rentistas: "Li recentemente no *Morgenblatt*: Humboldt recusou um chamado a Paris porque julga seu sagrado dever permanecer onde está. Algumas afirmações me enfurecem. A Prússia é sua pátria: ali ele tem posses, bens, riquezas, não abandonar tais fortunas não requer, por certo, espírito de sacrifício e, por isso, nada de exibições de sagrados deveres!". Carta a Johannes von Müller, 28 de agosto de 1807, em Johannes von Müller, *Briefwechsel mit Gottfried Herder und Caroline von Herder geb. Flachsland* (org. K. E. Hoffmann, Schaffhausen, Meier, 1952), p. 220. Embora rancorosa, essa polêmica é um indício significativo das tensões também sociais que atravessam a intelectualidade alemã da época.

[90] Johann Gottlieb Fichte, "Grundlage des Naturrechts" (1796), § 18, F. W., v. III, p. 214.

as camadas inferiores" procede *pari passu* com a condenação do "luxo" enquanto tal, do "desregramento" e da "dissipação" geral, da "ostentação de dinheiro dos comerciantes", da "arte da sedução", da "voracidade" e até, em síntese, de "nossa época corrompida"[91].

Certamente não é menos crua a descrição que Hegel faz da sociedade civil com seu "espetáculo de desperdício e de miséria, bem como de corrupção física e ética comum a ambas" (Rph., § 185). Essa lúcida descrição, em Hegel, porém, não depende nunca de uma nostalgia, não assume nunca o aspecto de condenação moral: a moderna sociedade civil representa um grande progresso pelo fato de que comporta "o desenvolvimento autônomo da particularidade" (§ 185 A) e, portanto, mostram-se impotentes e também retrógradas as aspirações a recuperar a "simplicidade de costumes dos povos primitivos", a perdida "simplicidade de costumes dos povos primitivos", a perdida "simplicidade natural", a qual, na realidade, para além das cores suaves que lhe foram conferidas pela transfiguração nostálgica, é, "por um lado, a passiva impessoalidade e, por outro, a grosseria do saber e do querer" (§ 187 A).

Hegel se dá conta de que essa crítica, nostálgica ou tendencialmente nostálgica, da sociedade civil pode bem expressar, como acontece em Rousseau, uma solidariedade empática com o sofrimento das massas populares (V. Rph., IV, p. 477). No entanto, a solução do problema tão fortemente sentido não pode se dar com um retrocesso, aquém da descoberta cristã-burguesa da autonomia, da particularidade e da infinidade do sujeito.

Não por acaso, Rousseau e Fichte sentem tão fortemente a questão social, sobretudo a partir do mundo camponês. Ao afirmar com veemência que é preciso proteger "os cidadãos do perigo de cair na miséria", assim como a "extrema desigualdade de fortunas", Rousseau denuncia o fato de que "as indústrias e as artes para a produção de bens supérfluos [são] favorecidas à custa de ofícios úteis e nocivos; a agricultura sacrificada ao comércio". Seria possível afirmar que a contradição principal é aquela que opõe a cidade ao campo: "Quanto mais rica é a cidade, mais miserável é o campo. A renda das taxas passa das mãos do príncipe ou do banqueiro para as do artesão ou dos mercantes; e o agricultor, que recebe apenas uma mínima parte, se reduz à miséria de pagar sempre a mesma quantia e receber cada vez menos"[92].

---

[91] Idem, "Zufällige Gedanken in einer schlaflosen Nacht" (1788), em *Briefwechsel*, cit., v. I, p. 10-3.

[92] Jean-Jacques Rousseau, "Discours sur l'économie politique", cit., p. 258-9 e 274.

O INTELLECTUAL, A PROPRIEDADE E A QUESTÃO SOCIAL   223

Para Fichte, a já recordada "opressão" das "classes superiores" atinge, em primeiro lugar, "a classe daqueles que cultivam a terra"[93]. Durante uma troca de correspondência, depois de se declarar de acordo com a tese que identifica a causa da "queda", isto é, da revolução na França com o "grande privilegiamento das fábricas em detrimento da agricultura", Fichte acrescenta: "Entre todos os meios de manutenção e crescimento físico da humanidade (que, por sua vez, depende da cultura espiritual), a agricultura é o primeiro, e a ela devem ser subordinados todos os outros ramos"[94]. A condenação do luxo, às vezes, parece comportar a condenação do "comércio" e das "fábricas"[95].

Para compreender melhor o comportamento diferente de Hegel em relação a Rousseau e a Fichte, podemos partir de Adam Smith:

> Em toda sociedade civilizada, em toda sociedade que a distinção das camadas sociais tenha se afirmado completamente, sempre houve, no mesmo período, dois diversos ordenamentos ou sistemas de moral correntes: um deles pode ser chamado de rigoroso ou austero, e o outro é o liberal, ou, se preferirmos, permissivo. O primeiro é geralmente admirado e apreciado pela gente comum, enquanto o segundo é, em geral, mais estimado e adotado pela assim chamada gente mundana [...]. No sistema liberal ou permissivo, o luxo, a despreocupação, além do gozo desordenado, a busca do prazer levado a certo grau de exagero, o pouco cuidado com a castidade, ao menos num dos dois sexos, contanto que não sejam acompanhados pela indecência grosseira e não conduzam à perfídia e à injustiça, são tratados com muita indulgência e são facilmente desculpados ou perdoados por completo. No sistema austero, ao contrário, esses excessos são considerados com a máxima repugnância e execração. Os vícios derivados da leveza são sempre danosos para a gente comum, e uma única semana de despreocupação e desperdício custa, com frequência, a ruína para sempre a um operário pobre, levando-o a cometer por desespero os delitos mais cruéis.[96]

---

[93] Johann Gottlieb Fichte, "Zufällige Gedanken in einer schlaflosen Nacht", cit., p. 11.

[94] A troca de cartas é com Theodor von Schön, em Johann Gottlieb Fichte, *Briefwechsel*, cit., v. I, p. 247 (carta de Theodor von Schön, 5 de setembro de 1792) e p. 257 (carta de Fichte, 30 de setembro de 1792).

[95] Johann Gottlieb Fichte, "Beitrag zur Berichtigung der Urteile des Publikums über die französische Revolution" (1793), em F. W., p. 182.

[96] Adam Smith, *An Inquiry into the Nature and the Causes of the Wealth of Nations*, Livro V, cap. I, parte III, art. III, cit., p. 794.

224   Hegel e a liberdade dos modernos

Smith tem o mérito de explicitar o vínculo entre moral "liberal" e riqueza, entre moral "austera" e condição plebeia. Em Hegel, a sensibilidade à questão social não tem aquelas características plebeias que se revelam em Rousseau e Fichte, mas o outro lado da moeda é o estranhamento à "austera" celebração da sobriedade e da simplicidade do mundo camponês pré-industrial. Hegel compara Rousseau a Diógenes, assim como faz Voltaire (*infra*, cap. VIII, § 2), autor do elogio do mundano[97] e representante daquela moral "liberal" típica, segundo Smith, das camadas detentoras. Ao contrário de Hegel, contudo, Voltaire não tem, certamente, simpatia pelo Rousseau intérprete dos sofrimentos e da miséria das massas populares. Aliás, *Discurso sobre a origem da desigualdade entre os homens* é rotulado como "a filosofia de um mendigo (*gueux*) que gostaria que os ricos fossem saqueados pelos pobres"[98]. Em Voltaire, a discussão do privilégio não vai além do privilégio nobiliárquico. De toda forma, o elogio do mundano parece apagar ou ignorar a dimensão político-social da miséria. Imune a qualquer nostalgia bucólica, Hegel não tem dúvidas ao afirmar que é na cidade e nas classes urbanas que "se manifesta de maneira decisiva a consciência da liberdade" (Rph., III, p. 166), enquanto a classe camponesa "é mais propensa à submissão" (V. Rph., III, p. 629-30; ver também V. Rph., IV, p. 505-6). Essa aceitação sem reservas da sociedade industrial avançada, porém, não resvala nunca numa representação rasa dessa sociedade. O fato de que a miséria continue a sobreviver ao lado da opulência é um "resíduo do estado de natureza", o qual é sinônimo, como o filósofo não se cansa de ressaltar, de condição de violência generalizada (*infra*, cap. VII, § 10).

Independentemente das implicações políticas que nascem daí e das quais o próprio Hegel não parece plenamente consciente, estamos bem distantes da tradição liberal que busca na "natureza", quando muito, a confirmação da desejada eternidade das relações econômico-sociais historicamente determinadas, que busca a confortável garantia, citando Marx – aqui, contudo, a crítica da ideologia atinge um nível também epistemologicamente novo – de que "houve história, mas não há mais"[99].

---

[97] Ver "Le Mondain" (1736) e "Défense du 'Mondain' ou l'Apologie de luxe" (1737), *Œuvres complètes de Voltaire* (Kehl, 1784-1789), v. XIV.

[98] Ver George Remington Havens, "Voltaire's Marginalia on the Pages of Rousseau", em *Ohio State University Studies*, 1933, VI, p. 15.

[99] Karl Marx, *Misère de la philosophie* (1847), MEW, v. IV, p. 139 [ed. bras.: *Miséria da filosofia*, trad. José Paulo Netto, São Paulo, Boitempo, 2017, p. 110].

TERCEIRA PARTE
LEGITIMIDADE E CONTRADIÇÕES
DO MODERNO

VII
DIREITO, VIOLÊNCIA, *NOTRECHT*

1. A GUERRA E O DIREITO DE PROPRIEDADE: HEGEL E LOCKE

A polêmica contra a absolutização do direito de propriedade caracteriza Hegel em todo o arco de sua evolução. Mesmo depois de terem se tornado ponto pacífico a diferença entre eticidade antiga e moderna e, logo, também o papel que a inviolabilidade da esfera privada exerce no âmbito da liberdade dos modernos, o filósofo não se cansa de enfatizar o caráter subordinado da propriedade privada em relação à comunidade política. Tal subordinação se revela enfaticamente em caso de guerra: seria sem sentido, em tal ocasião, continuar a defender a intangibilidade da propriedade privada, quando, em nome da salvação do todo e da independência nacional, o Estado exige dos cidadãos que coloquem em risco a própria existência (Rph., § 324 A). É claro: a vida é um valor mais alto do que a propriedade.

A posposição do valor da propriedade ao valor da vida não constitui de forma alguma uma obviedade. Basta pensar nas considerações que um autor como Locke faz a propósito da guerra. Como demonstração do fato de que, em nenhum caso, é lícito ao poder político "tomar para si, toda ou em parte, a propriedade dos súditos sem o consenso deles", Locke dá o exemplo da "prática corrente na disciplina militar":

A conservação do Exército e, com ele, do Estado como um todo exige obediência absoluta às ordens de todos os oficiais superiores, e desobedecer ou discutir mesmo as ordens mais insensatas significa justamente a morte. No entanto, vemos que nem o sargento, a quem é permitido ordenar a um soldado que marche em direção à boca de um canhão ou que fique em local desprotegido onde é quase certa a morte, pode ordenar a esse soldado que lhe dê algum dinheiro nem o general, a quem é permitido condená-lo por deserção ou por não ter executado as ordens mais descabidas, pode, com todo o seu absoluto poder de vida e de morte, dispor de um centavo de propriedade desse soldado ou se apossar de uma migalha de seus bens, apesar de poder lhe ordenar qualquer coisa ou até enforcá-lo pela menor desobediência.[1]

A propriedade do indivíduo é mais inviolável que sua própria vida.

Podemos afirmar que, em Locke e na tradição de pensamento liberal, a violência mais intolerável é aquela que se exerce contra a propriedade privada; no entanto, não é percebida como violência a obrigação imposta ao cidadão soldado de sacrificar, sem discutir, a própria vida – entenda-se, em caso de guerra. Nesse ponto, o liberal Locke vai além do próprio Hobbes, que, ao rejeitar o direito de resistência, formula uma importante exceção:

Os pactos que impedem o homem de defender o próprio corpo são sem efeito. A partir desse fundamento, um homem que, como soldado, recebe o comando de atacar o inimigo, embora seu soberano tenha bastante direito para punir sua recusa com a morte, em muitos casos, pode se recusar, sem cometer injustiça.

Além do mais, para o soldado que não seja de ofício e, logo, não tenha escolhido livremente a vida militar, e salvo em casos excepcionais de perigo para a existência do próprio Estado, "é preciso também fazer uma concessão à timidez natural"; assim, "quando quem foge não o faz por traição, mas por medo, estima-se que não tenha agido de maneira injusta, e sim de maneira desonrosa. Pela mesma razão, evitar a batalha não é injustiça, é covardia"[2]. Condenar um soldado que não seja de ofício a sacrificar a própria vida em uma batalha é, então, para Hobbes, violência sem direito, contra a qual é lícito opor resistência, ao menos passiva, enquanto, para Locke, se configura como comportamento perfeitamente legítimo, contra o qual toda resistência assumiria caráter de ilegalidade e violência. O poder político começa a se configurar como tirania e, logo, como violência quando atenta contra a propriedade privada, sendo, então, lícito resistir a tal violência. Dessa forma, o cidadão, ou melhor,

---

[1] John Locke, *Two Treatises of Civil Government*, cit., II, § 139.
[2] Thomas Hobbes, *Leviathan* (1651), cap. XXI; ed. it.: trad. Mario Vinciguerra, Bari, Laterza, 1974, p. 192-3.

o indivíduo, retoma o poder que já tinha no estado de natureza e que "consiste em usar todos os meios que julga adequados e que a natureza lhe oferece para a conservação de sua propriedade"[3]. O âmbito da legalidade é o âmbito do respeito da propriedade privada, enquanto a violência é definida, em primeiro lugar, pela violação da propriedade privada e de seu caráter absoluto.

Diferente e oposta é a posição de Hegel, que, ao analisar as consequências da guerra sobre o direito de propriedade, retoma o exemplo de Locke, invertendo totalmente seu significado. E não vale só em caso de guerra o princípio de que a vida constitui um bem nitidamente superior à propriedade. Também em caso de extrema necessidade, é lícito violar o direito de propriedade: sim, para Hegel, é lícito "o dano de apenas uma limitada existência da liberdade", como é justamente a propriedade, se no outro lado da balança há o perigo de perder a própria vida, ou ainda, se no outro lado da balança há "o infinito dano da existência e, portanto, a total falta de direitos" (Rph., § 127).

2. DO *IUS NECESSITATIS* AO DIREITO DA NECESSIDADE EXTREMA

Deixemos de lado o texto impresso de *Filosofia do direito* e detenhamo-nos em *Lições* que, quanto ao tema examinado, se exprimem com um calor e uma audácia ainda maiores:

> O homem que morre de fome tem o direito absoluto de violar a propriedade de outro, ele viola a propriedade apenas num conteúdo limitado; no direito da necessidade extrema, entende-se que ele não viola o direito do outro enquanto direito: o interesse se volta apenas para esse pedaço de pão, ele não trata o outro como pessoa desprovida de direitos. O intelecto abstrato é propenso a considerar absoluta toda violação jurídica, mas o homem que morre de fome viola apenas o particular, não o direito enquanto direito.

Quando é motivada pela fome, pela necessidade de conservar a vida, a violação do direito de propriedade não se configura como arbítrio e violência, e sim como afirmação de um direito superior. De fato, de um lado, há "essa propriedade limitada" e, de outro, "a vida de um ser humano", que, na fome desesperada, sofre "uma completa violação da existência"; de um lado, portanto, está em jogo algo de finito e limitado e, de outro, "um infinito"; neste último

---

[3] John Locke, *Two Treatises of Civil Government*, cit., II, § 171.

caso, "o inteiro direito é violado mediante a violação da realidade do direito". Se em Locke é a discussão da esfera da propriedade privada, em seu caráter absoluto e inviolável, que se configura como arbítrio e violência, em Hegel o que se configura como arbítrio e violência é justamente a absolutização da propriedade privada, a pretensão de fazer valer absolutamente uma abstração, uma abstração indevida a partir das necessidades concretas do ser humano e das obrigações de solidariedade da comunidade política. Quem nega o outro enquanto sujeito jurídico – e, portanto, quem exerce violência – não é de modo algum o faminto que espera salvar a própria vida por meio de uma limitada violação do direito de propriedade, mas o proprietário que pretende sacrificar a vida de um homem no altar da pretensa inviolabilidade do direito de propriedade. Se no proprietário toma corpo o abstrato furor legalista do "intelecto", é no faminto em luta pela sobrevivência que toma corpo a razão em sua concretude histórica e política.

A razão e as razões do faminto são defendidas por Hegel com um calor que não pode não chamar nossa atenção: a absolutização do direito de propriedade tem "algo de revoltante para cada homem, e isso se funda no fato de que o homem se torna desprovido de direitos quando se afirma que deveria aqui respeitar o direito limitado" (V. Rph., IV, p. 341-2). É impressionante ouvir do teórico da objetividade das instituições esta declaração explícita: o "furto de um pedaço de pão" por um homem em luta pela sobrevivência, sem dúvida, viola "a propriedade de um homem"; "a ação é ilegal (*unrechtlich*), mas seria injusto (*unrecht*) considerá-la um furto comum. Sim, o homem tem direito a tal ação ilegal" (V. Rph., III, p. 400 e 402).

Antes de avançar na exposição do pensamento de Hegel, contudo, é conveniente dar uma olhada nos precedentes históricos para compreender, em toda a sua dimensão, as fundamentais inovações introduzidas na doutrina tradicional do *ius necessitatis*. Já Kant e Fichte falam de *Notrecht*, mas em um quadro conceitual completamente diferente. A referência é a circunstâncias excepcionais. Eis dois náufragos – observa o segundo retomando o exemplo do primeiro[4] – agarrados à "célebre, milagrosa tábua de escolar memória", que é capaz, porém, de suportar e levar à salvação apenas um deles: com base em qual norma jurídica será possível, então, dirimir a inevitável controvérsia entre os dois candidatos à morte? Para Kant, o náufrago que salva a vida à custa do

---

[4]   Immanuel Kant, "Metaphysik der Sitten. Rechtslehre, Einleitung, Anhang, I", em KGS, v. VI, p. 235.

outro pode ser considerado "culpado" e, ao mesmo tempo, "não punível" (em casos do gênero, a ameaça da pena não é impeditiva). No entanto – observa Fichte –, por ora, pode-se falar de "direito positivo" enquanto se pressuponha a possibilidade da "coexistência de mais seres livres", e tal possibilidade é explicitamente excluída do exemplo em questão. Na luta pela vida e pela morte, os dois náufragos são praticamente outra vez transferidos da excepcionalidade da situação para o estado de natureza. É possível, então, definir "o direito de necessidade (*Notrecht*) como o direito de poder se considerar totalmente isento de qualquer legislação"[5]. Essa solução tem o mérito de banir do debate propriamente jurídico uma casuística interminável e inútil, entretanto, também para Fichte, o *Notrecht* continua a ser ligado a tal casuística, só que não configura propriamente um direito.

O exemplo e a solução de Fichte retornam em Hegel: "No caso de estarem ambos em perigo de morte e um só poder se agarrar à tábua de salvação, então se tem uma condição não jurídica, e a decisão é confiada à sensação subjetiva; não é mais um caso de certo ou de errado, mas apenas de abnegação" (Rph., I, § 63 A). Hegel, porém, retoma tal exemplo apenas para expressar descontentamento: exemplos do tipo podem ser multiplicados à vontade, a imaginação pode se lançar em situações-limite, mas em tal jogo só pode encontrar prazer e esbanjar energias a "reflexão tortuosa" que acena com o costumeiro exemplo da "tábua" para evitar problemas bem mais sérios e dramáticos, para evitar os problemas reais (Rph., § 137 AL; V. Rph., II, 485). Em vez de perseguir com a imaginação embates de deveres em situações anômalas e totalmente fantasiosas, convém levar em consideração que o contraste entre opulência, de um lado, e extrema indigência, de outro, "não é um embate meramente fortuito, mas sempre uma antítese e de necessidade presente, gritante sobretudo na sociedade desenvolvida" (V. Rph., III, p. 398).

Vimos a polêmica que, contra o "assim chamado *Notrecht*", Rotteck desenvolve (*supra*, cap. IV, § 5); ele, crítico liberal de Hegel, revela uma visão muito menos rígida da inviolabilidade da norma jurídica do que vários expoentes do liberalismo. No entanto, deve-se destacar o fato de que esta é relativizada a partir da análise das contradições e das relações sociais existentes. Chegamos ao âmago do problema. Para Kant e Fichte, podia-se falar de *Notrecht* apenas com referência a situações excepcionais: *Not* surge aqui de uma catástrofe natural e

---

[5] Johann Gottlieb Fichte, "Grundlage des Naturrechts" (1796), § 18, *Fichtes Werke* (org. Immanuel Hermann Fichte, Berlin, Felix Meiner, 1971) (doravante F. W.), v. III, p. 252-3).

de um acontecimento acidental, que, claro, não podem colocar em discussão o ordenamento jurídico existente. Para Hegel, é bem diferente: a *Not* que dá origem ao *Notrecht* é um fato social e remete não a uma situação extraordinária, em que, em virtude de circunstâncias acidentais e inusitadas, os protagonistas são catapultados novamente para o estado de natureza, mas sim a uma experiência cotidiana que se verifica com base em relações jurídico-sociais existentes. De fato, no nível da sociedade civil, "com o acúmulo da riqueza nasce também o outro extremo: pobreza, indigência e miséria"; "não com mera calamidade natural (*Naturnot*) deve lutar o pobre na sociedade civil; a natureza que o pobre tem à frente não é mero ser, mas minha vontade" (Rph., III, p. 194-5). Isso significa que o pobre não se vê enfrentando, como no exemplo do naufrágio, a violência de uma catástrofe natural e de uma situação anômala de luta, produzida pela natureza, mas uma violação que deriva do ordenamento político-social: "O pobre se sente em relação com o arbítrio, com a humana acidentalidade, e, em última análise, é revoltante o fato de estar envolvido nesse conflito pelo arbítrio. A autoconsciência parece forçada até seu ponto extremo, em que ela não tem direito algum, em que a liberdade não tem existência" (idem).

3. AS CONTRADIÇÕES DO DESENVOLVIMENTO ECONÔMICO MODERNO

Já vimos (*supra*, cap. VI, §3) que, em nítida contraposição a Locke, Hegel configura a miséria de massa como questão social que chama a responsabilidade, em primeiro lugar, não do indivíduo, mas do ordenamento político-social. Se o liberal inglês imaginava terras incultas não só na América, mas também na Europa, que esperavam apenas a intervenção produtiva e laboriosa de um indivíduo pobre para lhe entregar suas riquezas, Hegel, por sua vez, evidencia que, no âmbito da sociedade civil desenvolvida, não é mais possível "uma imediata tomada de posse", pois "cada coisa é já de propriedade de outro" (V. Rph., IV, p. 497), e "toda árvore, todo animal pertence não mais à natureza, e sim a um proprietário" (V. Rph., IV, p. 494). A matéria propriamente natural é plasmável, ainda que ao preço de trabalho duro, mas aqui lidamos "com uma matéria que opõe infinita resistência, isto é, com meios externos de tipo particular (são propriedade da livre vontade), logo, com uma matéria de absoluta dureza" (Rph., § 195). É experiência comum observar que "uma multidão indizível está sob o peso insuportável da infelicidade. Seria possível remediar a infelicidade de muitos com meios reduzidos que, porém, são livre propriedade de outros. Vemos assim a luta da miséria e, logo ao lado, os meios que poderiam remediá-la; entretanto, uma está separada dos outros por um abismo insuperável" (V. Rph., III, p. 398). Tal abismo é de caráter político--social, não natural, e o que opõe "infinita resistência" não é a natureza enquanto tal, mas a propriedade e seus detentores.

Portanto, estamos na presença não apenas de uma questão social, mas de uma questão social que assume particular contundência na sociedade industrial e moderna. Tal consciência representa objetivamente outro nítido distanciamento daquela visão apologética do desenvolvimento econômico, com base na qual Locke julga poder afirmar que "o soberano de um amplo e fértil território [na América dos índios] se alimenta, mora e se veste pior do que um operário inglês"[6]. É uma visão que, ainda antes, podemos encontrar em Mandeville, que acredita que "os mais pobres vivem melhor do que antes viviam os ricos" e de como viveram e vivem os poderosos das sociedades antigas ou das ainda hoje primitivas, desprovidas daquelas "comodidades da vida de que agora desfrutam os últimos e mais humildes pobretões"[7]. Em termos análogos, exprime-se outro clássico da tradição liberal, qual seja, Smith, para quem um camponês europeu "industrioso e frugal" vive materialmente muito melhor do que os "vários reis africanos"[8] ou do que o "chefe de uma população selvagem da América do Norte"[9]. Para Hegel, ao contrário, não faz sentido querer colocar o pobre da sociedade industrial moderna num nível mais alto de bem-estar e de felicidade do que o ocupado pelos ricos de outras épocas e de sociedades de um estágio inferior de desenvolvimento econômico. O desenvolvimento econômico não se configura como um progresso uniforme e indolor; ao contrário, provoca novas necessidades que não consegue aplacar: "A condição da pobreza deixa aos homens as necessidades, essas necessidades múltiplas da sociedade civil, e, ao mesmo tempo, lhes tira o sustento da natureza – tudo é já objeto de posse, não se pode pescar, ir à caça, colher frutas" (V. Rph., IV, p. 605).

Decerto podemos ler uma recusa da visão apologética do desenvolvimento econômico também em Sieyès, que a tal propósito polemiza explicitamente,

---

[6] John Locke, *Two Treatises of Civil Government*, cit., II, § 41.

[7] Bernard de Mandeville, *The Fable of the Bees* (1705 e 1714) (org. Frederick Benjamin Kaye, Oxford, Clarendon, 1924) (ed. fac-similar: Indianápolis, Liberty Fund, 1988), v. I, p. 26 e 169 e seg.

[8] Adam Smith, *An Inquiry into the Nature and the Causes of the Wealth of Nations* (1775-1776; 3. ed., 1783), Livro I, cap. 1 (citamos as obras de Smith a partir da reimpressão: Indianápolis, Liberty Fund, 1981, ed. Glasgow), p. 24.

[9] Adam Smith, *Early Draft of Part of The Wealth of Nations* (ed. de Glasgow, v. V), p. 563.

num fragmento, com Smith[10]. Sim, o autor francês não hesita em escrever que, no mundo moderno, "as classes trabalhadoras (*laborieuses*) das sociedades avançadas [...] são esmagadas sob o peso das necessidades de toda a sociedade" e de uma sociedade "um milhão de vezes mais ávida e mais consumidora de quanto pôde ser em idades primitivas". Concluindo, "esses homens abatidos e degenerados em razão do trabalho excessivo, da incerteza da remuneração, da cruel dependência, do infinito acúmulo de infelicidades de todo tipo precedentemente desconhecidas, são mais fracos, têm mais necessidades, e necessidades urgentes, enquanto vós", insiste Sieyès, ainda polemizando, desta vez alusivamente, com Smith, "celebrais a qualidade de sua subsistência ganha por meio de uma vida que vós não quereríeis nem ao preço de um trono"[11]. No entanto, o outro lado da moeda de tal visão tão crítica é a afirmação de que se trata de uma condição absolutamente irremediável: "Somos forçados a não ver na maior parte dos homens senão máquinas de trabalho", e a essas máquinas é proibida para sempre a felicidade justamente pela organização moderna da sociedade, toda fundada no "consumo" e na "produção", que transforma "todos os Estados da Europa em vastas oficinas"[12]. Para Sieyès, é inevitável, e nesse sentido é justo, que a grande massa da população se sacrifique às exigências dessa gigantesca fábrica que já é, e não pode não ser, o mundo moderno: a visão aparentemente crítica acaba por se converter numa espécie de "apologia indireta"[13] que evidencia as contradições e a carga de sofrimentos do desenvolvimento econômico moderno, mas apenas para afirmar sua absoluta insuperabilidade. Nesse sentido, também o tribuno francês do Terceiro Estado acaba negando a realidade da questão social, pois nunca uma transformação política será capaz de mudar ou melhorar a condição daqueles que são destinados a fazer o papel de "máquinas de trabalho" sem direito à felicidade (maioria da população).

Considerações em parte análogas podem ser feitas a respeito de Tocqueville. Também ele se dá conta do carácter não indolor do desenvolvimento econômico,

---

[10] Emmanuel-Joseph Sieyès, "Notes et fragments inédits", em *Écrits politiques* (org. Roberto Zapperi, Paris, Éditions des Archives Contemporaines, 1985), p. 64 (*La division du travail, em faisant concourir une infinité de bras au bien-être le plus simple, n'ajoute pas à ce bien-être*).

[11] Ibidem, p. 73 (*Comparaison des différents âges de la société*).

[12] Emmanuel-Joseph Sieyès, "Dire sur la question du veto royal" (1789), em *Écrits politiques*, cit., p. 236.

[13] Trata-se, como é sabido, de uma categoria cara a György Lukács, *Die Zerstörung der Vernunft* (Berlim, Aufbau, 1954); ed. it.: *La distruzione della ragione* (Turim, Einaudi, 1959), p. 206.

Direito, violência, *Notrecht*   235

que comporta o surgimento de necessidades novas e insatisfeitas[14] e uma aumentada insegurança para a "classe industrial", submetida aos riscos do ciclo econômico e, portanto, a "males repentinos e irremediáveis"[15], que expõem os mais desafortunados até mesmo ao perigo da inanição, um perigo fundamentalmente desconhecido nas eras precedentes quando, ainda que no âmbito de uma extensa miséria, a terra fornecia "a todos" o mínimo indispensável para sobreviver[16]. Aliás, com o desenvolvimento econômico, parece proceder *pari passu*, e "incessantemente", o aumento do exército daqueles que são obrigados a recorrer ao socorro e à caridade de outros homens para poder sobreviver à fome[17]. Entretanto, tal quadro, tão cruamente realista, é invalidado, sobretudo no texto de 1835 que estamos examinando, por dois elementos ideológicos. Em primeiro lugar, a tese insistentemente reiterada de que os custos sociais da modernidade constituem "males inevitáveis"[18] e são resultado daquelas "leis imutáveis que regem o crescimento das sociedades organizadas"[19]. O outro elemento ideológico reside na nostalgia que, por vezes, desponta do texto de Tocqueville, no momento que descreve a sociedade do *Ancien Régime* e pré-moderna, em cujo âmbito a sorte dos servos "provocava menos piedade do que aquela dos homens do povo de nossos dias", senão por outro motivo, pelo fato de que os primeiros, habituados desde sempre à própria condição, "desfrutavam daquela espécie de felicidade vegetativa, cujo fascínio se revela tão difícil de ser compreendido pelo homem civilizado quanto negar sua existência"[20]. Outras vezes, seria possível afirmar que este *bonheur végétatif* é conjugado no presente, como parece emergir da observação de que, quando as classes superiores da sociedade se esforçam para aliviar as misérias do pobre, frequentemente são movidas por uma "imaginação [que] exagera a seus olhos os sofrimentos causados ao indigente por privações", às quais, no entanto, ele está perfeitamente habituado[21].

---

[14] Alexis de Tocqueville, "Mémoire sur le paupérisme", em *Mémoires de la Société Royale Académique de Cherbourg*, Cherbourg, 1835, p. 312.

[15] Ibidem, p. 308.

[16] Ibidem, p. 307 e 304.

[17] Ibidem, p. 313.

[18] Idem.

[19] Ibidem, p. 306.

[20] Ibidem, p. 302.

[21] Alexis de Tocqueville, "Le systéme pénitentiaire aux États-Unis et son application en France, suivi d'un appendice sur le colonies pénales et de notes statistiques" (1833; 1836 ampliado),

Se retornarmos agora da França para a Inglaterra, poderemos observar também em Malthus a presença de uma forma de "apologia indireta", semelhante àquela já analisada em Sieyès. Vimos Locke afirmar que ainda há regiões a serem cultivadas que se oferecem sem dificuldades à laboriosidade do pobre e onde o pobre pode, por sua vez, tornar-se proprietário: no mundo ainda há "terra bastante para sustentar o dobro do número de habitantes atual"[22]. No momento em que é publicado *Filosofia do direito*, no entanto, encontra-se difundida, também na Alemanha, a tese malthusiana[23] de que a terra é excessivamente povoada e, por oposto que seja o ponto de partida, a conclusão é a mesma: não existe uma questão social, e, se em Locke a miséria é resultado da falta de iniciativa do indivíduo que não consegue tirar vantagem da fecundidade e da generosidade da natureza, em Malthus é resultado da imprudência e do desregramento sexual do indivíduo, que fecha os olhos diante da realidade da natureza avara e madrasta. Tanto num caso quanto no outro, porém, a miséria não responsabiliza o ordenamento político-social; tanto num caso quanto no outro, a remissão à natureza se revela como ideologia.

Uma ideologia de que Hegel é o lúcido crítico: "O patrimônio geral da sociedade constitui para o indivíduo o lado da natureza inorgânica, e este deve se apresentar para ele de tal modo que deste possa tomar posse; de fato, a terra inteira está ocupada, e assim o indivíduo é remetido à sociedade civil" (Rph., I, § 118 A). Dada a inevitável remissão à sociedade civil, a miséria se configura agora como questão social, como "injustiça cometida em detrimento desta ou daquela classe", para usar novamente as palavras de Hegel já citadas. Traduzimos o *Unrecht* de que fala o texto em questão como "injustiça", mas poderíamos também traduzir, mais literalmente, como "ilegalidade". A configuração da miséria como questão social torna incerta a fronteira entre legalidade e ilegalidade, entre direito e violência, pois tal fronteira não coincide mais automaticamente, como acontece basicamente em Locke, com a linha divisória entre defesa e violação do direito de propriedade.

---

em *Œuvres complètes* (org. Jacob-Peter Mayer, Paris, Gallimard, 1951 e seg.), v. IV, 1 (*Écrits sur le système pénitentiaire en France et à l'étranger*), p. 321.

[22] John Locke, *Two Treatises of Civil Government*, cit., II, § 36.

[23] Sobre a difusão de Malthus na Alemanha, remetemos a Domenico Losurdo, *Tra Hegel e Bismarck* (Roma, Editori Riuniti, 1983), p. 157-60. Pode-se acrescentar que Malthus é repetidamente citado também por Hugo (no *Lehrbuch eines civilistischen Cursus* de que falamos adiante), autor com que Hegel se envolve numa polêmica explícita.

4. *NOTRECHT* E LEGÍTIMA DEFESA: LOCKE, FICHTE, HEGEL

Ao explicar o significado concreto do *Notrecht* teorizado por seu mestre, um assistente de Hegel, Von Henning, fala de "direito a manter-se em vida" (*Recht der Selbsterhaltung*) (V. Rph., III, 400). A essa altura, já é claro que o *ius necessitatis* da tradição se transformou, em Hegel e em sua escola, em algo de diferente: o *Notrecht* é agora o direito da necessidade extrema, o direito do pobre em luta pela sobrevivência. E novamente podemos ver a antítese em relação a certa tradição liberal. Junto ao *Notrecht*, Rotteck nega terminantemente a existência de um "direito absoluto a manter-se em vida" (*absolutes Recht der Selbsterhaltung*)[24], enquanto, no que se refere a Locke, vimos que o "direito à sobrevivência" de que fala visa apenas a justificar a gênese da propriedade privada e, em última análise, as relações de propriedade existentes (*supra*, cap. IV, § 5). Em Hegel, por sua vez, o "direito da necessidade extrema" visa conscientemente à relativização do direito de propriedade, ainda que reconhecido, obviamente, em sua legitimidade.

Em Locke, não há situação social que justifique a violação do direito de propriedade, e um furto qualquer se configura enquanto tal como declaração de guerra ao indivíduo furtado, que torna lícita, senão necessária, uma resposta adequada. É lícito matar quem "me agride para roubar meu cavalo ou meu manto"[25]; está fora de discussão "o direito que o homem tem de matar um ladrão que não lhe tenha feito mal nem tenha manifestado algum propósito [agressivo] contra sua vida"[26]. Aliás, a legítima defesa é outro dos exemplos adotados por Locke como demonstração da absoluta inviolabilidade da propriedade privada, que, também nesse caso, se mostra mais inviolável do que a própria vida humana: "Por mais que realmente me seja lícito matar um bandido que me assalta na rua principal, não me é lícito fazer algo em aparência menos grave, isto é, tirar-lhe seu dinheiro e deixá-lo ir: seria de minha parte um roubo"[27].

Em contraposição à tradição liberal, também em Fichte emerge com clareza o papel subordinado do direito de propriedade privada. Dado que "num Estado racional" não deveria existir "nem mesmo um pobre"[28], o indivíduo

---

[24] Karl von Rotteck, *Lehrbuch des Vernunftrechts und der Staatswissenschaften* (Stuttgart, 1840) (2. ed., reimp. anastática, Aalen, 1964), v. I, p. 155.

[25] John Locke, *Two Treatises of Civil Government*, cit., II, § 19.

[26] Ibidem, § 18.

[27] Ibidem, § 182.

[28] Johann Gottlieb Fichte, "Grundlage des Naturrechts", cit., § 18, p. 214.

238   HEGEL E A LIBERDADE DOS MODERNOS

em condição de carência (*Notleidender*) deve ser considerado titular de "um absoluto direito coativo à assistência" e pode legitimamente reivindicar aquele tanto de propriedade alheia que é necessário para sua sobrevivência[29]. Porém, resta ver se Fichte se mantém sempre à altura de tal orientação de fundo. O filósofo associa a "legítima defesa" ao *Notrecht*, que sabemos conter em si o *ius necessitatis* da tradição: trata-se de duas formas de "autodefesa" (*Selbstverteidigung*) numa situação em que o Estado não pode intervir e o exercício da justiça não pode se desenvolver normalmente. Fichte insiste nesse tema: "Cada um tem o direito absoluto de não deixar que lhe tirem coisas com violência", ainda que isso custe a vida do "agressor". *Fundamento do direito natural* não hesita em remeter ao direito romano e à "Lei das Doze Tábuas", [que] autorizava a pessoa roubada a matar o ladrão que se defendia. Justamente se o roubo dizia respeito à propriedade não registrada", isto é, a algo de que não se pode demonstrar a posse[30]. *Doutrina do direito*, de 1812, chega a polemizar com "certa condescendência da legislação", entenda-se em relação aos agressores, e com o fato de que "a compaixão pelos criminosos [é] com frequência maior do que pela gente proba"[31]. A ênfase com que é ilustrado o direito de legítima defesa parece aqui resultar numa objetiva absolutização do direito de propriedade. Segundo Fichte, não é lícito "pôr a questão 'o que é o dinheiro em comparação com a vida'. Esta é, quando muito, uma avaliação fundada na bondade, não no direito"[32].

Pode-se dizer que Hegel não se dá ao trabalho de ilustrar o direito de legítima defesa. Em vez disso, preocupa-se em distinguir cuidadosamente a violência contra a pessoa da violência contra à propriedade: "Uma vez que estou consciente, o toque em meu corpo e a violência contra ele me tocam diretamente, enquanto real e presente; isso constitui a diferença entre ofensa pessoal e violação de minha propriedade exterior, em tal caso minha vontade não está nessa imediata presença e realidade" (Rph., § 48 A). É verdade que a propriedade também é expressão da vontade da pessoa, mas se trata de ver se esta última é "lesada em toda a sua extensão", como acontece no caso dos delitos mais graves, isto é, "no assassinato, na escravidão, na coerção religiosa" (Rph., § 96). Os delitos contra a propriedade não recaem em tal esfera e não devem ser

---

[29] Ibidem, p. 213.

[30] Ibidem, § 19 I, p. 250.

[31] Idem, *Rechtslehre* (1812) (org. Richard Schottky, Hamburgo, Felix Meiner, 1980), p. 114.

[32] Idem, Johann Gottlieb Fichte, "Grundlage des Naturrechts", cit., § 19 I, p. 250.

punidos com a morte: "Se o roubo é punido com a morte, a natureza daquilo que o ladrão violou é muito diferente daquilo com que é punido" (V. Rph., IV, p. 293). É igualmente um escândalo que o responsável por um homicídio ou por um grave delito contra a pessoa possa se safar pagando uma indenização:

Caso se verifique uma condição na qual, ao delito, nada mais segue senão o ressarcimento, então não se trata mais propriamente de direito. Quando é paga uma quantia em dinheiro como ressarcimento pela mutilação, pelo assassinato de um homem, então o homem pelo qual é pago o ressarcimento está privado de direitos, é somente uma coisa externa. (V. Rph., IV, p. 282)

Os delitos mais graves não são aqueles contra a propriedade, mas aqueles que, de um modo ou de outro, reduzem o homem a objeto de propriedade, começando pela escravidão, que é substancialmente equiparada à servidão da gleba, uma e outra consideradas exemplos de inadmissível "alienação da personalidade" (Rph., § 66 A). Ao lado da escravidão e da servidão da gleba, Hegel cita a "mutilação". Não se trata de um *exemplum fictum* [exemplo fictício]. As punições corporais aos servos da gleba ou aos ex-servos da gleba continuam a existir na Prússia por longo tempo; mesmo depois das reformas antifeudais de 1807, o Estado delega aos proprietários de terra a tarefa de educar os ex-servos da gleba a chicotadas, ainda que proibindo ou desaconselhando o uso do bastão e, portanto, preocupando-se em evitar os "excessos"; até após a Revolução de Julho não faltam setores do aparato estatal e governamental para os quais "a continuidade do direito de punição corporal é totalmente racional"[33].

Hegel polemiza explicitamente com aqueles que afirmam que "a liberdade enquanto liberdade pura não pode ser atacada por ações externas, e, se mando espancar alguém, isso não fere sua liberdade" (Rph., I, § 29 A). Polemiza com aqueles que "fazem esta diferença: se são dados cem golpes de bastão num homem, golpeia-se seu corpo, não seu espírito, de modo que sua alma continua livre", pois "a liberdade do servo da gleba, do escravo, teria sua sede no espírito" (V. Rph., IV, p. 196). Para Hegel, ao contrário, se o ataque à propriedade não é necessariamente o ataque à pessoa em toda a sua extensão, o ataque ao corpo, por sua vez, atinge a pessoa certamente não em sua exterioridade: "Pelo fato que eu, enquanto ser livre, sou vivo apenas no corpo, esta existência viva não

---

[33] Ver Reinhart Koselleck, *Preussen zwischen Reform und Revolution* (2. ed., Stuttgart, Ernst Klett, 1975), p. 641-6.

pode ser maltratada como um animal de carga [...]. Uma violência feita por outros a meu corpo é uma violência feita a mim" (Rph., § 48 A). Eis o motivo pelo qual o responsável por "mutilações" não pode se safar com uma simples indenização; se isso acontecia – e não faltavam, na Prússia, casos em que os responsáveis por exceder na faculdade, explicitamente reconhecida pela lei, de aplicar punições corporais eram punidos com simples multas –, significaria que a vítima era reduzida a coisa, como no âmbito da servidão da gleba e da escravidão. E essa desigualdade qualitativa entre coisa-propriedade, de um lado, e corpo-homem, de outro, é explicitamente formulada em Hegel, não em Locke, que, inserindo o "servo", embora considerado rigorosamente distinto do "escravo", na família do senhor, parece reconhecer a este último, explicitamente considerado como páter-famílias, um direito de punição corporal sobre seu servo, ainda que limitado[34].

Disso tudo emerge nitidamente que, se em Locke a denúncia da violência se concentra, sobretudo, nos atentados à propriedade de que se maculam evidentemente os estratos populares, Hegel, insistindo, em primeiro lugar, nos delitos que implicam uma "alienação da personalidade", dadas as condições e as relações sociais da época, enfatiza objetivamente os delitos de que se maculam as classes dominantes. Uma confirmação de tal fato se encontra no reconhecimento do direito do faminto em perigo de morte a violar a propriedade privada, reconhecimento que está presente em Hegel e ausente em Locke.

5. "Juízo negativo simples", "juízo negativo infinito", "rebelião"

Como se manifesta concretamente o direito da necessidade extrema? "O pobre se sente excluído de tudo, desdenhado, e nasce necessariamente uma rebelião interior." E ainda: "Uma vez que chegam a esse ponto de vista – a existência da liberdade tornar-se totalmente acidental –, faz-se necessária a rebelião interior" (Rph., III, p. 195). Pareceria que o *Notrecht* não iria além de um *innere Empörung* que se consuma na intimidade da consciência. Nesse mesmo contexto, porém, Hegel destaca que o pobre "tem consciência de si como de um ser infinito, livre, e disso surge a reivindicação de que também a existência externa corresponda a essa consciência" (idem). Além do mais, viu-se que o faminto que corre o risco de morrer não só pode cometer uma ação ilegal, como tem um "direto absoluto" de cometê-la. É verdade que Hegel se

---

[34] John Locke, *Two Treatises of Civil Government*, cit., II, §§ 85-6.

apressa em especificar que "somente a necessidade extrema (*Not*) do presente, em sua incondicionalidade, autoriza uma ação ilegal" (V. Rph., III, p. 403), mas, ao mesmo tempo, é o próprio filósofo a expressar a consciência de que na sociedade civil desenvolvida a "necessidade extrema não tem mais esse caráter momentâneo" (Rph., III, p. 196). Ao contrário, a análise da sociedade civil conduz ao resultado em que a *Not* inevitavelmente se torna mais grave à medida que o lado oposto acumula riqueza: "Caminham *pari passu* o aumento da riqueza e da pobreza" (Rph., III, p. 193).

Estaríamos, então, diante da formulação indireta e alusiva de uma espécie de direito à revolução, à revolta por parte dos pobres? É essa a tese sugerida por Henrich, com base no curso de lições por ele publicado: não haveria "outro lugar na obra de Hegel em que ele compreende a revolução não apenas como fato e necessidade histórica, mas extrai, e declara, um direito a ela a partir da análise sistemática de uma instituição atual também para ele"[35]. Na realidade, em outros cursos encontramos expressões similares, até mesmo mais radicais. Já vimos a formulação segundo a qual o faminto tem "direito absoluto" de cometer uma ação ilegal, mas podemos ainda ler: "Esse sentimento, essa rebelião, é inerente à necessidade extrema. Esse direito deve ser atribuído ao homem na rebelião da necessidade extrema" (V. Rph., III, p. 402). Não se deve esquecer que, se a propriedade é algo "abstrato" em relação ao Estado, ela o é ainda mais em relação ao "espírito do mundo". Por mais "elevado" e "sagrado" que seja o "direito de propriedade", ele é, entretanto, sempre "muito subordinado, pode e deve ser violado". E, se pode ser "violado" pelo Estado, pode sê-lo ainda mais pelo "espírito do mundo": "Nem mesmo o direito do Estado é a coisa suprema; acima do direito do Estado está o direito do espírito do mundo – é esse o direito ilimitado, sagrado, o mais sagrado" (V. Rph., IV, p. 157).

Como exemplo de "indivíduos" que tinham "para si a superior justificativa do espírito do mundo" e que, de alguma forma, colocaram em discussão as relações de propriedade dominantes, ainda que depois tenham sido obrigados a sucumbir à "gananciosa nobreza", a classe então dominante, Hegel cita os Graco, dos quais celebra a nobreza de espírito (Ph. G., p. 708 e 706). Por outro lado, em uma "condição de violência", há lugar, segundo o filósofo, para o "direito dos heróis" (Rph., § 93 A), para "o superior direito da ideia" (V. Rph., III, p. 296). Claro, uma condição social que condena massas consideráveis de homens a uma "total falta de direitos" representa, sem dúvida, uma forma de violência.

---

[35] Dieter Henrich, *Einleitung a Rph.*, III, p. 20.

242 HEGEL E A LIBERDADE DOS MODERNOS

Sobre tratar-se de violência, o texto hegeliano é bastante claro. É conhecida a distinção entre "controvérsia civil", vista como exemplo de "juízo negativo simples" (aqui se nega "apenas esse direito particular", não "o direito enquanto tal", não a "capacidade jurídica de uma pessoa determinada"), e direito penal, considerado como esfera de aplicação do "juízo negativo infinito" (o crime propriamente dito nega também o universal, o direito enquanto tal, a "capacidade jurídica" da vítima)[36]. Pois bem, uma das lições afirma que, em relação àqueles que vivem em condições de extrema indigência, na prática, "é pronunciado o juízo infinito do delito" (Rph., III, p. 196)[37]. Reduzir uma massa de homens a uma condição de necessidade extrema significa negar a eles a "capacidade jurídica" em sua totalidade, e assim bem se compreende a comparação com o crime. O faminto que viola a propriedade exprime sobre o proprietário roubado um juízo negativo simples, que não coloca em discussão sua capacidade jurídica. Relações de propriedade que pretendem condenar sem apelo o faminto pronunciam sobre ele um juízo negativo infinito, privam-no não de um direito particular e limitado, mas da totalidade dos direitos, exercem sobre ele, na prática, a mesma violência que poderia exercer um criminoso.

Do texto de Hegel emerge, ainda, uma comparação, elíptica, mas não menos significativa: sobre o organismo vivo, um "juízo negativo infinito" é expresso pela "morte", enquanto um "juízo negativo simples" é expresso pela doença, a qual nega ou entrava apenas uma "particular função vital" (Enc., § 173 Z). Pois bem, dada a situação de dramática miséria, não são somente "simples momentos" ou "momentos particulares", como o surgimento de uma "doença", que entravam ou anulam o "direito à vida" de uma classe social inteira (Rph., I, § 118 A). Indiretamente, o estrato social que afunda em desesperada miséria é comparado a um organismo atacado não em simples funções vitais e em momentos particulares, mas atacado em sua própria vida, em seu "direito à vida". A "morte" está para a "doença" como o "delito" está para a "controvérsia civil": o "juízo negativo infinito" suprime não somente a "capacidade jurídica", mas a própria vida da classe que padece de extrema miséria. Partindo do fato

---

[36] Rph., §§ 88 e 95, Enc., § 173 Z, e "Wissenschaft der Logik, Das unendliche Urteil", W., VI, p. 324-5.

[37] O texto editado por Henrich reporta *des Verbrechers*, mas talvez seja melhor ler, ou corrigir, *des Verbrechens*; ver G. W. F. Hegel, *Le filosofie del diritto. Diritto, proprietà, questione sociale* (org. Domenico Losurdo, Milão, Instituto Italiano para os Estudos Filosóficos, 1989), p. 378. Seja como for, substancialmente o sentido não muda.

de que, em caso de guerra, o Estado sacrifica o "direito à vida", Hegel refuta a tese da inviolabilidade da propriedade (que não pode pretender se colocar num nível superior em relação ao da vida) (V. Rph., IV, p. 157), mas agora vemos como uma condição normal da sociedade existente o sacrifício do "direito à vida" sobre o altar das relações de propriedade.

É tão clara a violência inerente à absolutização da propriedade privada que, em certos casos, Hegel parece considerar o exercício do *Notrecht* como um ato não apenas lícito, mas de algum modo obrigatório. Retornemos ao exemplo do faminto que escapa da morte furtando um pedaço de pão: "Temos aqui, frente a frente, duas ilegalidades (*Unrecht*), e a questão é qual delas deve ser considerada maior. O que é menos importante representa uma injustiça em relação ao que é mais importante". Rejeitar o sacrifício da vida à propriedade significa impedir que se verifique injustiça-ilegalidade (*Unrecht*) maior. Fazer valer "rigidamente" (*streng*) o "direito rigoroso" (*strenges Recht*) diante da necessidade extrema significa fazer valer o *Unrecht*, a ilegalidade, ou a ilegalidade maior (V. Rph., III, p. 403 e 405). Ainda mais explícito é o comentário do assistente Von Henning: mesmo com sua violação do direito de propriedade, na realidade, o *Notrecht* representa o "restabelecimento do direito" (V. Rph., III, p. 401). O restabelecimento do direito é, pois, identificado na luta dramática pela sobrevivência do faminto-ladrão por necessidade: a contraposição a Locke e à tradição liberal não poderia ser mais clara!

Deve-se acrescentar que o exercício do *Notrecht* é também o restabelecimento da igualdade, mas não da "igualdade dos bens exteriores", que, para Hegel, é "algo falso", e sim da igualdade jurídica. É absolutamente necessário reconhecer o direito à ação ilegal por parte do faminto em risco de morte. "Nisso consiste a igualdade: o outro não deve estar em posição de vantagem em relação à minha existência, e diante dela desaparece o direito do outro" (Rph., I, § 63 A). O proprietário não pode se atribuir, na prática, o direito de vida e morte sobre o faminto, pois nesse caso passa a ser esvaziado o próprio princípio da igualdade jurídica. Às vezes, parece se assistir a uma crítica do caráter formal da igualdade jurídica que apresenta não pouca concordância com a crítica sucessivamente formulada por Marx: "Cada um tem o direito de viver, e esse seu direito não deve residir apenas em sua proteção [de agressões externas]; ele não só tem esse direito negativo, mas também um direito positivo [...]. O fato de o homem ter o direito de viver implica que tem um direito positivo, pleno; a realidade da liberdade deve ser essencial" (Rph., I, § 118 A). Também faz pensar em Marx a crítica do "direito formal", que, porém, continua a ser para Hegel elemento inevitável, ainda que não seja lícito negar o direito à vida em nome do "direito formal" (Rph., § 127 AL; V., Rph., II, p. 459) e não seja lícito "se esconder atrás do direito formal" para rejeitar as reivindicações do faminto (Rph., § 126 AL; V. Rph., II, p. 457).

6. *Notrecht, Ancien Régime* e modernidade

O *Notrecht* se fundamenta justamente no direito à vida. E, deste último, ao menos numa fase de sua evolução, Hegel deduz o direito ao trabalho. Uma vez que "o direito à vida é o que é absolutamente essencial no homem, e a esse essencial a sociedade civil deve prover" (Rph., I, § 118 A), deriva que, "se existem desempregados, estes têm o direito de exigir que lhes consigam trabalho" (Rph., III, p. 192). É significativo que Hegel se exprima a favor do direito ao trabalho já algumas décadas antes da Revolução de 1848.

Podemos, no entanto, fazer uma consideração de caráter mais geral a esse respeito. O debate sobre o direito à vida (isto é, em última análise, sobre o *Notrecht*) acompanha a Revolução Francesa ao longo de todo o seu desenvolvimento. Contestado já antes de 1789 por Condorcet – que equipara polemicamente "direito à vida" (*droit de vivre*) e "direito de saquear" o proprietário[38] –, teorizado poucas semanas depois da tomada da Bastilha por um autor que explicitamente remete a Rousseau[39], celebrado por Marat, Robespierre e Babeuf[40], o direito à vida constitui o alvo da polêmica e do escárnio dos ambientes termidorianos, em cujo âmbito deve ser colocado Constant[41]. Na Inglaterra, a

---

[38] Condorcet, "Lettre d'un laboureur de Picardie" (1775), em *Œuvres* (org. Arthur Condorcet O'Connor e M. F. Arago, Paris, Firmin Didot Frères, 1847) (reimp. fac-similar: Stuttgart/ Bad Cannstatt, 1968), v. XI, p. 10.

[39] Trata-se de Aubert de Vitry, que afirma "o direito inviolável de todo o homem à existência", citado em Roger Barny, *L'éclatement révolutionnaire du rousseauisme* (Besançon, Les Belles Lettres, 1988), p. 22.

[40] No que se refere a Maximilien de Robespierre, ver o discurso de 2 de dezembro de 1792 (entre os "direitos imprescritíveis do homem", o primeiro é "aquele de existir"), em *Textes choisis* (org. Jean Poperen, Paris, Éditions Sociales, 1958), v. II, p. 85; quanto a Marat, ver seu projeto de declaração de direitos do homem e do cidadão reportado em A. de Baecque, Wolfgang Schmale e Michel Vovelle (orgs.), *L'An 1 des droits de l'homme* (Paris, Éd. Du CNRS, 1988), p. 293; no que se refere a Babeuf, ver em particular a carta de 10 de setembro de 1791, em François-Noël Babeuf, *Écrits* (org. Claude Mazauric, Paris, Messidor, 1988), p. 207.

[41] Ver Georges Lefebvre, *La France sous le Directoire 1795-1799* (Paris, Éditions Sociales, 1984), p. 21 e 27.

DIREITO, VIOLÊNCIA, *NOTRECHT*   245

crítica da Revolução Francesa desenvolvida por Malthus é, em primeiro lugar, a crítica do direito à vida, ou do pretenso "direito de subsistência", considerado incompatível com o "princípio de população": "Nem antes nem depois da introdução de leis sociais um número de indivíduos ilimitado jamais gozou da faculdade de viver"[42].

Os que continuam a defender na Inglaterra o direito à vida são os expoentes do populismo radical[43], ao passo que, na Alemanha, quem fala de "direito à existência" (*Selbsterhaltung*) é um autor como Fichte[44], que permanece ligado à fase mais radical da Revolução Francesa. A teorização do direito à vida é um tema comum aos herdeiros da tradição jacobina-babouvista e aos representantes do socialismo nascente – por exemplo, Blanqui, que, em 1832, diante de seus juízes, declara: "Sou acusado de dizer a 30 milhões de franceses, proletários como eu, que eles têm o direito de viver"[45]. No mesmo ano, outro expoente francês da mesma tradição política declara que "os principais direitos do homem são aqueles de prover à conservação da existência e da liberdade"[46]. Nesse sentido, é possível colher em Hegel a presença de uma reflexão que contempla a Revolução Francesa em todo o arco de sua evolução, incluídos seus momentos mais radicais, cuja herança conflui mais tarde no socialismo nascente[47].

É verdade que, depois da Revolução de 1848, Tocqueville vê rondando algo semelhante ao "socialismo" já no código de Frederico II, segundo o qual é função do "Estado prover a nutrição, o trabalho e o salário de todos aqueles que não conseguem se manter sozinhos"[48]. No entanto, trata-se de uma

---

[42] Thomas Robert Malthus, *An Essay on the Principle of Population* (4. ed., s.l., s.n., 1826); ed. it.: *Saggio sul principio di popolazione* (Turim, Utet, 1965), p. 482.

[43] Ver Gertrude Himmelfarb, *The Idea of Poverty. England in the Early Industrial Age* (Nova York, Vintage Books, 1985), p. 212.

[44] Johann Gottlieb Fichte, *Rechtslehre*, cit., p. 41.

[45] A autodefesa está reportada em Auguste Blanqui, *Textes choisis* (org. Vyacheslav Petrovich Volguine, Paris, Éditions sociales, 1955), p. 71.

[46] Albert Laponneraye, projeto de "Déclaration des droits de l'homme et du citoyens" (1832), em Gian Mario Bravo (org.), *Il socialismo prima di Marx* (2. ed., Roma, Editori Riuniti, 1973), p. 153. Sobre a figura de Laponneraye, ver Alessandro Galante Garrone, *Filippo Buonarroti e i rivoluzionari dell'Ottocento (1828-1837)* (1951) (ed. ampl., Turim, Einaudi, 1972), p. 238-44.

[47] Sobre isso, ver também Domenico Losurdo, *Tra Hegel e Bismarck*, cit., em particular p. 100-6 e 204-6.

[48] Alexis de Tocqueville, "L'Ancien Régime et la Révolution. Fragments et notes inédites sur la Révolution", em *Œuvres complètes*, cit., p. 271.

afirmação que é parte do esquema caro ao liberal pós-1848, empenhado em instituir uma linha de continuidade do Antigo Regime até o jacobinismo e o socialismo, podendo estes últimos ser facilmente liquidados. Além do mais, a afirmação dessa suposta linha de continuidade dificilmente se concilia com o grito de alarme lançado pelo perigo mortal que o socialismo faria pesar sobre toda a "civilização europeia", ameaçando "não apenas as instituições políticas, mas também as instituições civis, as instituições sociais, a velha sociedade que nós conhecemos"[49]. Aqui, o socialismo parece ser algo novo, terrivelmente novo, a ponto de remeter a uma "raça nova" devorada por uma "doença" e por "um vírus de espécie nova e desconhecida"[50]. Contudo, esse não é o ponto fundamental. Para Tocqueville, que, obcecado pelo espectro do socialismo, condena toda intervenção estatal na economia como expressão de mentalidade conservadora, retrógrada, sufocadora do senso de iniciativa e de responsabilidade individual, em última análise, de nostalgia do paternalismo dos regimes absolutistas pré-modernos, para o liberal francês, é fácil objetar que, já em Montesquieu, pode-se ler a tese de que o Estado "deve garantir a todos os cidadãos um sustento seguro, a nutrição, uma veste decente e um tipo de vida que não seja nocivo à saúde"[51]. Deveríamos, então, incluir o autor de *Espírito das leis* na suposta linha de continuidade cara ao liberalismo pós-1848?

Contra a pretensão de colocar "a previdência e a sabedoria do Estado no lugar da previdência e da sabedoria individuais", Tocqueville proclama que "não há nada que autorize o Estado a se intrometer na indústria"[52]: é o célebre discurso de 12 de setembro de 1848, pronunciado para que a Assembleia Constituinte rejeite a reivindicação do "direito ao trabalho" que já fora sangrentamente sufocada nas jornadas de junho. O liberalismo econômico de Tocqueville chega a ponto de colocar na conta das "doutrinas socialistas" a regulamentação legislativa e a conseguinte redução da jornada de trabalho (*le travail de douze heures*), que

---

[49] Discurso na Assembleia Legislativa, 25 de junho de 1849, em idem, *Études économiques, politiques et littéraires* (Paris, Michel Lévy Frères, 1866) (edição organizada pela viúva de Tocqueville e Gustave de Beaumont), p. 570.

[50] Carta a Louis de Kergolay, 16 de maio de 1858, em idem, *Œuvres complètes*, cit., v. XIII, 2, p. 337.

[51] Charles-Louis de Secondat de Montesquieu, *De l'Esprit des lois* (1748) [Gênova, Barrilot, 1758], v. XXIII, 29.

[52] Ver o discurso em Alexis de Tocqueville, *Études économiques, politiques et littéraires*, cit., p. 551-2.

Direito, violência, *NOTRECHT*   247

se torna, assim, objeto de uma inapelável condenação[53]. Da mesma maneira, como expressão de socialismo e despotismo, é atacada toda medida legislativa que pretenda aliviar a miséria das "classes inferiores" por meio da contenção do nível dos aluguéis[54]. À luz da posterior experiência histórica, é difícil considerar essa postura particularmente "moderna". Nem pode ser assim considerada a tese largamente presente – ainda que com variantes ideológicas, por vezes relevantes, na tradição liberal, e que se destaca no próprio Tocqueville – segundo a qual a miséria envolve o mérito individual, a sorte e o azar, a ordem natural e até mesmo providencial das coisas, mas não propriamente as relações econômico-sociais e as instituições políticas. Por que, segundo Tocqueville, a Revolução de 1848 deve ser considerada e condenada, já em fevereiro, como fundamentalmente socialista, antiburguesa (antiliberal)[55]? Porque nela estão fortemente presentes "as teorias econômicas e políticas" que pretendem nos fazer "crer que as misérias humanas são obra das leis, não da providência, e que se poderia suprimir a pobreza alterando a ordem social"[56]. Em vez de negar a questão social, Tocqueville é levado a dar crédito à teoria de Malthus[57].

Claro, há efetivamente um resíduo pré-moderno na afirmação citada de Montesquieu, que não por acaso se encontra em um capítulo de *Espírito das leis* dedicado aos asilos (*Des hopitaux*). O socorro e a assistência do Estado se colocam, assim, no âmbito de uma instituição bem pouco respeitosa das exigências da liberdade moderna. É verdade que se trata de uma instituição que, por múltiplas transformações e variações, continua bem presente no século XIX e na Europa liberal. Pensemos nas *workhouses*, verdadeiras penitenciárias que, a partir de 1834, tornam-se, na Inglaterra, a única forma de "assistência" aos pobres, que, uma vez dentro delas, "deixavam de ser cidadãos em qualquer sentido genuíno da palavra", visto que perdiam o "direito civil da liberdade pessoal"[58]. Tocqueville não parece nutrir qualquer objeção a essa instituição. Claro, reconhece

---

[53] Carta a Gustave de Beaumont, 3 de setembro de 1848, em idem, *Œuvres complètes*, cit., v. VIII, 2, p. 38.

[54] Carta a Francisque de Corcelle, 1º de novembro de 1856, ibidem, v. XV, 2, p. 182.

[55] Alexis de Tocqueville, "Souvenirs", em *Œuvres complètes*, cit., p. 30 e 91-2.

[56] Ibidem, p. 84.

[57] Ver a carta a Leon de Thun, 2 de fevereiro de 1835, em ibidem, v. VII, p. 283.

[58] Thomas Humphrey Marshall, *Sociology at the Crossroad* (Munique, Heinemann, 1963); ed. it.: *Cittadinanza e classe sociale* (org. Paolo Maranini, Turim, Utet, 1976), p. 20. Sobre as *workhouses* como instituição total, ver também Domenico Losurdo, "Marx et l'histoire du totalitarisme", em Jacques Bidet e Jacques Texier (orgs.), *Fin du communisme? Actualité du*

que ela muito se assemelha a uma prisão[59], mas quando pronuncia sua memória do pauperismo em 1835, imediatamente antes da lei em questão, não exprime nenhuma reserva sobre a organização não liberal e despótica das *workhouses*, já denunciada por uma frente extensa e vária na Inglaterra, por razões distintas. Aliás, o liberal francês tem ótimas relações com Nassau Senior, um dos artífices da lei de 1834[60]. É diferente o caso de Hegel, que usa como sinônimos as expressões "casa de trabalho" (*Arbeitshaus*) e "penitenciária" (*Zuchthaus*) (V. Rph., IV, p. 341; Rph., § 126 AL; V. Rph., II, p. 457) e que, sobretudo, parece visar justamente à instituição em questão quando declara que a "plebe" não deve "ser domada com medidas disciplinares", pois desse modo "seriam mortificados os direitos essenciais dos cidadãos" (Rph., III, p. 197).

Portanto, podemos concluir neste ponto observando que a teorização hegeliana do direito à vida e do *Notrecht* tem seu fundamento na reflexão sobre as contradições da nascente sociedade capitalista, que é estudada, sobretudo, com base no exemplo da Inglaterra e pressupõe os resultados da Revolução Francesa, bem como olha não para o passado, e sim para um futuro que ainda não se consegue entrever.

7. O FAMINTO E O ESCRAVO

É significativo que das páginas de Hegel venha à tona, ao menos objetivamente, uma comparação entre a situação do faminto e a do escravo: "O escravo não tem deveres porque não tem direitos. O direito absoluto consiste em ter direitos. Os homens têm o sentimento de que, se não lhes são reconhecidos os direitos, não são obrigados a reconhecer seus deveres" (Rph., III, p. 127)[61]. Também para a

---

marxisme? (Paris, PUF, 1991), p. 75-95 – agora em Domenico Losurdo, *Marx e il bilancio storico del Novecento* (Nápoles, La scuola di Pitagora, 2009), p. 159-93.

[59] Alexis de Tocqueville, "Le systéme pénitentiaire aux États-Unis et son application en France, suivi d'un appendice sur le colonies pénales et de notes statistiques", cit., p. 319.

[60] Ver Gertrude Himmelfarb, *The Idea of Poverty*, cit., p. 158-61; sobre as relações de Tocqueville com Nassau Senior, ver a nota de Jacob-Peter Mayer, em Alexis de Tocqueville, *Œuvres complètes*, cit., v. VI, 1 – Correspondence anglaise, p. 72; Seymour Drescher, *Tocqueville and England* (Cambridge, Harvard University Press, 1964), *passim*; André Jardin, *Alexis de Tocqueville 1805-1859* (Paris, Hachette, 1984), *passim*.

[61] Também para Rousseau, o escravo "não tem nenhum dever em relação a seu senhor"; ver Jean-Jacques Rousseau, *Du contrat social* (1762), II, 8, I, 4, em *Œuvres complètes* (doravante O. C.) (org. Bernard Gagnebin e Marcel Raymond, Paris, Gallimard, 1964), v. III, p. 358.

plebe Hegel constata não haver "nem direitos nem deveres" (V. Rph., I, p. 322). Como vimos, o faminto se encontra numa condição de "total falta de direitos", e justamente dessa situação advém seu direito a não respeitar o ordenamento jurídico existente, a cumprir uma ação em si ilegal de violação do direito de propriedade: "Dado que a liberdade do indivíduo não tem existência alguma, desaparece o reconhecimento da liberdade geral" (Rph., III, p. 195). E tem mais. Vimos a equiparação da situação de miséria desesperada a um "delito" derivado do "juízo negativo infinito" que expressa contra o faminto. Isso também vale para a escravidão, que, aliás, configura o "juízo negativo infinito" em sua plenitude, numa "infinidade" tão adequada ao conceito (Rph., § 96) a ponto de ser definida como "delito absoluto" (Rph., I, § 45 A).

Para descrever a situação do escravo e do faminto, Hegel recorre a expressões quase idênticas: "O escravo tem um direito absoluto de se tornar livre" (V. Rph., III, p. 251); mas vimos que "o homem que morre de fome tem o direito absoluto de violar a propriedade de um outro" (V. Rph., IV, p. 341). Seria o *höchstes Unrecht*, a pior das injustiças ou ilegalidades, contrapor à fome desesperada a suposta inviolabilidade do direito de propriedade (V. Rph., III, p. 403). Da mesma forma, é preciso partir da consciência da ilegalidade ou da "injustiça absoluta" (*absolutes Unrecht*) que se comete contra o escravo para se orientar corretamente no debate sobre a escravidão (Rph., § 57 A). Ao descrever a diferente situação de escravos e homens livres, Hegel observa: "Se um sente violado seu direito numa simples coisa, não pode por isso se acreditar isento de todos os seus deveres. É preciso levar em conta a diferença entre quantitativo e qualitativo" (Rph., III, § 127). Somente o escravo não é obrigado a respeitar o ordenamento jurídico existente. Essa mesma diferença qualitativa Hegel extrai da comparação entre a situação do faminto que coloca em risco a totalidade da capacidade jurídica e aquela de quem, mesmo sofrendo uma violação do direito de propriedade por parte de um faminto, continua sujeito jurídico, um livre sujeito jurídico.

Pelo menos em um caso a comparação entre faminto e escravo se explicita: "O rico considera tudo como venal em si mesmo, pelo fato de que se vê como a potência da particularidade da autoconsciência. A riqueza pode, então, conduzir àquele mesmo escárnio e à falta de pudor a que chega a plebe pobre. A disposição de ânimo do senhor em relação ao escravo é a mesma do escravo". Não somente o faminto é comparado ao escravo e o rico é comparado ao senhor de escravos, mas à ilegalidade do escravo faminto é contraposta a ilegalidade do senhor absoluto. Deve-se acrescentar que aqui parece retornar a dialética do escravo e do senhor analisada em *Fenomenologia*, só que agora é aplicada às novas relações capitalistas: "O senhor se reconhece como potência, assim como o escravo se reconhece como realização da liberdade, da ideia. Pois que o senhor se reconhece como senhor da liberdade do outro, desaparece o essencial da disposição de ânimo" (Rph., III, p. 196). O progresso na história é aqui claramente representado pelo escravo faminto.

Alguns anos depois, Gans compara a situação dos operários assalariados da época com a dos escravos: "Não será escravidão explorar um homem como se fosse um animal, mesmo que depois esteja livre para morrer de fome?"[62]. No entanto, já em Hegel vimos a equiparação do faminto ao escravo, e uma linha de continuidade substancialmente ininterrupta leva à denúncia, por parte de Marx, da "escravidão assalariada". Não por acaso, o jovem Marx frequentou as lições de Gans, o editor de *Filosofia do direito*! No entanto, a comparação está presente também em outros ambientes da cultura da época: um ano antes da publicação de *Filosofia do direito*, um notável expoente da escola histórica do direito escreve que, ao menos no que se refere ao sustento, a situação dos pobres é pior do que a dos escravos. Trata-se, porém, de uma denúncia que, mais do que acusar o pauperismo, pretende tecer o elogio da "segurança" de que gozariam os escravos e demonstrar a legitimidade da escravidão. Nas palavras do jovem Marx, Hugo – é dele que se trata – "arranca as flores falsas das correntes" a fim de "trazer autênticas correntes sem flores"[63].

Seja como for, evidencia-se a difusão da comparação entre miséria desesperada e escravidão, uma comparação que retorna em Hegel, mas não decerto no sentido dado pelo expoente da escola histórica do direito. Este, para demonstrar o fato de que o escravo é pelo menos livre da preocupação com seu sustento material, cita o abade Galiani: "*Tout animal, qui renonce ou qui perd la liberté abandonne et reste en même temps déchargé du soin de la nourriture*" [Todo animal que renuncia ou perde a liberdade abandona e, ao mesmo tempo, desobriga-se dos cuidados com a alimentação]. E eis a esse respeito uma nota de Hegel: "Escravos, servos da gleba, têm um sustento seguro [...] ver Gagliani"

---

[62] Eduard Gans, *Rückblicke auf Personen und Zustände* (Berlim, Veit, 1836), p. 100. Significativamente, a comparação em questão se encontra também em outros discípulos de Hegel, até mesmo de "direita": Rosenkranz define os operários modernos como "hilotas". Karl Rosenkranz, "Pestalozzi", em *Neue Studien* (Leipzig, E. Koschny, 1875-1878), v. I, p. 113-4.

[63] Karl Marx, "Das philosophische Manifest der historischen Rechtsschule" (1842), em MEW, v. I, p. 80-1.

(Rph., § 46 AL; V. Rph., II, p. 219). O alvo da polêmica é obviamente Hugo; até o nome do abade-economista é escrito de modo igualmente incorreto, Gagliani, em vez de Galiani. E é sintomático que a polêmica de Hegel se dirija em particular àquele mesmo parágrafo da obra de Hugo, contra o qual mais tarde ele lança a polêmica de Marx[64].

Deve-se acrescentar que Hegel, partindo de um caso extremo, coloca objetivamente em discussão as relações sociais existentes de conjunto. Essencialmente desprovido de direitos não é apenas o faminto, que corre o risco de morrer de inanição, da qual parte a teorização do *Notrecht*. Também para o "pobre" a situação não é muito melhor: "É para ele impossível, em função dos custos ligados à administração formal da justiça, tutelar seu direito mediante a justiça formal, apresentando-se ao tribunal" (Rph., I, § 118 A).

8. *Ius necessitatis, ius resistentiae, Notrecht*

O acúmulo de fatos que pareceriam justificar o "direito dos pobres à rebelião", de que fala Henrich, é impressionante. Deve-se, todavia, notar que os levantes que efetivamente ocorrem nesse período são aqueles dos ludistas, acerca dos quais o juízo de Hegel é crítico. É verdade que *Lições* descreve com extraordinária objetividade a destruição das máquinas pelos "operários, sobretudo os operários de fábrica" que "ficam facilmente descontentes" pois "perdem seu sustento por causa das máquinas" (V. Rph., IV, p. 503; V. Rph., III, p. 613). Numa nota berlinense, porém, fala dos "excessos" da "plebe inglesa" responsável pela destruição das "máquinas a vapor" (B. Schr., p. 782). É natural que tal distanciamento em relação ao ludismo deva ser explicado com a incompreensão por parte desse movimento do significado potencialmente libertador das máquinas: não por acaso Hegel destaca que "o universal deve favorecer a introdução de novas máquinas e, ao mesmo tempo, deve tentar manter aqueles que perderam seu pão" (Rph., I, § 120 A). É característica no comportamento de Hegel não a teorização, nem sequer propriamente o fato de se interrogar acerca de um pretenso direito à revolução ou à resistência (um direito em si contraditório), mas a análise das contradições objetivas que, na ausência de

---

[64] Gustav Hugo, *Lehrbuch eines civilistischen Cursus. Zweyter Band welcher das Naturrecht, als eine Philosophie des positiven Rechts, besonders des Privatrechts enthält* (4. ed., Berlim, Mylius, 1819), p. 251-2. Em *Filosofia do direito*, Hegel cita explicitamente, no curso de sua polêmica, outra obra de Hugo, *Lehrbuch der Geschichte des römischen Rechts*, 1818 (5. ed.).

oportunas reformas, tornam inevitável a eclosão da revolução, esta última suscetível de justificação apenas *post factum*, do ponto de vista do espírito do mundo (*supra*, cap. IV., § 4).

A teorização do direito da necessidade extrema não é um apelo à revolução nem à resistência à autoridade, é simplesmente um apelo à não absolutização do direito de propriedade: "O importante pertence à vida ética, universal, e as questões que se referem a essas antíteses de bem-estar e direito e também ao direito da necessidade extrema só se referem a casos de uma esfera extremamente limitada" (Rph., § 126 AL; V. Rph., II, p. 459). O *Notrecht* de Hegel não é o *ius necessitatis* nem o *ius resistentiae* da tradição (que Henrich não parece distinguir), mas tem como objetivo evidenciar o potencial explosivo que a questão social vai acumulando, denunciar aquilo que de não conciliado e substancialmente violento continua havendo nas relações sociais existentes. A esperança do filósofo é que a conciliação seja produzida pela intervenção do poder político. Se, de um lado, a teorização do *Notrecht* constitui uma polêmica ao menos objetiva contra a criminalização das agitações operárias àquela época condenadas em bloco como atentados ao direito de propriedade, e frequentemente comparadas à delinquência comum, de outro lado, tal teorização almeja principalmente demonstrar o caráter "abstrato" da propriedade privada, destacando os embates em que esta inevitavelmente incorre. Em Smith, Hegel já tinha lido:

> Para chegar a uma decisão rápida, os operários recorrem sempre aos meios mais clamorosos e, às vezes, à violência e às ofensas mais impressionantes. Estão desesperados e agem com a loucura e os excessos de homens desesperados que devem morrer de fome ou obrigar seus patrões a acatar suas reivindicações.

Smith descreve com lucidez e frieza a "ruína" que espera por esses "desesperados", inexoravelmente atacados pela polícia e pelo Judiciário[65]. Agora, tais "desesperados que devem morrer de fome" veem reconhecido um direito que não aquele à revolução, mas que, apesar do caráter vago de seu conteúdo, desempenha bem sua função, que é, como dissemos, principalmente demonstrar o caráter "abstrato" da propriedade privada, destacando os conflitos em que esta inevitavelmente incorre.

---

[65] Adam Smith, *An Inquiry into the Nature and causes of the Wealth of Nations*, Livro I, cap. VIII, cit., p. 84-5.

9. O DIREITO E OS CONFLITOS COM A INTENÇÃO MORAL E A NECESSIDADE EXTREMA

Hegel insiste em particular sobre dois conflitos: o primeiro tem como antagonistas *Recht* [direito], de um lado, e *Wohl* [bem-estar], ou melhor, a intenção moral de fazer o bem ao próximo, do outro; o segundo conflito se desenvolve entre "direito" (*Recht*) e "necessidade extrema" (*Not*). O confronto instituído pelo primeiro "conflito" se conclui claramente a favor do direito, que representa o momento da substancialidade e da universalidade. O "bem-estar" é "particularidade", enquanto, em polêmica com a norma jurídica objetivamente existente, expressa a pretensão, e mesmo a pretensão moral, de um único indivíduo; o "bem-estar" é "coisa da contingência, do arbítrio de sua própria decisão particular" (Rph., § 125 AL; V. Rph., II, p. 455). Tal "particularidade" não pode se afirmar "em contradição" com o direito; mesmo quando se apresenta sob a forma da "intenção de meu bem-estar, assim como do bem-estar do outro", ela não pode de modo algum "justificar uma ação ilegal" (Rph., § 126). Muito diferentemente se configura o confronto entre "direito" e "necessidade extrema". Esta última pode bem justificar, como já sabemos, uma "ação ilegal". Sim, a "vida" que o "direito da necessidade extrema" é chamado a defender "tem até um verdadeiro direito contra o direito formal, isto é, a vida também é um direito absoluto". Estamos aqui diante de um conflito muito distinto daquele precedente, que via o arbítrio, ainda que camuflado com as mais nobres intenções, em luta contra a objetividade e a concretude do ordenamento jurídico. A contestar o direito agora está a "personalidade", mas a personalidade em seu "lado real", ou seja, algo "determinado em si e para si", não uma simples "opinião" (Rph., § 127 AL; V. Rph., II, p. 459 e 461). Aliás, neste ponto se assiste a um confronto entre "bem-estar" (*Wohl*), que, na verdade, é a intenção moral subjetiva que declara querer perseguir esse bem-estar, e "necessidade extrema" (*Not*). "'Bem-estar' é uma expressão abstrata. O bem-estar não está em alguma coisa; a vida, ao contrário, está numa circunstância, num momento". E ainda: "'Necessidade extrema' é uma expressão sagrada, se autêntica: é o todo de uma situação; necessidade extrema é um todo, é a vida, a família" (Rph., § 127 AL; V. Rph., II, p. 461).

Para compreender o posicionamento distinto assumido por Hegel em relação a essas duas categorias (*Wohl* e *Not*), não basta remeter à inspiração geral de seu sistema filosófico, mas é necessário fazer referência à história. Nesse período, a crítica da absolutização do direito de propriedade privada é levada adiante por duas classes sociais distintas e de pontos de vista opostos. Tal crítica é às vezes motivada por reminiscências e nostalgias feudais: um autor como Adam Müller não deixa de denunciar o conceito de "propriedade privada incondicional" que tem a pretensão de dissolver todas as relações fundadas "sobre a lealdade e a fé" (*auf Treu und Glauben*). Em certo sentido, também nesse teórico da reação encontramos o conflito – para usar a terminologia de Hegel – entre direito, de um lado, e bem-estar (ou melhor, privada intenção moral de bem--estar), de outro. Dada a "propriedade privada incondicional", declara Müller, uma vez ratificada a "unilateralidade da posse" própria do direito romano, cessam as "obrigações recíprocas", e cai, por conseguinte, qualquer obrigação do proprietário "em caso de doença, fatalidade, velhice" de seus dependentes. Afirmar a "absoluta propriedade privada" da terra significa negar ao indigente as "necessidades primárias da vida". Müller cita o Evangelho: "*Quis autem ex vobis patrem petit panem, numquid lapidem dabit illi?*"*. Eis no que resulta a supressão do feudalismo e o relativo abandono do necessário "fundamento teológico" na política e na economia: "Dar às crianças pedras em vez de pão"[66]. O triunfo do direito romano e de sua fria objetividade implica o sacrifício da pessoa real; a miséria da nascente sociedade capitalista era evocada como contraponto à celebração dos bons tempos antigos.

Ao contrário, a crítica hegeliana da absolutização do direito privado nunca coloca em discussão, mas pressupõe os resultados do desenvolvimento burguês: "A determinação da propriedade é um enorme progresso frequentemente não valorizado como merece" (V. Rph., IV, p. 223). Se no mundo moderno alguém pensasse, imitando são Crispim, em resolver o problema da assistência aos necessitados roubando couro para fazer sapatos para os pobres, acabaria, como é óbvio e justo que seja, numa penitenciária. É um exemplo que, significativamente, Hegel utiliza ao falar do "conflito" entre "direito" e "bem-estar", este último – já é claro –, na realidade, a pretensão da consciência privada de se erigir como juiz do bem do próximo, indo além da objetividade do ordenamento

---

* "Qual dentre vós é o pai que, se o filho lhe pedir pão, lhe dará uma pedra?" Lucas, 11:11a. (N. E.)

[66] Adam Müller, *Versuche einer neuen Theorie des Geldes mit besonderer Rücksicht auf Grossbritannien* (Leipzig e Altenburg, F. A. Brockhaus, 1816), p. 23-8, *passim*, e "Die innere Staatshaushaltung; systematisch dargestellt auf theologischer Grundlage", em *Concordia* (org. Friedrich Schlegel, Viena, 1820-1823), I, p. 110-1. Este último texto é objeto de explícita crítica por parte de Gans nas lições de 1828-1829; ver Eduard Gans, *Philosophische Schriften* (org. Horst Schröder, Glashütten/Taunus, Detlev Auverman, 1971), p. 68.

jurídico e se abandonando ao arbítrio de uma inspiração moral ou religiosa solitária (Rph., § 126 AL; V. Rph., II, p. 457).

Contra a absolutização do direito de propriedade do mundo burguês, Müller remete ao preceito evangélico do amor ao próximo[67]. Esse "mandamento" – já o notara *Fenomenologia* –, porém, é apenas "uma relação do indivíduo com o indivíduo", portanto, uma "relação da sensação". Para que esse amor ao próximo tenha sentido, é necessária uma reflexão que vá além da sensação, de modo a determinar corretamente o bem ou "bem-estar" (*Wohl*) que o amor ao próximo pretende transmitir. Também em *Fenomenologia*, acaba assumindo um papel pequeno o *Wohl* que a intenção moral e a consciência religiosa pretendem celebrar em contraposição à fria objetividade das instituições mundanas e políticas. Para superar o nível do "amor irracional" que – sublinha ironicamente Hegel – pode resultar mais nocivo do que o próprio "ódio", é necessário proceder para além do saber imediato dos indivíduos e se colocar no nível da comunidade política, do Estado: "A inteligente e essencial tarefa do bem é, em sua configuração mais rica e importante, o inteligente, universal, operar do Estado". Se, em nome do amor ao próximo, uma ação fundada no saber imediato do indivíduo pretendesse se contrapor ao "universal" e ao "direito", acabaria justamente varrida (pensemos no exemplo de são Crispim). O "agir para o bem-estar dos outros" (*Handeln [...] zum Wohl anderer*) – é a linguagem que já conhecemos de *Filosofia do direito* – recomendado pelo preceito evangélico do amor ao próximo, permanece exposto à contingência, não tem "conteúdo universal". Esse e outros preceitos do gênero "permanecem parados no dever ser, mas não têm nenhuma realidade; eles não são leis, apenas mandamentos" (W., III, p. 314-5).

Assim, o "bem-estar" (*Wohl*) pregado e celebrado pela intenção abstratamente moral é incapaz de se realizar como "lei" no âmbito de um ordenamento jurídico objetivo. Na celebração difundida entre seus contemporâneos do amor ao próximo e da intenção moral em contraposição às instituições políticas, Hegel identifica facilmente um instrumento da ideologia feudal. Daí sua polêmica com "aqueles que chegam a considerar as leis um mal ou algo profano e têm como objetivo verdadeiro de vida governar ou ser governados pelo amor natural, graças à fé e à confiança (*durch Glauben und Vertrauen*) – e, ao contrário, o domínio das leis como condição corrompida e injusta". Claro, o conteúdo de uma lei pode ser "irracional e mesmo injusto", pode ser caracterizado pela

---

[67] Adam Müller, "Die innere Staatshaushaltung; systematisch dargestellt auf theologischer Grundlage", cit., p. 111.

"contingência" e pelo "arbítrio" (Enc., § 529 A), mas aqueles que apelam à intenção moral, na realidade, negam não este nem aquele determinado conteúdo, mas a própria forma da universalidade, representam no nível jurídico e político as posições do saber imediato. Eles remetem à religião para afirmar "Ao justo não é atribuída nenhuma lei" (Rph., § 137 AL; V. Rph., II, p. 489) e, assim, soterrar a eticidade enquanto tal.

Bem diferente é a contestação objetiva que a "necessidade extrema" faz do direito abstrato. Nesse caso, é discutido um conteúdo determinado, em nome da exigência de participação na comunidade de uma classe que permaneceu excluída. É, então, objetivamente apresentada a reivindicação de uma universalidade mais rica e concreta, de leis e instituições capazes de restringir posteriormente o espaço ocupado pelo "irracional" e pelo "arbítrio", de instituições que são mais "concretas" por terem condições de intervir na esfera "abstrata" do direito de propriedade.

Exatamente por isso, a categoria de "bem-estar" (*Wohl*), sempre criticada e atacada quando se contrapõe à objetividade do ordenamento jurídico, é depois recuperada e justificada no nível do "sistema das necessidades"; no nível da moralidade, o contraste entre "bem-estar" e "direito" vê "pessoas privadas contra outras pessoas privadas", e se compreende, então, que "o direito é a determinação essencial" (V. Rph., III, p. 400); já no nível do sistema das necessidades, a categoria de bem-estar é uma "determinação essencial" (V. Rph., III, p. 689--90), pois apresenta a reivindicação de que "seja tratada e realizada, enquanto direito, a segurança da subsistência e do bem-estar do indivíduo" (Rph., § 230). A categoria de bem-estar é recuperada apenas na medida em que corresponde à mesma exigência a que responde o direito da necessidade extrema, a exigência de conferir ao direito concretude no âmbito da universalidade ético-política. Em certo sentido, o mesmo acontece até com a categoria de vida. Expondo o embate entre direito e intenção moral/bem-estar, Hegel cita esse significativo episódio: a um ministro que, surpreendido num ato ilícito, se justifica dizendo *"Monseigneur il faut vivre"* [Meu senhor, é preciso viver], Richelieu responde: *"Je n'en voi pas la nécessité"* [Eu não vejo tal necessidade]. O filósofo então comenta: "A vida não é necessária diante do valor superior da liberdade"; a "intenção moral", ainda que seja de são Crispim, nada vale diante da necessidade de que a liberdade tenha uma existência universal e objetiva enquanto direito (V. Rph., III, p. 398-9). No entanto, a necessidade de conservar a vida, como realidade do direito, como possibilidade concreta de o faminto existir enquanto sujeito jurídico, é invocada por Hegel para justificar o *Notrecht*.

Mais uma vez, às insuficiências do ordenamento jurídico responde-se não celebrando a individualidade fora da lei ou uma narcisista introversão intimista que se vangloria da própria pretensa excelência moral, mas com o trabalho para a construção de um ordenamento jurídico e político mais rico. E exatamente no parágrafo citado por último de *Princípios de filosofia do direito*, Hegel declara que o direito é "real" uma vez que, além de realizar "a tranquila segurança (*Sicherheit*) da pessoa e da propriedade", realiza a "segurança (*Sicherung*) da subsistência e do bem-estar do indivíduo". À reivindicação própria da tradição liberal, aquela de *Sicherheit*, é agora, ao mesmo tempo, contraposta e associada a de *Sicherung*.

É interessante notar que, na cultura da época, é possível identificar também o tema do embate entre direito e necessidade extrema. Hugo descreve homens que "são forçados a morrer" enquanto têm à frente as "coisas indispensáveis para a manutenção de sua vida", as quais, porém, são propriedade de outros. Também nesse caso, ao "direito exclusivo de um indivíduo" se contrapõe a miséria sem esperança do pobre, que não tem a "sorte" do escravo de ser alimentado pelo próprio senhor. Isso, porém, não constitui motivo para violar em nome de um apetite de "natureza animal" o direito positivo e sagrado da propriedade privada[68]! Quando muito, trata-se de uma ocasião para refletir sobre as vantagens da escravidão. Com comportamento exatamente oposto ao de Adam Müller, Hugo remete ao direito romano para enfatizar o caráter absoluto do direito de propriedade, não excluindo a propriedade de escravos.

Hegel, por sua vez, enquanto por um lado rechaça a nostalgia do mundo feudal, varrido pela "revolução francesa-romana", como Müller gosta de chamá--la[69], por outro lado critica a absolutização da propriedade privada que se dá no âmbito do direito romano, ao qual vimos o próprio Fichte se referir para justificar o direito de o proprietário defender seus bens, mesmo ao preço da vida do ladrão, e ao qual Hugo se refere para legitimar até a propriedade de escravos como uma das formas possíveis de propriedade privada. *Filosofia do direito* denuncia, por sua vez, "a lei horrível que dava ao credor o direito, transcorridos os prazos, de matar o devedor ou de vendê-lo como escravo" (§ 3 A)[70]. A essa

---

[68] Gustav Hugo, *Lehrbuch eines civilistischen Cursus*, cit., p. 120 e 251.

[69] Citado em Karl Mannheim, "Das konservative Denken" (1927), em *Wissenssoziologie. Auswahl aus dem Werk* (org. Kurt H. Wolff, Berlim/Neuwied, Luchterhand, 1964), p. 429.

[70] Sintomaticamente, Marx também cita a "lei shylockiana das dez tábuas" (aqui se fala em dez, em vez de doze) para denunciar a extrema absolutização do direito de propriedade que consente ver "na carne e no sangue do devedor" apenas determinada quantidade de

norma das Doze Tábuas, Hegel contrapõe justamente o *Notrecht*, do qual "deriva o *beneficium competentiae* [benefício da competência]: ao devedor são deixados ferramentas, instrumentos de trabalho, roupas, no geral, aquela quantidade de seus bens, isto é, de propriedade dos credores, que se considera necessária para garantir sua alimentação, em consonância até com sua condição social" (Rph., § 127 A). O *Notrecht* exclui, primordialmente, a legitimidade da escravidão – não nos esqueçamos de que se trata de um debate que não diz respeito apenas à Antiguidade clássica, que se desenrola dramaticamente ao menos até a Guerra de Secessão americana e, aliás, dura ainda mais, pois emerge da tomada de posição, em primeiro lugar, de Nietzsche[71]. Hugo escreve que "a insolvência como gênese da não liberdade é, ao menos, tão equânime (*billig*) quanto o direito de matar o devedor[72]. Hegel, por sua vez, declara que o *Notrecht* deve ser entendido "não como magnanimidade (*Billigkeit*), mas como direito" (Rph., § 127). De toda forma, não há nenhum "*justus titulus*" que justifique a escravidão (Rph., I, § 29 A). Trata-se de uma relativização do direito de propriedade que remete não à intenção moral, mas a uma norma jurídica objetiva, e que vai bem além da condenação da escravidão propriamente dita: "Um homem vai à bancarrota, sua inteira propriedade pertence aos credores" e, no entanto, não lhe tomam tudo, deixam-lhe a possibilidade de manter a si mesmo e a própria família; "é violado o direito dos credores" (V. Rph., IV, p. 342).

Isso se dá não em virtude da *Billigkeit*, de uma magnânima concessão, mas de um verdadeiro direito. Kant tinha definido a *Killigkeit* como "direito sem coação" que deriva exclusivamente de um "tribunal da consciência". Imaginemos um "servo" que seja pago com moeda desvalorizada em relação ao momento da estipulação formal do contrato: em tal caso, a exigir a revalorização do salário não está o direito propriamente dito, mas apenas a *Billigkeit*, que, aliás, "é uma divindade muda, que pode não ser escutada"[73]. Mais tarde, o já

"dinheiro" (e de propriedade) emprestada pelo credor: *Das Kapital*, Livro 1, cap. VIII, 6, MEW, v. XXIII, p. 304 [ed. bras.: *O capital. Crítica da economia política*, Livro I: *O processo de produção do capital*, trad. Rubens Enderle, São Paulo, Boitempo, 2011, p. 359, nota 152]. À figura de Shylock, Marx faz referência também nos escritos de juventude. "Dabetten über das Holzdiebstahlgesetz" (1842), em MEW, v. I, p. 141. À figura de Shakespeare (*O mercador de Veneza*) remete também Hegel (Rph., § 3 A).

[71] Sobre isso, ver Domenico Losurdo, *Nietzsche, il ribelle aristocratico. Biografia intellettuale e bilancio critico* (Turim, Bollati Boringhieri, 2002), cap. 12.

[72] Gustav Hugo, *Lehrbuch eines civilistischen Cursus*, cit., p. 267.

[73] Immanuel Kant, "Metaphysik der Sittten", cit., p. 234.

citado crítico liberal de Hegel define a *Billigkeit* como algo de intermediário entre o "direito" e o "amor". Rotteck dá este exemplo: "O amor exige que eu dê esmolas. A *Billigkeit* pode exigir do beneficiário a restituição do que ele recebeu se, nesse ínterim, o doador empobreceu". Desse ponto de vista, a *Billigkeit* é uma obrigação moral que concerne a todos, sem distinção de classe. Se o pobre, em Kant, podia apelar à *Billigkeit* das classes superiores, agora ele pode apelar apenas à *Liebe*, isto é, a um ato de generosidade que não tem nem a essência nem a aparência da obrigação jurídica: "O amor exige moderação em relação ao pobre, sobretudo em relação ao devedor que se tornou pobre por fatalidade", isto é, sem sua culpa[74]. Se em Hugo o devedor insolvente podia tranquilamente se tornar escravo, sem que fossem violados o direito e a *Billigkeit*, se em Kant podia contar, talvez, com a *Billigkeit* do credor, em Rotteck ele pode contar apenas com seu "amor". Já para Hegel, ao devedor insolvente devem ser conservados os meios necessários para seu trabalho e para sua sobrevivência, e isso em virtude de um direito verdadeiro.

O fato de a legislação dos Estados modernos prever explicitamente tal *beneficium competentiae* quer dizer que a própria legislação é forçada a reconhecer o caráter não absoluto do direito de propriedade. Em tal sentido, "a necessidade extrema realiza um momento dialético" (Rph., I, § 64 A), que ainda está bem longe de se esgotar. O texto impresso de *Filosofia do direito* cita o *beneficium competentiae* como exemplo da subordinação do direito de propriedade à necessidade extrema. Mas, nas lições, Hegel vai bem além e afirma explicitamente, como vimos, a licitude de uma ação ilegal; por exemplo, o furto de um pedaço de pão que sirva para aplacar a fome.

10. Um problema irresolvido

Vimos Hegel, em certa fase de sua evolução, teorizando o direito ao trabalho. Entretanto, o aprofundamento da análise da crise de superprodução leva o filósofo à conclusão de que o aumento da produção provoca inevitavelmente um aumento dos excedentes não vendidos e não vendíveis, implicando, assim, uma nova onda de demissões.

No princípio da sociedade civil, há um ponto indiscutível: ganha aquele de que se necessita. Por exemplo, digamos que existam duzentos operários além do

---

[74] Karl von Rotteck, *Lehrbuch des Vernunftrechts und der Staatswissenschaften*, cit., v. I, p. 58.

necessário. Estes, então, devem perder o trabalho, enquanto 12 mil conseguirão mantê-lo. Se arranjarmos lugar para aqueles duzentos, então perderão o lugar duzentos dos restantes 12 mil, pois é requerido apenas um número determinado de operários e, se devem trabalhar os desempregados, com isso perderão o trabalho aqueles até agora empregados. (V. Rph., III, p. 703-4)

No curso de 1822-1823 que acabamos de citar, desapareceu a confiança de que a sociedade civil-burguesa pudesse assegurar o direito ao trabalho. A realidade da crise se encarregou de dissipar muitas ilusões, os vários remédios se revelaram precários. Em Londres, a capital de um país que mais do que qualquer outro pode contar com exportações e "colonização", a *Not* é "desmesurada" (*übermässig*) (V. Rph., IV, p. 494-5). E não se deve esquecer que a *Not* "abraça o inteiro âmbito da realização da liberdade" (V. Rph., IV, p. 342). Sem o direito ao trabalho não existe o direito à vida, em nome do qual Hegel proclama o *Notrecht*.

Sim, "a liberdade não pode (*darf*) sucumbir diante do direito particular de um indivíduo" (V. Rph., I, p. 286), isto é, não é lícito que a liberdade seja sacrificada no altar do direito de propriedade. No entanto, é justamente tal sacrifício que define a realidade da sociedade civil-burguesa. Com o *Notrecht*, Hegel teoriza a subordinação do direito de propriedade ao direito à vida do homem, mas a realidade da sociedade civil-burguesa caminha na direção oposta. E então? "A importante questão de como remediar a pobreza move, e atormenta, em particular as sociedades modernas" (Rph., § 244 Z; cf. V. Rph., IV, p. 609). O tormento das sociedades modernas é também o tormento de Hegel. O fato é que, na sociedade civil, há sempre "um resquício de estado de natureza" (Rph., § 200 A), isto é, um resquício de violência. Ao analisar o estado de natureza como condição de violência generalizada, em que acontecem a exploração e a escravidão e em que não há lugar para o reconhecimento recíproco, Hegel não se cansa de ressaltar que "*exeundum est ex statu naturae*" [é preciso sair do estado de natureza] (V. Rph., IV, p. 209). E isso valeria também para o resquício de estado de natureza que o filósofo vislumbra na sociedade civil? Claro, o Estado, a comunidade política, é chamado a se encarregar da superação de tal resquício, mas as coisas se complicam porque à violência inerente objetivamente a determinadas relações de propriedade e econômico-sociais se somam a violência política, a violência voltada, direta ou indiretamente, à manutenção do *status quo*, à manutenção, senão à ampliação, desse "resquício de estado de natureza" que é próprio da sociedade civil. Vimos como é difícil para o "pobre" fazer com que seus direitos sejam reconhecidos em razão dos "custos" associados aos procedimentos judiciários. E existem também obstáculos políticos. A escola histórica e, sobretudo, Hugo, que vimos justificando a escravidão, são acusados por Hegel de ter uma concepção do direito e da administração da justiça em que os cidadãos se tornam não apenas "profanos", mas, em especial, "servos da gleba no plano jurídico" (*Rechtsleibeigene*) (Rph., § 3 AL; V. Rph., II, p. 99). Nesse caso, uma camada privilegiada passaria a exercer uma espécie de "direito senhorial" (*Herrenrecht*) sobre os "servos da gleba" a que seriam reduzidos os cidadãos (Rph., III, p. 186).

Ademais, justamente aprofundando os desenvolvimentos da questão social, Hegel parece, por vezes, nutrir dúvidas quanto à efetiva capacidade do Estado, ou do Estado de seu tempo, de se colocar acima do conflito de classe para eliminar o resquício de estado de natureza presente na sociedade civil: o peso do "comércio do dinheiro" e dos "bancos" na vida política é crescente, e, "dado que os Estados precisam de dinheiro para seus interesses, eles são dependentes desse tráfico de dinheiro em si independente" (V. Rph., IV, p. 520-1). Múltiplos são os laços entre capital e aparato estatal: "A riqueza se acumula entre os proprietários das fábricas. Se então se trabalha completamente para o Estado, a acumulação de riqueza se torna ainda mais significativa devido aos negócios dos fornecedores e dos empresários industriais" (Rph., III, p. 193-4). Na Inglaterra, apesar das reformas, o poder permanece firmemente "nas mãos daquela classe" ligada ao "vigente sistema de propriedade" (B. Schr., p. 480). E Hegel chega a declarar que, quando o conflito social é particularmente áspero, como aquele que, em Roma, opunha patrícios e plebeus, o Estado se reduz a uma "abstração", enquanto a realidade parece definida pela "antítese" (*Gegensatz*), que "é simplesmente costurada na abstração do Estado" (Rph., III, p. 288). Pois então de que modo o Estado poderá eliminar o resquício do estado de natureza, de violência, associado à sociedade civil, às relações de propriedade dominantes e à absolutização do direito de propriedade? Sobre a celebração hegeliana do Estado, toda construída na esteira e em função da luta antifeudal, da luta contra os particularismos, os privilégios, os abusos e, em última análise, a violência da nobreza feudal, para a construção da comunidade de *citoyens*: "Apenas no Estado é completo o reconhecimento da liberdade"; onde há Estado não há mais lugar para escravidão e servidão da gleba (Rph., III, p. 74). Sobre tal celebração começa a projetar sombras a realidade da opressão, do "juízo negativo infinito", a realidade da violência que as relações econômico-sociais existentes exprimem sobre uma classe social que permaneceu excluída daquele "reconhecimento" recíproco em cuja base devia ser edificada a comunidade dos *citoyens*.

VIII
A ÁGORA E A *SCHOLÈ*: ROUSSEAU, HEGEL E A TRADIÇÃO LIBERAL

1. A IMAGEM DA ANTIGUIDADE CLÁSSICA NA FRANÇA E NA ALEMANHA

"No início, é Montesquieu que se cita e comenta; no fim, só se fala de Rousseau."[1] É assim que Tocqueville descreve a parábola ideológica e política da Revolução Francesa. Compreende-se, então, que, no jornalismo liberal pós-Termidor, a denúncia do jacobinismo surge acompanhada de um distanciamento crítico em relação a Rousseau. É o caso, em particular, de Constant, que repetidamente compara o genebrino a Mably para acusar ambos de terem sacrificado a autonomia do indivíduo e a liberdade moderna no altar do culto à pólis antiga.

Para ser preciso, segundo Constant, mais ainda do que com a Antiguidade greco-romana, Mably "fica extasiado com os egípcios, porque – dizia – tudo entre eles era regulado pela lei, até mesmo as diversões e as necessidades; tudo se curvava ao império do legislador"[2]. As persistentes tendências jacobinas ou o incipiente movimento jacobino-socialista são liquidados pelo teórico liberal como "novos apologistas do Egito"[3]. Quando Hegel, ao extremo do *laissez-faire, laissez-aller*, contrapõe, em *Filosofia do direito*, "o outro extremo" a ser igualmente rejeitado, constituído pela "providência, assim como a determinação do trabalho de todos

---

[1] Alexis de Tocqueville, "L'Ancien Régime et la Révolution. Fragments et notes inédites sur la Révolution", em *Œuvres complètes* (org. Jacob-Peter Mayer, Paris, Gallimard, 1951 sgg.), p. 107.

[2] Benjamin Constant, "De la Liberté des anciens comparée à celle des modernes" (1819), em *De la liberté chez les modernes. Écrits politiques* (org. Marcel Gauchet, Paris, Le Livre de Poche, 1980), p. 504.

[3] Idem, "De l'Esprit de conquête et de l'usurpation dans leurs rapports avec la civilisation européenne" (1814), em *Œuvres* (org. Alfred Roulin, Paris, Gallimard, 1957), p. 1.050-1, nota.

por obra da organização pública", também faz uso do exemplo do "antigo trabalho das pirâmides e das outras colossais obras egípcias e asiáticas, que foram produzidas para fins públicos sem a mediação do trabalho do indivíduo com base em seu particular arbítrio e de seu particular interesse" (Rph., § 236 A).

Por meio de Rosenkranz, sabemos que, já em Berna, Hegel lê com grande atenção "os escritos de Benjamin Constant, que não deixou de seguir nem em seus últimos anos de vida"[4]. Não há dúvidas de que, depois das primeiras tentativas, Hegel se esforça para ser o teórico do mundo moderno e da liberdade moderna, cujo fundamento está no reconhecimento da dignidade e da autonomia do indivíduo. Em todo caso, nada é mais distante de Hegel do que essa visão presente em Rousseau, que, polemizando sarcasticamente com os "admiradores da história moderna", contrapõe à miséria do próprio tempo as "veneráveis imagens da Antiguidade" e "Roma e Esparta, [que] elevaram a glória humana aos mais altos píncaros"[5]. Leitor de Rousseau, Saint-Just chegou a exclamar que, "depois dos romanos, o mundo está vazio"[6].

A ruptura com tal visão era ainda mais necessária porque, na Alemanha, o culto da Antiguidade clássica perde muito cedo o caráter de contestação do Antigo Regime para se configurar, de fato, como evasão do mundo moderno e assumir, assim, um significado político de marca conservadora. Pensemos no Schelling que lamenta "o ocaso da humanidade mais nobre que já floresceu"[7], ou da "floração mais bela da humanidade"[8]. Esse triste lamento é, na realidade, uma condenação do mundo moderno e da "assim chamada liberdade política" (*bürgerliche Freiheit*), vista e desprezada como a simples e "mais turva mistura da escravidão com a liberdade"[9].

Já antes de 1800-1802, porém, é possível constatar uma sensível discrepância no desenvolvimento ideológico da França e da Alemanha: enquanto, de um

---

[4] Karl Rosenkranz, *Hegels Leben* (Berlim, Duncker und Humblot, 1844) (ed. fac-similar: Darmastadt, Wissenschaftliche Buchgesellschaft, 1963), p. 62.

[5] Jean-Jacques Rousseau, "Fragments politiques", em *Œuvres complètes* (doravante O. C.) (org. Bernard Gagnebin e Marcel Raymond, Paris, Gallimard, 1964), p. 539.

[6] Louis Antoine León de Saint-Just, "Rapport" de 11 do germinal do ano II", em *Œuvres complètes* (org. Michèle Duval, Paris, Gérard Lebovici, 1984), p. 778.

[7] Friedrich Wilhelm Joseph von Schelling, "System des transzendentalen Idealismus" (1800), em *Sämtliche Werke* (Sttutgart/Augsburgo, Cotta, 1856-1861), p. 604.

[8] Idem, "Vorlesungen über die Methode des akademischen Studiums" (1802), em *Sämtliche Werke*, cit., v. V, p. 225.

[9] Ibidem, p. 314.

A ÁGORA E A *SCHOLÈ*   265

lado do Reno, os jacobinos se referem à pólis para erguer, sobre os escombros do *Ancien Régime*, a comunidade dos *citoyens*, do outro lado do rio, em 1793, o neoclassicismo de Wilhelm von Humboldt olha para a Grécia como para o lugar em que o trabalho servil produzira sempre o efeito benéfico do desenvolvimento unilateral do indivíduo livre, afastado da obrigação do "exercício unilateral do corpo e do espírito"[10]. Se na França a referência à Antiguidade clássica significa a celebração da ágora, na Alemanha significa a celebração da *scholè*, desgraçadamente perdida no mundo moderno, um mundo do qual não se cansa de destacar o caráter de ruinosa decadência.

2. Cínicos, monges, *quakers*, anabatistas e *sans-culottes*

Em Hegel, por sua vez, é um ponto pacífico a legitimidade do moderno e sua superioridade frente à Antiguidade (*infra*, cap. XI, § 1). No entanto, a compreensão e a justificativa do mundo moderno implicam também a rejeição da busca no passado de uma mítica "simplicidade dos costumes". Uma vez superada – destaca um fragmento de Berna que parece claramente querer confrontar Rousseau –, "ela irremediavelmente se [...] desfez por completo" (W., I, p. 56-7). Mais tarde, no curso de filosofia do direito de Heidelberg, em função de sua busca pela "simplicidade" e da condenação da "multiplicação de necessidades e prazeres", Rousseau é comparado a Diógenes e aos cínicos (Rph., I, § 90 A). É uma comparação possível de vislumbrar já numa carta enviada por Voltaire a d'Alembert, por ocasião da polêmica sobre o teatro, rejeitado pelo genebrino (e pelas classes menos abastadas da cidade suíça) como expressão de dissolução e de imoral abandono ao ócio e ao luxo[11]. Contudo, é interessante a conclusão de Hegel sobre essa comparação: "Como não é possível haver um povo só de *quakers*, também não é possível haver um povo só de cínicos" (Rph., I, § 90 A). Isto é, com sua rejeição ao luxo e sua celebração de uma mítica simplicidade dos costumes, Rousseau torna impossível a comunidade dos *citoyens*. Não nos esqueçamos de que, já nos fragmentos de juventude, os *quakers* são citados, junto aos jesuítas, como exemplo de uma seita que não consegue levar a sério sua "relação com o Estado" (W., I, p. 444). Em *Filosofia do direito*, eles são

---

[10] Wilhelm von Humboldt, *Über das Studium des Altertums und des griechischen insbesondere* (1793), § 26.

[11] Carta de 2 de setembro de 1758, em *Voltaire' Correspondence* (org. Theodore Besterman, Genebra, Institut et Musee Voltaire, 1952 sgg.), v. XXXIV, p. 68.

colocados no mesmo plano dos "anabatistas", devido à vontade comum de agir simplesmente como "membros ativos da sociedade civil", como "pessoas privadas" (Rph., nota ao § 270; W., VII, p. 421), ou seja, como *bourgeois*, não como *citoyens*. Desse ponto de vista, a crítica de Hegel se revela em contraposição direta à de Constant, que, na tradição rousseauniano-jacobina, denuncia a absorção da esfera privada pelo Estado.

Tanto é verdade que, sempre na filosofia do direito de Heidelberg, Rousseau é comparado até a Jesus. Essa comparação não é totalmente nova, mas remete não a Voltaire, e sim às lutas ocorridas ao longo da Revolução Francesa. Ao polemizar contra a restrição patrimonial dos direitos políticos, Camille Desmoulins observa que ela acaba por excluir do rol dos cidadãos ativos e rebaixar a "proletários" e a "canalha" Rousseau, Corneille, Mably e... Jesus Cristo[12]. Mais tarde, Jesus é definido como *sans-cullote ante litteram*. É um tema de que Hegel parece se lembrar quando, numa nota manuscrita relativa ao curso de filosofia da religião de 1821, observa que no cristianismo primitivo, com sua polêmica "em sentido negativo contra a ordem existente enquanto tal", há, "por assim dizer, sans-culotismo"[13]. Contudo, a comparação assume agora em Hegel um significado negativo: com base na celebração da pobreza e da condenação da riqueza e do luxo, só é possível organizar uma seita. Em *Lições sobre a história da filosofia*, podemos ler que o "ideal de um homem perfeito" pode encontrar sua realização "em monges ou *quakers* e outra gente pia do gênero"; no entanto, "um monte dessas melancólicas criaturas não pode formar um povo, da mesma maneira que piolhos ou plantas parasitas não podem existir por si só, mas apenas em um corpo orgânico" (W., XIX, p. 109).

Dos vários textos aqui citados, acaba emergindo uma aproximação objetiva entre *quakers*, anabatistas, *sans-culottes*, monges cristãos, cínicos e depreciadores do luxo a partir desta ou daquela motivação ideológica. O que essas correntes tão distintas entre si têm em comum é o fechamento no espírito de seita e a incapacidade de constituir uma sociedade. Ainda a propósito da polêmica contra o luxo e as necessidades consideradas supérfluas, o curso de filosofia do direito de 1819-1820 observa: "Podemos certamente nos liberar de tais necessidades, a partir de razões morais ou econômicas (por exemplo, hoje, uma classe de

---

[12] Ver Alphonse Aulard, *Histoire politique de la révolution française* (Paris, 1926) (ed. fac-similar: Aalen 1977), p. 72.

[13] G. W. F. Hegel, *Religionsphilosophie*, Livro I: *Die Vorlesung von 1821* (org. Karl-Heinz Ilting, Nápoles, Bibliopolis, 1978), p. 619.

A ÁGORA E A *SCHOLÉ*   267

homens se abstém da cerveja e similares na Inglaterra). No entanto, em tais tentativas de suprimir certo consumo está sempre presente a ilusão de que isso pode ser conseguido por meio da vontade de cada indivíduo. Porém, todos os indivíduos, a coletividade, representam algo diferente dos indivíduos isolados. Na universalidade, está implícita a presença de um momento da necessidade" (Rph., III, p. 154). A postura de seita não é capaz de transformar a sociedade. Rousseau criticara o cristianismo pela incapacidade de constituir a religião da comunidade dos *citoyens*; e o jovem Hegel havia tomado tal crítica como sua. Agora é o próprio Rousseau que, comparado a Jesus, recebe crítica análoga: nas condições do mundo moderno, a condenação do luxo e da multiplicação das necessidades pode produzir uma seita de *bourgeois*, de pessoas privadas mais ou menos virtuosas, mas não aquela "vida no universal e para o universal" que o Hegel maduro continua a contrapor às comunidade monásticas cristãs (W., XIX, p. 109).

3. ROUSSEAU, O "RANCOR DO PLEBEU POBRE" E O JACOBINISMO

O fato de Hegel tomar inequívoca posição a favor do mundo moderno não significa, porém, que subscreva o balanço histórico de Constant. Este último acusa Rousseau por suas "tiradas contra a riqueza e até mesmo contra a propriedade" (*supra*, cap. V, § 3). É um argumento que sabemos estar presente já em Voltaire, que, ao ler o "Discurso sobre a desigualdade", comenta: "Eis a filosofia de um vagabundo que gostaria que os ricos fossem saqueados pelos pobres" (*supra*, cap. VI, § 9). A acusação de Constant se difunde também na Alemanha, e um contemporâneo e adversário de Hegel, Gustav Hugo, chegar a inserir Rousseau entre os "inimigos da propriedade privada", junto a Mably[14], com uma comparação que já vimos no teórico liberal. É um tipo de crítica que faz escola também na cultura conservadora e reacionária: mais tarde, Taine denunciará em Rousseau "o rancor (*rancune*) do plebeu pobre"[15], e Nietzsche, que declara ter ido à "escola" de Taine[16], denunciará, por sua vez, o filósofo

---

[14] Gustav Hugo, *Lehrbuch des Naturrechts als einer Philosophie des positiven Rechts, besonders des Privatrechts* (4. ed., Berlim, Mylius, 1819), p. 28; Hugo, por sua vez, acrescenta Diderot.

[15] Hippolyte Taine, *Les origines de la France contemporaine* (1876-1894); citamos a partir da ed. de Paris, 1899, v. II, p. 40.

[16] Assim consta na carta a Franz Overbeck, 23 de fevereiro de 1887, em Friedrich Nietzsche, *Briefwechsel. Kritische Gesamtausgabe* (org. Giorgio Colli e Mazzino Montanari, Berlim/ Nova York, a partir de 1975), v. III, 5, p. 28.

genebrino como o "homem do rancor" (*Ranküne-Mensch*) que pretende identificar "nas classes dominantes a causa de sua miséria" (*Miserabilität*)[17], isto é, o homem do "*ressentiment*"[18], "esse primeiro homem moderno, idealista e canalha ao mesmo tempo" e que, justamente por "tal duplicidade de idealismo e canalhice", encarna a nociva – e niveladora – tendência de fundo da modernidade, que resultou na Revolução Francesa e no movimento socialista[19]. Nesse sentido, "em cada comoção e terremoto socialista, é sempre o homem de Rousseau que se move, como o velho Tifão sob o Etna"[20].

Como se nota, estamos diante de uma polêmica não apenas áspera, mas que se configura como uma espécie de ataque *ad personam*. E isso não somente em Nietzsche. Depois de descrever o contágio (semelhante à "estranha doença que se encontra com frequência nos bairros pobres) que se propaga na França revolucionária, "inebriada pela aguardente de *O contrato social*"[21], Taine denuncia a "alteração do equilíbrio mental" dos jacobinos[22], fanáticos admiradores de Rousseau. E, em termos análogos, em nossos dias se expressa Talmon, que acredita poder diagnosticar a "veia paranoica" do filósofo genebrino e de Robespierre, Saint-Just e Babeuf[23] (a única real diferença está na maior consciência que os autores precedentemente citados têm do significado social e antiplebeu de sua acusação).

Desse tipo de crítica que se afirma a partir do Termidor e que escolhe como alvo Rousseau para denunciar as tendências plebeias e jacobinas da revolução, não há traço em Hegel, que, ademais, inclui o pensador de Genebra entre "aqueles espíritos que profundamente pensaram e sentiram" (*tiefdenkende und tieffühlende Geister*) o drama da miséria. Convém retornar, para dele colher

---

[17] Idem, "Nachgelassene Fragmente 1887-1889", em *Sämtliche Werke, Kritische Studienausgabe* (org. Giorgio Colli e Mazzino Montinari, Munique, [Deutscher Taschenbuch,] 1980) (+KSA), v. XII, p. 421.

[18] Idem, *Götzendämmerung. Streifzüge eines Unzeitgemäßen* (1889), af. 3.

[19] Ibidem, af. 48.

[20] Friedrich Nietzsche, *Unzeitgemäße Betrachtungen*, III (1874), em KSA, v. I, p. 369.

[21] Hippolyte Taine, *Les origines de la France contemporaine*, cit., v. IV, p. 161-2.

[22] Ibidem, v. V, p. 21 e seg.

[23] Jacob Leib Talmon, *The Origins of Totalitarian Democracy* (1952); ed. it.: *Le origini della democrazia totalitaria* (Bolonha, Il Mulino, 1967), p. 58-9. Para denunciar, por sua vez, a "turva influência" por muito tempo exercida por Rousseau, Talmon remete a Ralf Dahrendorf, *Fragmente eines neuen Liberalismus* (Deutscher Verlags-Anstalt, 1987); ed. it.: Michele Sampaolo, *Per un nuovo liberalismo* (Roma/Bari, Laterza, 1988), p. 34.

todas as implicações, a um excerto do curso de 1824-1825, sobre o qual já tratamos (*supra*, cap. V, § 3) e que se expressa sobre o grande genebrino com particular ardor: "Sobretudo em Rousseau e em alguns outros, encontramos a terrível descrição da miséria provocada pela satisfação das necessidades. Trata-se de homens que, profundamente afetados pela miséria de seu tempo, de seu povo, reconhecem com profundidade, e descrevem de modo comovente, a ruína ética a ela ligada, a raiva, a revolta (*Empörung*) dos homens devido à sua miséria, devido à contradição (*Widerspruch*) entre aquilo que podem exigir e a condição em que se encontram, a exasperação, o sarcasmo diante dessa situação, enfim, a amargura interior e o ressentimento que daí surgem" (V. Rph., IV, p. 477). Naturalmente, para Hegel não é imaginável qualquer solução da questão social para aquém do desenvolvimento do mundo industrial moderno. Ainda assim, permanece intacto o mérito de Rousseau de ter indicado, olhando para os homens na miséria de uma sociedade opulenta, a "contradição entre o que podem exigir e a condição em que se encontram" e de ter olhado para tal contradição com *Empörung*, com um senso de revolta.

Convém refletir por um instante sobre os termos aqui usados, que são aqueles de que Hegel se serve em outro lugar para teorizar o *Notrecht*, o direito da necessidade extrema: há "luta" (*Kampf*) e "contradição" (*Widerspruch*) entre a "miséria e, imediatamente ao lado, os meios que poderiam remediá-la" (V. Rph., III, p. 398). E é uma situação – as lições de filosofia do direito não se cansam de repetir – que contém "algo de revoltante (*ein Empörendes*) para cada homem" (V. Rph., IV, p. 342), a ponto de provocar uma justa "revolta" (*Empörung*) (V. Rph., III, p. 402). Ao teorizar o *Notrecht*, Hegel se sente de algum modo próximo a Rousseau, que compartilha a tese segundo a qual o homem desprovido de meios de subsistência seria substancialmente exposto à "autoridade absoluta" do rico e, na verdade, seria obrigado a uma "obediência sem limites"[24], isto é, citando Hegel, estaria em situação de "total falta de direitos" (Rph., § 127).

Em sua teorização do *Notrecht* e do direito à vida, Hegel se encontra de alguma maneira próximo às correntes do radicalismo plebeu, que, já nos primórdios da Revolução Francesa, e ainda mais no curso de seu desenvolvimento, remetendo com frequência de modo explícito a Rousseau, teorizam o

---

[24] Assim se expressa, com particular clareza, a primeira versão de *O contrato social* (1750-1760): *Du contrat social. Première version*, em O. C., c. III, p. 302. Trata-se, porém, de uma tese que perpassa toda a obra de Rousseau.

direito à vida como o primeiro entre os direitos do homem, colocando assim em discussão as relações de propriedade existentes (*supra*, cap. VII, § 6). A partir de tal ponto de vista, deve-se rever o juízo de Lukács de que, durante todo o arco de sua evolução, Hegel teria assumido "uma postura hostil ao jacobinismo plebeu"[25]. Na realidade, uma coisa são as imediatas tomadas de posição política, outra, as categorias teóricas. Se para Condorcet, empenhado na polêmica contra o "*droit de vivre*", não há indigência ou "necessidade" que possa conferir ao pobre "o direito de roubar" e de violar a propriedade, que é necessário respeitar "até a superstição"[26], para Hegel, ao contrário, "o homem que morre de fome" tem não só o direito, mas "o direito absoluto de violar a propriedade de outrem" (V. Rph., IV, p. 341). Deve-se notar também que o direito à vida (*das Recht zu leben ou das Recht des Lebens*) – sobre o qual se exercita a pesada ironia dos termidorianos – é tranquilamente teorizado nas lições de filosofia do direito de Heidelberg (Rph., I, § 118 A).

Pode-se fazer outra consideração. Os liberais à Constant miram Rousseau para purificar a Revolução Francesa de todo traço plebeu e preservar a liberdade da contaminação de qualquer reivindicação social e material. Para Tocqueville, a passagem, na Revolução Francesa, de Montesquieu a Rousseau é a passagem do entusiasmo puro e consensual pela liberdade para a vulgaridade e a barbarização da "guerra das classes"[27]. Compreende-se como Rousseau é considerado corresponsável por essa "*guerre des classes*". Ele não a teria, de alguma maneira, justificado antecipadamente quando julgara por completo intolerável uma situação em que "um punhado de homens transborda de supérfluos enquanto a multidão faminta carece do necessário"[28]? Bem, já vimos (*supra*, cap. V, § 3) que Hegel não hesita em interpretar nem em celebrar a Revolução Francesa como revolução social. De um lado, há a "cobiça" e a "dissipação da riqueza" por parte de uma classe decidida a "saquear os cofres estatais e o suor do povo"; de outro, a "miséria pública" e "o duro, terrível peso" que sobrecarrega o povo

---

[25] György Lukács, *Der junge Hegel und die Probleme der kapitalistischen Gesellschaft* (Zurique/Viena/Frankfurt, Europa, 1948), p. 37 [ed. bras.: *O jovem Hegel e os problemas da sociedade capitalista*, trad. Nélio Schneider, São Paulo, Boitempo, 2018, p. 77].

[26] Condorcet, "Lettre d'un laboureur de Picardie" (1775), em *Œuvres* (org. Arthur Condorcet O'Connor e M. F. Arago, Paris, Firmin Didot Frères, 1847) (reimp. fac-similar: Stuttgart/Bad Cannstatt, 1968), v. XI, p. 10 e 167-8.

[27] Alexis de Tocqueville, "L'Ancien Régime et la Révolution", cit., p. 71.

[28] Jean-Jacques Rousseau, "Discours sur l'origine et les fondemens de l'inégalité parmi les bommes" (1755), em O. C., v. III, p. 194.

(W., XX, p. 296-7; Ph. G., p. 925). Se consideramos que se fala de "suor do povo" em ambos os textos aqui citados e que no primeiro isso é contraposto à vida parasitária dos "ociosos" (*Müßiggänger*), podemos concluir que a Revolução Francesa é aqui justificada em termos que fazem pensar na linguagem de Rousseau e que se revelam inaceitáveis para Constant e para a historiografia liberal. E é a ulterior confirmação – contra a tese já citada de Lukács – da presença de motivos plebeus em Hegel. Além do mais, a lição que o filósofo extrai das agitações verificadas além-Reno é que a legitimação e a "conciliação" da grande propriedade pressupõem uma política de forte imposição fiscal e de redistribuição da renda (*infra*, cap. VIII, § 5).

4. POLÍTICA E ECONOMIA EM ROUSSEAU E HEGEL

Neste ponto, impõe-se uma consideração de caráter teórico geral. A afirmação do direito da necessidade extrema ou do "direito à vida" constitui em Hegel o ponto de partida para uma completa redefinição das relações entre política e economia. Eis, então, que emergem categorias novas e fundamentalmente desconhecidas da tradição liberal e que, na medida em que têm precedentes na história da filosofia, não podem senão remeter à lição do grande genebrino. É assim que Hegel fala de "direitos materiais" (*materielle Rechte*) (B. Schr., p. 488) e teoriza, junto ao "direito negativo", um "direito positivo" repleto de conteúdos materiais:

> Cada um tem o direito de viver (*das Recht zu leben*), e esse direito não deve residir apenas na proteção [de agressões violentas]; ele não tem apenas esse direito negativo, mas também um direito positivo. A realidade da liberdade é o fim da sociedade civil. O fato de que o homem tenha o direito a viver implica que haja um direito positivo, pleno; a realidade da liberdade deve ser essencial [...]. O direito à vida (*das Recht des Lebens*) é aquilo que no homem é absolutamente essencial. (Rph., I, § 118 A)

Também para Rousseau, a "segurança civil" ou a "segurança individual"[29], a autonomia e a inviolabilidade da esfera privada, é essencial; e isso corresponde ao que Hegel chama de "direito negativo". Entretanto, estamos na presença de apenas um aspecto, mesmo que importante e inescapável, do direito. Não basta

---

[29] Idem, "Discours sur l'économie politique" (1755), em O. C., p. 255-6.

de fato "proteger" (*protéger*) os cidadãos, "é preciso também pensar em sua subsistência". Naturalmente, não se trata de o poder político "encher os celeiros dos indivíduos", mas, antes, de proporcionar aos indivíduos a possibilidade de ganhar a vida pelo trabalho[30]. Por sua vez, Hegel, partindo das categorias de "direito material" e de "direito positivo", desenvolve uma crítica à igualdade meramente formal. Pensemos no argumento com que as lições de Heidelberg justificam o *Notrecht*, o direito do faminto de realizar uma ação ilegal e de violar a propriedade privada de outrem. "Nisso consiste a igualdade: o outro não deve estar em posição de vantagem em relação à minha existência" (Rph., I, § 63 A). Em condições de extrema polarização de riqueza e pobreza, a afirmação absoluta da inviolabilidade da propriedade privada confere ao proprietário, na prática, um direito de vida e morte sobre o faminto, e isso significa negar a igualdade não somente na esfera em que se dá a desigualdade legítima, isto é, a "esfera do particular, do acidental", dos "bens exteriores", mas também numa "esfera essencial" que coloca em jogo a "vida" e o "direito" enquanto tais, e a própria dignidade do homem (Rph., I, § 63 A).

A crítica à igualdade meramente formal se manifesta em Hegel, ainda, de outro modo, na observação de que o pobre não pode contar com uma real proteção das leis: "É para ele impossível, em função dos custos ligados à administração formal da justiça, tutelar seu direito mediante a justiça formal, apresentando-se ao tribunal" (Rph., I, § 118 A). E justamente na Inglaterra, o país clássico do liberalismo, "os custos exorbitantes da confusa administração da justiça [...] tornam acessível somente aos ricos o recurso aos tribunais" (B. Schr., p. 473).

Uma crítica à igualdade meramente formal está presente também em Rousseau. Basta pensar na conclusão do primeiro livro de *O contrato social*: "Sob os maus governos, essa igualdade [aquela produzida pela lei] é somente aparente e ilusória; ela só serve para manter o pobre na miséria e o rico na usurpação"[31].

Por outro lado, as vias dos dois filósofos começam logo a divergir. "A distinção do necessário e do supérfluo", que em Rousseau é clara e central[32], torna-se problemática em Hegel: não há nenhum preciso "limite entre necessidades naturais e imaginárias, um limite em que cessem os primeiros e comece o luxo" (V. Rph., IV, p. 493). O limite é histórico, não naturalmente determinável

---

[30] Ibidem, p. 262.

[31] Jean-Jacques Rousseau, *Du contrat social*, cit., I, 9, em O. C., v. III, p. 367, nota.

[32] Idem, "Discours sur l'économie politique", cit., p. 271.

uma vez para sempre; já Rousseau pode condenar o luxo, enquanto volta sua atenção ao consumo e à esfera da distribuição. Hegel, porém, destaca o fato de que "muito mais que os consumidores, são os produtores que multiplicam as necessidades", a fim de criar um escoamento para uma produção e para forças produtivas em contínua expansão (V. Rph., IV, p. 493). Do ponto de vista de uma sociedade industrial avançada, não faz mais sentido a abordagem moralista que acusa o indivíduo de um consumo que vai além das necessidades naturais.

Não é propriamente possível fixar de uma vez por todas sequer o mínimo vital: "Esse mínimo necessário (*Minimum der Nothwendigkeit*) é [...] muito diferente nos diversos povos" (V. Rph., IV, p. 608). Bens de consumo antes tidos como supérfluos podem mais tarde fazer parte da definição de mínimo vital. Deve-se notar, porém, que, ao sublinhar o caráter histórico de sua definição, Hegel se diferencia de Rousseau, mas acaba se distanciando mais nitidamente da visão apologética do desenvolvimento econômico, própria da tradição liberal, com base na qual Locke acredita poder afirmar que um "trabalhador braçal" da Inglaterra de sua época desfrutava de um teor de vida superior ao do "soberano de um amplo e fértil território" na América dos índios. Muito longe de assegurar a todos o bem-estar e a melhora harmônica das condições materiais e do nível de vida, o desenvolvimento econômico moderno implica a emergência de novas necessidades e de novas privações, e uma carga de sofrimentos reais (*supra*, cap. VII, § 3); em todo caso, na sociedade civil moderna, opulência e luxo existem concomitantemente com a miséria (Rph., § 185).

Ao rejeitar a visão apologética do desenvolvimento econômico própria de grande parte da tradição liberal, Hegel valoriza em alguma medida a lição de Rousseau, já que se recusa a fechar os olhos para as contradições da sociedade industrial. Essa tomada de consciência, contudo, não significa de fato uma suposta solução que tenha a pretensão de retroceder para antes dessa mesma sociedade. Hegel, ao contrário, rejeita as "queixas sobre o luxo" que lhe parecem "uma declamação vazia, meramente moral" (Rph., III, 161), e polemiza com "aqueles que defendem que a indústria e o luxo são supérfluos e que gostariam de dispensá-los em função da miséria a eles ligada" (V. Rph., IV, p. 505) – e aqui se torna transparente a referência polêmica a Rousseau. Justamente porque recusa qualquer retorno aquém da sociedade civil moderna e do "direito da particularidade" (V. Rph., IV, p. 505), conquista já irrenunciável do mundo moderno – como Constant bem havia demonstrado –, justamente por isso, Hegel define como "insípida quimera" a ideia de uma superação da "desigualdade patrimonial" (Rph., I, § 102 A).

Certamente nem Rousseau acreditara na igualdade material e, ainda assim, do ponto de vista de Hegel, ele igualmente errou ao não reconhecer até o fim o direito, parte integrante da liberdade moderna, à particularidade e também ao luxo: "É uma queixa irrefletida quando se protesta contra a sociedade civil, porque peca contra [...] [a igualdade] natural" (V. Rph., III, p. 620). Hegel, que, como vimos, inclui o grande genebrino entre os "espíritos que profundamente pensaram e sentiram", parece agora querer acusá-lo de se abandonar a queixas irrefletidas.

Ao menos em um caso, a contraposição pareceria nítida e total. Leiamos mais uma vez a conclusão do primeiro livro de *O contrato social*:

> Em vez de destruir a igualdade natural, o pacto fundamental substitui, ao contrário, por uma igualdade moral e legítima essa desigualdade física que a natureza colocou entre os homens; estes, mesmo podendo ser desiguais pela força ou pelo engenho, tornam-se todos iguais por convenção ou pelo direito.[33]

E agora leiamos o § 200 A de *Filosofia do direito*:

> Opor a reivindicação da igualdade ao direito objetivo da particularidade do espírito, direito contido na ideia que não só não suprime, na sociedade civil, a desigualdade dos homens posta pela natureza (elemento próprio da desigualdade), como a produz pelo espírito e a eleva a uma desigualdade das capacidades, do patrimônio e até mesmo da cultura intelectual e moral, tudo isso é próprio do intelectualismo vazio.

Todavia, a antítese entre os dois filósofos é apenas aparente: "a igualdade moral e legítima" teorizada por Rousseau é aquela "pelo direito", enquanto a desigualdade legítima teorizada por Hegel decerto não é aquela diante da lei.

Ademais, é válido para ambos que a igualdade jurídica, para ser real, não pode se destacar totalmente das relações materiais de vida. Também para o autor de *Filosofia do direito*, a desigualdade material, levada ao extremo, implica o esvaziamento da igualdade jurídica e da própria liberdade; tanto é verdade que o faminto que corre risco de vida padece, como sabemos, de uma "total falta de direitos". Certamente para Hegel não faz sentido falar de *égalité naturelle*; ao contrário, as extremas desigualdades que podem se desenvolver na sociedade civil devem ser consideradas "resíduo do estado de natureza" (Rph., § 200 A). Ainda

---

[33] Idem, *Du contrat social*, cit., I, 9, em O. C., v. III, p. 367.

A ÁGORA E A *SCHOLÈ*   275

assim, não obstante sua visão radicalmente diversa da relação entre natureza e sociedade, Rousseau não só atribui à sociedade a tarefa de superar a "desigualdade física" que a natureza pode colocar entre os homens, como acrescenta, na nota conclusiva já citada, que más instituições políticas podem esvaziar a conquista da "igualdade moral e legítima" e, portanto, acabam por eternizar a desigualdade natural; isto é, tais instituições comportam, para usar a linguagem de *Filosofia do direito*, um "resíduo de estado de natureza", menos ou mais profundo e vistoso.

5. QUESTÃO SOCIAL E TRIBUTAÇÃO

Há uma desproporção em Hegel entre a implacável lucidez com que descreve os desequilíbrios e as contradições da sociedade industrial moderna e a modéstia das soluções concretas que propõe. Talvez o instrumento a que mais constantemente o filósofo se refira, no curso de sua inteira evolução, seja a tributação. Além do mais, já Rousseau reivindica impostos capazes de "prevenir o aumento contínuo da desigualdade das fortunas" e que "levem alívio ao pobre e sobrecarreguem a riqueza"[34]. Se também *Discurso sobre a economia política*, aqui citado, fala de critério "proporcional" (*proportionnel*) ou "autenticamente proporcional" (*vraiment proportionnel*), é claro que na realidade se pensa em uma tributação progressiva[35] (considere-se que o termo técnico "*impôt progressif*", diferente de "*impôt proportionnel*", surgirá na França apenas no curso da revolução, como se evidencia numa intervenção de Condorcet, de 1º de junho de 1793, que, já na abertura, sente a necessidade de definir e delimitar com clareza os dois tipos de impostos)[36]. Vejamos agora Hegel. Em Iena, ele observa: "A desigualdade da riqueza só é tolerada se sobre a riqueza incidirem impostos pesados; isso atenua a inveja e distancia o medo provocado pela necessidade e pela [temida] expropriação"[37]. *Sistema da eticidade*, depois de chamar o "governo" a contrastar a polarização entre "grande riqueza" e "a mais profunda pobreza" e a "operar ao máximo, mediante

---

[34] Idem, "Discours sur l'économie politique", cit., p. 276.

[35] Ibidem, p. 270 e 273. Trata-se, aliás, de uma progressividade que, às vezes, assume uma configuração bastante drástica, a ponto de legitimar o confisco, em caso de necessidade, de tudo aquilo que exceda o "necessário" (ibidem, p. 271). Sobre isso, ver Alberto Burgio, *Eguaglianza, interesse, unanimità. La politica di Rousseau* (Nápoles, Bibliopolis, 1989), p. 97-103.

[36] Ver Condorcet, "Sur l'impôt progressif" (1793), em *Œuvres*, cit., v. XII, p. 625.

[37] G. W. F. Hegel, "Jenaer Systementwürfe III" (1805-1806), em *Gesammelte Werke*, v. VIII (org. Rolf-Peter Horstmann, colaboração Johann Heinriche Trede, Hamburgo, Meiner, 1969), p. 252 (= *Jenaer Realphilosophie*, p. 238).

276   HEGEL E A LIBERDADE DOS MODERNOS

o agravamento dos ganhos elevados, contra essa desigualdade e geral destruição", define a tributação como "aquisição de posse" que comporta a "superação" da precedente "posse do indivíduo"[38]. E a Constituição da Alemanha observa, por sua vez, que "os impostos que ele [o Estado] deve exigir, são uma superação (*ein Aufheben*) do direito de propriedade" (W., I, p. 538). Obviamente, *Aufhebung* não é a supressão pura e simples. Todavia, é inegável que também Hegel teoriza a alavancagem tributária como instrumento de distribuição de renda.

Deveríamos pensar numa influência direta de Rousseau? Convém aqui proceder com uma consideração de caráter geral. O discurso relativo à influência de um filósofo sobre outro tem o inconveniente de fazer pensar numa relação puramente individual entre autores, numa relação que se desenvolve não num contexto histórico concreto, mas sim num espaço acadêmico e politicamente asséptico. Se, em geral, tal abordagem é discutível e incompleta, ela se revela sem nenhum sentido para um autor fortemente político como Hegel. Seu confronto com Rousseau é, desde o início, mediado pela vivacidade do debate em curso sobre o nexo entre a filosofia do grande genebrino e a Revolução Francesa. Não por acaso, o jovem Hegel examina conjuntamente o "sans-culottismo na França" e a tese, tipicamente rousseauniana, do perigo que representa uma constituição livre à "riqueza desproporcional de alguns cidadãos" (W., I, p. 439). Portanto, não podemos desconectar a reflexão de Hegel do debate sobre a taxação que acompanha o desenvolvimento da Revolução Francesa, em cujo âmbito deve ser colocada também a presença de Rousseau e ao qual às vezes se refere explicitamente na França, já antes do processo de radicalização da revolução, para exigir uma taxação capaz de reduzir as desigualdades e redistribuir a renda[39]. E é de 1º de junho de 1793 a já vista contribuição de Condorcet, toda dedicada, desde o título, à análise do "*impôt progressif*", que, evidentemente, tinha se tornado elemento central do debate político.

Urge dizer que o imposto progressivo se torna alvo da França pós-termidoriana: ele passa a ser sinônimo de "reforma agrária" e, portanto, de atentado ao direito de propriedade[40]. Boissy d'Anglas declara que é preciso excluir os não proprietários

---

[38]   Idem, *System der Sittlichkeit* (1802) (org. Georg Lasson, Hamburgo, Felix Meiner, 1967), p. 84-5.

[39]   Ver Roger Barny, *L'éclatement révolutionnaire du rousseauisme* (Besançon, Les Belles Lettres, 1988), p. 26.

[40]   Ver Georges Lefebvre, *La France sous le Directoire 1795-1799* (Paris, Éditions Sociales, 1984), p. 28-9 e 35.

dos direitos políticos, do contrário eles "estabelecerão ou farão estabelecer impostos funestos"[41]. Essa também é a opinião de Constant, para quem, aliás, as medidas que comportam a isenção fiscal e um tratamento favorável aos pobres não somente penalizam a "prosperidade", como acabam por tratar a "pobreza como privilégio. Cria-se no país uma casta privilegiada"[42]. Trata-se de uma tese singular, ao menos pelo fato de que aparece num momento em que o efeito conjunto da carestia e da inflação reduz, segundo diversos testemunhos, "a última classe da sociedade à condição mais miserável", infligindo a ela "males sem precedentes"[43], até mesmo aquela "fome"[44] que constitui o ponto de partida da teorização hegeliana do *Notrecht*. Mesmo assim, há uma lógica no raciocínio do teórico liberal: se, para Hegel e Rousseau, a tributação é um instrumento para atenuar as desigualdades materiais e tornar concreta a igualdade jurídica, para Constant esta é violada e pisoteada pela tributação progressiva (é isso o que Hayek continua a defender[45]).

Contra a tese já vista de Lukács, é nítida a distância de Hegel, inclusive neste ponto, em relação ao jornalismo pós-termidoriano. Ao analisar o tema dos impostos, os escritos de juventude se referem claramente à experiência histórica da Revolução Francesa e das reviravoltas nas relações de propriedade verificadas ao longo dela. A filosofia do espírito ienense, depois de recomendar "impostos pesados" também como meio para diminuir o medo que as classes abastadas têm da "expropriação", prossegue assim: "Os aristocratas que não pagam qualquer imposto correm o gravíssimo risco de perder a riqueza pela força, porque esta não faz qualquer conciliação mediante o sacrifício"[46]. Isto é, os privilégios fiscais da nobreza francesa aceleraram sua destruição; a "conciliação", a estabilidade social, só pode ser garantida por uma elevada tributação das classes mais ricas. *Sistema da eticidade*, depois de definir a taxação como "superação" da propriedade, acrescenta

---

[41] Citado em Henri Guillemin, *Benjamin Constant muscadin 1795-1799* (6. ed., Paris, Galli-mard, 1958), p. 29, nota 2.

[42] Ibidem, p. 76-7.

[43] Anne-Louise Germaine Necker de Staël, *Considérations sur les principaux événements de la révolution française* (1818), republicadas como *Considérations sur la révolution française* (org. Jacques Godechot, Paris, Tallandier, 1983), p. 347.

[44] Segundo o testemunho de Mallet du Pan, reportado em Henri Guillemin, *Benjamin Constant muscadin*, cit., p. 37.

[45] Friedrich August von Hayek, *New Studies in Philosophy, Politics, Economics and the History of Ideas*, 1978; ed. it.: *Nuovi studi di filosofia, politica, economia e storia delle idee* (Roma, Armando, 1988), p. 158.

[46] G. W. F. Hegel, "Jenaer Systementwürfe III", cit., p. 252 (= *Jenaer Realphilosophie*, p. 238).

que tal *Aufheben* "deve ter a forma da universalidade formal e da justiça"[47]. À expropriação violenta que se verifica no curso da Revolução Francesa, Hegel obviamente prefere, também em matéria fiscal, reformas pelo alto.

A distância de Hegel em relação à imprensa pós-Termidor critica a Rousseau é como a distância dos dois filósofos em relação à tradição liberal. Para Montesquieu, "o imposto *per capita* é mais intrínseco à escravidão; o imposto sobre as mercadorias é mais intrínseco à liberdade, porque se refere de maneira menos direta à pessoa"[48]. No decorrer de sua crítica da Revolução Francesa, Bentham condena como fundamentalmente liberticidas os impostos diretos e expressa sua convicta preferência pelos indiretos, que incidem sobre os produtos livremente escolhidos pelos consumidores e que, por isso, são definidos como "voluntários"[49]. Assim, para a tradição liberal, antes mesmo do imposto progressivo, o imposto sobre a renda constitui um atentado à liberdade. Ainda em 1835, Tocqueville condena a "caridade legal" (ou seja, a assistência aos pobres por meio da utilização de meios que o Estado elabora com a tributação sobre a riqueza) com o argumento de que "o rico que a lei, sem consultar, espolia de seu supérfluo não vê no pobre nada além de um ávido estranho chamado pelo legislador para a repartição de seus bens"[50]. Nesse sentido, deve-se considerar inadmissível ou impraticável toda redistribuição da renda pela via legislativa que, "ao assegurar aos ricos o usufruto de seus bens, proteja ao mesmo tempo os pobres do excesso de miséria, exigindo dos primeiros uma porção de seu supérfluo para conceder o necessário aos segundos"[51]. Resultam ainda mais inaceitáveis, no plano político e moral, as leis a favor dos pobres, pelo fato de que elas, estendendo-se no tempo, acabariam por transformar os "proletários" em beneficiários efetivos da terra e os "proprietários" em simples "administradores"[52].

---

[47] Idem, *System der Sittlichkeit*, cit., p. 84-5.

[48] Charles-Louis de Secondat de Montesquieu, *De l'Esprit des lois* (1748) (Gênova, Barrilot, 1758), XIII, 14.

[49] Jeremy Bentham, "Anarchical Fallacies. A Critical Examination of the Declaration of Rights" (1. ed. em inglês, 1838), em *The Works* (org. John Bowring, Edimburgo, William Tait, 1838-1843), p. 518.

[50] Alexis de Tocqueville, "Mémoire sur le paupérisme", em *Mémoires de la Société Royale Académique de Cherbourg*, Cherbourg, 1835, p. 327; ver também *infra*, cap. X, §5.

[51] Ibidem, p. 314.

[52] Idem, Alexis de Tocqueville, "Le systéme pénitentiaire aux États-Unis et son application en France, suivi d'un appendice sur le colonies pénales et de notes statistiques" (1833; 1836 ampliado), em *Œuvres complètes*, cit., p. 321.

Além do mais, justamente nessas leis deve se identificar uma das causas principais da cada vez mais assustadora expansão da miséria na Inglaterra: "O rico não pode empregar o pobre como empregaria se uma parte tão grande de seu dinheiro não fosse acabar nos sorvedouros do Estado"[53].

Talvez mais do que da tradição liberal, seria preciso falar a esse respeito do "individualismo possessivo"[54]. De fato, por mais paradoxal que pareça à primeira vista, em matéria fiscal e social, Hobbes também é um teórico do Estado mínimo, por assim dizer. A função que lhe atribui é exclusivamente de ordem pública, e é somente em vista disso que ocorre a tributação: "Impostos e tributos não são mais do que o salário daqueles que fazem a vigilância armada até que a indústria dos indivíduos (*industria singulorum*) não seja impedida pelo ataque dos inimigos"[55]. Compreende-se, então, que Hobbes também é um defensor da tese de que somente os impostos sobre o consumo garantem a igualdade de tratamento dos cidadãos diante do fisco: "Por que razão aquele que trabalha muito, consome pouco, deveria ser mais taxado do que aquele que vive preguiçosamente, ganha pouco e gasta tudo o que ganha, considerando que um não tem mais proteção do Estado do que o outro?"[56]. Essa objeção do autor de *Leviatã* poderia ter sido feita, como vimos, por Constant, mas parece encontrar resposta em Rousseau, para quem as "utilidades" que o rico extrai da proteção que a "confederação social" garante a suas "imensas posses" são muito superiores àquelas que o pobre pode extrair[57].

O grande genebrino que, apesar de certas oscilações mais aparentes do que reais[58], está interessado num instrumento fiscal capaz de atenuar as desi-

---

[53] Idem, nota da viagem à Inglaterra de 1833, em "Voyages en Angleterre, Irlande, Suisse et Algérie", em *Œuvres complètes*, cit., p. 42.

[54] Ver Crawford Brough Macpherson, *The Political Theory of Possessive Individualism. Hobbes to Locke* (1962); ed. it.: *Libertà e proprietà alle origini del pensiero borghese* (trad. Silvana Borutti, Milão, Mondadori, 1982).

[55] Thomas Hobbes, "De cive" (1651), em *Opera philosophica*, 1839-1845 (ed. fac-similar: Aalen, 1961), v. II, p. 292 (cap. XII, 9).

[56] Thomas Hobbes, *Leviatã* (1651) (trad. Mario Vinciguerra, Bari, Laterza, 1974), parte II, cap. XXX, p. 309. O contraste com a tradição liberal remete, pois, não à natureza e às funções da tributação, mas ao poder que deve decidi-la (soberano ou Parlamento); sobre isso, ver idem, "Behemoth" (1679), em *The English Works* (ed. fac-similar: Aalen, 1962), v. VI., p. 169 e 320.

[57] Jean-Jacques Rousseau, "Discours sur l'économie politique", cit., p. 271.

[58] Em *Du contrat social*, cit., III, 15, em O. C., v. III, p. 429), pode-se ler: "Entendo que as corveias são menos contrárias à liberdade que os impostos"; mas aqui claramente se refere

gualdades não pode, claro, olhar com apreço a celebração do imposto indireto sobre o consumo e polemiza explicitamente com Montesquieu e com sua tese de uma necessária relação entre impostos diretos e despotismo[59]. Talvez seja possível vislumbrar também em Hegel uma polêmica alusiva: "Controles e investigações policiais intervêm, sobretudo, para garantir os impostos diretos que o Estado tem que exigir; para evitar imbróglios, são necessárias múltiplas investigações, frequentes prestações de conta. Na Inglaterra, a liberdade pessoal está bem garantida, e, todavia, os impostos são muito pesados. Há um imposto sobre cada artigo; sobre as janelas, sobre os negócios, os salários, a cerveja, o pão, os cachorros, os cavalos: são, então, necessários muitos controles, investigações das mais variadas e penosas, que comportam inclusive a intrusão nas casas" (V. Rph., IV, p. 593). Justamente o exemplo da Inglaterra, cara aos liberais, demonstrava que não há contradição entre liberdade, de um lado, e impostos diretos e elaborado sistema de tributação, de outro, não obstante os controles minuciosos que esses impostos e esse sistema comportam.

Em matéria fiscal, a posição assumida por Hegel na maturidade parece mais moderada em relação àquela dos anos de juventude, e isso também porque, partindo da experiência das *poor laws* na Inglaterra, o filósofo se tornou cético sobre a real capacidade do Estado da época em resolver a questão social[60]. Ademais, entrou em crise aquela distinção entre "supérfluo" e "necessário" sobre a qual Rousseau construíra sua teoria da tributação. Mesmo assim, não mudou a orientação de fundo de Hegel, que, também em Berlim, continua defendendo que, por mais "elevado" e "sagrado" que seja o "direito de propriedade", este permanece "muito subordinado", "pode ser violado e deve sê-lo. O Estado cobra impostos, isto é, exige que todos cedam parte de sua propriedade; o Estado subtrai aos cidadãos uma parte de sua propriedade" (V. Rph., IV, p. 157). Ou seja, como em Iena, em Berlim os impostos continuam a ser uma espécie de "superação" da propriedade privada. Significativamente, assim se expressa a esse respeito um discípulo de Hegel, a saber, o jovem Engels:

---

aos impostos que permitem ao rico, e somente a ele, evitar tarefas (milícia, obras públicas etc.) próprias da comunidade dos *citoyens*. Ver "Discours sur l'économie politique", cit., p. 272, e "Projet de constitution pour la Corse" (1765), em O. C., cit., v. III, p. 931-2.

[59] Idem, "Discours sur l'économie politique", cit., p. 270; sobre essa polêmica de Rousseau com Montesquieu, já chamou atenção Alberto Burgio, *Eguaglianza, interesse, unanimità*, cit., p. 99.

[60] Ver Domenico Losurdo, *Tra Hegel e Bismarck* (Roma, Editori Riuniti, 1983), p. 153-64.

No fundo, o princípio da taxação é puramente comunista [...]. De fato, ou a propriedade privada é sagrada, e, então, não há propriedade estatal, e o Estado não tem o direito de aplicar impostos, ou o Estado tem tal direito, mas então a propriedade privada não é sagrada, pois, de fato, a propriedade estatal está acima da propriedade privada, e o Estado é o verdadeiro proprietário.[61]

Como para Hegel, também para Engels os impostos representam uma espécie de potencial superação da propriedade privada, mesmo que agora o *Aufhebung* hegeliano pareça perder complexidade e ambiguidade para se configurar como pura e simples supressão.

6. ESTADO, CONTRATO E SOCIEDADES ANÔNIMAS

Permanece inalterado o fato de que, para Hegel, o Estado como comunidade ético-política transcende a propriedade privada. Justamente por isso, porém, o contratualismo lhe parece inaceitável, ainda mais que este havia assumido com frequência um significado político conservador ou até reacionário. Já na França, enquanto a Revolução ainda estava em curso, não faltam aqueles à direita que tentam se utilizar de Rousseau, a quem se referem apenas para denunciar as transformações políticas e sociais em ato como uma violação unilateral do contrato social[62].

Esse argumento é retomado e desenvolvido por Burke (*supra*, cap. III, § 1), que, não por acaso, ao desastroso desenvolvimento da Revolução Francesa, contrapõe o exemplo da tradição política inglesa, respeitosa do contrato que liga as várias ordens sociais e as diversas instituições do Estado e que, também em ocasião do 1688-1689, limitou-se a conter as iniciativas arbitrárias dos Stuart, sem pretender refazer do início o ordenamento constitucional e político-social do país. Pode-se compreender, então, o polêmico posicionamento de Condorcet contra a justificação ideológica, corrente na Inglaterra, da Revolução Gloriosa como legítima resposta à violação, por parte dos Stuart, do "contrato originário" estipulado com a nação: não somente se trata de uma ficção artificial, mas de uma ficção que desempenha papel fundamentalmente conservador, pois a evocação desse suposto fato histórico ocorrido no passado não pode senão travar o desejo de renovação radical baseado nos princípios da razão. A ideia

---

[61] Friedrich Engels, "Zwei Reden in Eberfeld" (1845), em MEW, v. II, p. 548.

[62] Ver Roger Barny, *L'Éclatement révolutionnaire du rousseauisme*, cit., p. 177, 182 e seg. e 271.

282 HEGEL E A LIBERDADE DOS MODERNOS

do "contrato originário" só podia se afirmar "numa época em que se decidia por meio da autoridade o que, ao contrário, o deve ser pela razão, em que os fatos e os exemplos substituíam os princípios, e os direitos eram fundados nos títulos, não na natureza" e na razão[63]. Seria possível afirmar que o revolucionário francês flagra nesse contratualismo uma espécie de positivismo dos "fatos" que não pode senão bloquear o processo revolucionário.

O contratualismo conservador ou reacionário se difunde na Europa e, talvez, de modo particular exatamente na Alemanha. Segundo Gentz, uma "revolução total" (*Totalrevolution*) como a francesa constitui "ruptura violenta do contrato social" (*gesellschaftlicher Contrakt*)[64]. Uma mudança das relações sociais existentes só pode acontecer com o consenso de todos: "Romper por iniciativa própria um contrato da sociedade (*Societätscontrakt*) é, segundo os conceitos mais comuns, um ato ilícito e nulo"[65]. Portanto, a polêmica anticon-tratualista não tem por si só um significado antiliberal e conservador, como em geral se diz. Verifica-se, aliás, que a agitar a palavra de ordem do contrato e do necessário respeito ao contrato estão, na Prússia, justamente os ambientes da reação nobiliárquica, contrários a qualquer reforma antifeudal e decididos a empunhar a bandeira do "espírito da velha Europa"[66].

A utilização em sentido conservador ou reacionário do contratualismo ocorre das formas mais distintas. Segundo Möser, o "contrato originário" vê como signatários os proprietários fundiários, ou os primeiros "conquistadores", aos quais só mais tarde se somam os outros, os signatários de um "segundo contrato social", que consagra a função subalterna deles[67]. Ou ainda o contrato social é equiparado ao pacto fundacional de uma sociedade anônima que naturalmente sanciona a desigualdade dos sócios com base na diferença de capital investido[68].

---

[63] Condorcert, "Sur la révolution de 1688, et sur celle du 10 aout 1792" (1792), em *Œuvres*, cit., v. XII, p. 203-4.

[64] Friedrich von Gentz, "Über die Moralität in den Staatsrevolutionen", em *Ausgewählte Schriften* (org. Wilderich Weick, Stuttgart/Leipzig, 1836-1838), v. II, p. 58.

[65] Ibidem, p. 46.

[66] Ver a já citada carta-memorial de F. A. L. von der Marwitz, em *Adam Müllers Lebenszeugnisse* (org. Jakob Baxa, Munique/Parderborn/Viena, Shöningh, 1966), p. 616.

[67] Justus Möser, "Vorrede" na segunda parte de *Osnabrückische Geschichten* (1780) e "Über das Recht der Menschheit als den Grund der neuen französichen Konstitution" (1791), em *Patriotische Phantasien. Augewählte Schriften* (1774) (org. Wilfried Zieger, Leipzig, Philip Reclam, 1986), p. 253 e 261-2.

[68] Idem, *Patriotische Phantasien*, cit., p. 292-4.

Möser é um autor particularmente interessante – e não apenas pela confusão entre direito privado e direito público que depois é denunciada por Hegel, mas também pelo fato de que, antes mesmo da Revolução Francesa, contrapõe a ideia de contrato aos princípios gerais e aos direitos do homem. São as "teorias filosóficas" do Iluminismo radical que pretendem "enterrar todos os contratos originários, todos os privilégios e todas as liberdades"[69], e são, assim, os revolucionários franceses e seus seguidores que, substituindo o conceito de "acionista" por aquele de "homem", rebaixam e nivelam arbitrariamente a diferente posição contratual dos diversos membros da sociedade, pretendendo até mesmo que o servo da gleba possa reivindicar como "homem" direitos que não lhe competem e que não resultam de nenhum "contrato particular"[70].

Compreende-se melhor agora a crítica que Hegel dirige a Rousseau por recorrer, ao explicar a gênese do Estado, a um instituto de direito privado. Do ponto de vista de Hegel, há contradição entre a ambição do genebrino em erguer a comunidade dos *citoyens* e o recurso a uma teoria como a do contrato, que, na cultura da época, é frequentemente utilizada para configurar o Estado com base no modelo de uma sociedade anônima privada e, portanto, em sentido claramente anti-igualitário. Além de em Burke e Möser (*supra*, cap. IV, § 3), essa metáfora ou esse modelo conceitual está presente também em Sieyès, para quem os "verdadeiros acionistas da grande empresa social" são "os verdadeiros cidadãos ativos, os verdadeiros membros da associação"[71]. Os outros, os não proprietários, não tendo investido nenhum capital, não podem participar da gestão da sociedade anônima e, portanto, só podem ser cidadãos passivos.

Ainda no *Vormärz*, mesmo tomando distância das versões mais radicalmente reacionárias da teoria do Estado como sociedade anônima, que acabam por negar a própria igualdade de direitos civis (como acontece explicitamente em Möser, para quem o servo da gleba é simplesmente um indivíduo desprovido de ações), um crítico liberal de Hegel, Rotteck, atribui a tal teoria "alguma verdade", em primeiro lugar, em razão das implicações anti-igualitárias que ela

---

[69] Idem, "Der jetzige Hang zu allgemeinen Gesetzen und Verordnungen ist der gemeinen Freiheit gefärlich" (1772), em *Patriotische Phantasien*, cit., agora em *Sämmtliche Werke* (org. Bernhard Rudolf Abeken e Jenny von Voigts, Berlim, Nicolai, 1842-1843), v. II, p. 23.

[70] Idem, Justus Möser, "Der Bauerhof als eine Aktie betrachtet" (1774), em *Patriotische Phantasien* (1774), agora em *Sämmtliche Werke*, cit., p. 292-3.

[71] Emmanuel-Joseph Sieyès, "Préliminaire de la Constitution" (1789), em *Écrits politiques* (org. Roberto Zapperi, Paris, Éditions des Archives Contemporaines, 1985), p. 199.

comporta no que se refere à atribuição dos direitos políticos. Na equiparação do Estado a "uma sociedade anônima privada" está implícita outra evidente vantagem que reside na consagração da absoluta inviolabilidade de "todos os direitos privados legalmente adquiridos", isto é, de todos aqueles direitos que, "mediante um título de direito privado, reconhecido como válido, passaram a fazer parte da esfera privada daquele que os adquiriu"[72]. Como se nota, parece se escutar Nozick, no qual, em nossos dias, a teoria do Estado como sociedade anônima continua ainda a viver[73].

É também à luz de tudo isso que se revela o caráter progressista do anticontratualismo de Hegel, bem consciente de que o contratualismo de Rousseau é muito diferente do contratualismo conservador ou reacionário. Justamente por ser capaz de combinar os mais distintos e contrapostos conteúdos político-sociais, no entanto, a categoria de contrato revela toda a sua inadequação, ainda mais por ser inferida do direito privado, o que torna difícil ou problemática a compreensão do Estado como comunidade política.

7. Cristianismo, direitos do homem e comunidade dos *citoyens*

Até a maturidade, Hegel continua a nutrir admiração pela rica vida política do mundo greco-romano: a "verdadeira" eticidade é ainda aquela "antiga" (V. G., p. 115). Certamente, ainda sem conhecimento do caráter infinito do sujeito, esta deve ser adaptada às condições do mundo moderno, deve ser capaz de respeitar e combinar o individual e o particular, as concretas diferenças da sociedade civil. Todavia, ainda por ocasião do terceiro centenário da confissão de Augusta, Hegel celebra os gregos e os romanos como "exemplos imortais" de *virtù* patriótica, de ativa e convicta participação na vida política, enquanto

---

[72] Ver Karl von Rotteck, "Census", em *Staats-Lexikon*, citado em Hartwig Brandt (org.), *Restauration und Frühliberalismus* (Darmstadt, Wissenschaftliche Buchgesellschaft, 1979), p. 390-1, e Karl von Rotteck, "Historisches Recht", em *Staats-Lexikon*, cit., v. VIII, p. 13.

[73] Até mesmo John Stuart Mill equipara o Estado a uma "*joint concern*". Encontramo-nos agora diante de um contexto ideológico sensivelmente diferente, e é significativo o fato de que, também em tal caso, a comparação em questão tem um explícito significado anti-igualitário: ele visa a justificar o voto plural, de que deveriam ser beneficiários os mais inteligentes e virtuosos, os quais em larga medida coincidem com os proprietários, pois "um empregador é, em média, mais inteligente que um operário, enquanto deve trabalhar com a cabeça, não somente com as mãos". John Stuart Mill, "Considerations on Representative Government" (1861), em *Utilitarianism, Liberty, Representative Government* (org. Harry Burrows Acton, Londres, J. M. Dent, 1972), p. 284-5.

A ÁGORA E A *SCHOLÈ*   285

critica os pais da Igreja (e a Igreja católica) que, ao verem em tudo isso apenas "vícios esplêndidos", não fazem mais do que pregar a fuga do mundo e das instituições políticas (B. Schr., p. 44).

Aqui emergem com clareza os elementos de continuidade e de descontinuidade em relação ao período de juventude, no qual evidente e forte é a presença de Rousseau. O genebrino escrevera: "O cristianismo é uma religião totalmente espiritual que retira os homens das coisas (*choses*) da terra. A pátria do cristão não pertence a este mundo"[74]. E o jovem Hegel: "Nossa religião quer educar como cidadãos do céu, cujo olhar está sempre voltado para o alto e ao qual, portanto, tornam-se estranhos os sentimentos humanos" (W., I, p. 42). Que interesse poderiam ter os cristãos pelas coisas que acontecem – observa Rousseau – num "vale de misérias" (*vallée de misères*)[75] ou – para dizer com Hegel – num "vale de lágrimas" (*Jammertal*) (W., I, p. 81)? Justamente enquanto filosofia da fuga do mundano, provoca o filósofo genebrino, "o cristianismo não prega senão servidão e obediência" e é "favorável à tirania"[76]. E também para o jovem Hegel trata-se de uma religião que convida a procurar uma "recompensa no céu" à perda da liberdade política (W., I, p. 211) e que nunca se "opôs ao despotismo" (W., I, p. 46), do qual continua a ser cúmplice (B., I, p. 24). Por isso, ao cristianismo é contraposta "a religião grega e romana" como "religião para povos livres" que estimulava o vínculo à comunidade política (W., I, p. 204-5).

Deve-se notar que a influência de Rousseau é mais uma vez mediada pelo debate sobre a Revolução Francesa. Desse modo, quando lemos que o cristianismo nunca se opôs ao "comércio dos escravos" (W., I, p. 46) e, aliás, continua a ser cúmplice do "atual comércio de escravos" (W., I, p. 59), pensamos na relação instituída pelo filósofo genebrino entre espírito do cristianismo e despotismo. É importante, porém, não perdermos de vista o debate que se desenvolve após a abolição da escravidão nas colônias francesas, obra daquela Convenção jacobina que era o alvo da cruzada conduzida pela coalizão contrarrevolucionária em nome também da defesa da religião cristã[77].

---

[74] Jean-Jacques Rousseau, *Du contrat social*, cit., IV, 8, em O. C., v. III, p. 466.

[75] Idem.

[76] Ibidem, p. 467.

[77] Sobre isso, ver Domenico Losurdo, *Hegel und das deutsche Erbe. Philosophie und nationale Frage zwischen Revolution und Reaktion* (Colônia, Pahl-Rugenstein, 1989), cap. I, § 4; no âmbito desse mesmo debate, é preciso também colocar a dura condenação da escravidão que Kant apresenta já em seu ensaio *À paz perpétua*; ver idem, *Autocensura e compromesso*

Como se sabe, na maturidade, Hegel modifica profundamente seu juízo sobre o papel histórico do cristianismo e sobre sua contribuição ao progresso da liberdade. O profundo significado político de tal mudança pode ser evidenciado pela comparação de dois textos. O primeiro remonta ao período de Berna: "Em Roma, não existiam homens, apenas romanos" (W., I, p. 50). E um texto de Berlim, que já conhecemos, mas que convém agora contrapor ao fragmento bernense:

> Deve-se avaliar como algo grandioso o fato de hoje o homem, enquanto homem, ser considerado titular de direitos, de tal forma que ser homem é algo superior a seu *status*. Entre os israelitas tinham direitos apenas os judeus; entre os gregos, apenas os gregos livres; entre os romanos, apenas os romanos; e tinham direitos em sua qualidade de judeus, gregos, romanos, não em sua qualidade de homens enquanto tais. Agora, como fonte do direito, vigem princípios universais, e assim, no mundo, teve início uma nova época. (V. Rph., III, p. 98)

O ponto de virada e a grandeza do mundo moderno são identificados na elaboração do conceito de homem enquanto tal e na proclamação dos direitos do homem. Esses não podem ser pensados sem o ocaso da comunidade e eticidade antiga e o advento do cristianismo, que teve o mérito de afirmar "a liberdade da pessoa" (Rph., § 62 A) ou "a liberdade do homem enquanto pessoa", isto é, não numa configuração particular, como na Antiguidade clássica, mas sim em sua universalidade (V. Rph., III, p. 234).

É nítido o contraste com o período de juventude e com Rousseau, no qual, entretanto, já estão presentes os termos do problema sobre os quais a reflexão de Hegel se exercitará em profundidade depois. Trata-se, em última instância, da relação entre *droits de l'homme* e *droits du citoyen*. Rousseau também liga cristianismo e "ideias sãs do direito natural da fraternidade comum entre todos os homens"[78]. Porém, o juízo de valor é incerto e oscilante: justamente por causa desse seu espírito universalista que "abraça indiferentemente todo o gênero humano", a religião cristã não está apta "a produzir nem republicanos, nem guerreiros, mas somente cristãos e homens"[79]. Trata-se de um universa-

---

nel pensiero politico di Kant (2. ed., org. Istituto Italiano per gli Studi Filosofici, Nápoles, Bibliopolis, 2007 [1983]), cap. III, 4.

[78] Jean-Jacques Rousseau, *Du contrat social. Première version*, cit., p. 287.

[79] Carta a Usteri, 30 de abril de 1763, relatada em Jean-Jacques Rousseau, *The Political Writings* (org. Charles Edwyn Vaughan, Oxford, Cambridge University Press, 1962), v. II, p. 166.

lismo que, muito longe de estimular a participação na vida pública de uma comunidade política concreta, parece diminuí-la e desencorajá-la e acaba, pois, por ser parte constitutiva daquela ideologia da evasão que é contida, e denunciada, no cristianismo – cristianismo que constrói a figura do homem enquanto tal, mas destrói a figura do *citoyen*. O filósofo genebrino, que sente fortemente o *páthos* do homem[80], encontra-se numa situação de profundo conflito. O cristianismo expressa desde sempre o "direito natural divino", que deveria, em teoria, contrastar com eficácia a tirania; no entanto, permanece letra morta sem a participação ativa do *citoyen* na vida política. A solução do contraste entre "religião do homem e a do cidadão"[81], Rousseau procura na "profissão de fé puramente civil", que, por um lado, deveria garantir o "limite inviolável" (*invariable*) da esfera privada de liberdade e, por outro, deveria ensinar "a santidade do contrato social e das leis"[82]. Hegel, por sua vez, que vive a experiência histórica da falência da tentativa de Robespierre de introduzir uma nova religião, busca a solução num protestantismo nitidamente contraposto ao catolicismo e profundamente reinterpretado. De toda forma, não faz sentido a nostalgia pela pólis antiga, porque já é evidente que, sem o reconhecimento da esfera autônoma da subjetividade, ou seja, dos direitos do homem, despontada na história pela primeira vez com o cristianismo, também a eticidade, também a comunidade dos *citoyens* aparentemente mais sólida, está destinada a se desagregar (Rph., § 185). Todavia, a preocupação própria de Rousseau não desaparece por completo: não por acaso, depois de sublinhar a "infinita importância" do fato de que agora "o homem vale enquanto homem", *Filosofia do direito* se apressa em acrescentar que isso não deve ser interpretado como "cosmopolitismo" contraposto "à concreta vida estatal" (Rph., § 209 A). A teorização dos direitos do homem não deve significar a desvalorização da figura do *citoyen*, o único em condição, com sua consciente participação na comunidade política, de conferir concretude aos primeiros.

E cabe dizer que nem desapareceu o tema caro a Rousseau, bem presente no jovem Hegel, da denúncia do cristianismo como ideologia da evasão.

---

[80] Pensemos nos termos com que se condena a escravidão: "Os jurisconsultos que têm gravemente sentenciado que o filho de um escravo nasce escravo decidiram em outros termos que o filho de um homem não nasce homem". Idem, "Discours sur l'origine et les fondemens de l'inégalité parmi les bommes", cit., p. 184.

[81] Jean-Jacques Rousseau, *Du contrat social*, cit., IV, 9, em O. C., v. III, p. 464.

[82] Ibidem, em O. C., v. III, p. 467-8.

288 HEGEL E A LIBERDADE DOS MODERNOS

Porém, nos escritos da maturidade, a crítica do cristianismo se torna crítica do catolicismo. Com este último, "institui-se um ideal religioso" que aponta para além do mundo terreno, afirmando "a abstração do espírito contra o substancial da realidade; a determinação fundamental que assim emerge é a renúncia à realidade – e, com isso, a fuga e a luta. Ao fundamento substancial e verídico é contraposto algo que deveria ser mais elevado". Destruindo a figura do *citoyen*, no entanto, o catolicismo acaba também desconhecendo ou tornando impossível o concreto reconhecimento dos direitos do homem. Desvalorizando e depreciando o mundano e o político, acaba por não reconhecer "qualquer direito absoluto no campo da eticidade real", exige até "do homem que ele renuncie a qualquer liberdade" (o que equivale, em última instância, a considerar o homem "desprovido de direitos")[83]. Referindo-se ao cristianismo, o jovem Hegel escreveu que "religião e política sempre andaram de mãos dadas e de acordo: a primeira ensinou aquilo que queria o despotismo" (B., I, p. 24). Essa acusação permaneceu, só que agora é dirigida ao catolicismo, não mais ao protestantismo, por sua vez reinterpretado como religião da liberdade, à medida que concilia o homem com a realidade mundana e política.

Todavia, continua claro o contraste com a tradição liberal. Também para o Hegel maduro, "verdadeira religião e verdadeira religiosidade surgem apenas com a eticidade; e é a eticidade pensante que se torna consciente da universalidade livre de sua essência concreta [...]; fora do espírito ético, é vã a tentativa de buscar a religião e a religiosidade verdadeiras" (Enc., § 552 A; W., X, p. 354-5). A religião não pode se limitar a ser a consagração da esfera privada do *bourgeois*. Justamente por causa do *páthos* que continua a expressar da comunidade política e da figura do *citoyen*, a hegeliana filosofia da religião é acusada por Haym. Ela seria culpada por desvalorizar a "pia interioridade" (*fromme Innerlichkeit*)[84] e por sacrificá-la no altar da eticidade: "A verdadeira essência de Deus é a essência do homem", afirma Feuerbach. "A verdadeira essência de Deus", afirma Hegel, "é a essência da *politeia* realizada"[85].

---

[83] G. W. F. Hegel, *Vorlesungen über die Philosophie der Religion* (org. Georg Lasson, Hamburgo, Felix Meiner, 1966), v. I, p. 306-7.

[84] Rudolf Haym, *Hegel und seine Zeit* (Berlim, Gaertner, 1857), p. 413.

[85] Ibidem, p. 164; é uma observação feita tendo como alvo particular *Sistema da eticidade*, mas à qual Haym atribui escopo mais geral; sobre o debate relativo à relação religião-política no idealismo e no século XIX alemão, ver Domenico Losurdo, "Religione e ideologia nella filosofia classica tedesca", em *L'ipocondria dell'impolitico. La critica di Hegel ieri e oggi* (Lecce, Milella, 2001), p. 315-59.

A ÁGORA E A *SCHOLÈ*   289

8. A TRADIÇÃO LIBERAL E A CRÍTICA A ROUSSEAU E HEGEL

Significativamente, as mesmas críticas a Rousseau dirigidas por Constant e pela tradição liberal são, no *Vormärz*, dirigidas a Hegel por Rotteck (não por acaso definido como "Constant de Baaden") e pelo *Staats-Lexikon*, encabeçado pelo mesmo Rotteck e por Welcker. Se Constant critica a tradição rousseauniana-jacobina por ter permanecido fiel à liberdade dos antigos, o *Staats-Lexikon* critica Hegel por celebrar uma eticidade e um Estado que são antiquados e até pagãos. Essa é também a posição de Haym, crítico implacável de Rousseau e, ao mesmo tempo, do "inteiro" sistema de Hegel, que "se configura segundo o modelo dos grandes sistemas da antiguidade" e é "penetrado pela antiga visão e disposição de ânimo"[86]. Seria possível pensar que as motivações políticas das críticas respectivamente dirigidas a Rousseau e a Hegel seriam diferentes e até mesmo contrapostas. No entanto, é apenas aparência. Segundo Constant, "os dois extremos" do "despotismo" e da "demagogia" são convergentes e até "se tocam"[87]. Não por acaso, o ideal político de Mably, constantemente associado a Rousseau, é de alguma maneira "a constituição reunida de Constantinopla e de Robespierre"[88], ou seja, contém ao mesmo tempo elementos de jacobinismo e de despotismo asiático. Por sua vez, o *Staats-Lexikon* acusa Hegel de fornecer munição, com seu modelo simpatizante do que é antigo, tanto aos "partidos destruidores quanto aos "conservadores"[89] e, de alguma forma, encorajar "toda aspiração revolucionária e toda atividade violenta" voltada para derrubar a ordem existente[90]. No que se refere a Haym, ele condena Hegel como teórico da Restauração, mas, ao mesmo tempo e paradoxalmente, pelo entusiasmo

---

[86] Rudolf Haym, *Hegel und seine Zeit*, cit., p. 25-6. A única diferença relevante em relação a Constant reside no fato de que, em Haym, esse motivo se carrega de tons nacionalistas. O *páthos* da eticidade no sistema hegeliano representa "a vitória [...] do princípio antigo sobre o moderno, do princípio greco-romano sobre o germânico" (ibidem, p. 377). Por Haym e pelos nacional-liberais alemães, a categoria da eticidade é considerada como antigermânica e típica da tradição revolucionária e estatista francesa; ver Domenico Losurdo, *Hegel und das deutsche Erbe*, cit., cap. XIV, §§ 1-2 e § 14.

[87] Benjamin Constant, "De l'esprit de conquête et de l'usurpation dans leurs rapports avec la civilisation européenne", cit., p. 1.015 e 1.057.

[88] Ibidem, p. 1.050, nota.

[89] Ver Karl Hermann Scheidler, "Hegel'sche Philosophie und Schule", em *Staats-Lexikon*, cit., v. VII, p. 619.

[90] Karl von Rotteck, "Historisches Recht", cit., p. 4; sobre a atitude do *Staats-Lexikon* em relação a Hegel, ver Domenico Losurdo, *Tra Hegel e Bismarck*, cit., p. 44-51.

que nutre nos anos de juventude pela Revolução Francesa[91] e por admirar em Napoleão "não apenas um homem, mas toda uma nação"[92]. Além do mais, Haym tem boas relações com o industrial renano David Hansemann, que, como sabemos, aproxima em sua crítica "hegelianos e socialistas" (*supra*, cap. III, § 6; *infra*, cap. X, § 5).

São os mesmos ambientes liberais, em nome das mesmas preocupações político-sociais, que acusam Rousseau e Hegel. E, afinal, são justificadas essas acusações? Não resta dúvida: a celebração da ágora presente em Rousseau, que desempenha um papel importante na Revolução Francesa, continua a ser vislumbrada, por múltiplas mediações, também em Hegel. E Constant também extrai da Antiguidade clássica um motivo de fundo, que é a celebração da *scholè*, do *otium*. Por que razão os direitos políticos devem ser reservados aos proprietários? Porque somente eles podem gozar do "*loisir*"[93], isto é, do *otium* necessário para a aquisição de um juízo político maduro. Contudo, segundo Wilhelm von Humboldt, o que tornava possível na Grécia uma educação unilateral, harmoniosa e sem mutilações? Era a *Muße*, ou seja, uma vez mais a *scholè*, o *otium* de que gozava o grego livre. O neoclassicismo político continua a agir também nos teóricos liberais da liberdade moderna.

E isso não é tudo: quando Constant equipara o trabalhador assalariado a uma eterna criança[94], incapaz de expressar vontade autônoma e dependente da ajuda dos proprietários, não é difícil identificar por trás dessa tese a tradição da família aristotélica. E quando Constant, sempre com o objetivo de justificar a exclusão dos trabalhadores assalariados dos direitos políticos, os equipara a estrangeiros, uma vez mais emerge a sombra de Aristóteles, para quem os metecos, os *metoikoi*, têm em comum com os cidadãos a residência, mas não os direitos políticos. Rousseau criticou antecipadamente esses traços antiquados do liberalismo à Constant ao enfatizar que, num Estado bem ordenado, ninguém pode se sentir "estrangeiro"[95]. A metáfora segundo a qual classes sociais inteiras (e não somente os trabalhadores assalariados) devem ser consideradas um conjunto de estrangeiros, tal como os metecos, está em irremediável contradição com a ideia da comunidade dos *citoyens* presente em Rousseau e Hegel.

---

[91] Rudolf Haym, *Hegel und seine Zeit*, cit., p. 32.

[92] Ibidem, p. 258.

[93] Benjamin Constant, "Principes de politique" (1815), em *Œuvres*, cit., p. 1.146-7.

[94] Ibidem, p. 1.146.

[95] Jean-Jacques Rousseau, "Discours sur l'économie politique", cit., p. 255.

A ÁGORA E A *SCHOLÈ*   291

É a tradição aristotélica em seu conjunto que entra em crise com Rousseau e Hegel, no mínimo pelo fato de que desaparece um de seus elementos centrais, isto é, a celebração do *otium* em contraposição ao trabalho.

9. Defesa do indivíduo e crítica do liberalismo

Justamente por terem permanecido fiéis à liberdade antiga, Rousseau e Hegel – segundo a acusação da tradição liberal – teriam sacrificado o indivíduo no altar de um poder estatal excessivamente amplo. No entanto, em Rousseau podemos encontrar a tese de que o pacto social vacilaria e correria o risco de ser nulo "se no Estado perecesse um só cidadão que poderia ter sido socorrido, se um só fosse injustamente encarcerado, se um só processo se concluísse com uma sentença evidentemente injusta"[96]. Explícita e solene é também a afirmação segundo a qual "o pretexto do bem público é sempre o mais perigoso flagelo do povo"[97]. À tese de Helvétius, segundo a qual "para o bem (*salut*) público, tudo se torna legítimo e até mesmo virtuoso", Rousseau contrapõe a tese de que "o bem (*salut*) público não é nada se nem todos os indivíduos gozam de segurança"[98]. Esse *páthos* do valor único e insubstituível do indivíduo parece criar dificuldades para os expoentes da tradição liberal, que ignoram esse aspecto para mais rapidamente denunciar no filósofo genebrino o profeta da "estadolatria democrática"[99] ou da "democracia totalitária"[100] ou que o leem como uma espécie de polêmica antecipada contra os jacobinos e o Comitê de Salvação Pública[101]. Trata-se, porém, de uma interpretação historicamente insustentável se considerarmos que a Constituição francesa de 1793 parece se

---

[96] Ibidem, p. 256.

[97] Ibidem, p. 258.

[98] Jean-Jacques Rousseau, Notes sur "De l'esprit" d'Helvétius (1758-9), em O. C., v. IV, p. 1.126.

[99] Assim diz Guido de Ruggiero, *Storia del liberalismo europeo* (1925) (Milão, Feltrinelli, 1971), p. 1.126.

[100] Ver, em particular, Jacob Leib Talmon, *The Origins of Totalitarian Democracy*, cit.

[101] Assim diz Charles Edwyn Vaughan, "Introduction", em Jean-Jacques Rousseau, *The Political Writings*, cit., p. 22. Ainda mais singular é o caso de Lecky (liberal da Inglaterra vitoriana). Por um lado, parece na essência compartilhar o tipo de atitude à Vaughan – William Edward Hartpole Lecky, *A History of England in the Eighteenth Century* (2. ed., Londres, Longmans, Green, and Co., 1887), v. V, p. 361-2 –, por outro, acusa Rousseau de ter "elevado até o extremo o poder do Estado sobre todos os seus membros", abrindo assim "o caminho para as piores tiranias" – idem, *Democracy and Liberty* (1896) (Indianapolis, Liberty Classics, 1981), v. II, p. 204.

292 HEGEL E A LIBERDADE DOS MODERNOS

inspirar justamente em Rousseau ao destacar (art. XXXIV) que "existe opressão contra o corpo social quando é oprimido ainda que um só de seus membros". Nessa mesma tradição deve ser colocado Saint-Just, que afirma: "A felicidade é uma ideia nova na Europa. Que a Europa aprenda que, no território francês, não quereis mais sequer um infeliz ou um só oprimido"[102]; "não suportais que exista no Estado sequer um só infeliz ou um só pobre"[103].

Não faz sentido querer deduzir da filosofia de Rousseau, prescindindo do concreto contexto histórico, o Terror e a ditadura do Comitê de Salvação Pública. Claro, o filósofo, tão empenhado em destacar o valor insubstituível do indivíduo, a ponto de afirmar, numa carta, que "o sangue de um só homem tem mais valor que a liberdade de todo o gênero humano"[104], não hesita, por outro lado, em proceder com uma explícita justificativa da ditadura, ainda que limitada no tempo, quando circunstâncias excepcionais a imponham a fim de garantir a "salvação da pátria" e a "segurança pública"[105]. No entanto, não é essa a linha divisória com a tradição liberal. Montesquieu observa que pertence ao "costume dos povos mais livres que já existiram na Terra" o "colocar por um momento um véu sobre a liberdade, assim como se escondem as estátuas dos deuses"; é uma prática a que recorriam os antigos, mas à qual podem recorrer, em circunstâncias excepcionais, também os Estados modernos mais ligados à liberdade, como é o caso da Inglaterra[106]. E, no que diz respeito a Constant, que, nos anos da Restauração, acusa Rousseau de ter fornecido argumentos à ditadura jacobina, deve-se notar que, depois de ter almejado, nos anos do Terror, um "repouso sob a ditadura" (obviamente de marca oposta àquela então existente), olha depois com benevolência ou entusiasmo para o aprofundamento da República e para o golpe de Estado de Napoleão Bonaparte, ao menos

---

[102] Louis Antoine León de Saint-Just, "Rapport de 13 do ventoso do ano II", em Œuvres complètes, cit., p. 715.

[103] Idem, "Rapport de 8 do ventoso do ano II", ibidem, p. 707. Não por acaso se trata do Saint--Just mais tarde citado por Babeuf, diante do tribunal, que o condena à morte: o texto é reportado em François-Noël Babeuf, Écrits (org. Claude Mazauric, Paris, Messidor, 1988), p. 316; é no âmbito dessa mesma tradição que é preciso talvez colocar a tese de Fichte, que diz que "num Estado racional" não deve haver "sequer um pobre". Grundlage des Naturrechts, § 18; F. W., v. III, p. 214.

[104] Carta de 27 de setembro de 1766, em Jean-Jacques Rousseau, Correspondance complète (org. Ralph Alexander Leigh, Oxford, The Voltaire Foundation, 1977), p. 385.

[105] Jean-Jacques Rousseau, Du contrat social, cit., IV, 6, em O. C., v. III, p. 455-6.

[106] Charles-Louis de Secondat de Montesquieu, De l'esprit des lois, XII, 19.

inicialmente saudado como o necessário antídoto às persistentes agitações plebeias e revolucionárias[107]. Muitas décadas mais tarde, John Stuart Mill declara, por sua vez, que é plenamente legítima "a assunção de um absoluto poder sob a forma de ditadura temporânea" em casos de "necessidade extrema" ou de "doença do corpo político que não possa ser curada com métodos menos violentos"[108].

A tradição liberal construiu um mito segundo o qual só ela pensa no valor do indivíduo e o respeita. A verdade é que também em Rousseau, e na tradição que nele tem início, pode-se traçar um *páthos* do indivíduo e da inviolável unicidade de seus direitos. A defesa dos direitos do indivíduo, porém, assume no filósofo genebrino claros acentos plebeus; o ponto de partida de sua polêmica são a aguda consciência da questão social e a identificação solidária com as massas populares. Trata-se, sobretudo, de "proteger o pobre da tirania do rico"[109].

É verdade que em Rousseau está presente explicitamente a metáfora organicista que considera a sociedade "um corpo organizado (*organisé*), vivo e semelhante àquele do homem". À parte o fato de que é o mesmo filósofo a observar que se trata de uma "comparação corrente e sob muitos aspectos, pouco exata", é sobretudo interessante ver o significado político concreto da metáfora organicista: a dor advertida por uma parte, por um membro qualquer do corpo, se faz sentir inevitavelmente em todo o resto do organismo[110]. Isto é, a metáfora organicista serve para ressaltar o valor de cada indivíduo no conjunto da sociedade. Assim, o "corpo da nação" é obrigado a "providenciar a conservação do último de seus membros com a mesma solicitude reservada a todos os demais"; a salvação, mesmo que de um só cidadão, é "causa comum" tanto quanto a salvação do Estado[111]. A metáfora organicista aqui significa não o valor subordinado do indivíduo, como se ele pudesse ser sacrificado sem graves danos ao todo, mas, ao contrário, o valor absoluto que cada indivíduo, inclusive o mais miserável, deve ter para todos os outros membros da sociedade e para a sociedade como um todo: "Muito longe de um ter de morrer por todos, todos empenharam seus bens e sua vida na defesa de cada um deles"[112].

---

[107] Henri Guillemin, *Benjamin Constant muscadin 1795-1799* (6. ed. Paris, Gallimard, 1958), p. 13 e 275-9, e *Madame de Staël, Benjamin Constant et Napoléon* (Paris, Plon, 1959), p. 4-24.

[108] John Stuart Mill, "Consideration on Representative Government", cit., p. 207.

[109] Jean-Jacques Rousseau, "Discours sur l'économie politique", cit., p. 258.

[110] Ibidem, p. 241.

[111] Ibidem, p. 256.

[112] Idem.

Rousseau decerto não poderia compartilhar da tese de Adam Smith de que "a paz e a ordem da sociedade são mais importantes que o socorro aos miseráveis"[113] – e menos ainda compartilharia da tese cara a Mandeville, segundo o qual, "para fazer uma sociedade feliz [...], é necessário que um grande número de pessoas seja ignorante e pobre"[114]. Não faz sentido contrapor, como organicista e holista, o filósofo genebrino aos pais da tradição liberal, considerados individualistas para todos os efeitos.

Considerações análogas podem ser feitas sobre Hegel. Vimos a crítica que dirige aos teóricos do *laissez-faire* por sacrificarem as razões do indivíduo concreto, o "bem-estar de cada um", o "bem-estar particular" (Rph., § 230) no altar de um universal abstrato, fosse esse universal representado pela "segurança" da propriedade e da ordem jurídica, pelas leis de mercado, fosse pela necessidade do desenvolvimento econômico. De todo modo, tal universal acaba por sacrificar "os indivíduos enquanto particularidade", que, na verdade, segundo o filósofo, constituem um "fim" em si e são titulares de "direitos" (V. Rph., III, 699; *supra*, cap. III, § 3). É uma crítica que incide objetivamente também sobre Constant, além dos outros expoentes do liberalismo político e do liberalismo econômico. Estes últimos celebram os efeitos prodigiosos do *laissez-faire* sobre a economia. É verdade, objeta Hegel, que com ele se desenvolve o comércio, mas nem por isso estão garantidas a "subsistência da família" e a "segurança" dos indivíduos. Aliás, "os indivíduos vêm e vão, a todo momento outros estão no auge de suas fortunas, para então serem eliminados por outros ainda". Sim, "alguns conquistam grandes lucros, outros, em medida seis vezes maior, vão à ruína". Ou seja, é o liberalismo econômico que sacrifica os indivíduos em nome do "abstrato do comércio e dos negócios", que, porém – objeta ainda o filósofo –, não pode ser considerado um "fim" autônomo e colocado acima da subsistência das famílias e dos homens de carne e osso (V. Rph., IV, p. 626). São os teóricos do *laissez-faire* que sustentam a tese de que a crise de setores econômicos inteiros "não têm nenhuma relação com o Estado", pois, "ainda que alguns indivíduos vão à ruína, o todo assim floresce", e é ainda Hegel a objetar que todo indivíduo, "todos, tem o direito de viver" (Rph., I, § 118 A).

---

[113] Adam Smith, *The Theory of Moral Sentiments* (1759), (v. I ed. de Glasgow [Indianápolis, Liberty Fund, 1981]), p. 369.

[114] Bernard de Mandeville, "An Essay on Charity and Charity-Schools" (1723), em *The Fable of the Bees* (1705 e 1714) (org. Frederick Benjamin Kaye, Oxford, [Clarendon,] 1924) (ed. fac-similar: Indianápolis, 1988), v. I, p. 287-8.

É na esteira de Hegel que Marx parece estabelecer um paralelo. No curso da polêmica contra aqueles que rejeitam, em nome do liberalismo econômico, toda regulamentação legislativa do trabalho na fábrica, Marx associa o "cego domínio da lei da oferta e da procura que constitui a economia política" burguesa com o "misterioso rito da religião do Moloque", que exige o "infanticídio" e exprime, depois, nos tempos modernos, uma "particular preferência pelos filhos dos pobres"[115].

Voltemos, aqui, a Rousseau e Hegel. Se olharmos com atenção, vemos que foram acusados pela tradição liberal por instituir uma relação entre política e economia, entre liberdade e condições materiais de vida, por teorizarem com maior ou menor clareza aquilo que Hegel define como "direito positivo" ou "direito material". Deve-se acrescentar que essa nova e mais rica configuração do direito foi pensada por Rousseau num esforço de permanecer fiel a um ideal de sociedade que está aquém do mundo industrial moderno, ao passo que Hegel se esforçou para pensá-la a partir dos problemas e das contradições próprias deste mundo, já que não é mais possível nem lícito retroceder.

---

[115] Karl Marx, "Inauguraladresse der Internationalen Arbeiter-Assoziation" (1864), em MEW, v. XVI, p. 11.

IX
A ESCOLA, A DIVISÃO DO TRABALHO E A LIBERDADE DOS MODERNOS

1. A ESCOLA, O ESTADO E A REVOLUÇÃO FRANCESA

Quantos livros foram escritos para responder se Hegel é ou não liberal? O debate sobre essa questão tem se revelado de uma vivacidade, aliás, de um arrebatamento surpreendente, já que, para além de distintas e contrastantes respostas, um pressuposto comum parece unir seus participantes: aquele de que o liberalismo é, tácita e sub-repticiamente, afirmado como último grito da sabedoria política, como se a única alternativa ao liberalismo fosse a submissão ao absolutismo e ao despotismo. A extrema pobreza desse esquema pode ser confirmada ulteriormente (*supra*, cap. IV, § 2), pelo aprofundamento da análise das intervenções de Hegel em matéria pedagógica e de política escolar e do debate sobre tais temas que se desenvolve à época.

Certamente se apresenta muito mais liberal uma personalidade como Wilhelm von Humboldt, com frequência empenhada em reduzir ao mínimo o papel do Estado, em destacar os "limites" de sua ação e que, portanto, considera suspeita e preocupante a "educação pública, imposta ou dirigida pelo Estado"[1]. Nesses anos, do outro lado do Reno, grandes desarranjos se verificam também no campo educativo e escolar: pouco tempo depois, a Convenção nacional sancionaria o princípio da educação elementar obrigatória e gratuita, e é decerto com o olhar voltado para a França, por sua vez tomada pela "erupção violenta de vulcões"[2], que Humboldt desenvolve sua polêmica: a

---

[1] Wilhelm von Humboldt, "Ideen zu einem Versuch die Gränzen der Wirksamkeit des Staats zu bestimmen" (1792), em *Gesammelte Schriften* (Berlim, Accademia delle Scienze, 1903-1936), p. 143.

[2] Ibidem, p. 101.

educação não se encontra nos "limites" do Estado, ela está além do âmbito de sua "atividade". Hegel tem uma opinião exatamente oposta ao teórico liberal: a sociedade, enquanto "família universal", tem não somente o "direito", como o "dever" de intervir no campo educacional. É fácil advertir nessa tomada de posição o eco do princípio da obrigatoriedade da educação que se afirma ao longo da Revolução Francesa e que é objeto de furiosa contestação por parte dos teóricos da Restauração. Se o texto impresso de *Filosofia do direito*, recém--citado (§ 239), se expressa em termos genéricos, são precisas e inequívocas as formulações encontradas em *Lições*:

> A sociedade civil tem o direito e o dever de obrigar os pais a enviar os filhos para a escola. Facilmente, então, as pessoas se ressentem e afirmam que os filhos lhes pertencem e que ninguém pode lhes dar ordens. No entanto, os filhos têm o direito de ser educados pela sociedade civil; e, se os pais negligenciam esse direito, a sociedade civil deve intervir. É para isso que existem leis que definem que, a partir de certa idade, as crianças devem ser enviadas à escola. (V. Rph., IV, p. 602-3)

Hegel desvenda uma contradição no posicionamento liberal. Em todos os Estados modernos, reconhece-se à comunidade o direito de assumir a "tutela" de um núcleo familiar quando o páter-famílias ou os pais se revelam inadimplentes em suas obrigações e incapazes de garantir a subsistência e a segurança – próprias e de seus filhos (Rph., § 240). E, então, como é possível continuar considerando os problemas concernentes à educação e à escola de domínio exclusivo da família? Para realizar na prática o princípio da universalidade da educação pública, é necessário recorrer a "instituições escolares públicas". Já em Nuremberg, Hegel se expressa nesse sentido:

> As diversas falhas no sistema escolar, ligadas ao arbítrio dos pais no que se refere à frequência na escola em geral e à regularidade da mesma, não melhoram por si só, pois as escolas são instituições privadas. A história da maioria das instituições estatais começa exatamente com pessoas que se preocupam com uma necessidade percebida de forma genérica, recorrendo, em princípio, a pessoas e empresas privadas e a doações contingenciais, como ocorreu, e como aqui e acolá ainda ocorre, para a assistência aos pobres, para a assistência médica, até mesmo, em muitos aspectos, para o que diz respeito ao serviço religioso e à administração da justiça. Porém, quando a vida comum dos homens em geral se torna mais multiforme e aumenta a complexidade civilizacional, mostram-se, então, cada vez

mais evidentes a desconexão e a insuficiência de semelhantes instituições públicas separadas. (W., IV, p. 371-2)

Estamos diante de uma visão política e de filosofia da história certamente muito distante da tradição de pensamento liberal, contra a qual a polêmica é explícita. Humboldt não se cansava de ressaltar os "limites" da ação do Estado também no campo educativo e escolar, ao que Hegel responde:

Como sagrado deve permanecer o limite dentro do qual não é lícito ao poder político se intrometer na vida privada dos cidadãos, igualmente incontestável é a obrigação do governo de se encarregar dos assuntos que têm uma relação mais estreita com a finalidade do Estado e submetê-los a uma regulamentação conforme um plano. (W., IV, p. 372)

Além do mais, as posições de Hegel resultam inconciliavelmente antagônicas às dos teóricos da Restauração. Se Humboldt desenvolve sua polêmica "liberal" se distanciando do absolutismo monárquico, mas tendo como alvo sobretudo aqueles que, do outro lado do Reno, absolutizam o papel das "instituições políticas" (*Einrichtungen der Regierung*) e tudo esperam das revoluções, aliás, das *Staatsrevolutionen* [revoluções do Estado][3] – como sintomaticamente as chama, com evidente conotação negativa, o teórico dos limites da ação do Estado –, a enérgica reivindicação que *Filosofia do direito* faz da função ativa do Estado também no campo da educação e da política escolar se dá num período em que um teórico da Restauração denuncia, no plano de educação pública recém--lançado pela Revolução Espanhola, uma "imposição arbitrária" e até mesmo a disposição de espoliar os cidadãos inclusive de sua "alma"[4].

De resto, é evidente o significado político progressista do discurso hegeliano sobre a escola e a cultura: "Na Alemanha, mesmo de quem é nobre de nascimento, rico, proprietário etc., exige-se, para que seja admitido nas esferas dirigentes da administração e da política (relativamente aos setores mais gerais e também aos mais particulares), que tenha se dedicado a estudos teóricos, que tenha uma formação universitária" (B. Schr., p. 482). No célebre preâmbulo

---

[3] Idem.
[4] Ludwig von Haller, *Über die Constitution der Spanischen Cortes* (1820); ed. it., com base na edição francesa organizada pelo próprio autor: *Analisi della costituzione delle Cortes di Spagna, opera del Signor Carlo Luigi di Haller* (Modena, s.n., 1821), p. 109-10.

berlinense, Hegel saúda o fato de que, na Prússia, a cultura desempenha um papel importante até mesmo no interior da "vida estatal" (B. Schr., p. 4). Talvez o filósofo tenha pensado em Frederico II, que, em 1770, instituíra uma comissão para examinar os candidatos a funcionários públicos, questionando, assim, o tradicional monopólio nobiliárquico dos cargos públicos[5]. No entanto, não se deve esquecer que também as declarações dos direitos surgidas na Revolução Francesa sancionavam a admissão de todos os cidadãos aos cargos públicos com base em sua "capacidade". Aos olhos de Hegel, a Prússia realizara ao menos em parte tal princípio, diametralmente oposto ao princípio aristocrático que pretendia que "aquele a quem o nascimento e a riqueza dão um cargo recebe também a inteligência necessária para exercê-lo" (B. Schr., p. 482)[6]. O "arbítrio" aristocrático – Rosenkranz declarará alguns anos mais tarde, expressando ademais um ponto de vista comum ao mestre e a seus discípulos – é freado pelo "exame" necessário para aceder a cargos estatais[7]. E, com o exame, somos reconduzidos ao mundo da escola.

2. OBRIGATORIEDADE ESCOLAR E LIBERDADE DE CONSCIÊNCIA

Vimos a polêmica antifeudal que atravessa o discurso hegeliano sobre a escola. O alvo posterior é constituído pelo clericalismo e pelo catolicismo. Este último encarna o princípio hierárquico da separação entre sacerdotes, únicos depositários da verdade, e laicos, um princípio discutido pela Reforma, mas também pela difusão da educação pública. Trata-se de dois momentos constitutivos de um único processo: no âmbito do protestantismo, não existem laicos, daí que, no lugar do dogma e da hierarquia, intervêm "universidades e escolas" (B., II, p. 89), "institutos escolares acessíveis a todos" (*allgemeine Unterrichtsanstalten*), a "formação cultural completa da comunidade" (*Gesamtbildung der Gemeine*), a "educação cultural e intelectual de todos" (B., II, p. 141), a "consciência e cultura universais" (B., II, p. 89)[8]. Com o protestantismo, o lugar do padre

---

[5]   Ver Henri Brunschwig, *Societé et romantisme en Prusse au XVIIIᵉ siècle. La crise de l'Etat prussien a la fin du XVIIIe siècle et la genèse de la mentalité romantique* (2. ed., Paris, Flammarion, 1973), p. 28.

[6]   Trata-se significativamente de um excerto que não aparece publicado no *Preußische Staatszeitung*.

[7]   Karl Rosenkranz, *Königsberger Skizzen* (Danzig, F. S. Gerhard, 1842), v. I, p. XXXII, nota.

[8]   A esse respeito, Johannes Hoffmeister fala de Hegel como de um "filósofo protestante" (ver "Einleitung", em G. W. F. Hegel, Nürnberger Schriften, Leipzig, Meiner, 1938, p. XII),

é tomado pelo mestre, pelo "professor" (*Lehrer*) (W., IV, p. 68). Como Hegel contrapõe ao aristocrata, que pretende ter o monopólio dos cargos estatais em função de sua nobreza hereditária, a figura do "funcionário" (*Beamte*), formado nos anos da escola e da universidade e aprovado no teste objetivo do exame e do concurso público, da mesma forma, à figura do sacerdote, depositário privilegiado de uma verdade e de capacidades inacessíveis aos "laicos", é contraposta a figura do professor, que transmite um saber de que todos podem e devem, em diferentes medidas, compartilhar.

Compreende-se, então, o fato de que Hegel, falando na condição de diretor de escola, sinta-se obrigado a ressaltar a necessidade de uma melhoria da escola elementar, da *Volksschule*, por meio do reforço de seu caráter público (W., IV, p. 316 e 371). A escola não pode ser abandonada ao arbítrio e à contingência da iniciativa privada, porque representa uma "condição ética"; portanto, uma passagem decisiva para todo homem, "um momento essencial no desenvolvimento de seu completo caráter ético" (W., IV, p. 348), uma espécie de etapa obrigatória na "passagem da família para a sociedade civil" (Enc., § 396 Z; W., X, p. 82-3). A escola parece aqui se configurar como condição do pleno desenvolvimento da eticidade; o *páthos* do ético que atravessa em profundidade a filosofia hegeliana se reverte, em alguma medida, também no discurso sobre a escola. Hegel, que tinha às costas experiência como preceptor privado, não perde a oportunidade de destacar a superioridade da escola pública em relação ao "ensino privado" – não apenas pelo fato de que ela pode responder melhor às exigências daquela "regulamentação conforme um plano", regulamentação considerada necessária, como vimos, para um setor de tão decisiva importância social como o setor da instrução, mas também por ser capaz de assegurar uma melhor preparação cultural (W., IV, p. 400).

Neste ponto, era inevitável que a polêmica com a Igreja católica se desenvolvesse a propósito das questões de política escolar. Pode ser útil retornar brevemente a Haller, que já vimos denunciar com palavras incandescentes os programas voltados a introduzir a obrigatoriedade escolar: o teórico da reação condena como expressão de jacobinismo a pretensão de introduzir na escola

---

mas temos de considerar que o protestantismo aqui celebrado é uma categoria mais política do que religiosa, é o "protestantismo político" de que falam os contemporâneos e depois os discípulos de Hegel, o qual, não por acaso, depois da Revolução de Julho, exclui a França do conjunto de países católicos; sobre isso, remetemos a Domenico Losurdo, *Hegel und das deutsche Erbe. Philosophie und nationale Frage zwischen Revolution und Reaktion* (Colônia, Pahl-Rugenstein, 1989), cap. II, §§ 2-3.

302 HEGEL E A LIBERDADE DOS MODERNOS

"uma breve exposição das obrigações civis" e denuncia como parte integrante de um horripilante plano revolucionário a condenação que os ambientes progressistas fazem da "distinção sacerdotal"[9]. Bem, a denúncia clerical e reacionária envolve objetivamente pontos centrais do discurso hegeliano sobre a escola. No que se refere ao primeiro ponto, não declara o diretor de escola de Nuremberg que a escola tem o dever de preparar para a "vida pública" (*öffentliches Leben*) e de assegurar a "formação de todos como cidadãos" (*allgemeine Bürgerbildung*) (W., IV, p. 352 e 316)? A escola não deve formar apenas "pessoas privadas boas", mas também – e sobretudo – "bons cidadãos" (Rph., I, § 86 A). No que se refere ao segundo ponto, a escola, a educação geral, configura-se como instrumento essencial para superar a distinção entre sacerdotes e laicos, iniciados e profanos, que Hegel não se cansa de denunciar.

A tomada de posição de Haller é imediatamente posterior à eclosão da Revolução Espanhola, e é depois da Revolução Espanhola que se torna mais dura a polêmica de Hegel com as pretensões clericais de usurpar setores, entre os quais a escola, que são de competência, em primeiro lugar, do Estado. Nas lições de filosofia do direito em Heidelberg, está completamente ausente o *excursus* sobre as relações entre Estado e Igreja, que constituirá mais tarde o conteúdo da anotação e das notas ao § 270 de *Princípios de filosofia do direito*. De fato, é preciso partir das lições do semestre invernal de 1819-1820 (a data de conclusão da *Nachschrift* é 25 de junho de 1820; em 1º de janeiro desse mesmo ano explode a revolta guiada pelo coronel Riego; em 7 de março, Ferdinando VII é obrigado a jurar fidelidade à Constituição, enquanto no país se ergue a agitação sanfedista contra as intenções blasfemas de um governo culpado de atentar contra as "liberdades" e os privilégios que a Igreja detinha também no campo educacional e escolar). Hegel declara: "À medida que deve haver professores, propriedade etc., a religião adentra o âmbito do Estado, e é justamente aqui que intervém a regulamentação do governo"; as questões relativas à escola e ao ensino (*das Lehrgeschäft*) não podem ser subtraídas do controle e da competência estatais (Rph., III, p. 220-1).

Por sua vez, o controle estatal acaba por envolver o conteúdo do ensino religioso. Sobre esse ponto, em termos bastante duros se expressa o texto impresso, que, dado o período em que aparece, deixa perceber com mais clareza o eco dos acontecimentos espanhóis e a dura condenação por parte de Hegel

---

[9] Ludwig von Haller, *Analisi della costituzione delle Cortes di Spagna, opera del Signor Carlo Luigi di Haller*, cit., p. 118 e 21-2.

A ESCOLA, A DIVISÃO DO TRABALHO E A LIBERDADE DOS MODERNOS   303

da agitação sanfedista e contrarrevolucionária, favorecida pela influência de
massa que o clero reacionário continuava a exercer graças às posições de poder
ocupadas, ou ainda ocupadas, no âmbito do sistema educativo e escolar. *Princípios de filosofia do direito* rejeita com firmeza "a pretensão, no que se refere
ao ensino, de que o Estado não apenas deixe a Igreja inteiramente livre, mas
que tenha respeito infinito por seu ensino, seja lá como este se configure, pelo
fato de que essa determinação pertenceria apenas a ela, enquanto detentora do
ensino". Trata-se, sem dúvida, de uma tomada de posição pouco ou nada liberal.
Além disso, a polêmica de Hegel com o liberalismo é explícita. As pretensões
clericais se fundam numa visão do Estado que o rebaixa a simples instrumento
de defesa da "propriedade" e da esfera privada. O liberalismo parece caminhar
lado a lado com o clericalismo na consideração do Estado como "laico", no
sentido de profano em relação ao ético e ao espiritual (Rph., § 270). De tal
modo é endossada a pretensão clerical de deter o monopólio e a hegemonia
no âmbito do setor escolar e educativo. E, assim, o Estado mundano em seu
todo é considerado "laico" em relação à Igreja e a seus sacerdotes e desprovido
de qualquer título de legitimidade para intervir num campo espiritual como
a educação, que envolve o problema da salvação da alma.

Enquanto isso – objeta Hegel –, a doutrina da Igreja e do ensino religioso
nas escolas não têm significado meramente intimista: determinados "princípios
constituem ao mesmo tempo a base da ação" (Rph., III, p. 222). Apelando à
liberdade de consciência e de opinião, a Igreja não só pretende difundir impunemente "maus princípios", que na realidade se constituem "em existência
(*Dasein*) geral que corrói a realidade" (*Wirklichkeit*) (isto é, que se configuram
não como meras opiniões subjetivas, mas como organização compacta e ramificada, aliás, como uma espécie de contrapoder em relação ao Estado), como
gostaria de dirigir contra o Estado as mesmas "instituições escolares estatais"
(*Lehrveranstaltungen des Staates*), submetendo-as a seu controle ideológico
(Rph., § 270). Que seu olhar está voltado para a agitação sanfedista na Espanha,
isso é confirmado pela referência não só aos problemas de política escolar, mas
a todos os outros temas que constituíam a matéria em discussão naquele país
(legislação matrimonial, pretensão da Igreja de isenção fiscal e isenção da jurisdição ordinária para o clero). Além disso – acrescenta Hegel remetendo a um
parágrafo precedente, o 234, de *Princípios de filosofia do direito* –, não há como
determinar de modo rígido *a priori* aquilo que pode e deve ser submetido ao
controle do poder político; é preciso levar em consideração, entre outras coisas,
"cada situação isoladamente e o perigo do momento". De novo se faz ouvir o

304 HEGEL E A LIBERDADE DOS MODERNOS

eco dos acontecimentos espanhóis, o eco da contrarrevolução sob a égide da Igreja. Significativamente, a referência ao parágrafo em questão desaparece nas subsequentes *Vorlesungen* (nesse meio-tempo, a intervenção da Santa Aliança havia "normalizado" a situação na Espanha, e a alusão à "periculosidade do momento" não fazia mais sentido, ainda que permanecesse mais atual do que nunca a lição extraída dos acontecimentos).

A enérgica reivindicação de um papel ativo do Estado na política escolar e na determinação e no controle dos conteúdos do ensino certamente não nos leva à tradição liberal. No entanto, eis que, em certo ponto, as partes parecem se inverter. A celebração do Estado, em Hegel, desemboca na afirmação da necessidade da separação entre Igreja e Estado. Polemizando com aqueles que veem como "ideal supremo" sua unidade, o filósofo sublinha a necessidade do momento da "diferença". "No despotismo oriental, existe essa unidade tão frequentemente desejada", mas então não só não há liberdade, como não há Estado" (Rph., § 270 A). Não por acaso, do ponto de vista da reação clerical, "o Estado é considerado uma espécie de usurpação contra a Igreja" (Rph., III, p. 223). Contra a negação clerical da autonomia e da autônoma dignidade da comunidade e das instituições políticas, o curso de filosofia do direito de 1819-1820 afirma, ao contrário, que "o Estado se constitui como Estado e, por isso, se separou da Igreja, de modo que existem confissões diversas. O racional no Estado se afirma apenas quando se verifica a separação da Igreja" (Rph., III, p. 225). Aqui, é Hegel que defende a liberdade de consciência e de pensamento – portanto, que expressa o melhor do liberalismo: seu ponto de vista é de que é necessário derrotar a visão que degrada o Estado como âmbito meramente "laico" e profano em relação ao âmbito espiritual e sacerdotal da Igreja, para afirmar concretamente a laicidade do Estado, e isso também no âmbito das instituições escolares.

Somente o protestantismo soube colher a dignidade ética da sociedade civil e do Estado, do mundano em geral. E, não por acaso, no que se refere mais propriamente à escola, "é pela primeira vez nos países protestantes que as universidades se desenvolvem assim como elas são, independentes da Igreja" (Rph., III, p. 224). Aliás, é conhecida sua admiração pelas universidades da Holanda, primeiro país a dar à Europa "o exemplo de uma tolerância geral" (W., XX, p. 159) e onde Hegel, em certo momento, pensa em buscar um "tranquilo refúgio" – assim escreve à mulher – para escapar dos "padres" e de suas perseguições (B., III, p. 202). A liberdade de ensino é resultado também da luta conduzida pelo Estado contra a pressão clerical. Nesse quadro, devem ser

A ESCOLA, A DIVISÃO DO TRABALHO E A LIBERDADE DOS MODERNOS   305

incluídas, ainda, as tomadas de posição contra a Concordata e o "clericalismo" (*Pfaffengeist*) (B., III, p. 106 e 199-200)[10].

A essa altura, pode ser útil dar um passo atrás. No momento em que a Holanda é absorvida pela Grande Nação guiada por Napoleão, Hegel lamenta que as livres e gloriosas universidades holandesas, reorganizadas com base no modelo dos "institutos franceses", sejam totalmente subordinadas aos "objetivos do Estado" (B., I, p. 329). Como se nota, a celebração do Estado não é um fim em si mesmo, mas se dá em função da luta contra a reação clerical.

3. Escola, Estado, Igreja e família

O conflito com a reação clerical significa também o conflito com as pressões dos pais, das famílias, por ela influenciados:

> No que se refere à educação, geralmente os pais acreditam ter plena liberdade, poder fazer tudo aquilo que desejam. A principal oposição ao caráter público da educação provém dos pais, e em geral são eles a falar mal pelas costas e a gritar contra os professores e os institutos públicos: o arbítrio, a discricionariedade, dos pais se opõe a tais institutos de caráter geral. Todavia, a sociedade tem o direito de proceder segundo visões experimentadas e de obrigar os pais a ensinar a seus filhos tudo aquilo que foi estabelecido como necessário para o ingresso na sociedade civil. (V. Rph., III, p. 701)

A pretensão da Igreja ao monopólio ou à hegemonia no âmbito da escola e da educação se esconde atrás da escolha, e da liberdade de escolha, da família. É a ideologia da família o ponto forte das pretensões clericais. Para contestar todas elas, Hegel se serve de termos análogos. Assim como a Igreja representa o momento da "fé" e da "sensação" em relação ao momento da racionalidade e da ciência, que é representado pelo Estado, pela comunidade política (Rph., § 270 A), "a vida na família, que precede a vida na escola, é uma relação pessoal, uma relação de sensação, de amor, de fé natural e de confiança". Somente a escola pode afirmar a objetividade da "coisa", a "capacidade" e a "utilidade" objetiva, o "sentido do ser e do agir universais" em uma "comunidade independente da subjetividade" (W., IV, p. 349). Somente a escola pode educar a

---

[10] A referência é à situação e às lutas em curso nas províncias belgas unidas à Holanda; sobre isso, ver Domenico Losurdo, *Hegel und das deutsche Erbe*, cit., cap. XI, § 5.

criança para "determinações universais" (Enc., § 396 Z; W., X, p. 82). Enquanto na família a criança vale "imediatamente", na escola ela vale por seu "mérito" (Rph., I, § 86 A).

Hegel tivera experiência, em Nuremberg, com as pressões conjuntas provenientes dos ambientes clericais e da família. Enquanto o filósofo, escrevendo a Niethammer, revela seu sofrimento por ter que ensinar religião, ou melhor, por ser obrigado a fazer os estudantes engolirem, com um "funil", a edificação religiosa[11], o diretor de escola é obrigado a se defender dos "muitos discursos moralistas" (W., IV, p. 346) dos pais que insistem para que a escola exerça uma educação moral mais capilar e rigorosa. E eis a resposta:

> Também a cultura formal é necessária para o agir ético, já que é própria de tal agir a capacidade de compreender honestamente o caso e as circunstâncias, de distinguir bem entre elas as próprias determinações éticas e de fazer um uso conveniente delas. No entanto, é justamente essa capacidade que se forma por meio do ensino científico, pois este exercita o sentido das relações e é uma passagem contínua na elevação do singular sob pontos de vista universais, e vice-versa, na aplicação do universal ao singular. (W., IV, p. 348)

Trata-se de uma polêmica indireta com a generalidade e a inconsistência dos preceitos morais e religiosos. Pensemos nas irônicas observações que *Fenomenologia* tece a propósito do mandamento do amor ao próximo. Ele

> visa a distanciar o homem do mal e proporcionar-lhe o bem. A esse respeito, é necessário distinguir o que naquele homem é mal, o que é o bem apropriado contra esse mal e o que é, em geral, sua felicidade: ou seja, devo amar aquele homem com inteligência; um amor sem inteligência lhe prejudicaria talvez mais do que o ódio. (W., III, p. 314)

Hegel tece considerações análogas em Nuremberg em resposta aos discursos morais dos pais e dos ambientes clericais, discursos tão apaixonados

---

[11] Sobre esse aspecto, chama atenção Johannes Hoffmeister, "Einleitung", cit., p. XXIV-XXV. Segundo o testemunho de Rosenkranz, também em Berlim, Hegel "estigmatizava o fato de que em algumas escolas se falasse muito de Cristo ou até do diabo"; ver Karl Rosenkranz, *Hegels Leben* (Berlim, Duncker und Humblot, 1844) (ed. fac-similar: Darmastadt, Wissenschaftliche Buchgesellschaft, 1963), p. 329.

A ESCOLA, A DIVISÃO DO TRABALHO E A LIBERDADE DOS MODERNOS   307

e grandiloquentes quanto incapazes de produzir ou iluminar uma ação ética concreta. Apesar de tudo – observa alguns anos mais tarde o filósofo –, certos pais, tomados pelo sagrado zelo moral e religioso, acabam provocando "náusea em seus filhos em relação aos mandamentos religiosos" (Rph., I, § 86 A). De qualquer modo, sequer na escola a filosofia deve ser degradada a instrumento de "edificação" (B., II, p. 101).

É nesse contexto que é preciso colocar a polêmica com as "queixas velhas e rançosas" dos mais idosos, para quem "a juventude que veem crescer é mais selvagem do que eles em sua época de jovens" (W., IV, p. 336). É por esses motivos que adoram acusar os institutos escolares sem refletir sobre o fato de que os jovens "são filhos desses pais, filhos desse tempo" (W., IV, p. 351-2). Na realidade, a intenção seria "manter distante a educação do espírito do tempo" (W., XVIII, p. 271), isto é, do espírito que promove e acompanha a marcha da liberdade. Contudo, "cada um é filho do próprio tempo, e só é grande em seu tempo aquele que segue totalmente o espírito do próprio tempo" (Rph., I, § 86 A). À fúria moralista dos pais, mas também – e sobretudo – dos ambientes clericais, Hegel contrapõe a distinção entre mundo antigo e mundo moderno, aplicando-a à escola. É parte integrante da liberdade moderna o reconhecimento de uma esfera privada, e isso também para os jovens que frequentam um instituto escolar: "A disciplina e a ação moral da escola não podem abraçar todo o âmbito da existência de um estudante" (W., IV, p. 345). Não estamos mais em Esparta, mudou profundamente o "espírito dos costumes de nosso tempo", e a vigilância sobre a moralidade e a eventual punição às transgressões não constituem mais uma "questão pública" e não dizem respeito à escola, e sim à família" (W., IV, p. 334).

No âmbito de suas considerações sobre as relações entre Estado e Igreja, Hegel sublinha que os preceitos religiosos não podem se afirmar como preceitos jurídicos, porque assim seria ameaçado "o direito à interioridade": "Um governo moral é despótico" (V. Rph., III, p. 735). No entanto, não seria moral/despótico aquele governo que a Igreja tentava impor na escola por meio de incessantes discursos morais dos pais influenciados por ela? Eis que uma vez mais as partes parecem se inverter. Hegel, que não se cansa de destacar o papel do Estado no campo educativo e escolar, que denuncia explicitamente as palavras de ordem liberais, a *Liberalität* da reação clerical[12], acaba por expressar o melhor da tradição

---

[12] A expressão se encontra na carta a Niethammer, 9 de junho de 1821 (B., II, p. 270) – e mesmo antes, com um significado ainda mais evidentemente negativo (*verdächtige Liberali-*

308 HEGEL E A LIBERDADE DOS MODERNOS

liberal. A celebração da escola pública (e, indiretamente, da eticidade e do Estado) caminha *pari passu* com o reconhecimento da liberdade dos modernos também para os jovens que a frequentam; ao mesmo tempo, a condenação do estatismo se transforma em desconhecimento da esfera privada dos estudantes, de tal maneira que a escola pública, antes acusada por ser invasiva, passa a ser acusada por não controlar suficientemente os indivíduos a ela confiados.

4. Os direitos da criança

Fica clara, agora, a inconsistência do esquema de cuja crítica partimos. No máximo devemos acrescentar que, do ponto de vista de Hegel, havia uma perigosa contiguidade ou continuidade entre as posições liberais e aquelas dos teóricos da Restauração, umas e outras caracterizadas pela visão de que a educação e a instrução devem se ater exclusivamente à esfera privada. A intromissão do poder político não violaria os sagrados direitos da família, sua sagrada intimidade? Eis a resposta supreendentemente moderna de Hegel: a criança, porém, também é sujeito de direitos e de nenhum modo pode ser considerada uma "coisa" (*Sache*) de propriedade dos pais (Rph., § 175). Trata-se de uma afirmação nada óbvia. Vimos Kant teorizar um "direito dos pais sobre os filhos como de uma parte da casa", um direito dos pais de reaver os filhos fugitivos "como coisas" (*Sachen*), aliás, como "animais domésticos fugidos" (*supra*, cap. IV, § 2). Mesmo sem chegar a formulações tão duras, o próprio Fichte afirmara que, no que se refere à educação dos filhos, "os pais são seus próprios juízes"[13]. Hegel polemiza explicitamente com Kant a propósito do excerto citado – e provavelmente tem Fichte também como alvo quando escreve que os pais em nenhuma circunstância podem ser "juízes" dos filhos, pois o juiz é uma "pessoa universal" (Rph., I, § 85 A).

Nessa ou em outras ocasiões, Hegel destaca a necessidade de acabar de vez com o direito romano, ou com seus resquícios, que considerava os filhos escravos dos pais. A criança é sujeito de direitos: "Se ela deve ser membro da sociedade civil, tem direitos e reivindicações a seu respeito, assim como os

---

täten), em carta de Niethammer a Hegel, 9 de janeiro de 1819 (B., II, p. 209). Deve-se notar que, naqueles anos, a reação feudal também se serve de palavras de ordem e da terminologia liberal, que, portanto, não tem qualquer significado unívoco e expressa conteúdos e posições políticas distintas e contrastantes; remetemos uma vez mais a Domenico Losurdo, *Hegel und das deutsche Erbe*, cit., cap. II, § 9.

[13] Johann Gottlieb Fichte, "Grundlage des Naturrechts" (1796), § 52, *Fichtes Werke* (org. Immanuel Hermann Fichte, Berlin, Felix Meiner, 1971) (doravante F. W.), v. III, p. 363.

A ESCOLA, A DIVISÃO DO TRABALHO E A LIBERDADE DOS MODERNOS   309

tinha no âmbito da família. A sociedade civil deve defender seu membro, deve defender seus direitos" (V. Rph., III, p. 700). De quais direitos se trata aqui? É verdade que, no que concerne à educação, não se trata de "um direito rigoroso a ponto de poder ser afirmado dessa forma" (V. Rph., IV, 457), isto é, apelando--se a um tribunal. Como escrevera Fichte, "o filho não tem um direito coativo (*Zwangsrecht*) à educação"[14]; todavia, na síntese que o discípulo Von Henning faz do pensamento do mestre, fala-se a esse respeito de um "direito absoluto" (V. Rph., III, 550), que, portanto, vai além das leis sancionadas positivamente.

Era um direito questionado pela prática da inserção precoce, depois de uma frequência escolar bastante limitada, na atividade de trabalho da família, difusa na pequena ou média burguesia comercial e artesã, como fica claro pelo testemunho contemporâneo de Schleiermacher, que a esse respeito fala de "conflito entre atividade de trabalho e educacional"[15]. A esse fenômeno parece se referir Hegel quando declara que "os filhos têm o direito de ser nutridos e educados com base no patrimônio familiar comum" (Rph., § 174). Os filhos podem, assim, reivindicar uma educação à altura do patrimônio da família a que pertencem. Fichte opinava que "os filhos não têm qualquer comunhão com a propriedade e não têm qualquer propriedade"[16]. Hegel não só fala de "comum patrimônio familiar", como acrescenta, de modo ainda mais explícito: "Os filhos fazem parte do conjunto da família; portanto, têm direito de exigir [alguma coisa] do patrimônio familiar para suas necessidades e sua educação. Na medida em que os pais se recusem a fazer isso, deve intervir o Estado para afirmar e praticar tal direito" (Rph., I, § 85 A).

Também a outra prática, aquela do trabalho infantil nas fábricas ou em demais atividades de trabalho externas à família, faz referência *Princípios de filosofia do direito* e as respectivas lições: "O direito dos pais aos serviços dos filhos, enquanto serviços, encontra fundamento e limitação nas questões co-muns relativas à economia doméstica" (Rph., § 174). Para sermos mais claros: "Os serviços das crianças aos pais se limitam ao fato de que as crianças nas famílias devem ser ativas" (V. Rph., III, p. 549). E até mesmo os serviços no âmbito da família devem ser consoantes à "relação familiar" (Rph., III, p. 143),

---

[14] Ibidem, § 43, em F. W., v. III, p. 358.

[15] Remetemos a Ursula Krautkrämer, *Staat und Erziehung. Begründung öffentlicher Erziehung bei Humdoldt, Kant, Fichte, Hegel und Schleiermacher* (Munique, Johannes Berchmans, 1979), p. 293 e 301.

[16] Johann Gottlieb Fichte, "Grundlage des Naturrechts", cit., § 57, em F. W., v. III, p. 366.

não devem configurar uma verdadeira relação de trabalho. Assim, "não podem ir contra a educação" (Rph., I, § 85 A), isto é, devem deixar tempo livre para a educação e a frequência escolar. A referência ao trabalho infantil nas fábricas ou em outros setores de trabalho é explícita:

> Os pais não devem almejar apenas obter vantagens do trabalho dos filhos. Portanto, o Estado tem a obrigação de proteger as crianças. Na Inglaterra, crianças de seis anos são utilizadas para limpar chaminés estreitas; nas cidades industriais da Inglaterra, crianças de tenra idade são obrigadas a trabalhar, e somente aos domingos se provê de alguma forma para sua educação. O Estado tem, então, o dever absoluto de garantir que as crianças sejam educadas. (Rph., I, § 85 A)

O direito à instrução/educação não somente é obrigado a se chocar com a ideologia feudal, como entra em contradição com a realidade das fábricas do capitalismo nascente, que começa a se manifestar também na Prússia. Aqui se desenvolve o debate, e a intervenção do Estado para vetar ou controlar o trabalho infantil nas fábricas é rejeitada com argumentos liberais[17], aliás, pouco depois da morte de Hegel, contrapondo "o espírito prático dos liberais" às "teorias dos hegelianos e dos socialistas", uns e outros evidentemente doentes de estatismo (*supra*, cap. III, § 6).

Podemos agora fazer um balanço da tradição liberal, retornando a Wilhelm von Humboldt, segundo o qual é decididamente refutável a visão de que o Estado deveria se preocupar positivamente com o bem-estar dos cidadãos. Ao contrário, ele só tem a tarefa negativa de garantir a segurança e, assim, a autonomia da esfera privada: "A felicidade a que o homem se destina não é senão aquela que lhe atribui sua força", sua capacidade. Justamente por colocar em dúvida essa espécie de harmonia preestabelecida entre mérito e posição social do indivíduo (*supra*, cap. VI, § 3), Hegel é levado a se perguntar sobre o papel que escola e educação têm não somente para o processo de formação cultural do indivíduo, como no nível social como um todo. Não, a natureza ou o mérito individuais não podem ser invocados para explicar a miséria de uma classe, miséria que, ao contrário, remete à organização político-social de conjunto, incluído o sistema escolar. O indivíduo "não tem um direito em sentido próprio

---

[17] Ver Franz Mehring, *Geschichte der deutschen Sozialdemokratie* (s.l., s.n., 1897-1898); ed. it.: *Storia della social democrazia tedesca* (prefácio de Ernesto Ragionieri, Roma, Editori Riuniti, 1961), v. I, p. 56-9.

A ESCOLA, A DIVISÃO DO TRABALHO E A LIBERDADE DOS MODERNOS   311

em relação à natureza. Ao contrário, nas condições da sociedade, quando se depende dela, dos homens, a indigência adquire imediatamente a forma de uma injustiça cometida contra esta ou aquela classe" (V. Rph., IV, p. 609). O indivíduo, então, "tem o direito de reivindicar sua subsistência", e a esse direito corresponde uma "obrigação da sociedade civil" (V. Rph., IV, p. 604).

Como, porém, a sociedade civil pode cumprir essa obrigação sem uma adequada política escolar, sem intervir na esfera da instrução? E eis que a questão da escola se revela indissociavelmente entrelaçada à questão social:

Se existem desempregados, estes têm o direito de exigir que lhes consigam trabalho [...]. Os indivíduos devem, antes de mais nada, adquirir as capacidades (*Geschicklichkeit*) de satisfazer suas necessidades mediante a participação no patrimônio geral. Daí a autorização à sociedade civil para obrigar os pais a darem aos filhos uma educação correspondente. (Rph., III, p. 192-3)

Sem educação, estamos condenados à miséria: "Pobre é aquele que não possui nenhum capital ou nenhuma qualificação" (*Geschicklichkeit*) (Rph., I, § 118 A). Hegel chega a identificar, ou entrever, no sistema escolar, nas dificuldades de acesso à escola ou a um nível adequado de educação, um instrumento de reprodução das diferenças de classe existentes: "O pobre não pode transmitir a seus filhos nenhuma qualificação, nenhuma instrução" (*keine Geschicklichkeit, keine Kenntnisse*) (V. Rph., IV, p. 606). Ademais, se a *Geschicklichkeit* adquirida é limitada, ela certamente não basta para desviar os golpes da crise e para se salvar de um destino de miséria. Eis, então, o operário que "talvez tenha desempenhado um trabalho parcelado numa fábrica que depois faliu, e tal unilateralidade o impede mais tarde de empreender qualquer outra função" (idem). Logo após a falência de um ramo industrial antes promissor, o operário é obrigado a buscar outro trabalho – o que não é fácil, pois é necessária uma adequada "qualificação" (*Geschicklichkeit*) (V. Rph., IV, p. 625). A falta de instrução ou de um nível de instrução adequado marca o destino do pobre. Não por acaso, entre as tarefas da corporação há também a da educação/instrução (*Erziehun*) de seus membros (V. Rph., III, p. 710), com uma indicação correspondente, ao menos no plano objetivo, aos estatutos das associações sindicais que então nasciam[18].

---

[18] Sobre isso, ver Domenico Losurdo, *Tra Hegel e Bismarck* (Roma, Editori Riuniti, 1983), p. 178-9.

5. Escola, estabilidade e mobilidade social

A escola se configura em Hegel como instrumento de promoção social: a frequência escolar pode permitir a estudantes de estrato social modesto "elevar-se acima da própria condição" ou mesmo "desenvolver talentos" que a pobreza em geral cala (W., IV, p. 340). Para os grupos e os estratos menos favorecidos, no entanto, a carreira escolar é condicionada pela beneficência, cujo alto valor moral o diretor em Nuremberg ressalta, mas que sabemos ser para o filósofo sinônimo de contingência (*infra*, cap. X, § 3): *Filosofia do direito* não equipara a beneficência a "acender velas junto às imagens dos santos" (§ 242 A)? A permanência dessa contingência emperra e dificulta gravemente o processo de mobilidade social que Hegel gostaria de ver livre e em pleno desenvolvimento com a difusão da educação. Esse *páthos* da escola não somente tem um evidente alvo antifeudal, como parece às vezes reivindicar a superioridade da cultura e da instrução, exaustivamente adquiridas pelas classes médias e média-baixas, também em relação à propriedade enquanto tal. É o momento em que, na Europa, irrompem as guerras da era napoleônica, com a consequência inevitável de transtornos e destruições:

> A importância de uma boa educação nunca se percebeu com tanta força quanto nas circunstâncias de nossos tempos, em que toda posse externa, embora bem adquirida e legítima, deve ser tão frequentemente considerada incerta e o que há de mais seguro, como duvidoso; as riquezas internas que os pais transmitem aos filhos por meio de uma boa educação e do uso de institutos escolares, ao contrário, são indestrutíveis e conservam o próprio valor em todas as circunstâncias; é o bem maior e mais seguro que podem proporcionar e transmitir a eles. (W., IV, p. 366)

O *páthos* hegeliano da escola se embate com obstinada resistência político-social. Vimos Haller denunciar na difusão da educação uma tentativa dissimulada e subversiva de espoliar os cidadãos até da própria "alma". Contudo, as preocupações desses ambientes sociais e políticos são também mais concretas. Ainda em 1836, um memorial da nobreza prussiana mais reacionária traça um quadro sombrio dos graves perigos derivados da expansão da frequência escolar: por longa tradição, as crianças aprendiam espontaneamente seu trabalho, observando e imitando os pais, cuidando de gansos e porcos e aprendendo a amar "a natureza de Deus, os animais, os pássaros, os campos e os trabalhos na agricultura". Depois intervém a escola, e então as crianças "são quase sempre desviadas de seus trabalhos, passam a especular sobre uma condição de vida melhor e mais confortável

A ESCOLA, A DIVISÃO DO TRABALHO E A LIBERDADE DOS MODERNOS   313

e, na maioria das vezes, acabam piorando". Especialmente porque quase todos os manuais têm uma inspiração "demagógica", cheios de expressões grandiloquentes como "liberdade e igualdade". Compreende-se, então, que nenhum senhor queira ter como "servo" uma criança que tenha frequentado a escola[19].

Preocupações não muito distintas surgem no âmbito da tradição liberal. Como veremos na próxima seção, em Wilhelm von Humboldt é bem perceptível o mal-estar derivado do fato de que, por causa da difusão da instrução, "muitas mãos laboriosas" são subtraídas do trabalho por elas tradicionalmente desenvolvido. Em termos mais drásticos se expressara à época Mandeville, para quem

> o bem-estar e a felicidade de todo Estado e todo reino requerem que os conhecimentos de um trabalhador pobre sejam restritos aos limites de seu trabalho e não ultrapassem jamais (ao menos no que se refere às coisas concretas) o limite daquilo que interessa à sua ocupação. Quanto mais coisas do mundo e daquilo que é estranho ao próprio trabalho ou emprego conheça um pastor, um lavrador ou qualquer outro camponês, menos este estará apto a suportar as dificuldades e a dureza do próprio trabalho com alegria e satisfação.[20]

A expansão da frequência escolar só pode ser danosa à sociedade. Na Inglaterra, já são muitos os instruídos ou os sábios[21], e isso coloca em perigo a perpetuação da divisão do trabalho existente: "Ir à escola é uma ocupação de repouso em relação ao trabalho, e, quanto mais tempo passarem nessa vida agradável, mais os jovens se tornarão inaptos para um trabalho duro quando crescerem, por falta de força ou de atitude"[22]. O "equilíbrio da sociedade" requer que os "trabalhadores pobres" permaneçam "ignorantes sobre tudo aquilo que não diz respeito a seu trabalho". A difusão da instrução popular só pode estimular uma postura pretensiosa e ambiciosa, provocando, assim, um encarecimento da força de trabalho: "As pessoas de condição mais humilde conhecem muitas coisas para serem úteis"[23]. A educação mina o senso de frugalidade e da tranquila aceitação

---

[19] Friedrich August Ludwig von der Marwitz, "Von der Schrankenlosigkeit" (1836), em Carl Jantke e Dietrich Hilger, *Die Eigentumslosen* (Munique, Karl Alber, 1963), p. 141-3.

[20] Bernard de Mandeville, "An Essay on Charity and Charity-Schools" (1723), em *The Fable of the Bees* (1705 e 1714) (org. Frederick Benjamin Kaye, Oxford, [Clarendon,] 1924) (ed. fac-similar: Indianápolis, 1988), p. 288.

[21] Ibidem, p. 322.

[22] Ibidem, p. 288.

[23] Ibidem, p. 302.

da própria condição e do próprio destino de trabalho duro: "O conhecimento expande e multiplica nossos desejos – e quanto menos coisas um homem deseja, mais facilmente se pode prover a suas necessidades"[24].

A ignorância massiva é a condição não apenas da divisão do trabalho (e da civilização enquanto tal), mas também da manutenção da ordem. Com razão, ela "é considerada proverbialmente a mãe da devoção – e é claro que não encontraremos em nenhum outro lugar uma inocência mais geral e honesta do que a que há entre os pobres tolos do campo"[25]. É, pois, absolutamente "necessário que um grande número de pessoas seja ignorante e pobre"[26]. Uma obediência cega e total pressupõe uma desigualdade também no plano cultural: "Ninguém se submete de forma espontânea a seus iguais, e, se um cavalo soubesse tudo o que sabe um homem, certamente eu não gostaria de ser seu cavaleiro"[27]. Enfim, deve-se ter em conta que os "trabalhadores pobres" e "ignorantes" contribuem para a estabilidade social também no sentido de que são a condição da força militar do país, pois "constituem reserva inexaurível de homens para as frotas e os exércitos". A permanência da grande massa da população na pobreza e ignorância é o pressuposto do recrutamento de operários destinados a desempenhar um "papel sujo e semelhante àquele do escravo" (*dirty slavish work*) e dos soldados[28], que devem se submeter, como sabemos desde Locke, ao "absoluto poder de vida e de morte" de seus superiores, a uma relação, pois, de total subordinação, a ponto de remeter uma vez mais à condição do escravo (*supra*, cap. VII, § 1).

Claro, uma notável distância temporal separa Mandeville de Hegel. No entanto, ainda no século XIX, na Inglaterra liberal, levantam-se vozes que julgam ser "mais prudente para o governo e para a religião do país que as classes inferiores permaneçam naquele estado de ignorância em que a natureza originariamente as colocou" ou que denunciam até mesmo as escolas dominicais e de caridade como "escolas de rebelião jacobinas"[29]. Aliás, ainda em 1857, o bispo Samuel Wilberforce continua advertindo que a instrução em excesso torna "todos inaptos a acompanhar o arado", de tal modo que, junto

---

[24] Ibidem, p. 288.

[25] Ibidem, p. 269.

[26] Ibidem, p. 288.

[27] Ibidem, p. 290.

[28] Ibidem, p. 287 e 302.

[29] Lawrence Stone, *Literacy and Education in England, 1640-1900* (1969); ed. it.: *Istruzione, legittimazione e conflitto* (org. Marzio Barbagli, Bolonha, Il Mulino, 1981), p. 195-6.

A ESCOLA, A DIVISÃO DO TRABALHO E A LIBERDADE DOS MODERNOS   315

a lavradores e camponeses, acabam desaparecendo servos, que se tornam mais "ambiciosos" em função de seus novos conhecimentos e já não mais acostumados a obedecer[30].

Obviamente, no âmbito da tradição liberal, é possível escutar vozes bem distintas daquela de Mandeville. Smith, por exemplo, está convencido da necessidade de difundir o mais amplamente possível "as partes mais essenciais da educação, a leitura, a escrita e as operações aritméticas fundamentais" e defende que, "com uma despesa muito pequena, o Estado pode facilitar, encorajar e também impor a quase toda a massa da população a necessidade de aprender essas partes mais essenciais da instrução". Trata-se de ensinar aos "filhos da gente comum" não conhecimentos que ultrapassem seu mundo e que não possam ser de nenhuma utilidade para seus futuros trabalhos, mas sim os "elementos fundamentais da geometria e da mecânica", que, além do mais, se revelam suscetíveis de aplicação também no âmbito de trabalhos "mais comuns"[31]. Nesse sentido, contrariamente àquilo que defendia Mandeville, pode ser bastante útil para a sociedade e funcional para a divisão do trabalho nela existente a educação dos estratos inferiores.

Observa *A riqueza das nações*: da educação popular "o Estado extrai [...] vantagens nada desconsideráveis. Quanto mais instruídos forem esses estratos, menos estarão sujeitos às ilusões do fanatismo e da superstição, que entre os povos ignorantes frequentemente abrem portas para os mais terríveis distúrbios". Um trabalhador com um mínimo de educação

> se sente mais respeitável e mais digno de obter o respeito por parte de seus superiores legítimos, além de estar mais disposto a respeitá-los; é mais disposto a examinar e também mais capaz de identificar a essência dos protestos interesseiros dos revoltosos e contestadores – portanto, menos passível de ser arrastado a uma oposição inútil e tola ao governo.[32]

Desse modo, a difusão da escolaridade deve servir para assegurar a estabilidade político-social e reforçar a capacidade de domínio das classes superiores

---

[30] Ibidem, p. 197.

[31] Adam Smith, *An Inquiry into the Nature and the Causes of the Wealth of Nations* (1775-1776; 3. ed., 1783), Livro V, cap. I, parte III, artigo II, p. 785-6 (citamos as obras de Smith a partir da reimpressão, Indianápolis, Liberty Fund, 1981, ed. Glasgow).

[32] Ibidem, p. 788.

sobre as inferiores, uma vez que estas últimas, sem um mínimo de instrução, resultariam substancialmente refratárias à influência das primeiras. Smith provavelmente considerava a experiência da primeira Revolução Inglesa e da influência sobre as massas populares exercidas pelas seitas radicais. A escola é, então, pensada como antídoto para o extremismo político e social.

A educação popular desempenha outra importante função. Sem qualquer instrução, o trabalhador pobre, e sobretudo o operário da fábrica, vive num estado de torpor nocivo também do ponto de vista militar: "Sobre os grandes e vastos interesses de seu país, é totalmente incapaz de se pronunciar e, a menos que não nos preocupemos particularmente em mudar sua índole, é igualmente incapaz de defender seu país numa guerra"[33]. Nesse sentido, ignorância e covardia são uma coisa só.

> Um covarde, isto é, um homem incapaz de defender ou de vingar a si mesmo, é evidentemente desprovido de um dos traços mais essenciais do caráter do homem. Ele é tão mutilado e deformado na alma quanto o é no corpo outro homem desprovido de alguns de seus membros mais necessários ou que deles tenha perdido o uso. Aliás, ele é claramente o mais desgraçado e miserável dos dois.

Neste ponto, impõe-se a intervenção do Estado:

> Mesmo que o espírito guerreiro do povo não fosse de nenhuma utilidade na defesa da sociedade, o governo deveria sempre se preocupar seriamente em impedir que esse tipo de mutilação da alma, de deformação e de baixeza que a covardia necessariamente implica se difunda na grande massa do povo. Da mesma maneira deveria se preocupar com seriedade máxima em impedir que a lepra ou qualquer outra doença, repulsiva ou repugnante, embora não mortal ou perigosa, se difunda na população, mesmo que dessa preocupação não derivasse nenhum bem público, além de impedir um mal público tão grande.[34]

Fica claro, então, que, não obstante as aparências, no fim das contas, a distância para Mandeville não é assim tão grande: as respostas parecem antitéticas, mas as preocupações político-sociais que as motivam são as mesmas. Se o pressuposto da estabilidade político-social é identificado pelo autor de *A*

---

[33] Ibidem, p. 782.

[34] Ibidem, p. 787-8.

fábula das abelhas na ignorância das massas, pelo autor de *A riqueza das nações*, ao contrário, é identificado na difusão entre os estratos populares de um mínimo de educação. No intervalo de tempo entre ambos, a Revolução Industrial deu grandes passos à frente, e a força de trabalho de que se necessita agora apresenta características muito diferentes da época de Mandeville. Mantém-se válido, porém, que o problema da escola e da educação é pensado em função das exigências de estabilidade econômica, política e inclusive militar da sociedade; nesse âmbito, o liberal Smith atribui ao poder político tarefas extensas. Para aumentar a coesão em seu interior, reforçar o próprio potencial produtivo e militar e apagar o espetáculo de uma degradação repugnante, o Estado tem a faculdade de impor a frequência escolar – e de impô-la no âmbito de uma escola que não é sequer propriamente pública (a contribuição do Estado é apenas parcial)[35]. Em todo caso, a obrigação ou a semiobrigação escolar não surge do reconhecimento dos direitos da criança e das aspirações à ascensão social por parte de estratos e indivíduos menos favorecidos, como acontece em Hegel. Assim, uma vez mais (*supra*, cap. IV, § 3, e cap. VIII, § 9) percebe-se a inconsistência de um esquema interpretativo que pretende erigir a tradição liberal a juíza do "holismo" atribuído ao filósofo alemão.

6. Profissão e divisão do trabalho

Voltemos a Hegel. Para que serve o estudo? A resposta é clara: enquanto educa para a vida pública, a escola visa também a um caminho profissional. Ela é chamada a formar ao mesmo tempo o membro da comunidade política e da sociedade civil, o *citoyen* e o *bourgeois*. Do primeiro aspecto já tratamos. Convém, agora, nos determos no segundo. Formar tendo em vista a sociedade civil significa fornecer ao estudante os instrumentos para que ele desenvolva uma atividade profissional. Isso vale não somente para a escola elementar, frequentada inclusive por estratos mais pobres, que não têm diante de si outra perspectiva senão a de um trabalho duro depois de poucos anos de estudo, mas também para as escolas superiores que atuam como "viveiro de servidores do Estado". Também a instrução média está em função, entende-se que de maneira bastante mediada, da aquisição da "futura competência profissional" (W., IV, p. 362-3). Desse destino não se afasta sequer a universidade, onde, aliás, tem lugar "a ulterior determinação da profissão particular" (W., IV, p. 365). Se a

---

[35] Ibidem, p. 785.

escola deve preparar para a sociedade civil, convém lembrar que aqui se vale e se é reconhecido "com base na capacidade e na utilidade" (W., IV, p. 349). E é com base na "utilidade para o Estado" e para o "serviço estatal" que se avalia o funcionário estatal (W., IV, p. 380).

Uma vez mais podemos notar a contraposição em relação à tradição liberal, tal como esta se expressa num autor como Wilhelm von Humboldt, que relaciona a progressiva restrição da esfera da liberdade no âmbito do Estado burocrático moderno com o crescimento progressivo do número de "servidores do Estado". Desse modo, "cabeças quiçá excelentes são subtraídas do pensar", e, assim, a própria profissão de funcionário público é considerada incompatível com o exercício do pensar. A verdadeira educação não deve ter em vista as *bürgerliche Formen*, as formas, as modalidades concretas de desenvolvimento da vida associada, quer se trate da sociedade civil, quer se trate do Estado, em que o homem é chamado a operar. O erro de fundo da educação pública (*öffentliche Erziehung*) está justamente no fato de conferir ao homem determinada *bürgerliche Form*, desviando-o, assim, do senso da totalidade. Essa totalidade, porém, está aquém da divisão do trabalho própria do mundo moderno e é inalcançável para a grande massa. Não por acaso, é verdade que com o processo de burocratização do Estado moderno "cabeças excelentes são subtraídas do pensar", mas também – acrescenta significativamente Humboldt – "muitas mãos laboriosas e distintamente úteis são subtraídas ao trabalho real"[36]. Essas mãos laboriosas e sem cultura são o pressuposto tácito da cultura superior sem qualquer preocupação profissional.

Voltemos a Hegel. O ingresso na sociedade civil pode aparecer como momento do descolamento das aspirações à totalidade que caracterizam a juventude. Dedicar-se a uma "profissão determinada" é sentido como confinamento "num lugar separado da presença do todo". Sim, no mundo moderno, o indivíduo age numa "esfera limitada" que não consente "o sentimento e a representação ativa do todo". No mundo moderno, a "profissão determinada" tem um significado bem "mais exclusivo" do que na Antiguidade clássica, e aqui se perde de vista a "vida do todo num sentido mais amplo" (W., IV, p. 365). Até mesmo os intelectuais, os "acadêmicos", que mais facilmente deveriam ter a visão do todo, constituem uma espécie de estrato particular; sua vida também é caracterizada pelas "relações costumeiras no âmbito do grupo" (W., XX, p. 73).

---

[36] Wilhelm von Humboldt, "Ideen zu einem Versuch die Gränzen der Wirksamkeit des Staats zu bestimmen", cit., p. 125-6 e 145-6.

A ESCOLA, A DIVISÃO DO TRABALHO E A LIBERDADE DOS MODERNOS   319

A divisão do trabalho se faz sentir, ainda, no interior do trabalho intelectual: no mundo moderno, "constituíram-se estratos, modos de vida" particulares (W., XX, p. 72). É um processo histórico irreversível, do qual é necessário saber captar o aspecto progressista e com o qual é preciso saber lidar. Vimos Hegel remetendo a Goethe para ressaltar o fato de que a determinação é a condição da autêntica grandeza e, com isso, reivindicar a dignidade cultural não apenas da profissão intelectual, mas também do trabalho material (*supra*, cap. VI, § 4). No âmbito de uma esfera limitada, "o essencial é permanecer fiel ao próprio fim" (W., XX, p. 73).

Por tudo isso, Hegel convida os jovens a não desprezar o trabalho concreto na sociedade, a não considerar como algo irremediavelmente prosaico a atividade profissional determinada. Se Schleiermacher e os românticos contrapõem a beleza e a tensão ideal e cognitiva da vida estudantil à banalidade e ao "filisteísmo" da profissão determinada, com o adeus aos estudos e à juventude que ela comporta[37], Hegel não somente redime explicitamente a atividade profissional da acusação de filisteísmo, como agrega uma consideração orientada a um bom senso terra a terra, ao menos do ponto de vista de seus adversários: o jovem não pode se deixar manter pela família para sempre; aliás, é conveniente que "ele decida cuidar autonomamente da própria subsistência e comece a se tornar ativo também para os outros. A pura cultura não o torna um homem maduro e completo" (Enc., § 396 Z; W., X, p. 85). Fica uma vez mais evidente a carga antiaristocrática do discurso hegeliano sobre a cultura e a escola: a completude do homem não está no estranhamento em relação ao trabalho e à atividade profissional; ao contrário, a cultura deve saber se incorporar numa profissão.

Nessa profissão, o jovem é levado a ver a perda da tensão ideal como o perder-se no particular, mas, na realidade, se não quiser se condenar à impotência, se quiser conferir concretude a seus próprios ideais, deve se dar conta de que, "caso se deva agir, é preciso proceder rumo ao particular". Uma vez mais a verdadeira grandeza não reside no abandono aos devaneios que fogem à contaminação do concreto e do cotidiano, mas sim na capacidade de se limitar ao real e com o real:

> Por essa tendência ao ideal, a juventude aparenta ter sentimentos mais nobres e de maior generosidade do que o adulto preocupado com seus interesses particulares e temporais. Não nos pode escapar, porém, que o adulto não é mais prisioneiro de impulsos particulares e de visões subjetivas, voltado apenas para

---

[37] Remetemos a Domenico Losurdo, *Hegel und das deutsche Erbe*, cit., cap. VIII.

o seu desenvolvimento pessoal, que ele está envolto na razão da realidade e se demonstra ativo para o mundo.

É preciso saber se reconciliar com o mundo, evitando a tentação de um fechamento narcisista na suposta excelência da própria interioridade. Não, a realidade não é desprezível; justamente porque não é algo "morto ou absolutamente inerte", ao contrário, deve ser comparada ao "processo da vida". Portanto, os jovens devem saber se despedir do "espírito visionário", mas não para cair no imobilismo, pois abandonar "a esperança de melhora" é somente um modo distinto de ser "aborrecido e ranzinza sobre o estado do mundo", o que, aliás, é indicador não de maturidade, mas de envelhecimento (Enc., § 396 Z; W., X, p. 83-4). A concretude da vida profissional faz sentir sua influência benéfica também na visão política que se torna mais madura e mais realista, aparentemente menos exigente do que os ideais de juventude, mas, na realidade, mais capaz de agir concretamente no real. Os jovens devem ser educados ao mesmo tempo para a concretude do dever profissional e para a concretude do empenho político.

7. Divisão do trabalho e o caráter prosaico do moderno: Schelling, Schopenhauer, Nietzsche

Pode ser útil neste ponto comparar o posicionamento de Hegel ao do último Schelling, para quem a juventude deve se manter distante "decididamente do vulgar, qualquer que seja a forma em que este se apresente". Se em Hegel a preocupação principal é a concretude, em Schelling é a pureza: "Os próprios sonhos da juventude permanecem como sonhos – não são sem significado, se pela vida afora eles tornam impermeável àquilo que é vulgar". Distante "do vulgar" (*vom Gemeinen*), a "nobre (*edel*) juventude", por um lado, vive "uma alegria à luz do sol sem preocupações e sem pensamentos" e, por outro, sabe enfrentar o que há de "sério" das questões metafísicas. E é isto o que de "sério" é adequado para a juventude: "Não é amigo da juventude", acrescenta Schelling em polêmica justamente com Hegel e sua escola,

> quem procura carregá-la com o sofrimento e o cuidado do mundo ou com o andamento do governo do Estado, enquanto ela deve, antes de tudo, buscar a força para sentimentos e convicções que a guiem. Assim, é, mais que tudo, somente um abuso para fins estranhos ou uma autêntica tolice utilizar a juventude, como se diz, para manifestações em favor da liberdade de pensamento e de ensino.

A ESCOLA, A DIVISÃO DO TRABALHO E A LIBERDADE DOS MODERNOS   321

De um lado, a despreocupação leviana; de outro, o esforço "para alcançar convicções e luzes sobre as coisas supremas"[38]: é esta, segundo Schelling, a essência da vida universitária; não há espaço para o empenho político nem para preocupações relativas ao futuro profissional, essas duas formas do "vulgar".

Para Hegel, a passagem da vida estudantil à atividade profissional é também a condição para alcançar a liberdade concreta. É preciso observar o exemplo dos povos que "se revelam maiores de idade apenas quando chegam a não se deixarem mais excluir, por parte de um assim chamado governo paterno, do cuidado de seus interesses materiais e espirituais" (Enc., § 396 Z; W., X, p. 85). O problema da recuperação da visão da totalidade certamente existe, mas não se resolve com a recusa da profissão. Não, o *bourgeois*, o membro da sociedade civil submetido à divisão do trabalho, não deve perder de vista sua dimensão de *citoyen*. A partir dessa perspectiva, mostra-se útil e indispensável o estudo da Antiguidade clássica pelo "vínculo íntimo entre vida pública e vida privada" que ela nos apresenta. E, uma vez concluída a escola e agora membro da sociedade civil, à Antiguidade clássica se pode ir novamente com o pensamento a partir da "parcelização da vida real", mas para retornar com frescor e energia à "determinação" da vida, não para se desgastar na impotência da "nostalgia" e de uma evasão típica de "visionários" (W., IV, p. 366).

Essa última declaração parece constituir a crítica antecipada de um posicionamento que mais tarde encontrará sua expressão máxima em Schopenhauer e Nietzsche. A atividade profissional a que Hegel convoca os jovens se torna agora a vulgaridade a que podem e devem ser condenados os estratos mais incapazes de superar sua limitação congênita, mas da qual, segundo certo modelo da Antiguidade clássica, deve-se manter bem distante a nobre alma que quiser verdadeiramente participar da cultura em sentido estrito e não perder a visão da totalidade. A superação da divisão do trabalho ocorre confinando o trabalho na classe dos operários ou dos escravos. Neste ponto, o alvo privilegiado da polêmica se torna justamente Hegel, enquanto principal representante daqueles filósofos que fizeram da filosofia uma profissão. Estes antes se formaram com muito custo como "preceptores privados", depois se tornaram "negociantes de cátedra", sempre com o mote: "*Primum vivere, deinde philosophari*" [primeiro viver, depois filosofar], sempre privados daquela "independência", daquele distanciamento das preocupações materiais que é a

---

[38] Friedrich Wilhelm Johann von Schelling, "Philosophie der Offenbarung" (póstumo), v. I, em *Sämtliche Werke* (Sttutgart/Augsburgo, Cotta, 1856-1861), v. XIII, p. 24-5 e 28.

condição – declara Schopenhauer, citando e comentando Teógnis, que mais tarde se tornará particularmente caro a Nietzsche – de um "autêntico filosofar"; aliás, de uma autêntica cultura[39]. A escola e a cultura como educação para a vida em sociedade e no Estado? O erro, ou melhor, o crime do autor de *Filosofia do direito* consiste, em primeiro lugar, em introjetar nos jovens "a mais rasa, a mais filisteia, a mais vulgar visão da vida", apagando toda "iniciativa para algo de nobre" e absolutizando "os interesses materiais, aos quais também pertencem os interesses políticos"[40].

Se em Hegel a celebração da figura do *citoyen* acaba derramando sobre o *bourgeois* algo da eticidade e da totalidade antiga, agora o *citoyen* é confinado junto ao *bourgeois* no campo do vulgar, diante do qual a *scholè* necessária para a autêntica cultura adquire uma pureza imaculada, na verdade, desconhecida para a própria Antiguidade clássica. É assim em Schopenhauer e em Nietzsche. E compreende-se que a educação para a vida política, no âmbito do Estado, recomendada por Hegel, torna-se agora expressão de filisteísmo, vontade de se encaixar à maneira das "abelhas numa colmeia". A filosofia de Hegel pode, então, ser boa apenas para "porta-vozes oficiais", para a gente que deseja ganhar a vida com um emprego estatal[41].

Nietzsche, por sua vez, ao polemizar com aqueles que confundem "cultura" com "utilidade" e "ganho", ou seja, em última análise, com a profissão, relaciona à "influência de Hegel" não apenas "a extensão da cultura para ter o maior número possível de empregados inteligentes", mas até o "comunismo", cujo pressuposto é a "cultura geral"[42], aquela meia cultura difundida entre o povo e sem quaisquer pureza e autenticidade, contaminada por preocupações e interesses materiais e profissionais. Referimo-nos noutro espaço à longa história da acusação de filisteísmo dirigida a Hegel[43]; agora, filisteu se torna sinônimo de vulgar e plebeu.

Voltemos à interrogação que aflige não poucos intérpretes: Hegel é liberal? No que se refere à visão da escola e da cultura, certamente. Guardadas todas

---

[39] Arthur Schopenhauer, "Über die Universitäts-Philosophie" (Parerga und Paralipomena, I) (1851), em *Sämtliche Werke* (org. Wolfgang von Löhneysen, Darmstadt, WBG, 1976--1882), p. 237, 184 e 238.

[40] Ibidem, p. 205 e 213.

[41] Ibidem, p. 190 e 182-3.

[42] Friedrich Nietzsche, "Nachgelassene Fragmente 1870-1872", em *Sämtliche Werke, Kritische Studienausgabe* (org. Giorgio Colli e Mazzino Montinari, Munique, Deutscher Taschenbuch, 1980) (+KSA), v. VII, p. 243.

[43] Ver Domenico Losurdo, *Hegel und das deutsche Erbe*, cit., cap. VIII.

as diferenças, de Wilhelm von Humboldt estão mais próximos Schopenhauer e Nietzsche do que o diretor de escola que clama pela melhoria das escolas elementares e teoriza a obrigatoriedade escolar, o filósofo que denuncia o trabalho infantil nas fábricas, o professor que insiste no vínculo entre cultura e profissão e que, sobre si mesmo, na correspondência, não hesita em dizer que no estudo e no ensino da filosofia tinha seu "emprego", "a água e o pão" (B., I, p. 419). Comparando com o esquema em questão, em última análise, o esquema indiretamente sugerido por Schopenhauer e Nietzsche se revelaria menos abstrato e denotaria, mesmo no furor polêmico, maior lucidez: Hegel vulgar e plebeu? Aqui, porém, não se trata de substituir um esquema por outro (e rearranjar a história da filosofia com base na contraposição entre aqueles que são vulgares-plebeus e aqueles que não são, não com base na contraposição entre liberais e não liberais), e sim de relativizar ambos para ressaltar a necessidade de compreender o filósofo não com base em categorias gerais, das quais é silenciada a história complexa e contraditória, mas a partir da análise concreta dos problemas e das lutas de sua época – inclusive os problemas e as lutas relativos ao campo da educação e da escola, que viram Hegel assumir posições talvez não "liberais", mas, ainda assim, entre as mais avançadas de seu tempo; aliás, de uma modernidade que, graças à massa crescente de material agora colocada à disposição pelas *Vorlesungen*, não para de nos surpreender.

X
TENSÃO MORAL E PRIMADO DA POLÍTICA

1. Mundo moderno e ocaso dos heróis da moral

Segundo Kierkegaard, o sistema hegeliano é desprovido de ética[1]. A acusação é conhecida e foi retomada uma infinidade de vezes, mas seria justificada? Hegel insiste no fato de que o mundo moderno é marcado pela centralidade das instituições políticas, pela objetividade da norma jurídica, não havendo, portanto, lugar para heróis. E os santos, os heróis da moral, parecem compartilhar o mesmo destino. São Crispim, que roubava couro para fazer sapatos para os necessitados, hoje terminaria numa "casa de trabalho" ou numa "penitenciária"; ou seja, aquele que na Idade Média era um herói da moral no mundo moderno é atacado pelo rigor da lei e tratado como ladrão. Hegel não demonstra nenhuma compaixão pela sorte de são Crispim: sim, é um homem pio, mas também é justo que, "num Estado bem ordenado", receba uma sanção penal (V. Rph., IV, p. 341, e Rph., § 126 AL; V. Rph., II, p. 457); "de fato, o direito (*das Rechtliche*) enquanto existência da liberdade é uma determinação essencial diante da intenção moral" (V. Rph., III, p. 399).

O mundo moderno é o mundo da "probidade" (*Rechtschaffenheit*), que é definida pelo respeito das leis. A transformação dos heróis, inclusive dos heróis da moral, em cidadãos membros de um Estado ordenado é também a transformação da poesia em prosa, da poesia do indivíduo que, da profundidade de sua personalidade e de sua consciência moral, extrai a prosa do comportamento fixado para todos pela lei: "Se agora o ordenamento baseado na lei se desen-

---

[1] Søren Kierkegaard, "Postilla conclusiva non scientifica alle briciole di filosofia" (1846), em *Opere* (Florença, Sansoni, 1972), p. 441.

volveu mais completamente em sua forma prosaica e se tornou predominante, a aventurosa autonomia de indivíduos cavalheirescos está fora de lugar" (W., XIII, p. 257). Não é mais o tempo em que o heroísmo moral de indivíduos privilegiados supria a ausência de instituições políticas objetivas e ordenadas. O fim do período estético[2] implica, ainda, o redimensionamento do papel da moral. Em *Estética*, lemos:

> A formação reflexiva de nossa vida de hoje cria em nós a necessidade, seja quanto à vontade, seja quanto ao juízo, de fixar pontos de vista gerais e de regular, em consequência, o particular, de forma que universais, leis, deveres, direitos e máximas valem como motivos determinantes e são o que fundamentalmente nos guia. (W., XIII, p. 24-5)

A motivação que o filósofo adota aqui e em outros momentos para explicar a perda da centralidade da arte no mundo moderno vale também no que se refere à intenção moral.

2. INCONCLUSIVIDADE E NARCISISMO DO MANDAMENTO MORAL-RELIGIOSO

Hegel submete a dura crítica a própria estrutura interna do mandamento moral-religioso. Consideremos o mandamento do amor ao próximo. Pois bem, se por próximo entendemos todos os seres humanos, tal mandamento se revela profundamente contraditório, o amor aponta para uma particular intensidade de sentimento; se, no entanto, pretende se dirigir a todos, então se transforma no "contrário do que é amor"[3]. Mesmo se quisermos prescindir de sua contraditoriedade interna, o mandamento do amor ao próximo se mostra afetado por uma dupla casualidade. Em primeiro lugar, seu cumprimento é confiado à vontade do indivíduo. De fato, "ele é dirigido aos indivíduos em relação aos indivíduos, relação que é entendida como de indivíduo a indivíduo ou como relação da sensação" (*Empfindung*). Noutras palavras, o limite de fundo dos

---

[2] Sobre a morte da arte entendida como fim do período estético, ver Domenico Losurdo, "Intellettuali e impegno politico in Germania" (1780-1848), em *L'ipocondria dell'impolitico. La critica di Hegel ieri e oggi* (Lecce, Milella, 2001), p. 161-214.

[3] G. W. F. Hegel, *Religionsphilosophie*, Livro I: *Die Vorlesung von 1821* (org. Karl-Heinz Ilting, Nápoles, Bibliopolis, 1978), p. 617.

mandamentos morais é que eles "se detêm no dever e não têm realidade alguma"; justamente por isso, "não são leis, mas apenas mandamentos".

Contudo, não é só nesse sentido que a realização do mandamento moral se mostra afetada pela casualidade. Ainda que queiramos supor a boa vontade do indivíduo, eis que se apresenta um problema mais grave. Para que a realização do mandamento tenha sentido, é necessário que o indivíduo saiba o que é o "bem" (*Wohl*) do próximo, "ou seja, devo amar aquele homem com inteligência; um amor sem inteligência lhe prejudicaria talvez mais do que o ódio". Em tal caso, se dá que o "fazer o bem" exigido pelo mandamento do amor ao próximo "logo se dissolve e se reverte em mal" (*Übel*). O mandamento moral se move no nível do saber imediato, e a passagem da casualidade da sensação à universalidade do saber é a passagem do mandamento moral à lei, à objetividade da norma jurídica: "O fazer o bem inteligente e essencial é, em sua mais rica e importante figura, o inteligente, universal fazer do Estado", da comunidade política (W., III, p. 314-5). A conquista não só da "realidade", mas também da "universalidade" do bem, acontece apenas no nível do ético, da política. Poderíamos dizer que Hegel inverte a relação tradicionalmente instituída entre moralidade e política, e é esta última que representa a universalidade real e concretamente realizada. Ou melhor, a "moralidade" expressa apenas a "universalidade mais próxima" (*nächste Allgemeinheit*) (V. Rph., IV, p. 338), ainda afetada pela particularidade do sujeito, do "indivíduo moral" (*moralisches Individuum*) que proclama a excelência das próprias intenções, mas que não se submeteu ainda a uma regra objetiva e universal (Rph., III, p. 188). Não estamos ainda na presença do "universal em si e para si", em sua configuração objetiva, que se realiza apenas no nível ético (V. Rph., III, p. 396). Uma vez que, num Estado bem ordenado, são as leis que valem, não é lícito violar tal universalidade nem por "amor a outro homem", isto é, nem em nome do mandamento que ordena o amor ao próximo (W., III, p. 315).

Tal mandamento, por vezes, pode assumir uma forma ao menos aparentemente mais concreta e exigir que se renuncie à própria riqueza para doá-la aos pobres. No entanto – objeta Hegel –, "dar o patrimônio aos pobres é um preceito condicionado, pois, se assim acontecesse, não existiriam mais pobres" (Rph., I, § 90 A). E aqui vemos a terceira crítica fundamental que é dirigida ao mandamento moral. Este não apenas é afetado por uma dupla casualidade e por uma total inconclusividade, como é ele próprio que pressupõe essa inconclusividade, porque apenas dessa maneira pode celebrar a própria incondicionalidade e eternidade: "Se deve continuar a existir a pobreza de maneira que o dever de ajudar os pobres possa ser exercitado, então, com esse deixar existir a pobreza, o dever, imediatamente, não é cumprido" (W., II, p. 466). Um discípulo de Hegel comentou com competência essa passagem do escrito de Iena sobre o direito natural:

> A máxima ética impõe: "Ajude os pobres". O auxílio real, no entanto, consiste em libertá-los da pobreza, e então, uma vez cessada a pobreza, cessam também os pobres e cessa o dever de ajudá-los. Se, porém, por amor à esmola se permite que continuem a existir também os pobres, então, por meio desse deixar existir a pobreza, o dever [de ajudar realmente os pobres, libertando-os da pobreza] não é [...] cumprido.[4]

A dinâmica interna de tal tendência moralista e narcisista que visa a eternizar o mandamento moral-religioso é analisada com rigor lógico, mas também com agudeza psicológica por *Ciência da lógica*: à realidade é contraposto um ideal; aparentemente se exige o dever ser do ideal, em realidade é pressuposto o não dever ser do ideal, pois esse não dever ser constitui o pressuposto tácito da permanente validade do mandamento moral e da permanente excelência da conclamada intenção moral do sujeito (W., V, p. 164). Tal comportamento é "não veraz" (*unwahr*) (W., V, p. 145), não leva realmente a sério os altos ideais e fins que não se cansa de proclamar[5]. Em outras palavras, se não quer ser narcisista, o mandamento moral deve tender a superar a si mesmo na eticidade. Se for de fato levado a sério, o mandamento que impõe o auxílio aos pobres deve tender a realizar um ordenamento ético em que não haja mais lugar para a pobreza nem, portanto, para o mandamento que impõe socorrer os pobres. Para usar as palavras do curso de filosofia do direito de 1824-1825, o "socorro aos pobres" recai no "círculo da moralidade, que, porém, é limitada e se reduz cada vez mais a uma condição ética. Dar esmolas acontece muito mais numa condição pouco desenvolvida da sociedade do que numa condição desenvolvida" (V. Rph., IV, p. 527).

---

[4]   Kuno Fischer, *Geschichte der neueren Philosophie*, v. VIII, t. 1: *Hegel's Leben, Werke und Lehre* (2. ed., Heidelberg, Carl Winter, 1911), p. 278; sobre esse comentário, Nicolao Merker chamou atenção na antologia por ele organizada: G. W. F. Hegel, *Il dominio della politica* (Roma, Editori Riuniti, 1980), p. 197, nota 1.

[5]   Sobre isso, ver Domenico Losurdo, *Hegel und das deutsche Erbe. Philosophie und nationale Frage zwischen Revolution und Reaktion* (Colônia, Pahl-Rugenstein, 1989), cap. X, § 3.

3. Mundo moderno e restrição da esfera da moralidade

Nesse sentido, o desenvolvimento do mundo moderno implica uma progressiva restrição da esfera da moralidade em prol da esfera da eticidade. É um processo observado em diversos níveis. O contrato sancionado legalmente toma o lugar do empenho com base na palavra de honra. E eis então, em alguns nostálgicos, o protesto contra a "formalidade" própria da obrigação jurídica, que não deixa espaço para a espontaneidade e para o livre respeito de uma obrigação puramente moral. Hegel responde: "Devem ser exigidos ambos os lados, por isso deve ser respeitado um contrato meramente verbal, bem como a formalidade, e não se deve pretender que tenhamos de nos contentar sempre com a simples palavra" (V. Rph., III, p. 660). Portanto, continua válida a obrigação moral do respeito de um contrato meramente verbal, como no caso do célebre depósito da kantiana *Crítica da razão prática*. Porém, com o posterior desenvolvimento da sociedade, a "formalidade" jurídica tende a tomar o lugar da palavra de honra, e os protestos nostálgicos, em razão desse desenvolvimento que restringe ou parece restringir a esfera da moralidade, não apenas são incorretos, como revelam, em última análise, um apego patológico à própria particularidade, narcisicamente vivida como moral. Tanto mais injustificados são tais protestos pelo fato de que a moral continua a influenciar o desenvolvimento do ordenamento jurídico: "em povos morais" e "no nosso tempo, em que a moralidade fincou raízes firmes", não há necessidade de recorrer a penas draconianas e despropositadas (V. Rph., IV, p. 280). Isto é, uma vez que o respeito da norma se tornou costume difundido, pode-se recorrer a penas brandas ou equilibradas, pois não se deve temer nenhum efeito de contágio do crime. A moral influencia a norma jurídica, que continua, porém, a constituir a regra de comportamento para os cidadãos de um Estado bem ordenado.

No entanto, o processo de ampliação do mundo ético parece encontrar obstáculos insuperáveis. Pensemos na sociedade civil com o problema irresolvido, apesar da emigração e da colonização[6], da miséria de grandes massas. E então? "Este é o campo em que, mesmo com todas as instituições públicas, a moralidade encontra muito o que fazer" (Rph., § 242). Onde falham ou se revelam falhas as instituições políticas, onde a eticidade não é capaz de se realizar concreta e plenamente, lá pode se apresentar apenas a moralidade. O apelo à consciência moral se destaca novamente na sociedade moderna e desempenha

---

[6] Sobre isso, cf. idem, *Tra Hegel e Bismarck* (Roma, Editori Riuniti, 1983), p. 11-6.

mais uma vez função de relevo no campo (as gritantes desigualdades e a miséria próprias da sociedade civil) em que continua a se manifestar um "resquício do estado de natureza" (Rph., § 200 A).

Deve-se tentar aliviar a miséria com a beneficência. Como diretor de escola em Nuremberg, Hegel agradece com entusiasmo aos habitantes da cidade a "beneficência" e a "caridade" em prol dos "alunos necessitados"; o filósofo não só dirige agradecimentos e elogios aos "nobres filantropos", como ressalta a eficácia de suas ações: "A quantos nascidos de pais desprovidos de meios foi oferecida assim a possibilidade de elevar-se acima da própria condição ou de nela manter-se e de desenvolver talentos que a pobreza teria apagado ou teria levado para um mau caminho!" (W., IV, p. 340-1, *passim*).

Se considerarmos que, apenas três anos antes, *Fenomenologia do espírito* havia submetido à crítica o que definimos como dupla casualidade do mandamento do amor ao próximo, talvez tenhamos de concluir que, quanto à beneficência, o diretor de escola e funcionário público se expressa, ou é obrigado a se expressar devido às imediatas exigências práticas de seu ofício, de modo menos severo do que o filósofo da política e da história? Cabe observar, porém, que já *Fenomenologia* havia ressaltado que à beneficência individual, "a esse fazer o bem que é sensação, não resta que o valor de um fazer totalmente individual, de um socorro de emergência (*Nothilfe*), que é tanto eventual quanto momentâneo". Portanto, embora necessário, tal socorro não é certamente a solução do problema, e aquele que o oferece não tem motivo algum para encher o peito de orgulho. Comparado ao funcionamento adequado das instituições ético-políticas, após uma oportuna transformação delas, "o fazer do indivíduo como indivíduo se revela tão irrelevante que quase não vale a pena falar disso" (W., III, p. 315).

Também em Nuremberg, para o filósofo da história permanece clara e firme a tendência de desenvolvimento do mundo moderno, que se esforça para afastar os serviços essenciais da vida em sociedade do mero "arbítrio privado". Isso vale para a escola (*supra*, cap. IX, § 1), bem como para a "assistência médica" e para o "socorro aos pobres". Trata-se também, nesse caso, de avançar para uma "regulamentação segundo um plano" que, embora respeitando como "sagrado" o limite intransponível da esfera privada de liberdade, não confie ao acaso e aos hipotéticos sentimentos morais, em suma, ao poder arbitrário dos indivíduos mais afortunados, o aplacamento das necessidades que agridem a dignidade do homem e, em última análise, sua liberdade real.

A tese da dupla casualidade da beneficência é reiterada com energia em *Filosofia do direito*. É uma casualidade que diz respeito "a esse auxílio, seja em si mesmo, seja por sua eficácia". Por essa razão, "os esforços da sociedade no que se refere à pobreza e a seus remédios visam a reencontrar e organizar o universal de modo a tornar esse auxílio o mais supérfluo possível" (Rph., § 242). Isto é, trata-se de aperfeiçoar as instituições políticas de modo que possam enfrentar adequadamente o problema da miséria, reduzindo, assim, o âmbito em que intervém o auxílio ocasional do individual, isto é, reduzindo, em última análise, "o campo em que [...] a moralidade encontra muito o que fazer" (idem).

É verdade, a ampliação do mundo ético por ora se chocou com obstáculos insuperáveis, mas o fim permanece uma sociedade no âmbito da qual se torne supérfluo o mandamento moral, ou ao menos o mandamento moral que impõe o auxílio aos pobres; a persistência da beneficência, o fato de que se é obrigado ainda a recorrer a uma medida ocasional, tudo isso aponta para os dramáticos problemas que o mundo moderno não consegue resolver. A polêmica de Hegel se volta mais uma vez contra aqueles que gostariam de dilatar ao máximo, e eternizar, essa esfera da casualidade, de modo a celebrar a suposta excelência da própria interioridade moral:

> À caridade ainda resta muito a fazer, e é uma visão errada aquela que ela mesma pretende reservar o remédio para a miséria exclusivamente à particularidade de seus bons sentimentos e de seus conhecimentos e se sente ferida e mortificada por ordenamentos e prescrições obrigatórias e universais. A situação política, ao contrário, deve ser considerada mais perfeita quanto menos restar a fazer ao indivíduo, com sua particular opinião, diante do que é organizado de maneira universal. (Rph., § 242 A)

Noutras palavras, o desenvolvimento e o aperfeiçoamento das instituições éticas reduzem o campo no interior do qual somos obrigados a fazer apelo à sensibilidade moral do indivíduo.

4. HEGEL E KANT

Nesse ponto, pode ser útil estabelecer uma comparação com Kant. À primeira vista, a contraposição é nítida. *Conflito das faculdades* assim descreve o "progresso em direção ao melhor" que cumpre o gênero humano: "Haverá um pouco mais de beneficência [...], mais confiabilidade no respeito à palavra dada"[7]. Para Hegel, porém, o progresso histórico é definido pelo avanço da formalidade jurídica que substitui o empenho reconfortante exclusivamente diante da palavra dada e, sobretudo, pelo fato de que a beneficência se torna supérflua. Por sua vez, podemos ler no autor de *Metafísica dos costumes* uma interessante observação a propósito do "fazer beneficência" (*Wohltun*) por parte do rico: "Dificilmente se pode considerar cumprimento meritório de uma obrigação [...]. O prazer que ele obtém desse modo, e que não lhe custa sacrifício algum, é um modo de abandonar-se em sentimentos morais"[8]. E é exatamente tal hipocrisia da boa consciência moral que é objeto da implacável polêmica de Hegel.

E Kant continua: que sentido teria a beneficência do senhor feudal a seu "servo hereditário" (*Erbuntertan*), isto é, a um homem "a quem subtrai a liberdade"? A conclusão a que chega *Metafísica dos costumes* parece ter uma dimensão que vai além do próprio instituto da "servidão hereditária" (*Erbuntertänigkeit*):

> A possibilidade de fazer beneficência, que depende dos bens de fortuna, é, em máxima parte, o resultado de um favorecimento de certos homens por obra da injustiça do governo, que introduz uma desigualdade de bem-estar, a qual torna necessária a beneficência de outros. Em tais condições, o socorro que eventualmente o rico pode prestar ao pobre, e que prazerosamente enche seu peito de orgulho, mereceria de fato o nome de beneficência?[9]

Aqui a posição de Kant parece se aproximar ainda mais da posição de Hegel. Sim, a beneficência continua a ser "obrigação de cada homem"[10], é um mandamento moral que, porém, tem sentido apenas numa situação política injusta a ser superada. Kant, então, se coloca uma pergunta crucial: "Não seria melhor para o bem do mundo em geral se a moralidade dos homens se reduzisse a obrigações jurídicas (*Rechtspflichten*), a ser cumpridas, entretanto, com a máxima seriedade?".

Em tal pergunta está contida, de alguma forma, a posição de Hegel: a objetividade das instituições éticas torna supérfluo ou secundário o apelo à

---

[7] Immanuel Kant, "Der Streit der Fakultäten" (1798), em *Gesammelte Schriften* (Berlim/Leipzig, Academia de Ciências [KGS], 1900), v. VII, p. 91-2.

[8] Idem, "Metaphysik der Sitten, Tugendlehre" (1797), § 31, em KGS, v. VI, p. 453.

[9] Ibidem, § 31, "Kasuistische Fragen", em KGS, v. VI, p. 454.

[10] Ibidem, § 30, em KGS, v. VI, p. 453.

consciência moral. O próprio Kant reconhece que a "felicidade dos homens" não seria afetada por isso. No entanto – acrescenta a *Metafísica dos costumes* –, viria abaixo "um grande ornamento moral do mundo, isto é, a filantropia" (*Menschenliebe*), e, sem tal ornamento, não poderíamos representar "o mundo como uma bela totalidade moral em sua completa perfeição"[11]. O "ornamento moral" não impressiona de modo algum Hegel, para quem, ao contrário, tal *Zierde* [ornamento] denota a imperfeição do mundo ético.

5. HEGEL, SCHLEIERMACHER E A TRADIÇÃO LIBERAL

Bem mais nítida é a distância em relação a Schleiermacher, que almeja que a assistência aos pobres deixe de ser "um negócio do governo mundano em suas diversas ramificações" para voltar a ser "coisa da comunidade eclesiástica". E vejamos como é justificada sua posição: "É já bastante negativo o fato de que a boa vontade dos indivíduos seja travada por uma lei exterior". Verificou-se, assim, que a moralidade fundada na espontaneidade foi suplantada por uma obrigação jurídica impessoal e que "a vida política (*bürgerlich*) pôde em nós engolir quase inteiramente a vida eclesiástica"[12]. Na esperança de retroceder na história do mundo moderno, Schleiermacher expressa esse voto: "Possa a assistência aos pobres ser pensada no amor cristão" e possa retornar "o cuidado dos necessitados" às mãos "em que originalmente se encontrava no seio da cristandade"[13].

O sermão de celebração da "beneficência cristã" é publicado em Berlim, junto com outros *Sermões sobre a economia doméstica cristã*, em 1820. E não se exclui, portanto, que *Fundamentos de filosofia do direito*, quando polemiza com a "visão errada" que gostaria que a sorte dos pobres dependesse exclusivamente dos bons sentimentos da "caridade", tenha sob a mira exatamente Schleiermacher. De toda forma, resta o fato de que a visão de Schleiermacher é, em sua época, largamente difundida não apenas na esfera cultural, mas também na política. Alguns anos mais tarde, o liberal Rotteck, depois de

---

[11] Ibidem, § 35, em KGS, v. VI, p. 458.

[12] Friedrich Daniel Ernst Schleiermacher, "Predigten über den christlichen Hausstand" (1820), em *Werke. Auswahl in vier Bänden* (2. ed., org. Otto von Braun e Johannes Bauer, Leipzig, Felix Meiner, 1927-1928) (ed. fac-similar: Aalen, 1967), v. III, p. 395-6.

[13] Ibidem, p. 397. Traduzimos *bürgerlich* por "político" porque aqui claramente se faz referência ao *Bürger* membro da comunidade política.

negar que os pobres tenham direito a um auxílio por parte do Estado, acrescenta que a ausência de obrigação jurídica a cargo do poder político, longe de prejudicar os pobres, estimula a generosidade e a beneficência dos ricos: "O que se cumpre com base numa obrigação jurídica, em geral, é feito com menor zelo do que deriva de uma decisão voluntária, logo, meritória, e que, portanto, encontra a própria recompensa numa nobre autoconsciência". O recurso à norma jurídica é capaz apenas de secar a fonte moral da qual brota a beneficência e o auxílio real aos pobres[14].

É exatamente a visão cara a seu crítico liberal que Hegel parece querer ridicularizar de antemão:

> As prescrições são vistas, em geral, com maus olhos, como os impostos em favor dos pobres, para os quais todos gostariam que a contribuição fosse confiada à caridade. Porém o indivíduo se coloca assim numa relação incorreta em relação às leis. São as leis mais excelentes aquelas que prescrevem o que os homens fazem de forma espontânea; é exatamente esse o sentido autêntico, verdadeiro, das leis, que não prescrevem nada além do que faz o intelecto, a razão do homem; uma regulamentação se apresenta depois apenas para a quantidade.

E àqueles que se lamentam pelo fato de que a existência de obrigações jurídicas sufocaria a espontaneidade de seus sentimentos morais, Hegel responde que nada os impede de cumprir com toda naturalidade o que a lei se preocupa justamente em prescrever: "Os homens não roubam não porque é proibido, eles não roubam espontaneamente" (V. Rph., IV, p. 603). A norma moral continua existindo, mas agora encontra sua expressão numa norma jurídica.

É justamente esse o ponto em que se concentra a crítica que os reacionários e os liberais da época dirigem a Hegel: em seu sistema – lamenta Stahl –, não há lugar para a "caridade" (*Carität*), aquela "caridade" que se dá "apenas entre pessoa e pessoa"[15]. Já segundo o liberal e grande industrial renano Hansemann, que vimos polemizar contra a pretensão de regulamentar juridicamente o trabalho de mulheres e crianças nas fábricas, o erro de "hegelianos e socialistas"

---

[14] Karl von Rotteck, "Armenwesen", em Karl von Rotteck e Carl Theodor Welcker (org.), *Staats-Lexikon*, citado em Hartwig Brandt (org.), *Restauration und Frühliberalismus* (Darmstadt, Wissenschaftliche Buchgesellschaft, 1979), v. II, p. 11-2.

[15] Friedrich Julius Stahl, *Die Philosophie des Rechts*, 1878 (5. ed., ed. fac-similar: Hildesheim, 1963), v. I, p. 41.

que apresentam tal reivindicação (*supra*, cap. III, § 6) é querer substituir o "amor" com o Estado[16].

Sobre esse tema, convém dar a palavra outra vez a Hegel: "Em geral, os homens preferem manter firme seu arbítrio na assistência à necessidade dos outros em vez de deixar que seja o Estado a ajudar segundo regras gerais"; mas, objeta o filósofo, "a ajuda subjetiva deve ser reduzida ao máximo possível porque, ao ajudar subjetivamente, pode-se provocar dano em vez de ajuda" (Rph. I, § 107 A). Ao liberalismo contrário à intervenção do Estado no campo social, o curso de filosofia do direito de Heidelberg dirige a mesma objeção que *Fenomenologia* dirige ao mandamento cristão do amor ao próximo. Claro, o indivíduo não quer renunciar à livre iniciativa, mas – objeta sempre Hegel – "a livre vontade intervém também quando o indivíduo considera como racional esse prover por obra do Estado e, em tal caso, seguindo essa prescrição, o indivíduo pode desenvolver uma função benéfica (*wohltätig sein*) (idem). A "beneficência" (*Wohltätigkeit*) celebrada por Schleiermacher torna-se aqui empenho cívico para a solução política da questão social. E tal passagem do mandamento moral para a norma jurídica é um momento essencial do processo de secularização do mundo moderno.

Cabe acrescentar que o comportamento examinado em Schleiermacher e Rotteck continua a se manifestar por longo tempo no âmbito da tradição liberal, mesmo fora da Alemanha. Em 1835, Tocqueville declara preferir à "caridade pública" ou à "caridade legal" a "esmola individual", entendida como "virtude privada", elevada pelo cristianismo à categoria de "virtude divina"[17]. A razão é simples: "A esmola individual estabelece entre o rico e o pobre laços preciosos" de natureza moral; ao contrário, "a caridade legal [...] deixa que exista a esmola, mas lhe arranca sua moralidade" e, além do mais, provoca o desdém do rico, que vê na imposição fiscal sancionada pelo Estado a seu encargo uma forma de saque de sua propriedade, a duras penas legalmente camuflado[18]. Na esteira da Revolução de 1848, diante da ameaça representada pelo movimento socialista e pelo espectro das "guerras servis"[19], Tocqueville

---

[16] Os textos de David Hansemann e de seu "órgão oficioso", *Stadt Aachener Zeitung*, são reportados em Jacques Droz, *Le Libéralisme rhénan* (1815-1848) (Paris, Sorlot, 1940), p. 242-3. Cf. também p. 241.

[17] Alexis de Tocqueville, "Mémoire sur le paupérisme", em *Mémoires de la Société Royale Académique de Cherbourg*, Cherbourg, 1835, p. 326-7 e 313-4.

[18] Ibidem, p. 326-27; ver também *supra*, cap. VIII, § 5.

[19] Alexis de Tocqueville, [notas], presumivelmente de 1847, "Écrits et discours politiques", em *Œuvres complètes* (org. Jacob-Peter Mayer, Paris, Gallimard, 1951 e seg.), v. VIII, 2, p. 727.

modifica – é obrigado a modificar –, ao menos em parte, sua posição, de modo que agora reconhece existirem "deveres do Estado para com os pobres", mas se trata de deveres que, ainda hoje, significativamente, são incluídos na categoria de "filantropia"[20], ou de caridade, seja de "caridade pública", seja de "caridade cristã aplicada à política"[21]. O pobre continua sem ser considerado titular de um direito verdadeiro – e não pode sê-lo pelo fato de que sua miséria continua a remeter a uma ordem natural e imodificável das coisas, ou a envolver a imprudência individual, mas jamais as instituições político-sociais.

Efetivamente, não são tão relevantes as mudanças ocorridas em relação ao texto de treze anos antes, quando se reconheciam a utilidade e até a necessidade da "caridade pública", mas apenas para crianças, velhos e inválidos fisicamente incapazes de trabalhar, ou, de forma totalmente extraordinária e momentânea, diante de imprevistas e imprevisíveis "calamidades públicas que, de tempos em tempos, caem das mãos de Deus e anunciam sua cólera às nações"[22]. Se o texto de 1835 reconhece que "a associação das pessoas caridosas, regularizando os socorros, poderia aumentar a eficácia e a dimensão da beneficência individual"[23], a intervenção de 1848, embora com algumas concessões requeridas pela necessidade de encarar a ameaçadora reivindicação operária do direito ao trabalho, não parece conferir ao Estado papel diferente e mais amplo na coordenação da caridade individual, exigida pela consciência cristã privada. Tanto é verdade que, nesses anos, Tocqueville continua a condenar qualquer intervenção legislativa no trabalho em fábrica ou nos aluguéis como expressão de intolerável despotismo socialista (*supra*, cap. VII, § 6).

Se nos deslocamos da França para a Inglaterra, vemos Spencer comparar a assim chamada "caridade de Estado" (isto é, as leis a favor dos pobres) com a "Igreja de Estado", cara ao absolutismo monárquico. E, como o velho *dissenter*

---

[20] Idem.

[21] Discurso à Assembleia Constituinte, 12 de setembro de 1848, em Alexis de Tocqueville, *Études économiques, politiques et littéraires* (Paris, [Michel Lévy Frères,] 1866), p. 537 e 551. Significativamente, algumas décadas mais tarde, ao apresentar o projeto de lei para o seguro de acidentes de trabalho, Bismarck rechaça a acusação de "socialismo de Estado" e de "comunismo" que lhe fora lançada pela direita e declara querer se ater apenas ao "cristianismo prático". Ver o discurso de Bismarck de 2 de abril de 1881 e as intervenções parlamentares a que ele responde em Hans Fenske (org.), *Im Bismarckschen Reich 1871-1890* (Darmstadt, Wissenschaftliche Buchgesellschaft, 1978), p. 273-82.

[22] Alexis de Tocqueville, "Mémoire sur le paupérisme", cit., p. 340.

[23] Idem.

[dissidente anglicano] se batia para que fosse respeitada a espontaneidade do autêntico sentimento religioso, assim o novo "dissidente no que concerne às leis para os pobres reitera que a caridade será tanto mais ampla e tanto mais benéfica quanto mais voluntária for". Se o velho dissidente anglicano negava a qualquer autoridade o direito de ditar lei à sua consciência religiosa, o novo "dissidente no que concerne à caridade institucionalizada objeta que ninguém tem o direito de se intrometer entre ele e o exercício de sua religião" e recusa, indignado, "a interferência do Estado no exercício de um dos mais importantes preceitos do Evangelho", ou seja, aquele da caridade. Portanto, para Spencer, substituir com uma norma jurídica a "obrigação moral" constitui comportamento autoritário e opressivo que acaba, além do mais, endurecendo os "sentimentos generosos", os únicos que poderiam prestar socorro eficaz aos pobres[24]. Aqui a celebração da moralidade é, ao mesmo tempo, expressão de conservadorismo e de narcisismo: a permanência da miséria de massa é necessária para que o rico desfrute de sua boa consciência moral, sem ter de fazer nenhuma renúncia real. O *páthos* hegeliano da eticidade constitui a crítica antecipada de tal ideologia: "Quanto mais se fala de espírito, em geral, tanto mais se é desprovido de espírito. O espírito consiste nisso, que aquilo que é meramente interno se torna algo de objetivo" (Rph., III, p. 188). Aquilo que aqui se afirma sobre o espírito obviamente vale também para a moralidade.

6. Hegel, Burke e o neoaristotelismo conservador

A restrição da esfera moral em prol dessa ética não significa a regressão à moral convencional denunciada por Apel e Habermas no neoaristotelismo de hoje[25]. Porém, tal denúncia não questiona a validade da interpretação de Hegel tecida por autores como Gadamer e Ritter. É essa interpretação, no entanto, que aqui pretendemos discutir. Em Hegel, há uma polêmica cerrada contra o apelo

---

[24] Herbert Spencer, "The Proper Sphere of Government" (1842), em *The Man versus the State* (Indianápolis, [Liberty Classics,] 1981), p. 197-9.

[25] Ver, em particular, Karl-Otto Apel, "Kann der postkantische Standpunkt der Moralität noch einmal in substantieller Sittlichkeit 'aufgehoben' werden?", em Wolfgang Kuhlmann (org.), *Moralität und Sittlichkeit* (Frankfurt, Suhrkamp, 1986), p. 217-64; Jürgen Habermas, "Legitimationsprobleme im modernen Staat", em Karl-Otto Apel et al. (orgs.), *Praktische Philosophie/Ethik*, v. I (Frankfurt, Suhrkamp, 1980), p. 392-401. Sobre o neoaristotelismo como neoconservadorismo, ver também Herbert Schädelbach, "Was ist Neoaristotelismus?", em Wolfgang Kuhlmann (org.), *Morälitat und Sittlichkeit*, cit., p. 38-63.

conservador à "sabedoria dos antepassados" e aos "direitos consuetudinários" (*Gewohnheitsrechte*): "No costume (*Gewohnheit*) enquanto tal toma a frente o acidental, o homem pode se habituar às piores coisas, pode se habituar a ser escravo, servo da gleba" (V. Rph. IV, p. 534). Joachim Ritter, que reinterpreta Hegel em tom neoaristotélico, reconhece ao mesmo tempo que, para Aristóteles, "as leis fundadas no costume são mais importantes e tratam de matérias mais importantes do que as leis escritas"[26]. Para Hegel, ao contrário, sem um texto escrito, a lei perde a "universalidade" (Rph., §§ 221 e 215). De tal modo, a liberdade está em perigo ou é negada. Não por acaso, *Filosofia da história* celebra a luta conduzida pelos plebeus na Roma antiga para obter "leis escritas": a ausência dessas leis consagrava, na verdade, o "privilégio dos patrícios" na "administração da justiça" (isso tornava os plebeus "tanto mais dependentes" dos patrícios) (Ph. G., p. 695). E não é por acaso que Hegel acusa Hugo e a escola histórica do direito de querer reduzir, com a polêmica contra a codificação das leis, "o resto dos homens" a "servos da gleba no plano jurídico" (*Rechtsleibeigen*) (Rph., § 3 AL; V. Rph., II, p. 99). Pensemos, enfim, na celebração da *Charte*, desvalorizada ou desprezada por Schelling enquanto "letra escrita" e, portanto, "caduca e fugaz" e, em todo caso, considerada coisa bem pobre em comparação com a "mais íntima disposição de ânimo" e com a "lei escrita no coração"[27].

Para Hegel, o vício de fundo da eticidade grega consiste nisto: "É apenas hábito e costume e, com isso, é ainda uma particularidade da existência" (Ph. G., p. 611). Não se trata de um limite de pouca importância. Onde domina o costume, não há universalidade, ou, ao menos, a "universalidade do pensamento é mais turva" (Rph., § 211 A; W., VII, p. 362). Eis, então, a eticidade grega manchada pela escravidão:

> Para que não exista escravidão, é necessária, antes de mais nada [...], a noção de que o homem como tal é livre. Para isso, porém, urge que o homem possa ser

---

[26] Joachim Ritter, "'Politik' und 'Ethik' in der praktischen Philosophie des Aristoteles" (1967), em *Metaphysik und Politik* (Frankfurt, Suhrkamp, 1977), p. 114; Ritter cita de *Política*, 1287b 5-7.

[27] Friedrich Wilhelm Joseph von Schelling, "Schlußwort zur öffentlichen Sitzung der Akademie der Wissenschaften in München" (sessão de 25 de agosto de 1830), em *Sämtliche Werke* (Stuttgart/Augsburgo, Cotta, 1856-1861), p. 424. No que se refere à celebração hegeliana da *Charte*, bem como da invenção da imprensa, desvalorizada pelos românticos em nome da tradição "viva", ver Domenico Losurdo, *Hegel und das deutsche Erbe*, cit., cap. VII, § 19; cap. IX, § 4; cap. XI, § 3. No que se refere ao comportamento de Schelling em relação à *Charte*, ver Domenico Losurdo, *L'ipocondria dell'impolitico*, cit., p. 413-41.

pensado como universal e que se prescinda da particularidade segundo a qual ele é cidadão deste ou daquele Estado. Nem Sócrates, nem Platão, nem Aristóteles tiveram a consciência de que o homem abstrato, universal, é livre. (Ph. G., p. 611)

Na eticidade hegeliana há o *páthos* da razão, da universalidade: "A razão deve ser o elemento dominante, e é assim num Estado desenvolvido" (Rph., § 3 AL; V. Rph., II, p. 89). Se o mandamento moral-religioso já é acusado por Hegel de remeter, em última análise, ao saber imediato, isso vale ainda mais para usos e costumes; também eles podem subsumir o pior dos conteúdos. A eticidade hegeliana pressupõe os resultados do jusnaturalismo, pressupõe a consciência da existência de direitos inalienáveis que competem ao homem enquanto tal, não apenas ao cidadão livre desta ou daquela pólis ou daquele Estado. Claro, tais direitos inalienáveis cessam de ser mera exigência moral na medida em que se realizam nas instituições éticas de um Estado e, no entanto, não por isso perdem sua intrínseca universalidade.

No lado contrário, remetendo à "política prática da Antiguidade", bem como explicitamente a Aristóteles, temos um autor como Burke[28], empenhado numa implacável polêmica dirigida, ao mesmo tempo, à Revolução Francesa e a todo "princípio abstrato" e todo "princípio geral". A lição de Aristóteles parece ter se encarnado no país da *Common Law* e naquela "liberdade inglesa" (*English liberty*)[29], odiosa para Hegel exatamente porque caracterizada pelo culto supersticioso do costume (a "sabedoria dos antepassados") (B. Schr., p. 467-8; ver também Rph., § 3 AL; V. Rph., II, p. 99) e pela falta de universalidade. Aos "abstratos princípios concernentes aos 'direitos do homem'", Burke contrapõe os "direitos dos ingleses entendidos como patrimônio que chega a eles dos próprios avós"[30]. Sabemos,

---

[28] Edmund Burke, "Letters on a Regicide Peace", IV, em *The Works of the Right Honourable Edmund Burke* (Londres, Rivington, 1826), v. VIII, p. 400.

[29] Idem, "Letter to the Right Honourable Henry Dundas" (1792), em *The Works of the Right Honourable Edmund Burke*, cit., p. 281; idem, "Letters on a Regicide Peace", IV, cit., p. 110. Também a celebração da *cardinal virtue of Temperance*, cara aos "antigos", como pressuposto de "nosso bem-estar físico, nosso valor moral, nossa felicidade social ou nossa tranquilidade política" – ibidem, p. 376 –, tem forte sabor aristotélico. O aristotelismo de Burke já foi notado por Jürgen Habermas, "Die klassische Lehre von der Politik in ihrem Verhältnis zur Sozialphilosophie" (1961), em *Theorie und Praxis. Sozialphilosophische Studien* (Frankfurt, Suhrkamp, 1988), p. 48-9.

[30] Edmund Burke, "Reflections on the Revolution in France" (1790), em *The Works of the Right Honourable Edmund Burke*, cit., p. 76.

porém, que para Hegel a construção da categoria "abstrata" do conceito universal de homem não só representa um gigantesco progresso, como constitui, em última análise, o fio condutor do processo histórico enquanto desenvolvimento e ampliação da liberdade. É justamente o homem enquanto tal, não existente no estado de natureza, mas historicamente construído por enormes lutas, quem reivindica esses direitos inalienáveis que já constituem sua "segunda natureza" (*supra*, cap. III, §§ 2-4). Se Burke nega os "*abstract principles*" dos direitos do homem em nome daquela "sabedoria prática" (*practical wisdom*)[31] que representa, na Inglaterra, a herdeira da "política prática (*practical politics*) da Antiguidade", Hegel denuncia, no assim chamado "senso prático, isto é, aquele que visa ao lucro, à subsistência, à riqueza", o obstáculo que impede a "nação britânica" de suprimir os "antigos privilégios" e afirmar um "princípio geral" (B. Schr., p. 487-8). Se é também em nome de Aristóteles que Burke condena os princípios gerais da Revolução Francesa, aos quais contrapõe o exemplo da Inglaterra, Hegel submete a "liberdade inglesa" a uma crítica análoga à que submete a eticidade grega.

Podemos, porém, fazer uma consideração de caráter mais geral. Naqueles anos, o aristotelismo é um pouco a ideologia oficial do conservadorismo: ao caráter abstrato dos princípios revolucionários é contraposta a concretude da *eudaimonia*, de uma sonolenta felicidade sob a sombra da tradição e distante das turbulências revolucionárias. Não por acaso, um dos mais importantes órgãos de imprensa da reação da época se intitula *Eudämonia*[32]. A filosofia clássica alemã é consciente do significado político de tal debate. Com base na "felicidade" (*Glückseligkeit*) – objeta Kant –, "não pode ser estabelecido nenhum princípio universalmente válido para as leis"[33]. Justamente porque é passível de subsumir qualquer conteúdo, a "felicidade" pode ser buscada à sombra de um "governo despótico"[34]. Também para Hegel, remeter à "felicidade" (*Glückseligkeit*) significa remeter, em última análise, ao "subjetivo sentimento e beneplácito" (Enc., § 479). Sobretudo a Introdução a *História da filosofia*, após traduzir a aristotélica *eudaimonia* por *Glückseligkeit*, assim prossegue: "Vejamos [entre os gregos] que se pressupõe a felicidade como o mais alto dos

---

[31] Idem.

[32] *Eudämonia oder deutsches Volksglück. Ein Journal für Freunde von Weisheit und Recht*, Frankfurt, 1796.

[33] Immanuel Kant, "Über den Gemeinspruch: Das mag in der Theorie sein, taugt aber nicht für die Praxis" (1793), em KGS, v. VIII, p. 298.

[34] Idem, "Metaphysik der Sitten. Rechtslehre", § 49, em KGS, v. VI, p. 318.

TENSÃO MORAL E PRIMADO DA POLÍTICA   341

fins desejáveis, como o destino do homem, e até a filosofia kantiana, a moral, como eudemonismo, é fundada no destino para a felicidade" (W., XVIII, p. 186). Claramente, Hegel compartilha a crítica de Kant ao eudemonismo. Não por acaso, *Filosofia do direito* parte não do conceito de felicidade, mas de vontade, e atribui a Kant o mérito de ter definido a vontade em sua "infinita autonomia" (§ 135 A). É por isso que na filosofia kantiana "se deposita e se expressa na forma do pensamento a revolução" que, na França, se desenvolve de maneira concretamente política (W., XX, p. 314).

7. HEGEL, ARISTÓTELES E A RECUSA DA EVASÃO INTIMISTA

Se, segundo a observação de Hannah Arendt, a característica central do pensamento antigo (e aristotélico) é a visão da economia como "fenômeno pré-político" que diz respeito apenas à "organização doméstica privada", tanto que, "segundo o pensamento antigo, a expressão "economia política" seria uma contradição em termos"[35], então a filosofia de Hegel é decididamente antípoda do pensamento antigo – e não só pela celebração da "economia política" (*Staatsökonomie*) (Rph., § 189 A), mas, em especial, pelo estreito laço que estabelece entre economia e política. O faminto que corre o risco de morrer de fome já por isso se encontra em situação de "total falta de direitos" (Rph., § 127) e, portanto, praticamente de escravidão (Rph., III, p. 196). Isto é, não é possível construir um espaço de liberdade real prescindindo do econômico. Desse ponto de vista, mais antiquada do que Hegel é a tradição liberal por ele criticada pelo fato de banir o econômico a uma esfera aparentemente desprovida de significado político, no âmbito da qual o eventual remédio para a pobreza pode vir apenas de uma relação privada de beneficência e moralidade[36]. Se na Antiguidade clássica o apego sem reflexão ao costume e a uma comunidade historicamente determinada torna impossível a universalidade do pensamento e, portanto, a definição universal de homem (o escravo não é subsumível a ela) (Rph., § 2 AL; V. Rph., II, p. 85), tal definição, tornada possível a partir do cristianismo, corre o risco, no mundo moderno, de ser esvaziada por uma situação objetiva que impede a concreta subsunção do faminto à categoria de homem.

---

[35] Hannah Arendt, *Vita activa oder vom tätigen Leben* (Stuttgart, Kohlhammer, 1960), p. 32-3.

[36] Uma leitura diferente sobre o tema da economia, em Aristóteles e Hegel, em relação àquela proposta aqui, em Karl-Heinz Ilting, "Hegels Auseinandersetzung mit der aristotelischen Politik", *Philosophisches Jahrbuch*, v. XVII (1963-1964), p. 47-8.

Sim, o conceito universal de homem, que implica a afirmação do direito à liberdade para todo indivíduo ("não escravo, não servo da gleba, mas homem livre"), é resultado de um difícil e complexo processo de construção histórica, é uma conquista essencialmente "moderna" (Rph., § 105 AL; V. Rph., II, p. 389)[37]. Tal conquista, no entanto, não deve permanecer confinada à subjetividade moral, mas se traduzir em instituições éticas e política: no Estado, "o homem é reconhecido e tratado como entidade racional, como livre, como pessoa" – e isso com base em normas "universais" (*allgemein*) e "universalmente válidas" (*allgemeingültig*) (Enc., § 432 Z). Seria possível afirmar que tal processo não está ainda totalmente concluído. Em todo caso, é esse *páthos* da universalidade ("a universalidade é constitutiva do caráter da razão") (V. Rph., I, p. 238) que destaca Hegel do aristotelismo e que remete à Revolução Francesa[38]; é um *páthos* já presente em Kant, mas, ao menos nos escritos anteriores à eclosão da Revolução, sobretudo na esfera da comunidade moral; em Hegel, tal universalidade se configura explicitamente como comunidade política.

Em conclusão, se de neoaristotelismo se pretende falar a propósito de Hegel, tal aristotelismo consiste essencialmente na afirmação do primado da política, na recusa à evasão consolatória do mundano e do político para uma esfera meramente intimista; consiste na ambição de construir uma pólis terrena como lugar da satisfação e do reconhecimento recíproco entre os homens. E tudo isso remete não a um fato acadêmico, mas à visão filosófica e política que prepara e acompanha a eclosão da Revolução Francesa. Schelling, em Stuttgart, acusa os revolucionários franceses justamente de quererem realizar na terra aquela "verdadeira *politeia*" que, porém, pode acontecer "somente no

---

[37] Tal construção não se reduz à liberação do trabalho, que, na Antiguidade clássica, era confinado em uma "classe de escravos" (*Sklavenstand*) (Rph., § 356); a mudança da família antiga diz respeito não só aos servos, mas a todos os familiares: na Antiguidade pré-cristã nem a mulher nem os filhos eram plenamente subsumíveis à categoria universal de homem (ver Rph., § 2 AL, em V. Rph., II, p. 85, e V. Rph., IV, p. 466). Sobre o processo de construção histórica do conceito universal de homem, ver Domenico Losurdo, "Realismus und Nominalismus als politische Kategorien", em Domenico Losurdo e Hans Jörg Sandkühler (orgs.), *Philosophie als Verteidigung des Ganzen der Vernunft* (Colônia, Pahl-Rugenstein, 1988), p. 170-96, e Domenico Losurdo, "Marx, la tradition libérale et le concept universel d'homme", *Actuel Marx*, n. 5, 1989, p. 17-33 – agora em Domenico Losurdo, *Marx e il bilancio storico del Novecento* (Nápoles, La scuola di Pitagora, 2009), p. 21-57.

[38] Também para Alexis de Tocqueville, a categoria de universalidade remete, em última análise, à Revolução Francesa e a sua preparação ideológica (*infra*, cap. XII, §8).

céu"[39]. E a acusação de Stahl, que se considera discípulo de Schelling, contra Hegel é por ele ter identificado no Estado, isto é, numa comunidade política terrena, "a solução das contradições" que exaurem a existência humana, por ter "colocado não mais no além, mas no mundo terreno, a almejada redenção universal, trazendo-a para o presente" (em V. Rph., I, p. 575-6). Em tal quadro, bem se compreende a celebração já vista em Stahl da "caridade", justificada pelo sentimento religioso e moral interior, em contraposição à objetividade da eticidade hegeliana.

Já no lado contrário, o jovem Marx, discípulo de Hegel, se refere à lição de Aristóteles para denunciar a existência meramente "impolítica" que a Prússia e a Alemanha da época impõem a seus súditos[40]. Nesse sentido, a referência ao filósofo grego não é nada mais do que a reivindicação da comunidade dos *citoyens*.

8. Revolução Francesa e celebração do ético

O neoaristotelismo conservador acredita poder fazer referência a Hegel, mas, na verdade, se associa a Burke, o implacável inimigo da Revolução Francesa, à qual, por sua vez, faz referência, em primeiro lugar, o *páthos* hegeliano da eticidade e da comunidade política. A celebração da política, em contraposição a uma moralidade meramente individual, constitui um momento essencial da preparação ideológica da Revolução Francesa. É um tema encontrado em Rousseau, que se dá conta de que "tudo depende radicalmente da política", de modo que os "vícios pertencem não tanto ao homem quanto ao homem mal governado"[41].

Em termos análogos se exprime Helvétius, que, após considerar "os diferentes vícios das nações como consequências necessárias das diversas formas de governo, ressalta que a mudança decisiva é aquela que concerne à "legislação",

---

[39] Friedrich Wilhelm Joseph von Schelling, "Stuttgarter Privatvorlesungen" (1810), em *Sämtliche Werke*, cit., p. 462. Mais tarde, para rechaçar as reivindicações democráticas, Schelling não hesita em apelar ao Aristóteles teórico da escravidão ("a um compete ser escravo, a outro, senhor", *Política* I, 2ª: ver "Philosophie der Mythologie", v. I, em *Sämtliche Werke*, cit., p. 530, nota 2); aqui, então, ao "aristotelismo" de Schelling é possível contrapor o "antiaristotelismo" de Hegel, para quem onde há escravidão não há propriamente Estado: "A escravidão [...] se inclui em uma condição que precede o direito" (Rph., § 57 AL, em Rph., II, p. 241).

[40] Carta a Ruge, maio 1843, em MEW, v. I, p. 339.

[41] Jean-Jacques Rousseau, "Confessions" (1782, póstumo), em O. C., v. I, p. 404, e "Narcisse ou l'Amant de lui-même, Préface" (1753), em O. C., v. II, p. 969.

razão pela qual, em última análise, "a moral não é mais que uma ciência frívola se não a fundirmos com a política e a legislação"[42]. Ou ainda, citando Rousseau: "Aqueles que quiserem tratar separadamente da política e da moral nunca entenderão nada de ambas"[43]. Por sua vez, D'Holbach acredita que a moral pode demonstrar eficácia enquanto se unir com a política e, para expressar tal necessária "união entre a Moral e a Política", o filósofo iluminista cunha, a partir do grego, o termo *ethocratie*[44], que faz pensar um tanto vagamente na hegeliana *Sittlichkeit*. O clima cultural que antecede a eclosão da Revolução Francesa encontra sua expressão mais clara talvez no abade de Saint-Pierre, que, em sua autobiografia, falando de si mesmo em terceira pessoa, escreve:

> Ele se deu conta de que a maior parte da felicidade e da infelicidade provinha das boas e das más leis [...]. Essa reflexão, que se apresentava amiúde ao seu espírito, o persuadiu de que a moral não era a ciência mais importante para a felicidade dos homens, mas que era a política ou a ciência do governo e que uma lei sábia era capaz de tornar feliz um número de homens incomparavelmente maior do que cem bons tratados de moral. Assim, com o propósito de se tornar útil para a sociedade, ele abandonou o estudo da moral por aquele da política.[45]

Às vésperas da Revolução, é a configuração objetiva das instituições políticas que se coloca no centro das atenções.

Pode-se, então, compreender o real significado da insistência de Hegel no fato de que, no que diz respeito à miséria que se alastra na Irlanda, não se trata de recorrer apenas ao "meio moral das queixas, das exortações, das associações de indivíduos isolados", mas, em primeiro lugar, à "mudança das instituições", de "leis e relações" (B. Schr., p. 466 e 479). Os apelos morais fazem pouco sentido ou são pouco relevantes, pois não está em questão a "culpa deste ou daquele indivíduo"; a tônica deve ser colocada na "mudança da situação geral" (*Änderung des allgemeinen Zustands*) (Rph., § 57 AL; V. Rph., II, p. 243), isto é, na transformação política.

---

[42] Claude-Adrien Helvétius, "De l'esprit" (1758), em *Œuvres complètes* (Paris, F. Didot, 1795) (ed. fac-similar: Hildesheim, 1969), v. II, p. 237, 244 e 249-50.

[43] Jean-Jacques Rousseau, "Emile" (1762), em O. C., v. IV, p. 524.

[44] Paul-Henry Thiry d'Holbach, *Ethocratie ou le Gouvernement fondé sur la morale* (Amsterdã, Marc-Michel Rey, 1776) (ed. fac-similar: Hildesheim, 1973), p. 55 e Avertissement.

[45] Reportado em Bronislaw Baczko, *Lumières de l'utopie* (Paris, Payot, 1978), p. 182.

No mesmo Kant, é possível perceber um deslocamento dessa tônica após a Revolução Francesa e as esperanças que esta suscitou. Em *Fundamentação da metafísica dos costumes*, "não é concebível nada de incondicionalmente bom para além de uma vontade boa", que deve ser considerada e apreciada independentemente de sua "capacidade de alcançar os fins a que se propõe"[46]. Depois de 1789, leem-se declarações que parecem teorizar a centralidade da política também em relação à moral: não é desta última que "podemos esperar a boa constituição do Estado"; "é, sobretudo, a partir de uma boa constituição do Estado que se deve esperar a boa educação moral de um povo"[47]. Confiando apenas na moral, "não se faz coisa alguma" (*ist nichts auszurichten*)[48].

Claro, Kant nunca foi o filósofo de uma moral edificante e politicamente inócua. A "vontade boa" não deve ser confundida com um voluntarismo inerte, pois, para ser verdadeiramente tal, esta deve "recorrer a todos os meios que estão em nosso poder"[49]. Já por ser construída sobre a categoria de universalidade, a moral kantiana revela precisas implicações políticas, capazes de questionar o ordenamento político existente (*infra*, cap. XIII, § 1). Não por acaso, já muitos anos antes da Revolução Francesa, o filósofo afirmava: "Sempre se fala muito de virtude. No entanto, deve-se preliminarmente suprimir a injustiça para que se possa ser virtuoso [...]. Toda virtude é impossível sem essa decisão"[50]. Entretanto, é indubitável que, ao defender a Revolução Francesa, Kant é obrigado a polemizar com o clássico argumento da ideologia da conservação que visava a desvalorizar a importância da transformação objetiva das instituições políticas frente à mudança moral *in interiore homine*. É justamente essa ideologia que contrapõe a "boa vontade" do monarca à precisa determinação política de suas "obrigações jurídicas" reivindicada pelo movimento revolucionário e constitucional[51]. É tal ideologia conservadora que nega a possibilidade de uma "Constituição republicana" pelo fato de que seu funcionamento pressuporia um povo de grandes qualidades morais e até de "anjos". É significativa a resposta de Kant: o "homem moralmente bom", a "interioridade moral" (*das Innere der Moralität*), não é o pressuposto necessário de uma boa "constituição de um

---

[46] Immanuel Kant, "Grundlegung der Metaphysik der Sitten" (1785), em KGS, v. IV, p. 393-4.
[47] Idem, "Zum ewigen Frieden" (1795), em KGS, v. VIII, p. 366.
[48] Idem, "Handschriftlicher Nachlaß", em KGS, v. XXIII, p. 135.
[49] Idem, "Grundlegung der Metaphysik der Sitten", cit., p. 394.
[50] Idem, "Handschriftlicher Nachlaß", em KGS, v. XX, p. 151.
[51] Ibidem, em KGS, v. XXIII, p. 135.

Estado"; aliás, tal problema "é solucionável, por mais que a expressão possa parecer dura, também por um povo de diabos, contanto que sejam dotados de inteligência"[52]. Se a ideologia conservadora, para negar a necessidade e a utilidade da mudança político-institucional, é levada a deslocar a atenção da esfera política para a esfera da interioridade moral (do monarca ou de seus súditos), Kant, a fim de defender a Revolução Francesa e justificar a necessidade da "constituição republicana", não pode não colocar a tônica na política, aproximando-se, assim, da teorização do primado da política.

Quando, mais tarde, Rosenkranz afirma que "não vivemos mais com Kant no século do *roi-philosophe*, mas com Hegel no século da política"[53], certamente ele tem razão no que se refere a Hegel, que, não por acaso, recorda a afirmação de Napoleão, durante seu encontro com Goethe, de que "no lugar do antigo destino apresentou-se a política" (W., XII, p. 339), mas talvez peque ao considerar apenas o Kant anterior à eclosão da Revolução Francesa. Quanto a seus escritos posteriores, nota-se certa consonância com Hegel. *À paz perpétua* sublinha a irrelevância política das qualidades morais do monarca: o ótimo Marco Aurélio tem como sucessor o indigno Cômodo; isso não teria acontecido se houvesse uma válida "Constituição" (*Staatsverfassung*), que, portanto, é mais relevante no plano político do que as qualidades morais do monarca[54]. O mesmo exemplo retorna em Hegel: sim, Marco Aurélio

soube se comportar também na vida privada como homem nobre e honesto. Porém, esse imperador filósofo não pôde mudar as condições do Império Romano, e nada impediu que seu sucessor, de caráter completamente diferente, fizesse todo o mal que puderam fazer seu arbítrio e sua maldade. Bem superior é o princípio interno do espírito, da vontade racional, que consegue realizar-se de modo que passe a existir uma vida pública governada pela razão, uma condição fundamentada no direito e na organização [...]. Então, temos um sistema de relações éticas; as obrigações (*Pflichten*) que vêm à tona são parte de um sistema; toda determinação está em seu lugar, cada uma subordinada a outra, e aquela superior domina. Acontece,

---

[52] Idem, "Zum ewigen Frieden", cit., p. 366; sobre a polêmica de Kant contra o argumento da ideologia conservadora, ver Domenico Losurdo, *Autocensura e compromesso nel pensiero politico di Kant* (2. ed., org. Istituto Italiano per gli Studi Filosofici, Nápoles, Bibliopolis, 2007 [1983]), cap. III, § 6.

[53] Karl Rosenkranz, *Geschichte der Kantschen Philosophie* (Leipzig, L. Voss, 1840), p. 495.

[54] Immanuel Kant, "Zum ewigen Frieden", cit., p. 353, nota.

TENSÃO MORAL E PRIMADO DA POLÍTICA   347

então, que a consciência moral (*Gewissen*) [...] é vinculada, que as relações objetivas, que denominamos obrigações, não só se detêm no plano jurídico, como valem na consciência moral como sólidas determinações. (W., XIX, p. 294-5)

9. MORALIDADE, ETICIDADE E LIBERDADE MODERNA

Isso não significa que a moral tenha perdido seu trono: a subjetividade moral é parte integrante do "direito à liberdade subjetiva", que, por sua vez, é parte integrante e irrenunciável da eticidade moderna. Nesse sentido, "moralidade" e "consciência moral" constituem o "princípio da sociedade civil", são "momentos da constituição política" (Rph., § 124 A). Não estamos, portanto, na presença de uma desvalorização da moralidade. Aliás, a opinião que Hegel tem sobre ela é tão elevada que *Filosofia do direito* equipara à escravidão a "alienação da racionalidade inteligente, da moralidade, da eticidade, da religião" (Rph., § 66 A).

Justamente por isso, fica clara a mudança de estatuto que a moral conhece em Hegel. Não se trata mais de um conjunto de valores eternos; a moral tem uma história que se identifica com a história mesma da liberdade moderna. Não por acaso, o princípio de "infinita subjetividade e liberdade da autoconsciência" se vê face a face, pela primeira vez, com Sócrates (W., XVIII, p. 442), que, logo, não deve ser considerado mestre da moral" (*moralischer Lehrer*) – como se a moral fosse algo de eterno –, mas "inventor da moral" (W., XII, p. 329). Não apenas seu conteúdo, mas a figura mesma da consciência moral enquanto tal, é um resultado histórico: "Os gregos não tiveram nenhuma consciência moral" (*Gewissen*), no sentido de que entre eles havia identificação imediata com as leis e os costumes concretamente existentes, de modo que não havia lugar para aquela "reflexão" e aquela "separação da interioridade" constitutivas da consciência moral (V. G., p. 263). Juntamente com a "moral" e com a "consciência moral", é um resultado histórico "o homem moral" (*der moralische Mensch*) (W., XII, p. 329), isto é, o homem capaz de transcender a objetividade na autorreflexão e interioridade da própria consciência.

A invenção da "moral", da "consciência moral", do "homem moral", é a invenção, ao mesmo tempo, da liberdade. E isso num duplo sentido: primeiro, no sentido forte e moderno do termo, a liberdade implica a superação da identificação imediata com a objetividade política por parte da subjetividade, sendo que esta última se reserva agora um espaço autônomo de reflexão moral que introduz um elemento de tensão e de problematicidade na relação com a objetividade. Nesse sentido, os gregos que não conheciam o *Gewissen* não conhecem nem propriamente a liberdade (V. G., p. 263); a liberdade como autorreflexão era estranha até para os homens livres. Cabe, contudo, fazer mais uma consideração. Para que se possa desenvolver uma moral no sentido mais rigoroso do termo, como discurso dirigido, ao menos potencialmente, a todos os seres humanos, é necessário que a cada um seja reconhecida a dignidade de sujeito moral, capaz de autorreflexão e titular de um direito à liberdade. Equiparados como são, na Antiguidade clássica, a instrumentos de trabalho, os escravos não pertencem à categoria de ser humano, o que torna impossível a construção da universalidade moral. Desse ponto de vista, Sócrates, mais do que "inventor" *tout court* da moral, constitui apenas uma etapa, ainda que de grande importância, de seu processo de construção, um processo difícil e complexo, assim como é difícil e complexa a construção histórica do conceito universal de homem.

Resta o fato de que a descoberta da subjetividade moral, da dignidade humana e da liberdade do homem não é mais revogável. A partir de tal resultado histórico, pode-se dizer que, na Índia, nas castas fixadas de maneira naturalizada, onde nenhuma dignidade é reconhecida aos indivíduos das castas inferiores e à mulher, obrigada a seguir até a fogueira o marido morto, é ausente "o elemento moral (*das Moralische*) que reside no respeito da vida humana" (W., XII, p. 188); exatamente por isso, na Índia também são ausentes "eticidade e dignidade humana" (W., XII, p. 185). A eticidade moderna já implica o reconhecimento, sancionado em termos jurídicos, da subjetividade moral como direito essencial do cidadão. No entanto, justamente porque tal reconhecimento diz respeito a cada ser humano como sujeito moral e tem por objeto um direito a se gozar não apenas na intimidade da consciência, como num concreto espaço público, eis a necessidade de regras gerais: ao longo de sua concreta ação cotidiana, o indivíduo e cidadão não pode pretender absolutizar a própria fortuita intenção moral, mas deve se comportar com base em leis objetivas que de alguma forma incorporaram o elemento moral.

É natural que se verifiquem situações de conflito agudo: são "épocas em que o que vale como direito e bem (*das Gute*) na realidade e no costume não pode satisfazer a vontade voltada para o melhor (*den besseren Willen*), épocas em que o mundo existente da liberdade se tornou infiel a tal vontade, e esta é obrigada a tentar ganhar apenas na interioridade ideal a harmonia perdida na realidade" (Rph., § 138 A). Isto é, como nos tempos de Sócrates, verifica-se a "ruptura com a realidade" por parte da subjetividade moral, que, dessa maneira, termina por agir, direta ou indiretamente, em sentido "revolucionário" (W., XII, p. 329). É assim que, desprovida da adesão consciente da subjetividade moral, a eticidade existente se reduz a "vazia aparência" (como acontece com o Estado romano às vésperas daquela que Hegel denomina "revolução cristã"[55]), isto é, se reverte em seu contrário: à "autoconsciência" dos iluministas franceses, a realidade política da época, o *Ancien Régime* aparece como "essência estranha"; encontramo-nos às vésperas da revolução que se desenvolve também na onda da "rebelião contra a falta de eticidade" (*Unsittlichkeit*) (W., XX, p. 291 e 296).

O comportamento de ruptura ou de afastamento em relação à realidade política, motivado pelo não reconhecimento da subjetividade moral na eticidade existente, é legítimo apenas se constituir um estágio transitório, isto é, se servir de estímulo para a realização de um mais rico ordenamento ético e político, ao passo que "o dever ser que se torna perene" (*perennierendes Sollen*) em que se detém "o ponto de vista meramente moral" (Rph., § 135 A) é acusado por Hegel não só de inconclusão política, mas também, como sabemos, de insinceridade moral. Nesses momentos de crise, eis que pode voltar à atualidade a figura trágica do herói, que, porém, é herói só na medida em que expressa, por seu risco e perigo, uma necessidade objetiva da época e dos seres humanos de sua época, mas também na medida em que consegue realizar concretamente tal necessidade, edificando, assim, uma eticidade nova e mais rica, que, por sua vez, torna supérflua a figura do herói. Nesse sentido, Hegel poderia exclamar com Brecht: "Felizes os povos que não precisam de heróis", ainda que a ação deles, em situações dramáticas de crise, possa se revelar historicamente necessária e benéfica. E o primeiro poderia facilmente subscrever a aspiração do segundo a realizar um ordenamento objetivo que torne supérfluas as "virtudes difíceis"[56], embora, mais uma vez, o exercício de tais virtudes possa ser necessário e até imprescindível em momentos dramáticos de crise e de mudança. Entretanto, o comportamento de ruptura ou de afastamento em relação à realidade política existente continua legítimo, contanto que constitua um estágio transitório, isto é, que sirva de estímulo para a realização de um ordenamento ético e político mais rico.

10. MODELO ÉTICO HEGELIANO E REALIDADE CONTEMPORÂNEA

Compreende-se, então, que a centralidade das instituições éticas, em Hegel, não significa de modo algum a intranscendência da norma jurídica. Já vimos a

---

[55] Georg Wilhelm Friedrich Hegel, *Religionsphilosophie*, Livro I, cit., p. 641.

[56] Bertolt Brecht, "Flüchtlingsgespräche" (1939, póstumo, 1962), em *Prosa*, v. II (Frankfurt, Suhrkamp, 1965), p. 277.

teorização que o filósofo faz do *Notrecht* e, claro, é fácil vislumbrar o impulso moral também na contestação do ordenamento jurídico existente por parte da necessidade extrema, na denúncia que Hegel faz da "extrema ilegalidade" ou da injustiça (*höchstes Unrecht*) perpetrada contra o faminto (V. Rph., III, p. 403). O *páthos* moral é igualmente evidente na crítica à pretensão do "intelecto abstrato", julgada "revoltante para todo homem", de sacrificar o faminto no altar do respeito ao direito de propriedade e do direito formal enquanto tal (V. Rph., IV, p. 341-2). No entanto, não podemos nos deter em tal nível, no nível do protesto meramente moral e das discussões de casos específicos em que poderia ser lícita ou tolerada uma violação do direito de propriedade. Sabemos que "o importante pertence à vida ética, universal", e que "os grandes interesses do homem, suas relações verdadeiras, pertencem à esfera da eticidade. Aqueles morais são somente detalhes" (*Abschnitzel*) (Rph., § 126 AL; V. Rph., II, p. 459).

Mais uma vez, Hegel continua em posições contrapostas àquela tradição de pensamento que vai de Stahl e, passando por Schleiermacher, chega a liberais como Rotteck, Hansemann, Spencer, a tradição de pensamento que condena como coação mortificante e despersonalizante toda solução objetiva, ética (no sentido hegeliano do termo), do problema da miséria e a ela contrapõe uma "solução" que remete à livre espontaneidade da consciência moral do indivíduo. Se nos países industriais avançados a questão social, em larga escala, perdeu sua precedente dramaticidade (mas não estão ausentes os sintomas de um seu aprofundamento), isso se deu pelo fato de que foi questionada e superada a visão própria da tradição liberal, cujos críticos, portanto, começando pelo próprio Hegel, demonstraram historicamente ter razão. Foi obrigado a reconhecê-lo o próprio Popper, que não se cansa de denunciar o "estatismo" de tal pretenso inimigo da "sociedade aberta", mas que, depois, descreve nestes termos o progresso que se realizou nas últimas décadas no Ocidente: em Viena havia uma "terrível pobreza [...], havia um enorme número de desempregados e não havia nenhuma forma de subsídio para o desemprego ou a doença – apenas organizações privadas para ajudar os sem-teto e as crianças órfãs [...]. O Estado, porém, não participava diretamente". Portanto, foi a intervenção estatal que levou "o hemisfério ocidental" para tão perto do "Paraíso"[57]. O quadro traçado por Popper é certamente um pouco idílico demais e, atribuindo exclusivamente à iniciativa do Estado o mérito da realização das atuais condições semiparadisíacas e fechando os olhos para os estímulos provenientes da sociedade civil

---

[57] Karl Raimund Popper, "Coscienza dell'Occidente", *Criterio*, 1, 1986, p. 77-9.

e das duras lutas sociais que impuseram a intervenção do poder político no campo econômico, corre o risco de abrir caminho para um "estatismo" bem mais exaltado do que aquele que se reprova em Hegel.

De toda forma, resta o fato de que a miséria desesperada, com o risco de inanição, de que fala *Filosofia do direito* está presente hoje, sobretudo, fora das sociedades industriais avançadas; falta ver se o modelo ético pode se revelar útil e aplicável no caso do Terceiro Mundo, por meio da intervenção, em primeiro lugar, na objetividade do ordenamento econômico internacional, dos termos de troca etc. Naturalmente, trata-se de uma problemática em tudo nova em relação ao texto de Hegel e a seu tempo, que, no entanto, é bem conciliável com o motivo de fundo de sua filosofia. Porém, há uma afirmação que faz pensar:

> O bem-estar (*Wohl*) de todos é uma palavra vazia [...]. De que maneira posso promover o bem-estar dos chineses, dos habitantes da península de Kamtchatka? A Sagrada Escritura é mais racional quando afirma: ama o próximo como a ti mesmo, isto é, os homens com quem estás e com quem tens relação. Todos é uma pomposidade vazia que pode inchar a representação. (V. Rph., IV, p. 338)

Deveríamos, então, dizer que a filosofia hegeliana não é capaz de "universalizar o amor ao próximo no sentido do amor de quem é mais distante" e, logo, se revela desprovida do requisito que Apel exige de uma moral que queira estar à altura das tarefas de nosso tempo[58]? Seria uma conclusão precipitada. Em primeiro lugar, não cabe esquecer que o mundo se apresenta hoje muito mais unificado e interdependente do que mais de um século e meio atrás. No entanto, é especialmente importante não perder de vista o alvo concreto da polêmica de Hegel. Tal alvo não é decerto constituído pelo conceito universal de homem; ao contrário, sua construção, segundo sua filosofia, marca o progresso histórico[59]. Não por acaso, o filósofo identifica a "grandeza da classe comercial" (*Handelsstand*) em seu caráter cosmopolita (V. Rph., IV, p. 520). Sim, "mediante o comércio surge a representação da universalidade do homem, desaparece a particularidade das nações, de seus costumes e de sua cultura. Permanece o

---

[58] Karl-Otto Apel, "Die Konflikte unserer Zeit und das Erfordernis einer ethisch-politischen Grundorientierung", em Karl-Otto Apel et al. (orgs.), *Praktische Philosophie/Ethik*, cit., v. I, p. 272.

[59] Sobre isso, ver Domenico Losurdo, "Realismus und Nominalismus als politisches Kategorien", cit.

pensamento universal de que todos os estrangeiros são homens" (Rph., III, p. 200). O alvo real da polêmica é, mais uma vez, o "bem-estar" (do próximo ou de quem é mais distante) reivindicado por uma intenção moral que se fecha numa interioridade autossuficiente e narcisicamente autocomplacente. Na realidade, Hegel mira – e ele declara explicitamente – o discurso "edificante" que sequer se põe o problema de conferir concretude ética e política às exigências morais que tal discurso pretende expressar. A polêmica se dirige contra a redução da moralidade em "intenção privada" e "politicamente impotente", contra a qual Apel polemiza[60]. É também de um ponto de vista moral que Hegel critica o discurso "edificante", acometido de hipocrisia interna, devido à "particularidade" que o caracteriza, apesar dos nobres sentimentos que demonstra.

E de novo a busca de uma concreta universalidade remete à política. O teórico do primado da política e da eticidade, entretanto, percebe com força o problema, ou melhor, o tormento moral derivante do entrelaçamento de opulência e miséria que caracteriza o mundo industrial moderno (*supra*, cap. VII, § 10). Apesar das enormes reviravoltas verificadas desde então, parece-nos ainda válido o ponto de vista de Hegel, para quem a seriedade e a sinceridade desse tormento moral se medem a partir do esforço de realizar uma nova situação ética em que o apelo à boa vontade e à consciência moral do indivíduo (ou mesmo de uma inteira classe de indivíduos ricos ou governantes de países ricos) se torne supérfluo ou exerça papel secundário.

---

[60] Karl-Otto Apel, "Die Konflikte unserer Zeit und das Erfordernis einer ethisch-politischen Grundorientierung", cit., p. 277 e 283.

XI
LEGITIMIDADE DO MODERNO E RACIONALIDADE DO REAL

1. A *QUERELLE DES ANCIENS, DES MODERNES...* E DOS ALEMÃES

Com o olhar voltado para a Grécia clássica, Schelling lamenta "o ocaso da humanidade mais nobre que já floresceu" ou da "floração mais bela da humanidade" (*supra*, cap. VIII, § 1). Estão fortemente enraizadas na cultura alemã da época a nostalgia pelo *Antike* e a inquietação diante dos desdobramentos do moderno. É nesse quadro que se deve colocar a polêmica de Kant contra a "tola loucura" de atribuir aos antigos, "por amor à Antiguidade enquanto tal, uma superioridade, no que se refere aos talentos e à boa vontade, frente aos modernos – como se o mundo fosse uma ininterrupta decadência desde sua originária perfeição –, desprezando, assim, tudo aquilo que é novo"[1]. Mais tarde, o filósofo denuncia em *Lógica* aquilo que define como "preconceito da Antiguidade", que despreza o presente e gostaria de "devolver o intelecto aos anos de sua infância"[2].

Nesse período, desenvolve-se na Alemanha uma espécie de nova *querelle des anciens et des modernes* [querela dos antigos e modernos]: o próprio Kant cita explicitamente Fontenelle. Hegel também se posiciona claramente a favor do moderno. Já em Berna, fala repetidas vezes dos "progressos da razão" (W., I, p. 56) e atribui à "filosofia" (isto é, aos *philosophes*) e à "luz mais tênue de nosso tempo" (a difusão das Luzes) o mérito de ter "melhorado nossa moral" e de ter superado ou colocado em discussão a "intolerância" e a superstição (W., I, p. 45-6). A elaboração de uma teoria da história como progresso implica a justificação do mundo moderno. Em Berlim, podemos ler: "Deve-se avaliar como algo valioso aquilo

---

[1] Immanuel Kant, "Metaphysik der Sitten. Tugendlehre", § 33, em KGS, v. VI, p. 455-6.
[2] Idem, "Logik" (1800), em KGS, v. IX, p. 79-80.

que o espírito conquistou em nosso tempo. Claro, é preciso honrar a Antiguidade e sua necessidade como um elo de uma corrente sagrada; porém, trata-se sempre de um elo. O presente é o que há de mais elevado" (W., XX, p. 456). E, numa carta a Cousin, lemos: "Os modernos abaixo dos antigos? Em muitos aspectos, sim. Mas no que se refere à profundidade e à extensão dos princípios, em geral, nós estamos num nível mais elevado" (B., III, p. 223). Graças à sua capacidade de penetrar na profundidade da "interioridade" e da consciência subjetiva, o "espírito moderno" deve ser considerado superior ao "espírito antigo" (Enc., § 396 Z; W., X, p. 82). Hegel não se cansa de insistir na "grandeza de nosso tempo" (W., XX, p. 329) e do "espírito dos tempos modernos" (W., XX, p. 518), na inevitabilidade e na irreversibilidade do "ponto de vista de nosso tempo" (V. Rph., IV, p. 923-4).

Em terras germânicas, em particular, a condenação do mundo moderno não provém apenas dos nostálgicos da Antiguidade clássica, mas também daqueles da Idade Média alemã. Esta, sobretudo a partir da resistência contra o expansionismo francês e das guerras antinapoleônicas, torna-se objeto de uma exaltada transfiguração que não se cansa de pintar com cores mais tênues e sedutoras a simplicidade dos costumes já perdida e o desdém dos alemães pelo conforto material, sua concepção patriarcal e religiosa da vida, o senso de honra, a riqueza das relações pessoais entre indivíduo e indivíduo, a cavalaria, as Cruzadas, todo o mundo que infelizmente fora varrido pelo advento de uma modernidade rasa, árida, mecânica, egoísta, desprezivelmente utilitarista e vulgar – em última análise, subversiva dos valores mais profundos[3]. No fundo, vale para vastos setores da cultura da época aquilo que Heine observa a propósito de August Wilhelm Schlegel, para quem "tudo o que é moderna existência" parece "prosaico", aliás, como "uma careta prosaica"[4].

2. RECUSA DO MODERNO, CULTO AOS HERÓIS E
POLÊMICA ANTI-HEGELIANA

A afirmação hegeliana da realidade do racional e da racionalidade do real é, no entanto, a definitiva legitimação filosófica do presente. Não por acaso, o

---

[3] Ver Domenico Losurdo, *Hegel und das deutsche Erbe. Philosophie und nationale Frage zwischen Revolution und Reaktion* (Colônia, Pahl-Rugenstein, 1989), cap. IX.

[4] Heinrich Heine, "Die romantische Schule" (1835), em *Sämtliche Schriften* (org. Klaus Briegleb em colaboração com Günter Häntzschel e Karl Pörnbacher, Munique, Ullstein, 1969--1978), v. III, p. 413-4.

Prefácio a *Filosofia do direito* polemiza duramente com aqueles que desprezam e degradam "o presente como algo vão" (W., VII, p. 25). Isso não foge aos contemporâneos, e com efeito vimos Stahl acusar o filósofo e sua escola pelo fato de que, partindo do pressuposto da presença da razão na história universal, consideram ponto pacífico a superioridade do moderno em relação à Idade Média (*supra*, cap. II, § 1). No entanto, independentemente do conservador alemão, vemos que, nos autores mais diversos e das formas mais variadas, a denúncia do moderno com frequência é acompanhada pela dura polêmica contra a tese da unidade entre racional e real e, de modo particular, contra a afirmação da racionalidade do real.

Ao estabelecer a legitimidade do moderno e da *Jetztzeit*, a filosofia hegeliana da história e do Estado expressa "o filisteísmo mais rasteiro": é essa a opinião de Schopenhauer[5], na esteira de quem se coloca o jovem Nietzsche, que diz que aceitar a tese da racionalidade do real significa "se curvar e baixar a cabeça frente à 'potência da história'" e, nesse sentido, abandonar-se à "nua admiração do acontecido" e à "idolatria do fato consumado"[6]. Aos olhos do jovem filósofo, que se apressa em questionar radicalmente a legitimidade do moderno, a tese da racionalidade do real não pode aparecer senão como apoteose do filisteísmo. Por que deveria ser considerado irreversível o processo histórico que vai do cristianismo à Revolução Francesa e que levou à revolta dos escravos? "O que podem significar alguns milênios (ou, noutros termos, o tempo de 34 vidas humanas sucessivas, calculadas em sessenta anos cada uma)"[7], para que tenhamos de nos resignar ao ocaso da esplêndida cultura da Grécia Antiga, fundada justamente no franco reconhecimento da escravidão e do trabalho servil da maioria dos homens?

Reconhecer e legitimar a suposta "potência da história" significa curvar-se "de maneira chinesamente mecânica [...] a qualquer potência, seja um governo, seja uma opinião pública ou uma maioria numérica"[8]. Assim, emerge com clareza a relação entre a furibunda polêmica contra a filosofia hegeliana da história, de um lado, e o *páthos* antimoderno e antidemocrático, de outro.

---

[5] Arthur Schopenhauer, "Über die Universitäts-Philosophie" (Parerga und Paralipomena, I) (1851), em *Sämtliche Werke* (org. Wolfgang von Löhneysen, Darmstadt, WBG, 1976--1882), p. 213 e 190.

[6] Friedrich Nietzsche, *Unzeitgemäße Betrachtungen*, II (1874), em *Sämtliche Werke, Kritische Studienausgabe* (org. Giorgio Colli e Mazzino Montinari, Munique, Deutscher Taschenbuch, 1980) (+KSA), v. I, p. 309.

[7] Ibidem, p. 303-4

[8] Ibidem, p. 309.

356   HEGEL E A LIBERDADE DOS MODERNOS

É particularmente significativo o advérbio utilizado: "*chinesenhaft*". Nos anos seguintes, os chineses se tornarão, aos olhos do filósofo, o símbolo do operário humilde, serviçal e adulador de que os senhores precisam, tanto que, sempre de acordo com Nietzsche, se não é possível importar tal material humano da distante Ásia, então só nos resta transformar os operários europeus em uma "chinesice operária" (*Arbeiter-Chinesenthum*)[9]. É claro: curvar-se à "potência da história" é algo próprio da moral dos servos, não dos senhores. A tese da racionalidade do real e do processo histórico representa o mesmo culto da maioria numérica que se expressa na democracia e nas crescentes presença e pressão das massas. Estas últimas, que já fazem sentir seu peso numérico no plano mais propriamente político, acabam por obter um precioso e inaceitável reconhecimento também no plano da filosofia da história, graças a uma visão que, proclamando a racionalidade do real, exclui de antemão qualquer possibilidade de voltar atrás nas consequências do mundo moderno. Se Hegel condena e ironiza como quixotesca a eventual tentativa de reintroduzir a escravidão na Europa (*supra*, cap. II, § 1), para Nietzsche o instituto da escravidão é ainda atual, e nada pode demonstrar contra ele um período mais ou menos longo da história. Se em Hegel a tese da racionalidade do real se liga estreitamente à afirmação da legitimidade do moderno e de sua superioridade em relação à Antiguidade, em Nietzsche a polêmica anti-hegeliana acontece *pari passu* com a implacável denúncia da modernidade e do presente (*Jetztzeit*)[10].

Aos "apologistas da história"[11], Nietzsche contrapõe a "metafísica do gênio" e refuta com desdém toda visão da história que "democratiza os direitos do gênio"[12]. Já no fim do século XVIII, emergira no âmbito do primeiro conservadorismo alemão o tema do "gênio" em contraposição ao "despotismo" dos "medíocres", estabelecido pela prevalência, no mundo moderno, de regras "gerais" e niveladoras (*infra*, cap. XIII, § 1). No decorrer da Revolução Francesa, esta foi acusada pela imprensa conservadora e reacionária como culpada de nutrir o ódio ao "gênio" e faltar com "respeito às grandes personalidades"[13].

---

[9] Friedrich Nietzsche, *Götzendämmerung. Streifzüge eines Unzeitgemäßen* (1889), af. 40, e "Nachgelassene Fragmente 1887-1889", em KSA, v. XIII, p. 30.

[10] Idem, "Über die Zukunft unserer Bildungsanstalten" (1872), em KSA, v. I, p. 690-1.

[11] Idem, *Unzeitgemäße Betrachtungen*, II, cit., p. 310.

[12] Idem, "Über die Zukunft unserer Bildungsanstalten", cit., v. I, p. 700 e 666.

[13] Friedrich von Gentz, "Über die Moralität in den Staatsrevolutionen", em *Ausgewählte Schriften* (org. Wilderich Weick, Stuttgart/Leipzig, 1836-1838), p. 34.

Ainda depois da Revolução de 1848, polemizando com Carlyle, Engels ironiza a ideologia que pretende transfigurar a classe dominante enquanto "partícipe do gênio" e justificar a condição da classe oprimida enquanto "excluída do gênio"[14]. Colocando-a em contraposição com a "metafísica do gênio", *Considerações extemporâneas* extrai outra implicação democrática da filosofia da história de Hegel – que não pretende certamente negar, com sua célebre frase, a primazia do racional sobre o real[15] e assim a atividade que projeta e transforma o sujeito humano. Só que agora tal atividade não tem mais nada a ver com a criação *ex nihilo* de novos valores e novos ideais, mas se configura como uma tarefa, ao menos aparentemente, mais modesta e mais prosaica: ela deve de antemão saber captar e expressar a negatividade e as contradições presentes já na objetividade. É claro que nessa perspectiva não há lugar para a "metafísica do gênio"; e mesmo grandes personalidades históricas que *"parecem* conseguir exclusivamente por si mesmas", que *"parecem"* levar adiante uma obra que é apenas "delas", na realidade, segundo Hegel, revelam-se grandes apenas à medida que sabem levar à luz "a verdade de seu tempo e de seu mundo" (W., XII, p. 46). Compreende-se, então, por que Nietzsche vê e denuncia o triunfo da "razão filisteia" (*Philister-Vernunft*) no hegelianismo[16].

Um dos alvos polêmicos da tese hegeliana da unidade entre racional e real é o *Sollen* exaltado, próprio da filosofia de Kant e sobretudo de Fichte, que, neste último, se encarna na figura de um intelectual-demiurgo, elevado acima da consciência comum, a ponto de ser definido como "sal da terra" (*supra*, cap. VI, § 5). Esse tipo de intelectual é interpretado em tom "heroico" por Carlyle:

A massa dos homens não é capaz de encontrar no mundo essa ideia divina. Eles vivem, diz Fichte, apenas no plano da superficialidade, dos convencionalismos, das manifestações exteriores do mundo, e sequer sonham que exista, para além, algo divino. No entanto, o escritor é enviado à terra justamente para colher por conta própria, e para poder manifestar aos outros, essa ideia divina: em cada nova geração ela se manifestará numa nova linguagem, e ele está aqui justamente para isso. É essa a fraseologia de Fichte, e não é o caso de discuti-la agora. É seu modo de expressar aquilo que, em outras palavras, eu me esforço neste instante para expressar

---

[14] Friedrich Engels, resenha de Carlyle sobre a "Neue Rheinische Zeitung. Politisch-ökonomische Revue", abr. 1850, em MEW, v. VII, p. 264-5.

[15] Ver Domenico Losurdo, *Hegel und das deutsche Erbe*, cit., cap. X, § 3.

[16] Friedrich Nietzsche, *Unzeitgemäße Betrachtungen*, I (1873), em KSA, v. I, p. 172.

imperfeitamente [...]. Fichte chama o escritor de profeta, ou, segundo sua expressão preferida, de sacerdote que revela continuamente o divino aos homens: os escritores constituem uma espécie de perpétuo corpo sacerdotal [...]. Assim, no verdadeiro escritor, há sempre, seja ou não reconhecido pelo mundo, um quê de sagrado. Ele é a luz da humanidade, o sacerdote da humanidade que a guia, quase coluna sagrada de fogo, em seu escuro caminho pela desolada região do tempo.[17]

Claro, em Carlyle desapareceram os conteúdos político-sociais progressistas que o *páthos* do intelectual tem em Fichte (a contraposição à figura do proprietário e a crítica do real), restando apenas o culto do "sacerdote" e do "herói" em contraposição à massa profana e vulgar. Todavia, é fato que tal culto dos heróis pôde se desenvolver a partir do *páthos* exaltado do *Sollen*, de que Hegel captou e criticou as implicações aristocráticas e elitistas, sublinhando a necessidade, também no Prefácio a *Filosofia do direito*, da compreensão, por parte do filósofo, das razões da consciência comum ou "ingênua" (W., VII, p. 25).

3. KANT, KLEIST, SCHOPENHAUER, NIETZSCHE

Pode-se, então, entender por que justamente Hegel se torna o principal alvo da polêmica contra o mundo moderno, a favor do qual já vimos intervir com firmeza também Kant. Este último, porém, é de alguma maneira utilizado pelo jovem Nietzsche em sua polêmica antimoderna. À mediocridade massificada do presente, o teórico da inatualidade contrapõe, além da já vista "metafísica do gênio", a "moral", que exige que se nade "contra as ondas da história"[18]. Esta é uma afirmação que pode soar paradoxal na boca de um autor cuja filosofia se dispõe a se tornar sinônimo de imoralismo, mas seu significado é claro, uma vez que se dirige contra uma visão política ou de filosofia da história que, esquecendo que, diante dos vários gênios, bem poucos "têm o direito de viver (*Recht zu leben*)", pretende legitimar filosoficamente a democrática anulação dos "direitos do gênio" que se consuma no mundo moderno. No entanto, segundo o jovem Nietzsche,

---

[17] Thomas Carlyle, *On Heroes, Hero-Worship, and the Eroic in History* (1841); ed. it.: *Gli eroi e il culto degli eroi* (trad. Rosina Campanini, Milão, Editori Associati, 1990), p. 189-90. Ressaltemos que Carlyle remete não ao escrito de 1794, por nós citado, mas àquele de 1806, *Über das Wesen des Gelehrten und seine Erscheinungen im Gebiete der Freiheit*. Ainda assim, isso não muda os elementos de fundo sobre os quais repousa nossa argumentação, dado que o *páthos* do intelectual caracteriza Fichte em todo o período de sua evolução.

[18] Friedrich Nietzsche, *Unzeitgemäße Betrachtungen*, II, cit., v. I, p. 310-1.

que esses muitos vivam e que aqueles poucos [gênios] não vivam mais não é nada mais do que uma brutal verdade, ou seja, uma irremediável estupidez, um grosseiro "é assim mesmo" (*es ist einmal so*) contra o imperativo moral "não deveria ser assim" (*es solte nicht so sein*). Sim, contra a moral![19]

A linguagem é surpreendentemente kantiana. A retórica do *Sollen*, do dever ser, é aqui chamada para fundar uma visão aristocrática da história e da política, para novamente dar lugar, tanto na história quanto na política, àquele culto da genialidade que delas fora retirado por Hegel. E, apelando à "metafísica do gênio" e à retórica do *Sollen*, aqui intimamente fundadas, o jovem Nietzsche, já no plano da filosofia da história, recusa à massa dos medíocres aquele direito à vida que o autor de *Filosofia do direito* afirma também no plano mais propriamente político.

Porém, vale notar que a moral de Kant, fundada sobre o *páthos* da universalidade e, assim, em última análise, da essencial igualdade entre os homens (*infra*, cap. XIII, § 1), não tem nada a ver com uma moral reduzida a instrumento de legitimação dos "direitos do gênio". O próprio Nietzsche percebe isso de imediato e, ao longo da evolução de seu pensamento, denuncia as implicações democráticas e niveladoras características de toda moral universalista, incluindo o autor de *Crítica da razão prática* entre os desprezíveis "operários da filosofia" (*supra*, cap. VI, § 5). Contudo, resta o fato de que, levado ao extremo, o dualismo entre dever ser e ser estimula a fuga da realidade mundana e política e impede o reconhecer-se no moderno, denunciado por vastos setores da cultura e da imprensa da época como árido e mecânico e irremediavelmente surdo às razões do espírito (e da moral).

Agora podemos compreender melhor por que a filosofia de Kant erra, do ponto de vista de Hegel, por estimular ou, pelo menos, por não ser capaz de inviabilizar a fuga da realidade mundana e política e, assim, em última análise, também da modernidade. A esse mesmo resultado se chega se, passando da razão prática à razão pura, examinamos a dialética que se desenvolve, desta vez, a partir não do dualismo de ser e dever ser, mas sim de aparência e realidade. Convém aqui partir de duas cartas de Heinrich von Kleist, que assim descreve o efeito sobre ele provocado pela leitura de *Crítica da razão pura*:

> Desde que me convenci de que no mundo não é possível encontrar nenhuma verdade, não toquei mais em livros. Rodeei indolente pelo quarto, sentei-me de

---

[19] Idem.

frente à janela, saí ao ar livre, enquanto uma íntima inquietação me conduzia a pequenos e grandes cafés, frequentei teatros e concertos para me distrair, cometi, para me entorpecer, até uma bobagem [...]. Todavia, o único pensamento que minha alma agitava naquele tumulto exterior com ardente angústia foi sempre este: teu ânimo, teu objetivo mais alto, desabou.[20]

E numa carta posterior:

Parece que sou uma das tantas vítimas da loucura que a filosofia carrega na consciência. Essa sociedade me dá náuseas e, no entanto, não sei me libertar de suas amarras. O pensamento de que não sabemos nada nesta terra, absolutamente nada da verdade [...], esse pensamento abalou o sacrário de minha alma. Meu único e mais alto objetivo desabou, não me resta mais nenhum.[21]

Naturalmente, não podemos colocar na conta de Kant a leitura que o infeliz poeta romântico fez de sua obra. Entretanto, é significativo que o jovem Nietzsche remeta ao Kleist "kantiano" para fazer deste um dos grandes intérpretes do princípio da inatualidade e um dos protagonistas da luta contra a modernidade. No nível da razão pura, a aparência desempenha o mesmo papel que o ser no nível da razão prática: uma e outro denotam a esfera do vulgar com que se satisfaz a consciência comum e massificada que assumiu o controle do mundo moderno. E se Hegel, ao afirmar a unidade entre o real e o racional, pretendia alertar contra a "hipocondria" de quem "não é capaz de superar sua aversão pela realidade" e, tomado de "tristeza pela destruição de seus ideais", se torna "aborrecido e ranzinza sobre o estado do mundo" (Enc., § 396; W., X, p. 84-5), o jovem Nietzsche vê envoltas em "uma nuvem de melancolia", que é sinal de sua grandeza, as almas nobres que se recusam a se adaptar a uma realidade medíocre e filisteia[22]. Por isso, a ascensão de Kleist ao empíreo daqueles "que não se sentem cidadãos do próprio tempo"[23] avança *pari passu* com a polêmica contra a tese cara a Hegel, segundo a qual todo mundo "é filho do próprio tempo" (W., VII, p. 26). Nietzsche rebate:

---

[20] Carta a Wilhelmine von Zenge, 22 de março de 1801, em Heinrich von Kleist, *Sämtliche Werke und Briefe* (2. ed., org. Helmut Sembdner, Munique, Carl Hanser, 1961), v. II, p. 634.

[21] Carta a Ulrike von Kleist de 23 de março de 1801, ibidem, p. 636.

[22] Friedrich Nietzsche, *Unzeitgemäße Betrachtungen*, III (1874), em KSA, v. I, p. 354.

[23] Ibidem, p. 339.

Mesmo que todo grande homem de preferência seja considerado autêntico filho de seu tempo [...], a luta desse grande homem contra seu tempo é apenas ilusoriamente uma luta insensata e destrutiva contra si mesmo. Pois é, apenas ilusoriamente, pois nela ele combate aquilo que o impede de ser grande.[24]

Além do "kantismo" do poeta romântico, o jovem filósofo e apaixonado teórico da inatualidade atribui a Schopenhauer o mérito de ter se engajado numa luta exemplar para manter distante ou expelir de si qualquer traço de "atualidade": "Desde o início da juventude resistiu àquela falsa, vã e indigna mãe, sua época, e, quase expelindo-a de si, purificou e restaurou seu ser e reencontrou-se na saúde e na pureza a ele condizentes"[25]. É um mérito atribuído, em primeiro lugar, ao autor do mundo como vontade e como representação, que, com efeito, já antes de Nietzsche, retoma e radicaliza a distinção kantiana entre verdade e aparência para fazê-la arma de luta contra o filisteísmo de uma modernidade banalmente satisfeita com as aparências.

O representante mais eminente e, portanto, mais desprezível dessa modernidade vulgar é, segundo Schopenhauer, uma vez mais Hegel, que, com sua filosofia da história e com a importância atribuída à história, "toma a aparência pela essência em si". Tal filosofia não tem mais nada a ver com o idealismo, mas é apenas "raso realismo"[26]. É próprio dos "filósofos e celebradores da história" serem "realistas unilaterais, ou seja, otimistas e eudaimonistas" e esquecerem que "constituições e legislações" ou "máquinas a vapor e telégrafos", tudo aquilo que constitui o orgulho da modernidade, circunscrevem-se à esfera da aparência e nunca podem produzir mudanças e melhorias reais para o homem[27]. Com sua filosofia da história e sua celebração da modernidade política e econômica, a escola de Hegel estimula o apego ao presente e aos "interesses materiais, entre os quais se encontram aqueles políticos", e sufoca todo "ímpeto por algo nobre"[28]. Desse modo, corrompem-se e envenenam-se jovens que, em geral, sob a influência dessa filosofia perniciosa e plebeia, acabam por assumir "a mais rasa, a mais filisteia, a mais vulgar disposição de ânimo, em vez de pensamentos

---

[24] Ibidem, p. 362.

[25] Idem.

[26] Arthur Schopenhauer, "Die Welt als Wille und Vorstellung. Ergänzungen" (1844), em *Sämtliche Werke*, cit., v. II, p. 567.

[27] Ibidem, p. 569.

[28] Arthur Schopenhauer, "Über die Universitäts-Philosophie", cit., p. 213.

nobres e elevados que ainda animavam seus antepassados mais próximos"[29]. Em definitivo, estamos diante de uma visão do mundo e da vida que se move, na melhor das hipóteses, no nível da mais banal consciência comum do homem da rua e da cotidianidade (*Alltagskopf*)[30], em irremediável antítese com o gênio, contraposto por Schopenhauer, antes mesmo que por Nietzsche, ao filisteísmo e à massificação do mundo moderno.

Com sua famosa frase, Hegel tem como alvo aqueles que consideram o mundo ético-político *"gottverlassen"* (W., VII, p. 16), isto é, abandonado por Deus e, por isso, incapaz de encarnar autênticos valores espirituais. No entanto, se em vez de por Deus, ele é considerado abandonado pelo *Sollen*, pela verdade prática ou teórica e com esta em irremediável antítese, o resultado não é muito diferente: é difícil se reconhecer e se sentir à vontade na modernidade, e torna-se vão o empenho para resolver os problemas introduzidos por ela.

4. O MODERNO E O DESCONFORTO DA TRADIÇÃO LIBERAL

No lema de Hegel não pode se reconhecer nem mesmo a tradição liberal, ao menos na medida em que esta olha com desconforto, preocupação e, às vezes, até angústia para os desdobramentos do mundo moderno. É evidente em Burke a veneração nostálgica dos bons tempos antigos, da idade da "antiga cavalaria", que, logo após a Revolução Francesa, foi "deposta por aquela dos sofistas, dos economistas (*economists*) e dos contadores (*calculators*)", de modo que, "com ela extinta, jaz para sempre a glória da Europa"[31]. Os levantes na França tornam tão aguda e dolorosa no *whig* inglês a *deprecatio temporum* que ele não hesita em definir e denunciar o tempo em que vive como "a idade menos iluminada de todas, a menos qualificada a legislar que talvez já tenha existido desde a formação da sociedade civil"[32].

A mediocridade que ameaçadoramente avança no mundo moderno é um tema recorrente da tradição liberal. Wilhelm von Humboldt, por exemplo, afirma que, com a expansão da esfera estatal, "cabeças excelentes são subtraídas

---

[29] Ibidem, p. 205.

[30] Ibidem, p. 215 e 194.

[31] Edmund Burke, "Reflections on the Revolution in France" (1790), em *The Works of the Right Honourable Edmund Burke* (Londres, Rivington, 1826), p. 149-50.

[32] Carta a um desconhecido de janeiro de 1790, em *The Correspondence of Edmund Burke* (org. Alfred Cobban e Robert Arthur Smith, v. VI, Cambridge/Chicago, University of Chicago Press, 1967), p. 80.

LEGITIMIDADE DO MODERNO E RACIONALIDADE DO REAL   363

do pensar" para serem destinadas a uma rotina mecânica, enquanto a crescente burocratização faz sentir suas consequências negativas sobre a "energia da ação" e sobre o "caráter moral dos cidadãos"[33]. Mais de meio século depois, John Stuart Mill expressa a opinião de que "a tendência geral do mundo é ao predomínio da mediocridade. Na Antiguidade, na Idade Média e, em medida decrescente, durante a longa transição do feudalismo à sociedade hodierna, o indivíduo constituía um poder em si, e, se tinha grandes talentos ou uma posição social elevada, era um poder considerável. Hoje, os indivíduos se perdem na loucura. Na política, dizer que governa a opinião pública é quase banalidade. O único poder que merece ser chamado como tal é aquele das massas – e dos governos, desde que estes sejam expressão das tendências e dos instintos das massas"[34]. É evidente que, partindo de tais pressupostos, nunca se poderia reconhecer na tese da racionalidade do real um autor como Mill, que, se por um lado remete à autoridade de Wilhelm von Humboldt para denunciar "o processo de assimilação contínua" que caracteriza o mundo moderno (destruindo "a liberdade e a variedade das situações" e tornando impossível o desenvolvimento de individualidades fortes e originais)[35], por outro lado atribui à filosofia hegeliana "uma influência corruptora sobre o intelecto"[36].

À crescente onda niveladora, Mill contrapõe uma visão da história não desprovida de analogias com aquela de Carlyle, de quem é um crítico assaz benevolente ou mesmo entusiasta e cujo "épico poema" sobre, ou melhor, contra a Revolução Francesa orgulha-se de ter imediatamente celebrado, antes que se fizessem ouvir os "críticos comuns", como "uma daquelas produções de gênio acima de qualquer regra que têm força de lei por si mesmas"[37]. Mantidas todas as

---

[33] Wilhelm von Humboldt, "Ideen zu einem Versuch die Gränzen der Wirksamkeit des Staats zu bestimmen" (1792), em *Gesammelte Schriften* (Berlim, Accademia delle Scienze, 1903--1936), p. 74 e 85.

[34] John Stuart Mill, "On Liberty" (1858), em *Utilitarianism, Liberty, Representative Government* (org. Harry Burrows Acton, Londres, J. M. Dent, 1972), p. 123.

[35] Ibidem, p. 130.

[36] Citado em Friedrich August von Hayek, *The Counter-Revolution of Science. Studies on the Abuse of Science* (1952), (Indianápolis, Liberty, 1979); ed. it.: *L'abuso della ragione* (trad. Renato Pavetto, Florença, Vallecchi, 1967), p. 240.

[37] Ver John Stuart Mill, "Carlyle's French Revolution" (1837), agora em *Collected Works* (org. John Mercel Robson, Toronto, University of Toronto Press, 1965 e seg.), v. XX, p. 133-66 (em particular p. 133; idem, *Autobiography*, v. I, p. 225; ed. it.: *Autobiografia* (org. Franco Restaino, Roma/Bari, Laterza, 1976), p. 169.

outras diferenças, a visão do liberal inglês não é desprovida de analogias sequer com a "metafísica do gênio" cara a Nietzsche, ainda que este último despreze intensamente o literato inglês (cujo culto dos heróis lhe parece contaminado de moralismo, isto é, de uma tendência que remete ao *"profanum vulgus"* que também pretende combater[38]), bem como, e sobretudo, o utilitarismo e os utilitaristas, em que percebe o cheiro vulgar da odiada modernidade[39] e denuncia o persistente apego ao "doentio e vil conceito de 'homem'", isto é, a uma categoria em irremediável contradição com uma visão aristocrática da vida[40].

Todavia, contra a massificação do mundo moderno também pretende se empenhar Mill, que, com efeito, assim prossegue: "Tudo o que é sábio e nobre foi iniciado, e assim deve sê-lo, por indivíduos – em geral, por um só. A honra e o mérito do homem médio estão no fato de que é capaz de seguir essa iniciativa". É verdade que o liberal inglês se defende de antemão da acusação de querer também ele proceder com um "culto aos heróis", mas somente para deles fornecer uma visão menos ameaçadora e mais edulcorada, uma versão que, excluindo o direito à violência, limita-se a reivindicar para "o homem forte e de gênio [...] a liberdade de indicar o caminho" à massa[41].

São conhecidas as relações de Mill com Tocqueville, a quem aquele atribui, aliás, o mérito de ter evidenciado o catastrófico processo de nivelamento em curso em seu país: "Os franceses de hoje se assemelham entre si muito mais do que aqueles da geração imediatamente anterior se assemelhavam"; mas, acrescenta Mill, "um inglês poderia dizer o mesmo – e com muito mais razão"[42].

Com efeito, o desconforto frente aos acontecimentos do mundo moderno caracteriza Tocqueville em todo o período de sua evolução: está em curso um processo que é, ao mesmo tempo, de rebaixamento e vulgarização geral; a mediocridade e o apego exclusivo aos prazeres materiais se tornam a característica dominante da época. Com o advento da democracia, restringe-se o espaço para o "esplendor", a "glória" e até mesmo a "força" de uma nação[43]. O

---

[38] Friedrich Nietzsche, *Morgenröte* (1881), IV, 298 e "Nachgelassene Fragmente 1885-1887", em KSA, v. XII, p. 358.

[39] Ver por exemplo Friedrich Nietzsche, *Morgenröte*, II, 132.

[40] Idem, "Nachgelassene Fragmente 1885-1887", em KSA, v. XII, p. 558.

[41] John Stuart Mill, "On Liberty", cit., p. 124.

[42] Ibidem, p. 130.

[43] Alexis de Tocqueville, "De la démocratie en Amérique", I (1835), em *Œuvres complètes* (org. Jacob-Peter Mayer, Paris, Gallimard, 1951 e seg.), p. 7.

LEGITIMIDADE DO MODERNO E RACIONALIDADE DO REAL   365

exemplo da América o demonstra: "As paixões, as necessidades, a educação, as circunstâncias, tudo parece de fato concorrer para empurrar o habitante dos Estados Unidos para o chão. Apenas a religião o faz eventualmente erguer um olhar momentâneo e distraído para o céu"[44]. Perguntas angustiadas emergem da visão de um país que é apontado, por outro lado, como modelo alternativo à democracia radical e jacobina:

> Por que, quando a civilização se expande, os homens eminentes diminuem? Por que, quando o conhecimento se torna prerrogativa de todos, os grandes talentos intelectuais se tornam mais raros? Por que, quando não existem mais classes inferiores, tampouco há classes superiores? Por que, quando a inteligência do governo chega às massas, faltam os grandes gênios na direção da sociedade? A América duramente nos coloca esses problemas. E quem poderá resolvê-los?[45]

Como Mill e Nietzsche, Tocqueville tenta fugir da mediocridade presente no culto ou na nostalgia do gênio. Este, porém, num mundo cada vez mais massificado, parece em vias de extinção: "Vivemos num tempo e numa sociedade democrática em que os indivíduos, inclusive os maiores, são bem pouca coisa"[46]. É um destino que já toca todos os países: "A Inglaterra, como nós, se tornou estéril de grandes homens"[47]. Tocqueville busca a satisfação dessa "fome [...] de grandeza", impossível "no século em que vivemos", refugiando-se na Antiguidade clássica – outra analogia com Nietzsche – e na leitura de Plutarco[48]. Permanece, contudo, o desconforto com relação à "sociedade nivelada" (*société nivelée*)[49] e à mediocridade existente, para a qual a guerra pode ser um antídoto, como emerge de uma carta, por ocasião da crise internacional de 1840, a um liberal francês e seu caro amigo: "O senhor sabe quanto me agradam os grandes acontecimentos e quanto estou farto de nossa medíocre sopa democrática e

---

[44] Idem, "De la démocratie en Amérique", cit., II, p. 43.

[45] Alexis de Tocqueville, nota do diário da viagem a América, 6 de novembro de 1831, "Voyage en Sicile et aux États-Unis", em *Œuvres complètes*, cit., v. V, 1, p. 188.

[46] Carta a Gustave de Beaumont, 29 de janeiro de 1851, em Alexis de Tocqueville, *Œuvres complètes*, cit., v. VIII, 2, p. 369.

[47] Carta a Gustave de Beaumont, 21 de fevereiro de 1855, em Alexis de Tocqueville, *Œuvres complètes*, cit., v. VIII, 3, p. 273.

[48] Carta a Francisque de Corcelle, 19 de março de 1838, em Alexis de Tocqueville, *Œuvres complètes*, cit., v. XV, 1, p. 97.

[49] Alexis de Tocqueville, "Souvenirs", em *Œuvres complètes*, cit., p. 37.

HEGEL E A LIBERDADE DOS MODERNOS

burguesa"[50]. Aqui é o caso de observar que, para Nietzsche, "caso se renuncie à guerra, se renuncia à vida na grandeza" e se permanece inextricavelmente prisioneiro da mediocridade e banalidade do moderno[51].

Voltemos, porém, a Tocqueville, para quem, dissipadas as grandes paixões ideais que haviam caracterizado a Grande Revolução, torna-se evidente, a partir de 1830, o "apequenamento universal". O retrato que o liberal francês traça de Luís Filipe é o retrato de toda uma época:

> Não amava nem a literatura nem as artes, mas amava com paixão a indústria. Sua conversa [...] proporcionava o deleite que se pode encontrar nos prazeres da inteligência, uma vez distanciados os sentimentos delicados e elevados. Sua inteligência era notável, mas limitada e tolhida por um ânimo que não nutria sentimentos altos e profundos. Iluminado, fino, flexível e tenaz; voltado apenas para o útil.[52]

Como se vê, para Tocqueville, assim como para Nietzsche, o utilitarismo parece em contradição com a crítica da modernidade tecida pelo próprio Mill. De qualquer forma, o liberal francês lamenta o fato de que toda a "atividade humana" já tenha como única "paixão dominante" aquela "industrial"[53]. E a nostalgia se dirige, então, ao período precedente à Revolução de Julho, quando as pessoas não se preocupavam apenas com "prazeres materiais", quando não havia "apenas interesses, mas crenças"[54]. A periodização do processo de vulgarização do mundo moderno faz imediatamente pensar em Burckhardt, que acredita que o mundo começa a se tornar "mais vulgar" a partir de 1830[55]. O grande helenista e cultor da Antiguidade clássica é

---

[50] Carta a Gustave de Beaumont, 9 de agosto de 1840, em Alexis de Tocqueville, *Œuvres complètes*, cit., v. VIII, 1, p. 421. É nesse sentido que Tocqueville celebra a Guerra do Ópio como "um grande acontecimento [...]. Convém, portanto, não ser muito pessimista em relação a nosso século e a nós mesmos; os homens são pequenos, mas os acontecimentos são grandes"; carta a Reeve, 12 de abril de 1840, em ibidem, v. IV, 1, p. 58.

[51] Friedrich Nietzsche, *Götzendämmerung*, cit., e *Moral als Widernatur*, af. 3.

[52] Alexis de Tocqueville, "Souvenirs", cit., p. 31-2.

[53] Idem, "Letres sur la situation intérieure de la France" (1843), em *Œuvres complètes*, cit., v. III, 2, p. 101.

[54] Idem, "Commémoration des journées de juillet" (1844), em *Œuvres complètes*, cit., v. III, 2, p. 134.

[55] Ver Karl Löwith, *Von Hegel zu Nietzsche* (1941); ed. it.: *Da Hegel a Nietzsche* (trad. Giorgio Colli, Turim, Einaudi, 1977), p. 110.

também o "venerado amigo" de Nietzsche[56], que declara, por sua vez, ter frequentado a "escola" de Tocqueville[57].

5. FILISTEÍSMO, ESTATISMO E MASSIFICAÇÃO MODERNA

No liberal francês, o desconforto com o presente significa pouco se comparado à angústia e ao desgosto inspirados pelo temido futuro, pelo perigo mortal do socialismo: "O primeiro aspecto que caracteriza todos os sistemas que levam o nome de socialismo é um apelo enérgico, contínuo, desmesurado, às paixões materiais do homem"[58]. Trata-se de uma tendência que parece querer enfraquecer e extirpar de uma vez por todas os "sentimentos desinteressados" ou os "grandes sentimentos", como "o amor à pátria", a "honra pela pátria", a "*virtù*", a "generosidade", a "glória"[59]. Por tudo isso, não deveria haver mais lugar para o futuro ordenamento político-social a que aspiram os socialistas, uma sociedade de "abelhas e castores", constituída "mais por animais sábios do que por homens livres e civilizados"[60].

De "abelhas" e "colmeias" já falara Schopenhauer[61], ao passo que Nietzsche prefere tratar de "rebuliço de formigas" (*Ameisen-Kribblekram*), mas sempre para indicar a temida e odiada "desordem plebeia" (*Pöbel-Mischmasch*)[62]. E tal como Tocqueville lamenta o "apequenamento universal", mantidas todas as outras diferenças, o autor de *Assim falou Zaratustra* denuncia o fato de que "a terra ficou pequena" e que "se aproxima o tempo em que o homem não gerará mais estrelas"[63].

Uma vida medíocre e no interior de uma massificada comunidade política define o mesquinho horizonte ideal das "abelhas", dos "castores" e das "formigas" da modernidade. Como diz Nietzsche, "muitos homens nascem, o Estado foi inventado para os supérfluos", ou para os "muitos"[64], para aqueles

---

[56] Friedrich Nietzsche, Götzendämmerung, cit., Was den Deutschen abgeht, af. 5.

[57] Bem como a de Taine. *Supra*, cap. VIII, § 3.

[58] Alexis de Tocqueville, discurso na Assembleia Constituinte de 12 de setembro de 1848, em *Études économiques, politiques et littéraires* (Paris, Michel Lévy Frères, 1866), p. 539.

[59] Ibidem, p. 542.

[60] Ibidem, p. 544.

[61] Arthur Schopenhauer, "Über die Universitäts-Philosophie", cit., p. 190.

[62] Friedrich Nietzsche, *Also sprach Zarathustra* (1883-1885), *Vom höheren Menschen*, 3.

[63] Ibidem, *Zarathustras Vorrede*, 5.

[64] Ibidem, *Vom neuen Götzen*.

a quem o autor de *Considerações extemporâneas* já negara o "direito de viver". E, dos anos de juventude à maturidade, permanece constante a polêmica contra a filosofia de Hegel, indiretamente citada em *Assim falou Zaratustra*, que não por acaso coloca na boca do "novo ídolo" (o Estado) estas palavras: "'Na terra, não há nada maior do que eu, eu sou o dedo ordenador de Deus'"[65]. Em sentido análogo, antes mesmo de Nietzsche, Schopenhauer estabelece uma conexão entre ideal da "colmeia", filisteu apego ao real e à sua suposta racionalidade, "apoteose hegeliana do Estado", concepção hedonista da vida (*"Gaudemus igitur!"*) e "comunismo"[66]. É claro o raciocínio que fundamenta essa comparação: indicando no real e no Estado o lugar da racionalidade, a filosofia hegeliana torna impossível qualquer evasão intimista e qualquer fuga do mundano e do político e abre, assim, as portas para uma concepção, do ponto de vista de Schopenhauer, grosseiramente hedonista, que se mostra incapaz de refrear as reivindicações sociais de uma massa de oprimidos. Vimos, no entanto, que Tocqueville também institui uma precisa relação entre socialismo e apelo às "paixões materiais do homem" – e é significativamente sobre essa base que também ele condena a filosofia de Hegel, acusado de ter "dado origem a todas as escolas anticristãs e antiespiritualistas que têm buscado perverter a Alemanha; em suma, a todas as escolas socialistas que contribuíram para a confusão de 1848", filosofia ademais definida, de forma ainda mais apressada, como "sensualista e socialista"[67]. Essa concepção de mundo que Schopenhauer condena como "realismo" ou "materialismo" e Tocqueville, como "sensualismo", é denunciada por Nietzsche como ideal dos "prazeres mesquinhos", ou seja, da "'felicidade dos muitos'", e sempre em conexão com a "desordem plebeia" e aquele "rebuliço de formigas", ou seja, das "abelhas" e dos "castores", que constitui o pesadelo comum de autores bem diferentes entre si.

Tais diferenças não dizem respeito apenas ao campo das opções políticas. Por exemplo, se Schopenhauer, como vimos, equipara os "interesses materiais" aos políticos, Tocqueville, por sua vez, lamenta o fato de que o desaparecimento das grandes ideias tenha deixado espaço para uma vida política que já gira apenas em torno de mesquinhos interesses sociais e de classe; com efeito, Luís Filipe,

---

[65] Idem.

[66] Arthur Schopenhauer, "Über die Universitäts-Philosophie", cit., p. 180, 182 e 190.

[67] Carta a Francisque de Corcelle, 22 de julho de 1854, em Alexis de Tocqueville, *Œuvres complètes*, cit., v. XV, 2, p. 107-8.

LEGITIMIDADE DO MODERNO E RACIONALIDADE DO REAL   369

elevado a símbolo do "apequenamento universal", é "incrédulo em matéria de religião, como os homens do século XVIII, e cético em política, como aqueles do século XIX"[68]. Contudo, permanece intacto o traço comum de desconforto em relação aos desdobramentos da modernidade, que se expressa na polêmica contra a filosofia hegeliana e a tese da racionalidade do real, embora, às vezes, conhecidas apenas de segunda mão ou terceira mão.

Além do mais, deve-se notar que, na Alemanha, os primeiros críticos liberais já acusam Hegel de ter favorecido com sua filosofia uma visão materialista e hedonista da vida. À famosa frase contida no Prefácio a *Filosofia do direito*, eis o que objeta o *Staats-Lexikon*:

> Tomemos como exemplo nosso próprio tempo presente, cujo espírito, como bem se sabe, ao lado de algumas tendências inegavelmente boas, sofre principalmente de unilateral predileção pelos assim chamados interesses materiais; pois deve a filosofia se contentar, hoje, em compreender como racional esse lado mau prevalente no espírito da época ou deve combatê-lo na medida do possível?[69]

A unidade entre racional e real não só parece justificar o moderno, como o justifica nos terríveis germes de futuro que este parece conter; essa unidade implica ou pode implicar também a legitimação daquilo que, na esteira de Schelling, é denunciado como "desastrado escândalo do saint-simonismo", isto é, um movimento que deve ser condenado como gravemente materialista e socialmente subversivo[70]. Eis por que a tese hegeliana, mesmo conhecida de segunda ou terceira mão, é relacionada por notáveis expoentes do liberalismo europeu com a ameaça do socialismo. É isso que observamos em Tocqueville, mas que vale também para o italiano Cavour, que, aliás, se encontrara com o liberal francês, na Inglaterra, na casa de Nassau Senior[71]. Pois bem, escrevendo no fim de 1845, o estadista e liberal piemontês observa que é

---

[68] Idem, "Souvenirs", cit., p. 31-2.

[69] Karl Hermann Scheidler, "Hegel'sche Philosophie und Schule", em *Staats-Lexikon*, citado em Hartwig Brandt (org.), *Restauration und Frühliberalismus* (Darmstadt, Wissenschaftliche Buchgesellschaft, 1979), p. 636-7.

[70] Ibidem, p. 619; no que se refere a Schelling, ver "Vorrede zu einer politischen Schrift des Herrn Victor Cousin" (1834), em *Sämtliche Werke* (Sttutgart/Augsburgo, Cotta, 1856--1861), v. X, p. 223.

[71] Ver Seymour Drescher, *Tocqueville and England* (Cambridge, Harvard University Press, 1964), p. 59.

principalmente da "douta Alemanha" que provém o socialismo. É verdade, não são dados nomes; porém, a acusação em primeiro lugar do "sistema metafísico da identidade absoluta", caracterizado pelo "fatalismo", pela confusão "entre o fato e o direito" e, portanto, pela tendência a "justificar tudo o que acontece", não pode não fazer pensar em Hegel. E, de fato, assim prossegue Cavour: se "tudo o que acontece é o que deveria acontecer e se a verdadeira sabedoria explica tudo e domina tudo" e avança para "tudo absolver e tudo justificar", não há espaço para condenar, no plano moral, nem o comunismo, que, aliás, afirma ter a seu lado o fato, a necessidade histórica. Eis "por que vemos hoje saírem tantos comunistas das universidades alemãs, onde se professa essa perigosa filosofia"[72].

Vimos Tocqueville condenar como "sensualista e socialista" a filosofia de Hegel, que é acusado, ao mesmo tempo, pelo liberal francês, na mesma carta, de ter sido "o protegido dos governos, pois sua doutrina estabelecia em suas consequências políticas que todos os fatos eram respeitáveis e legítimos e mereciam obediência por terem já sido produzidos". O editor do volume que contém a carta em questão define como "assaz curioso" o posicionamento crítico de Tocqueville, que parece querer criticar o filósofo alemão ao mesmo tempo à direita e à esquerda[73]. A observação é correta, mas nesse caso seria preciso fazê--la de um ponto de vista geral. Na realidade, estamos frente a uma constante totalmente ignorada pelos intérpretes: a acusação a Hegel de acomodação ao existente, sempre e em todas as circunstâncias consagrado, é formulada de diversas maneiras, tendo como alvo, também e sobretudo, o perigo socialista. Assim é em Cavour, que especifica que, justamente na santificação do fato consumado operada pela filosofia alemã, está contida de forma implícita a justificativa do socialismo. Para o liberal *Staats-Lexikon*, a afirmação da unidade entre racional e real implica a legitimação das ideologias materialistas do presente, as quais, por sua vez, remetem ao socialismo.

É uma tendência que se manifesta depois com absoluta evidência em autores como Schopenhauer e Nietzsche. Vimos o primeiro acusar Hegel de ter expressado uma concepção de vida hedonista e perigosamente contígua àquela

---

[72] Camilo Benso conde de Cavour, "Des idées communistes et des moyens d'en combattre le développment" (1845), em Gastone Manacorda (org.), *Il socialismo nella storia d'Italia* (Bari, Laterza, 1970), v. I, p. 12-3.

[73] Alexis de Tocqueville, carta a Francisque de Corcelle, 22 de julho de 1854, em *Œuvres complètes*, cit., v. XV, 2, p. 107-8: para a observação do editor, Pierre Gibert, ver a nota 6 da p. 108.

do comunismo. Isso, porém, não impede Schopenhauer de se expressar com desprezo sobre a "obsequiosidade" do autor de *Filosofia do direito*[74] e sobre sua natureza de "criatura ministerial" pronta a subordinar a filosofia a "fins de Estado"[75]; aliás, não o impede sequer de se declarar de acordo com a denúncia de "miséria moral", isto é, do incurável servilismo de Hegel feita por Haym[76]. Nietzsche, por sua vez, se de um lado condena a teorização da racionalidade do real como instrumento de santificação do acontecido e do fato consumado, de outro relaciona de alguma forma o "comunismo" com a "influência de Hegel" (*supra*, cap. IX, § 7). A ligar essas afirmações aparentemente contraditórias temos uma lógica precisa, que aparece com particular clareza nas páginas do mais radical e mais genial teórico da inatualidade. Afirmar a racionalidade do real significa se curvar ao fato consumado, mas ao fato consumado da "potência da história"[77], legitimando, assim, o moderno e legitimando-o como processo de alguma maneira aberto e cheio de ameaças. E Hegel remete ao comunismo com sua "cultura em conformidade com o tempo" (*zeitgemäße Bildung*) e à modernidade, inteiramente marcada pela "utilidade", pelo "ganho", isto é, por uma visão do mundo fortemente suspeita também para o liberal *Staats--Lexikon* e para o liberal Tocqueville, mas denunciada, com particular ênfase, como vulgar e plebeia por Nietzsche. Este, aliás, depois desenvolve sua análise estabelecendo uma relação entre a extensão do aparato estatal, as crescentes burocratização e massificação do mundo moderno e o sucesso de uma filosofia como a hegeliana, dedicada a promover "a expansão da cultura para ter o maior número possível de empregados inteligentes" e a difundir a "cultura geral" e de massa, pressuposto do "comunismo"[78].

Tudo isso lança nova luz sobre a crítica de "servilismo" dirigida a Hegel, a partir de posições de nítida rejeição ou de desconforto mais ou menos acentuado em relação à modernidade. Segundo Schopenhauer, a filosofia hegeliana da história e do Estado expressa "o filisteísmo mais rasteiro" e até mesmo a "apoteose do filisteísmo", claro, pelo fato de que sanciona a legitimidade do

---

[74] Arthur Schopenhauer, "Über die Universitäts-Philosophie", cit., p. 215.

[75] Idem, "Über die Freiheit des menschlichen Willens" (1839), em *Sämtliche Werke*, cit., v. III, p. 610.

[76] Carta a David Asher, 13 de abril de 1858, em *Der Briefwechsel Arthur Schopehauers*, v. II (org. Arthur Hübscher, Munique, 1933), p. 643.

[77] Friedrich Nietzsche, *Unzeitgemäße Betrachtungen*, II, cit., p. 309.

[78] Friedrich Nietzsche, "Nachgelassene Fragmente 1870-1872", em KSA, v. VII, p. 243.

moderno e da *Jetztzeit*[79], mas também porque identifica, de maneira toda moderna, "o destino do homem no Estado", na comunidade mundana e política (no interior da qual os indivíduos são comprimidos como as abelhas de uma colmeia) e avança para aquela "apoteose do Estado", Estado este que é o pressuposto do "comunismo"[80] enquanto expressão concentrada da moderna massificação. Para usar as palavras de Nietzsche, o Estado está "em contradição com o gênio"[81], de tal maneira que somente onde este "cessa" se vislumbram "o arco-íris e as pontes do super-homem"[82].

A crítica de filisteísmo e servilismo dirigida a Hegel é a outra face da moeda da angústia e do desconforto diante do moderno, a outra face do espectro do Estado-colmeia ou formigueiro, que, com intensidade e formas diversas, agita os sonhos de vastos setores da cultura da época.

6. A RACIONALIDADE DO REAL E O DIFÍCIL EQUILÍBRIO ENTRE LEGITIMAÇÃO E CRÍTICA DA MODERNIDADE

Com sua célebre frase, Hegel não pretende negar a primazia do racional sobre o real, o que, aliás, afirma de modo explícito, nem ocultar os conflitos e as contradições da modernidade, de que revela, ao contrário, aguda consciência, bastante estranha à própria tradição liberal. Ainda assim, apesar de suas contradições e conflitos, a realidade mundana e política não é irremediavelmente opaca ao ideal; ao contrário, ela é capaz de incorporá-lo, e a validade e a excelência dele se medem justamente pela capacidade de informar de si o real. Neste ponto, emerge outra razão, para além do desconforto em relação aos desdobramentos do moderno, que explica a dificuldade, ou a impossibilidade, da tradição liberal se reconhecer na frase hegeliana. Vimos repetidamente sua resistência em compreender a miséria de massa como questão social que não remete a uma calamidade natural nem a uma responsabilidade meramente individual, mas que se deve a determinadas instituições e relações sociais. Para Hegel, trata-se de uma questão cuja solução pode ser confiada à beneficência e à moralidade privada apenas em caráter provisório e em situações de emergência: na medida em que o pobre

---

[79] Arthur Schopenhauer, "Über die Universitäts-Philosophie", cit., p. 213, 190 e 183.

[80] Ibidem, p. 190 e 182-3.

[81] Friedrich Nietzsche, *Menschliches, Allzumenschliches*, I, af., 235.

[82] Idem, *Also sprach Zarathustra*, cit., *Vom neuen Götzen*.

é obrigado a apelar ao *Sollen* do hipotético benfeitor, a situação política deve ser considerada imperfeita, e o real ainda não é de todo racional. Confiando o auxílio aos pobres à beneficência, que é solicitada pela consciência moral, os autores da tradição liberal, ao contrário, compartilham da opinião de que não há transformação político-social que reabsorva em instituições concretas o *Sollen*, que, portanto, só pode ser pensado numa relação de permanente conflito com a realidade. A afirmação da unidade entre racional e real em Hegel, por sua vez, significa que aquele dever ser, se autêntico, é suscetível de se incorporar em instituições políticas concretas, tornando-se, assim, em larga medida, supérfluo (*supra*, cap. X, §§ 2-3 e § 9).

Compreende-se, então, que a tese da unidade do real e do racional, odiada pelos reacionários e malvista também pelos liberais, encontra acolhida favorável ou entusiasta no campo revolucionário. A eficácia política que surge da célebre frase foi explicada com particular clareza por um expoente da Jovem Alemanha, Alexander Jung, que assim se exprime: "O além até agora inalcançável para o espírito [...] se torna, aqui, total presencialidade". O olhar pode, então, se dirigir confiante para a realidade mundana e política que, não sendo mais irremediavelmente opaca à razão e ao ideal, não é mais repudiada e evitada em favor da interioridade religiosa ou de uma moralidade meramente intimista e consolatória: "A distância, nada enfraquece mais do que o simples descontentamento com a terra, com o tempo"[83]. Essa, porém, não é apenas a posição de Jung, mas também a dos jovens hegelianos e de Marx e Engels[84]. Longe de ser a justificativa da Restauração, a afirmação da unidade entre racional e real estimula com força o movimento de oposição no *Vormärz* alemão e é parte integrante da preparação ideológica do 1848. E não só na Alemanha, já que, também na Itália, Bertrando Spaventa participa ativamente do movimento revolucionário, sustentado também pela tese de que "a filosofia, forma refletida da consciência natural, deve concordar com a experiência. Aquilo que é real é racional, e vice-versa"[85].

É interessante notar que, mesmo depois do fracasso da revolução, a tese hegeliana em questão, longe de favorecer a resignação, estimula a resistência à reação triunfante. Do cárcere em que se encontra preso, Lassalle escreve à mãe:

---

[83] Alexander Jung, *Vorlesungen über die moderne Literatur* (Danzig, Gerhard, 1842), p. 26 e 50.

[84] Ver Domenico Losurdo, *Hegel und das deutsche Erbe*, cit., cap. VIII, § 3.

[85] Bertrando Spaventa, "Pensieri sull'insegnamento della filosofia" (1850), em Guido Oldrini (org.), *Il primo hegelismo italiano* (Florença, Vallecchi, 1969), p. 333.

374 HEGEL E A LIBERDADE DOS MODERNOS

Ou a Alemanha volta realmente, de novo e para sempre, à noite das velhas condições, e então toda ciência é uma mentira, toda filosofia é um simples jogo do espírito, Hegel é um louco que fugiu do hospício e não há mais qualquer pensamento na causalidade da história, ou então a revolução logo celebrará um novo e decisivo triunfo. O segundo caso se apresenta infinitamente mais provável.[86]

Dado o sentido forte e estratégico atribuído por Hegel e seus discípulos ao termo realidade, sua identificação com o racional implica a degradação – a existência empírica imediata, a realidade em sentido meramente tático – dos sucessos da reação (*supra*, cap. II, § 1).

Algo análogo se pode observar no que se refere à Itália, em Silvio Spaventa, que, encarcerado logo após a contrarrevolução e a repressão bourbônica, observa:

Uma providência que estabeleça como escopo do mundo uma perfeição que nunca deve ser estabelece como escopo do mundo um nada, uma coisa que nunca deve ser; esta, portanto, não é uma providência. Para que ela seja, a razão do mundo não deve apenas *dever ser*, mas *ser* de fato; do contrário, não é providência.[87]

A negação do dualismo entre *Sollen* e realidade não somente impede a resignação, como despoja de qualquer legitimidade a evasão intimista.

É nesse sentido que, logo após o fracasso da Revolução de 1848, Marx se refere repetidamente e com particular ênfase à lição hegeliana, utilizando o Prefácio a *Filosofia do direito*, embora não citado de modo explícito, e *Fenomenologia*, relido minuciosamente nas diversas figuras que, com variedade de motivos e sempre nova e incrementada riqueza de argumentos, criticam o *Sollen* que se espelha na própria interior pureza e excelência, narcisicamente desfrutada em contraposição à vulgaridade e à opacidade da realidade e do andamento do mundo. Exaltando a "álgebra da revolução", para usar a célebre expressão de Herzen[88], a filosofia hegeliana contribuíra na preparação ideológica dos levantes de 1848, mas, mesmo depois do triunfo da reação, a tese da unidade entre

---

[86] Carta à mãe de janeiro de 1849 relatada em Gösta von Uexküll, *Ferdinand Lassalle* (Hamburgo, Rowohlt, 1974), p. 70.

[87] Assim aparece num fragmento de estudos (1855-1857) relatado em Silvio Spaventa, *Dal 1848 al 1861. Lettere, scritti, documenti* (2. ed., org. Benedetto Croce, Bari, Laterza, 1923), p. 194-5.

[88] Aleksandr Herzen, "La jeune Moscou", excerto de "Mémoires et pensées" (1855-1862), em *Textes philosophiques choisis* (Moscou, 1950), p. 579.

racional e real bloqueia a cômoda via de fuga em direção à "hipocondria" ou à "melancolia" e estimula uma eficaz reflexão autocrítica nos revolucionários e democratas, chamados a ler na derrota que sofreram não a prova da irremediável miséria do real, e sim a insuficiência teórica e prática de seus projetos e ideais, que, por isso, devem ser repensados em profundidade, de modo a provar sua excelência na concreta transformação da realidade.

Pelo menos é assim que Marx lê a lição do filósofo, que, nesse momento, parece-lhe também mestre de vida. Assim, de Ruge, já descrente e, por vezes, com algum queixume, o revolucionário, ainda combativo, escreve que "não conseguiu compreender a filosofia hegeliana", menos ainda *Fenomenologia*, que "permaneceu para ele sempre um livro trancado a sete chaves"; "contudo, realizou na própria pele" uma categoria fundamental, representando com surpreendente fidelidade "a consciência honesta", assumindo a postura de quem, diante das dificuldades da situação objetiva e da realização falha de certos ideais, preocupa-se antes em reiterar a própria "interior sinceridade" e em cingir a "auréola da intenção honesta", tudo "como profetizou Hegel em 1806"[89].

É em sentido análogo que Marx lê e reinterpreta outra figura de *Fenomenologia*, aquela da "consciência nobre" que se transforma necessariamente em seu oposto: com efeito, "segundo sua natureza, a consciência nobre deve em todo caso sentir alegria em si mesma" e se orgulhar de si; mas então "vemos essa mesma consciência se ocupar não do que há de mais sublime, mas do que há de mais baixo, isto é, de si mesma"[90]. Ela acaba sempre provocando uma péssima impressão não só no plano político, demonstrando a própria impotência, mas também no plano mais propriamente moral, revelando-se doentiamente narcisista e intrinsecamente hipócrita, a consciência privada que pretende contrapor a excelência de seu *Sollen* íntimo à opacidade do real.

Algumas décadas depois – Marx nesse meio-tempo morrera –, Engels continua se referindo, em sua ação política, à crítica hegeliana da "alma bela", incapaz de transformar o real, cuja dureza a faz recuar horrorizada, e pronta, em compensação, a lamentar a si mesma, pois "incompreendida" e menosprezada pelo mundo[91].

---

[89] Karl Marx, "Die großen Männer des Exils" (1852), em MEW, v. VIII, p. 275-6.

[90] Idem, "Der Ritter vom edlmütigen Bewußtsein" (1854), em MEW, v. IX, p. 493 e 496-7; ver também "Die großen Männer des Exils", cit., p. 245.

[91] Friedrich Engels, "Antwort an Herrn Paul Ernst" (1890), em MEW, v. XXII, p. 83-4.

Naturalmente, a tese hegeliana da unidade entre racional e real se manteve no âmbito da tradição de pensamento que se originou com Marx apenas na medida em que permaneceu de pé o difícil equilíbrio entre legitimação do moderno e balanço crítico da modernidade, que é característico de Marx e que ele claramente herdou de Hegel. Quando esse equilíbrio, por uma série de complexas razões históricas, se rompe, a tese da unidade entre racional e real entra em crise. É o que acontece com particular clareza na Escola de Frankfurt. Em 1932, às vésperas da conquista nazista do poder, Horkheimer, partindo do pressuposto de que "o espírito não pode se reconhecer nem na natureza nem na história", vê na segunda parte do dístico hegeliano (aquela que afirma a racionalidade do real) apenas uma "transfiguração metafísica" do existente[92]. Claro, era difícil manter essa tese num momento em que o mundo se encontrava, segundo Horkheimer, sob "o domínio totalitário do mal"[93]. Adorno, por sua vez, com o olhar voltado também para o socialismo real, critica a "mentira da justificativa hegeliana do real contra a qual se rebelou, em sua época, a esquerda hegeliana"[94]: esta é uma afirmação totalmente equivocada no plano histórico, mas que se explica com a já ocorrida ruptura do equilíbrio entre legitimação e crítica do moderno, equilíbrio sobre o qual se erguiam a tese de Hegel e o programa de Marx.

---

[92] Max Horkheimer, "Hegel und das Problem der Metaphysik", em *Anfänge des bürgerlichen Geschichtsbegriffs* (Frankfurt, 1971), p. 95 e 84-5.

[93] Idem, Apêndice de "Traditionelle und kritische Theorie", *Zeitschrift für Sozialforschung*, n. 6, 1937, p. 631.

[94] Theodor Adorno, *Drei Studien zu Hegel* (Frankfurt, Suhrkamp, 1963), p. 102.

QUARTA PARTE
O OCIDENTE, O LIBERALISMO E A
INTERPRETAÇÃO DE HEGEL

XII

A SEGUNDA GUERRA DOS TRINTA ANOS E A "CRUZADA FILOSÓFICA" CONTRA A ALEMANHA

1. ALEMÃES, GODOS, HUNOS E VÂNDALOS

No fim da Primeira Guerra Mundial, impressionado com as bombas que alguns aviões alemães haviam lançado sobre Londres, o liberal inglês L. T. Hobhouse, dedica seu livro de contestação da teoria metafísica do Estado ao filho tenente da aviação e denuncia a "falsa e malvada doutrina" de Hegel como a causa última, ou o ponto de partida, do acontecimento extraordinário que acabara de se verificar. E assim prossegue:

> Combater eficazmente essa doutrina significa tomar parte na luta no modo permitido pelas más condições físicas da idade avançada [...]. Foi com ela que teve início a mais dissimulada e sutil das influências intelectuais que minaram o humanitarismo racional dos séculos XVIII e XIX, e na teoria hegeliana do Estado-Deus está implícito aquilo que acabei de testemunhar. Os godos eleitos podes encontrá-los nos céus, e que te possa assistir toda a potência de uma justa causa. Eu tenho de me contentar com métodos mais pedestres [...]. Em todo caso, podes levar contigo a certeza de que estamos juntos como no passado e que, embora de maneira diferente, somos ambos combatentes de uma única grande causa.[1]

Mais de um quarto de século depois, quando chega ao fim a Segunda Guerra Mundial, Hayek traça este balanço da catástrofe que havia se abatido sobre a Europa e sobre o mundo inteiro:

---

[1] Leonard Trelawny Hobhouse, *The Metaphysical Theory of the State. A Criticism* (1918) (2. ed., Londres, G. Allen & Unwin, 1921), p. 6-7. Com a expressão "godos eleitos", trazemos o termo *Gothas*, que ironicamente remete ao mesmo tempo à população bárbara e à pretensão da Alemanha de constituir uma espécie de aristocracia entre as nações.

380   HEGEL E A LIBERDADE DOS MODERNOS

Por mais de duzentos anos, as ideias inglesas se difundiram na direção do leste. O reino da liberdade, já realizado na Inglaterra, parecia destinado a se difundir em todo o mundo. No entanto, por volta de 1870, o predomínio dessas ideias alcançara talvez sua máxima extensão. A partir desse momento, teve início o recuo, e um tipo diferente de ideias, não realmente novo, ao contrário, bastante velho, começou a avançar a partir do leste. A Inglaterra perdeu sua liderança intelectual em campo político e social e se tornou importadora de ideias. Nos sessenta anos que se seguiram, a Alemanha constituiu o centro a partir do qual se expandiam, para leste e oeste, as ideias destinadas a governar o mundo no século XX.[2]

Na história das interpretações de Hegel, uma impressionante linha de continuidade emerge até nossos dias desde a belicosa dedicatória de Hobhouse ao filho tenente da Royal Air Force, empenhado em combater no plano militar aqueles bárbaros que o pai se esforçava para destruir no plano filosófico, isto é, os godos, ou seja, utilizando a expressão de Boutroux, "os descendentes dos hunos e dos vândalos"[3].

Estamos diante de um conflito que, de um lado e de outro, é vivido em termos essencialmente religiosos. Se na Alemanha Sombart fala de "guerra de fés" contrapostas[4], Boutroux fala de "uma espécie de cruzada filosófica, em que combatem duas opostas concepções do bem e do mal e do destino humano"[5], e Hobhouse fala de um conflito que se desenrola, em última análise, "em nome de uma religião" mais ou menos laicizada: "A Europa sofre seu martírio, milhões de pessoas morrem a serviço de falsos deuses, e outros milhões morrem resistindo a eles"[6]. Em tais condições, o debate ideológico (ou teológico) não é outro senão a perseguição e a posterior intensificação do conflito militar; compreende-se, assim, que o liberal inglês conclame seus compatriotas e as forças da Entente em seu conjunto a não perderem de vista "o pecado original

---

[2] Friedrich August von Hayek, *The Road to Serfdom* (1944) (Londres, Ark Paperbacks, 1986), p. 16.

[3] Émile Boutroux, "L'Allemagne et la guerre. Lettre à M. le directeur de la 'Revue des Deux--Mondes'", 15 out. 1914, em *Etudes d'histoire de la philosophie allemande* (Paris, J. Vrin, 1926), p. 118.

[4] Werner Sombart, *Händler und Helden. Patriotische Besinnungen* (Leipzig, Duncker und Humblot, 1915), p. 3.

[5] Émile Boutroux, "L'Allemagne et la guerre. Deuxième lettre à la 'Revue des Deux-Mondes'", 15 maio 1916, em *Etudes d'histoire de la philosophie allemande*, cit., p. 231.

[6] Leonard Trelawny Hobhouse, *The Metaphysical Theory of the State*, cit., p. 134-5.

que estabeleceu seu culto na Alemanha" e do qual é parte integrante e essencial a filosofia de Hegel[7].

2. A GRANDE DEPURAÇÃO DO OCIDENTE

Falar de choque de religiões é falar de choque de civilizações contrapostas ou entre civilização e barbárie. Segundo Hayek, desde Bismarck a Alemanha já tinha se colocado em posição de antagonismo à "civilização ocidental"[8]. É sempre em nome da *Western civilisation*, sinônimo de "sociedade aberta"[9], que também Popper condena Hegel, e é interessante notar como esse *páthos* do Ocidente continua ainda hoje condicionando, em sentido negativo, nos autores mais diversos, o juízo sobre a tradição cultural da Alemanha, sobre a filosofia clássica alemã e, de modo muito particular, sobre Hegel. Habermas identifica o limite de fundo do filósofo em seu "estranhamento em relação ao espírito ocidental"[10]. Uma renomada estudiosa de Kant chega a escrever que não só o pensamento político do filósofo de Königsberg, bem como o de Hegel, além da "teoria burguesa na Alemanha" em seu conjunto, revela-se "em gritante contradição com a concepção ocidental"[11]. A guerra religiosa continua. Popper traça a descendência dessa síntese de "individualismo" e "altruísmo" em que identifica e celebra "a base de nossa civilização ocidental"[12] a partir da "doutrina central do cristianismo", mas Boutroux já havia manifestado a opinião que a Alemanha ainda não tinha "se convertido completamente à doutrina do Deus de amor e de bondade"[13].

É curioso que quase nunca nos preocupemos em precisar com rigor o que entendemos por Ocidente; entretanto, valeria a pena, pois se trata de

---

[7] Ibidem, p. 134

[8] Friedrich August von Hayek, *The Road to Serfdom*, cit., p. 17.

[9] Karl Raimund Popper, *The Open Society and its Enemies* (Londres, Routledge, 1973 [1943]), cit., v. I, p. 175.

[10] Jürgen Habermas, "Zu Hegels politische Schriften" (1966), em *Theorie und Praxis. Sozial-philosophische Studien* (Frankfurt, Suhrkamp, 1988), p. 170.

[11] Hella Mandt, "Tyrannislehre und Widerstandrecht. Studien zur deutschen politischen Theo-rie des 19. Jahrhunderts", (Darmstadt, Luchterhand, 1974), em Zwi Batscha (org.), *Mate-rialien zu Kants Rechtsphilosophie* (Frankfurt, Suhrkamp, 1976), p. 293.

[12] Karl Raimund Popper, *The Open Society and its Enemies*, cit., v. I, p. 102.

[13] Émile Boutroux, "L'Allemagne et la guerre. Deuxième lettre à la 'Revue des Deux-Mondes'", cit., p. 234.

uma categoria por nada unívoca. Não é aqui obviamente o lugar para reconstruir a história de seus múltiplos significados. Basta aludir ao fato de que, na metade do século XIX, segundo Edgar Quinet, também a Rússia era seu membro efetivo, um dos "reis magos", junto à Inglaterra e à França, chamados a levar a luz da civilização e do cristianismo ao Oriente a ser colonizado[14]. Alguns anos mais tarde, um autor americano, Lieber – que convém citar pelas boas relações com Tocqueville e, hoje, apesar de sua origem alemã, caro a Hayek –, depois de celebrar a expansiva vitalidade da "história ocidental" (*Western history*), precisa que assim deve ser entendida a história da "inteira [...] fração da humanidade", isto é, da "raça" aquém do Cáucaso[15]. A categoria de Ocidente é, em Lieber, um pouco menos extensa que em Quinet, mas decididamente mais extensa do que nos autores antes citados, que, no fundo, se utilizam dela apenas para designar os adversários ocidentais da Alemanha durante os dois conflitos mundiais e da União Soviética durante a Guerra Fria.

Tal drástica e não bem justificada restrição não consegue, porém, conferir à categoria as necessárias clareza e univocidade. Para percebermos como ela é utilizada em sentido fortemente ideológico, basta refletir sobre o fato de que Popper fala com indiferença de "Ocidente" ou de "hemisfério ocidental" como conjunto de "amplas áreas de nosso planeta" que já vivem "numa espécie de Jardim do Éden" e numa condição muito próxima "ao Paraíso" (*supra*, cap. X, § 10). De forma análoga, Hannah Arendt escreve que "a vida humana é atormentada pela pobreza desde tempos imemoráveis, e a humanidade continua a sofrer essa maldição em todos os países fora do hemisfério ocidental"[16]. Nesse ponto, a confusão é total. É aqui afirmada uma categoria cuja gênese remete ao presidente estadunidense Monroe, que, ao formular a célebre doutrina que recebeu seu nome, contesta às potências europeias o direito de intervir na

---

[14] Edgar Quinet, *Le christianisme et la révolution française* (Paris, Fayard, 1984 [1845]), p. 148.

[15] Franz Lieber, *Civil Liberty and Self-Government* (2. ed., Filadélfia, J. B. Lippincott, 1859), p. 22, nota; no que diz respeito às relações de Lieber com Tocqueville, ver a correspondência contida no v. VII de Alexis de Tocqueville, *Œuvres complètes* (org. Jacob-Peter Mayer, Paris, Gallimard, 1951 e seg.); ver também André Jardin, *Alexis de Tocqueville 1805-1859* (Paris, Hachette, 1984), em particular p. 373; no que se refere a Friedrich August von Hayek, ver *The Constitution of Liberty* (Chicago, The University of Chicago Press, 1960); ed. it.: *La società libera* (Florença, Vallecchi, 1969), p. 76 e p. 120.

[16] Hannah Arendt, *On Revolution*; ed. it.: *Sulla rivoluzione* (trad. Maria Magrini, Milão, Comunità, 1983), p. 120.

América, ou "neste continente" e "neste hemisfério"[17]. Assim, do hemisfério ocidental passa a ser excluída a Europa, mas dele fazem parte os países latino--americanos que também vivem em dramáticas condições de pobreza. Desse ponto de vista, mostra-se absurda a afirmação de Popper e de Arendt, que, talvez por distração, usam a expressão "hemisfério ocidental" como sinônimo de uma aliança político-militar bem diversamente configurada, isto é, a Otan. Então, de tal hemisfério ou do Ocidente deveríamos excluir a República Democrática Alemã, bem viva na época em que os dois autores formulavam sua afirmação, e incluir a Turquia, generosamente introduzida, por razões estratégicas mais do que econômico-sociais, nesse clube exclusivo que Popper define como "uma espécie de Jardim do Éden". Em conclusão, o Ocidente é definido, alternadamente, em termos raciais, geográficos, geopolíticos, militares, culturais, mas sem nunca determinar sua extensão; nítida e imutável permanece apenas a função de interdição ideológica de uma categoria destinada a condenar e a excluir da comunhão com a civilização aqueles que, por vezes, e sempre de maneira arbitrária, são considerados estranhos ou hostis ao Ocidente.

É isso que emerge com particular clareza de Hayek, que percebe a neces-sidade de fechar um pouco mais o círculo, banindo do Ocidente autêntico não apenas a Alemanha, mas também aquela que ele critica como a "tradição francesa". Permanece, porém, a tradição anglo-saxônica, mas nem ela é pou-pada sem maiores problemas, pois de seu seio são excluídos, por sua vez, os "entusiastas da Revolução Francesa" em terras inglesas ou americanas, como Godwin, Priestley, Price, Paine e o próprio Jefferson, ao menos aquele posterior à sua fatal e contagiosa "estada na França"[18].

Já Popper, da "civilização ocidental" e do Ocidente "sociedade aberta", exclui, enquanto "totalitários", não só Hegel e Marx, mas também Platão e Aristóteles. Ao rigor da depuração não escapa sequer, citando um autor "menor", o pobre Karl Mannheim. Este, aportado em Londres para fugir do nazismo e, de forma alguma, suspeito de ter simpatia pela União Soviética, no entanto, devido à recusa do liberalismo e de sua insistência no tema da plani-ficação, é incluído por Hayek, junto com Hegel e Marx, entre as catastróficas

---

[17] Ver Carl Schmitt, *Der Nomos der Erde im Völkerrecht des Jus Publicum Europaeum* (Colônia, Greven, 1950), p. 256. Uma escolha dos mais significativos parágrafos da doutrina Monroe pode ser lida em Rosario Romeo e Giuseppe Talamo (orgs.), *Documenti storici* (Turim, Loescher, 1974), v. III, p. 23-5.

[18] Friedrich August von Hayek, ver *La società libera*, cit., p. 76-7.

384   HEGEL E A LIBERDADE DOS MODERNOS

importações provenientes do leste[19] e é condenado por Popper como defensor de uma teoria "coletivista e holística" e de uma teoria da "liberdade [...] filha da liberdade de Hegel"[20].

Poderíamos pensar, então, que existe acordo ao menos entre esses dois grandes depuradores do Ocidente, ligados entre si por múltiplos fios. Não é bem assim. Enquanto Hayek não se cansa de celebrar Burke, que ele define como "grande e clarividente"[21] e considera um dos pais da civilização ocidental, o comportamento assumido por Popper é muito mais reservado ou francamente crítico, dado que ele ressalta a presença, em Hegel e no romantismo alemão, do grande antagonista da Revolução Francesa[22], comparado, por sua perniciosa influência, a um autor "totalitário" de relevo como seria Aristóteles[23]. O conflito recai na avaliação da Revolução Francesa, à qual Hayek, na esteira de Burke, reserva um comportamento de extrema desconfiança ou de aberta hostilidade, já que a considera culpada da destruição das sociedades intermediárias entre o indivíduo e o Estado[24], ao passo que é observada favoravelmente por Popper, que se expressa com entusiasmo sobre as "ideias de 1789"[25]. E não é tudo. Enquanto Popper traça uma descendência, como sabemos, daquela síntese de "individualismo" e "altruísmo" em que identifica e celebra "a base de nossa civilização ocidental" a partir da "doutrina central do cristianismo", Hayek observa o cristianismo com uma desconfiança mal disfarçada, como se nota a partir do desapontamento diante do fato de que "grande parte do clero de todas as igrejas cristãs" tem hoje extraído do socialismo a aspiração à "justiça social", de modo que essa palavra de ordem, desastrosa, se tornou "a característica peculiar do homem bom e o sinal reconhecido da posse de uma consciência moral". Infelizmente, "não há dúvidas de que as crenças religiosas e morais podem destruir uma civilização"; "às vezes, figuras de santos, cujo altruísmo está fora de discussão, se tornam graves ameaças a esses valores que as próprias

---

[19] Idem, *The Road to Serfdom*, cit., p. 16.

[20] Karl Raimund Popper, *The Open Society and its Enemies*, cit., v. II, p. 336, nota 15.

[21] Friedrich August von Hayek, *Law, Legislation and Liberty* (1982; as três partes que compõem a obra são respectivamente de 1973, 1976 e 1979); ed. it.: *Legge, legislazione e libertà* (trad. Pier Giuseppe Monateri, Milão, Il Saggiatore, 1986), p. 32.

[22] Karl Raimund Popper, *The Open Society and its Enemies*, cit., v. II, p. 60 e 226.

[23] Ibidem, p. 309, nota 41.

[24] Friedrich August von Hayek, *Legge, legislazione e libertà*, cit., p. 363.

[25] Karl Raimund Popper, *The Open Society and its Enemies*, cit., v. II, p. 630.

pessoas consideram infalíveis"[26]. É quase como se escutássemos Nietzsche, ainda que, talvez, o patriarca do neoliberalismo não tenha a coragem intelectual do grande filósofo para proclamar abertamente seu horror ao cristianismo. Enfim, até Hayek e Popper configuram o Ocidente de maneiras bastante distintas: para ambos é sinônimo de "individualismo", mas para o primeiro o individualismo que se desenvolve a partir da Revolução Francesa é apenas um "falso individualismo"[27], estranho, portanto, e, aliás, em inconciliável oposição com o Ocidente autêntico, do qual podemos dizer que Hayek quer excluir, junto com a Revolução Francesa, o cristianismo, ao qual Popper, ao contrário, atribui o mérito de ter inspirado, em última análise, as "ideias de 1789"[28].

De tudo isso emerge com clareza que a categoria de Ocidente não só é bastante vaga e ambígua, como se presta a uma remissão contínua e interminável. Vimos as palavras de fogo lançadas contra os godos por Hobhouse, que, por sua vez, é defensor de um liberalismo que a Hayek cheira terrivelmente a socialismo[29], isto é, uma doutrina que, em todas as variantes, remete às desastrosas importações provenientes do leste. Ao *páthos* do Ocidente, vimos ceder também Habermas, que, porém, sempre aos olhos do patriarca do neoliberalismo, é culpado de arrogância normativista e construtivista em relação ao ordenamento social existente e é, portanto, um intelectual típico do "pensamento francês e alemão"[30], isto é, revela-se também ele estranho ao Ocidente mais autêntico, que, para Hayek, é o pensamento anglo-saxão.

Justamente por causa desse jogo fácil de remissões que a categoria parece implicar, esta funciona como uma máquina de guerra mortal, que expele implacavelmente do seio do Ocidente autêntico os elementos considerados, por sua vez, indesejáveis, e que consente acusar a inteira tradição cultural e filosófica da Alemanha. Os representantes dessa tradição são absolvidos ou condenados dependendo de serem considerados dignos de ser admitidos ou não no olimpo do Ocidente autêntico. A sentença pode variar caso a caso, mas a acusação é imutável: trata-se sempre de se certificar se, e em que medida, determinado autor é responsável pelo crime que Habermas denomina "estranhamento do espírito

---

[26] Friedrich August von Hayek, *Legge, legislazione e libertà*, cit., p. 266-8.

[27] Ibidem, p. 362.

[28] Karl Raimund Popper, *The Open Society and its Enemies*, cit., v. II, p. 30.

[29] Friedrich August von Hayek, *The Fatal Conceit. The Errors of Socialism* (Londres, Routledge, 1990 [1989]), p. 110.

[30] Ibidem, p. 64.

ocidental". Ao longo da Primeira Guerra Mundial, ao empreender sua "cruzada filosófica" antialemã, Boutroux não poupa nem mesmo Kant, totalmente equiparado aos outros expoentes da barbárie que irrompe do leste[31]. A décadas de distância, a já citada intérprete do filósofo de Königsberg condena o autor por ela estudado como "em gritante contradição com a concepção ocidental". Quando Dahrendorf, por sua vez, afirma que Kant "descobriu e desenvolveu a tradição britânica para a Alemanha, ou melhor, para a Prússia"[32], é claro que a reabilitação é completa, pois o filósofo agora é efetivamente cidadão do Ocidente e, além do mais, do Ocidente mais autêntico, que é aquele anglo-saxão. Já em 1919, Schumpeter acredita poder salvar o filósofo de Königsberg apenas graças às "influências inglesas" que pensa poder identificar no teórico da paz perpétua[33]. Assim, é arbitrariamente associado à tradição anglo-saxônica, tornando-se vítima de uma espécie de *Anschluß* [adesão] póstuma, um filósofo que, sobretudo no período em que escreve *À paz perpétua*, move uma acalorada polêmica contra o país que dirige a coalizão antifrancesa e contrarrevolucionária, uma polêmica que não hesita em considerar Pitt, o líder do governo inglês, "inimigo do gênero humano"[34]. Sem ser consultado, Kant se torna cidadão honorário daquela que Dahrendorf nomeia "a ilha bendita, ainda que não em tudo perfeita"[35], isto é, a Grã-Bretanha, que, para o filósofo, constituía, porém, "a nação mais depravada", aquela que – como demonstrava seu ódio implacável à nova França republicana – considerava "os outros países e os outros homens" simples "apêndices" ou "instrumentos" de sua vontade de domínio[36].

---

[31] Émile Boutroux, "L'Allemagne et la guerre. Deuxième lettre à la 'Revue des Deux-Mondes'", cit., p. 234-6.

[32] Ralf Dahrendorf, *Fragmente eines neuen Liberalismus* (Deutscher Verlags-Anstalt, 1987); ed. it.: *Per un nuovo liberalismo* (Roma/Bari, Laterza, 1988), p. 216.

[33] Joseph Schumpeter, "Zur Soziologie der Imperialismen", *Archiv für Sozialwissenschaft und Sozialpolitik*, v. 46, 1918-1919, p. 287-8, nota.

[34] Immanuel Kant, "Handschriftlicher Nachlaß", em KGS, v. XIX, p. 605.

[35] Ralf Dahrendorf, *Reflections on the Revolution in Europe* (Londres, Chatto & Windus, 1990); ed. it.: *Riflessioni sulla rivoluzione in Europa* (trad. F. Salvatorelli, Roma/Bari, Laterza, 1990), p. 102.

[36] Ver o testemunho relatado em Johann Friedrich Abegg, *Reisetagebuch von 1798* (orgs. Walter Abegg e Jolanda Abegg, em colaboração com Zwi Batscha, Frankfurt, Insel, 1976), p. 186.

3. A TRANSFIGURAÇÃO DA TRADIÇÃO LIBERAL

Em toda guerra religiosa se dá um estreito entrelaçamento entre dois elementos: a demonização e a autoapologia ou hagiografia. A condenação sem apelação do Oriente e da tradição cultural alemã caminha *pari passu* com a transfiguração da tradição liberal, em especial aquela anglo-saxônica. Mesmo sem desconhecer o grande mérito histórico adquirido por esta última em sua luta contra o absolutismo monárquico, acenamos, nos capítulos precedentes, a seus limites de fundo. Tais limites não consistem apenas na nítida separação entre política e economia e na configuração meramente formal da liberdade, mas se manifestam já em seu tema preferido e em seu cavalo de batalha, ou seja, no nível da liberdade negativa, que essa tradição não se cansa de celebrar como a liberdade *tout court* e que, entretanto, não consegue conceber em termos realmente universais.

É assim que podemos compreender a tranquila teorização da escravidão nas colônias a que se dedica Locke, que fala como de um fato óbvio e pacífico relativo aos "plantadores das Índias ocidentais" que possuem escravos e cavalos, com base em direitos adquiridos com contrato regular de compra e venda[37] (o contratualismo pode servir também para justificar a instituição da escravidão). O grande teórico da limitação do poder estatal, por outro lado, gostaria que fosse sancionado na Constituição de uma colônia inglesa na América o princípio de que "todo homem livre da Carolina deve ter absoluto poder e autoridade sobre seus escravos negros, qualquer que seja a opinião e a religião deles"[38]. Assim, num dos textos clássicos do liberalismo, encontramos a afirmação de que existem homens "pela lei da natureza sujeitos ao domínio absoluto e ao incondicional poder de seus donos"[39].

Ou talvez não se trate propriamente de homens, pois num texto sobre a história da navegação – por longo tempo atribuído a Locke, mas provavelmente de um autor próximo a ele –, a propósito do comércio com as colônias africanas, podemos ler inclusive: "As mercadorias que provêm desses países são o ouro, o marfim e os escravos". Junto com outras *commodities*, os escravos negros são parte integrante e essencial da economia política da Inglaterra

---

[37] John Locke, *Two Treatises of Civil Government*, I, § 130.

[38] Idem, "The Fundamental Constitutions of Carolina" (1669), art. CX, em *The Works* (Londres, Thomas Tegg, 1823; ed. fac-similar: Aalen, 1963), v. X, 196.

[39] Idem, *Two Treatises of Civil Government*, I, § 85.

liberal daquela época, objetos de um "notável comércio" que se mostra "de grande ajuda para todas as plantações americanas"[40] e no qual Locke se mostra pessoalmente interessado, pois investiu nele uma parte de seu dinheiro[41]. Não nos esqueçamos de que um dos mais relevantes atos de política internacional da Inglaterra liberal derivada da Revolução Gloriosa consiste em arrancar da Espanha, por meio do Tratado de Utrecht, o *Asiento*, isto é, o monopólio do tráfico de escravos negros.

A dificuldade da tradição liberal em incluir todos os seres humanos na categoria de homem, a dificuldade em conceber o homem em sua universalidade, esse nominalismo antropológico não se manifesta apenas em relação aos negros importados da África. Se Locke insere o escravo na categoria de "mercadoria", um século mais tarde, vimos Edmund Burke inserir o trabalhador braçal ou assalariado na categoria de *instrumentum* vocal (*supra*, cap. VI, § 4). Entre os adversários do grande antagonista da Revolução Francesa, encontramos certamente Sieyès, que, porém, quanto ao tema em questão, não parece pensar diferente do jornalista e estadista inglês, referindo-se também à "maior parte dos homens como máquinas de trabalho", "instrumentos humanos da produção" ou "instrumentos bípedes"[42].

E de novo a tradição liberal revela seus limites de fundo também no que diz respeito à liberdade negativa, que é negada tanto aos escravos quanto aos pobres ou "vagabundos" encarcerados em massa nas "casas de trabalho", instituição total à qual Locke não faz nenhuma objeção e na qual, ao contrário, gostaria que a disciplina fosse mais dura: "Qualquer um que falsifique um visto [saindo sem permissão], que seja punido com um corte das orelhas na primeira vez, que, na segunda, seja deportado para as plantações como por um crime" e, assim, reduzido, na prática, à condição de escravo. Existe, no entanto, uma solução ainda mais simples, ao menos para aqueles que têm a infelicidade de serem surpreendidos pedindo esmola fora da própria paróquia e próximo a um porto marítimo: que sejam embarcados à força na Marinha Militar; "se, depois,

---

[40] Idem, "The Whole History of Navigation from the Original to this Time" (1704), em *The Works*, cit., v. X, p. 414.

[41] Ver Maurice Cranston, *John Locke. A Biography* (2. ed., Londres, Longmans, 1959), p. 115.

[42] Emmanuel-Joseph Sieyès, "Dire sur la question du veto royal" (1789), em Écrits politiques (org. Roberto Zapperi, Paris, Éditions des Archives Contemporaines, 1985), p. 236; idem, "Notes et fragments inédits", também em Écrits politiques, p. 75 (fr. *Esclaves*) e p. 81 (fr. *Grèce. Citoyen-homme*).

A Segunda Guerra dos Trinta Anos e a "cruzada filosófica" contra a Alemanha   389

descerem à terra firme sem permissão, ou se distanciarem ou se demorarem em terra mais do que o consentido, serão punidos como desertores", isto é, com a pena capital[43].

A instituição das casas de trabalho tem seu centro na Inglaterra. Justamente fazendo referência ao país clássico do liberalismo, o jovem Engels nos revela detalhes impressionantes: "[...] os internados são obrigados a usar uniforme e não dispõem de nenhuma proteção em face do arbítrio do diretor"; para que "os pais 'moralmente degradados' não influam sobre seus filhos, as famílias são separadas: o homem vai para uma ala; a mulher, para outra; e os filhos, para uma terceira". A unidade familiar é rompida; quanto ao resto, ficam todos amontoados, às vezes até o número de doze ou dezesseis num único cômodo, e sobre todos é exercido todo tipo de violência que não poupa sequer os velhos e as crianças e que implica atenções particulares no tocante às mulheres. Na prática, os internados das casas de trabalho são declarados e tratados como "foras da lei, objetos repugnantes postos fora da humanidade"[44]. Caso o quadro traçado por Engels pareça muito sentimental, basta considerar o juízo mais insensível de um estudioso liberal contemporâneo (Marshall), para quem é claro que, uma vez nas casas de trabalho, os pobres "cessavam de ser cidadãos em qualquer sentido genuíno da palavra", pois perdiam o "direito civil da liberdade pessoal" (*supra*, cap. VII, § 6).

Mesmo quando conseguem evitar as casas de trabalho, as classes inferiores veem gravemente reduzida e mutilada sua liberdade negativa. Hayek faz uma bela celebração de Mandeville por ser aquele para quem "o exercício arbitrário do poder por parte do governo seria reduzido ao mínimo"[45]; na verdade, o renomado expoente do primeiro liberalismo inglês, defensor de uma moral despreconceituosamente laica, exige, porém, que a frequência à igreja nos domingos e a doutrinação religiosa se tornem "obrigação para pobres e iletrados",

---

[43] O texto de 1697, escrito por Locke na qualidade de membro da Commission on Trade, é citado em Henry Richard Fox Bourne, *The Life of John Locke* (Londres, Henry S. King & Co., 1876) (reimp. Aalen, 1969), v. II, p. 377-90.

[44] Friedrich Engels, "Die Lage der arbeitenden Klasse in England" (1845), em MEW, v. II, p. 496-8 [ed. bras.: *A situação da classe trabalhadora na Inglaterra*, trad. B. A. Schumann, São Paulo, Boitempo, 2008, p. 318-9].

[45] Friedrich August von Hayek, *New Studies in Philosophy, Politics, Economics and the History of Ideas*, 1978; ed. it.: *Nuovi studi di filosofia, politica, economia e storia delle idee* (Roma, Armando, 1988), p. 280; é a afirmação de Nathan Rosenberg que Hayek subscreve e faz própria.

a quem, de toda forma, aos domingos, "deveria ser impedido [...] o acesso a qualquer tipo de divertimento além da igreja"[46].

Em Sieyès, podemos ler inclusive a proposta de submeter os pobres a uma escravidão temporária e controlada pela lei: "A última classe, composta de homens que têm apenas os braços, pode precisar da escravidão legal para fugir da escravidão da necessidade". Os amantes do Ocidente mais autêntico, aquele anglo-saxão, poderiam logo objetar que dele não faz parte Sieyès, que, entre outros, segundo Talmon, teria fornecido alguns argumentos para a "democracia totalitária"[47]. O fato é que, entretanto, ao defender a causa da introdução da *"esclavage de la loi"*, Sieyès remete explicitamente a um modelo anglo-saxão: "Quero vender meu tempo e meus serviços de toda espécie (não digo minha vida) por um ano, dois anos etc., como na América inglesa"[48]. A referência é aos denominados *"indentureds servants"* – na prática, "semiescravos", ao menos pelo tempo de duração de seu "contrato" (aliás, com frequência, sob vários pretextos, arbitrariamente prolongados por seus senhores) –, que, de fato, eram vendidos e comprados num mercado regular, anunciado pela própria imprensa local, e aos quais se dava caça em caso de fuga ou de afastamento indevido do lugar de trabalho[49]. É assim, ressalta Sieyès, que os "americanos" brilhantemente conseguiram "importar os operários de todo tipo de que precisam", recorrendo a um "meio" que, no entanto, continuava suscitando desconfiança na França[50].

Quando lemos hoje que o liberalismo desde o início foi sinônimo de liberdade para todos, quando lemos em Talmon que o liberalismo sempre abominou a "coerção" e a "violência"[51], logo nos damos conta de que, a essa altura, já foi abandonado o terreno da historiografia para pairar no céu e nas nuvens da hagiografia. Assim, quando lemos em Bobbio que "as declarações dos direitos do homem" estão "incluídas na constituição dos Estados liberais"

---

[46] Bernard de Mandeville, "An Essay on Charity and Charity-Schools" (1723), em *The Fable of the Bees* (1705 e 1714) (org. Frederick Benjamin Kaye, Oxford, Clarendon, 1924) (ed. fac-similar: Indianápolis, 1988), p. 307-8.

[47] Jacob Leib Talmon, *The Origins of Totalitarian Democracy* (1952); ed. it.: *Le origini della democrazia totalitaria* (Bolonha, Il Mulino, 1967), p. 99 e seg.

[48] Emmanuel-Joseph Sieyès, "Notes et fragments inédits", cit., p. 76 (fr. *Esclavage*).

[49] Ver Marcus Wilson Jernegan, *Laboring and Dependent Classes in Colonial America. 1607-1783* (Westport, Connecticut, 1980 [1931]), p. 45-56.

[50] Emmanuel-Joseph Sieyès, "Notes et fragments inédits", cit., p. 77 (fr. *Salaires: moyen de niveler leur prix dans les différents lieux*).

[51] Jacob Leib Talmon, *The Origins of Totalitarian Democracy*, cit., p. 12 e 15.

A Segunda Guerra dos Trinta Anos e a "cruzada filosófica" contra a Alemanha 391

e que temos de remontar a Locke "a ideia de que o homem enquanto tal tem direitos por natureza"[52], ou quando lemos em Dahrendorf que, já a partir da *Glorious Revolution*, é afirmada a ideia de "cidadania" (num nível mínimo, como "igualdade perante à lei") para todos os homens[53], nos damos conta claramente de que nos movemos num espaço histórico imaginário, do qual foram eliminados fatos macroscópicos, como a escravidão, as casas de trabalho, as relações reais de trabalho e até a ideologia por tanto tempo dominante na Inglaterra liberal, uma ideologia que, em relação não apenas aos escravos negros, mas também em relação ao "novo proletariado industrial", comportava uma atitude tão dura "que não encontra correspondência em nossos tempos, senão no comportamento dos mais abjetos colonizadores brancos em relação aos trabalhadores negros"[54].

Depois de operar essa apressada identificação entre tradição liberal e direitos do homem enquanto tal, Dahrendorf declara compartilhar "as ideias de fundo do grande *whig*" que é Burke[55], como se, entre as ideias de fundo deste, não houvesse, em primeiro lugar, a recusa categórica do discurso sobre os direitos do homem, condenado enquanto teoria subversiva que abre caminho para as reivindicações políticas e sociais de "cabeleireiros" e "vendedores de velas", "para não falar de inúmeras outras atividades mais servis do que essas", para as reivindicações da "multidão animalesca" ou de gente, cuja "ocupação sórdida e mercenária" (*sordid mercenary occupation*) implica por si só "uma perspectiva mesquinha das coisas humanas"[56]. É ainda mais absurda a usual identificação entre direitos do homem e tradição liberal inglesa, se pensarmos que até um liberal radical como Bentham rechaça a reivindicação da *égalité* e a teorização revolucionária francesa dos direitos do homem com argumentos muito semelhantes àqueles de Burke, isto é, também nesse caso, a partir da preocupação que tal discurso possa estimular a arrogância ou a desobediência anárquica dos "aprendizes" e das classes inferiores em geral: "Todos os homens

---

[52] Norberto Bobbio, *L'età dei diritti* (Turim, Einaudi, 1990), p. 45 e 21.

[53] Ralf Dahrendorf, *Per un nuovo liberalismo*, cit., p. 121.

[54] Richard Tawney, *Religion and the Rise of Capitalism* (Londres, 1929); ed. it.: "La religione e la genesi del capitalismo", em *Opere* (trad. Aldo Martignetti, Orio Peduzzi e Gino Bianco, org. Franco Ferrarotti, Turim, Utet, 1975), p. 513.

[55] Ralf Dahrendorf, *Riflessioni sulla rivoluzione in Europa*, cit., p. 26.

[56] Edmund Burke, "Reflections on the Revolution in France" (1790), em *The Works of the Right Honourable Edmund Burke* (Londres, Rivington, 1826), p. 154 e 105-6.

nascem iguais em seus direitos. O herdeiro dessa família mais indigente teria, portanto, direitos iguais ao herdeiro da família mais abastada? Quando isso é verdadeiro?". E como justificar a necessária "submissão do aprendiz ao patrão"[57]?

Enfim, a identificação entre tradição liberal e direitos do homem se revela falsa também no que se refere à América – e não só pela presença da instituição da escravidão (e, em sua forma mais dura, a *chattel slavery*) até a Guerra da Secessão e de relações de trabalho semiservis e de uma espécie de "*debt slavery*" bem além de 1865, mas também pela polêmica mais ou menos explícita que podemos ler num autor como Hamilton. Este se opõe vitoriosamente à inserção na Constituição dos Estados Unidos de uma declaração dos direitos do homem, julgada adequada apenas como "tratado de moral": não por acaso, notável influência na tradição política americana exercem os implacáveis acusadores da Revolução Francesa (e da teorização dos direitos do homem), como Burke e Gentz, este último tendo sido logo traduzido, em 1800, por John Quincey Adams, futuro sexto presidente dos Estados Unidos[58].

4. OCIDENTE IMAGINÁRIO, ALEMANHA IMAGINÁRIA

A construção de um Ocidente imaginário implica a construção paralela, por antítese, de uma Alemanha imaginária, cujas características permanentes e eternas resultam da simples inversão de valores dos quais o Ocidente se ergue como intérprete e depositário. E eis que a inteira tradição cultural e política alemã é dominada como por uma maldição original que a leva a negar constantemente o valor autônomo do indivíduo, engolido por um estatismo voraz. Uma vez que, além disso, o Ocidente se comporta como guardião dos valores morais e do princípio de superioridade do direito em relação à força, eis que

---

[57] Jeremy Bentham, "Anarchical Fallacies. A Critical Examination of the Declaration of Rights" (1. ed. em inglês, 1838), em *The Works* (org. John Bowring, Edimburgo, William Tait, 1838-1843), p. 498-9.

[58] Sobre a persistência de formas de trabalho forçado no sul dos Estados Unidos, ver Willemins Kloosterboer, *Involuntary Labour since the Abolition of Slavery* (Leiden, E. J. Brill, 1960), cap. V; sobre a polêmica de Hamilton, ver *The Federalist*, n. 84, e Charles Edward Merriam, *History of American Political Theories* (Nova York, A. M. Kelley, 1969 [1903]), p. 96-142; sobre a influência de Burke sobre Hamilton e a tradição política americana em geral, ver Walter Gerhard, *Das politische System Alexander Hamiltons* (Hamburgo, Friederichsen, de Gruyter & Co., 1929), e Harold Joseph Laski, *The American Democracy* (Fairfield, EUA, A. M. Kelley, 1977 [1948]), p. 10; sobre Gentz e John Quincey Adams, ver Domenico Losurdo, "La Révolution Française a-t-elle echouée?", em *La Pensée*, n. 267, jan.-fev. 1989, p. 85 e seg.

a Alemanha é pintada como sob o domínio, ao longo de toda a sua evolução, do culto da força e da violência, da santificação do fato consumado, em cujo altar é sacrificada a norma ética em sua autonomia e sua dignidade. Como demonstraria, de maneira particularmente clamorosa, a afirmação hegeliana da unidade entre racional e real.

A história da Europa é assim dividida em duas tradições culturais contrapostas, sem relações, ou com relações bastante efêmeras, entre si; à imagem estereotipada do Ocidente opõe-se a imagem igualmente estereotipada de seus inimigos. A esse último aspecto já nos dedicamos em outra ocasião[59]. Aqui basta aludir ao espanto manifesto durante a Primeira Guerra Mundial por Meinecke: "Os franceses se vangloriam de seu individualismo e de suas garantias em defesa de sua liberdade pessoal diante do Estado e veem em nós os instrumentos servis da vontade estatal". O grande estudioso acrescenta que "parece estar sonhando", sem conseguir compreender a radical mudança na imagem da Alemanha e da França em relação à época de Fichte, para quem, é sempre Meinecke que observa,

a arte estatal latina ou estrangeira, como ele a chama, aspira com férreo sentido das consequências ao Estado-máquina, trata todos os componentes da máquina como material homogêneo e revela um impulso para uma constituição sempre mais monárquica. A arte estatal alemã, por sua vez, educa o homem e futuro cidadão a uma autônoma personalidade ética. No Ocidente, uniformidade e submissão; entre nós, liberdade, autonomia, originalidade.[60]

Ao menos no que diz respeito à relação entre os dois países separados pelo Reno, observa-se uma reviravolta, no momento em que escreve Meinecke, se compararmos à época das guerras antinapoleônicas. Ao longo desses conflitos, o autor de discursos destinados à nação alemã tentara estimular a resistência contra a ocupação francesa e reforçar a consciência da identidade nacional e cultural da Alemanha, contrapondo a "arte estatal autenticamente alemã" (*echte deutsche Staatskunst*) às "máquinas sociais" consideradas estrangeiras (isto é, remetiam à França napoleônica e imperial), no âmbito das quais o indivíduo se

---

[59] Domenico Losurdo, *Hegel und das deutsche Erbe. Philosophie und nationale Frage zwischen Revolution und Reaktion* (Colônia, Pahl-Rugenstein, 1989), cap. XIV.

[60] Friedrich Meinecke, "Germanischer und romanischer Geist im Wandel der deutsche Geschichtsauffassung", *Berichte der Preußischen Akademie der Wissenschaften*, 1916, VI, p. 125 e 116.

reduz, em última análise, a uma das tantas, uniformes e intercambiáveis, "engrenagens" (*Räder*) de um "mecanismo" impessoal, cujo movimento é determinado e regulado de fora e pelo alto[61]. Portanto, é plenamente justificado o espanto do historiador alemão, espectador lúcido de um fato singular e surpreendente: poderíamos dizer que, ao longo do primeiro conflito mundial, a França rebate para a Prússia, e para a Alemanha, a mesma ideologia que pretendia colocá-la no banco dos acusados na época das *Befreiungskriege*.

No entanto, os estereótipos que se desenvolvem na Alemanha durante as guerras antinapoleônicas continuam vitais nesse país ainda durante os dois conflitos mundiais. Assim, para Simmel, o "individualismo" é uma característica "totalmente inseparável da essência alemã"[62], ao passo que, na França, é típico – declara Scheler – haver o "congênito hábito e fé supersticiosa no Estado absoluto e onipotente"[63]. Quase três décadas depois, um ideólogo do Terceiro Reich, ou, em suma, próximo ao nazismo, polemiza duramente com os "fanáticos ocidentais do Estado" (*westliche Staatsfanatiker*)[64].

Chegamos a resultados análogos se analisarmos o outro estereótipo fundamental, aquele que, visando, de maneira particular, à afirmação hegeliana da unidade entre racional e real, contrapõe respeito ocidental das razões da moral a culto teutônico da força. Na verdade, o uso bárbaro da força não impede Rosenberg de entoar um hino ao "dever ser", ao "imperativo moral categórico", ao "lado moral do homem"[65]. Também nesse caso, um culto exaltado do *Sollen* pode bem ser funcional à deslegitimação do moderno (*supra*, cap. XI, § 3); e bem se compreende o fato de que o nazismo (e o fascismo) considerem um soco no estômago a tese hegeliana da história que aprova a irreversibilidade do processo histórico, em seus resultados estratégicos, como progresso da liberdade e sua progressiva ampliação a todos. Remetendo não por acaso

---

[61] Johann Gottlieb Fichte, "Reden an die deutsche Nation" (1808), em *Fichtes Werke* (org. Immanuel Hermann Fichte, Berlim, Felix Meiner, 1971) (doravante F. W.), v. VII, p. 363-4.

[62] Georg Simmel, *Der Krieg und die geistigen Entscheidungen* (Munique e Leipzig, Dunckler und Humblot, 1917), p. 39.

[63] Max Scheler, "Die Ursachen des Deutschenhasses" (1916), em *Gesammelte Werke*, v. IV: *Politisch-pädagogische Schriften* (org. Manfred S. Frings, Berna/Munique, Francke, 1982), p. 357.

[64] Carl Petersen, *Der Seher deutscher Volkheit Friedrich Hölderlin* (1934), citado em Heinz Otto Burger, "Die Entwicklung des Hölderlinbildes seit 1933", *Deutsche Vierteljahreschrift für Literatur und Geisteswissenschaft*, v. XVIII, 1940 (Referateheft, 122).

[65] Alfred Rosenberg, *Der Mythus des 20. Jahrhunderts* (1930) (Munique, Hoheneichen, 1937), p. 336-7.

A Segunda Guerra dos Trinta Anos e a "cruzada filosófica" contra a Alemanha   395

a Nietzsche, Baeumler polemiza explicitamente com o famigerado, também
para ele, Prefácio a *Filosofia do direito*: a tese de Hegel que afirma que somos
filhos do próprio tempo e que a filosofia não seria outra coisa senão a compreensão conceitual do próprio tempo – observa criticamente – foi acolhida com
entusiasmo pela "burguesia culta alemã", que nela encontrou a consagração de
seu ideal filisteu de vida[66]. No mesmo sentido, Böhm brada contra "um século
que se tornou completamente historicista", sempre mirando em Hegel, ao qual
é positivamente contraposto Rudolf Haym, cuja monografia-acusação tem a
honra de ser elencada "entre os livros sobre Hegel hoje propriamente atuais"[67].
E a filosofia hegeliana da história é o alvo implícito também de Rosenberg,
quando ele exibe toda a sua repulsa pelo "historicismo materialista"[68]. Mais
uma vez, a tese hegeliana da racionalidade do real não pode não ser sinônimo
de filisteísmo e materialismo para um movimento que, respondendo a um imperativo categórico proveniente da profundidade da alma germânica, pretende
engajar-se numa luta "heroica" pelo apagamento de séculos de "degeneração"
moderna. É com base nessa lógica que, ainda no segundo pós-guerra, um ideólogo como Julius Evola pôde escrever que ao "dogma historicista *Weltgeschichte
ist Weltgericht* [...], remetem, com prazer, os homens sem espinha dorsal"[69].

A Hegel, suposto santificador do fato consumado, antes Bergson e depois
Popper acreditaram poder contrapor positivamente Schopenhauer[70]. Ao ler as
conversas de Hitler à mesa, notariam, desapontados, que com tal contraposição
também estava plenamente de acordo o *Führer* do Terceiro Reich, para quem
Schopenhauer teve o grande mérito de "pulverizar o pragmatismo de Hegel".
O "pragmatismo" de que se fala aqui não é outro senão o "historicismo" ou o
"historicismo materialista" denunciado por Rosenberg e pelos outros ideólogos
precedentemente vistos: os três termos são sinônimos que visam a denunciar
como filisteia e anti-heroica a hegeliana filosofia da história, contra a qual já
havia se empenhado o autor, por isso, tanto admirado por Hitler, que não só
se orgulhava de ter levado consigo, durante a Primeira Guerra Mundial, "as

---

[66] Alfred Baeumler, "Nietzsche" (1930), em *Studien zur deutschen Geistegeschichte* (Berlim,
      Junker und Dünnhaupt, 1937), p. 244.

[67] Franz Böhm, *Anti-Cartesianismus. Deutsche Philosophie im Widerstand* (Leipzig, F. Meiner,
      1938), p. 27.

[68] Alfred Rosenberg, *Der Mythus des 20. Jahrhunderts*, cit., p. 237.

[69] Julius Evola, *Il fascismo* (Roma, Volpe, 1964), p. 14.

[70] Ver Domenico Losurdo, *Hegel und das deutsche Erbe*, cit., cap. XIV, § 16 e § 22.

obras completas de Schopenhauer"[71], como amava citar, em suas conversas à mesa, "passagens inteiras" do filósofo caro também a Bergson e Popper[72].

Nesse ponto, convém proceder com uma consideração de caráter mais geral. Acreditar poder se contrapor à reação alemã e ao nazismo com base num *páthos* exaltado do Ocidente é mais um clamoroso infortúnio. Na verdade, no nazismo e no Terceiro Reich, a polêmica com o Oeste inimigo da Alemanha se amalgama com uma celebração sem limites do Ocidente, de que justamente a Alemanha se ergue como baluarte e intérprete autêntico. Quando saúda apaixonadamente o "homem ocidental" desde a antiga Grécia[73], Hayek ignora que está retomando uma expressão e um motivo amplamente presentes na cultura do Terceiro Reich[74].

5. Hegel perante do tribunal do Ocidente

É diante de um Ocidente liberal transfigurado pela imaginação ou pela ideologia que é chamada a desculpar-se a tradição cultural de uma Alemanha, ela mesma, imaginária. Trata-se de um processo bastante kafkiano, pois tanto o juiz quanto os réus, longe de corresponderem a uma realidade histórica concreta, fazem pensar em fantasmas resultantes da transfiguração, positiva ou negativa, operada pela ideologia. Seja como for, um autor é absolvido ou condenado na medida em que demonstra seu pertencimento ideal ao Ocidente. Nesse sentido, vimos Schumpeter e Dahrendorf absolverem completamente Kant enquanto cidadão "britânico". Há, porém, aqueles que percebem antecipações do "conceito hegeliano da soberania do Estado" no filósofo de Königsberg, que é então condenado, pois em antítese à "teoria liberal ou igualitário-democrática" própria do Ocidente[75]. Este último, portanto, é objeto de uma transfiguração tão ofuscante que, em seu interior, são apagadas as lutas e mesmos as diferenças entre democracia e liberalismo, sendo o liberalismo até considerado sinônimo de igualitarismo!

---

[71] Na conversa à mesa de 18 de maio de 1944; ver os *Bormann-Vermerke* (as transcrições organizadas por Martin Bormann das conversas à mesa do Führer); ed. it.: Adolf Hitler, *Idee sul destino del mondo* (Pádua, Edizioni D'Ar, 1980), p. 626.

[72] Henry Picker (org.), *Hitlers Tischgespräche* (conversa à mesa de 7 de março de 1942) (Frankfurt/Berlim, Ullstein, 1989), p. 122.

[73] Friedrich August von Hayek, *La società libera*, cit., p. 21 e 38.

[74] Ver Domenico Losurdo, *La comunità, la morte, l'Occidente. Heidegger e l'ideologia della guerra* (Turim, Bollati Boringhieri, 1991), cap. 3, § 9.

[75] Hella Mandt, "Tyrannislehre und Widerstandrecht", cit., p. 293.

Bem mais difícil que a posição de Kant é a de Hegel: seu *páthos* do Estado se presta a fazer dele um representante "típico" da imaginária Alemanha eternamente estatista. No entanto, ele ocupa, também por outras razões, um lugar absolutamente privilegiado na lista das catastróficas importações de origem alemã, minuciosamente elencadas por Hayek[76]. Hegel mostra-se estranho ao Ocidente e remete ao Oriente despótico e não liberal, senão bárbaro, por duas razões. Primeiro, é um dos godos denunciados por Hobhouse; segundo, exerceu, por meio de Marx, uma extraordinária influência no leste, enlaçando sua fortuna àquela do leninismo e do bolchevismo. Com essa denúncia, Hayek retoma um motivo amplamente desenvolvido na cultura europeia após a Revolução de Outubro – por autores tão distintos quanto Bernstein e Weber ou, na Itália, Mondolfo –, registrada na conta da dialética e da filosofia hegeliana, em geral apressadamente assimiladas ao culto do fato consumado e da força[77].

Continua valendo, porém, o fato de que as acusações a Hegel provêm diretamente da transfiguração do Ocidente. Se a tradição liberal anglo-saxônica é sinônimo de liberdade para todos, se a Inglaterra é a terra prometida não só da liberdade, mas também da recusa de toda forma de coerção e violência, é claro que parece ao menos suspeito o comportamento crítico assumido, a propósito, pelo filósofo alemão, cuja "anglofobia" é logo lida e condenada, por exemplo, por Bobbio, como sinônimo de conservadorismo não liberal e autoritário (*supra*, cap. V, § 7), "tipicamente" alemão. Às considerações já desenvolvidas sobre o quadro histórico real europeu em que se coloca o juízo severo que Hegel expressa sobre a Inglaterra, devemos acrescentar que, nesse mesmo país, o movimento reformador entra numa dura polêmica com a *Common Law* e o culto da lei consuetudinária. Bentham se manifesta em termos bem mais depreciativos do que aqueles usados por Hegel para denunciar a "oniabrangente

---

[76] Friedrich August von Hayek, *The Road to Serfdom*, cit., p. 16.

[77] No que diz respeito a Eduard Bernstein, ver a nota por ele aposta, depois da Revolução de Outubro, em *Die Voraussetzungen des Sozialismus und die Aufgaben der Sozialdemokratie* (1899); ed. it.: *Socialismo e socialdemocrazia* (Bari, Laterza, 1968), p. 70-1, nota. No que diz respeito a Weber, ver David Beetham, *Max Weber and the Theory of Modern Politics* (Cambridge/Oxford, Polity, 1985); ed. it.: *La teoria politica di Max Weber* (trad M. T. Brancaccio, Bolonha, Il Mulino, 1985), p. 280. No que diz respeito a Rodolfo Mondolfo, por fim, ver "Forza e violenza nella storia" (1921), em *Umanismo di Marx. Studi filosofici 1908-1966* (Turim, Einaudi, 1968), p. 210-1 e 215. Posicionamento análogo é assumido, depois do fim da Segunda Guerra Mundial, por Hans Kelsen, *The Political Theory of Bolshevism. A Critical Analysis* (Berkeley/Los Angeles, University of California Press, 1948); ed. it.: *La teoria politica del bolscevismo* (trad. Riccardo Guastini, Milão, Il Saggiatore, 1981), p. 42-53.

impostura" da tradição e da cultura jurídica inglesa que facilita o caminho para todo tipo de "falsidade e engano"[78] e que, entregando a interpretação da norma nas mãos de poucos eleitos, prejudica, em particular, o "cidadão ignorante" e pobre[79]. Ainda John Stuart Mill reconhece o mérito de Bentham por infligir uma "ferida mortal" ao "monstro" (mais uma vez constituído pela tradição e pela cultura jurídica inglesa), demonstrando "que o culto da lei inglesa era uma degradante idolatria e que, em vez de representar a perfeição da razão, constituía uma desonra para o intelecto humano"[80].

Também devido à sua nítida recusa da declaração dos direitos do homem e do conceito de homem enquanto tal, Bentham é certamente um autor bastante distinto de Hegel, mas expressa uma "anglofobia" que, por certo, não é menos virulenta do que a do filósofo alemão. Tudo isso, no entanto, é totalmente ignorado pelo imaginário e misterioso tribunal do Ocidente, que assume imediatamente a "anglofobia" como sinônimo daquele estatismo devorador do indivíduo, em que a ideologia da Entente e dos inimigos ocidentais da Alemanha identifica a essência eterna da cultura e da alma alemãs. Ora, qual prova mais eloquente poderia ser encontrada, para essa ulterior acusação, da polêmica anticontratualista de Hegel? E assim tal argumento é incessantemente repetido por uma vasta e variada imprensa até nossos dias. E, mais uma vez, torna-se evidente o sacrifício do escrúpulo e do método histórico no altar da ideologia. Basta pensar que na Inglaterra o reformismo de Bentham teve que empreender, em sua época, uma dura polêmica justamente contra a teoria contratualista, denunciada como ideologia funcional à conservação do *status quo* e ao ocultamento da violência das classes dominantes. Era a ideologia cara à aristocracia *whig* derivada da Revolução Gloriosa e interessada em legitimar e consagrar as relações político-sociais existentes, apresentando-as como resultado de um "contrato" (*contract*) e de um ato de "consenso" (*agreement*) expresso pelo povo[81]. Na ideologia do "contrato original" (*original compact*), que parte de Locke e encontra sua consagração oficial em Blackstone, as classes privile-

---

[78] Jeremy Bentham, "Nomography or the Art of Inditing Laws" (1843, póstumo), em *The Works*, cit., v. III, p. 240.

[79] Idem, "Essay on the Promulgation of Laws" (1843, ed. inglesa póstuma), em *The Works*, cit., v. I, p. 157.

[80] John Stuart Mill, "Obituary of Bentham" (1832), em *Collected Works* (org. John Mercel Robson, Toronto, University of Toronto Press, 1965 e seg.), v. X, p. 496.

[81] Jeremy Bentham, "A Fragment on Government. Historical Preface to the Second Edition" (1828), em *The Works*, cit., v. I, p. 242.

giadas – observa o filósofo inglês contemporâneo de Hegel – são unidas como num coral que, dirigindo-se à configuração existente da sociedade, não se cansa de cantar: *Esto perpetua!*"[82]. E, contra tal ideologia do contrato, contra essa "quimera", que, na verdade, é um misto de violência e de fraude, Bentham se vangloria de ter "declarado guerra"[83].

Também no caso das outras acusações, é fácil demonstrar que descendem diretamente da transfiguração do Ocidente liberal, isto é, da tradição política dos países situados a oeste da Alemanha. Como é sabido, Hegel se pronuncia a favor de um sistema eleitoral de segundo grau, e também isso é alegado como prova de seu incurável passadismo. Esquece-se de que a favor desse mesmo sistema (considerado "o único meio de colocar o uso da liberdade política à altura de todas as classes do povo") se pronuncia Tocqueville numa obra que também é considerada um clássico da democracia – e se pronuncia em tal sentido, despejando todo o seu aristocrático desprezo pela massa de "obscuros personagens" ("advogados de província, comerciantes ou mesmo homens pertencentes às classes inferiores") que as eleições diretas colocam na Câmara dos Representantes americana, conferindo um "aspecto vulgar" a essa assembleia como um todo[84]. Deve-se acrescentar que, em conversas privadas, o liberal francês se expressa, em relação às eleições diretas, com uma hostilidade ainda mais dura do que essa demonstrada nas tomadas de posição públicas. Isso, a julgar ao menos por uma carta do fim de 1835, em que Tocqueville, após ter apontado as "eleições em mais graus" (pode-se ir além do segundo grau, portanto) como único "remédio para os excessos da democracia", acrescenta que, dado o clima ideológico dominante, é necessário apresentar "com muita prudência" tal tese, por ele mesmo expressa em público com cautela, atenuando um pouco o discurso[85]. Sobretudo se esquece de que, bem depois da morte de Hegel, na Inglaterra, "a representação não era, de modo algum, considerada um meio para expressar o direito individual ou para promover interesses individuais. Eram as comunidades, e não os indivíduos,

---

[82] Idem, "Jeremy Bentham to his Fellow-citizens of France on Houses of Peers and Senates" (1830), em *The Works*, v. IV, cit., p. 447.

[83] Idem, "A Fragment on Government", cit., v. I, p. 242-3.

[84] Alexis de Tocqueville, "De la démocratie en Amérique", I (1835), em *Œuvres complètes* (org. Jacob-Peter Mayer, Paris, Gallimard, 1951 e seg.), p. 207-8.

[85] Carta a Francisque de Corcelle, (provavelmente posterior a) 15 de outubro de 1835, em Alexis de Tocqueville, *Œuvres complètes*, cit., v. XV, 1, p. 57.

a ser representadas"[86]. Nem se exclui que, ao teorizar o sistema eleitoral de segundo grau, o filósofo alemão tenha olhado também para a Inglaterra – para a qual, aliás, explicitamente olha –, quando teoriza uma Câmara hereditária dos pares ou o direito de primogenitura (V. Rph., III, p. 810). No caso, deve-se acrescentar que a extensão de tal instituição naquele país parece inaceitável aos olhos de Hegel, que, de fato, condena duramente os "direitos de primogenitura, em que para os filhos mais jovens são comprados postos militares e eclesiásticos" (Ph. G., p. 935). No que se refere, pois, à teorização da eleição de segundo grau, deve-se notar que ela não assume, em Hegel, o significado, de algum modo, classista que tem em Tocqueville, isto é, não visa a depurar os organismos representativos dos elementos considerados "vulgares" pelo liberal francês, mas, ao contrário, a contestar, no único modo que o filósofo alemão considera viável, o monopólio político dos proprietários (*supra*, cap. VI, § 6).

Já está claro. O apagamento dos dados históricos reais da imagem da Inglaterra e do Ocidente liberal da época é a condição para que Inglaterra e Ocidente possam atuar como tribunal.

6. Ilting e a recuperação liberal de Hegel

Dado o peso que por tanto tempo exerceu e continua até hoje a exercer a condenação de Hegel pronunciada em nome do Ocidente liberal, é fácil compreender que as tentativas de recuperação do filósofo frequentemente tenham se desenvolvido sem questionar o quadro conceitual da sentença de condenação. É o caso de Ilting, que interpreta a polêmica anticontratualista ou a afirmação da unidade entre racional e real segundo os estereótipos que já conhecemos. Tais estereótipos continuam a ser percebidos em larga medida também na interpretação da crítica que faz Hegel, com o olhar voltado para a Polônia, dominada por barões feudais interessados na manutenção da servidão da gleba, a cerca da monarquia eletiva. Ilting não tem dúvidas: trata-se de uma tomada de posição a favor do "princípio monárquico" e, em última análise, da ideologia da Restauração[87]. Contudo, ele poderia ler em Smith que a "servidão" continua

---

[86] R. W. Pollard, *The Evolution of Parliament* (Londres, 1920), citado em Thomas Humphrey Marshall, *Sociology at the Crossroad* (1963); ed. it.: *Cittadinanza e classe sociale* (org. Paolo Maranini, Turim, Utet, 1976), p. 37.

[87] Karl-Heinz Ilting, *Hegel diverso* (Roma/Bari, Laterza, 1977), p. 119-20; já à época de Hegel, em termos negativos se expressara Paulus (Mat., I, p. 63).

existindo "na Boêmia, na Hungria e naqueles países em que o soberano é eleito e, em consequência, nunca pode ter grande autoridade"[88]. Também nesse caso, o autor, diferentemente de Hegel, não se afasta de fato da vulgata interpretativa, que, longe de indagar no concreto o real significado histórico de uma instituição política considerada com desconfiança também por um clássico da tradição liberal, se contenta em constatar a discrepância entre a reivindicação de um forte poder central, por um lado, e a história peculiar da Inglaterra e a imagem estereotipada do Ocidente, por outro. Assim, a condenação da monarquia eletiva pronunciada por Hegel com o olhar voltado para a história da Polônia e para aquele poder excessivo dos barões feudais que a Restauração tentava em vão consolidar, tudo isso se reverte em seu contrário, na prova irrefutável do apoio à política de Metternich ou, ao menos, da acomodação a ela.

Além do mais, quase como abertura de seu ensaio de reinterpretação do filósofo alemão, Ilting sente a necessidade de fazer algumas concessões fundamentais aos estereótipos que já conhecemos:

A divinização do Estado feita por Hegel é justamente criticada [...]. Em sua interpretação, de sabor clássico, do Estado moderno, Hegel, antes de mais nada, teve de pressupor que os povos e as nações são quase indivíduos histórico-universais, aos quais o homem, em sua existência histórica, pertence de forma incondicional. As possibilidades de explorar o ideal republicano de Estado de Hegel a favor de uma mesquinha ideologia nacionalista são incalculáveis.[89]

Sobretudo a última afirmação se ressente do clima ideológico da Segunda Guerra dos Trinta Anos, com base no qual o "estatismo" hegeliano é gravemente corresponsável pelo desenvolvimento do imperialismo alemão e pelo triunfo da reação na Alemanha.

Tal acusação é possível responder de maneiras diferentes. No plano mais propriamente hermenêutico, observa-se que, além do espírito objetivo, há o espírito absoluto e que, também no interior da esfera do espírito objetivo, a configuração jurídica e político-social dos Estados historicamente existentes é sempre passível de ser questionada pelo espírito do mundo, ao qual deve ser reconhecido um direito nitidamente superior ao "direito do Estado", estando

---

[88] Adam Smith, *Lectures on Jurisprudence* (1762-1763 e 1766) (v. V, ed. de Glasgow), p. 455 (lições de 1766).

[89] Karl-Heinz Ilting, *Hegel diverso*, cit., p. 22.

este último bem longe de ser "a coisa suprema" (V. Rph., IV, p. 157). Pode-se acrescentar, sempre no plano hermenêutico, que, em Hegel, é nítido e inequívoco o reconhecimento de direitos que competem ao homem enquanto tal e que, pelo caráter de inviolabilidade deles, limitam de forma drástica a extensão do poder político.

Ou podemos responder à acusação no plano histórico. O *páthos* hegeliano do Estado e da comunidade política se desenvolve ao longo da polêmica com a ideologia da Restauração, que justifica o absolutismo monárquico e destrói toda hipótese de transformação em sentido constitucional do Estado, recorrendo ao instrumento da degradação das instituições políticas, consideradas irrelevantes se comparadas ao problema da interioridade moral e religiosa e à relação pessoal – não prejudicada pelo elemento mecânico da regulamentação política e jurídica – entre monarca e súditos[90]. Deve-se, pois, acrescentar que o nazismo não é de forma alguma caracterizado por uma ideologia estatista; ao contrário, por vezes o vimos bradando contra os "fanáticos ocidentais do Estado".

Na página que estamos examinando, porém, não é de um modo nem de outro que Ilting argumenta; ao contrário, alega como atenuante de Hegel o fato de ter claramente se afastado do autor de *O contrato social*: "Contrariamente à democracia radical de Rousseau, o Estado de Hegel não deve, portanto, ser [considerado] totalitário"[91]. Fica claro que, para o grande genebrino, é aceito o juízo de Talmon (e da historiografia liberal), que o inclui entre os pais da "democracia totalitária". E, com tal juízo, Ilting retoma a apologética da tradição liberal, como emerge com clareza de um trecho que, partindo da categoria de "individualismo possessivo", elaborada por Macpherson, assim prossegue:

> Ele demonstrou que essa concepção constitui a essência da teoria liberal da sociedade civil que encontramos formulada de modo substancialmente concorde, mesmo que com distinto rigor e distinta precisão conceitual, seja em Hobbes e Locke, seja em Kant e Hegel. Seria, contudo, certamente perigoso se disso se quisesse deduzir que o moderno direito racional não representa nada mais do que a ideologia da classe proprietária. Nem tal interpretação prestaria justiça às exigências dessa teoria do direito nem se consegue compreender por que a doutrina com base na qual todos os homens devem ser reconhecidos como detentores de

---

[90] Ver Domenico Losurdo, *Hegel und das deutsche Erbe*, cit., em particular cap. II, § 8.

[91] Karl-Heinz Ilting, *Hegel diverso*, cit., p. 24.

A Segunda Guerra dos Trinta Anos e a "cruzada filosófica" contra a Alemanha   403

iguais direitos de liberdade não deva ser nada mais do que a ideologia de uma determinada classe social surgida em determinadas condições históricas.[92]

Certamente Ilting tem razão ao afirmar que a teoria liberal da necessária limitação do poder estatal transcende sua gênese histórico-social, mas, ao atribuir a Locke a teorização do direito da liberdade para "todos os homens", adere, com clareza, à transfiguração costumeira da tradição liberal. É uma adesão que apresenta outros particulares. Ilting é da opinião de que o texto impresso de *Filosofia do direito* "não contém mais uma avaliação positiva da Revolução Francesa"[93], e é também por isso que ele acredita poder demonstrar a acomodação, ainda que temporária, do filósofo alemão à Restauração. Ora, seria fácil objetar que esse texto sempre conteve o solene reconhecimento da existência de direitos "inalienáveis" e "imprescritíveis" (Rph., § 66) de que é titular o indivíduo enquanto "pessoa universal" e "o homem [...] enquanto homem" (Rph., § 209); isto é, seria fácil objetar que, no texto impresso de *Filosofia do direito*, continua-se a falar com grande entusiasmo dessa declaração dos direitos do homem, contra a qual, ao contrário, investe a imprensa empenhada em acusar a Revolução Francesa. O ponto principal, porém, é outro. Se também Hegel tivesse condenado a Revolução Francesa, disso se poderia deduzir seu antiliberalismo só se transfigurarmos a imprensa liberal da época, tacitamente atribuindo-lhe uma unívoca adesão às ideias de 1789, que, no entanto, está bem distante da realidade histórica. Basta pensar na dura condenação por parte de Burke, mas também de Bentham, dessa declaração dos direitos do homem, que, por sua vez, é objeto de celebração também no texto impresso de *Filosofia do direito*.

Voltemos agora à passagem em que Ilting compara Hegel a Locke sob o signo do "individualismo possessivo". Na realidade, no livro de Macpherson em nenhum momento é citado o autor de *Filosofia do direito*; é Ilting que faz esse cotejo. No entanto, pode ser incluído na categoria de "individualismo possessivo" um filósofo que não se cansa de repetir que, por mais "elevado" e "sagrado" que seja o "direito de propriedade", ele continua sendo algo de "muito subordinado", que "pode ser violado e deve sê-lo" (V. Rph., IV, p. 157)? Não é também por ter ressaltado o papel do Estado na imposição fiscal e, de alguma forma, na redistribuição da renda que Hegel é acusado de estatista pela tradição

---

[92] Ibidem, p. 8.

[93] Ibidem, p. 45.

liberal? Foi ele o primeiro, sublinha Hayek, a teorizar essa liberdade "positiva" que é o monstro de todos os neoliberais, que nela denunciam a base teórica da "democracia social" por eles facilmente identificada com a "democracia totalitária" (*infra*, cap. XIII, § 8). A coerência de Hayek está fora de discussão. Ilting, por um lado, inclui Hegel na categoria de "individualismo possessivo" junto a Locke e, por outro, embora tentando ajustar sua dimensão, retoma a acusação de estatismo ou de estadolatria que certa tradição liberal dirige ao filósofo justamente pelo fato de ele não ter afirmado o princípio da absoluta intangibilidade e inviolabilidade da propriedade privada, cara ao autor de *Dois tratados sobre o governo*.

Incluindo Hegel na categoria de "individualismo possessivo", Ilting volta no reconhecimento ao filósofo por ter querido superar "as fraquezas do liberalismo" e a "manifesta insuficiência da concepção liberal do Estado"[94]. Claramente atua aqui uma espécie de tabu: o intérprete alemão hesita, ou melhor, não consegue pronunciar a tese da superioridade de Hegel, em relação a Locke, como teórico da liberdade dos modernos, porque, desde o início, aceitou, ou tolerou, a orientação (que se tornou lugar-comum ao longo da Segunda Guerra dos Trinta Anos) segundo a qual é o autor de *Filosofia do direito* que é chamado a desculpar-se perante um tribunal do Ocidente liberal transfigurado pela imaginação e pela ideologia. Aproximando-o ao máximo a Locke, Ilting tenta assegurar também para Hegel aquele certificado de cidadania britânica que Schumpeter e Dahrendorf concederam a Kant e que constitui a única garantia de um tratamento benévolo por parte dos juízes.

Depois de tomar emprestado de Talmon e Hayek a contraposição entre Rousseau, pai do totalitarismo, e Locke, autêntico intérprete da causa da liberdade e da luta contra o estatismo, Ilting se vê em dificuldades defendendo Hegel, que, decerto, refletindo profundamente sobre uma rica experiência histórica, amadureceu uma convicção da legitimidade e da irrevocabilidade do moderno e um reconhecimento do direito da particularidade que, em vão, poderíamos procurar no filósofo genebrino (*supra*, cap. VIII, § 1). No entanto, como o próprio Ilting reconhece, Hegel "desde a primeiríssima juventude está próximo, de um modo todo particular", a Rousseau, em relação ao qual *Filosofia do direito*, sem dúvida, procede a uma nítida tomada de distância, mas uma tomada de distância em que não pareceriam estranhas, segundo o intérprete alemão, "considerações

---

[94] Ibidem, p. 22-3.

A Segunda Guerra dos Trinta Anos e a "cruzada filosófica" contra a Alemanha   405

de oportunidade política"[95]. Portanto, uma vez aceita, ou tolerada, a apressada liquidação de Rousseau operada por Talmon e Hayek, é difícil liberar Hegel por completo da suspeita de contiguidade com o totalitarismo. Aliás, mais tarde, Ilting ressalta a distância do filósofo alemão em relação ao totalitário filósofo genebrino, paradoxalmente fazendo referência ao texto impresso de *Princípios*, apesar de este ser considerado de escassa e dúbia autenticidade. Efetivamente, os cursos de filosofia de direito se manifestam em relação a Rousseau com entusiasmo que seria difícil encontrar na tradição liberal, cujo comportamento, ao contrário, não é tão diferente do ataque furioso que a tradição conservadora e reacionária de pensamento desencadeia contra o autor plebeu de *O contrato social* e *Discurso sobre a desigualdade* (*supra*, cap. VIII, § 3).

O fato é que Ilting recorre a categorias emprestadas sem uma análise crítica prévia a partir da tradição liberal ou até da imprensa neoliberal. Chamados a responder pela acusação de estatismo ou estadolatria, Rousseau é condenado sem apelação e Hegel se livra com uma semiabsolvição, enquanto a tradição liberal inglesa sai imune desse tribunal. Em Macpherson, a quem também remete para a análise do "individualismo possessivo", Ilting poderia ler a demonstração do caráter ambíguo das categorias de estatismo e de estadolatria e a natureza *sui generis* do individualismo e do antiestatismo de um autor como Locke, para quem não havia dúvida de que desempregados e vagabundos deveriam ser "totalmente submetidos ao Estado" (*supra*, cap. IV, § 2) – e nisso o liberal inglês se revela bem mais estatista não só do que Hegel, mas também do que Rousseau. Uma conclusão se impõe: Macpherson é capaz de desmistificar aquela imagem transfigurada da tradição liberal, à qual, entretanto, Ilting sucumbe e com base na qual são construídas todas as acusações envolvendo o autor de *Filosofia do direito*.

7. Lukács e o peso dos estereótipos nacionais

Pelo período em que elaborou e desenvolveu sua reflexão sobre Hegel, nem de Lukács se pode esperar a plena superação dos estereótipos impostos ao longo dos dois conflitos mundiais. Indubitavelmente grandes são seus méritos, começando pela liquidação da tese da suposta linha de continuidade (de Lutero a Hitler ou, ao menos, de Hegel a Hitler) que pesaria como maldição sobre a história da Alemanha. O filósofo e intérprete húngaro demonstrou de maneira brilhante que a filosofia clássica alemã se desenvolveu a partir do confronto

---

[95]   Ibidem, p. 23.

com a Revolução Industrial na Inglaterra e a revolução política na França. Evidente em seu pensamento é a recusa da linha interpretativa de Stálin e Jdanov, segundo a qual, em Hegel, seria necessário ver a expressão teórica da luta conduzida pela reação prussiana e alemã contra a Revolução Francesa[96] – tese, diga-se como adendo, cara também a Popper[97].

Lukács, por sua vez, vai além e recusa também a visão mecanicista e economicista que gostaria de derivar diretamente do atraso econômico e político da Alemanha da época de Kant e Hegel um atraso no plano ideológico. É esse o comportamento de Kautsky, para quem "a revolução teórica da Inglaterra e da França foi resultado da necessidade continuamente crescente na burguesia de uma revolução econômica e política [...]. A revolução teórica da Alemanha foi produto de ideias importadas" que, ao longo da importação, sofrem um processo de empobrecimento e rarefação idealista[98]. Lukács, ao contrário, insiste naquilo que ele define como "desigualdade do desenvolvimento no campo das ideologias", com base na qual a Alemanha dos séculos XVIII e XIX, apesar de nitidamente atrasada no plano político-social se comparada aos países capitalistas avançados, expressa uma filosofia promissora e de vanguarda[99]:

Justamente o fato de que [na Alemanha] não fossem imediatamente evidentes na vida prática os fundamentos e as consequências de alguns problemas teóricos e

---

[96] Ver György Lukács, *Gelebtes Denken* (org. István Eörsi, 1980); ed. it.: *Pensiero vissuto* (Roma, Editori Riuniti, 1983), p. 132; sobre esse tema, em polêmica com Stálin, temos Mao Tsé-tung, que, mesmo inserindo Hegel entre os "materiais negativos" das "doutrinas burguesas", à tese stalinista do idealismo alemão como "reação da aristocracia alemã à Revolução Francesa" contrapõe a tese leninista (e, antes, a engelsiana) da filosofia clássica alemã como uma das "três partes integrantes do marxismo"; ver Mao Tsé-tung, "Discorso alla conferenza dei segretari dei comitati di partito delle province, municipalità e regioni autonome" (1957), em *Rivoluzione e costruzione. Scritti e discorsi 1949-1957* (Turim, Einaudi, 1979), p. 488. No que se refere a Lênin, ver "Tre fonti e tre parti integrante del marxismo" (1913), em Vladímir I. Lênin, *Opere scelte* (Roma, Editori Riuniti, 1968), p. 475-80; por fim, no que se refere a Engels, ver "Ludwig Feuerbach und der Ausgang der klassischen deutschen Philosophie" (1888), em MEW, v. XXI, p. 307.

[97] Karl Raimund Popper, *The Open Society and its Enemies*, cit., v. II, p. 30.

[98] Karl Kautsky, "Arthur Schopenhauer", em *Die neue Zeit*, 1888, VI, p. 76.

[99] György Lukács, *Karl Marx und Friedrich Engels als Literaturhistoriker* (1948); ed. it.: *Il marxismo e la critica letteraria* (2. ed., trad. Cesare Casea, Turim, Einaudi, 1964), II ed., p. 33-4 [ed. bras.: *Marx e Engels como historiadores da literatura*, trad. Nélio Schneider, São Paulo, Boitempo, 2016].

poéticos deu ao espírito, às concepções e às representações uma grande margem de liberdade, que, aliás, pareceu relativamente ilimitado; uma liberdade que permaneceu desconhecida para os contemporâneos das sociedades ocidentais mais desenvolvidas.[100]

No fundo, trata-se de um resultado que encontra confirmação nas pesquisas de Elias, que, embora partindo de pressupostos distintos e fazendo uso de uma metodologia diferente, observa que a "*intelligentsia* burguesa na Alemanha, apolítica, mas espiritualmente mais radical" do que aquelas da França e da Inglaterra, "forja, ao menos no espírito, no sonho diurno de seus livros, conceitos absolutamente diferentes dos modelos do estrato superior"[101].

O relativo atraso da Alemanha tornou mais difícil e mais longo o processo de absorção dos grupos ideológicos por parte da burguesia, e isso explica a maior ausência de preconceitos e a maior carga crítica. O radicalismo dos intelectuais de formação hegeliana foi bastante evidenciado por Marx no quadro que ele traça do *Vormärz* alemão:

A burguesia, ainda muito frágil para tomar medidas concretas, viu-se forçada a se arrastar atrás do exército teórico guiado por discípulos de Hegel contra a religião, as ideias e a política do Velho Mundo. Em nenhum período anterior, a crítica filosófica foi tão audaz, potente e popular quanto nos primeiros oito anos do domínio de Frederico Guilherme IV. [...] A filosofia devia seu poder, durante esse período, exclusivamente à fraqueza prática da burguesia; como os burgueses não eram capazes de atacar na realidade as instituições envelhecidas, foram obrigados a deixar a liderança aos corajosos idealistas que atacavam no terreno do pensamento.[102]

Contudo, também em Lukács sentimos o peso dos estereótipos já vistos, como emerge da pequena, mas sintomática, modificação a que o filósofo e intérprete húngaro submete a distinção entre "método" e "sistema", cara a

---

[100] Idem, *Goethe und seine Zeit* (1947, mas os ensaios aqui compilados remontam aos anos 1930) (Berlim/Neuwied, Luchterhand, 1964); ed. it.: *Goethe e il suo tempo* (trad. Enrico Burich, Turim, Einaudi, 1983), p. XIV.

[101] Norbert Elias, *Über den Prozeß der Zivilisation*, v. I: *Wandlungen des Verhaltens in den weltlichen Oberschichten des Abendlandes* (1936) (2. ed., Frankfurt, Suhrkamp, 1969); ed. it.: *La civiltà delle buone maniere* (trad. Giuseppina Panzieri, Bolonha, Il Mulino, 1982), p. 128-9.

[102] Karl Marx, "Die Lage Preußen" (1859), em MEW, v. XII, p. 684.

Engels. Este último observa que, em Hegel, "um método de pensamento revolucionário de cima a baixo" (*durch und durch*) corresponde a um "sistema" com um intrínseco "lado conservador" ou que, em suma, conduz a "uma conclusão política muito modesta"[103]. Já Lukács, neste caso, fala de "sistema reacionário" (*reaktionäres System*)[104]. Assistimos, assim, a um deslize grave, e totalmente imotivado, do juízo crítico sobre Hegel. Embora insistindo em sua clara defasagem em relação ao método, Engels não considera univocamente conservador sequer o "sistema", isto é, o conjunto de opções e das tomadas de posição políticas assumidas pelo filósofo — tanto é que ressalta "os arroubos de indignação revolucionária bastante frequentes em suas obras". Ademais, a "conclusão política muito modesta" a que conduz o "sistema" é identificada por Engels na "monarquia representativa" prometida por Frederico Guilherme III "a seus súditos", mas nunca realizada, isto é, é identificada numa reivindicação por certo não à altura das conclusões que os revolucionários mais radicais extraíam do "método", mas sempre progressista, a ponto de ser considerada, sempre por Engels, adequada "às condições pequeno-burguesas da Alemanha de então"[105]. Em Lukács, ao contrário, o "sistema" não só perde seus componentes progressistas ou moderadamente progressistas, como se torna univocamente "reacionário". Pareceria, então, que, ao menos no que diz respeito às concretas e imediatas propostas políticas formuladas, a filosofia de Hegel seria expressão da reação à Revolução Francesa, segundo a tese de Stálin, Jdanov e, do outro lado da barricada, Popper. Desse modo, o filósofo e intérprete húngaro acaba contradizendo aquela que é a orientação de fundo de sua leitura da filosofia clássica alemã.

Como explicar esse deslize? Talvez seja útil uma carta para Anna Seghers, na qual Lukács afirma que "as tradições democráticas da Alemanha são menores e menos gloriosas do que aquelas da França e da Inglaterra"[106]. Claro, é preciso inserir tal declaração no período histórico em que acontece: estamos em plena barbárie do Terceiro Reich e às vésperas do desencadeamento da

---

[103] Friedrich Engels, "Ludwig Feuerbach und der Ausgang der klassischen deutschen Philosophie", cit., p. 269 e 271.

[104] György Lukács, *Die Zerstörung der Vernunft* (Berlim, Aufbau, 1954); ed. it.: *La distruzione della ragione* (Turim, Einaudi, 1959), p. 584.

[105] Friedrich Engels, "Ludwig Feuerbach und der Ausgang der klassischen deutschen Philosophie", cit., p. 269.

[106] Carta a Anna Seghers de 2 de março de 1939; ed. it.: György Lukács, *Il marxismo e la critica letteraria*, cit., p. 411.

Segunda Guerra Mundial por parte da Alemanha de Hitler. Porém, uma pergunta igualmente se impõe: por que deveria ser considerada mais rica de fermentos revolucionários, em comparação com a tradição alemã, a tradição política e cultural inglesa? Na época da Revolução Francesa, Condorcet dirige um apelo apaixonado aos alemães para que, na fidelidade a seu glorioso passado revolucionário (a Reforma que desemboca na revolução antifeudal da Guerra dos Camponeses), façam causa comum com a nova França na luta contra os inimigos da revolução, guiados, a essa altura, pela Inglaterra[107]. Esta última aparece nesses anos, aos olhos da opinião pública progressista, como país-símbolo da conservação ou da reação: antes ainda de assumir a direção das coalizões antifrancesas, foi o alvo da Revolução Americana, revelando-se, portanto, inimigo principal das revoltas que estavam mudando a face do mundo e que tanto entusiasmo provocavam na cultura alemã.

Mais tarde, em 1827 – com a Alemanha ainda sob o peso da Restauração –, Heine continua firme quanto ao país-símbolo do culto supersticioso da ordem constituída: "Nenhuma revolta social teve lugar na Grã-Bretanha", não podendo ela contar em sua história nem com uma "Reforma religiosa" completa, como é o caso, por exemplo, da Alemanha, nem com uma "Reforma política", isto é, uma revolução política verdadeira, como é evidentemente o caso da França[108]. Os acontecimentos posteriores parecem confirmar, aos olhos da opinião pública progressista ou revolucionária, o juízo de Heine: ao lado da Rússia tsarista, a Inglaterra é o único país europeu que não foi nem ligeiramente tocado pela grande onda revolucionária de 1848 – e é por isso que é apontada por Engels como "a inabalável rocha contrarrevolucionária no mar" das revoltas que fazem fervilhar tudo em torno[109].

À parte o distinto e contraposto o juízo de valor, nem os conservadores alemães pensam de outra forma sobre a Inglaterra, à qual, de fato, constantemente se remetem como o país da ordem e do progresso organizado, imune às agitações que devastam a França e o continente europeu, inclusive a Alemanha,

---

[107] Condorcet, "Aux germains" (1792), em Œuvres (org. Arthur Condorcet O'Connor e M. F. Arago, Paris, Firmin Didot Frères, 1847) (reimp. fac-similar: Stuttgart/Bad Cannstatt, 1968), v. XII, p. 162-3.

[108] Heinrich Heine, "Englische Fragmente" (1828), em Sämtliche Schriften (org. Klaus Briegleb em colaboração com Günter Häntzschel e Karl Pörnbacher, Munique, Ullstein, 1969--1978), v. II, p. 596.

[109] Friedrich Engels, "Die Polendebatte in Frankfurt" (7 de setembro de 1848), em MEW, v. V, p. 359.

cujo erro e cuja infelicidade são identificados por Haym, como logo veremos, na ausência de um Burke capaz de imunizá-la contra os germes revolucionários provenientes, em especial, das terras além do Reno.

Hoje, no que diz respeito à Alemanha, além da Guerra dos Camponeses e da Revolução de 1848, poderíamos registrar a Revolução de 1918, que derrubou a dinastia dos Hohenzollern e fez da Alemanha um dos países mais receptivos à Revolução de Outubro, exatamente como se verificara no caso da Revolução Francesa. O juízo de Lukács expresso na carta a Anna Seghers se ressente, de maneira clara e nítida, do período histórico em que foi escrita e, no fim das contas, explica as dificuldades encontradas também pelo filósofo e intérprete húngaro no trabalho de ruptura dos estereótipos culturais e nacionais que se desenvolveram ao longo da Segunda Guerra dos Trinta Anos.

XIII
LIBERALISMO, CONSERVADORISMO, REVOLUÇÃO FRANCESA E FILOSOFIA CLÁSSICA ALEMÃ

1. *ALLGEMEINHEIT* E *ÉGALITÉ*

A extinção definitiva dos estereótipos imperantes desde 1914 é a condição preliminar não apenas para traçar um balanço mais equilibrado da tradição liberal, em especial anglo-saxônica, por um lado, e da filosofia clássica alemã (e de Hegel, de modo particular), por outro, mas também para finalmente proceder a uma compreensão em escala unitária da história cultural da Europa. Não há país que tenha acolhido com entusiasmo igual ao da Alemanha a deflagração da Revolução Francesa, e o que explica esse fato não é apenas a contiguidade geográfica. Se Kant, desde o início, se reconhece em algumas palavras de ordem fundamentais provenientes da França, é porque já em sua filosofia estão presentes motivos de contestação do *Ancien Régime* e objetivamente revolucionários.

Tomemos o exemplo de *Fundamentação da metafísica dos costumes*: um comportamento pode ser considerado moral apenas quando apresenta a "forma" da "universalidade" (*Allgemeinheit*) e se desenvolve "com base em máximas que possam ao mesmo tempo valer como leis universais" (*allgemein*)[1]. *Allgemeinheit*: eis uma categoria central em Kant – categoria por nada inocente no plano político. A "rigorosa universalidade" (*strenge Allgemeinheit*) – e é com essa categoria que, segundo o filósofo, lidamos tanto na esfera da ciência quanto na da moral – é tal que exclui de antemão "toda exceção"[2]. Como não identificar o *páthos* antifeudal dessa regra que não tolera exceções e privilégios?

---

[1] Immanuel Kant, "Grundlegung der Metaphysik der Sitten" (1785), em KGS, v. IV, p. 436-7.

[2] Idem, "Kritik der reinen Vernunft. Einleitung" (1781 e 1787), em KGS, v. III, p. 28-9.

412   Hegel e a liberdade dos modernos

Desde 1772, um dos teóricos mais inteligentes da conservação, Justus Möser, polemizava, já no título de sua obra, contra "a tendência a regras e leis universais" (*allgemeinen*), acusadas de proceder "despoticamente" contra "todos os privilégios e as liberdades" particulares[3]. Karl Mannheim observou corretamente que tal recusa da categoria de universalidade é típica do "pensamento de casta" (*ständisch*)[4]. Portanto, o debate favorável ou contrário ao *Ancien Régime*, favorável ou contrário à Revolução Francesa, gira em torno de uma categoria central do pensamento de Kant, bem como de Hegel.

Para este último, a marcha da revolução é justamente a marcha da universalidade. Após já ter se afirmado na Revolução Americana, "a universalidade dos princípios se reforçou no povo francês e provocou a Revolução" (Ph. G., p. 919-20). É significativo que Tocqueville se expresse de modo semelhante: "As grandes ideias gerais [...] anunciam a aproximação de uma subversão total da ordem existente"[5]. O juízo de valor é, talvez, diferente ou apresenta diferentes tonalidades, mas, de toda forma, é claro que Hegel e Tocqueville estão de acordo sobre o fato de que a universalidade é a revolução. O primeiro, em particular, estabelece uma correspondência precisa entre *égalité* e universalidade ao falar de "princípio da universalidade e igualdade" (*Allgemeinheit und Gleichheit*) (W., II, p. 491).

No fundo, a definição que Marx dá de igualdade em *A sagrada família* ("é a expressão francesa para a unidade essencial humana, para a consciência de gênero e para o comportamento de gênero próprio do homem")[6] poderia valer também para a categoria de universalidade. Com a celebração do "homem universal (*maximus homo*)"[7] procede Kant, para quem, ainda que um único homem seja forçado à servidão, é toda a humanidade enquanto tal que sofre uma violação intolerável na pessoa de um de seus membros; é por isso que "todo pacto de submissão

---

[3]   Justus Möser, "Patriotische Phantasien: Der jetzige Hang zu allgemeinen Gesetzen und Verordnungen ist der gemeinen Freiheit gefährlich" (1772), em *Sämmtliche Werke* (org. Bernhard Rudolf Abeken e Jenny von Voigts, Berlim, Nicolai, 1842-1843), v. II, p. 22-3.

[4]   Karl Mannheim, "Das konservative Denken" (1927), em *Wissenssoziologie. Auswahl aus dem Werk* (org. Kurt H. Wolff, Berlim e Neuwied, Luchterhand, 1964), p. 477-8.

[5]   Alexis de Tocqueville, nota da viagem à Inglaterra de 1833, em "Voyages en Angleterre, Irlande, Suisse et Algérie", em *Œuvres complètes* (org. Jacob-Peter Mayer, Paris, Gallimard, 1951 e seg.), p. 39.

[6]   Karl Marx e Friedrich Engels, *Die heilige Familie* (1845), em MEW, v. II, p. 41 [ed. bras.: *A sagrada família*, trad. Marcelo Backes, São Paulo, Boitempo, 2003, p. 51, com alterações para melhor adaptação à tradução oferecida por Domenico Losurdo].

[7]   Immanuel Kant, "Handschriftlicher Nachlaß", em KGS, v. XV, p. 610.

servil é inválido e nulo"; mesmo que tenha sido aceito livremente pelo servo, este, na verdade, não tem o direito de entrar numa relação que viola "a própria determinação humana em relação ao gênero" (*Geschlecht*)[8]. Já antes da Revolução Francesa, esse tema da humanidade como gênero revela implicações políticas precisas, como a condenação da servidão da gleba, instituição em que o servo "*est res non persona*", o que, em suma, "degrada a humanidade" enquanto tal[9].

Vimos a desconfiança e a franca hostilidade dos círculos conservadores alemães em relação à categoria de universalidade, em que lucidamente vislumbram as implicações igualitárias. Para Möser, universalidade é sinônimo de "uniformidade" (*Einförmigkeit*) e, portanto, a ela ele contrapõe a categoria de "diferença" (*Verschiedenheit*) ou de "multiplicidade" (*Mannigfaltigkeit*). A liberdade está apenas no respeito da "diversidade dos direitos" e da multiplicidade e da riqueza próprias da natureza; a regra geral é sinônimo, ao contrário, de "despotismo" que sufoca o "gênio" em favor dos "medíocres"[10]. Já antes de 1789, com o olhar voltado para o Iluminismo, o conservador alemão estabelece uma espécie de contraposição entre liberdade e igualdade.

Após a Revolução Francesa, tendo às costas, como veremos, a lição de Burke, Adam Müller formula essa contraposição em termos mais explícitos: "Se a liberdade nada mais é do que a aspiração geral das naturezas mais diversas ao crescimento e à vida, não podemos pensar em contradição maior do que aquela que, pretendendo introduzir a liberdade, suprime ao mesmo tempo a inteira peculiaridade (*Eigentümlichkeit*), isto é, a diversidade de tais naturezas". Dado que a liberdade "se expressa exatamente na afirmação" da "particularidade" (*Eigenheit*), revela-se de imediato despótica toda regra geral que, em nome da igualdade, esmaga a original e insuperável diversidade dos homens[11]. *A ideologia alemã* mais tarde observará que

> justamente os reacionários, particularmente a Escola Histórica [do direito] e os românticos [...] põem a verdadeira liberdade na particularidade (*Eigenheit*), por exemplo, dos agricultores do Tirol, de modo geral no desenvolvimento peculiar (*eigentümlich*) dos indivíduos e, ademais, das localidades, das províncias e dos

---

[8] Ibidem, v. XIX, p. 547.

[9] Ibidem, v. XIX, p. 545.

[10] Justus Möser, "Patriotische Phantasien", cit., p. 21.

[11] Adam Heinrich Müller, "Elemente der Staatskunst" (1808-1809), em Paul Kluckhohn (org.), *Deutsche Vergangenheit und deutscher Staat* (Deutsche Literatur. Reihe Romantik, v. X) (Leipzig, P. Reclam, 1935), p. 232-3.

414   HEGEL E A LIBERDADE DOS MODERNOS

estamentos (*Stände*) – e em que ele, como alemão, ainda que não seja livre, seria indenizado por todos os padecimentos por meio de sua inquestionável particularidade (*Eigenheit*).

Isso até o ponto de se sentir plenamente satisfeito com sua "peculiaridade torpe e sua própria torpeza (*lumpige Eigenheit und eigne Lumperei*)"[12]. Marx, portanto, já ressalta o laço entre culto da particularidade ou da peculiaridade e aquele que, mais tarde, Mannheim define, como vimos, enquanto "pensamento de casta"; não por acaso, a filosofia de Kant, empenhada em conferir relevo moral e político à categoria de universalidade, é contraposta por Marx à escola histórica e definida como "a teoria alemã da Revolução Francesa"[13].

2. AS ORIGENS INGLESAS DO CONSERVADORISMO ALEMÃO

No lado oposto àquele da filosofia clássica alemã, assistimos a um paradoxo. Desempenhou papel decisivo no desenvolvimento do conservadorismo alemão um autor particularmente caro a Hayek. Referimo-nos a Burke. Seu ensaio-acusação contra a Revolução Francesa é logo traduzido por Gentz – o futuro conselheiro de Metternich – e alcança enorme fortuna. Saudado por Novalis por se destacar de todos os outros do mesmo gênero pelo fato de ser "um livro revolucionário contra a revolução"[14], influi profundamente sobre as figuras-chave do pensamento conservador ou reacionário: sobre Rehberg e sobre Brandes, com quem o jornalista e estadista inglês, junto com seu filho Richard, mantém uma relação de amizade pessoal[15], entre outros. É justamente a partir do "grande

---

[12] Karl Marx e Friedrich Engels, "Die deutsche Ideologie" (1845-1846), em MEW, v. III, p. 296 [ed. bras.: *A ideologia alemã*, trad. Luciano Cavini Martorano, Nélio Schneider e Rubens Enderle, São Paulo, Boitempo, 2007, p. 303-4, com alterações para melhor adaptação à tradução oferecida por Domenico Losurdo].

[13] Karl Marx, "Das philosophische Manifest der historischen Rechtsschule" (1842), em MEW, v. I, p. 80.

[14] Novalis, "Blüthenstaub" (1798), em *Werke, Tagebücher und Briefe* (org. Hans-Joachim Mähl, Munique/Viena, Wissenschaftliche Buchgesellschaft, 1978), v. II, p. 279.

[15] Ver Luigi Marino, *I maestri della Germania. Göttingen 1770-1820* (Turim, Einaudi, 1975), em particular p. 365-6, e Klaus Epstein, *The Genesis of German Conservatism* (Nova Jersey, Princeton University Press, 1966); ed. alemã: *Die Ursprünge des Konservativismus in Deutschland* (Frankfurt/Berlim, Propyläen, 1973), p. 635-7. Para um olhar abrangente sobre a presença de Burke na Alemanha, ver Frieda Braune, *Edmund Burke in Deutschland* (Heidelberg, C. Winter, 1917).

inglês Burke" que o Friedrich Schlegel dos anos da Restauração dá origem à "nova escola da política", que se desenvolve na Alemanha em polêmica com a Revolução Francesa[16]. Com imenso entusiasmo, já havia se pronunciado, em relação ao estadista e jornalista inglês, Adam Müller, segundo o qual "a época mais importante na história da formação da ciência alemã do Estado foi a introdução em terreno alemão de Edmund Burke, o estadista maior, mais profundo, mais poderoso, mais humano, mais belicoso de todos os tempos e todos os povos". Trata-se de "um espírito de sentimentos alemães"; aliás, acrescenta Müller, "[d]igo com orgulho: pertence mais a nós do que aos britânicos"[17].

Se Burke contrapõe à *"French liberty"* a *"English liberty"*[18], o conservadorismo alemão contrapõe à "liberdade francesa", ao mesmo tempo, a "liberdade inglesa" e a "liberdade alemã", tendo a última, a partir desse momento, a *"English liberty"* como modelo[19]. Da tradição política inglesa, é celebrado, em primeiro lugar, o culto da categoria da peculiaridade. "Na Grã-Bretanha", observa Müller, "torna--se particularmente claro como toda lei, todo estrato social, toda instituição nacional, todo interesse, toda profissão tem sua peculiar liberdade e como cada uma dessas pessoas morais, assim como o indivíduo humano, aspira a afirmar suas características particulares"[20]. Kant havia afirmado com vigor a categoria de "universalidade sem exceções"; agora, Adam Müller celebra a Inglaterra como o país onde mais se desenvolveu o respeito pela "particularidade" (*Eigenheit*), pela "peculiaridade" (*Eigentümlichkeit*), também aquela derivada da faculdade de se afastar das normas[21]. A partir disso, e sempre na esteira de Burke, Müller critica a Revolução Francesa, que, em sua declaração dos direitos, atribuiu a

---

[16] Friedrich Schlegel, *Signatur des Zeitalters in "Concordia"* (1823) (reimp. fac-similar: org. Ernst Behler, Darmstadt, 1967), p. 354.

[17] Adam Heinrich Müller, "Deutsche Wissenschaft und Literatur" (1806), em *Kritische, ästhetische und philosophische Schriften* (org. Walter Schroeder e Werner Siebert, Neuwid/Berlim, Luchterhand, 1967), v. I, p. 101-2.

[18] Edmund Burke, "Letters on a Regicide Peace", IV, em *The Works of the Right Honourable Edmund Burke* (Londres, Rivington, 1826), p. 110, e "Appeal from the New to the Old Whigs" (1791), também em *The Works of the Right Honourable Edmund Burke*, p. 118.

[19] Ver Domenico Losurdo, *Hegel und das deutsche Erbe. Philosophie und nationale Frage zwischen Revolution und Reaktion* (Colônia, Pahl-Rugenstein, 1989), cap. V, § 4.

[20] Adam Heinrich Müller, "Elemente der Staatskunst", cit., p. 231-2.

[21] Idem, *Versuche einer neuen Theorie des Geldes mit besonderer Rücksicht auf Grossbritannien* (Leipzig e Altenburg, F. A. Brockhaus, 1816), mas citamos da edição organizada por L. Lieser (Iena, 1922), p. 110.

liberdade a um ser "despido [...] de toda a sua particularidade, portanto, a algo abstrato, ao conceito de 'homem'".

No entanto, o conservadorismo alemão extrai de Burke e da "liberdade inglesa" por ele transfigurada também o culto do desenvolvimento histórico gradual, orgânico, não obstruído por intervenções externas arbitrárias. Ao autor inglês por ele admirado, Friedrich Schlegel, atribui o mérito de ter reavaliado o que "é histórico e divinamente positivo", desmascarando, ao contrário, as "teorias vazias" e os "erros revolucionários" que reduzem o Estado a uma "máquina legislativa" niveladora e opressiva, com o consequente esmagamento de tudo o que é "pessoal", "vivo", "orgânico"[22]. Mais tarde, Schelling condenará a *Chartre*, que surge com a Revolução de Julho, contrapondo à fria e morta objetividade da norma jurídica e constitucional a viva "personalidade" do monarca e da relação entre monarca e súditos[23]. Também nesse caso, não parece ausente a leitura de Burke[24], que desempenha papel de relevo em Stahl[25], discípulo de Schelling e figura-chave do conservadorismo alemão.

Enfim, deve-se considerar que, em 1847, o mesmo Frederico Guilherme IV recusará a concessão de uma constituição e de um parlamento nacional com este argumento: pedir uma representação não por estrato social, mas por partido ou corrente ideológica e política, é completamente "antialemão" (*undeutsch*), assim como é estranho às exigências e às tradições da Prússia e da Alemanha buscar a felicidade em regras artificiais, isto é, em

constituições feitas e concedidas" (*gemachte und gegebene Konstitutionen*). O rei romântico contrapõe explicitamente o modelo inglês ao modelo francês,

---

[22] Friedrich Schlegel, *Signatur des Zeitalters in "Concordia"*, cit., p. 354, 180 e 64.

[23] Sobre isso, ver Domenico Losurdo, "Von Louis Philippe zu Louis Bonaparte. Schellings späte politische Entwicklung", em Hans Pawlowski, Stefan Smid e Rainer Specht (orgs.), *Die praktische Philosophie Schellings und die gegenwärtige Rechtsphilosophie* (Stuttgart-Bad Cannstatt, 1990), p. 227-254; agora em *L'ipocondria dell'impolitico. La critica di Hegel ieri e oggi* (Lecce, Milella, 2001), p. 413-41.

[24] Burke é citado numa resenha atribuída a Schelling; ver *Schellingiana rariora* (org. Luigi Pareyson, Turim, Bottega d'Erasmo, 1977), p. 263. Em Iena, um ouvinte inglês do filósofo alemão parece compará-lo justamente a Burke, ainda que em referência à estética e à teoria da arte; ver idem, *Im Spiegel seiner Zeitgenossen* (org. Xavier Tilliette, Turim, 1974-1981, *Ergänzungsband*), p. 100.

[25] Ver Friedrich Julius Stahl, *Die Philosophie des Rechts*, 1878 (5. ed., fac-similar: Hildesheim, 1963), v. I, p. 554-5 e *passim*.

LIBERALISMO, CONSERVADORISMO, REVOLUÇÃO FRANCESA E FILOSOFIA CLÁSSICA ALEMÃ 417

convidando a não perder nunca de vista e a observar com grande respeito "o exemplo desse país feliz cuja constituição (*Verfassung*) é resultado não de um pedaço de papel, mas de séculos e de uma sabedoria hereditária sem iguais.[26]

A condenação da fria impessoalidade do mecanismo constitucional caminha *pari passu* com a denúncia da modernidade. Já em Burke, é possível ler a nostalgia da época dos antigos cavalheiros infelizmente desempossados por bem mais prosaicos "sofistas", "economistas" e "contadores" (*supra*, cap. XI, § 4). Alguns anos depois, Friedrich Schlegel denuncia o caráter prosaico do presente, cuja política e cuja vida são "mecânicas e fundadas em tabelas e estatísticas"[27]. O mundo político que surge a partir da Revolução Francesa, o mundo moderno como um todo, começa a ser percebido como mecânico, para usar um termo caro justamente a Burke, inimigo implacável dessa "filosofia mecânica" (*mechanik*) que se encontrava na origem da catástrofe que se verificara na França e ameaçava a Europa inteira[28].

Sem levar em conta a grande influência do jornalista e estadista inglês, não podemos compreender adequadamente a história da *Kulturkritik* na Alemanha. Isso vale até para uma categoria-chave de tal tradição, como a *Gemeinschaft*. O termo não é nada mais do que a tradução de Gentz da *partnership* teorizada e celebrada por Burke. Este, ao pronunciar sua acusação contra a Revolução Francesa, insiste no fato de que a sociedade é um "contrato", mas um contrato de tipo absolutamente particular, que não pode ser alterado e violado com inovações e intervenções legislativas muito radicais e capazes de questionar a *partnership*, essa comunidade que "não vincula apenas os vivos, mas os vivos, os mortos e aqueles que ainda não nasceram" e que "diz respeito a bem outras exigências que não aquelas pertinentes aos interesses animais de uma natureza efêmera e corruptível". É uma *partnership* que "liga desde as origens, e para sempre, a sociedade, que une as naturezas mais baixas às mais altas, que conecta o mundo visível com o invisível, segundo um pacto imutável sancionado pelo

---

[26] Ver a Thronrede de 11 de abril de 1840, citado em Rudolf Buchner e Winfried Baumgart (orgs.), *Quellen zum politischen Denker der Deutschen im 19. und 20. Jahrhundert. Freiherr vom Stein-Gedächtnisausgabe* (Darmstadt, wgb Academic, 1976 e seg.), v. IV: *Vormärz und Revolution 1840-1849* (org. Hans Fenske), p. 201 e 199.

[27] Friedrich Schlegel, "Zur österreichischen Geschichte" (1807), em *Schriften und Fragmente* (org. Ernst Behler, Stuttgart, Alfred Kröner, 1956), p. 321.

[28] Edmund Burke, "Reflections on the Revolution in France" (1790), em *The Works of the Right Honourable Edmund Burke*, cit., p. 152.

418 HEGEL E A LIBERDADE DOS MODERNOS

empenho inviolável que liga todas as naturezas físicas e morais, cada uma em seu lugar estabelecido"[29].

Não há dúvidas: trata-se justamente da *Gemeinschaft* cara aos teóricos da *Kulturkritik* antimoderna. Com efeito, a definição que encontramos em Müller – amigo e correspondente de Gentz, tradutor de Burke – aproxima-se muito daquela já vista no autor inglês. Polemizando também ele com a interpretação vulgar, cara aos revolucionários franceses, da "ideia de contrato", o romântico alemão reitera, por sua vez, que o "povo" não é "o amontoado de seres efêmeros com uma cabeça, duas mãos e dois pés", que passam a ser materialmente aproximados num momento fugaz da história, mas uma "bela e imortal comunidade", ou melhor, "a sublime comunidade (*erhabene Gemeinschaft*) de uma longa série de gerações passadas, agora vivas e futuras, unidas para a vida e para a morte por um forte e íntimo vínculo"[30]. Além do mais, Müller reconhece explicitamente seu débito com Burke, a quem atribui o grande mérito de ter descoberto o que ele denomina uma "Índia espiritual", que consiste na ideia de que o "contrato social" não concerne apenas aos vivos, mas também "às gerações passadas e àquelas que virão", na ideia de que a sociedade deve ser considerada uma "aliança" que abraça não só os "contemporâneos" (*Zeitgenossen*), mas também o *Raumgenossen*, aqueles que estão ligados entre si pela comunhão do espaço, aqueles que enfrentam a vida, ao longo do tempo, no mesmo solo pátrio[31].

Esse *páthos* da *Gemeinschaft* se difunde, então, em profundidade na cultura alemã. Não podemos, contudo, perder de vista o fato de que sua primeira teorização e celebração se dá na Inglaterra: trata-se de uma forma de associação fundada em "um laço de sangue" (*relation in blood*) que une e funde numa unidade indissolúvel "nosso Estado, nossos lares, nossos túmulos e nossos altares"[32]. E tal comunidade, cercada de uma aura sagrada – continua Burke –, não tem relação alguma com a sociedade reduzida a corpo vil das experiências e da obsessão inovadora dos revolucionários franceses. Não por

---

[29] Ibidem, p. 184. Para a ed. alemã de Gentz, ver Edmund Burke, *Betrachtungen über die französische Revolution* (org. Friedrich von Gentz, Berlim, Friedrich Vieweg, 1793), p. 160. Mais tarde, em 1852, ao parafrasear este excerto de Burke no âmbito de sua história crítica da reação, ele também recorrerá ao termo *Gemeinschaft*; ver Max Stirner, *Geschichte der Reaktion* (Berlim, 1852) (reimp. fac-similar: Aalen, 1967), v. I, p. 216.

[30] Adam Heinrich Müller, "Elemente der Staatskunst", cit., p. 228-9.

[31] Ibidem, p. 221-2.

[32] Edmund Burke, "Reflections on the Revolution in France", cit., p. 79-80.

acaso, junto ao vínculo da tradição, o *whig* inglês celebra a "sabedoria de nossos antepassados"[33], que leva a considerar as instituições político-sociais, a comunidade em que se vive, como algo de "consagrado" (*consecrated*) a que devemos "reverência" e como um corpo orgânico no qual continuam a viver os pais e os antepassados. É preciso proteger-se, então, com "horror" desses revolucionários ou desses reformadores precipitados, "muito solícitos ao cortar em pedaços o corpo de seu velho pai para colocá-lo na panela do mago na esperança de que ervas venenosas e estranhos encantamentos tragam de volta sua saúde e seu vigor". Está aqui a primeira coerente e bem articulada celebração do organicismo e condenação do individualismo: é preciso evitar que, após mudanças precipitadas e a infiltração de doutrinas impetuosas, a comunidade se "fragmente na poeira e no cascalho da individualidade (*individuality*), presa fácil de todos os ventos"[34]. Por sua vez, Müller também polemiza com a louca pretensão dos filósofos de transformar o Estado num objeto de "seus experimentos"[35].

De particular interesse para o tema que estamos examinando, apresenta-se a parábola de Joseph Görres. Nos anos de seu juvenil jacobinismo, zomba de Burke e de seu desprezo pela "*Swinish Multitude*"; aliás, relaciona tal desprezo à prática da Inglaterra de comprar das cortes alemãs carne de canhão, proveniente da "multidão suína", utilizada na luta contra a Revolução Americana e, depois, contra a Revolução Francesa[36]; depois, durante a guerra antinapoleônica, o ex-jacobino remete explicitamente a Burke[37] e, sobretudo, nos anos da Restauração, converte-se aos temas caros ao autor da primeira grande acusação contra a Revolução Francesa, assimilados também pela leitura de Adam Müller. E assim vemos também Görres alertar contra as inovações precipitadas e os inovadores, que esquecem que "o homem", demos graças a essa sua benigna natureza, "é ligado com profundas raízes ao passado de sua existência". Em especial, o ex-jacobino brada agora, também ele, contra os "conceitos universais"

---

[33] Idem, "Speech on Moving His Resolution for Conciliation with the Colonies" (1775), em *The Works of the Right Honourable Edmund Burke*, cit., p. 81.

[34] Idem, "Reflections on the Revolution in France", cit., p. 183-4.

[35] Adam Heinrich Müller, "Elemente der Staatskunst", cit., p. 213.

[36] Joseph Görres, "Was zu verkaufen" (1798), em Jakob Baxa (org.), *Gesellschaft und Staat im Spiegel deutscher Romantik* (Iena, G. Fischer, 1924), p. 267.

[37] Joseph Görres, "Politische und merkantilistische Bemerkungen", em *Rheinischer Merkur*, n. 97, 4 ago. 1814.

(*allgemeine Begriffe*) que dominavam as desastrosas agitações revolucionárias[38] e que já eram o grande monstro para Burke.

Enfim, Burke exerce uma influência nítida na escola histórica do direito, graças tanto à sua celebração – Heine observa de maneira polêmica – da "liberdade histórico-inglesa" contraposta à "liberdade francesa, universalmente humana", quanto ao seu culto supersticioso à "anatomia da história"[39]. Quando Novalis descreve, em 1779, o embate em curso na Europa entre revolução e contrarrevolução, caracteriza a revolução pelo "gosto por aquilo que é novo e jovial", pelo "contato desenvolto entre todos os cidadãos" e pelo "orgulho dos princípios universalmente válidos para os homens (*menschliche Allgemeingültigkeit*), ao passo que caracteriza a contrarrevolução por "veneração ao passado, apego à constituição histórica (*geschichtliche Verfassung*), amor pelos monumentos dos avós e da antiga gloriosa nação" (*Staatsfamilie*)[40]. A "constituição histórica" e de determinada comunidade com uma rica história às costas é contraposta aos princípios gerais e é, portanto, um tema particularmente caro a Burke, que domina a gênese da escola histórica na Alemanha. Mais tarde, Savigny apreciará em Walter Scott o "olhar amoroso" voltado para a história e para os "objetos históricos"[41] e contraporá, também ele, os conceitos "puramente racionais", e com pretensão de "universalidade", ao "senso histórico" e à "história", ambos chamados para a tarefa "sagrada" de atuar como barreira para a onda desastrosa do Iluminismo e, depois, da Revolução Francesa[42].

3. UMA ANGLOMANIA SELETIVA

Naturalmente é preciso considerar que a celebração da tradição cultural e política inglesa por parte do conservadorismo alemão é bastante seletiva. Para

---

[38] Idem, "Der teutsche Reichstag" (1814), em Jakob Baxa (org.), *Gesellschaft und Staat im Spiegel deutscher Romantik*, cit., p. 418-22.

[39] Heinrich Heine, "Französische Zustände" (1832), em *Sämtliche Schriften* (org. Klaus Briegleb em colaboração com Günter Häntzschel e Karl Pörnbacher, Munique, Ullstein, 1969--1978), v. III, p. 136.

[40] Novalis, "Die Christenheit oder Europa" (1799), em *Werke, Tagebücher und Briefe*, cit., v. II, p. 748.

[41] Carta a Jacob Grimm, 24 de dezembro de 1821, em Adolf Stoll (org.), *F. C. von Savigny. Ein Bild seines Lebens mit einer Sammlung seiner Briefe*, v. II (Berlim, C. Heymann, 1929), p. 279.

[42] Friedrich Carl von Savigny, *Vom Beruf unserer Zeit für Gesetzgebung und Rechtswissenschaft* (Heidelberg, Mohr, 1840) (2. ed., reimp. fac-similar: Hildesheim, 1967), p. 115-7.

Friedrich Schlegel, "a verdadeira grandeza e força interior da Grã-Bretanha" reside em tudo o que de feudal continua a existir nela, não decerto "naquela celebrada constituição para cujos limites profundos e para cuja interior cadu-cidade a experiência histórica talvez venha logo nos abrir os olhos"[43]. E dessa "ilha feliz" Adam Müller não ama decerto a economia política com seu "falso pressuposto da universal comercialidade"[44]. Aliás, o romântico conservador alemão vê consequências desastrosas se desenvolvendo a partir do princípio caro a Smith da "libertação de todas as limitações do ofício e da terra", mas acrescenta que, se "o grande homem e incomparável douto" tivesse contado com a possibilidade de viver "a grande escola de nosso tempo", de fazer a experiência dramática e proveitosa das agitações violentas da época revolucionária, "teria ele, antes de todos, condenado a tendência revolucionária e niveladora de sua obra, teria se tornado um divino apóstata, como Burke"[45].

Acrescentemos outra consideração. O motivo ideológico da celebração da tradição histórica e do desenvolvimento espontâneo e orgânico, bem como da condenação inapelável dos "abstratos" princípios gerais e da "arbitrária" pre-tensão de afirmar tais princípios na realidade, por meio da intervenção política, leva a resultados consideravelmente diferentes nos dois países: se na Inglaterra assegura a ascensão de uma burguesia já bem desenvolvida, mesmo que por uma política de compromisso com a aristocracia feudal, na Alemanha, ainda distante da Revolução Industrial, impede o próprio desenvolvimento burguês e corre o risco de perpetuar as condições de atraso feudal.

4. Às origens do darwinismo social e da ideologia fascista

Entretanto, o fato é que até as formas mais turvas do pensamento conservador e reacionário alemão parecem ter recebido influência do grande antagonista inglês da Revolução Francesa. Burke está presente em Ludwig von Haller, em que começam a ecoar, já no título ou no subtítulo de sua obra principal, alguns motivos que posteriormente caracterizarão o darwinismo social[46].

---

[43] Friedrich Schlegel, *Signatur des Zeitalters in "Concordia"*, cit., p. 66.

[44] Adam Heinrich Müller, "Die innere Staatshaushaltung; systematissch dargestellt auf theolo-gischer Grundlage", em *Concordia* (org. Friedrich Schlegel, Viena, 1820-1823), p. 99.

[45] Idem, "Elemente der Staatskunst", cit., p. 235.

[46] Ver Carl Ludwig von Haller, *Restauration der Staats-Wissenschaft, oder Theorie des natürlich geselligen Zustands der Chimäre des künstlichbürgerlichen entegegengesetzt* (Winterthur, [Stei-ner,] 1820-1834), *passim*. Ver *supra*, cap. III, § 4.

422 HEGEL E A LIBERDADE DOS MODERNOS

Aliás, é possível dizer que as correntes extremistas do conservadorismo ou da reação na Alemanha procedam a uma radicalização do autor inglês. Segundo ele, o ideal da *égalité*, a "abstrata" reivindicação da igualdade jurídica, viola "a natural ordem das coisas", a "ordem social natural", ou melhor, se macula da "mais abominável das usurpações", aquela que se torna culpada de esmagar as "prerrogativas da natureza", isto é, o "método da natureza"[47]. Na tradução de Gentz, *"the method of nature"* se torna o "divino método da natureza" (*göttliche Methodik der Natur*)[48]. E, segundo Haller, é lei da natureza e pertence à "ordem divina, eterna, imutável (*ewige, unabänderliche Ordnung Gottes*) que "o maior expulse o menor, o mais forte expulse o mais fraco" e que "o mais forte domine, deva dominar e sempre dominará" (*supra*, cap. III, § 4).

Naturalmente seria errado negligenciar a tradição autóctone alemã por trás desse tipo de darwinismo social *ante litteram*. Pensemos, em especial, num autor muito presente em Haller, ou seja, Möser, que propõe proibir a vacinação antivaríola, acusada de manter em vida, violando a "lei natural", gente destinada a morrer depois de inanição e de provocar uma "superlotação" do mundo, particularmente funesta no que diz respeito à população feminina e urbana (quanto aos camponeses, é sempre possível "levá-los para o campo de batalha e deixar que as balas os ceifem")[49].

Deve-se acrescentar que Möser apresenta não poucos pontos de contato com Burke[50]: bem antes da Revolução Francesa, havia se referido à *"Liberty* e *Property* dos ingleses"[51], isto é, à Inglaterra de Burke e cara a ele, e a influência dos dois autores talvez tenha agido juntamente sobre Haller. A este, não por acaso, Gumplowicz, uma das figuras centrais do "darwinismo social", fará referência na celebração da "luta racial"[52].

Mesmo em seus aspectos mais turvos, o pensamento conservador e reacionário alemão continua a registrar a influência do autor inglês para além dos séculos XVIII e XIX. É compreensível: jornalista e homem político de

---

[47] Edmund Burke, "Reflections on the Revolution in France", cit., p. 104 e 79.

[48] Idem, *Betrachtungen über die französische Revolution*, cit., p. 70.

[49] Justus Möser, "Patriotische Phantasien", cit., v. IV, p. 63-7.

[50] A uma comparação entre os dois autores procede Friedrich Meinecke, *Die Entstehung des Historismus* (1936) (Munique, Oldenbourg, 1965), p. 323, 342, 347 e *passim*.

[51] Justus Möser, "Patriotische Phantasien", cit., v. I, p. 384.

[52] Ver Ludwig Gumplowicz, *Der Rassenkampf* (1883) (Innsbruck, 1928), citado em György Lukács, *Die Zerstörung der Vernunft* (Berlim, Aufbau, 1954); ed. it.: *La distruzione della ragione* (trad. Eraldo Arnaud, Turim, Einaudi, 1959), p. 699.

um país empenhado numa luta mortal contra a França revolucionária e, ao mesmo tempo, angustiado pelo temor de possíveis agitações também em seu interior, Burke fornece o primeiro modelo de crítica da revolução, desenvolve as armas e o arsenal teórico que serão utilizados depois em outros países e na luta contra as revoluções posteriores. Na Alemanha, em particular, o primeiro crítico implacável da Revolução Francesa acaba desfrutando de uma espécie de cidadania honorária. Como já vimos, isso vale para Adam Müller. Deve-se notar, no entanto, que, ainda durante a Primeira Guerra Mundial, Sombart considera Burke "anti-inglês", pois perfeitamente afinado com a Alemanha engajada na guerra contra as "ideias de 1789"[53]. Muito mais fácil se torna conferir essa espécie de cidadania honorária alemã ao estadista e jornalista inglês pelo fato de que, de alguma forma, continua a pesar a seu favor a irmandade ou a comunidade dos "povos germânicos" a que já se referira Adam Müller[54]. É verdade, tal irmandade ou comunidade se rompe com estardalhaço ao longo da Primeira Guerra Mundial e, no entanto, autores como Sombart e Spengler continuam a se sentir mais próximos do que nunca do autor de *Reflexões sobre a Revolução Francesa*, cuja influência se percebe intensamente no século XX na Alemanha e, em particular, justamente nas correntes culturais e políticas mais reacionárias[55]. De resto, quem ressalta o laço entre os dois termos, *partnership* e *Gemeinschaft*, e, portanto, evidencia o débito contraído pela Alemanha em relação à Inglaterra é, ainda em 1944, certo Eugen Lerch, que, após ter identificado em Burke o ponto de partida de tal categoria, não hesita em traçar uma linha de continuidade até a "comunidade do *front*" (*Frontgemeinschaft*) da "Primeira Guerra Mundial" e do "nacional-socialismo"[56]. Não há dúvidas de que, ainda no Terceiro Reich, continua a gozar de uma espécie de cidadania honorária alemã o autor que havia tido o mérito de denunciar pela primeira

---

[53] Werner Sombart, *Händler und Helden. Patriotische Besinnungen* (Leipzig, Duncker und Humblot, 1915), p. 18.

[54] Adam Heinrich Müller, *Versuche einer neuen Theorie des Geldes mit besonderer Rücksicht auf Grossbritannien*, cit., p. 161.

[55] Sobre isso, ver Domenico Losurdo, *La comunità, la morte, l'Occidente. Heidegger e l'ideologia della guerra* (Turim, Bollati Boringhieri, 1991), cap. 3 § 1 e cap. 7 § 6.

[56] Eugen Lerch, "Gesellschaft und Gemeinschaft", *Vierteljahresschrift für Literaturwissenschaft und Geistesgeschichte*, 22, 1944, p. 114 e seg.; sobre isso, ver também Otto Brunner, *Neue Wege der Verfassungs – und Sozialgeschichte* (Göttingen, Vandenhoeck & Ruprecht, 1968); ed. it.: *Per una nuova storia costituzionale e sociale* (trad. Pierangelo Schiera, Milão, Vita e Pensiero, 1970), p. 144, nota 21.

vez o caráter político e socialmente subversivo da Revolução Francesa e da teorização dos direitos do homem.

A influência, em sentido conservador, do *whig* inglês ultrapassa seu país e a Alemanha, onde nos detivemos, em particular, porque nos interessa mais diretamente. Na realidade, como foi observado, Burke "foi o mestre imediato de todos os 'reacionários'" e "inspirou os ideólogos reacionários do fim do século XIX e do início do século XX, como Taine e Barrès"[57]. Para sermos mais precisos, vimos que a influência exercida pelo autor não se interrompe de maneira alguma no início do século XX. É, aliás, particularmente significativa a alusão a Barrès, arauto do nacionalismo francês cuja presença no âmbito da ideologia e do movimento do fascismo se faz sentir até o regime de Vichy[58]: ora, a negação dos direitos do homem e do conceito universal de homem, bem como o culto das raízes, se desenvolvem em Barrès com referência explícita mais uma vez a Burke[59]. Já se falou de "origens francesas do fascismo"[60], mas se deve considerar que, ao reconstruir as origens do totalitarismo, e com o olhar voltado para o fascismo e para o nazismo, Hannah Arendt, entretanto, parte do autor inglês que conhecemos bem, do primeiro crítico implacável dos direitos do homem. Efetivamente, cabe perguntar se e em que medida Burke influiu também no desenvolvimento do antissemitismo e da teoria do complô: trata-se, claro, de motivos ideológicos com uma longa história, sobretudo na Alemanha, que podem, porém, ter encontrado posterior alimento em um texto que já havia se tornado uma espécie de bíblia da contrarrevolução e que apontava o dedo acusador, por um lado, para as finanças judias e, por outro, contra "o verdadeiro plano para a destruição da religião" posto em prática por enciclopedistas e *philosophes*. Portanto, é mais correto falar, no que diz respeito

---

[57] Jacques le Goff, *Storia e memoria* (1977) (Turim, Einaudi, 1982), p. 206.

[58] Zeev Sternhell, *Ni droite, ni gauche. L'idéologie fasciste en France* (1983) (2. ed. ampl., Bruxelas, Complexe, 1987), p. 357 e 362. Por Barrès, Burke faz sentir sua influência também no nacionalismo italiano. Vemos, assim, Corradini condenar a "democracia" enquanto "culpada de dar importância apenas às gerações que passam com suas necessidades", descuidando das gerações futuras e ignorando a "divina lei da continuidade da vida através dos séculos" e a "vida das nações [...] feita de infinitas mortes de indivíduos"; ver Enrico Corradini, *Scritti e discorsi 1901-1914* (org. Lucia Strappini, Turim, Einaudi, 1980), p. 67 e 66-7, notas.

[59] Zeev Sternhell, *Maurice Barrès et le nationalisme français* (1972) (Paris, Seuil, Complexe, 1985), p. 271.

[60] Idem, *La Droite révolutionnaire. Les origines françaises du fascisme 1885-1914* (Paris, Seuil, 1978).

ao fascismo e ao nazismo, de um longo processo de gestão em âmbito europeu e internacional[61].

5. PARA ALÉM DOS ESTEREÓTIPOS NACIONAIS

A esse ponto, só pode parecer insustentável e até ridícula a contraposição estereotipada entre tradição "ocidental", de um lado, e tradição cultural e filosófica da Alemanha, de outro. A partir da investigação histórica concreta resulta, ao contrário, com nitidez, que os temas de fundo do conservadorismo alemão não podem ser pensados sem a influência decisiva do "Ocidente" inglês, sequer aqueles mais sombrios e mais carregados de um futuro sombrio, sequer aqueles que, com base nos estereótipos correntes, são considerados tipicamente alemães. No lado oposto, cabe notar que o patrimônio cultural e político da Revolução Francesa (os direitos humanos e tudo aquilo que hoje é considerado tipicamente ocidental) penetra na cultura alemã apenas na medida que esta tem a capacidade de resistir e reagir à influência do autor de *Reflexões sobre a Revolução Francesa*; portanto, em tal sentido, de se contrapor a essa tradição anglo-saxônica, que, na visão de certos intérpretes contemporâneos, deveria se configurar, tomada em seu todo, como uma espécie de tribunal chamado a acusar a inteira história cultural da Alemanha, inclusive a grande temporada da filosofia clássica alemã.

É a partir de tal perspectiva que Dahrendorf insiste em liquidar Hegel como antitético à tradição liberal anglo-saxônica e como filósofo prussiano e responsável pela "apoteose do Estado prussiano"[62], mas o liberal alemão desembarcado na Inglaterra, e um pouco acriticamente entusiasmado com seu desembarque, ignora que sua celebração da "ilha bendita, ainda que não de tudo perfeita", pode contar com o precedente, como sabemos, não apenas do romântico conservador e organicista Adam Müller (que também fala de "ilha feliz" ou bendita), bem como com o precedente, ainda mais ilustre e mais sofisticado, de Frederico

---

[61] Sobre isso, ver Domenico Losurdo, "Hannah Arendt e l'analisi delle rivoluzioni", em Roberto Esposito (org.), *La pluralità irrapresentabile. Il pensiero politico di Hannah Arendt* (Urbino, Istituto Italiano per gli Studi Filosofici, 1987), e *Hegel und das deutsche Erbe*, cit., cap. XIV, 24 e 28; e Vincenzo Cuoco, "La rivoluzione napoletana del 1799 e la comparatistica delle rivoluzioni", *Società e Storia*, n. 46, 1990, p. 907-8.

[62] Ralf Dahrendorf, *Reflections on the Revolution in Europe* (Londres, Chatto & Windus, 1990); ed. it.: *Riflessioni sulla rivoluzione in Europa* (trad. F. Salvatorelli, Roma/Bari, Laterza, 1990), p. 32.

Guilherme IV, também ele caloroso admirador desse "país feliz" e, no entanto, não menos prussiano que Hegel, senão por outro motivo, pelo fato de que era o rei da Prússia! Frederico Guilherme IV, aliás, brandia o exemplo da Inglaterra enquanto país desprovido daquele "pedaço de papel", que, segundo o rei romântico, era a "Constituição", reivindicada naquele momento, em primeiro lugar, pelos discípulos do filósofo tão odioso aos olhos de Dahrendorf.

6. BURKE E A HISTÓRIA DO LIBERALISMO EUROPEU

Retornemos a Burke, que, além de desempenhar um papel de primeiro plano no processo de formação e desenvolvimento do conservadorismo – em particular, alemão –, é muito presente na história do liberalismo europeu. Marcuse já notou que o liberalismo se formou ao longo da polêmica contra a Revolução Francesa[63]. Isso vale evidentemente para Burke, autor particularmente caro a Hayek[64], mas vale também, ainda que de maneira diferente, para os expoentes do liberalismo francês dos quais já conhecemos o horror pelas reivindicações plebeias emersas dos levantes revolucionários. Ao reconstruí-los, Madame de Staël leva em conta Burke e a "indignação" que este expressa desde o início "diante dos crimes já cometidos na França e diante dos falsos sistemas de política que ali haviam sido adotados"[65].

No que se refere a Constant, no período em que está empenhado em defender a estabilização moderada da revolução e a política do Diretório, que ele vê como única alternativa capaz de frear o perigo jacobino, é verdade que, ao longo daqueles que foram definidos como seus "anos de aprendizado"[66] ou, por outros, como anos de seu empenho como "*muscadin*"[67], toma distância do

---

[63] Herbert Marcuse, "Der Kampf gegen den Liberalismus in der totalitären Staatsauffassung", *Zeitschrift für Sozialforschung*, 1934, p. 165.

[64] Definido como "grande e visionário"; Friedrich August von Hayek, *Law, Legislation and Liberty* (1982; as três partes que compõem a obra são respectivamente de 1973, 1976 e 1979); ed. it.: *Legge, legislazione e libertà* (trad. Pier Giuseppe Monateri, Milão, Il Saggiatore, 1986), p. 32.

[65] Anne-Louise Germaine Necker de Staël, *Considérations sur les principaux événements de la révolution française* (1818), republicadas como *Considérations sur la révolution française* (org. Jacques Godechot, Paris, Tallandier, 1983), p. 268 e *passim*.

[66] Olivier Pozzo di Borgo, na edição por ele organizada de Benjamin Constant, *Écrits et discours politiques* (Paris, Pauvert, 1964), cap. I.

[67] Henri Guillemin, *Benjamin Constant muscadin 1795-1799* (6. ed., Paris, Gallimard, 1958).

LIBERALISMO, CONSERVADORISMO, REVOLUÇÃO FRANCESA E FILOSOFIA CLÁSSICA ALEMÃ 427

jornalista e estadista inglês, ainda e mais do que nunca, engajado na luta contra a França[68]. Cabe notar que posteriormente se torna um entusiasta admirador de um autor alemão que apresenta muitos traços comuns com Burke. Em Rehberg, que conhece pessoalmente[69], Constant aprecia, em particular, a tese de que "cada geração herda dos avós um tesouro de riquezas morais, tesouro invisível e precioso que ela deixa em herança aos próprios descendentes" e que, portanto, não é lícito dilapidar com apressadas inovações legislativas nem, muito menos, com agitações revolucionárias radicais[70]. Com efeito, trata-se de uma tese emprestada de Burke, o "escritor entre os mais excelentes" ao qual explicitamente o conservador alemão remete[71]. E o próprio Constant parece ter consciência dessa afinidade e dessa contiguidade de posições quando atribui a Rehberg o mérito de ser "um dos estrangeiros que melhor previu, desde o primeiro momento, nossos erros"[72]. Comentando o trecho do conservador alemão relativo ao tesouro que se transmite de geração em geração, o liberal francês faz uma espécie de confissão: "Pelo passado, reconheço, tenho uma grande veneração; e a cada dia, à medida que a experiência me ensina e a reflexão me ilumina, essa veneração aumenta". Ora, tal comentário-confissão tem um sabor que remete claramente a Burke.

Em relação ao jornalista e estadista inglês, Constant, no fundo, assume um comportamento não muito diferente daquele de Madame de Stäel, que se por um lado procede com uma franca celebração, por outro, em polêmica com os nostálgicos do *Ancien Régime*, observa: "Aqueles do partido aristocrático que, no continente, hoje citam Burke como o inimigo da revolução talvez ignorem que ele em cada página reprova os franceses por não terem se conformado aos princípios da constituição da Inglaterra"[73]. Sim, trata-se de fazer com que o

---

[68] Ver em particular Benjamin Constant, "Des réactions politiques" (1797), em *Écrits et discours politiques*, cit., p. 73.

[69] Idem, "Journaux intimes", em *Œuvres* (org. Alfred Roulin, Paris, Gallimard, 1957), p. 720 e 722.

[70] Idem, "De l'esprit de conquête et de l'usurpation dans leurs rapports avec la civilisation européenne" (1814), em *Œuvres*, cit., p. 1.015.

[71] August Wilhelm Rehberg, *Untersuchungen über die französische Revolution, Erster Theil* (Hanôver e Osnabrück, Ritscher, 1763), p. 81-2 e 162.

[72] Benjamin Constant, "De l'esprit de conquête et de l'usurpation dans leurs rapports avec la civilisation européenne", cit., p. 1.015.

[73] Anne-Louise Germaine Necker de Staël, *Considérations sur la révolution française*, cit., p. 268.

whig inglês não se torne a bandeira da reação absolutista ou feudal na França ou na Europa, mas, de resto, na luta contra o jacobinismo e até contra a democracia, pode bem ser útil para os liberais apelar ao autor de *Reflexões sobre a Revolução Francesa*.

Além do mais, a dura crítica que Constant dirige aos jacobinos e aos expoentes do radicalismo plebeu acusados de ser "vândalos e godos", ou "anarquistas e ateus", fazendo parte de uma "raça detestável" da qual só se pode almejar a "extirpação"[74], só pode nos fazer pensar na crítica tecida por Burke, que condena os dirigentes da nova França como "selvagens" e "bárbaros ateus e assassinos", como indivíduos que, por "sua ferocidade, sua arrogância, seu espírito de rebelião e seu costume de desafiar toda lei humana e divina", já devem ser considerados "selvagens ferozes"[75]. Se Burke fala da Assembleia Nacional como de uma "caverna de antropófagos"[76], Constant se limita a definir como "antropófagos" os jacobinos[77].

Enfim, em Burke parece aportar o Tocqueville pós-1848, que o leva bem em conta nos estudos preparatórios e na escrita de *O Antigo Regime e a Revolução*. Claro, nesse ínterim, intervalo de mais de meio século, o quadro político mudou radicalmente não apenas na França, mas internacionalmente, e o liberal francês não pode não compartilhar a ilusão do *old whig* inglês de poder restaurar a situação anterior à tempestade revolucionária que havia mudado a face da França e da Europa ou, ao menos, de poder isolar um contágio que, porém, os fatos demonstram ter se espalhado "em todo o mundo civil"[78]. É daqui que parte a crítica dirigida a Burke por não ter sabido colher "o caráter geral, a universalidade e a dimensão final da revolução"[79]. Além disso, para Tocqueville, engajado em defender a tese da linha de continuidade do absolutismo monárquico até o jacobinismo e o socialismo, a transfiguração do *Ancien Régime* só podia se mostrar suspeita. Explicam-se, desse modo, as críticas dirigidas ao jornalista e estadista inglês por ter traçado um quadro "lisonjeiro" demais da

---

[74] Ver Henri Guillemin, *Benjamin Constant muscadin*, cit., p. 13-4.

[75] Edmund Burke, "Remarks on the Policy of the Allies with Respect to France" (1793), em *The Works of the Right Honourable Edmund Burke*, cit., p. 123-4 e 145.

[76] Idem, "Reflections on the Revolution in France", cit., p. 146. Em seu texto, o jornalista inglês relata e subscreve o juízo expresso por Lally-Tollendal.

[77] Henri Guillemin, *Benjamin Constant muscadin*, cit., p. 13.

[78] Carta a Louis de Kergolay, 16 de maio de 1858, em Alexis de Tocqueville, *Œuvres complètes*, cit., v. XIII, 2, p. 337-8.

[79] Alexis de Tocqueville, "L'Ancien Régime et la Révolution. Fragments et notes inédites sur la Révolution", em *Œuvres complètes*, cit., p. 340-1.

LIBERALISMO, CONSERVADORISMO, REVOLUÇÃO FRANCESA E FILOSOFIA CLÁSSICA ALEMÃ 429

"antiga Constituição francesa"[80] e por não ter compreendido que os germes da doença despótica que atravessa como uma maldição a tradição política francesa já estavam bem presentes naquela "monarquia que lamentava"[81]. No entanto, na denúncia da "presunção filosófica" e da falta de "sabedoria prática" dos revolucionários franceses, Tocqueville está perfeitamente de acordo com Burke[82]. E, quando o liberal francês denuncia a "doença" e o "vírus de espécie nova e desconhecida" (*supra*, cap. VII, § 6), não podemos não pensar na denúncia de "intoxicação" de que fala o jornalista e estadista inglês sempre a propósito dos intelectuais revolucionários franceses[83] – aliás, no âmbito de um texto que Tocqueville conhece e cita[84].

Se então passarmos à Alemanha, vemos que a corrente do liberalismo hostil a Hegel celebra como "profundo conhecedor e caloroso amigo da pura liberdade alemã" aquele Möser que já vimos apresentando não poucos traços comuns com o autor de *Reflexões sobre a Revolução Francesa*[85]. Este último, além do mais, está diretamente presente, e com força, no liberalismo alemão pós-1848. Basta pensar primeiro em Haym, que assim sintetiza a parábola desastrosa da cultura alemã, a partir do entusiasmo nela suscitado pela Revolução Francesa: "Na Alemanha, não houve um Burke"[86]. Quanto a Rehberg, admirador do *whig* inglês e caro a Constant, o nacional-liberal Treitschke assume sua defesa contra aquela que é definida como a "grosseira" polêmica de Fichte[87].

Aqui podemos fazer uma consideração mais geral: é o conjunto do liberalismo europeu pós-1848, procedendo com a celebração e a transfiguração, em função antijacobina e antiproletária, da tradição política inglesa que, de fato, retorna a Burke. Vejamos, por exemplo, Guizot, que, depois de 1848, contrapõe à catastrófica e fracassada onda revolucionária francesa a *Glorious Revolution* de 1688, eficaz e vitoriosa, uma vez que, evitando qualquer

---

[80] Ibidem, p. 152.

[81] Ibidem, p. 246.

[82] Ibidem, p. 340.

[83] Edmund Burke, "Remarks on the Policy of the Allies with Respect to France", cit., p. 135.

[84] Alexis de Tocqueville, "L'Ancien Régime et la Révolution", cit., p. 342.

[85] Assim diz Welcker na segunda edição do *Staats-Lexikon*, citado em Carlo Antoni, *La lotta contro la ragione* (Florença, Sansoni, 1968 [1942]), p. 128.

[86] Rudolf Haym, *Hegel und seine Zeit* (Berlim, Gaertner, 1857), p. 32.

[87] Ver Domenico Losurdo, "Storia e tradizione. L'ideologia tedesca dalla Rivoluzione francese agli 'Annali Prussiani', 'Studi Urbinati/B2'", ano LV, 1981-1982, p. 90-1 [agora em Domenico Losurdo, *L'ipocondria dell'impolitico*, cit., p. 279-313].

distorção ou desvio, qualquer *"égarement"*, foi "levada a termo por homens respeitáveis", "por homens da ordem e de governo, não por revolucionários" – e "por meio não de levantes populares, mas de partidos políticos organizados [...], de partidos de política legal, não de conspiração e insurreição", de partidos, enfim, bem distantes da ideia de "reverter a ordem estabelecida" ou de "mudar as bases da sociedade e os destinos da humanidade"[88]. São claramente os argumentos de Burke: uma revolução é legítima enquanto respeita a ordem estabelecida e é conduzida por homens da ordem, isto é, enquanto não é uma revolução. A esse ponto, a convulsão que se verifica na França de Luís XVI se revela desprovida de legitimidade desde o início e bem antes do desenvolvimento do processo de radicalização jacobina: exatamente como defende o autor de *Reflexões sobre a Revolução Francesa*.

7. A escola de Burke e a filosofia clássica alemã

Se o liberalismo europeu apresenta não poucos pontos de contato com a imprensa contrarrevolucionária e não poucas ideias e poucos argumentos depreende dela, a filosofia clássica alemã é caracterizada por uma forte tensão polêmica em relação a essa imprensa. Rudolf Haym, bem consciente disso, contrapõe Burke ao desenvolvimento do idealismo alemão. À parte, obviamente, o juízo de valor, tal contraposição se revela historicamente em tudo correta. Kant se engaja numa polêmica dura, ainda que alusiva, com o jornalista e estadista inglês. Já vimos a reivindicação orgulhosa proposta por Kant do papel da teoria no processo de transformação política (*supra*, cap. VI, § 5), mas é interessante notar que tal reivindicação é apresentada ao longo de um debate que tem como alvo inequívoco, ainda que silencioso, Edmund Burke. Este, ao rechaçar com desprezo a pretensão da "sutileza metafísica" de encontrar aplicação no mundo político, havia escrito: "Deixemos que se divirtam nossos filósofos em suas escolas: *Illa se iactat in aula Aeolus, et clauso ventorum carcere regnet* ["Ali se jacte Éolo no seu castelo e,

---

[88] François Guizot, "Discours sur l'histoire de la révolution d'Angleterre", premissa a *Histoire de la révolution d'Angleterre* (Bruxelas, Meline, Cans et compagnie, 1850), p. 106-9. Sobre a persistente vitalidade, e a inconsistência, de um *tópos* que contrapõe a Revolução Inglesa (ou Americana) à Francesa, e sempre para desonra desta última, e que apresenta como totalmente pacífica e indolor a *Glorious Revolution*, sobrevoando com desenvoltura sobre as prolongadas e sanguinárias lutas e sobre os massacres na Irlanda e na Escócia, ver Domenico Losurdo, "Hannah Arendt e l'analisi delle rivoluzioni", cit., p. 139-53, e "La révolution française a-t-elle echouée?", em *La Pensée*, n. 267, jan.-fev. 1989.

encerrado no cárcere, reine sobre os ventos"*]. No entanto, que não abandonem a prisão para explodir no mundo como um vento de levante, a varrer a terra com a fúria de um furacão, a romper as veias das nascentes mais profundas e finalmente a submergir nelas"[89]. Com o ensaio "Sobre a expressão corrente", Kant pretende dar uma resposta também àqueles que, ao combater o intelectual, "gostariam de trancá-lo na escola (*"illa se iactet in aula!"*) como um pedante sem senso prático que pode ser apenas um elemento de perturbação[90]. O conflito quanto ao papel dos intelectuais é o conflito quanto ao papel da teoria e dos conceitos gerais, odiosos para o *whig* inglês, que nisso identifica exatamente o pressuposto teórico da proclamação dos direitos do homem, e objeto, ao contrário, de celebração em Kant, que exatamente por isso pode se sentir em plena consonância com a Revolução Francesa e com a proclamação dos direitos do homem.

Assim vem à tona a arbitrariedade da pretensão de impor ao filósofo alemão, admirador da Revolução Francesa, uma não solicitada e não desejada cidadania britânica para poder assimilá-lo sem resíduos a uma tradição com a qual, no entanto, ele se encontra em viva polêmica. A arbitrariedade de tal pretensão emerge com particular evidência em Dahrendorf, que, ao associar Kant à Inglaterra, declara explicitamente que pretende associá-lo ao país e ao "mundo de Locke, Burke e Mill"[91], como se o autor de "Sobre a expressão corrente" não tivesse nunca se empenhado numa dura polêmica com o autor de *Reflexões sobre a Revolução Francesa*!

Se é apenas alusiva a polêmica de Kant com Burke, é, porém, explícita aquela com Mallet du Pan[92], jornalista francês emigrado e engajado no *front* da polêmica contra a Revolução, traduzido e divulgado na Alemanha pelo mesmo tradutor e divulgador de Burke[93], e por este último considerado e citado com favor[94]. E também é explícita a polêmica com Möser, autor caro

---

*   Virgílio, *Eneida*, livro I. (N. E.)
[89] Edmund Burke, "Reflections on the Revolution in France", cit., p. 120. O verso de Virgílio (*Eneida*, I, 140) é de Burke, ligeiramente modificado.
[90] Immanuel Kant, "Über den Gemeinspruch: Das mag in der Theorie sein, taugt aber nicht für die Praxis" (1793), em KGS, v. VIII, p. 277.
[91] Ralf Dahrendorf, *Riflessioni sulla rivoluzione in Europa*, cit., p. 102.
[92] Immanuel Kant, "Zum ewigen Frieden" (1795), em KGS, v. VIII, p. 353, nota.
[93] Jacques Mallet du Pan, *Über die französische Revolution und die Ursachen ihrer Dauer, übers. mit einer Vorrede und Anm. von Friedrich Gentz* (Berlim, Friedrich Vieweg, 1794).
[94] Edmund Burke, "Preface to the Address of M. Brissot to His Constituents" (1794), em *The Works of the Right Honourable Edmund Burke*, cit., p. 324.

ao liberal Welcker, mas que Kant condena como "aristocrático e defensor da nobreza hereditária", além de expoente da corrente contrarrevolucionária que, desvalorizando o papel da teoria, visa, na verdade, a destruir os princípios gerais da liberdade e da igualdade derivados da Revolução Francesa[95]. Enfim, no que diz respeito a Rehberg, se goza da simpatia do liberal Constant, ao mesmo tempo é alvo da apaixonada intervenção de Fichte em defesa da Revolução Francesa[96], aquela intervenção que vimos suscitar a reação incomodada do nacional-liberal Treitschke.

Emigrando para a Suíça, Mallet du Pan se estabelece em Berna e entra em contato com aquela oligarquia local que, alguns anos depois, se torna o alvo do jovem Hegel (W., I, p. 255-67), que, também em Berna, se dedica a transcrever trechos do autor que pode ser considerado o principal antagonista de Burke em terras alemãs, qual seja, Georg Forster[97]. Este, ao polemizar com o jornalista inglês, escreve que "a caluniada declaração dos direitos do homem", na realidade, basta para erigir um "venerável monumento" à Assembleia que a proclamou[98]; e, bem depois dos anos juvenis, Hegel elabora, como sabemos, uma filosofia da história que considera que a marcha do progresso é definida pela construção do conceito universal de homem e que, portanto, se revela diretamente antitética à dura denúncia de Burke da abstração das categorias de homem e de direitos do homem derivadas da Revolução Francesa.

Vimos os círculos conservadores na Alemanha referindo-se à "liberdade alemã", lançando mão também, depois de 1789, da contraposição estabelecida por Burke entre *English liberty*, por um lado, e a mentirosa e desastrosa *French liberty*, por outro. É em tal quadro que deve ser incluído o reconhecimento atribuído pelo liberal Welcker a Möser, enquanto "caloroso amigo da pura liberdade alemã". Para Forster, ao contrário, apesar das aparências enganadoras,

---

[95] Immanuel Kant, "Über die Buchmacherei" (1798), em KGS, v. VIII, p. 433 e seg.; sobre essa polêmica, ver Karl Vorländer, *I. Kant, Der Mann und das Werke* (1924) (2. ed., Hamburgo, Meiner, 1977), v. II, p. 278.

[96] Johann Gottlieb Fichte, "Beitrag zur Berichtigung der Urteile des Publikums über die französische Revolution" (1793), em *Fichtes Werke* (org. Immanuel Hermann Fichte, Berlim, Felix Meiner, 1971), *passim*.

[97] Ver Johannes Hoffmeister (org.), *Dokumente zu Hegels Entwicklung* (Stuttgart, Fr. Frommans, 1936), p. 217-9.

[98] Georg Forster, "Geschichte der englischen Literatur" (1790), em *Werke in vier Bänden* (Frankfurt, Insel, 1967), v. III, p. 326.

a "liberdade alemã" não é outra senão "o demônio da servidão feudal"[99], e a polêmica com a "lenda da liberdade alemã" (W., I, p. 453) é um tema constante em Hegel, associada também à polêmica com a "soberba da liberdade inglesa", que, em suas sobrevivências feudais, tantos traços comuns apresenta com "a Constituição imperial alemã de um tempo" (B. Schr., p. 466). O tema do cotejo entre *English liberty* e *deutsche Freiheit*, caro à escola alemã de Burke, é aqui retomado, mas com um juízo de valor totalmente invertido.

Por fim, temos de considerar a dura polêmica em que Hegel é envolvido com os expoentes do romantismo reacionário, admiradores do jornalista e estadista inglês e, além do mais, aportados em posições germanófilas por sua irredutível hostilidade à França e às ideias derivadas da revolução[100]. Friedrich Schlegel, que não cessa de expressar sua admiração pelo "grande inglês Burke", ao contrário, denuncia em Hegel uma forma de "satanismo filosófico"[101].

A polêmica contra Burke e sua escola demonstra mais uma vez a estreita relação da filosofia clássica alemã com a Revolução Francesa. Condorcet também manifesta um juízo severo sobre o jornalista e estadista inglês, definindo-o como "célebre retórico", dotado de despropositada grandiloquência, mas que é, mesmo assim, em última análise, um "entusiasta [...] da tirania"[102]. E o juízo do revolucionário francês é muito semelhante àquele que podemos ler num discípulo de Hegel, Heinrich Heine, para quem Burke "contava apenas com um talento retórico" colocado ao serviço de uma causa contrária à causa da liberdade[103].

---

[99] Idem, "Über das Verhältnis der Mainzer gegen die Franken" (1792), em *Werke in vier Bänden*, cit., v. III, p. 602.

[100] Sobre isso, ver Domenico Losurdo, *Hegel und das deutsche Erbe*, cit., cap. VII-X, *passim*.

[101] Citado em György Lukács, *Der junge Hegel und die Probleme der kapitalistischen Gesellschaft* (Zurique/Viena/Frankfurt, 1948); ed. it.: *Il giovane Hegel e i problemi della società capitalistica* (trad. Renato Solmi, Turim, Einaudi, 1975), p. 643 [ed. bras.: *O jovem Hegel e os problemas da sociedade capitalista*, trad. Nélio Schneider, São Paulo, Boitempo, 2018, p. 602].

[102] Condorcet, "Sul l'admission des femmes au droit de cité" (1790), em *Œuvres* (org. Arthur Condorcet O'Connor e M. F. Arago, Paris, Firmin Didot Frères, 1847) (reimp. fac-similar: Stuttgart/Bad Cannstatt, 1968), v. X, p. 123.

[103] Heinrich Heine, "Einleitung zu: Kahldorf über den Adel" (1831), em *Sämtliche Schriften*, cit., v. II, p. 662.

8. Hegel e a herança da Revolução Francesa

Uma vez desmantelados os estereótipos nacionais e lançadas as bases para uma reconstrução da história cultural e política dos países europeus, nos múltiplos entrelaçamentos e nas recíprocas influências que a caracterizam, uma vez abatida a barreira erigida pela ideologia da guerra ao longo dos dois conflitos mundiais, é evidente que não faz sentido arrastar a filosofia clássica alemã para a frente do tribunal da tradição liberal. Quer se chegue a uma absolvição, quer se chegue a uma condenação parcial ou total, acaba-se por perder de vista um ponto essencial, aliás, decisivo: em Kant, em Fichte, em Hegel, a Revolução Francesa encontra sua expressão teórica bem mais do que nos autores liberais da época, que, ao contrário, se formaram, na maioria, durante a polêmica e a luta exatamente contra a Revolução Francesa. Na medida em que o patrimônio político e ideal derivado dela constitui, como nós acreditamos, o ato fundador, por excelência, da liberdade dos modernos, se quisermos compreender adequadamente o que isso significa, é preciso recorrer à filosofia clássica alemã bem mais do que à tradição liberal a ela contemporânea.

Quanto a Hegel, em particular, a herança da Revolução Francesa, considerada em todo o período de desenvolvimento, mostra-se evidente em dois pontos de importância capital: 1) a afirmação do conceito da universalidade do homem e a leitura do progresso histórico como progressiva e difícil construção de tal conceito; 2) a relação instituída entre política e economia, uma relação em que a indigência material levada ao extremo implica "total falta de direitos" por parte do faminto. Diga-se que entre esses dois pontos existe uma estreita conexão, no sentido de que negar ao faminto seus direitos significa negar-lhe a inclusão concreta e real na categoria universal de homem. Em tal sentido, a filosofia hegeliana da história, enquanto legitima plenamente o moderno, não considera concluído nem consente, de alguma forma, que não se considere concluído o processo de emancipação que se desenvolveu em seu âmbito.

Neste ponto podemos enfrentar de maneira diferente e mais adequada o problema que Lukács evoca ao afirmar que Hegel teria permanecido sempre alheio e hostil à fase plebeia da Revolução Francesa. Já falamos da necessidade de distinguir, também nesse caso, sem, entretanto, contrapor as opções políticas imediatas e as categorias teóricas de fundo (*supra*, cap. VI, § 1). Hegel refletiu profundamente sobre a Revolução Francesa em todo o seu período de desenvolvimento e se, na maturidade, nunca se identificou com as posições jacobinas e plebeias, captou plenamente o questionamento que o processo de

LIBERALISMO, CONSERVADORISMO, REVOLUÇÃO FRANCESA E FILOSOFIA CLÁSSICA ALEMÃ 435

radicalização da revolução operou na relação, estabelecida pela tradição liberal, entre política e economia. A tese de que a filosofia clássica alemã é o *pendant* teórico da Revolução Francesa – tese que, como se sabe, encontra sua primeira formulação clássica justamente no filósofo aqui investigado – deve, então, ser compreendida em toda a dimensão, não perdendo nunca de vista que essa revolução não se esgota em seus resultados burgueses, mas acaba por questionar, ao longo de seu tortuoso desenvolvimento, seus limites de classe, como Marx e Engels bem observaram, ao menos em seus momentos melhores[104].

Trata-se, no fundo, do *égarement* denunciado por Guizot (hoje Furet falaria de *dérapage*). Desse *égarement* plebeu, Hegel não recuou horrorizado como o liberal francês que acaba acatando a tese de Burke e liquidando a Revolução Francesa. O comportamento do filósofo alemão é bem diferente: mesmo quando critica ou condena o processo de radicalização que se desenvolve na França, ele se recusa a liquidá-lo como uma simples anomalia ou ápice doentio das agitações – e principalmente se recusa a considerar nesses termos a intervenção das massas populares na cena da revolução, como emerge com clareza da descrição eloquente, e até comovida, que faz do fardo intolerável que uma aristocracia parasitária e corrompida deposita sobre as massas populares (*supra*, cap. V, § 3, e cap. VIII, § 3). Para explicar a sublevação revolucionária, Hegel não se contenta em recorrer à categoria de doença ideológica, ou de "intoxicação" e "vírus" – categoria já cara a Burke e a Tocqueville –, mas mostra, ao contrário, em relação ao sujeito político-social do *égarement*, uma compreensão e uma simpatia totalmente estranhas ao liberal francês e, antes ainda, ao *whig* inglês.

Isso fica evidente também no nível das categorias teóricas. Quando Hayek faz com que a "distinção entre liberdades 'positivas' e 'negativas'" e a teorização de uma liberdade "positiva"[105] remontem ao filósofo por ele tão odiado, acaba por conceder a ele, involuntariamente, o mais alto reconhecimento. É óbvio que o patriarca do neoliberalismo diz apenas uma parte da verdade. Ignora o fato de que Hegel mostra o mais alto respeito pela inviolabilidade da esfera privada, por aquela que hoje é chamada de "liberdade negativa" e que ele já define como "direito negativo", mas é verdade que, ao lado de tudo isso, o

---

[104] Ver Domenico Losurdo, "Der Begriff 'bürgerliche Revolution' bei Marx und Engels", *Marxistische Studien*, n. 14, 1988 (*Die französische Revolution 1789-1989. Revolutionstheorie heute*), p. 273-84.

[105] Friedrich August von Hayek, *The Constitution of Liberty* (Chicago, The University of Chicago Press, 1960); ed. it.: *La società libera* (Florença, Vallecchi, 1969), p. 472, nota 26.

filósofo alemão teoriza o "direito positivo", os "direitos materiais", o "direito à vida" (*supra*, cap. V, § 9, cap. VII, § 6, e cap. VIII, § 4).

Percebe-se claramente a herança dos grandes debates que se desenvolveram durante a Revolução Francesa e dos debates que se desenvolveram em seus momentos mais dramáticos, quando a revolução é levada a questionar seus limites de classe, pois, arrastada como é pelo desenrolar da situação objetiva, para se defender do ataque da contrarrevolução interna e internacional, é obrigada a apelar às massas populares, de cujo apoio pode esperar apenas a salvação. Compreende-se, então, que, em relação ao prosseguimento dessa revolução, o comportamento assumido pela escola hegeliana, no conjunto, é bem diferente daquele da tradição liberal. Já falamos do Guizot pós-1848 e também da condenação da Revolução de 1848 expressa por Tocqueville, que a considera e a denuncia como socialista desde o início, isto é, já a partir de fevereiro. Na esteira de tal tradição deve ser colocado Hayek, que identifica nessa "distinção entre liberdades "positivas" e "negativas", por ele remontada, em última análise, a Hegel, a plataforma teórica da "democracia "social" ou totalitária", que, após a primeira labareda jacobina, começaria a se impor de maneira estável na Europa, a partir da Revolução de 1848 e da segunda metade do século XIX[106].

Se agora passarmos a examinar, do lado oposto, os desenvolvimentos da escola hegeliana, perceberemos como esta influiu profundamente no conjunto da preparação ideológica da Revolução de 1848 na Alemanha. Foi corretamente observado que, no *Vormärz*, "a formação dos democráticos revolucionários se deu em estreita relação com a evolução do hegelianismo dos "jovens"[107]. E na Assembleia Nacional de Frankfurt que deriva da revolução, a esquerda é representada pelos "hegelianos" que, na descrição crítica de Laube, expoente da Jovem Alemanha, são atravessados pelo espírito de sistema e por um "abstrato" e "impiedoso" (*herzlos*) rigor consequencial[108]. Os discípulos de Hegel são descritos um pouco como os jacobinos da situação. De resto, ainda em 1858, um romance de uma medíocre escritora francesa ambientada nos dias da revolução da Alemanha define as vítimas da violenta repressão, os fuzilados, como "*hegéliens*"[109].

---

[106] Ibidem, p. 76.

[107] Rainer Rosenberg, *Literatuverhältnisse im deutschen Vormärz* (Berlim, Akademie, 1976), p. 144.

[108] Heinrich Laube, *Das deutsche Parlament* (Leipzig, 1849), v. I, p. 24-5.

[109] O romance (*L'Hegélien*) é citado em Jacques d'Hondt, "Hegel et les socialistes", em *De Hegel à Marx* (Paris, Presses Universitaires de France, 1972), p. 188.

LIBERALISMO, CONSERVADORISMO, REVOLUÇÃO FRANCESA E FILOSOFIA CLÁSSICA ALEMÃ   437

É bastante significativo o fato de que também na Itália o hegelianismo desempenhe um papel importante na preparação ideológica da Revolução de 1848 e inspire profundamente o radicalismo dos irmãos Spaventa, que, por vezes, confina com o socialismo. Nesse quadro, bem se compreende que as resistências à virada neoliberal e conservadora do liberalismo europeu pós-1848 pareçam, em grande parte, se colocar no terreno da filosofia hegeliana. Isso vale para a Itália, onde Silvio Spaventa, num momento em que a imprensa liberal (Tocqueville incluso) ama contrapor liberdade e igualdade, em detrimento da segunda, não só expressa a opinião de que "a liberdade, sem o limite jurídico da igualdade essencial da natureza humana, transforma-se facilmente em servidão", como acrescenta que justamente, ou compreensivelmente, as "multidões" não se contentam "em ser iguais perante à lei, mas pretendem participar dos bens da vida que, nos séculos anteriores, eram reservados para poucos"[110].

Os hegelianos irmãos Spaventa, porém, não constituem caso isolado na Europa. Na Inglaterra vimos Thomas Hill Green, que Hayek reprova por extrair de Hegel a categoria de "liberdade positiva"[111]. Com efeito, Green teoriza uma "liberdade em sentido positivo"[112] justamente durante a polêmica com os liberais de sua época, empenhados em condenar a regulamentação estatal do horário de trabalho nas fábricas, ou do trabalho das mulheres e das crianças, em nome da "liberdade de contrato" e de uma liberdade entendida exclusivamente como não interferência do poder político na esfera privada. Green é consciente dessa campanha ideológica em que, depois, se engajam Spencer, Acton, Maine, entre outros: "As mais prementes questões políticas de nosso tempo são questões cuja solução não digo que implique, necessariamente, uma interferência na liberdade de contrato, mas será com certeza contrariada no nome sagrado da liberdade individual"[113]. Fazendo ecoar o *páthos* universalista que vimos ressoar em Hegel, e na filosofia clássica alemã

---

[110] Ver Domenico Losurdo, *La rivoluzione del '48 e l'immagine di Hegel in Italia e in Germania*, em Istituto Italiano per gli Studi Filosofici-Biblioteca Nazionale di Napoli, *Gli hegeliani di Napoli e la costruzione dello Stato unitario* (Roma, 1989), p. 27-54; ver agora Domenico Losurdo, *Dai fratelli Spaventa a Gramsci. Per una storia politico-sociale della fortuna di Hegel in Italia* (Nápoles, La Città del Sole, 1997), cap. III.

[111] Friedrich August von Hayek, *La società libera*, cit., p. 472, nota 26.

[112] Thomas Hill Green, "Lecture on Liberal legislation and Freedom of Contract" (1881), em *Works* (3. ed., org. Richard Lewis Nettleship, Londres, Longmans, Green, and Co., 1891) (reimp. fac-similar: Londres, 1973), v. III, p. 372.

[113] Ibidem, p. 367.

438   HEGEL E A LIBERDADE DOS MODERNOS

como um todo, e em polêmica com os liberais ou neoliberais da época, Green ressalta que "não é válido contrato algum em que pessoas humanas, com ou sem o próprio consenso, sejam tratadas como mercadorias". Disso resulta a ilicitude sob qualquer forma da escravidão, mas resulta também o direito do Estado a proibir ou prevenir relações de trabalho que constituam um atentado à saúde e à dignidade do trabalhador e que, nesse sentido, configuram um ataque à "liberdade pública"[114].

Na Alemanha, vemos Lassalle polemizar com a visão que conclama o Estado exclusivamente a "proteger a liberdade pessoal do indivíduo e sua propriedade, reduzindo-o, assim, a simples "guarda-noturno". Tal visão, que identifica o Estado com a "mera sociedade civil dos interesses egoístas" – é evidente aqui a presença do autor de *Filosofia do direito* –, é infelizmente "corriqueira não apenas nos próprios liberais, mas até nos muitos autoproclamados democráticos"[115]. É interessante, porém, notar que, na Alemanha, também querendo prescindir de Lassalle e de Marx e Engels, a lição de Hegel estimula tendências socialistas desde os primeiros anos da década de 1840. É o caso, em particular, do empreendedor Mevissen, para quem se observou que "o hegelianismo era [...] como uma introdução ao socialismo", a "um socialismo que pretendia aplicar apenas a fórmula de Hegel: o Estado é a encarnação do direito"[116].

A história da fortuna de Hegel se enlaça com a história da fortuna da Revolução Francesa e do debate que, sobre sua herança, se desenrola até nossos dias. Tendo como modelo essa revolução, Marx teoriza outro apelo a questionar radicalmente as instituições políticas dela derivadas, de modo a levar a termo o processo de emancipação que se desenvolveu com o moderno e, portanto, a resolver os problemas e as contradições da moderna sociedade política e industrial iluminados por Hegel. Outros discípulos expressam, por sua vez, a opinião de que a questão social pode e deve ser resolvida aperfeiçoando e desenvolvendo em sentido ético o Estado que surge com a Revolução Francesa. No entanto, tanto num caso quanto no outro, vem à tona a exigência de avançar para além do estágio meramente político e jurídico da emancipação, vem à tona a exigência de colocar lado a lado – usando a linguagem de Hegel – o "direito positivo" e o direito "negativo". Claro, podemos acreditar com Hayek que a teorização do

---

[114] Ibidem, p. 372-3.

[115] Ferdinand Lassalle, "Das Arbeitprogramm" (1862-1863), em *Gesammelte Reden und Schriften* (org. Eduard Bernstein, Berlim, P. Cassirer, 1919-1920), p. 221.

[116] Ver Jacques Droz, *Le libéralisme rhénan* (1815-1848) (Paris, Sorlot, 1940), p. 265-9.

direito e da liberdade "positiva" é uma catástrofe e que é necessário destruir ao menos um século de história (a partir da Revolução de 1848 ou talvez antes) para reconduzir o Ocidente à sua "autenticidade": permanece o fato de que, no debate político contemporâneo, continuam a ser fortemente presentes Hegel e as categorias elaboradas por ele traçando o balanço histórico e teórico da Revolução Francesa.

9. O conflito das liberdades

Existe um ponto de particular interesse. Hegel não se limitou a distinguir entre "direito negativo" e "direito positivo", entre "liberdade formal" e "liberdade real", mas, mesmo se pronunciando a favor da síntese, ressaltou a possibilidade, ou o risco, no plano da concreta realidade histórica, de um conflito entre esses diversos aspectos do direito e da liberdade (*supra*, cap. IV, § 6). Claro, Smith já observa que, justamente num "país livre" (*free country*)[117] e sob um "governo livre" (*free government*), revela-se particularmente difícil ou impossível para os escravos obter a emancipação ou mesmo apenas uma melhora das condições ou uma atenuação da opressão. É mais fácil que isso aconteça com um "governo despótico", não vinculado por organismos representativos, na maioria, nas mãos de proprietários de escravos[118]. O pensamento se volta para as colônias inglesas na América, já amplamente fundadas no autogoverno e nas quais, entretanto, justamente o liberal Locke quer ver consagrado, também no plano constitucional, o princípio do "absoluto poder e autoridade" que todo "homem livre" deve deter "sobre seus escravos negros". Uma consideração análoga à defendida para a instituição da escravidão, Smith faz no que se refere à servidão da gleba, dessa vez com o olhar voltado para os países da Europa oriental, onde a fraqueza do poder central torna impossível para o monarca impor à nobreza feudal a emancipação dos servos (*supra*, cap. XII, § 6).

A consciência do possível conflito das liberdades, aflorada no autor de *Lições de jurisprudência* e perdida ao longo da posterior tradição liberal, reemerge com força em Hegel. O filósofo, a partir disso, questiona as tranquilas certezas de Smith, que, apesar de tudo, continua a chamar de "livre" um governo que aprova a escravidão ou a servidão da gleba e de "despótico" um governo que,

---

[117] Adam Smith, *Lectures on Jurisprudence* (1762-1763 e 1766) (v. V, ed. de Glasgow), p. 186 (lições de 1762-1763).

[118] Ibidem, p. 452.

ao contrário, embatendo-se com a resistência de organismos representativos dominados por camadas privilegiadas, suprime uma e outra instituição. É também devido a essa aguda consciência do possível conflito das liberdades que Hegel, ainda que nitidamente se afastando do jacobinismo, se recusa a subscrever a simplista demonização que a tradição liberal opera de um movimento ou de um partido que, se por um lado impõe uma férrea ditadura, por outro leva a termo a dissolução das relações feudais de propriedade e de trabalho, acabando por decretar a emancipação dos escravos das colônias, reconhecendo os resultados da revolução deflagrada por eles no Haiti, sob a liderança do jacobino negro Toussaint Louverture, e finalmente incluindo os ex-escravos sob o conceito universal de homem, como titulares de direitos inalienáveis e imprescritíveis.

Nesse sentido, podemos dizer que Hegel tornou mais problemática e incerta a fronteira entre liberdade e opressão, e assim bem se compreende a obsessão, em especial por parte dos neoliberais, em confinar esse grande intérprete da liberdade, positiva e negativa, na história do totalitarismo ou, na melhor das hipóteses, da democracia totalitária. Outros, ainda que longe do zelo com que os neoliberais pretendem proceder à depuração do Ocidente, podem, contudo, sentir nostalgia das tranquilas certezas perdidas e sentir-se pouco à vontade pelo fato de que, a partir de Hegel, tornou-se mais complexo ou mais problemático o discurso da liberdade. Convém, entretanto, que não esqueçamos que a única alternativa a tal complexidade e problematicidade é uma história meramente, e banalmente, ideológica dos conflitos políticos e sociais que, a partir da Revolução Francesa, agitaram e continuam a agitar o mundo.

REFERÊNCIAS BIBLIOGRÁFICAS

ABEGG, Johann Friedrich. *Reisetagebuch von 1798*. Orgs. Walter Abegg e Jolanda Abegg, em colaboração com Zwi Batscha. Frankfurt, Insel, 1976.

ADORNO, Theodor. *Drei Studien zu Hegel*. Frankfurt, Suhrkamp, 1963.

_____. Stichworte. Kritische Modelle 2. In: *Gesammelte Schriften*, v. X, 2. Org. Rolf Tiedemann. Frankfurt, Suhrkamp, 1957. [Ed. bras.: *Palavras e sinais: modelos críticos 2*. Trad. Maria Helena Ruschel. Petrópolis, Vozes, 1995.]

ANTONI, Carlo. *La lotta contro la ragione* (1942). Florença, Sansoni, 1968.

APEL, Karl-Otto. Die Konflikte unserer Zeit und das Erfordernis einer ethisch-politischen Grundorientierung. In: _____ et al. (orgs.). *Praktische Philosophie/Ethik*, v. I. Frankfurt, Suhrkamp, 1980.

_____. Kann der postkantische Standpunkt der Moralität noch einmal in substantieller Sittlichkeit "aufgehoben" werden? In: KUHLMANN, Wolfgang (org.). *Moralität und Sittlichkeit*. Frankfurt, Suhrkamp, 1986.

ARENDT, Hannah. *On Revolution*. Ed. it.: *Sulla rivoluzione*. Trad. Maria Magrini. Milão, Comunità, 1983. [Ed. bras.: *Sobre a revolução*. Trad. Denise Bottmann. São Paulo, Companhia das Letras, 2011.]

_____. *Vita activa oder vom tätigen Leben*. Stuttgart, Kohlhammer, 1960.

AVINERI, Shlomo. *Hegel's Theory of the Modern State*. Cambridge, Cambridge University Press, 1972.

BAADER, Franz Xaver von. Über das Revolutionieren des positiven Rechtsbestandes (1813). In: *Sämtliche Werke*. Org. Franz Hoffmann, Julius Hamberger et al. Leipzig, 1851-1860. Ed. fac-similar: Aalen, 1963.

BABEUF, François-Noël. *Écrits*. Org. Claude Mazauric. Paris, Messidor, 1988.

BACZKO, Bronislaw. *Lumières de l'utopie*. Paris, Payot, 1978.

BAEUMLER, Alfred. Nietzsche (1930). In: *Studien zur deutschen Geistegeschichte*. Berlim, Junker und Dünnhaupt, 1937.

BARNAVE, Antoine-Pierre-Joseph-Marie. *Introduction à la révolution française*. Org. Fernand Rude. Paris, Armand Colin, 1960.

BARNY, Roger. *L'Éclatement révolutionnaire du rousseauisme*. Besançon, Les Belles Lettres, 1988.

BAUER, Bruno. Russland und das Germanenthum (1853). In: LÖWITH, Karl (org.). *La sinistra hegeliana*. Trad. Claudio Cesa. Bari, Laterza, 1966.

BAXA, Jakob (org.). *Adam Müllers Lebenszeugnisse*. Munique/Parderborn/Viena, Shöningh, 1966.

BECCARIA, Cesare. *Dei delitti e delle pene*. Milão, Feltrinelli, 1991.

BECCHI, Paolo. *Contributi ad uno studio della filosofia del diritto di Hegel*. Gênova, Ecig, 1984.

_____. Hegelsche Vorlesungsnachschriften und noch kein Ende? *Materiali per Una Storia della Cultura Giuridica*, v. XVI, n. 1, 1986.

_____. Im Schatten der Entscheidung. Hegels unterschiedliche Ansätze in seiner Lehre zur fürstlichen Gewalt. *Archiv für Rechts- und Sozialphilosophie*, v. LXXII, n. 2, 1986.

BEETHAM, David. *Max Weber and the Theory of Modern Politics*. Cambridge/Oxford, Polity, 1985. Ed. it.: *La teoria politica di Max Weber*. Trad. M. T. Brancaccio. Bolonha, Il Mulino, 1985.

BENTHAM, Jeremy. Anarchical Fallacies. A Critical Examination of the Declaration of Rights. In: *The Works*. Org. John Bowring. Edimburgo, William Tait, 1838-1843.

_____. Théorie des peines et des recompenses (1811). In: *Œuvres de Jérémie Bentham*. 3. ed. Org. Etienne Dumont. Bruxelas, Hauman, 1840. v. I.

BERNSTEIN, Eduard. *Die Voraussetzungen des Sozialismus und die Aufgaben der Sozialdemokratie* (1899). Ed. it.: *Socialismo e socialdemocrazia*. Bari, Laterza, 1968.

BIANCO, Gino; GRENDI, Edoardo. Introduzione. In: *La tradizione socialista in Inghilterra. Antologia di testi politici, 1820-1852*. Turim, Einaudi, 1970.

BIEBERSTEIN, Johannes Rogalla von. *Die These von der Verschwörung 1776-1945*. Berna/Frankfurt, Peter Lang, 1976.

BLANQUI, Auguste. *Textes choisis*. Org. Vyacheslav Petrovich Volguine. Paris, Éditions Sociales, 1955.

BLOCH, Ernst. Problem der Engelsschen Trennung von "Methode" und "System" bei Hegel". In: *Philosophische Aufsätze*. Frankfurt, Suhrkamp, 1969.

BOBBIO, Norberto. *Il contratto sociale, oggi*. Nápoles, Guida, 1980.

_____. *Il futuro della democrazia*. Turim, Einaudi, 1984.

_____. *L'età dei diritti*. Turim, Einaudi, 1990.

_____. *Studi hegeliani*. Turim, Einaudi, 1981.

BÖHM, Franz. *Anti-Cartesianismus. Deutsche Philosophie im Widerstand*. Leipzig, F. Meiner, 1938.

BONGIE, Laurance Louis. *David Hume Prophet of the Counter-Revolution*. Oxford, Oxford University Press, 1965.

BÖRNE, Ludwig. Briefe aus Paris (1832-1834), carta XXIV, XXXV e XXXIII. In: *Sämtliche Schriften*. Org. Inge e Peter Rippmann. Dreieich, Joseph Mezler, 1977.

BOURNE, Henry Richard Fox. *The Life of John Locke*. Londres, Henry S. King & Co., 1876. Reimp.: Aalen, 1969.

BOUTROUX, Émile. *Etudes d'histoire de la philosophie allemande*. Paris, J. Vrin, 1926.

BRANDT, Hartwig (org.). *Restauration und Frühliberalismus*. Darmstadt, Wissenschaftliche Buchgesellschaft, 1979.

BRAUNE, Frieda. *Edmund Burke in Deutschland*. Heidelberg, C. Winter, 1917.

REFERÊNCIAS BIBLIOGRÁFICAS 443

BRAVO, Gian Mario (org.). *Il socialismo prima di Marx.* 2. ed. Roma, Editori Riuniti, 1973.

BRECHT, Bertolt. Flüchtlingsgespräche (1939, póstumo, 1962). In: *Prosa*, v. II. Frankfurt, Suhrkamp, 1965.

BRUNNER, Otto. *Neue Wege der Verfassungs – und Sozialgeschichte.* Göttingen, Vandenhoeck & Ruprecht, 1968. Ed. it.: *Per una nuova storia costituzionale e sociale.* Trad. Pierangelo Schiera. Milão, Vita e Pensiero, 1970.

BRUNSCHWIG, Henri. *Societé et romantisme en Prusse au XVIIIe siècle. La crise de l'Etat prussien a la fin du XVIIIe siècle et la genèse de la mentalité romantique.* 2. ed. Paris, Flammarion, 1973.

BUCHEZ, Benjamin-Joseph; ROUX, Pierre-Celestin. *Histoire parlementaire de la révolution française.* Paris, Paulin, 1836. v. XXVI.

BUCHNER, Rudolf; BAUMGART, Winfried (orgs.). *Quellen zum politischen Denker der Deutschen im 19. und 20. Jahrhundert. Freiherr vom Stein-Gedächtnisausgabe*, v. IV: *Vormärz und Revolution 1840-1849.* Org. Hans Fenske. Darmstadt, wbg Academic, 1976 e seg.

BURGIO, Alberto. *Eguaglianza, interesse, unanimità. La politica di Rousseau.* Nápoles, Bibliopolis, 1989.

BURKE, Edmund. *Betrachtungen* über *die französische Revolution.* Org. Friedrich von Gentz. Berlim, Friedrich Vieweg, 1793.

_____. *The Correspondence of Edmund Burke.* Org. Alfred Cobban e Robert Arthur Smith. Cambridge/Chicago, University of Chicago Press, 1967. v. VI.

_____. *The Works of the Right Honourable Edmund Burke.* Londres, Rivington, 1826.

CARLYLE, Thomas. *On Heroes, Hero-Worship, and the Eroic in History* (1841). Ed. it.: *Gli eroi e il culto degli eroi.* Trad. Rosina Campanini. Milão, Editori Associati, 1990.

CAROVÉ, Friedrich Wilhelm. *Entwurf einer Burschenschafts-Ordnung und Versuch einer Begründung derselben.* Eisenach, Bärecke, 1818.

CAVOUR, Camilo Benso, conde de. Des idées communistes et des moyens d'en combattre le développment (1845). In: MANACORDA, Gastone (org.). *Il socialismo nella storia d'Italia.* Bari, Laterza, 1970.

CESA, Claudio. G. W. F. Hegel. A centocinquant'anni dalla morte. *Studi Senesi*, n. 1, 1982.

_____. *Gli hegeliani liberali.* Roma/Bari, Laterza, 1974.

_____. *Hegel filosofo politico.* Nápoles, Guida, 1976.

_____. *Scritti politici.* Turim, Einaudi, 1974.

_____. *Studi sulla sinistra hegeliana.* Urbino, Argalia, 1972.

CESARINI, Renzo; DE FEDERICIS, Lidia. *Il materiale e l'immaginario.* Turim, Loescher, 1981. v. VI.

CHATEAUBRIAND, François-René de. *Itinéraire de Paris à Jérusalem.* Paris, Le Normant, 1811.

_____. *Mélanges politiques et littéraires.* Paris, F. Didot Frères, 1850.

_____. *Mémoires d'outre-tombe* (1849). Org. Pierre Clarac. Paris, Livre de Poche, 1973.

COLLETTI, Lucio. L'equivoco di Lukács. *Mondo Operaio*, jan. 1986.

CONDORCET, Marie-Jean-Antoine-Nicolas de Caritat de. *Œuvres.* Org. Arthur Condorcet O'Connor e M. F. Arago. Paris, Firmin Didot Freres, 1847. Reimp. fac-similar: Stuttgart/ Bad Cannstatt, 1968.

CONSTANT, Benjamin. *Cours de politique constitutuionelle*. 3. ed. Bruxelas, Hauman, Cattoir et comp., 1837.

_____. De la liberté des anciens comparée à celle des modernes (1819). In: *De la liberté chez les modernes. Écrits politiques*. Org. Marcel Gauchet. Paris, Le Livre de Poche, 1980.

_____. Des réactions politiques (1797). In: *Écrits et discours politiques*. Org. Olivier Pozzo di Borgo. Paris, Pauvert, 1964.

_____. *Écrits et discours politiques*. Org. Olivier Pozzo di Borgo. Paris, Pauvert, 1964.

_____. *Mélanges de littérature et de politique*. Louvain, F. Michel, 1830.

_____. *Œuvres*. Org. Alfred Roulin. Paris, Gallimard, 1957.

CORRADINI, Enrico. *Scritti e discorsi 1901-1914*. Org. Lucia Strappini. Turim, Einaudi, 1980.

CRANSTON, Maurice. *John Locke. A Biography*. 2. ed. Londres, Longmans, 1959.

CUOCO, Vincenzo. La rivoluzione napolitana del 1799 e la comparatistica delle rivoluzioni. *Società e Storia*, n. 46, 1990.

_____. *Saggio storico sulla rivoluzione napoletana del 1799* (1806). 2. ed. Roma/Bari, Laterza, 1980.

D'HOLBACH, Paul-Henry Thiry. *Ethocratie ou le Gouvernement fondé sur la morale*. Amsterdã, Marc-Michel Rey, 1776. Ed. fac-similar: Hildesheim, 1973.

D'HONDT, Jacques. *Hegel en son temps. Berlim, 1818-1831*. Paris, Éditions Sociales, 1968. Ed. it.: *Hegel nel suo tempo*. Trad. Tota Plantamura. Nápoles, Bibliopolis, 1978.

_____. *Hegel Secret. Recherches sur les sources cachées de la pensée de Hegel*. Paris, PUF, 1968.

_____. Théorie et pratique politique chez Hegel: le problème de la censure. In: *Hegels Philosophie des Rechts*. Orgs. Dieter Henrich e Rolf-Peter Horstmann, Stuttgart, Klett--Cotta, 1982.

DAHLMANN, Friedrich Christoph. *Die Politik*. Göttingen, Dieterich, 1835. Reed. Org. Manfred Riedel. Frankfurt, Suhrkamp, 1968.

DAHRENDORF, Ralf. *Fragmente eines neuen Liberalismus*. Deutscher Verlags-Anstalt, 1987. Ed. it.: *Per un nuvo liberalismo*. Trad. Michele Sampaolo. Roma/Bari, Laterza, 1988.

_____. *Gesellschaft und Demokratie in Deutschland*. Munique, Piper, 1965. Ed. it.: *Sociologia della Germania contemporânea*. Trad. Giorgio Backhaus, Milão, Il Saggiatore, 1968.

_____. *Reflections on the Revolution in Europe*. Londres, Chatto & Windus, 1990. Ed. it.: *Riflessioni sulla rivoluzione in Europa*. Trad. F. Salvatorelli. Roma/Bari, Laterza, 1990.

DE BAECQUE, Antoine; SCHMALE, Wolfgang; VOVELLE, Michel (orgs.). *L'An 1 des droits de l'homme*. Paris, Éditions du CNRS, 1988.

DE STAËL, Anne-Louise Germaine Necker. *Considérations sur les principaux événements de la révolution française* (1818), republicadas como *Considérations sur la révolution française*. Org. Jacques Godechot. Paris, Tallandier, 1983.

DROZ, Jacques. *Le libéralisme rhénan* (1815-1848). Paris, Sorlot, 1940.

DU PAN, Jacques Mallet. *Über die französische Revolution und die Ursachen ihrer Dauer, übers. mit einer Vorrede und Anm. von Friedrich Gentz*. Berlim, Friedrich Vieweg, 1794.

ELIAS, Norbert. *Über den Prozeß der Zivilisation*, v. I: *Wandlungen des Verhaltens in den weltlichen Oberschichten des Abendlandes* (1936). 2. ed. Frankfurt, Suhrkamp, 1969. Ed. it.: *La civiltà delle buone maniere*. Trad. Giuseppina Panzieri. Bolonha, Il Mulino, 1982. [Ed. bras.: *O processo civilizador*, v. 1: *Uma história dos costumes*. Trad. Ruy Jungmann, Rio de Janeiro, Zahar, 1990.]

REFERÊNCIAS BIBLIOGRÁFICAS   445

ENGELS, Friedrich. Antwort an Herrn Paul Ernst (1890). MEW, v. XXII.

_____. Der Ursprung der Familie, des Privateigentums und des Staats (1884), cap. IX. MEW, v. XXI. [Ed. bras.: *A origem da família, da propriedade privada e do Estado*. Trad. Nélio Schneider. São Paulo, Boitempo, 2019.]

_____. Die Entwicklung des Sozialismus von der Utopie zur Wissenschaft (1876-1878), republicado como *Anti-Dühring* (1880). MEW, v. XIX. [Ed. bras.: *Anti-Dühring*. Trad. Nélio Schneider. São Paulo, Boitempo, 2015.]

_____. Die Lage der arbeitenden Klasse in England (1845). MEW, v. II. [Ed. bras.: *A situação da classe trabalhadora na Inglaterra*. Trad. B. A. Schumann. São Paulo, Boitempo, 2008.]

_____. Die Lage Englands (1844). MEW, v. I.

_____. Die neueste Heldentat des Hauses Bourbon (1848). MEW, v. V.

_____. Die Polendebatte in Frankfurt (7 set. 1848). MEW, v. V.

_____. Friedrich Wilhelm IV, König von Preussen. In: *Einundzwanzig Bogen aus der Schweiz* (Zurique e Winterthur, 1843). MEW, v. I.

_____. Ludwig Feuerbach und der Ausgang der klassischen deutschen Philosophie (1888). MEW, v. XXI.

_____. Resenha de Carlyle sobre a "Neue Rheinische Zeitung. Politisch-ökonomische Revue", abr. 1850. MEW, v. VII.

_____. Schelling und die Offenbarung (1842). In: MARX, Karl; ENGELS, Friedrich. *Werke* (MEW). Berlim, Dietz, 1955-1990. 43 v.

_____. [von Henning], *Gazeta Renana*, 24 maio 1842. MEW, *Ergänzungsband* II.

_____. Vorbemerkung zu "Der deutsche Bauernkrieg" (ed. 1870 e 1875). MEW, v. VII.

_____. Zwei Reden in Eberfeld (1845). MEW, v. II.

EPSTEIN, Klaus. *The Genesis of German Conservatism*. Nova Jersey, Princeton University Press, 1966. Ed. alemã: *Die Ursprünge des Konservativismus in Deutschland*. Frankfurt/ Berlim, Propyläen, 1973.

ERDMANN, Johann Eduard. *Grundriss der Geschichte der Philosophie. Anhang: Die Deutsche Philosophie seit Hegel's Tode*. Berlim, Wilhelm Hertz, 1878.

EVOLA, Julius. *Il fascismo*. Roma, Volpe, 1964.

FENSKE, Hans (org.). *Im Bismarckschen Reich 1871-1890*. Darmstadt, Wissenschaftliche Buchgesellschaft, 1978.

FICHTE, Johann Gottlieb. *Ausgewählte politische Schriften*. Org. Zwi Batscha e Richard Saage. Frankfurt, Suhrkamp, 1977.

_____. *Briefwechsel*. Org. Hans Schulz. Leipzig, H. Haessel, 1930. Ed. fac-similar: Hildesheim, Georg Olms, 1967.

_____. *Eleusinien des 19. Jahrhunderts oder Resultate vereinigter Denker über Philosophie und Geschichte der Freimaurerei*. Berlim, 1802-1803.

_____. *Fichte in vertaulichen Briefen seiner Zeitgenossen*. Org. Hans Schulz. Leipzig, Haessel, 1923.

_____. *Fichtes Werke*. Org. Immanuel Hermann Fichte. Berlim, Felix Meiner, 1971.

_____. *Rechtslehre* (1812). Org. Richard Schottky. Hamburgo, Felix Meiner, 1980.

_____. Zufällige Gedanken in einer schlaflosen Nacht (1788). In: *Briefwechsel*. Org. Hans Schulz. Leipzig, H. Haessel, 1930. Ed. fac-similar: Hildesheim, Georg Olms, 1967.

FISCHER, Kuno. *Geschichte der neueren Philosophie*, v. VIII, t. 1: *Hegel's Leben, Werke und Lehre*. 2. ed. Heidelberg, Carl Winter, 1911.

FORSTER, Georg. *Werke in vier Bänden*. Frankfurt, Insel, 1967.

FURET, François; RICHET, Denis. *La Révolution française*. Paris, Fayard, 1965. Ed. it.: *La rivoluzione francese*. Trad. Silvia Brilli Cattarini e Carla Patanè. Roma/Bari, Laterza, 1980.

GADAMER, Hans-Georg. *Wahrheit und Methode*. 3. ed. Tubinga, J. C. B. Mohr, 1972.

GANS, Eduard. *Philosophische Schriften*. Org. Horst Schröder. Glashütten/Taunus, Detlev Auverman, 1971.

_____. *Rückblicke auf Personen und Zustände*. Berlin, Veit, 1836.

GARRONE, Alessandro Galante. *Filippo Buonarroti e i rivoluzionari dell'Ottocento (1828--1837)* (1951). Ed. ampl.: Turim, Einaudi, 1972.

GENTZ, Friedrich von. Einleitung [introdução à tradução alemã de "Reflections on the Revolution in France" de Burke]. In: *Ausgewählte Schriften*. Org. Wilderich Weick. Stuttgart/Leipzig, 1836-1838. v. I.

GERHARD, Walter. *Das politische System Alexander Hamiltons*. Hamburgo, Friederichsen, de Gruyter & Co., 1929.

GOETHE, Johann Wolfgang von. *Goethes Briefe*. Org. Karl Robert Mandelkow. Hamburgo, Wegner, 1968.

GÖRRES, Joseph. Der teutsche Reichstag (1814). In: BAXA, Jakob (org.). *Gesellschaft und Staat im Spiegel deutscher Romantik*. Iena, G. Fischer, 1924.

_____. Kotzebue und was ihn gemordet (1819). In: *Gesammelte Schriften*. Org. Wilhelm Schellberg. Colônia, Gilde, 1926. v. I.

_____. Was zu verkaufen (1798). In: BAXA, Jakob (org.). *Gesellschaft und Staat im Spiegel deutscher Romantik*. Iena, G. Fischer, 1924.

GRAMSCI, Antonio. *Quaderni del carcere*. Org. Valentino Gerratana. Turim, Einaudi, 1975.

GREEN, Thomas Hill. Lecture on Liberal legislation and Freedom of Contract (1881). In: *Works*. 3. ed. Org. Richard Lewis Nettleship. Londres, Longmans, Green, and Co., 1891. Reimp. fac-similar: Londres, 1973, v. III.

GUILLEMIN, Henri. *Benjamin Constant muscadin 1795-1799*. 6. ed. Paris, Gallimard, 1958.

_____. *Madame de Staël, Benjamin Constant et Napoléon*. Paris, Plon, 1959.

GUIZOT, François. *De la démocratie en France*. Nápoles, Victor Masson, 1849.

_____. Discours sur l'histoire de la révolution d'Angleterre. In: *Histoire de la révolution d'Angleterre*. Bruxelas, Meline, Cans et compagnie, 1850.

GUMPLOWICZ, Ludwig. *Der Rassenkampf* (1883). Innsbruck, 1928. In: LUKÁCS, György. *Die Zerstörung der Vernunft*. Berlin, Aufbau, 1954. Ed. it.: *La distruzione della ragione*. Trad. Eraldo Arnaud. Turim, Einaudi, 1959.

HABERMAS, Jürgen. Legitimationsprobleme im modernen Staat. In: APEL, Karl-Otto et al. (orgs.). *Praktische Philosophie/Ethik*, v.1. Frankfurt, Suhrkamp, 1980.

_____. *Theorie und Praxis. Sozialphilosophische Studien*. Frankfurt, Suhrkamp, 1988.

_____. *Zur Logik der Sozialwissenschaften. Materialien*. Frankfurt, Zerschlagt Das Bürgerliche, 1970.

HALÉVY, Élie. *La formation du radicalisme philosophique*, v. I: *La jeunesse de Bentham*. Paris, 1901.

REFERÊNCIAS BIBLIOGRÁFICAS 447

HALLER, Carl Ludwig von. *De quelques dénominations de partis*. Genebra, s.n., 1822.

_____. *Restauration der Staats-Wissenschaft, oder Theorie des natürlich geselligen Zustands der Chimäre des künstlichbürgerlichen entegegengesetzt*. Winterthur, Steiner, 1820-1834.

_____. *Über die Constitution der Spanischen Cortes* (1820). Ed. it., com base na edição francesa organizada pelo próprio autor, *Analisi della costituzione delle Cortes di Spagna, opera del Signor Carlo Luigi di Haller*, Modena, s.n., 1821.

HASS, Hans-Egon (org.). *Die deutsche Literatur: Texte und Zeugnisse*. Munique, Beck, 1966. v. V, t. 2.

HAVENS, George Remington. Voltaire's Marginalia on the Pages of Rousseau. *Ohio State University Studies*, 1933, VI.

HAYEK, Friedrich August von. *Law, Legislation and Liberty* (Londres, Routledge, 1982; as três partes que compõem a obra são respectivamente de 1973, 1976 e 1979). Ed. it.: *Legge, legislazione e libertà*. Trad. Pier Giuseppe Monateri. Milão, Il Saggiatore, 1986.

_____. *New Studies in Philosophy, Politics, Economics and the History of Ideas*. Chicago, The University of Chicago Press, 1978. Ed. it.: *Nuovi studi di filosofia, politica, economia e storia delle idee*. Roma, Armando, 1988.

_____. *The Constitution of Liberty*. Chicago, The University of Chicago Press, 1960. Ed. it.: *La società libera*. Florença, Vallecchi, 1969.

_____. *The Counter-Revolution of Science. Studies on the Abuse of Science* (1952). Indianápolis, Liberty, 1979. Ed. it.: *L'abuso della ragione*. Trad. Renato Pavetto. Florença, Vallecchi, 1967.

_____. *The Fatal Conceit. The Errors of Socialism* (1989). Londres, Routledge, 1990.

_____. *The Road to Serfdom* (1944). Londres, Ark Paperbacks, 1986.

HAYM, Rudolf. *Aus meinem Leben. Erinnerungen*. Berlim, Gaertner, 1902.

_____. *Die deutsche Nationalversammlung bis zu den Septemberereignissen. Ein Bericht aus der Parte ides rechten Zentrums*. Frankfurt, s.n., 1848.

_____. *Hegel und seine Zeit*. Berlim, Gaertner, 1857.

_____. *Varnhagen von Ense*. *Preußische Jahrbücher*, X, 1863, posteriormente republicado em *Zur deutschen Philosophie und Literatur*. Org. Ernst Howald. Zurique/Stuttgart, Artemis, 1963.

_____. *Wilhelm von Humboldt. Lebensbild und Charakteristik* (Berlim, Gaertner 1856). Reed. fac-similar: Osnabrück, O. Zeller, 1965.

HEGEL, Georg Wilhelm Friedrich. *Il dominio della politica*. Roma, Editori Riuniti, 1980.

_____. *Jenaer Systementwürfe III* (1805-1806). In: *Gesammelte Werke*. Org. Rolf-Peter Horstmann; colaboração Johann Heinriche Trede. Hamburgo, Meiner, 1969.

_____. *Religionsphilosophie*, Livro I: *Die Vorlesung von 1821*. Org. Karl-Heinz Ilting. Nápoles, Bibliopolis, 1978.

_____. *System der Sittlichkeit* (1802). Org. Georg Lasson. Hamburgo, Felix Meiner, 1967.

_____. *Vorlesungen über die Philosophie der Religion*. Org. Georg Lasson. Hamburgo, Felix Meiner, 1966. v. I.

HEINE, Heinrich. *Sämtliche Schriften*. Org. Klaus Briegleb, em colaboração com Günter Häntzschel e Karl Pörnbacher. Munique, Ullstein, 1969-1978.

HENRICH, Dieter. Einleitung [introdução]. In: *Philosophie des Rechts. Die Vorlesung von 1819-1820 in einer Nachschrift*. Org. Dieter Henrich. Frankfurt, s.n., 1983.

HERZEN, Aleksandr. La jeune Moscou (excerto de "Mémoires et pensées") (1855-1862). In: *Textes philosophiques choisis*. Moscou, s.n., 1950.

HIMMELFARB, Gertrude. *The Idea of Poverty. England in the Early Industrial Age*. Nova York, Vintage, 1985.

HITLER, Adolf. *Idee sul destino del mondo*. Pádua, Edizioni D'Ar, 1980.

HOBBES, Thomas. Behemoth (1679). In: *The English Works*. Ed. fac-similar: Aalen, 1962.

_____. De cive (1651). In: *Opera philosophica*, 1839-1845. Ed. fac-similar: Aalen, 1961. v. II.

_____. *Leviathan* (1651), cap. XXI. Ed. it.: *Leviathan*. Trad. Mario Vinciguerra. Bari, Laterza, 1974.

HOBHOUSE, Leonard Trelawny. *The Metaphysical Theory of the State. A Criticism* (1918). 2. ed. Londres, G. Allen & Unwin, 1921.

HOFFMEISTER, Johannes (org.). *Dokumente zu Hegels Entwicklung*. Stuttgart, Fr. Frommans, 1936.

_____. Einleitung. In: HEGEL, Georg Wilhelm Friedrich. *Nürnberger Schriften*. Leipzig, Meiner, 1938.

HOOK, Sydney. Hegel Rehabilitated. In: KAUFMANN, Walter (org.). *Hegel's Political Philosophy*. Nova York, Atherton, 1970.

HORKHEIMER, Max. Hegel und das Problem der Metaphysik. In: *Anfänge des bürgerlichen Geschichtsbegriffs*. Frankfurt, s.n., 1971.

_____. Traditionelle und kritische Theorie. *Zeitschrift für Sozialforschung*, n. 6, 1937.

HUGO, Gustav. *Lehrbuch des Naturrechts als einer Philosophie des positiven Rechts, besonders des Privatrechts*. 4. ed. Berlim, Mylius, 1819.

_____. *Lehrbuch eines civilistischen Cursus. Zweyter Band welcher das Naturrecht, als eine Philosophie des positiven Rechts, besonders des Privatrechts enthält*. 4. ed. Berlim, s.n., 1819.

HUMBOLDT, Wilhelm von. Ideen zu einem Versuch die Gränzen der Wirksamkeit des Staats zu bestimmen (1792). In: _____. *Gesammelte Schriften*. Berlim, Accademia delle Scienze, 1903-1936.

_____. Über *das Studium des Altertums und des griechischen insbesondere*. S.l., s.n., 1793.

HUME, David. Treatise of Human Nature (1739-1740). In: *The Philosophical Works*. Org. Thomas Hill Green e Thomas Hodge Grose. Londres, Longmans, Green and Co., 1866. v. II. Ed. fac-similar: Aalen, 1964.

IGNATIEFF, Michael. *A Just Measure of Pain. The Penitentiary in the Industrial Revolution 1750-1850*. Londres, Pantheon, 1978.

ILTING, Karl-Heinz. *Hegel diverso*. Roma/Bari, Laterza, 1977.

_____. Hegels Auseinandersetzung mit der aristotelischen Politik. *Philosophisches Jahrbuch*, v. XVII, 1963-1964.

_____. The Structure of Hegel's Philosophy of Right. In: KAUFMANN, Walter (org.). *Hegel's Political Philosophy*. Nova York, Atherton, 1970.

_____. Zur Genese der Hegelschen "Rechtsphilosophie". *Philosophische Rundschau*, n. 3-4, 1983.

JARDIN, André. *Alexis de Tocqueville 1805-1859*. Paris, Hachette, 1984.

JAURÈS, Jean. *Histoire socialiste de la révolution française*. Paris, J. Rouff, 1901-1908.

REFERÊNCIAS BIBLIOGRÁFICAS   449

JERNEGAN, Marcus Wilson. *Laboring and Dependent Classes in Colonial America. 1607-1783* (1931). Westport, s.n., 1980.

JUNG, Alexander. *Vorlesungen* über *die moderne Literatur*. Danzig, Gerhard, 1842.

KANT, Immanuel. *Gesammelte Schriften*. Berlim/Leipzig, Academia de Ciências (KGS), 1900.

KAUTSKY, Karl. Arthur Schopenhauer. *Die neue Zeit*, 1888, VI.

KELSEN, Hans. *The Political Theory of Bolshevism. A Critical Analysis*. Berkeley/Los Angeles, University of California Press, 1948. Ed. it.: *La teoria politica del bolscevismo*. Trad. Riccardo Guastini. Milão, Il Saggiatore, 1981.

KIERKEGAARD, Søren. Postilla conclusiva non scientifica alle briciole di filosofia (1846). In: _____. *Opere*. Florença, Sansoni, 1972.

KLEIST, Heinrich von. *Sämtliche Werke und Briefe*. 2. ed. Org. Helmut Sembdner. Munique, Carl Hanser, 1961.

KLOOSTERBOER, Willemins. *Involuntary Labour since the Abolition of Slavery*. Leiden, E. J. Brill, 1960.

KOSELLECK, Reinhart. *Preussen zwischen Reform und Revolution*. 2. ed. Stuttgart, Ernst Klett, 1975.

KRAUTKRÄMER, Ursula. *Staat und Erziehung. Begründung öffentlicher Erziehung bei Humdoldt, Kant, Fichte, Hegel und Schleiermacher*. Munique, Johannes Berchmans, 1979.

KRONEBERG, Lutz; SCHLOESSER, Rolf. *Weber-Revolte 1844*. Colônia, Leske, 1979.

KUCZYNSKI, Jürgen. *Die Geschichte der Lage der Arbeiter unterd dem Kapitalismus*. Berlim, Akademie, 1960 e seg.

KUHLMANN, Wolfgang (org.). *Moralität und Sittlichkeit*. Frankfurt, Suhrkamp, 1986.

LASKI, Harold Joseph. *The American Democracy* (1948). Fairfield, A. M. Kelley, 1977.

_____. *The Rise of European Liberalism* (1936). Ed. it.: *Le origini del liberalismo europeo*. Florença, La Nuova Italia, 1962.

LASSALLE, Ferdinand. *Gesammelte Reden und Schriften*. Org. Eduard Bernstein. Berlim, P. Cassirer, 1919-1920.

LE GOFF, Jacques. *Storia e memoria* (1977). Turim, Einaudi, 1982.

LECKY, William Edward Hartpole. *A History of England in the Eighteenth Century*. 2. ed. Londres, Longmans, Green, and Co., 1887.

_____. *Democracy and Liberty* (1896). Indianápolis, Liberty Classics, 1981.

LEFEBVRE, Georges. *La France sous le Directoire 1795-1799*. Paris, Éditions Sociales, 1984.

LÊNIN, Vladímir I. *Quaderni filosofici*. Org. Ignazio Ambrogio. Roma, Editori Riuniti, 1969. [Ed. bras.: *Cadernos filosóficos: Hegel*. Trad. Edições Avante! e Paula Vaz de Almeida. São Paulo, Boitempo, 2018.]

_____. Tre fonti e tre parti integrante del marxismo (1913). In: *Opere scelte*. Roma, Editori Riuniti, 1968.

LERCH, Eugen. Gesellschaft und Gemeinschaft. *Vierteljahresschrift für Literaturwissenschaft und Geistesgeschichte*, n. 22, 1944.

LIEBER, Franz. *Civil Liberty and Self-Government*. 2. ed. Filadélfia, J. B. Lippincott, 1859.

LOCKE, John. *An Essay Concerning Human Understanding*. S.l., s.n., 1689.

_____. *Some Thoughts Concerning Education*. Londres, A. and J. Churchill, 1693.

450   Hegel e a liberdade dos modernos

_____. *The Works*. Londres, Thomas Tegg, 1823. Ed. fac-similar: Aalen, 1963.

_____. *Two Treatises of Civil Government*. Londres, Awnsham Churchill, 1690.

LOSURDO, Domenico. *Autocensura e compromesso nel pensiero politico di Kant* (1983). 2. ed. Org. Istituto Italiano per gli Studi Filosofici. Nápoles, Bibliopolis, 2007.

_____. Der Begriff "bürgerliche Revolution" bei Marx und Engels. *Marxistische Studien*, n. 14, 1988 (*Die französische Revolution 1789-1989. Revolutionstheorie heute*).

_____. Fichte, la resistenza antinapoleonica e la filosofia classica tedesca. *Studi Storici*, n. 1-2, 1983.

_____. Hannah Arendt e l'analisi delle rivoluzioni. In: ESPOSITO, Roberto (org.). *La pluralità irrapresentabile. Il pensiero politico di Hannah Arendt*. Urbino, Istituto Italiano per gli Studi Filosofici, 1987.

_____. *Hegel und das deutsche Erbe. Philosophie und nationale Frage zwischen Revolution und Reaktion*. Colônia, Pahl-Rugenstein, 1989.

_____. Intellettuali e impegno politico in Germania (1780-1848). In: *L'ipocondria dell'impolitico. La critica di Hegel ieri e oggi*. Lecce, Milella, 2001.

_____. Introduzione a Georg Wilhelm Friedrich Hegel. In: _____. *Le filosofie del diritto. Diritto, proprietà, questione sociale*. Milão, Istituto Italiano per gli Studi Filosofici, 1989.

_____. *La comunità, la morte, l'Occidente. Heidegger e l'ideologia della guerra*. Turim, Bollati Boringhieri, 1991.

_____. La révolution française a-t-elle echouée? *La Pensée*, n. 267, jan.-fev. 1989.

_____. *Le filosofie del diritto. Diritto, proprietà, questione sociale*. Milão, Istituto Italiano per gli Studi Filosofici, 1989.

_____. *Marx e il bilancio storico del Novecento*. Nápoles, La Scuola di Pitagora, 2009.

_____. Marx et l'histoire du totalitarisme. In: BIDET, Jacques; TEXIER, Jacques (orgs.). *Fin du communisme? Actualité du marxisme?* Paris, PUF, 1991.

_____. *Nietzsche, il ribelle aristocratico. Biografia intellettuale e bilancio critico*. Turim, Bollati Boringhieri, 2002.

_____. Realismus und Nominalismus als politische Kategorien. In: _____; SANDKÜHLER, Hans Jörg (orgs.). *Philosophie als Verteidigung des Ganzen der Vernunft*. Colônia, Pahl- -Rugenstein, 1988.

_____. Religione e ideologia nella filosofia classica tedesca, "Studi Urbinati, B 2, 1984, ano LVII. Agora em *L'ipocondria dell'impolitico. La critica di Hegel ieri e oggi*. Lecce, Milella, 2001.

_____. Storia e tradizione. L'ideologia tedesca dalla Rivoluzione francese agli "Annali Prussiani", "Studi Urbinati/B2", ano LV, 1981-1982. Agora em *L'ipocondria dell'impolitico. La critica di Hegel ieri e oggi*. Lecce, Milella, 2001.

_____. *Tra Hegel e Bismarck*. Roma, Editori Riuniti, 1983.

_____. Von Louis Philippe zu Louis Bonaparte. Schellings späte politische Entwicklung. In: PAWLOWSKI, Hans; SMID, Stefan; SPECHT, Rainer (org.). *Die praktische Philosophie Schellings und die gegenwärtige Rechtsphilosophie*. Stuttgart-Bad Cannstatt, Frommann- -Holzboog, 1990.

LÖWITH, Karl. *Von Hegel zu Nietzsche*. S.l., s.n., 1941. Ed. it.: *Da Hegel a Nietzsche*. Trad. Giorgio Colli. Turim, Einaudi, 1977. [Ed. bras.: *De Hegel a Nietzsche*. Trad. Luiz Fernando Barrére Martin e Flamarion Caldeira Ramos. São Paulo, Editora Unesp, 2014.]

REFERÊNCIAS BIBLIOGRÁFICAS   451

LÜBBE, Hermann (org.). *Die Hegelsche Rechte*. Stuttgart/Bad Cannstatt, Frommann, 1962.

_____. *Politische Philosophie in Deutschland*. Basileia/Stuttgart, Schwabe, 1963.

LUKÁCS, György. *Der junge Hegel und die Probleme der kapitalistischen Gesellschaft*. Zurique/ Viena/Frankfurt, s.n., 1948. Ed. it.: *Il giovane Hegel e i problemi della società capitalistica*. Trad. Renato Solmi. Turim, Einaudi, 1975. [Ed. bras.: *O jovem Hegel e os problemas da sociedade capitalista*. Trad. Nélio Schneider, São Paulo, Boitempo, 2018.]

_____. *Die Zerstörung der Vernunft*. Berlim, Aufbau, 1954. Ed. it.: *La distruzione della ragione*. Trad. Eraldo Arnaud. Turim, Einaudi, 1959.

_____. *Gelebtes Denken*. Org. István Eörsi. S.l., s.n., 1980. Ed. it.: *Pensiero vissuto*. Roma, Editori Riuniti, 1983.

_____. *Goethe und seine Zeit*. Berlim/Neuwied, Luchterhand, 1964. Ed. it.: *Goethe e il suo tempo*. Trad. Enrico Burich. Turim, Einaudi, 1983.

_____. *Karl Marx und Friedrich Engels als Literaturhistoriker*. Berlim, Aufbau, 1948. Ed. it.: *Il marxismo e la critica letteraria*. 2. ed. Trad. Cesare Casea. Turim, Einaudi, 1964. [Ed. bras.: *Marx e Engels como historiadores da literatura*. Trad. Nélio Schneider. São Paulo, Boitempo, 2016.]

_____. *Schicksalswende. Beiträge zu einer neuen deutschen Ideologie*. Berlim, Aufbau, 1948.

MACPHERSON, Crawford Brough. *The Political Theory of Possessive Individualism. Hobbes to Locke*. Nova York, Oxford University Press, 1962. Ed. it.: *Libertà e proprietà alle origini del pensiero borghese*. Trad. Silvana Borutti. Milão, Mondadori, 1982.

MAISTRE, Joseph de. Considérations sur la France (1796). In: *Œuvres complètes*. Lyon, Vitte et Perrussel, 1884-1886. v. I.

MALTHUS, Thomas Robert. *An Essay on the Principle of Population*. 4. ed. S.l., s.n., 1826. Ed. it.: *Saggio sul principio di popolazione*. Turim, Utet, 1965.

MANDEVILLE, Bernard de. *The Fable of the Bees* (1705 e 1714). Org. Frederick Benjamin Kaye. Oxford, Clarendon, 1924. Ed. fac-similar: Indianápolis, 1988.

MANDT, Hella. Tyrannislehre und Widerstandrecht. Studien zur deutschen politischen Theorie des 19. Jahrhunderts. Darmstadt, Luchterhand, 1974. In: BATSCHA, Zwi (org.). *Materialien zu Kants Rechtsphilosophie*. Frankfurt, Suhrkamp, 1976.

MANNHEIM, Karl. Das konservative Denken (1927). In: *Wissenssoziologie. Auswahl aus dem Werk*. Org. Kurt H. Wolff. Berlim/Neuwied, Luchterhand, 1964.

MARCUSE, Herbert. Der Kampf gegen den Liberalismus in der totalitären Staatsauffassung. *Zeitschrift für Sozialforschung*, 1934.

MARINO, Luigi. *I maestri della Germania. Göttingen 1770-1820*. Turim, Einaudi, 1975.

MARSHALL, Thomas Humphrey. *Sociology at the Crossroad*. Munique, Heinemann, 1963. Ed. it.: *Cittadinanza e classe sociale*. Org. Paolo Maranini. Turim, Utet, 1976.

MARTELLONI, Anna (org.). Introduzione. In: BURKE, Edmund. *Scritti politici*. Turim, Utet, 1963.

MARWITZ, Friedrich August Ludwig von der. Von der Schrankenlosigkeit (1836). In: JANTKE, Carl; HILGER, Dietrich. *Die Eigentumslosen*. Munique, Karl Alber, 1963.

MARX, Karl. *Das Kapital*, Livro I (1867), cap. IV. In: MEW, v. XXIII. [Ed. bras.: *O capital. Crítica da economia política*, Livro I: *O processo de produção do capital*. Trad. Rubens Enderle. São Paulo, Boitempo, 2013.]

452   Hegel e a liberdade dos modernos

_____. *Kritik des Gothaer Programms* (1875). In: MEW, v. XIX. [Ed. bras.: *Crítica do programa de Gotha*. Trad. Rubens Enderle. São Paulo, Boitempo, 2012.]

_____. *Misère de la philosophie* (1847). In: MEW, v. IV. [Ed. bras.: *Miséria da filosofia*. Trad. José Paulo Netto. São Paulo, Boitempo, 2017.]

_____; ENGELS, Friedrich. *Die deutsche Ideologie* (1845-1846). In: MEW, v. III. [Ed. bras.: *A ideologia alemã*. Trad. Luciano Cavini Martorano, Nélio Schneider e Rubens Enderle. São Paulo, Boitempo, 2007.]

_____. *Die heilige Familie* (1845). In: MEW, v. II. [Ed. bras.: *A sagrada família*. Trad. Marcelo Backes. São Paulo, Boitempo, 2003.]

_____. *Manifest der Kommunistischen Partei* (1848). In: MEW, v. IV. [Ed. bras.: *Manifesto Comunista*, 1. ed. rev. Org. e intr. Osvaldo Coggiola. Trad. Álvaro Pina e Ivana Jinkings, São Paulo, Boitempo, 2010.]

_____. *Werke* (MEW). Berlim, Dietz, 1955-1990, 43 v.

MAXIMILIAN. *König Maximilian II von Bayern und Schelling, Briefwechsel*. Org. Ludwig Trost e Friedrich Leist. Stuttgart, J. G. Cotta, 1890.

MEHRING, Franz. *Geschichte der deutschen Sozialdemokratie* (1897-1898). Ed. it.: *Storia della social democrazia tedesca*. Prefácio de Ernesto Ragionieri. Roma, Editori Riuniti, 1961. v. I.

MEINECKE, Friedrich. *Die Entstehung des Historismus* (1936). Munique, Oldenbourg, 1965.

_____. Germanischer und romanischer Geist im Wandel der deutsche Geschichtsauffassung. *Berichte der Preußischen Akademie der Wissenschaften*, 1916.

MERKER, Nicolao. *Alle origini dell'ideologia tedesca*. Roma/Bari, Laterza, 1977.

_____. *Le origini della logica hegeliana* (Hegel a Jena). Milão, Feltrinelli, 1961.

MERRIAM, Charles Edward. *History of American Political Theories* (1903). Nova York, A. M. Kelley, 1969.

MICHELET, Karl Ludwig. *Geschichte der letzten Systeme der Philosophie in Deutschland*. Berlim, Duncker und Humblot, 1837-1838.

MILL, John Stuart. *Autobiography*. Londres, Longmans, Green, and Co., 1873. Ed. it.: *Autobiografia*. Org. Franco Restaino. Roma/Bari, Laterza, 1976.

_____. *Collected Works*. Org. John Mercel Robson. Toronto, University of Toronto Press, 1965 e seg.

_____. *Utilitarianism, Liberty, Representative Government*. Org. Harry Burrows Acton. Londres, J. M. Dent, 1972.

MONDOLFO, Rodolfo. *Forza e violenza nella storia* (1921). In: *Umanismo di Marx. Studi filosofici 1908-1966*. Turim, Einaudi, 1968.

MONTESQUIEU, Charles-Louis de Secondat de. *De l'esprit des lois* (1748). Gênova, Barrilot, 1758.

_____. *Œuvres complètes*. Org. Roger Caillois. Paris, Gallimard, 1949-1951.

MORNET, Daniel. *Les Origines intellectuelles de la révolution française, 1715-1787*. Paris, Armand Colin, 1947.

MÖSER, Justus. *Sämmtliche Werke*. Org. Bernhard Rudolf Abeken e Jenny von Voigts. Berlim, Nicolai, 1842-1843.

MÜLLER, Adam Heinrich. *Adam Müllers Lebenszeugnisse*. Org. Jakob Baxa. Munique/ Parderborn/Viena, Shöningh, 1966.

_____. Deutsche Wissenschaft und Literatur (1806). In: *Kritische, ästhetische und philosophische Schriften.* Org. Walter Schroeder e Werner Siebert. Neuwid/Berlim, Luchterhand, 1967. v. I.

_____. Die innere Staatshaushaltung; systematisch dargestellt auf theologischer Grundlage. In: *Concordia.* Org. Friedrich Schlegel. Viena, 1820-1823.

_____. Elemente der Staatskunst (1808-1809). In: KLUCKHOHN, Paul (org.). *Deutsche Vergangenheit und deutscher Staat* (Deutsche Literatur. Reihe Romantik, v. X). Leipzig, P. Reclam, 1935.

_____. *Versuche einer neuen Theorie des Geldes mit besonderer Rücksicht auf Grossbritannien.* Leipzig/Altenburg, F. A. Brockhaus, 1816.

MÜLLER, Johannes von. *Briefwechsel mit Gottfried Herder und Caroline von Herder geb. Flachsland.* Org. K. E. Hoffmann. Schaffhausen, Meier, 1952.

NICOLAI, Johann Christoph Friedrich. *Neun Gespräche zwischen Christian Wolff und einem Kantianer über Kants metaphysische Anfangsgründe der Rechtslehre und Tugendlehre.* Berlim/ Estetino, Nicolai, 1798. Ed. fac-similar: Bruxelas, 1968.

NIETZSCHE, Friedrich. *Also sprach Zarathustra* (1883-1885). [Ed. bras.: *Assim falou Zaratustra: um livro para todos e para ninguém.* Trad. Paulo César de Souza. São Paulo, Companhia de Bolso, 2018.]

_____. *Briefwechsel. Kritische Gesamtausgabe.* Org. Giorgio Colli e Mazzino Montanari. Berlim/Nova York, a partir de 1975.

_____. *Götzendämmerung. Streifzüge eines Unzeitgemäßen.* Leipzig, C. G. Naumann, 1889.

_____. *Jenseits von Gut und Böse.* Leipzig, C. G. Naumann, 1885. [Ed. bras.: *Além do bem e do mal.* Trad. Paulo César de Souza. São Paulo, Companhia de Bolso, 2005.]

_____. *Opere di Friedrich Nietzsche.* Org. Giorgio Colli e Mazzino Montinari. Adelphi, Milão, a partir de 1964.

NOACK, Ludwig. Hegel. In: _____. *Philosophie-geschichtliches Lexicon.* Leipzig, E. Koschny, 1879.

NOVALIS. *Werke, Tagebücher und Briefe.* Org. Hans-Joachim Mähl. Munique/Viena, Wissenschaftliche Buchgesellschaft, 1978.

NOZICK, Robert. *Anarchy, State and Utopia.* Londres, Basic Books, 1974.

OMODEO, Adolfo. *Studi sull'età della Restaurazione.* 2. ed. Turim, Einaudi, 1974.

OTTMANN, Henning. Hegels Rechtsphilosophie und das Problem der Akkomodation. *Zeitschrift für phiolosophische Forschung,* n. 33, 1979.

_____. *Individuum und Gemeinschaft bei Hegel.* Berlim/Nova York, De Gruyter, 1977. v. I.

PAINE, Thomas. *Rights of Man* (1791-1792). Org. George Jacob Holyoake. Londres/Nova York, Dent & Dutton, 1954.

PASCAL, Roy. *The German Sturm und Drang.* Manchester, Manchester University Press, 1953.

PETERSEN, Carl. *Der Seher deutscher Volkheit Friedrich Hölderlin* (1934). In: BURGER, Heinz Otto. Die Entwicklung des Hölderlinbildes seit 1933. *Deutsche Vierteljahreschrift für Literatur und Geisteswissenschaft,* v. XVIII, 1940.

PICKER, Henry (org.). *Hitlers Tischgespräsche* (conversa à mesa de 7 de março de 1942). Frankfurt/Berlin, Ullstein, 1989.

POPPER, Karl Raimund. Coscienza dell'Occidente, *Criterio,* n. 1, 1986.

454 HEGEL E A LIBERDADE DOS MODERNOS

_____. *The Open Society and its Enemies* (1943). Londres, Routledge, 1973.

POSTIGLIOLA, Alberto. Introduzione. In: MONTESQUIEU, Charles-Louis de Secondat de. *Le leggi della politica*. Org. Alberto Postigliola. Roma, Editori Riuniti, 1979.

POURSIN, Jean-Marie; DUPUY, Gabriel. *Malthus*, 1972. Ed. it.: *Malthus*. Trad. Gabriella Nebbia Menozzi. Roma/Bari, Laterza, 1972. [Ed. bras.: *Malthus*. Trad. Frederico Pessoa de Barros. São Paulo, Cultrix, 1975.]

PROUDHON, Pierre-Joseph. *De la justice dans la révolution et dans l'Église* (1858). Paris, Fayard, 1985. v. I.

QUINET, Edgar. *Le christianisme et la révolution française* (1845). Paris, Fayard, 1984.

RAWLS, John. *A Theory of Justice*. Cambridge, Harvard University Press, 1971.

REHBERG, August Wilhelm. *Untersuchungen über die französische Revolution, Erster Theil*. Hanôver e Osnabrück, Ritscher, 1763.

RITTER, Joachim. "Politik" und "Ethik" in der praktischen Philosophie des Aristoteles (1967). In: *Metaphysik und Politik*. Frankfurt, Suhrkamp, 1977.

ROBESPIERRE, Maximilien de. *Discours*. Paris, UGE, 1965.

_____. *Textes choisis*. Org. Jean Poperen. Paris, Éditions Sociales, 1958.

ROMEO, Rosario; TALAMO, Giuseppe (orgs.). *Documenti storici*. Turim, Loescher, 1974.

ROSENBERG, Alfred. *Der Mythus des 20. Jahrhunderts* (1930). Munique, Hoheneichen, 1937.

ROSENKRANZ, Karl. *Geschichte der Kantschen Philosophie*. Leipzig, L. Voss, 1840.

_____. *Hegel als deutscher Nationalphilosoph*. Leipzig, Duncker und Humblot, 1870.

_____. *Hegels Leben*. Berlim, Duncker und Humblot, 1844. Ed. fac-similar: Darmastadt, Wissenschaftliche Buchgesellschaft, 1963.

_____. *Königsberger Skizzen*. Danzig, F. S. Gerhard, 1842.

_____. *Kritische Erläuterungen des Hegelschen Systems*. Königsberg, Gebrüder Bornträger, 1840. Ed. fac-similar: Hildesheim, 1963.

_____. *Neue Studien*. Leipzig, E. Koschny, 1875-1878.

_____. *Von Magdeburg bis Königsberg*. Leipzig, Jubiläumsausg, 1878.

ROTTA, Salvatore. Il pensiero francese da Bayle a Montesquieu. In: FIRPO, Luigi (org.). *Storia delle idee politiche, economiche e sociali*, v. IV, t. 2. Turim, Utet, 1975.

ROTTECK, Karl von. Armenwesen. In: ROTTECK, Karl von; WELKER, Carl Theodor (org.). *Staats-Lexikon*, citado em BRANDT, Hartwig (org.). *Restauration und Frühliberalismus*, v. II. Darmstadt, Wissenschaftliche Buchgesellschaft, 1979.

_____. Census. In: ROTTECK, Karl von; WELKER, Carl Theodor (org.). *Staats-Lexikon*, citado em BRANDT, Hartwig (org.). *Restauration und Frühliberalismus*. Darmstadt, Wissenschaftliche Buchgesellschaft, 1979.

_____. Historisches Recht. In: ROTTECK, Karl von; WELKER, Carl Theodor (org.). *Staats-Lexikon*, citado em BRANDT, Hartwig (org.). *Restauration und Frühliberalismus*, v. III. Darmstadt, Wissenschaftliche Buchgesellschaft, 1979.

_____. *Lehrbuch des Vernunftrechts und der Staatswissenschaften*, v. I. Stuttgart, s.n., 1840. 2. ed. fac-similar: Aalen, 1964.

ROUSSEAU, Jean-Jacques. *Correspondance complète*. Org. Ralph Alexander Leigh. Oxford, The Voltaire Foundation, 1977.

REFERÊNCIAS BIBLIOGRÁFICAS   455

_____. *Œuvres complètes*. Org. Bernard Gagnebin e Marcel Raymond. Paris, Gallimard, 1964.

RUGE, Arnold. Über das Verhältinis von Philosophie, Politik und Religion (Kants und Hegels Accomodation) (1841). In: *Sämtliche Werke*. Mannheim, Grohe, 1847-1848. v. IV.

RUGGIERO, Guido de. *Storia del liberalismo europeo* (1925). Milão, Feltrinelli, 1971.

SAINTE-BEUVE, Charles Augustin. *Causeries du lundi*. s.d. v. XV.

SAINT-JUST, Louis Antoine León de. *Œuvres complètes*. Org. Michèle Duval. Paris, Gérard Lebovici, 1984.

_____. "Rapport" de 11 do germinal do ano II. In: *Œuvres complètes*. Org. Michèle Duval. Paris, Gérard Lebovici, 1984.

SANCTIS, Francesco de. *Tempo di democrazia. Alexis de Tocqueville*. Nápoles, Edizioni Scientifiche Italiane, 1986.

SANDKÜHLER, Hans Jörg. *Praxis und Geschichtsbewußtsein*. Frankfurt, Suhrkamp, 1973.

SAVIGNY, Friedrich Carl von. *Vom Beruf unserer Zeit für Gesetzgebung und Rechtswissenschaft*. Heidelberg, Mohr, 1840. 2. ed., reimp. fac-similar: Hildesheim, 1967.

SCHÄDELBACH, Herbert. Was ist Neoaristotelismus? In: KUHLMANN, Wolfgang (org.). *Moralität und Sittlichkeit*. Frankfurt, Suhrkamp, 1986.

SCHEEL, Wolfgang. *Das "Berliner Politisches Wochenblatt" und die politische und soziale Revoution in Frankreich und England*. Göttingen, Musterschmidt, 1964.

SCHEIDLER, Karl Hermann. Hegel'sche Philosophie und Schule. In: ROTTECK, Karl von; WELKER, Carl Theodor (org.). *Staats-Lexikon*, citado em BRANDT, Hartwig (org.). *Restauration und Frühliberalismus*, v. VII. Darmstadt, Wissenschaftliche Buchgesellschaft, 1979.

SCHELER, Max. Die Ursachen des Deutschenhasses (1916). In: *Gesammelte Werke*, v. IV: *Politisch-pädagogische Schriften*. Org. Manfred S. Frings. Berna/Munique, Francke, 1982.

SCHELLING, Friedrich Wilhelm Johann von. *Im Spiegel seiner Zeitgenossen*. Org. Xavier Tilliette. Turim, 1974-1981, Ergänzungsband.

_____. *Sämtliche Werke*. Sttutgart/Augsburgo, Cotta, 1856-1861.

_____. *Schellingiana rariora*. Org. Luigi Pareyson. Turim, Bottega d'Erasmo, 1977.

SCHIAVONE, Aldo. Alle origini del diritto borghese. Hegel contro Savigny. *Rivista di Filosofia*. Roma/Bari, Laterza, n. 1, abr. 1985.

SCHLEGEL, Friedrich. Philosophie der Geschichte (1828). In: BEHLER, Ernst (org.). *Kritische Friedrich-Schlegel-Ausgabe*. Munique/Paderborn/Viena, F. Schöning, 1958 e seg.

_____. *Signatur des Zeitalters in "Concordia"* (1823). Reimp. fac-similar, org. Ernst Behler, Darmstadt, 1967.

_____. Zur österreichischen Geschichte (1807). In: *Schriften und Fragmente*. Org. Ernst Behler. Stuttgart, Alfred Kröner, 1956.

SCHLEIERMACHER, Friedrich Daniel Ernst. *Werke. Auswahal in vier Bänden*. Org. Otto Braun e Johannes Bauer. Leipzig, Scientia Verlag Aalen, 1927-1928.

SCHMITT, Carl. *Der Nomos der Erde im Völkerrecht des Jus Publicum Europaeum*. Colônia, Greven, 1950.

SCHOPENHAUER, Arthur. *Der Briefwechsel Arthur Schopenhauers*, v. I. Org. Carl Gebhardt. Munique, 1929.

_____. *Sämtliche Werke*. Org. Wolfgang von Löhneysen. Darmstadt, WBG, 1976-1882.

SCHUMPETER, Joseph. Zur Soziologie der Imperialismen. *Archiv für Sozialwissenschaft und Sozialpolitik*, v. 46, 1918-1919.

SIEYÈS, Emmanuel-Joseph. *Écrits politiques*. Org. Roberto Zapperi. Paris, Éditions des Archives Contemporaines, 1985.

SIMMEL, Georg. *Der Krieg und die geistigen Entscheidungen*. Munique/Leipzig, Dunckler und Humblot, 1917.

SMITH, Adam. *An Inquiry into the Nature and the Causes of the Wealth of Nations* (1775-1776; 3. ed., 1783). Citamos as obras de Smith a partir da reimpressão: Indianápolis, Liberty Fund, 1981, ed. Glasgow.

_____. *Early Draft of Part of The Wealth of Nations*. Indianápolis, Liberty Fund, 1981, ed. Glasgow, v. V.

_____. *Lectures on Jurisprudence* (1762-1763 e 1766). Indianápolis, Liberty Fund, 1981, ed. Glasgow, v. V.

_____. *The Theory of Moral Sentiments* (1759). Indianápolis, Liberty Fund, 1981, ed. Glasgow, v. I.

SOMBART, Werner. *Händler und Helden. Patriotische Besinnungen*. Leipzig, Duncker und Humblot, 1915.

SPAVENTA, Bertrando. Pensieri sull'insegnamento della filosofia (1850). In: OLDRINI, Guido (org.). *Il primo hegelismo italiano*. Florença, Vallecchi, 1969.

SPAVENTA, Silvio. *Dal 1848 al 1861. Lettere, scritti, documenti*. 2. ed. Org. Benedetto Croce. Bari, Laterza, 1923.

SPENCER, Herbert. The Proper Sphere of Government (1842). In: *The Man versus the State*. Indianápolis, Liberty Classics, 1981.

STAHL, Friedrich Julius. *Die Philosophie des Rechts*. S.l., s.n., 1878. 5. ed., fac-similar, Hildesheim, 1963.

STAIGER, Emil (org.). *Der Briefwechsel zwischen Schiller und Goethe*. Frankfurt, Insel, 1977.

STEIN, Freiherr K. vom. Carta a H. v. Gagern, 24 de agosto de 1821. In: *Ausgewählte Schriften*. Org. Klaus Thiede. Iena, G. Fischer, 1929.

STERNHELL, Zeev. *La Droite révolutionnaire. Les origines françaises du fascisme 1885-1914*. Paris, Seuil, 1978.

_____. *Maurice Barrès et le nationalisme français* (1972). Paris, Seuil, Complexe, 1985.

_____. *Ni droite, ni gauche. L'idéologie fasciste en France* (1983). 2. ed. ampl. Bruxelas, Complexe, 1987.

STIRNER, Max. *Geschichte der Reaktion*. Berlin, 1852. Reimp. fac-similar: Aalen, 1967.

STOLL, Adolf (org.). *F. C. von Savigny. Ein Bild seines Lebens mit einer Sammlung seiner Briefe*. Berlim, C. Heymann, 1929. v. II.

STONE, Lawrence. *Literacy and Education in England, 1640-1900* (1969). Ed. it.: BARBAGLI, Marzio (org.). *Istruzione, legittimazione e conflito*. Bolonha, Il Mulino, 1981.

STRAUSS, Leo. *Persecution and the Art of Writing*. Glencoe, Illinois, The Free Press, 1952.

TAINE, Hippolyte. *Les Origines de la France contemporaine* (1876-1894). Paris, Hachette, 1899.

TALMON, Jacob Leib. *The Origins of Totalitarian Democracy* (1952). Ed. it.: *Le origini della democrazia totalitaria*. Bolonha, Il Mulino, 1967.

REFERÊNCIAS BIBLIOGRÁFICAS   457

TAWNEY, Richard. *Religion and the Rise of Capitalism*. Londres, s.n., 1929. Ed. it.: La religione e la genesi del capitalismo. In: *Opere*. Org. Franco Ferrarotti. Trad. Aldo Martignetti, Orio Peduzzi e Gino Bianco. Turim, Utet, 1975.

TESTORE, Paola Casana; NADA, Narciso. *L'età della restaurazione. Reazione e rivoluzione in Europa, 1814-1830*. Turim, Loescher, 1981.

TOCQUEVILLE, Alexis de. État social et politique de la France avant et depuis 1789 (1836). In: *Mélanges, fragments historiques et notes sur l'Ancien Régime, la Révolution et l'Empire*. Paris, Michel Lévy Frères, 1865.

_____. *Études économiques, politiques et littéraires*. Paris, Michel Lévy Frères, 1866.

_____. Mémoire sur le paupérisme. In: *Mémoires de la Société Royale Académique de Cherbourg*. Cherbourg, Société Royale Académique de Cherbourg, 1835.

_____. *Œuvres complètes*. Org. Jacob-Peter Mayer. Paris, Gallimard, 1951 e seg.

TOPITSCH, Ernst. Kritik der Hegel-Apologeten (1970). Ed. it.: Critica degli apologeti di Hegel. In: CESA, Claudio (org.). *Il pensiero politico di Hegel. Guida storica e critica*. Roma/ Bari, Laterza, 1979.

TRENDELENBURG, Adolf. *Die logische Frage. Zwei Streitschriften*. Leipzig, F. A. Brockhaus, 1843.

TREVELYAN, George Macaulay. *History of England* (1826). Londres, Doubleday & Co., 1953.

TSÉ-TUNG, Mao. Discorso alla conferenza dei segretari dei comitati di partito delle province, municipalità e regioni autonome (1957). In: *Rivoluzione e costruzione. Scritti e discorsi 1949-1957*. Turim, Einaudi, 1979.

UEXKÜLL, Gösta von. *Ferdinand Lassalle*. Hamburgo, Rowohlt, 1974.

VAUGHAN, Charles Edwyn. Introduction. In: ROUSSEAU, Jean-Jacques. *The Political Writings*. Org. Charles Edwyn Vaughan. Oxford, Cambridge University Press, 1962.

VECA, Salvatore. *La società giusta*. Milão, Il Saggiatore, 1982.

VERUCCI, Guido. La Restaurazione. In: FIRPO, Luigi (org.). *Storia delle idee politiche, economiche e sociali*. Turim, Utet, 1975.

VOLTAIRE. *Œuvres complètes de Voltaire*. Paris, Garnier Frères, 1879.

_____. *Voltaire' Correspondence*. Org. Theodore Besterman. Genebra, Institut et Musée Voltaire, 1952 e seg.

VORLÄNDER, Karl. *I. Kant, Der Mann und das Werke* (1924). 2. ed. Hamburgo, Meiner, 1977. v. II.

YOUNG, Edward. *The Complaint, or Night Thoughts on Life, Death and Immortality*. Londres, R. Dodsley, 1742-1745.

ÍNDICE REMISSIVO

Abegg, Johann Friedrich, 386

Abegg, Jolanda, 386

Abegg, Walter, 386

Abeken, Bernhard Rudolph, 126, 283, 412

Acton, John Emerich Edward Dalberg-, 437

Adams, John Quincey, 392

Adorno, Theodor Wiesengrund, 220, 376

Ágis IV, rei de Esparta, 170

Alembert, Jean Baptiste Le Rond d', 265

Ambrogio, Ignazio, 66, 155, 190

antissemitismo, 424

Antoni, Carlo, 429

Apel, Karl-Otto, 19, 69, 337, 351-2

Arago, P. E. L., 200

Arendt, Hannah, 163-4, 214, 341, 382-3, 424-5, 430

Aristóteles, 202, 290, 338-43, 383-4

Asher, David, 371

Augustenburg, Christian Charles Frederick Augustus von, 195

Aulard, Alphonse, 266
autocensura, 23-37, 50, 76, 80
e "acomodação", 32-5, 57, 64-5, 72, 76, 81, 83, 87, 370, 401-2
e compromisso pragmático, 33-4, 47, 83
e compromisso teórico, 31-7
e duplicidade, 24, 29, 31-2, 35

Avineri, Shlomo, 86-7

Baader, Franz Xaver von, 43, 77-8, 124, 156-7, 191, 197

Babeuf, François-Noël, dito Graco, 152, 244, 268, 292

Baczko, Bronislaw, 344

Baecque, Antoine de, 244

Baeumler, Alfred, 395

Bailleul, Jacques-Charles, 176

Barbagli, Marzio, 314

Barnave, Antoine-Pierre-Joseph-Marie, 176, 186

Barny, Roger, 244, 276, 281

Barrès, Maurice, 424

Batscha, Zwi, 40, 381, 386

Bauer, Bruno, 28, 51

Baumgart, Winfried, 417

Baxa, Jakob, 95, 191, 282, 419-20

Beaumont, Gustave de, 246-7, 365-6

Beccaria, Cesare, 155

Becchi, Paolo, 34, 65, 72, 77, 82, 131

Becker, Claudia, 17

Beetham, David, 397

Behler, Ernst, 49, 164, 415, 417

Bentham, Jeremy, 98-9, 113, 132, 140, 187, 200-1, 278, 391-2, 397-9, 403

Bergson, Henri, 395-6

Bernstein, Eduard, 111, 188, 397, 438

Berry, Charles-Ferdinande de, 83

Besterman, Theodore, 265

Bianco, Gino, 125, 181, 391

Bidet, Jacques, 247

Biester, Johann Erich, 23

Bismarck-Schönhausen, Otto von, 187, 336, 381

Blackstone, William, 186, 398

Blanc, Louis, 145

Blanqui, Louis-Auguste, 245

Bloch, Ernst, 190

Bobbio, Norberto, 88, 91, 97-8, 103, 105, 107, 109-10, 112-3, 115-6, 118, 120-2, 124, 126, 131, 137-40, 143, 146-7, 176--7, 180, 183, 205, 390-1, 397

Böhm, Franz, 395

Boissy d'Anglas, François Antoine, 276

Bonald, Louis-Gabriel-Ambroise de, 79

Bongie, Laurence Louis, 159

Bormann, Martin, 396

Börne, Ludwig, 81, 84, 213

Boulainvilliers, Henri de, 117-8, 176

Bouloiseau, Marc, 171

Bourbon, 154, 177

bourgeois/citoyens, 124, 128, 173-4, 195, 261, 265-7, 280, 283-8, 290, 317, 321--2, 343

Bourne, Henry Richard Fox, 389

Boutroux, Émile, 380, 381, 386

Bowring, John, 98, 132, 201, 278, 392

Brandes, Ernst, 414

Brandt, Hartwig, 284, 334, 369

Braune, Frieda, 414

Bravo, Gian Mario, 245

Brecht, Bertolt, 349

Briegleb, Klaus, 25, 354, 409, 420

Brunner, Otto, 423

Brunschwig, Henri, 300

Brutus, Marco Júnio, 171-2

Buchner, Rudolf, 417

Bülow, Hans von, 124

Burckhardt, Jacob, 366

Burger, Heinz Otto, 394

Burgio, Alberto, 19, 155, 275, 280

Burke, Edmund, 42, 92, 94-5, 101, 103-4, 125, 131, 160, 164, 174, 177, 182, 191-2, 203, 208-9, 211, 214, 281, 283, 337-41, 343, 362, 384, 388, 391-2, 403, 410, 413, 414-24, 426-33, 435

Burke, Richard, 414

burocracia
   e racionalidade, 29, 146, 318, 363, 371

Burschenschaften, 39, 51

Caillois, Roger, 159

Calogero, Guido, 18

Campe, Heinrich Julius, 25

Caramella, Santino, 40

Carlos I, rei da Inglaterra, 159-60, 170

Carlos V Habsburgo, rei da Espanha, 75

Carlos X, rei da França, 50, 79

Carlyle, Thomas, 357-58, 363

Carové, Friedrich Wilhelm, 39, 56

Casana Testore, Paola, 181

casas de trabalho, 121, 247-8, 388-9, 391

Catão Uticense, Marco Pórcio, 172

Catilina, Lúcio Sérgio, 171-2

Cavour, Camillo Benso conde de, 369-70

censura e autocensura, 23-37, 50, 76, 81, 131-2, 164, 178, 286, 346

Cesa, Claudio, 18-9, 24-5, 28-9, 37-40, 48, 51-2, 59, 74, 85, 213

César, Júlio, 168, 171-2

Chamberlain, Houston Stewart, 104

Chambre introuvable, 74-5, 77-9

Charte, 73, 75, 338

Chateaubriand, François-René de, 48, 50, 78-81, 143-4, 147

Cícero, Marco Túlio, 48, 172

cidade/campo, 151, 180, 214, 222, 224, 312, 314, 330, 422

Cina, Lúcio Cornélio, 168

Clarac, Pierre, 78, 143

Cleômenes III, rei de Esparta, 170

Cobban, Alfred, 362

Coburg, Friedrich Josias von Sachsen-, 177

Codignola, Ernesto, 19

Colletti, Lucio, 127

Colli, Giorgio, 51, 123, 202, 267, 268, 322, 355, 366

Comuna de Paris, 123

conceito universal de homem, 104, 188, 340, 342, 348, 351, 424, 432, 440

Condorcet O'Connor, Arthur, 244, 270, 409, 433

Condorcet, Marie-Jean-Antoine-Nicolas de Caritat de, 244, 270, 275-6, 281, 409, 433

Constant, Benjamin, 19, 80, 98-9, 107-8, 118-20, 127-8, 134-5, 136, 144, 146, 158, 160, 163-4, 171, 179, 180-5, 202-3, 205, 208-16, 219, 244, 263-4, 266-7, 270-1, 273, 277, 279, 289-90, 292-4, 426-9, 432

contradições objetivas, 60, 68, 175, 192, 218-9, 231, 234, 248, 251, 268-9, 273, 295, 310, 343, 357, 372, 438-9

contratualismo, 91-114, 281-2, 284, 387

e jusnaturalismo, 95-7, 100-5, 338-9

e justificação da escravidão, 86, 99, 104, 106

significado conservador ou reacionário do, 91-2, 97, 104-7, 112-3, 115, 282, 284

Corcelle, Francisque de, 137, 247, 365, 368, 370, 399

Corneille, Pierre, 266

Corradini, Enrico, 424

Cousin, Victor, 50-1, 82, 147, 354, 369

Cranston, Maurice, 219, 388

Crispim, são, 254-6, 325

Croce, Benedetto, 18, 374

Cromwell, Oliver, 150, 159-60

Cuoco, Vincenzo, 152, 425

D'Hondt, Jacques, 35-7, 39-50, 86, 436

Dahlmann, Friedrich Christoph, 134-5

Dahrendorf, Ralf, 145, 268, 386, 391, 396, 404, 425-6, 431

darwinismo social, 101-3, 421-5

De Federicis, Lidia, 49,

De Negri, Enrico, 18

De Ruggiero, Guido, 291

De Sanctis, Francesco M., 207

Della Volpe, Galvano, 53, 191

Desmoulins, Camille, 266

despotismo

sua conotação positiva, 155

sua conotação positiva em Hegel, 154-8

Diderot, Denis, 267

Dido, 70

Diógenes de Sinope, 224, 265

Drescher, Seymour, 248, 369

Droz, Jacques, 112, 335, 438

Dumont, Pierre Etienne Louis, 201

Dupuy, Gabriel, 181

Duval, Michèle, 102, 171, 264

Elias, Norbert, 407

Eneida, 431

Enfantin, Barthélemy-Prosper, 144

Engels, Friedrich, 18, 23-4, 29-30, 38, 53-7, 59, 61, 68-9, 142, 155, 158, 177-8, 183-4, 190, 192, 197, 199, 280-1, 357, 373, 375, 389, 406, 408-9, 412, 414, 435, 438

Eörsi, István, 406

Epstein, Klaus, 42, 43, 45, 414

Erdmann, Johann Eduard, 52

Escola de Frankfurt, 376

escola hegeliana, 52, 55-6, 69, 436

escola histórica do direito, 30, 250, 338, 420

Espinosa, Baruch de, 33

Esposito, Roberto, 425

esquerda hegeliana, 30-1, 37, 51-2, 376

Estado

/Igreja, 302-8, 336

como comunidade dos *citoyens*, 124, 127-8, 173-4, 195, 261, 265-7, 280, 284-8, 343

como "guarda-noturno", 111, 438

e reconhecimento da liberdade, 102

e tutela do "bem-estar particular", 129, 294

mínimo, 122-4, 126, 279

teoria dos limites da intervenção estatal, 108-9, 111-3, 118-9, 121, 124, 126-7, 129-30, 138, 145-6, 155, 163, 246, 252, 309-10, 316, 335-6, 350, 415-7, 421

estatismo, 112-3, 116, 118, 123, 125, 127-8, 130, 308, 310, 350-1, 367-72, 392, 398, 401, 404-5

Evola, Giulio, dito Julius, 395

fascismo, 39, 87, 394, 424-5
Fatta, Corrado, 18
Fenske, Hans, 336, 417
Ferdinando VII de Bourbon, rei da Espanha, 302
Ferrarotti, Franco, 125, 391
Fessler, Ignaz Aurelius, 46
Feuerbach, Ludwig Andreas, 54, 68-9, 190, 288, 406, 408
Fichte, Immanuel Hermann, 48, 210, 231, 308, 394, 432
Fichte, Johann Gottlieb, 40-1, 43-4, 46-7, 210, 218, 220-1, 223, 231, 237-8, 245, 308-9, 394, 432
Filipe II, 150-1
Filmer, Robert, 159
Firpo, Luigi, 78, 117
Fischer, Kuno, 328
fisco, imposição fiscal, 127, 213, 271, 275--81, 335, 403
Fontenelle, Bernard le Bovier, 353
Forster, Georg, 432
Frauenstädt, Julius, 123
Frederico Guilherme IV, rei da Prússia, 27, 31, 86, 407, 416, 425-6
Frederico II, o Grande, rei da Prússia, 23, 156, 245, 300
Fries, Jakob Friedrich, 41, 51, 56, 58, 85, 87
Furet, François, 186, 435

Gadamer, Hans-Georg, 60, 337
Gagern, Hans von, 214
Gagnebin, Bernard, 127, 170, 196, 248, 264
Galante Garrone, Alessandro, 245
Galiani, abade Ferdinando, 250-1
Gans, Eduard, 28, 36, 59, 250, 254
Gauchet, Marcel, 107, 145, 263
Gebhardt, Carl, 123
Gemeinschaft e partnership, 417-8, 423
Gentile, Giovanni, 38-9
Gentz, Friedrich von, 94, 119, 131, 164, 195-6, 282, 356, 392, 414, 417-8, 422
Gerhard, Walter, 392

Gerratana, Valentino, 67
Gersdorff, Carl von, 123
Gibert, Pierre, 370
Godechot, Jacques, 158, 161, 277, 426
Godwin, William, 383
Goethe, Johann Wolfgang, 40, 43, 48, 206, 319, 346
golpe de Estado, 81, 123, 292
Gontard, Jakob Friedrich, 220
Görres, Joseph, 157, 419
Graco, 152, 166, 241
Gramsci, Antonio, 67
Green, Thomas Hill, 184, 437, 438
Gregório VII, 125
Grendi, Edoardo, 181
Grimm, Jacob, 420
Grose, Thomas Hodge, 184
"guerra das classes", "guerras servis", 270, 335
guerra de independência americana, 178
Guerra de Secessão, 109, 258, 391
Guerra dos Camponeses, 151, 409, 410
guerras antinapoleônicas (Befreiungskriege), 354, 393-4
Guillemin, Henri, 277, 293, 426, 428
Guizot, François, 80, 207, 208, 429, 430, 435-6
Gumplowicz, Ludwig, 104, 422

Habermas, Jürgen, 60, 163, 337, 339, 381, 385
Habsburgo, 151
Halévy, Élie, 187
Haller, Carl Ludwig von, 101-2, 132, 153, 156, 177, 299, 301-2, 312, 421-2
Hamann, Johann Georg, 24
Hamberger, Julius, 78, 156, 191
Hamilton, Alexander, 392
Hansemann, David, 112, 118-20, 290, 334-5, 350
Häntzschel, Günter, 25, 354, 409, 420
Hardenberg, Karl August von, 95, 142
Hass, Hans-Egon, 195
Havens, George Remington, 224

Hayek, Friedrich August von, 60, 122-3, 130, 201-2, 277, 363, 379-85, 389, 396--7, 404-5, 414, 426, 435-8

Haym, Rudolf, 36, 51-9, 61, 66, 88, 145-6, 161, 193-6, 198, 288-90, 371, 395, 410, 429-30

Hegel, Georg Wilhelm Friedrich
"conservador", 38, 115-7, 120, 124, 131--2, 136, 140, 143-4, 146, 149, 164, 189
"despótico", 156
"diferente", 35
"estatista", 58, 113, 116, 120, 123, 128, 145, 308, 310, 350, 398, 403, 405
"filósofo da Restauração", 28, 34, 36-7, 41, 51, 53-9, 64-5, 72, 78, 81-2, 87, 93, 115, 149-50, 154, 156, 161, 193, 289, 297-300, 308, 373, 401-5
"liberal", 41, 55, 57, 91, 115, 120, 135, 140, 143-4, 155, 164, 297, 322
"maçom", 39-44
"materialista", 369-70, 395
"organicista", 105, 113, 127-8, 293
"pragmático", 395
"secreto", 35, 43
"socialista", 112, 118, 290, 310, 334
"totalitário", 59, 105, 113, 383, 402, 404-5, 436, 440
adversário da Restauração, 38, 48, 50-1, 53-4, 56-7, 81, 87, 149-51, 154, 156, 193, 297-9, 308, 373, 401-2
crítico da alienação, 106, 239-40, 347
crítico da concepção patrimonial e privatista do Estado, 91-3, 104-5, 173
crítico da escravidão e da servidão da gleba, 70, 96, 99, 102, 104, 106, 111, 119, 141-2, 151, 157, 175, 197, 203, 217, 239-40, 248-50, 257-8, 260-1, 285, 309, 338-9, 341-3, 347-8, 439-40
crítico da monarquia absoluta, 53, 73, 77, 79, 93, 149, 154, 157, 402
crítico da monarquia eletiva, 84-5, 154, 400-1
crítico da moralidade, 106, 327, 329-31, 347-9, 352, 372
crítico da reificação, 239-40
crítico da venalidade dos cargos públicos, 73, 93, 105-6, 141, 168-9, 215, 299

crítico do contratualismo, 91-114, 281, 284
crítico do despotismo, 73, 155-8, 285, 288, 304
crítico do direito consuetudinário, 338
crítico do direito de resistência, 131-7, 139, 251
crítico do ludismo, 251
crítico do monopólio da representação política pelos proprietários, 211, 213, 215, 400
crítico do movimento teutômano, 75-6, 83, 85-7, 433
crítico do trabalho infantil, 111, 118-20, 136, 298, 305, 309-10
defensor da Revolução Francesa, 53-4, 59, 77, 85, 95, 100-1, 103-5, 133, 135, 149-51, 156-7, 160, 162-3, 174--5, 187, 190, 195, 197, 245, 248, 257, 269-70, 276-7, 285, 289-90, 300, 342-3, 403, 411, 434-9, 438-9
defensor das revoluções Americana, Espanhola, Holandesa e Inglesa, 75, 150-1, 153, 159-60, 178, 302
defensor do absolutismo iluminado, 156
e a economia política clássica, 178
e a Inglaterra, 25-7, 75, 126, 141-2, 150, 173, 176-88, 210, 213, 248, 261, 272, 279-81, 310, 313, 340, 388-9, 391, 397, 399-401, 406
e a propriedade privada, 92-3, 111, 156, 217, 227, 229, 240, 243, 252-4, 257, 271-2, 281, 404
e a questão social, 114, 121-2, 126, 163, 198-202, 207, 221-24, 232-4, 236, 252, 261, 269, 275-81, 311, 438
e a Reforma, 151, 287-8, 300-1, 304
e a religião como representação e mito, 31-2, 193-4, 351
e a sociedade civil, 59, 102, 118, 124, 201, 211, 215, 222, 232, 236, 241, 244, 259-61, 266, 273-4, 298, 304, 308-9, 311, 317-8, 321, 329-30, 347, 350, 362, 402
e o catolicismo, 193, 284, 287-8, 300-1
e o comunismo, 152, 322, 367-71
e o cristianismo, 33, 68-9, 151, 222, 266, 284-8, 335, 341, 349, 368

e o direito natural, 53, 99, 113, 151, 328
e o fisco, 127, 213, 275-81
e o jacobinismo, 103, 160, 170, 434, 440
e o trabalho, 111-4, 120, 128, 146, 203-
-7, 212, 215-9, 221, 234, 244, 246,
260, 310, 313-5, 317-20
espírito do mundo, 71, 133-5, 152, 211,
241, 252, 401
juízo negativo simples e infinito, 240-4,
261
método contra o sistema, 38, 190, 194,
201, 407
necessidade histórica, 70-1, 154, 241, 370
primado da política, 73, 325-52
razão e realidade, 63-72, 320, 338-9, 347
realidade contra a aparência, 67
realidade contra a existência, 64
realidade contra os ideais, 69
revoluções/reformas, 76, 85, 189-90,
210, 251, 277-8
servo/senhor, 203, 249
teórico da eticidade, 58, 95, 227, 256,
275, 277, 284, 286-9, 301, 308, 322,
328-9, 337-40, 343, 347-50, 352
teórico da irreversibilidade do processo
histórico, 70-1, 99, 318-9, 354, 395
teórico da monarquia constitucional ou
representativa, 39, 53, 57, 73-6, 82,
84-5
teórico da obrigatoriedade escolar, 118-
-20, 300-5, 323
teórico das corporações, 111, 113, 151,
215, 311
teórico das revoluções ou reformas pelo
alto, 76, 83, 142, 154-8, 164, 169,
175, 182, 278
teórico do conceito universal de homem,
104, 188, 340, 342, 348, 351, 424,
432, 440
teórico do direito à revolução, 150, 241,
251
teórico do direito à vida, 103, 111, 126,
140, 146, 201, 242-5, 248, 260, 269-
-71, 359, 436
teórico do direito ao trabalho, 111, 140,
146, 201, 244, 246, 259-60, 336
teórico do direito da necessidade extrema (Notrecht), 25, 137-9, 227-61,
269, 272, 277, 350

teórico do progresso (da racionalidade
do processo histórico), 70-1, 99, 101,
103, 154, 168, 174, 188, 203, 210,
222, 233, 249, 286, 332, 339-40, 351,
353, 394, 432-3
teórico dos "direitos materiais" ou "positivos", 140, 185, 188, 271, 436
teórico dos direitos das crianças, 111-2,
118, 120, 136, 298, 310, 312, 334,
350, 437
teórico dos direitos inalienáveis e imprescritíveis, 70, 95-6, 98-9, 102-3, 106,
111, 136, 140, 339-40, 403, 440
Heine, Heinrich, 25, 29, 34, 49, 50, 52, 59,
154, 354, 409, 420, 433
Helvétius, Claude-Adrien, 291, 343, 344
Henning, Leopold von, 30, 137, 237, 243,
309
Henrich, Dieter, 17, 37, 131, 241-2, 251-2
Henrique VII, rei da Inglaterra, 169
Herder, Caroline von, 220-1
Herzen, Aleksandr Ivanovič, 374
Hess, Moses, 28
Hilger, Dietrich, 313
Himmelfarb, Gertrude, 245, 248
Hitler, Adolf, 59, 131, 395-6, 405, 409
Hobbes, Thomas, 228, 279, 402
Hobhouse, Leonard Trelawny, 379-80, 385,
397
Hoffmann, Franz, 78, 156, 191, 441
Hoffmann, Karl Emil, 221
Hoffmeister, Johannes, 17, 84, 300, 306, 432
Hohenzollern, 410
Holbach, Paul Heinrich Dietrich d', 344
Hölderlin, Friedrich, 40, 218, 220
holismo, 104, 293, 317, 384
Holyoake, George Jacob, 174
Hook, Sidney, 87
Hoppe, Hansgeorg, 65
Horkheimer, Max, 376
Horstmann, Rolf-Peter, 19, 37, 187, 275
Howald, Ernst, 59
Hübscher, Arthur, 371
Hugo, Gustav, 27, 86, 236, 250, 251, 257-
-9, 261, 267, 338

Humboldt, Wilhelm von, 118-20, 195-6, 199, 221, 265, 290, 297, 299, 310, 313, 318, 323, 362-3
Hume, David, 46, 106, 159, 184-5

Ignatieff, Michael, 184
igualdade
   abstrata, 101, 103, 145, 162, 422
   contra a natureza, 101, 421
   de condições, 70-1, 186, 222, 273, 314, 332
   e diferença, 161, 186, 413, 437
   e segurança da propriedade, 111, 187, 294
   e universalidade, 70-1, 117, 152, 159, 173, 185, 187, 274-5, 359, 432
   formal, 141-3, 157, 271-2, 279, 283
   jurídica, 101, 243, 274, 277, 391, 422
Ilting, Karl-Heinz, 17, 19, 29, 33-8, 50, 56--7, 63, 66, 68-9, 72, 75-6, 78, 80-3, 86-8, 91, 97-8, 143, 151, 176, 189, 205, 266, 326, 341, 400-5
individualismo, 113, 128, 195-6, 198-9, 381, 392-3, 419
   cristão-germânico, 58, 381
   possessivo, 279, 402-5
Inglaterra
   e trabalho infantil, 310, 437
   e tributação, 279-80
   exemplo de monarquia constitucional, 27
   exemplo de monopólio do poder político pelo proprietário, 126, 184, 210-5, 261
   obrigatoriedade escolar, 317
   pátria da liberdade formal, 141-2
   pátria do culto da peculiaridade, 415
   pátria do direito consuetudinário, 182, 397
   pátria do privilégio aristocrático, 26, 179, 181, 183
   questão social, 183, 187, 272, 280
instrução/educação escolar
   privada contra pública, 297-9, 301, 305, 309, 311
   sujeita ao controle clerical, 79, 302-4
intelectuais
   contra proprietários, 208-12
   propriedade intelectual, 208, 216

revolucionários, 45, 208, 214, 422
servos, 217
Iser, Lore, 94

Jacobi, Friedrich Heinriche, 40-1, 44, 194
Jantke, Carl, 313
Jardin, André, 248, 382
Jaurès, Jean, 113
Jdanov, Andrei Alexandrovitch, 406, 408
Jefferson, Thomas, 383
Jernegan, Marcus Wilson, 390
Jesus Cristo, 266
Jovem Alemanha, 59, 373, 436
Jung, Alexander, 373

Kant, Immanuel, 18, 23, 34, 45-6, 66, 101, 119, 131-2, 164, 178, 196-7, 209-12, 214-6, 218, 230-1, 258-9, 285, 308, 331-3, 340-2, 345-6, 353, 357-61, 381, 386, 396-7, 402, 404, 406, 411-2, 414-5, 430-2, 434
Karlsbad, Decretos de, 81
Kaufmann, Walter Arnold, 87, 205
Kautsky, Karl Johann, 406
Kaye, Frederick Benjamin, 233, 294, 313, 390
Kelsen, Hans, 397
Kergolay, Louis de, 246, 428
Kierkegaard, Søren Aabye, 51, 325
Kleist, Heinrich von, 359-60
Kleist, Ulrike von, 360
Kloosterboer, Willemins, 392
Klopstock, Friedrich Gottlieb, 49
Kluckhohn, Paul, 413
Koselleck, Reinhart, 239
Kotzebue, August von, 40-1, 44, 85
Krautkrämer, Ursula, 309
Kroneberg, Lutz, 86
Kuczynski, Jürgen, 112
Kuhlmann, Wolfgang, 337

Lally-Tollendal, Trophime Gerárd de, 428
Lamennais, Félicité Robert de, 79, 125, 144
Laponneraye, Albert, 245
Laski, Harold Joseph, 125, 392

Lassalle, Ferdinand, 37, 56, 111, 145, 187-
-8, 373, 438
Lasson, Georg, 17, 276, 288
Laube, Heinrich, 436
Laukhard, Friedrich Christian, 170
Le Goff, Jacques, 424
Lecky, William Edward Hartpole, 291
Lefebvre, Georges, 161, 244, 276
Leigh, Ralph Alexander, 292
Leist, Friedrich, 123
Lênin, Vladímir Ilitch Ulianov, 66-7, 155,
190, 406
Lenz, Jakob Michael Reinhold, 218
Lerch, Eugen, 423
liberalismo
   e absolutização do direito de proprie-
      dade, 121, 138-9, 230, 237
   e celebração da Guerra do Ópio, 366
   e cristianismo, 335, 381
   e crítica da mediocridade e da massifica-
      ção, 362, 366-7
   e crítica da obrigatoriedade escolar, 118,
      297-8, 313
   e crítica do "despotismo jacobino", 293,
      428, 435
   e crítica do conceito universal de
      homem, 104, 342
   e crítica do jusnaturalismo, 97-9, 104
   e crítica do utilitarismo, 366
   e crítico do monopólio da representação
      política pelos proprietários, 108-9,
      210-1, 215
   e despotismo, 109, 117, 127, 135, 144-
      -5, 157-8, 172, 246-7, 279, 289, 297,
      336, 397, 429, 694
   e individualismo, 113, 128, 195-6, 198-
      -9, 279, 381, 384, 402-5, 419
   e justificação da escravidão ou da
      servidão da gleba, 86, 104, 120, 203,
      250, 257-60, 387-91, 439
   e justificação do trabalho infantil, 111,
      120, 309
   e liberalismo econômico, 116, 128, 199,
      246, 294-5, 383, 405, 437
   e metafísica do gênio, 356-9, 362-5,
      372, 413
   e negação do direito à vida, 103, 243

   e nominalismo antropológico, 104, 388
   e organicismo, 113, 127-8, 293, 415,
      419, 421
   e questão social, 112, 122, 126, 144,
      261, 275, 350, 373, 439
   e repressão, 77, 87, 124, 128, 173, 175
   e socialismo, 111, 113, 118, 130, 145,
      186, 246, 263-4, 290, 310, 334-6,
      367-70, 381-2, 428, 436
   e sufrágio universal, 208-9, 213-4, 284,
      399
   e totalitarismo, 58, 104, 113, 291, 383,
      389-90, 402, 404, 436
   e trabalho assalariado, 204, 206-7, 245,
      290, 388
liberdade
   /igualdade, 70, 117, 141-3, 145, 159,
      161-2, 173, 185-6, 274-5, 313, 413,
      432, 437
   alemã, 415, 429, 432-3
   antiga, 289-91
   conflito das liberdades, 439
   dos barões, 155, 169, 174, 176, 182
   formal/real (objetiva substancial), 80,
      84, 116, 118, 120, 140-3, 169-71,
      176, 182, 187-9, 330, 341, 387, 438-9
   francesa, 415, 420
   germânico-protestante, 58-9
   histórico-inglesa, 420
   inglesa, 143, 173, 182, 339-40, 415-6,
      433
   moderna, 59, 107, 141, 145, 187, 247,
      263-4, 274, 290, 307, 347-9
   negativa, 387-9, 435, 440
   política, 151, 173, 214, 264, 285, 399
   polonesa, 142, 155, 176
   positiva, 437, 440
   pública, 438
Licurgo, 170
Lieber, Franz, 382
Locke, John, 106, 108, 112, 120-1, 123,
   125, 128, 133-4, 137-9, 150, 159, 200,
   203-6, 219-20, 227-30, 233, 236-7, 240,
   243, 273, 314, 387-9, 391, 398, 402-4,
   431, 439
Löhneysen, Wolfgang von, 217, 322, 355
Losurdo, Domenico, 19, 24-5, 31, 75, 87,
   104, 120, 122, 125, 131-2, 153, 164,

ÍNDICE REMISSIVO   467

177-8, 183, 187, 199, 208, 236, 242, 245, 247-8, 258, 280, 285, 288-9, 301, 305, 308, 311, 319, 322, 326, 328, 338, 342, 346, 351, 354, 357, 373, 392-3, 395-6, 402, 412, 414-6, 423, 425, 429--30, 433, 435, 437
Löwith, Karl, 51-3, 366
Lübbe, Hermann, 52
Lucrécia, 165
Luís Bonaparte, 123
Luís Filipe, rei da França, 123, 177, 366, 368
Luís XVI, rei da França, 42, 161, 170-1, 430
Lukács, György, 104, 131, 234, 270-1, 277, 405-10, 422, 433-4
Lutero, Martinho, 405

Mably, Gabriel Bonnot de, 163, 263, 266-7, 289
maçonaria alemã, 39-44
Macpherson, Crawford Brough, 121, 279, 402-3, 405
Magna Carta, 173-4
Mähl, Hans-Joachim, 414
Maine, Henry Sumner, 437
Maistre, Joseph-Marie de, 41-2, 103, 144, 153, 160
Mallet du Pan, Jacques, 196, 277, 431-2
Malthus, Thomas Robert, 180, 236, 245, 247
Manacorda, Gastone, 370
Mandelkow, Karl Robert, 43
Mandeville, Bernard de, 233, 294, 313-5, 317, 389-90
Mandt, Hella, 381, 396
Mannheim, Karl, 143, 257, 383, 412, 414
Mao Tsé-tung, 406
Maranini, Paolo, 247, 400
Marat, Jean-Paul, 109, 244
Marco Aurélio, imperador romano, 346
Marcuse, Herbert, 426
Marini, Giuliano, 18
Marino, Luigi, 60, 414

Mário, Caio, 167-8
Marshall, Thomas Humphrey, 247, 400
Martelloni, Anna, 160, 182
Marwitz, Friedrich August Ludwig von der, 95, 191, 282, 313
Marx, Karl, 18, 23-4, 28-9, 35, 51, 53-7, 59, 61, 66, 70-1, 80-1, 86, 107, 113-4, 124, 127, 155-6, 158, 167, 173, 178, 185, 188, 190, 192, 197-8, 204, 212, 224, 243, 250-1, 257-8, 295, 342-3, 373--6, 383, 397, 407, 412, 414, 435, 438
Masson, André, 106
Mathiez, Albert, 161
Mayer, Jacob-Peter, 70, 110, 117, 161, 201, 236, 248, 263, 335, 364, 382, 399, 412
Mazauric, Claude, 244, 292
Mehring Franz, 310
Meinecke, Friedrich, 393, 422
Mendelssohn, Moses, 23
Merker, Nicolao, 170, 191, 328
Merriam, Charles Edward, 392
Messineo, Francesco, 18
Metternich, Klemens Wenzel Nepomuk Lothar von, 39, 57, 58, 74, 82, 401, 414
Mevissen, Gustav, 438
Meyr, Melchior, 123
Michel, Karl Markus, 17
Michelet, Carl Ludwig, 37, 52
Mill, John Stuart, 120, 128, 130, 284, 293, 363-6, 398, 431
Milton, John, 178
"miséria alemã", 61, 213
Moldenhauer, Eva, 17
Mondolfo, Rodolfo, 397
Moni, Arturo, 18
Monroe, James, 382
Montaigne, Michel Eyquem de, 205
Montesquieu, Charles-Louis de Secondat de, 103, 106, 117-8, 127, 143, 158-9, 165-9, 171, 173, 177, 184, 246-7, 263, 270, 278, 280, 292
Montinari, Mazzino, 123, 202, 268, 322, 355
Montsolier, François de Reynaud de, 176
Morelly, 145

Mornet, Daniel, 42
Möser, Justus, 126, 282-3, 412-3, 422, 429, 431-2
Müller, Adam Heinrich, 254-5, 257, 413, 415, 418-9, 421, 423, 425
Müller, Johannes von, 221
Mussolini, Benito, 39

nacional-liberal, 37, 56-8, 65, 161, 429, 432
Nada, Narciso, 181
Namier, Lewis Bernstein, 182
Napoleão I Bonaparte, 57, 85, 160, 180-1, 213, 290, 292, 305, 346
natureza
    /história, 70-1, 97, 100, 102-3, 191-2, 224, 375
    e "segunda natureza", 71, 99, 188, 340
    e violência, 96, 98, 101-3, 224, 260
    nazismo, 56, 104, 375, 383, 396, 423
    e crítica da ideia de racionalidade do processo histórico, 394
    e crítica do Estado, 394, 402
Nettleship, Richard Lewis, 437
Nicolai, Johann Christoph Friedrich, 45
Nicolin, Friedhelm, 17
Nicolin, Günther, 18
Niethammer, Immanuel, 306-8
Nietzsche, Friedrich, 18, 123-4, 201-3, 208, 212, 217, 219, 221, 258, 267-8, 320-3, 355-62, 364-8, 370-2, 385, 395
Noack, Ludwig, 52
nominalismo antropológico, 104, 388
Novalis (Friedrich von Hardenberg), 414, 420
Nozick, Robert, 122, 284

Ocidente (civilização ocidental), 350, 377, 381-6, 390, 392-3, 396-401, 404, 425, 439-40
Oldrini, Guido, 373
Omodeo, Adolfo, 176
organicismo, 105, 113, 127-8, 415-6, 419
Ottmann, Horst Henning, 33, 50, 72
Overbeck, Franz, 267

Paine, Thomas, 174, 383
Pareyson, Luigi, 416
Pascal, Roy, 218
patrícios contra plebeus, 127, 140, 152, 164-9, 261, 338
Paulus, Heinrich Eberhard Gottlob, 84-5, 400
Pawlowski, Hans Martin, 416
Petersen, Carl, 394
Picker, Henry, 396
Pitt, William, 177-8, 181, 386
Platão, 339, 383
Plebe, Armando, 18
Plutarco, 365
Pollard, R. W., 400
Pompeu, 172
Poperen, Jean, 170, 244
Popper, Karl Raimund, 59, 104, 177, 350, 381-5, 395-6, 406, 408
Pörnbacher, Karl, 25, 354, 409, 420
Postigliola, Alberto, 168
Poursin, Jean-Marie, 181
Pozzo di Borgo, Olivier, 108, 426
Pozzo, Riccardo, 19
Pradt, Dominique Dufour de, 75, 84
Price, Richard, 383
Priestley, Joseph, 383
Prometeu, 31
propriedade privada
    como um fim da política, 105, 107-9, 124
    e direito de resistência, 136, 139, 228
    monopólio da representação política pelos proprietários, 108-9, 210-1, 213, 215, 400
    violações legítimas da, 137-8, 229-30, 236-7, 243, 249, 350
Proudhon, Pierre-Joseph, 130

querelle des anciens et des modernes, 353
questão nacional, 58, 87
Quinet, Edgar, 382

Ragionieri, Ernesto, 310
Rawls, John, 185
Raymond, Marcel, 127, 170, 196, 248, 264

Reeve, Henry, 366
Rehberg, August Wilhelm, 197, 414, 427, 429, 432
ressentiment, 202, 268
Restaino, Franco, 363
Revolução de 1848, 51, 123, 145, 177, 207, 244-5, 247, 355, 357, 374, 410, 416, 436-7, 439
Revolução de 1918, 410
Revolução de Julho, 73, 81, 153-4, 189, 239, 301, 366
Revolução de Outubro, 39, 397, 410
Revolução Espanhola, 75, 132, 153, 299, 302
Revolução Francesa e filosofia clássica alemã, 23, 27, 39, 48, 52-4, 57, 59, 66, 68, 71, 75, 77, 85, 94-5, 100-1, 103-5, 109, 119, 131-3, 135, 149, 151, 156-7, 160-4, 174, 177, 184, 186-7, 190, 195-7, 209, 214, 244-5, 248, 263, 266, 268-71, 276-8, 281, 283, 285, 290, 297-8, 300, 339-40, 342-6, 355-6, 362-3, 384-5, 388, 392, 403, 406, 408-40
Revolução Holandesa, 159
Revolução Napolitana, 425
revoluções inglesas, 150, 159-60, 178, 281, 315
Richelieu, Armand Jean du Plessis, 154-6, 158, 176, 256
Richet, Denis, 186
Riedel, Manfred, 18, 134
Riego, Rafael del, 302
Rippmann, Inge, 81, 213
Rippmann, Peter, 81, 213
Ritter, Joachim, 189, 337-8
Robespierre, Maximilien de, 160-1, 163, 170-2, 244, 268, 287, 289
Robson, John Mercel, 363, 398
Rogalla von Biberstein, Johannes, 42
Romeo, Rosario, 383
Rosenberg, Alfred, 394-5
Rosenberg, Nathan, 389
Rosenberg, Rainer, 436
Rosenkranz, Johann Karl Friedrich, 24-5, 31-3, 37, 41, 52, 101, 187, 218, 250, 264, 300, 306, 346

Rotta, Salvatore, 117
Rotteck, Karl von, 122, 138, 178-9, 231, 237, 259, 283-4, 289, 333-5, 350
Roulin, Alfred, 108, 128, 158, 202, 263, 427
Rousseau, Jean-Jacques, 18, 58, 93, 100, 102, 127, 144, 163, 170-3, 177, 196-7, 222-4, 244, 248, 263-95, 343-4, 402, 404-5
Royer-Collard, Pierre Paul, 50-1, 80, 147
Rude, Fernand, 176
Ruge, Arnold, 27, 29, 53, 343, 375

Saage, Richard, 40
Sainte-Beuve, Charles Augustin de, 70
Saint-Just, Louis Antoine Léon de, 102, 171, 264, 268, 292
Saint-Pierre, Charles Castel de, 344
Saint-Simon, Claude-Henri de Rouvroy, conde de, 144, 207-8
Sandkühler, Hans Jörg, 60, 342
Sanna, Giovanni, 19
Santa Aliança, 74, 87, 153, 304
Savigny, Friedrich Carl von, 27, 86, 191, 420
Schädelbach, Herbert, 337
Scheel, Wolfgang, 101
Scheidler, Karl Hermann, 289, 369
Scheler, Max, 394
Schellberg, Wilhelm, 157
Schelling, Friedrich Wilhelm Joseph von, 40, 47-9, 51-2, 58, 73, 123, 197, 202, 264, 320-1, 338, 342-3, 353, 369, 416
Schiavone, Aldo, 60
Schiller, Friedrich, 40, 48, 69, 195, 216
Schlegel, August Wilhelm, 354
Schlegel, Friedrich, 43, 49, 164, 254, 415-7, 421, 433
Schleiermacher, Friedrich Daniel Ernst, 31, 43-4, 309, 319, 333, 335, 350
Schloesser, Rolf, 86
Schmale, Wolfgang, 244
Schmitt, Carl, 383
Schön, Theodor von, 41, 44, 47, 223

Schopenhauer, Arthur, 123, 208, 217-20, 320-3, 355, 358, 361-2, 367-8, 370-2, 395-6, 406
Schottky, Richard, 238
Schröder, Horst, 254
Schroeder, Walter, 415
Schubart, Karl Ernst, 38
Schulz, Hans, 41, 43, 218
Schumpeter, Joseph Alois, 386, 396, 404
Scott, Walter, 420
Seghers, Anna, 408, 410
Segunda Guerra dos Trinta Anos, 379-410
Sembdner, Helmut, 360
Senior, William Nassau, 248, 369
Sérvio Túlio, rei de Roma, 169
Shakespeare, William, 258
Shylock, 258
Sichirollo, Livio, 19
Siebert, Werner, 415
Sieyès, Emmanuel-Joseph, 233-4, 236, 283, 388, 390
Simmel, Georg, 394
sindicatos, 105, 113-4, 128, 181, 311
Smid, Stefan, 416
Smith, Adam, 112, 129, 178, 203-4, 223-4, 233-4, 252, 294, 315-7, 400-1, 421, 439
Smith, Robert Arthur, 362
Sócrates, 339, 347-8
Sombart, Werner, 380, 423
Spaventa, Bertrando, 373, 437
Spaventa, Silvio, 374, 437
Specht, Rainer, 416
Spencer, Herbert, 336-7, 350, 437
Spengler, Oswald, 423
Staël-Holstein, Anne-Louise Germaine Necker de, 158, 160-2, 164, 173, 175-6, 179, 184, 277, 293, 426-7
Stahl, Friedrich Julius, 69, 71, 86, 144, 146, 334, 343, 350, 355, 416
Staiger, Emil, 48
Stálin, Josef V., 406, 408
Stein, Freiherr Karl Heinrich Friedrich vom, 214
Stein-Hardenberg, reformas de, 95, 142

Sternhell, Zeev, 424
Stirner, Max (Johann Kaspar Schmidt), 418
Stoll, Adolf, 420
Stone, Lawrence, 314
Strappini, Lucia, 424
Strauss, David Friedrich, 194
Strauss, Leo, 33
Stuart, rei, 159
Sula, Lúcio Cornélio, 167-8

Taine, Hippolyte-Adolphe, 267-8, 367, 424
Talamo, Giuseppe, 383
Talmon, Jacob Leib, 268, 291, 390, 402, 404-5
Tarquínio, o Soberbo, rei de Roma, 165-6, 171
Tawney, Richard Henry, 125, 391
Teógnis, 322
Texier, Jacques, 247
Thaden, Nikolaus von, 85-6
Thiede, Klaus, 214
Thun-Hohenstein, Leon de, 247
Tiedemann, Rolf, 220
Tilliette, Xavier, 123, 416
Tocqueville, Alexis de, 70-1, 109-10, 117, 131, 137, 143, 145-6, 160-2, 172, 176, 179, 183-7, 201, 207-8, 214, 220, 234-5, 245-8, 263, 270, 278, 335-6, 342, 364--71, 382, 399-400, 412, 428-9, 435-7
Topitsch, Ernst, 59
totalitarismo, 59, 105, 113, 376, 383-4, 402, 404, 424, 439-40
    democracia totalitária, 291, 390, 402, 404, 440
Toussaint, François-Dominique, dito Louverture, 440
trabalho assalariado, 120, 204, 206-7, 249--50, 258, 290-2, 388
Trede, Johann Heinrich, 187, 275
Treitschke, Heinrich von, 54, 429, 432
Trendelenburg, Friedrich Adolf, 54, 191
Trevelyan, George Macaulay, 180
Trost, Ludwig, 123

Uexküll, Gösta von, 187, 374
universalidade e revolução, 104, 150, 161, 195, 339, 342, 403, 411-3, 415, 419, 428, 432, 434-5, 439-40
Usteri, Léonard, 286
utilitarismo, 354, 364, 366
    e crítica do contratualismo, 97, 99, 398
    e crítica do jusnaturalismo, 97, 99, 200

Varnhagen von Ense, Karl August, 44, 46, 59
Varrão, Marco Terêncio, 203
Vaughan, Charles Edwyn, 286, 291
Veca, Salvatore, 185
Verra, Valerio, 18
Verucci, Guido, 78-9, 125
Viduquindo (Widukind), 75
Vinciguerra, Mario, 228, 279
Virgílio, 70, 431
Vitry, Aubert de, 244
Voigts, Johanna Wilhelmina Juliana (Jenny) von, 126, 283, 412

Volguine (Volgin), Vyacheslav Petrovich, 245
Volney, Constantin-François de Chassebœuf de, 48
Voltaire (François-Marie Arouet), 106, 116--8, 131, 224, 265-7
Vorländer, Karl, 432
Vovelle, Michel, 244

Weber, Max, 397
Weick, Wilderich, 119, 152, 196, 282, 356
Welcker, Carl, 122, 289, 334, 429, 432
Wilberforce, Samuel, 314
Windischmann, Karl Joseph Hieronymus, 41
Wolff, Kurt Heinrich, 144, 257, 412

Young, Edward, 49

Zapperi, Roberto, 234, 283, 388
Zenge, Wilhelmine von, 360
Zieger, Wilfried, 282

Selo chinês, emitido em 1949, com a imagem do líder
revolucionário Mao Tsé-tung.

Publicado em 2019, 70 anos após a fundação da República Popular
da China, nação que tinha se tornado central nas investigações mais
recentes de Domenico Losurdo (1941-2018), este livro foi composto em
Adobe Garamond Pro, corpo 11/14,3, e impresso em julho, em papel
Avena 70 g/m², pela gráfica Rettec, para a Boitempo, com tiragem de
3 mil exemplares.